周文夫文集

（第三卷）

周文夫　著

社会科学文献出版社
SOCIAL SCIENCES ACADEMIC PRESS (CHINA)

央视新闻联播：邯郸实现阳光政务　完成国内首份地方政府权力清单（李修平，2006 年 2 月 12 日首条，2 月 15 日重播）

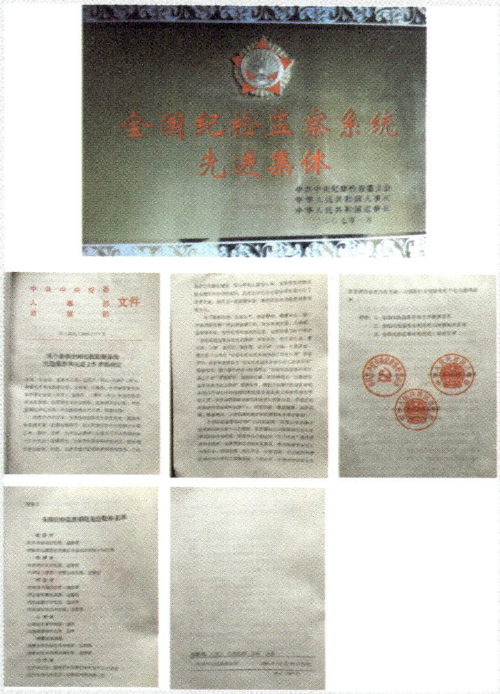

邯郸市纪委、监察局被中共中央纪委、人事部、监察部授予全国纪检监察系统先进集体荣誉称号（2006 年）

目　录

（2004 年 1 月～2006 年 4 月）

工作纪实

树立科学协调发展观念
统筹城乡经济社会发展

——在全市农业农村领导干部培训班开班仪式上的讲话

（2004 年 1 月 6 日）

新年伊始，我们专门抽出三天时间，举办这次全市农业农村工作领导干部培训班，目的在于认真学习贯彻党的十六大和党的十六届三中全会、中央经济工作会议和中央农村工作会议精神，全面回顾近年来全市农业农村工作所取得的成就，找准农业农村工作中存在的问题，分析全市农业农村工作面临的新形势，树立以人为本、协调发展的观念，牢牢抓住加快发展的新机遇，推动全市农业农村工作更快更好地发展，进而推进我市全面建设小康社会的进程。这次培训班主要不是安排部署工作，而是解放思想观念问题，是为我们明年农村工作会议做思想、理论准备。培训班上，增海书记、素华副市长将为大家分析我市农业农村经济形势、讲授农村政策等专题，省农科院院长王慧军教授、河北经贸大学副校长杨欢进教授还要讲授现代农业知识、农村专业经济合作组织专题。为了增强大家的感性认识，还要组织参观永年县的标准件商城和产业园区建设、无公害蔬菜生产；邯郸县三陵乡利用国家退耕还林政策开展绿化、旅游一体化建设，投资 30 亿元的民营企业纵横钢铁集团等。希望大家珍惜这次学习机会，紧密联系自身实际，静下心来，认真学习，进一步提高思想、政治、业务素质，增强做好农业农村工作必备的领导能力和本领。下面我讲三点意见。

一　要充分认识举办这次培训班的重要意义

把全市农业农村战线的领导干部统一组织起来，进行集中培训，充分体现了市委、市政府对“三农”工作的高度重视，也反映了新形势下“三农”工作在市委工作大局中的重要地位。对此，我们从事农业农村工作的领导干部必须有一个正确的认识。具体讲这次培训工作的重要意义，我想用三句话来概括：新同志走上新岗位——工作所需，新阶段面临新挑战——形势所迫，新机遇呼唤大发展——任务所致。

第一句话，新同志走上新岗位——工作所需。今年7月，县（市、区）换届以后，一大批年轻的同志走上农业农村工作的领导岗位。这些同志平均年龄在38岁左右，80%的学历为大学本科。这些同志虽然很年轻，但阅历很丰富。有的当过村主任、乡镇长、乡党委书记，长期在基层工作，具有很强的处理复杂矛盾的能力，有驾驭农村工作的经验；有的同志长期在机关工作，具有较高的政策理论水准；有的同志是前两年参加公开招考走上领导岗位的干部，年轻有为，素质很高。这些都给我们农业农村干部队伍增添了新的力量，也为我们卓有成效地做好农业农村工作奠定了良好的基础。但是，农业农村工作的情况复杂，同时又处于一个加快发展的特殊时期。特别是辩证地看待我们的优点，有些方面可能就会是我们的不足。比如说，长期在基层工作的同志，理论和政策水平就难免有所欠缺；而长期在机关工作的同志，可能会缺乏基层工作的经验，在处理一些复杂矛盾上显得不是那么得心应手。因此，在这种情况下，对大家进行一次集中培训，使大家系统地了解和掌握农业农村工作的理论与政策，熟悉农业农村工作的业务知识，提高领导农业农村工作的能力和水平，就显得尤为必要。从农业农村工作的实际情况来看，其复杂性、艰巨性至少有以下三个方面。一是农业农村工作战线长。既包括发展农村经济，又包括扶贫开发、计划生育，还有绿化造林、兴修水利、发展民营经济等。二是涉及面比较广。既有物质文明建设，又有精神文明建设，还有政治文明建设。既涉及农村教育，又涉及民族宗教、群众信访、社会稳定，同时还有农村基层民主政治建设和基层组织建设，关系到党在农村基层政权的巩固与稳定。三是政策性强。既有《农业法》《农村土地承包法》《种子法》《水法》《人口与计划生育法》，又有《退耕还林条例》《中国共产党基层组织工作条例》；既有扶贫开发政策、农村义务教育政策、粮食棉花收购政策，又有税费改革政策、减轻农民负担、增加农民收入政策等。因此，尽管我们有做好农业农村工作的决心和信心，但如果不能够很好地熟悉并掌握农业农村方面的政策与法规，那么从事农业农村工作就会力不从心，甚至捉襟见肘；同时，如果没有做好农业农村工作的本领，或者方法不对路，或者缺乏驾驭复杂局面的能力，一厢情愿，做好农业农村工作也是不可能的；再深一层说，以上的条件都具备了，就是缺乏群众观点，走不好群众路线，不愿和群众做朋友，不能和群众打成一片，做好农业农村工作仍然会是无源之水、无本之木。因此，这次对全市农业农村领导干部进行培训，既分析全市农业农村经济面临的新形势，又系统地学习农业农村工作的政策与法规，同时请专家就一些问题给我们做专题报告，能够使我们深层次地了解农业农村工作有关知识，进一步解放思想、拓宽思路，增强我们做好农业农村工作的本领，为我们做好农业农村工作奠定一个坚实的基础。

第二句话，新阶段面临新挑战——形势所迫。刚刚过去的 2003 年，是具有划时代意义的党的十一届三中全会召开 25 周年，25 年前的 12 月 22 日，全会原则通过了《中共中央关于加快农业发展若干问题的决定草案》，由此拉开了农村改革的序幕，开启了中国改革开放的新纪元，奏响了中国现代化建设的新乐章。25 年来，我市农业农村经济与全国一样发生了翻天覆地的变化。一是农村经济结构战略性调整取得了突破性进展。2003 年底，粮、经、饲比例为 68.8∶30.9∶0.3。二是农业产业化水平显著提高。一批农业产业化龙头企业正在迅速崛起，通过我们对农业产业化龙头企业的大力扶持，去年竣工龙头企业 27 家，产业化水平达到了 40%，同比提高了 5 个百分点。三是农民收入显著提高，2002 年，全市农民人均纯收入达到 2761 元。去年，通过税费改革，人均负担减少了 38.8%。在扶贫开发、农田水利基本设施建设、计划生育等各项工作上也取得了显著的成绩。对这些成绩我们必须给予充分肯定，但不能估计过高，更不能盲目乐观。我们还必须看到农业农村工作正面临着严峻的挑战。特别是去年我们遭受了非典疫情的严重冲击以及秋天的自然灾害，农村经济不同程度地受到了影响，农民外出务工的收入有所减少，有些县农民收入出现了负增长。在这种情况下，各级党委、政府采取了一系列行之有效的措施，经过各级干部群众的共同努力，我们克服了两大灾害夹击带来的不利影响，保持了农业农村经济的平稳发展，保持了农村形势的基本稳定。但是，从稳定的另一面来看，又突出反映出我们农村发展缺乏亮点，农民增收缺乏支撑，一些长期困扰农村内外部各种条件和环境的变化，又产生了许多新情况新问题。总的来看，有三个问题需要引起我们的重视：农业主要是一个市场和效益问题；农村主要是一个扩大就业和全面发展问题；农民主要是一个经济利益维护和民主权利保障问题。这些矛盾和问题集中到一点，当前又主要是一个农民收入问题。全面建设小康社会，重点和难点在农村，关键也是一个农民收入问题，农民收入上不去，全面建设小康社会就会失去其本意。从全国来看，农民收入自 1997 年以后，增速一直没有超过 5%，6 年平均为 3.96%，低于城镇居民收入增速 3.84 个百分点。从我市来看，1997 年全市农民人均纯收入 2278 元，2003 年为 2761 元，6 年平均增长 3.92%，低于全国平均水平。更为严重的问题在于，农民增收问题过去困难，现在困难，今后仍然很困难。冷静地分析，这在相当程度上具有客观性，既是农业和农村经济结构性矛盾的现实反映，也是国民经济长期积累的深层次矛盾的集中体现。从我市农村来看，主要是三个不适应：一是农产品品种结构不合理，质量水平不高，初级产品多，大路产品多，不适应市场对产品日益多样化、优质化和精细化的需求；二是农村非农产业发展水平不高，城镇化率低，还不适应农民多渠道扩大就业和增加收入的需要；三是农产品市场建设和发育缓慢，农民进入市场的程度不高。我市从 20 世纪 80 年代末就开始抓农民专业合作经济组织建设，曾经在全国创造了“邯郸模式”，但是农民专业合作经济组织建设仍存在规模小、数量少、不成气候、对农民进入市场的带动能力弱等突出问题。从河北省对各地农业农村工作的新考核指标评价体系看，我们也面临着严峻的挑战。最近，河北省对各地农业农村工作的考核由原来的侧重于考核总量指标，转变为侧重考核人均指标，这对于我们这样一个全省的人口大市、农业大市来讲，农业大而不强的现实将更加凸显。按经济总量排，我市在全省排在第四位，但是如果按人均排，农业上的好多指标只能排在全省的第七、第八位，甚至有些指标排在了第十、第十一位。因此，我们从事农业农村工作的领导干部一定要提高人口意识、人均意识，并围绕这些新的指标体系来调整我们的工作思路、工作重点、努力方向和力量摆布。同时，县域经济实力弱、发展不平衡是邯郸最大的市情、农情，也是我们加快发展面临的严峻挑战。在全省县域经济实力30强中，我市只有3家（武安3、涉县23、永年26），在全省排第六位。100位以后的有5家（馆陶100、邱县102、肥乡103、广平112、鸡泽113），其中广平、鸡泽排在了全省后30名中。去年年底，省委、省政府在北京河北饭店专门召开了全省部分欠发达县经济发展座谈会（即30个经济实力靠后县，这些县GDP占全省的7%，前30个县GDP占全省的47%），以促进这30个经济欠发达县加快县域经济的发展。有的县认为自身人口少、经济总量小，但这不能成为我们发展慢的理由。张家港市是一个50万人口的县级市，人口相对我市来讲，只能算一个中等县，但人家的财政收入去年达到80亿元，比我们全市还要多30亿元。江阴、昆山、常熟等县级市人口也并不多，但去年的财政收入都在40多亿元，这只能说明我们的经济发展慢，质量不高。因此，我们从事农业农村工作的每一位领导干部都应该认真地反思一下，要在全市、全省中排排队，看一看我们究竟能占到一个什么位置，差距在哪儿，怎么追赶，如何找到加快县域经济发展的切入点，推动县域经济的快速发展，通过认真思考，谋划出具体发展思路和落实办法来。

第三句话，新机遇呼唤大发展——任务所致。党的十六届三中全会提出了“五个统筹”，其中一条叫作统筹城乡经济发展。这标志着原来城乡二元经济结构将会被逐步打破，城乡之间的樊篱将会被拆除。中央经济工作会议提出明年要把“三农”问题作为经济工作的重中之重，说明中央将会对“三农”给予更多的关注。中央农村工作会议进一步制定了《关于促进农民增加收入若干政策的意见》，全面部署了农民增收工作。这其中主要包括以下五个方面。（1）集中力量支持主产区发展粮食生产。从今年起，国家实施优质粮食产业工程，选择一部分有基础、有潜力的粮食大县和国营农场，集中力量建设一批国家优质专用粮基地。着力支持主产区特别是中部粮食产区围绕建设旱涝保收、高产稳产基本农田，搞好农田基本建设。按照国家产业政策要求，引导农产品加工业合理布局，扶持主产区发展以粮食为主要原料的农产品加工业，重点发展精深加工；国家通过技改贴息、投资补助、税率调整等政策措施，支持主产区建立和改造一批大型农产品加工、种子营销和农业科技龙头企业。(2) 加快发展农业产业化经营。把现行农产品生产及加工的增值税进销项税率统一定为17%，对农产品加工业率先实行消费型增值税。国家安排专门资金，支持农民专业合作经济组织开展信息、技术、培训、质量标准、市场营销等服务。(3) 改善农民进城就业环境。进一步清理和取消针对农民进城就业的歧视性规定和不合理收费，简化农民跨地区就业和进城务工的各种手续。(4) 加强农村中小型基础设施建设。国家基本建设投资和国债资金用于农业和农村的规模要保持稳定，并逐步提高比重。适当调整对农业和农村的投资结构，在搞好退耕还林、南水北调等重大工程建设的同时，增加支持农业结构调整和农村中小型基础设施建设的投入。(5) 深化农村改革。从今年起，国家放开粮食主产区的粮食收购市场，任何部门和经营单位不得干预或变相限制农民选择多渠道自主售粮。降低农业税率，创造条件最终实现城乡税制的统一。对于这些政策增海同志还要专门给大家讲解，我在这里只是列举几条。应该说，国家出台这么多的政策，对于农业农村工作来说，不能不说是面临着加快发展的大好机遇。但机遇只青睐那些早有准备的人，机遇稍纵即逝，逝不再来。抓住这些机遇，利用好国家的各项政策，就能够促进全市农业农村经济的发展；反之，丧失机遇，用不好政策，与先进地区的差距就会越拉越大。事实上，从内陆地区与先进发达地区的差距来看，最主要的是思想解放程度上的差距，以及由于思想不解放而失去加快发展的大好机遇。拿邯郸来讲，五年前，我市经济总量和财政收入与唐山市基本持平，2002年唐山市GDP比我市多300多亿元，财政收入多近30亿元。可以看出机遇对一个地方的发展来说是多么重要，对此，我们一定要以一种只争朝夕的精神去认识机遇，抢抓机遇，用好机遇，来推动县域经济的快速发展。

二　进一步提高领导农业农村工作的能力和水平

党的十六大指出，每一位领导干部都要增强五种能力，即科学判断形势的能力、驾驭市场经济的能力、应对复杂局面的能力、依法执政的能力和总揽全局的能力。在当前农业农村工作复杂形势面前，我们从事农业农村工作的每一位领导干部都应该注重提高这五种能力。提高这五种能力，有的需要深厚的理论基础，有的需要在复杂的社会实践中去锻炼，这次培训活动虽然不能在几天内使同志们的能力迅速得到提高，达到“速成”的目的，但我想，通过培训活动，我们至少要在以下三个方面有所收获。

（一）在农业农村工作面临的形势上要有新认识

正确分析形势是科学决策的基础。为了弄清当前农业农村工作面临的新形势，我们有必要对农业农村工作的开展进行一次回顾。现在看，党的十一届三中全会以来，农村改革已经走过了25年的光辉历程。这25年又可以分为两个阶段，第一个阶段是1978年党的十一届三中全会召开到20世纪90年代中期。这一阶段，以实行农村家庭联产承包经营责任制为开端，改革首先从农村起步，旧体制率先从农村突破，改革成果也是农民最先得益，农村经济体制发生了深刻的变革，农村社会生产力得到了极大的解放，农产品供给短缺的局面有了根本的扭转。第二个阶段从20世纪90年代中后期开始，我国农业农村经济发展进入了一个新的发展阶段，这个时期是农业结构调整加快的时期，是农村改革不断深化的时期，是农产品供给最为充裕的时期，也是农民收入增长最为迅速的时期。这一时期农业农村经济发生了五个显著的变化。一是农产品供求关系由长期短缺、总量短缺向总量基本平衡基础上的丰年有余、年际波动转变。表现在农产品的供求由卖方市场转向了买方市场，温饱问题解决之后，随着收入水平的提高，恩格尔系数逐渐下降，食品消费支出下降到了40%以下，大体达到了小康水平。全国城镇居民的食品消费比重从1990年逐步下降，2000年下降到39.2%，首次低于40%，2002年进一步下降到37.7%。农村居民的食品消费比重比较高，2002年为46.3%。2002年，我市城镇居民的恩格尔系数为35.5%，农村为39.9%，说明我市居民已大体达到了小康水平，农村稍差一些。二是农村劳动力就业格局由主要依靠农业和当地就业向更多地依靠非农产业和外出就业转变。2002年，外出务工使我市农民人均增收43.5元，占当年农民人均增收总量的42%。去年我市外出务工人数达到50多万人。受非典影响，农民工资性收入预计比2002年略有下降。三是农民收入增长由单一的农业增收、单纯的数量增收向多元化增收、效益型增收转变。实践证明，新阶段农民增收光靠数量和初级产品还不行，还必须依靠质量增收、依靠效益增收，这就要求我们必须进一步拓宽思路，立足发展促增收，加法减法一起做，乘法除法一起用，内部外部一起抓。四是农村发展方式由粗放经营、只重生产、只重经济开始向注重集约经营、保护生态、全面发展转变。温饱问题解决后，人们开始追求生活质量的提高、生态环境的改善和自身的全面发展，如我市搞的生态家园富民工程、正在全省开展的生态文明村建设等。五是城乡关系由二元结构、互相对立开始向彼此促进、统筹发展转变。在工业化和现代化的推进过程中，许多国家的工农、城乡关系都大体经历了农业为工业提供原始积累、工农业平行发展和工业反哺农业三个阶段。我国目前正处于工业化中期的快速发展阶段。在这个阶段，农业为工业提供积累的历史本来应该逐步结束了，但受过去传统体制的制约、政策和观念的影响，受转轨时期面临的许多特殊矛盾的制约，我们还远远没有达到这一点。近两年，各地在改善城乡关系方面做了很大努力，如加快户籍制度改革、加大农业投入力度、加快农村社会事业建设等，但这也是初步的。近些年，城乡居民收入和消费差距拉大，工农业的劳动生产率差距拉大，地区间的发展差距拉大，都说明要打破二元结构，从根本上改变城乡关系，这就要求我们必须统筹城乡发展，加快建立有利于逐步改善城乡二元结构的体制，形成工农、城乡协调发展的新局面。

以党的十六届三中全会的召开为标志，农业农村工作又进入了一个新的发展阶段。农业农村工作的开展也正在面临着新的形势。新形势主要表现在三个基本，即基本方针、基本目标和基本方向。

第一，农业农村工作的基本方针为“多予、少取、放活”。坚持“多予、少取、放活”是新时期党的农业农村工作的基本方针。其根本意义在于为农业农村工作松绑，进一步减轻农民负担，使农民能够休养生息。这对于我们绝大多数县是农业大县，财政收入大部分来自农业和农民来说，要增加财政收入，壮大县域经济的实力，就产生了新的矛盾。而要解决这一矛盾的根本办法，就在于解放思想，转变观念，进一步树立工业立市的思想，并注意用工业的理念来抓农业。把增加财政收入、立县富民建立在扩大对外开放上项目、强化龙头深加工和加快发展民营经济上来。从近两年的发展看，无论是我市还是外地市，哪个地方注重上项目，项目上得多，哪个地方民营经济发展快，哪个地方经济就发展得快，反之亦然。拿我市的邯郸县、成安县、涉县来说，近几年他们加大上项目的力度，新上项目多，经济发展就充满了活力。而有的县几年过去了，江山依旧，面貌依旧，没有几个成型的项目，经济怎么发展？群众怎么就业？百姓怎么致富？明天，我们还要专门组织大家观摩一些企业，希望大家能够从中得到启示，受到启发。

第二，农业农村工作的基本目标是增加农民收入和保障粮食供给。近两年，农民收入增长缓慢，特别是像我们这些粮食主产区的农民，单靠种粮食来增加收入更是难上加难。究其原因，主要是种粮效益低，增产不增收，农民不愿意也没有能力增加对粮食和土地的投入。解决农民增收问题，就要调整农业结构，调整结构就要顺应市场的需要，讲求经济效益，就会减少粮食的播种面积。如果粮食主产区大量削减种粮面积，势必会影响到国家的粮食供给，引起粮价波动和社会的不稳定。都去种粮食，农民增收又很困难。因此，粮食生产和农民增收这两个目标，既有统一的一面，又有对立的一面。而要解决这一矛盾，关键的问题是要将这二者结合起来，扬长避短，坚持三管齐下，即一要调优，二要转化，三要扶持。所谓调优，就是要大力度推进农业结构调整，在保护和提高粮食综合生产能力的前提下，继续按照优质、高产、高效、安全的原则，走精细化、集约化、产业化的道路。要依靠现代科技改造传统农业，把精耕细作的传统与现代技术结合起来，发展新型劳动密集型产品产业，变劳动力包袱为财富，让有限的土地资源得到充分利用。要适应市场抓调整，不断满足国内外市场日益增长的优质化、多样化需求，提高农产品市场占有率；要突出特色抓调整，做大特色产品，做强特色产业，提高农产品市场竞争力；要围绕加工抓调整，建好基地，壮大龙头，提高农产品附加值。归结起来，农业结构调整就是要走特色 + 规模 + 品牌 + 产业化的路子，提高农业的整体素质和综合效益。所谓转化，就是要多做粮食转化增值的文章。党中央、国务院强调要搞好粮食生产，并不是说要大家都去种粮食，都回到那种完全自求平衡的状态，而是要实施优质粮食产业工程，通过多渠道筹集资金，重点支持主产区搞好粮食生产能力建设和粮食加工转化。同时要求，抓粮食生产不是就生产抓生产，只生产初级产品，而是要把粮食的生产、加工、流通与消费作为一个产业体系，实现系列开发和整体建设，从而达到产加销一体化、贸工农一起抓，提高粮食的综合效益。应当看到，如果路子对头，措施得法，多发展优质专用粮，同时把加工转化搞上去，粮食效益也能提高，农民也能够实现增收。过去我们的农业投资和建设项目只重生产，忽视加工、储运、流通等基础设施建设，不利于提高粮食的附加值，不利于增加粮食的竞争力，应尽快改变和调整。所谓扶持，就是要最大限度地整合政策资源，加大扶持力度，积极发挥政策对农民收入的导向和带动作用。为增加农民收入，中央农村工作会议制定了《关于促进农民增加收入若干政策的意见》，包括以前制定的扶贫开发政策、农村税费改革政策、加强农村基础设施建设政策等。随着国家对“三农”工作的高度重视，还有一些政策将陆续出台。对于这么多的政策，我们从事农业农村工作的领导干部一定要学会研究政策、整合政策、用足用好政策，特别是要根据中央制定的各类政策，结合本地、本单位的实际，把中央的政策细化、实化、具体化，让农民不折不扣地享受到政策带来的实惠。在这一点上尤其要提醒大家注意，既要研究政策、吃透政策、用好政策，又不要机械地、不加分析地、形而上学地执行政策，要改变原来的思维定式，这也是我们解放思想的一个根本任务。我今天在这里特别提出这个问题，就是因为在我们好多同志的思想中存在这样的思维定式。这种思维定式不革除，必将会影响到我们各项事业的发展。有些部门，对上级政策收得紧，放得慢，政策让它放，它却放不开，政策不让它收，它却收得紧。比如，最近，党中央、国务院强调要增加粮食播种面积，它这里马上想到的是不能再调整经济结构了，谁不种地谁就是违反国家政策；再如，国家提出整顿乱占耕地，乱建开发区，它那里马上想到土地不能再批了。其实，国家整顿的是乱占耕地，乱建开发区，而我们市每年的用地指标都用不完，怎么能说是乱占耕地？这就是形而上学，就是用静止的、片面的、孤立的眼光看问题，是典型的形式主义。对于这类问题，早在1930年，毛泽东同志在《反对本本主义》中就指出：

“为什么党的策略路线总是不能深入群众，就是这种形式主义在那里作怪。盲目地表面上完全无异议地执行上级的指示，这不是真正在执行上级的指示，这是反对上级指示或者对上级指示怠工的最妙方法。”邓小平同志也指出，在社会主义现代化建设进程中，要警惕右，但主要是防止“左”，因为“左”更带有革命的色彩，似乎越“左”越革命。我在这里提出要大家研究政策，学透政策，还有一个意思在于提高大家的政策水平，提高大家协调工作的能力。否则，你不懂政策，很简单明了的一件事情往往就会让一些职能部门使你寸步难行。

第三，新阶段农村改革的基本方向是要建立“一个基础、三个体系”。过去农村改革一直走在前头。以后，随着城市改革的启动，农村改革涉及的范围越来越宽，难度也越来越大。在建立和完善社会主义市场经济体制过程中，农村面临的各种内外部矛盾非常多、非常复杂。因此，我们必须进一步深化农村改革，坚持解放思想、实事求是、与时俱进的思想路线，敢为人先，勇于实践，大胆探索，在改革中找出路，在创新中求发展。在建立“一个基础、三个体系”即建立以家庭承包经营为基础，以农业社会化服务体系、农产品市场体系和政府对农业的支持保护体系为支撑，适应发展社会主义市场经济要求的农村经济运行体制和运行机制。在实际工作的推动中，要注意抓好四件事：一是要完善农村土地承包制度，进一步稳定农村的土地承包关系，在此基础上，按照依法、自愿的原则，做好土地流转，发展适度规模经营。二是要深化农村税费改革，继续减轻农民负担。三是要进一步推进以市场为取向的粮食流通体制改革。四是要改革和创新农村金融体制，加强对农户和农村中小企业的金融支持，逐步解决制约农村经济发展的金融服务种类少、能力弱、资金外流严重等瓶颈制约问题，为农村经济发展提供有力的金融支持。

（二）在领导农业农村工作上要有新方法

坚持党对农村工作的领导是我们党的一大传统，是一个重大原则，也是一个重大的政治优势。在当前促进农民增收任务十分紧迫、统筹城乡发展任务十分艰巨、维护农村稳定十分繁重的情况下，更需要加强党对农村工作的领导，需要我们根据形势的变化，进一步改进我们的工作方法。首先，要提高用示范引导和提供服务等方法带领群众发展经济的本领。过去，有些地方在指导农业农村工作上曾走过一些弯路，大家应该从中吸取教训，并举一反三，引以为戒。比如在调整种植结构上，有些地方不是从实际出发，而是从主观愿望出发，想当然地用行政命令的办法让农民种植一些经济作物。尽管主观愿望是好的，但是由于没有按经济规律办事，效果不尽如人意。不仅使农民受到了损失，而且给社会稳定造成了很大的隐患。这一点，河北省有过教训，邯郸市也有过深刻的教训，如养殖海狸鼠、办基金会等。强调要用示范引导和提供服务的方法带领群众致富，就是要把我们从计划经济的陈旧观念中解放出来，减少对农村经济发展的过度干预，使典型引路、示范引导、热情服务成为我们做好农业农村工作的新措施、新方法，成为我们带领农民致富的新本领。要善于了解农民群众想什么、盼什么、需要什么，从而解民之忧、为民之盼、谋民之利，而不能是我们所干的正是群众所反对的，而群众所盼望的我们又无所作为。这一点在我们从事农业农村工作的领导同志的思想中一定要牢牢树立起来。其次，要提高运用说服教育、民主协商的方式做好新形势下群众工作的能力。客观上，由于农村群众受教育程度低，对一些事物的认识和看法难免会有些偏差，思想认识程度也不会太高。在这种情况下，我们从事农业农村工作的领导干部在做群众工作时，就要春风化雨、润物无声、循循善诱，要摆事实、讲道理、以理服人，而不是以权压人、以势压人。否则，只能引起群众的不满情绪，引起群众对党和政府的不信任。比如，越级上访。群众为什么一上访就到省、市，甚至进京？当然原因很多，但关键是我们的一些基层干部没有尽到责任，不能解决问题，或者是方法简单、态度蛮横、作风粗暴，群众对我们的基层干部容易产生不信任。再如，在农村公益事业建设上实行的“一事一议”等，都要坚持民主协商的方式，扩大群众的知情权和参与权。应该说，大多数群众是通情达理的，只要遇到问题与群众多协商、多沟通，解决一些棘手的问题就会事半功倍，收到更好的效果。最后，要坚持依法办事，杜绝违法施政。农业农村工作千头万绪，而且涉及的法律条文多、政策性强。通过培训，大家一定要牢固树立依法行政的意识，做到严格按法律办事，防止违法施政。特别是今年7月1日《行政许可法》施行之后，广大农业农村领导干部更要严格按照《行政许可法》的要求依法行政，以言代法、以权代法的现象一定要杜绝。

（三）在贯彻“三个代表”重要思想上要有新体现

“三个代表”的本质在于坚持立党为公、执政为民。在农业农村工作中贯彻“三个代表”重要思想，就是要把群众利益放在首位，使我们的一切工作更加顺民意、得民心。第一，要坚持以人为本。2003年7月1日胡锦涛总书记在“三个代表”重要思想理论研讨会上深刻指出：“相信谁、依靠谁、为了谁，是否始终站在最广大人民的立场上，是区分唯物史观和唯心史观的分水岭，是判断马克思主义政党的试金石。”党的十六大产生的新一届中央领导集体履任以来，身体力行，率先垂范，坚持以人为本的执政理念。在非典时期，轻车简从，深入医院、工厂、学校和施工现场，慰问医护人员，关心百姓疾苦，与工人、农民、学生“零距离”接触。淮河遭遇洪灾，温家宝总理风尘仆仆走上大堤向灾民嘘寒问暖，与大家同吃一锅饭。中央政治局专题研究进一步改进会议和领导活动的新闻报道，要求新闻报道的重点要转到基层群众中来。2003年夏天，中共中央、国务院几大班子打破惯例，不到北戴河办公，温家宝总理亲自为农民工要工钱。党和国家领导人带头实践“三个代表”，显示了新一代领导集体亲民、清廉、高效、务实的执政新形象。中央经济工作会议提出，今年经济工作要坚持以人为本，树立全面、协调、可持续的发展观，实现国民经济的持续快速健康协调发展。这不仅对于我们从事农业农村工作的领导同志来说是一个新理念，对每一位领导干部来说都是一个新理念。每一位领导干部都应该深刻领会这一理念，看一看自己在工作中是否树立了以人为本的意识，坚持了以人为本的执政理念，是否注意了群众的民主权利和人身利益。这里我只是点一下题，请大家在学习中认真思考。第二，要树立正确的政绩观。党的十六届三中全会进一步明确了统筹经济社会发展的目标和任务，这就要求我们在大力发展经济的同时，把社会保障、就业、人民健康、教育和文化事业的发展放在重要位置，全面提高群众的生活质量。经济是社会的基础，但社会又是一个由多种要素构成的复杂的“有机体”，经济增长不能代替社会发展。要摒弃单一的以GDP作为衡量发展的指标，倡导反映总体社会发展的综合指标体系。要把树立正确的政绩观作为新时期党的建设新的伟大工程的重要内容，通过制度保证，使勤政为民、求真务实的干部得到褒奖，使好大喜功、弄虚作假的干部受到惩戒，形成勤政为民、踏实苦干的浓厚氛围。树立正确的政绩观，还要坚持前人栽树、后人乘凉，而不是前人挖坑、后人填土。树立正确的政绩观还在于要一代人做好一代人的事情，一届政府做好一届政府的事情，每一个工作岗位做好每一个工作岗位的事情，丁是丁，卯是卯，认真做好自己的事情，联系起来就是做好整个工作，做好一个历史时期的事情。第三，对群众要有深厚的感情。对群众有没有感情，是我们能不能做好农业农村工作的根本。2000年，湖北省监利县棋盘乡党委书记李昌平致信朱镕基总理，说农民真苦、农村真穷、农业真危险。参加今天这次培训班的同志，尽管现在都已经做了领导干部，但是应该说我们大多数同志都来自农村，对农村现状应该有着更为深刻的认识，对农民群众应该有着更加深厚的感情，所以我们现在去做农村工作就是要摆正与群众的关系，不断增进对群众的感情。要深怀爱民之心、恪守为民之责、善谋富民之策、多办利民之事，带着深厚的感情，关心群众的疾苦，倾听群众的呼声，多为群众办实事。宋代范仲淹在《岳阳楼记》里提出要“先天下之忧而忧，后天下之乐而乐”；清代郑板桥在他的诗中写道：“衙斋卧听萧萧竹，疑是民间疾苦声。些小吾曹州县吏，一枝一叶总关情。”封建时代的官吏都能够关心群众的疾苦，何况我们是共产党的领导干部，真正代表群众的利益呢？所以，作为新时期的领导干部认真实践“三个代表”，不能只停留在口头上，而是要落实在行动上。要像郑培民那样“做官先做人，万事民为先”。特别是春节快要到了，大家要多到困难多的群众家里走一走，多做雪中送炭的工作，使群众真正体会到党的温暖，体会到政府对他们的关怀。第四，要有良好的精神状态和工作作风。农村工作最讲实际，农民最讲实惠。做好农业农村工作一定要有一点自甘寂寞的精神，有一种淡泊名利的境界，有一个无私奉献的追求，有一种扎实苦干的劲头，特别是要戒浮夸、戒浮躁，不做表面文章。我在去年到农工委调研时就提出，做农业农村工作的领导干部要保持三股劲，即鼓实劲、增干劲、保持韧劲。今天我再次把它提出来互勉，希望大家要实实在在地干、坚持不懈地抓，通过我们的努力工作使全市农业农村工作水平再有新提高。

三　要始终把加强学习当作一个永恒的主题

学习，是人类认识自然和社会，不断完善和发展自我的必由之路。无论一个人、一个团体，还是一个民族、一个社会，只有不断学习，才能获得新知识，增长才干，跟上时代。党的十六大报告强调要“形成全民学习、终身学习的学习型社会，促进人的全面发展”。2003 年以来，中共中央、国务院领导光是参加的培训班就有八、九次之多。市委常委也连续举办了几次封闭培训。应该说，当今时代，学习的重要性正被越来越多的地方、单位、个人所认同。南方有些城市提出了建设学习型城市，我们的邯山区提出要建设学习型城区，并付诸具体行动，收到了很好的效果。同时，学习也是克服本领恐慌的一个最好的办法。我们有些同志，刚刚走上一个新的工作岗位，总感觉能耐不够用，常常有“书到用时方恨少，事非经过不知难”的窘迫感。要解决这个矛盾，办法只有一个，那就是学习、学习、再学习，实践、实践、再实践。我们只有坚持学习，并在实践中不断提高自己的理论水平和解决矛盾的能力，才能在具体工作中体会到“山重水复疑无路，柳暗花明又一村”的境界，才能够找到“豁然开朗”的感觉。今天我们的这个培训班只是开个头，今后还要根据形势的需要，不定期地举办各种培训班，请专家给我们讲课，使大家更好地适应不断变化发展的新形势，提高大家驾驭农业农村工作的水平。就办好这次培训班，我最后再强调三点。

第一，要突出理论学习这个重点。理论是行动的指南，没有理论指导的实践是盲目的实践。我们从事农业农村工作的领导同志一定要强化理论学习，增加对实际问题的理性思考。确立“理性执政”的理念，坚持用理性思维思考问题，用理性眼光判断是非，用理性办法解决矛盾。对农业农村工作中遇到的困难和问题要从理论的高度去找原因，而不要就事论事；要善于从纷繁复杂的矛盾中抽象出理性的认识，使之从群众中来，再到群众的实践中去。只有这样，大家才能在农村工作中解决好“老办法不能用，新办法不会用”的问题，才能逐渐提高驾驭农业农村工作全局的能力，才能在处理繁重复杂农村工作的矛盾中游刃有余。

第二，要抓住政策学习这个关键。“政策和策略是党的生命”，对政策的学习与运用是我们学习的关键，不掌握政策，要想做好农业农村工作就会寸步难行。在政策的学习上大家要重点学习各种法律与条例，当然仅靠这两天，完全弄通那么多的政策也不很现实。希望大家以后对农业农村工作的政策与法规要多学习，多研究，用足用好政策，让政策在农业农村发展尤其在农民增收上发挥出更好的效益来。

第三，要达到学以致用这个目的。“学而不思则罔，思而不学则殆。”学习的目的全在于运用，在于更好地指导具体工作。因此，大家在专心听讲、认真做好笔记的同时，还要对农业农村工作中存在的问题进行认真思考，对明年的农业农村工作进行深入研讨，以便为更好地做实明年的工作打下一个好的基础。特别是年关将近，各项工作头绪很多，越是在这种情况下，大家越是要管住自己，要能够坐下来，不要到外面走亲访友，特别是不要喝酒、打麻将，尽量保证学习时间，使这次培训活动收到实实在在的效果。

同志们，在全面建设小康社会的进程中，我们农业农村战线工作的同志们肩负着光荣而艰巨的任务，希望大家要牢记“两个务必”，认真实践“三个代表”重要思想，牢固树立科学发展观，坚持以人为本的执政理念，统筹城乡发展，艰苦奋斗，无私奉献，为推动全市农业农村工作的快速发展做出我们积极的贡献！

在市防治高致病性禽流感工作领导小组暨指挥部全体成员联席会议上的讲话

（2004 年 2 月 2 日）

目前防治高致病性禽流感工作任务十分紧迫。按照党中央、国务院和省委、省政府的要求，针对当前防治禽流感动物疫情新的形势和任务，市委、市政府决定，成立我市防治高致病性禽流感工作领导小组和指挥部。这次会议是市防治高致病性禽流感工作领导小组和指挥部的第一次会议，标志着市防治高致病性禽流感工作领导小组和指挥部的工作正式启动。刚才，素华、宝山同志对我市防治高致病性禽流感工作进行了全面部署，讲得很好，我完全同意。各级各部门特别是各成员单位和与会全体同志要严格遵照执行，认真抓好贯彻落实。下面，我再强调三点。

一　必须站在践行“三个代表”重要思想的高度，充分认识抓好禽流感防治工作的极端重要性和紧迫性

从去年 12 月韩国遭遇恶性禽流感袭击到现在，韩国、日本、越南、泰国、印度尼西亚、柬埔寨、巴基斯坦、老挝等都出现了高致病性禽流感蔓延态势，不仅导致了大量禽类动物被扑杀，给当地畜禽业带来重大损失，而且还有多人感染死亡，引发了公共卫生问题，引起了世界各国的高度重视。禽流感病原体是一种非常危险的病毒，世界卫生组织称其对亚洲国家的威胁可能比非典更严重。最近再次指出，随着禽流感疫情的继续蔓延，人类交叉传

染禽流感病毒绝非危言耸听，各国政府必须高度重视，防患于未然。其他一些国际组织也认为，禽流感的传播是农业生产的一大灾难，是人类健康的一大威胁。上述暴发禽流感疫情的国家大都与我国相邻，使我国的动物防疫受到严重威胁。从国内情况看，2004 年 1 月 23 日以来，我国广西、湖南、湖北发生了高致病性禽流感疫情，近日，安徽、上海、广东、新疆生产建设兵团、河南等地又相继出现了疑似高致病性禽流感疫情。可以说，这次高致病性禽流感，是继 2003 年非典之后的又一次重大疫情。对当前禽流感疫情的严峻形势，党中央、国务院高度重视，胡锦涛总书记、温家宝总理多次向有关地方和部门做出重要指示。今天的新闻联播报道温家宝总理已经深入疫区第一线检查指导工作。1 月 18 日，国务院办公厅发出了《关于加强高致病性禽流感防治工作的紧急通知》。1 月 29 日，温家宝总理主持召开国务院第 37 次常务会议，研究部署高致病性禽流感防治工作。1 月 30 日，国务院决定成立全国防治高致病性禽流感总指挥部。省委、省政府对此也高度重视，白克明书记、季允石省长做出重要批示，召开省委常委会和书记办公会两次专门研究全省防治高致病性禽流感工作，白克明书记、季允石省长都讲了重要意见。2 月 1 日，河北省防治高致病性禽流感工作领导小组和指挥部成立并召开第一次会议，冯文海副书记、宋恩华副省长都做了重要讲话，对全省防治高致病性禽流感工作进行具体部署。市委、市政府高度重视这项工作，张力书记、聂辰席市长对此多次做出批示，要求各级各部门要把防治禽流感工作作为当前一项重中之重的工作来抓，坚决做到“四不”：市内不发病、不输入病毒、发病不扩散、不发生人畜交叉感染。我市作为畜牧大市，畜禽特别是禽类动物饲养量大，加上我们地处晋冀鲁豫四省交界，人流物流量很大，防疫任务十分艰巨。因此，我们一定要把思想统一到中央、省委、市委和市政府的要求上来，站在践行“三个代表”重要思想的高度，以对人民群众生命和财产安全高度负责的精神，进一步增强紧迫感和责任感，把防治高致病性禽流感作为当前一项十分紧迫的重要任务摆上重要工作日程，像防控非典那样高度重视防治高致病性禽流感工作，认真落实国务院提出的八项防治措施，全面动员，周密部署，提前做好各项防范工作，坚决阻止疫情输入和蔓延，阻断疫情向人的传播，确保我市不发生重大疫情。

二　要把这次会议精神迅速地传达贯彻下去并认真抓好落实

会后，各成员单位要立即抓好传达贯彻：第一，与会同志要立即向部门党组（党委）和主要负责同志汇报这次会议精神，认真搞好传达贯彻。第二，要把防治工作作为当前一项重点工作来抓，进行专题研究，制定防治工作预案，建立组织机构，明确专人专责，切实做好担负的各项防治工作任务。第三，强化配合意识，密切协作，加强情况沟通，加强工作衔接，严防推诿扯皮现象发生，形成齐抓共管的局面，确保各项防治措施的落实。

三　健全制度，迅速进入工作状态，充分发挥领导小组和指挥部及其办公室的职能作用

领导小组和指挥部的办公室作为高致病性禽流感防治工作的职能机构，任务十分繁重。疫情防治工作能否搞好，与我们指挥部和办公室的工作紧密相关，我们担负的任务艰巨而光荣。（1）办公室要按照市委、市政府的要求，把当前各项防治工作梳理细化，分解任务，把责任落实到各有关部门和各小组；（2）要明确办公室各小组的工作职责，实行严格的责任制，加强工作衔接配合；（3）各工作机构要尽快制订工作计划和方案，迅速启动各项工作，搞好值班，确保各项工作迅速有序展开；（4）要抓紧完善工作制度，规范各项工作程序，严格按制度和程序办事，提高工作效率；（5）要加强工作督导，完善内部工作机制，确保各项工作高效运转；（6）要搞好信息反馈，一方面要把对上报告抓好，另一方面要搞好时下的疫情信息反馈；（7）要正确把握舆论导向，认真做好高致病性禽流感防治科普知识的宣传，增强群众自觉防范意识，消除公众恐惧心理，维护正常的生活和生产秩序。

同志们，做好高致病性禽流感防治工作是取得抗击非典斗争的伟大胜利之后，对我们的又一次重大考验。有中央、省和市委、市政府的坚强领导，有去年抗击非典的成功经验，只要我们坚决按照中央、省和市委、市政府的部署和要求，依靠科学，依靠法制，依靠群众，抓好各项措施的落实，就一定能够取得禽流感阻击战的胜利。

在防治高致病性禽流感紧急会议上的讲话

（2004 年 2 月 3 日）

今天会议的要求和主要任务是，研究、部署禽流感紧急防治。疫情的发展很快。从媒体上看，距离我们最近的已经到了河南驻马店的平舆县。从近一两天的信息看，我们邯郸范围内出现了新的疫情，磁县台城乡中郝村养鸡场（计 1600 只）开始死鸡，到今天上午报告的数字已达 600 多只。其病因，技术人员正在解剖分析检验，一开始就报告了省里，省里的技术人员正在向邯郸赶来，同时对样品鸡进行检验。我国、东南亚地区、越南、泰国的疫情都发展得比较快。广西、河南、新疆生产建设兵团、上海等 10 个省级单位发生疫情。鉴于这种情况，市委、市政府决定以动为先，对于现在的疫情情况，咱们就得研究一个意见。今天上午，我们召开了有关方面负责人的紧急会议，聂辰席市长、曹素华副市长，畜牧局、卫生局、领导小组和指挥部的主要负责同志参加了会议。

对中郝村养鸡场的问题，根据上级要求，展开防疫工作。一个是对发生疫情的中郝村养鸡场进行屠宰处理。对剩下的 1000 只鸡，上午已经开始行动了，进行屠宰、消毒、掩埋，对鸡场的现有人员按照《传染病防治法》规定强制性进行监管、隔离，先从这一步开始。现在，不管它呈阳性能不能定，都不能怀有侥幸，如果呈阳性，就是禽流感。目前看起来形势不容乐观，至少说是病毒引起的。如果是 H5 阳性，就不仅是鸡场自身问题，还涉及更大范围的处置问题，这个地方出现的疫情，已经给我们传递信息了。小疫当大疫防治，做最坏的打算。聂市长、曹副市长和畜牧局、卫生局等单位负责人到鸡场去了。接下来，就是鸡场半径 3 公里范围的处置问题。初步统计在这个范围里，大约有 4 万多只鸡。第二步就是要对这一范围实行封锁。所谓封锁就是防止畜禽，包括鸡、鸭、鸟类、畜类，防止出也防止进，市里对本地区的疫情要进行严格监控，发现疫情及时上报，这是法律要求。要做好在半径 3 公里内禽类的屠宰准备，如果省里专家一旦认定中郝村鸡场是禽流感，在其半径 3 公里范围的处置就要启动，进行销毁、掩埋，绝不能造成疫情扩散。昨天，市领导小组和指挥部联席会议提出要求，按照市委、市政府研究的意见，目前要达到“四个不”：本地不发病，不输入病毒，发病不扩散，控制在最小的范围，不发生人禽交叉感染。这个病毒已从泰国、越南、马来西亚发展到了韩国、日本，特别是越南和泰国，疫情比较严重，已经发生了人禽交叉感染，世界卫生组织已确认禽流感造成了人员死亡，昨天新闻报道了越南一个 18 岁的女孩死于禽流感。所以这“四个不”是防治禽流感的一个总的原则，也是一个任务目标。不管省里的鉴定到什么程度，封锁隔离这是第一步，防止扩散。中郝村养鸡场已经有这么多鸡死亡，形势不容乐观，不要侥幸。

禽流感对农业，特别是畜牧业、家庭养殖业无疑是一个很重的打击，是很大的损失，关系到群众切身利益，在开展防治工作时一定要注意保护群众的切身利益。

第一，措施要得力、人员要到位。要仿照省、市成立相应的组织，尽快到位开展工作，要做好群众的思想工作。一旦发生疫情，群众必然会受到损失，我们要想尽一切办法把损失降到最小，有保险的要通过市场运作使群众依法取得赔偿，国家的补偿按政策规定进行操作。

第二，要防止人禽交叉感染。禽流感病毒是可以消灭的，只要防护工作做得好，注意卫生，包括饮食卫生、环境卫生、日常起居卫生，还是能够有效防治的。现在的问题是农村基层卫生条件比较差，禽流感发生多在农村，特别是养殖场，我们的养殖场的卫生条件比较差，感染的机会还比较多。从现有资料看，禽流感传播的途径比较广，尘埃就可以传播，鸟类也可以传播，而且防控难度比较大。要立即起草一个防治禽类尤其是鸟类传播的通知，以指挥部的名义通过媒体等途径发布出去，发动社会群防群治。今天请两县一区来的主要工作任务是，把中郝村养鸡场半径3公里疫区范围划出来，从下午对疫区开始布置、实施封锁，之后还要划出5公里、10公里的范围，3~5公里实施强制免疫，10公里范围内禁止禽类交易。检疫结果没出来以前，要做到内紧外松，各级党委、政府要紧急动员起来，有关单位要高度紧张地开展工作，把各项措施落实到位；对外，要把握好舆论导向，相信党和政府一定能带领我们搞好禽流感防治工作，稳定群众情绪，让群众吃定心丸。对禽类市场应主要采取治理整顿加关闭的措施，对辖区范围内的禽类市场，加强检测检验，实行有效控制和规范化管理。如果有的市场特别乱或发现病毒，要有选择地关闭。我市有5000万~6000万只鸡，养殖规模很大，禽类加工销售市场也很大，如果把市场全部关闭，群众的损失太大，所以，要视疫情发展情况而定。

第三，特别是两县一区，中郝村养鸡场周围，有特殊的任务。各级要负起责任，职能部门当好参谋助手，工作要到位。这是二次联合行动，要在党委和政府的统一领导下，在各级领导小组和指挥部的具体指挥下，要运作，要执行。相关的职能部门，围绕着做好工作的衔接，统一配套，配合起来。同时要做好政策的落实和兑现工作，做好群众的思想工作，要处事不乱，不要惊慌，要稳住阵脚，有序地开展工作，并且要快速反应。要发扬抗击非典的精神，要敢打硬仗，党员、领导干部要带头到第一线去，衔接好、落实好。市委、市政府希望通过我们大家的努力工作，使疫情在我们邯郸控制在最小的范围，使群众的损失降低到最小的程度，不发生人禽交叉感染，保障人民群众的身体健康。

还有，昨天讲了舆论导向和信息的问题，要高度重视。我们定了一套规矩，邯郸地区禽流感信息的上报，必须要通过市指挥部指挥长签署意见才上报，不允许越级上报；各地区出现疫情的时候，可以直接向指挥部报告，这个越级也不要紧。各县（市、区）、各乡镇、各村、各养鸡场不允许越市指挥部上报信息，因为事情特别敏感，在没有确定准确的疫情的时候，容易引起混乱。也不要随意在新闻媒体上发表消息，不要随意带记者去采访，随意向记者提供信息，越级反馈信息。在信息问题上，市委、市政府和领导小组、指挥部坚持一个原则，就是求真务实，实事求是，有了疫情不隐瞒，如实上报。中郝村养鸡场的疫情我们就如实向省委、省政府、省领导小组和省指挥部报告了，并请省里的专家来，要求过细地做这个事情。舆论宣传要做好导向，导向就是稳定群众情绪、稳定局面，宣传党的政策和防疫知识，引导各级各部门努力做好防疫工作。这时候，也是对各级各部门领导班子和领导干部的又一次考验，去年 4 月、5 月防治非典是一次考验，今年又面临一次考验。疫情发展到什么程度，我们既不可夸大，也不可低估，按照实事求是的态度，从容应对。但从现在来看，我们的领导机制、防御力量、防控机制、警报体系、人禽交叉感染防御，都要全面启动。

在全市防治高致病性禽流感工作紧急电视电话会议上的讲话

（2004 年 2 月 11 日）

今天晚上召开一次全市防治高致病性禽流感工作紧急电视电话会议。2月 10～11 日，以范小建为组长的国务院高致病性禽流感工作督导组，在副省长宋恩华、省直有关部门负责同志和市委书记张力、市长聂辰席、市委副书记周文夫、副市长曹素华等省、市领导的陪同下，先后到我市的永年县和馆陶县进行督导检查，今天下午在市政府 401 会议室听取了省、市防治高致病性禽流感工作汇报。范部长一行对我省、我市防治高致病性禽流感工作给予了充分肯定，同时对做好今后的工作提出了要求。市委、市政府防治高致病性禽流感工作指挥部决定召开这次紧急电视电话会议，目的就是贯彻落实国务院督导组在我市督导期间提出的要求，查找薄弱环节，强化工作措施，进一步把我市防治高致病性禽流感工作抓细、抓实、抓好，实现力争不发生、不输入、一旦发生确保不扩散、不感染人的“四不”目标。

刚才，聂辰席市长传达了国务院督导组组长、农业部副部长范小建在我市督导期间的讲话精神和副省长宋恩华同志提出的新的工作要求，并就抓好我市的防治禽流感工作做出新的部署；国务院督导组成员、农业部动物检疫所中心主任、副研究员王志亮同志为我们做了关于科学防治禽流感的报告，希望大家要学习好、领会好、落实好。下面，就贯彻落实好这次会议精神我再强调三点。

第一，要迅速把这次会议精神传达到各乡镇、村、龙头企业和养殖大户。让基层和广大群众及时了解党中央、国务院、省委、省政府和市委、市政府有关防治高致病性禽流感工作的总体要求、政策措施，克服麻痹思想和恐惧心理两种倾向，真正从思想上把防治高致病性禽流感工作当作当前的一件大事来抓，切实增强责任感和紧迫感。

第二，要对前段工作进行认真总结回顾。要坚持好的做法，查找薄弱环节，把防治工作再细化、再实化、再具体化，确保各项防治措施落到实处。特别是对防治高致病性禽流感一旦发生的应急预案要再研究、再完善，要体现依靠科学、依靠法治、依靠群众的要求，真正做到认识、领导、机构、人员、资金、协调、工作、措施、责任“九到位”。

第三，要切实坚持两手抓。一手是要坚持抓好高致病性禽流感和五号病等动物疫病的防治，确保全市到 3 月 10 日夜免疫密度达到两个 100%；另一手是抓好我市畜牧业发展。近期，市委、市政府已做出了把我市建成畜牧强市的重大决定。所以，在抓好防治工作的同时，要谋划好、落实好畜牧业发展项目，加快农村农业经济结构调整，特别是要抓住当前周边国家和地区以及国内部分省（区、市）发生禽流感带来的市场份额重新调整的机遇，发挥好我市没有发生疫情和已形成金凤品牌的优势，抓紧组织力量，动员龙头企业和养殖大户开拓市场、扩大市场、占有份额，促进我市农业增效、农民增收，做到防治和发展“两不误、双胜利”。

在中国农业大学临漳果树试验站奠基仪式上的致辞

（2004年2月18日）

经过邯郸市、临漳县与中国农业大学的共同努力，中国农业大学临漳果树试验站今天正式奠基了！我代表市委、市人大、市政府、市政协，向试验站的奠基表示热烈的祝贺！

中国农业大学临漳果树试验站的建设，是中国农大落实中央一号文件，实施“科教兴国”战略的又一重大具体行动，是中国农大扎根基层搞科研、搞好科研为人民的科研态度的具体体现。试验站的建设必将为邯郸市和临漳县的果品业发展提供有力的技术支撑，对提高邯郸果品的科技含量，增强市场竞争力，促进农业增效、农民增收起到积极的推动作用。

近几年来，临漳县委、县政府带领全县农民群众大力调整农业结构，高度重视科学技术在农民增收中的作用，积极推进各种名优特新产品的试验、示范和推广，使全县果品生产保持了较强的发展态势，果品科技含量得到进一步的提高。目前，全县果树面积达到9.9万亩，年产量8.4万吨，成为中国蟠桃之乡，这必将为中国农大在临漳、邯郸广泛开展教学科研、技术推广、成果转化提供必要的基础条件。

中国农业大学临漳果树试验站的建设，是临漳县委、县政府带领全县干部群众认真落实市委、市政府“开放总揽、环境先导、民营突破”战略的结果，也是临漳实施“对外开放和项目建设年”战略的重要成果。加大对外开放工作力度，借力、借智加快发展，已成为临漳县乃至全市人民的共识，中国农大临漳试验站的建立，必将对临漳县乃至邯郸市扩大对外开放、引进人才、引进技术起到很大的促进作用。在此，我代表邯郸市委、市政府向中国农业大学的领导对邯郸的厚爱表示衷心的感谢！

中国农业大学是我国农业方面的最高学府，拥有全国领先的林果管理技术、优良品种和专业人才。中国农业大学临漳果树试验站的建立，是继中国农大曲周治碱试验站之后，在邯郸落户的又一大林果科技项目。果树试验站的建成，将对发挥临漳县的气候、土壤、交通、区位优势和中国农业大学的品种、技术、人才和信息优势，为临漳县、邯郸市林果业的发展起到积极的推动作用；为临漳县、邯郸市农业结构调整和农民增收做出重要贡献；为中国农大果树系的科技研究、科技成果转化、本科生教学实习及研究生培养搭建起平台。通过果树试验站的建设，可以逐步增强邯郸市和临漳县与中国农业大学的合作，建立起深厚的友谊，实现邯郸和中国农大的共同发展。

中国农业大学临漳县果树试验站的建立，是临漳县乃至邯郸市果品发展史上的大事，市委、市政府对此非常关注，并将给予大力支持。希望临漳县委、县政府要协调好各方面的力量，为果树试验站的建设搞好服务、提供方便，为该项目建设的顺利进行提供各种保障，创造宽松的环境，使果树试验站早日建成并发挥作用。

最后，衷心祝愿中国农业大学临漳果树试验站建设顺利、成果丰硕、事业辉煌！

在全市农业农村工作临漳座谈会上的讲话

（2004 年 2 月 18 日）

刚才，临漳、大名、魏县、永年、磁县、成安 6 个县的同志简要地汇报了中央一号文件下发以来，特别是 2 月 9 日在《人民日报》《光明日报》等新闻媒体公布以来，各县的学习、宣传、贯彻情况，谈了对农业、农村、农民问题，特别是农民增收问题的认识，谈了下一步的工作打算，对全市的农业农村工作也提出了一些好的建议。总的来看，同志们对“三农”问题特别是对农民增收问题的认识是深刻的，对中央一号文件的学习、宣传、贯彻情况是好的，制定的促进农民增收的措施是符合中央文件精神和各县具体实际的，这些做法和思路都很好。最近，省、市都要召开农村工作会议，对解决“三农”问题进行全面部署。我相信，只要大家按照省、市要求，结合本地实际，切切实实抓下去，今年我市农业和农村工作的目标就一定能实现。下面，借今天这个机会，我谈三点意见。

一　充分认识中央再一次将“三农”问题作为一号文件下发的重大意义，切实把解决好“三农”问题作为工作的重中之重

新年伊始，中共中央、国务院就农民增收发出了一号文件，其中直接带有资金支持的政策占到相当大的比例，这是一份“含金量”很高的文件。文件将着力点放在增加粮食主产区农民收入上，抓住了多年来农民收入最难

提高的部分，对于指导我们解决当前农业和农村发展中面临的许多矛盾和问题，开创农业农村工作新局面，有着特别重要的意义。

对广大农民和农业、农村工作战线的同志，中央一号文件是一份很亲切的文件，是一份有着特殊意义的文件。大家只要回顾一下改革开放以来农业和农村发展的历史就能得出这一结论。1982 年 1 月，党中央发出了第一个一号文件，肯定了“包产到户、包干到户”责任制，为“双包”责任制正了名，极大地调动了农民的积极性，开创了农村经济体制改革的新局面，农村从此进入了前所未有的发展时期。此后，中央又连续发了 4 个一号文件：1983 年，中央一号文件指出家庭联产承包责任制“是在党的领导下中国农民的伟大创造”；1984 年，中央一号文件强调继续稳定和完善联产承包责任制，延长土地承包期，使农民吃上了“长效定心丸”；1985 年，中央一号文件取消 30 年来农副产品统购派购的制度，对粮、棉等少数重要产品采取国家计划合同收购的新政策；1986 年，针对怀疑否定农村改革的种种倾向，中央一号文件肯定了必须贯彻执行农村改革的方针政策。5 个中央一号文件，反映了广大农民的愿望和心声，记载了中国农村改革的历史进程和前进步伐。几千年温饱不保的农民，实现了历史性的飞跃。从温饱线上逐步迈向小康。农村改革的成功，不仅极大地调动了广大农民的生产积极性，提高了粮食产量，保障了粮食供给，而且也极大地活跃了城乡经济，丰富了市场供应。

但是，在新的历史时期，“三农”问题再次面临一个新关口，与农村经济相伴随的矛盾越来越多：农业发展缺乏动力，农村发展缺乏亮点，农民增收缺乏支撑。从 20 世纪 80 年代中期农民收入增长放缓后，1997 年以来，农民收入已连续 7 年低速增长，其增量不及城镇居民收入增量的 1/5。城乡居民收入差距持续扩大，由 20 世纪 80 年代中期的 1.8∶1 左右，扩大到 3.1∶1。粮食主产区和多数农户收入持续徘徊不前甚至减收，“谷贱伤农”，农民增收进入最严峻的时期，也严重影响了粮食的供给。就我们邯郸来讲，虽然在数字大小上与全国相比有差别，但整个发展趋势是一致的，问题的严重性是相同的。正像中央一号文件指出的，农民收入长期上不去，不仅影响农民生活水平提高，而且影响粮食生产和农产品供给；不仅制约农村经济发展，而且制约整个国民经济增长；不仅关系农村社会进步，而且关系全面建设小康社会目标的实现；不仅是重大的经济问题，而且是重大的政治问题。农民增收难的问题已经到了非解决不可的时候了，在这样的情况下，党中央、国务院单就促进农民增收问题专门制定一号文件，意义特别重大。

新形势下，农民增收困难，既是农业和农村经济结构性矛盾的现实反映，也是国民经济发展长期积累的深层次矛盾的集中体现。为了切实解决这些矛盾，中央一号文件坚持科学发展观，突出强调了三点：第一，要集中力量把促进农民增收的政策措施，主要用在粮食主产区和种粮农民身上。农民增收难已持续了几年，我国粮食产量持续减产，要保障粮食的稳定供给，就要调动农民的种粮积极性，就要提高主产区的粮食生产能力。第二，要给农民平等的权利，给农村优先的地位，给农业更多的反哺。中国几千年都以农为本，但历史上的“重农”，都是以重税为前提。重的是农民的生产力，而不是农民的利益。这种与“夺农”政策相伴随的“重农”，对农民不是福音。中央一号文件则不同，它坚持“多予、少取、放活”的方针，从多方面给农民以更多的实惠，字里行间，让人深深感受到党和政府把解决“三农”问题作为工作重中之重的拳拳之心，充分体现了“三个代表”重要思想，体现了“以人为本”的发展观。文件首次指出“进城就业的农村劳动力已经成为产业工人的重要组成部分”，这个表述非常符合实际。第三，要统筹城乡经济社会发展，构筑农民增收的长效机制。文件始终把解决“三农”问题纳入整个经济社会发展的“大盘子”统筹考虑，既明确要充分挖掘农业和农村内部增收潜力，同时又要在拓展农业和农村外部增收空间、统筹城乡就业上下功夫。如调整国民收入分配结构和财政支出结构，鼓励引导工商资本、民间资本、外商投资投入农业开发，深化为农民增收减负提供体制保障的四项改革，目的都是让种粮农民有更多收益，使更多的农业人口转移到城市从事非农产业，形成一个城乡统筹的格局。

有人讲，如果说20年前的中央一号文件使凋敝的农村走向繁荣，那么，今天的中央一号文件，则是在全面分析了农业新阶段的内涵和特征后，推动现代农业加快发展、实现历史性跨越的又一次政策创新。我看，这样讲，一点也不为过。我们一定要很好地利用这一次政策创新的机会，切实把解决好

“三农”问题作为工作的重中之重，付诸实实在在的具体行动，努力推动全市农业和农村工作有一个大的发展。当然，目前我们对中央一号文件的学习，还仅仅是一个开头，下一步，我们还将采取各种形式进行深入学习。

二　认真贯彻“多予、少取、放活”的方针，力争实现农民收入较快增长、农村经济更加繁荣

中央一号文件是中央指导当前和今后一个时期农业和农村工作的纲领性文件。关于今年和今后一个时期促进农民增收的政策，中央已经明确，这就是中央一号文件列举的22条。我们下一步的主要任务是认真地贯彻落实。结合邯郸实际，我认为，当务之急是围绕增加农民收入主题，抓住以下六个方面，往深里做，往实里做，往细里做。

（1）继续调整农业产业结构，增强粮食综合生产能力，不断提高农业产业化经营水平。邯郸作为农业大市和粮食主产区，必须十分重视粮食生产。要保持党的农村基本政策的稳定性，保护好耕地，保证粮食种植面积，不断增加农业投入，改善农业生产条件，保证粮食产量，特别是要让单产稳定增长。与此同时，要继续下大力气调高调优农业产业结构，全面调整粮、经、饲比例。尤其要大力发展农业龙头企业，拉伸产业链条，提高农业产业化经营水平。一是吸引“三资”建龙头。制定优惠政策，创造宽松环境，改善招商环境和方式，把民营资本、工商资本、外商投资吸引到农业产业化经营中来，按照市场导向和主导产业发展需求，抓紧建设一批新的龙头企业。二是整合资金、人才、资源壮龙头。各县（市、区）都要选择一些好的优势龙头企业，利用和依托现有优势龙头企业，通过企业重组并购，积极开展资本运营，整合现有的资金、人才、技术等，向龙头项目集中，向优势产业集中，加快发展一批大型企业集团。尤其是大名花生、永年蔬菜、鸡泽辣椒、临漳獭兔和林板一体化等产业，要先行一步，创造经验，力争今年年内完成龙头企业整合工作。三是抓好科技强龙头。通过与科研院所、大专院校合作，采取技术参股、技术转让、买断等形式，加大产品的开发力度。通过加大科技和技术改造投入力度，引进先进的工艺、设备和技术，提高农产

品的精深加工水平，拉伸产业链条。鼓励经济效益好、有发展前景的企业，进行规范的公司制改造，改成股份有限公司或有限责任公司。为了实现这样三个目的，各县（市、区）委、政府都要按照中央一号文件的要求，专门安排支持农业产业化发展的专项资金，较大幅度地增加对龙头企业的投入。对符合条件的龙头企业的技改贷款，给予财政贴息。对龙头企业为农户提供培训、营销服务，以及研发引进新品种新技术、开展基地建设和污染治理等，给予财政补助。对新办的中小型农副产品加工企业，要加强创业扶持和服务，不管哪种所有制和经营形式的龙头企业，只要能带动农户，与农民建立起合理的利益联结机制，给农民带来实惠，都要在财政、税收、金融等方面一视同仁地给予支持。

（2）加快建设畜牧强市。市委、市政府已专门就加快建设畜牧强市做出决定，并以“邯字 1 号”文件的形式下发给大家。这是市委、市政府为适应我国加入 WTO 后市场竞争更加激烈的新形势和农业结构战略性调整的客观要求采取的一项重大举措，目的在于充分发挥我市饲草、饲料资源丰富的优势，尽快把畜牧业培育为农业第一主导产业，促进畜牧业在解决农民增收问题中发挥更大作用。落实这一文件，要着重抓好以下三个环节。一是狠抓畜牧业结构调整。按照政府推动、内扶外引、企业主导、市场运作方式，实施名牌战略，高起点发展集团化、规模化奶业龙头企业，迅速实现奶牛优种率、园区建设、奶源基地、奶品加工“四个突破”，以高速公路两侧为重点区域，实施“秸秆饲料化工程”，建设牛羊养殖带。市里将在现有基础上，采取更加有力措施，使以馆陶、永年、曲周为主的蛋鸡养殖基地，以邱县、大名、成安、广平、永年、临漳为主的肉羊养殖基地，以武安、磁县、矿区为主的瘦肉型猪养殖基地，以滏阳乳业有限公司、市种畜场、邯郸县、成安县、永年县、临漳县、邯山区、肥乡县、广平县为主的奶牛养殖基地，以临漳、邯郸县为主的獭兔养殖基地，规模进一步扩大，特色更明显，知名度更高。二是突出畜牧产业化经营。围绕特色主导养殖产业，培育一批名牌效应大、产业链条长、科技含量高、带动能力强的龙头企业。对具备一定基础或具有较大发展空间和辐射带动功能的畜牧龙头，给予重点扶持，引导龙头企业通过合同、订单方式把更多农户吸纳到产业化经营的链条中来，形成龙头强、龙身壮、龙尾长的畜牧龙型经济发展格局。三是扎实推进健全畜禽良繁体系、建设高效安全的饲料生产和监管体系、加强动物疫病防治体系“三大体系”建设。希望大家务必按照“邯字1号”文件的要求，在畜牧业生产方面抓好工作落实。

（3）进一步优化农村劳动力就业环境，增加农民外出务工收入。第一，搞好基础培训，努力提高农村劳动力整体素质。要认真落实好农业部等六部委制定的2003~2010年全国农民工培训规划，开展职业技能、政策法规等培训工作。各县（市、区）都要建立培训中心和基地，试点乡镇要建立培训站。工作中，要特别注意三点：一是将农民职业技能培训纳入各级公共财政的支持范围，建立“政府主导、多方筹集”的投入机制；二是把满足市场需求作为出发点，提高培训的针对性和适用性；三是积极探索新的培训方式。要调动社会各方面参与农民职业技能培训的积极性，鼓励各类教育培训机构、用人单位对农民开展职业技能培训。同时，注意防止和纠正各种强制农民参加有偿培训和职业资格鉴定的错误做法。第二，逐步建立健全农村劳动保障机制，切实维护好农民工的合法权益。按照“公平对待，合理引导，完善管理，搞好服务”的方针，下大力气清理和取消对农民工的歧视性政策和乱收费，集中力量解决好一些企业拖欠和克扣农民工工资、劳动条件差、劳动安全和职业病防治没有保障等突出问题，抓住一些典型案例进行解剖、宣传，努力为广大农民群众撑腰。第三，要逐步建立和完善各级劳务输出网络，不断为农民工提供信息发布、政策咨询、就业指导、职业介绍等多项服务。

（4）下大力气推进农业标准化建设。一方面，要加强标准化生产基地建设。把发展绿色食品作为标准化生产的重要内容，通过积极组织标准化生产，推广绿色食品生产标准，扩大绿色食品基地面积，制定具体的扶持政策，鼓励企业申报绿色食品，力争绿色食品认证工作有较大突破。另一方面，要逐级抓好标准化农业生产示范村、示范乡、示范县创建活动。由市、县（市、区）技术监督部门牵头，制定具体方案，监督实施，符合条件一个就验收一个、命名一个，并实行投资和政策倾斜。同时，加强农产品检测体系建设。下大力气建设市、县两级农产品质量检测中心和畜产品质量检测中心（包括畜禽疫病监测站、兽药监测站、饲料安全监测站）。市一级的农产品质量检测中心和畜产品质量检测中心，要力争在2004年底前通过省级认证，承担起全市农产品质量检测职能。

(5) 抓好涉农重点项目建设，切实扩大农业对内对外开放。一是自下而上建立重点项目库。按照完善产业体系的要求，搞好重点项目的谋划、筛选、评审和推荐工作，自下而上建立重点项目库，争取更多的涉农项目列入国家和省、市重点项目建设规划。二是加强政府扶持和项目推介。集中财力对重点项目予以支持，通过银企座谈等形式促进银行与企业合作。利用新闻媒体和网络等手段，组织农业龙头企业参加各种形式的发布会、洽谈会、招商会、交易会，加大对项目的宣传推介。三是大力发展外向型经济。进一步树立市场化和全球化观念，主动与国内外大企业、大集团联合，加快引进一批规模大、竞争力强的跨国公司或企业集团，兴建一批技术水平高的大项目，以项目建设带动全市农村经济有一个大的发展。

(6) 大力发展农村民营经济。第一，要深化改革，推动农村民营企业体制创新、机制创新和管理创新。对现有的农村集体企业，要实行股份制和股份合作制改造；对已经改制的企业，加强规范化运作。对规模较大的企业，要引导和帮助企业建立现代企业制度，改变家族式管理模式，试行职业经理制度，逐步实现所有权和经营权的分离，最大限度地调动所有者、经营者和职工的积极性。第二，要加快民营经济园区建设，接纳更多的农村民营企业进园入区发展。建设园区，是调整生产力布局、促进生产力发展的一个重要手段，各级政府部门一定要高度重视。在现有小区基础上，适当增加数量，把着力点放在提高小区品位、规范小区运行上。同时，进一步激活民间资本，加大投入，扩大小区规模。通过抓一类、带二类、促三类，把各类园区建设同全市产业布局调整有机结合起来，充分发挥工贸、科技园区在聚集农村生产要素、吸纳农村劳动力、增强农村经济发展后劲等方面的重要作用。第三，要着力优化农村民营经济发展环境。要继续把转变政府职能、改善服务质量、提高服务水平作为优化经济发展环境工作的重点，进一步下大力气抓实、抓好。法律法规未禁入的基础设施、公用事业及其他行业和领域，农村个体工商户和私营企业都要允许进入。要在税收、投资、资源使用、人才政策等方面，对农村个体工商户和私营企业给予支持。

三　大力弘扬求真务实精神，大兴求真务实之风，确保农民增收实现新突破，农业和农村发展开创新局面

现在，可以这样说，今年和今后几年的农业农村工作的大政方针已定，下一步，我们的主要任务是抓落实。落实问题始终是从事基层工作特别是我们从事农业农村工作的同志应该着重解决好的重要问题。工作不落实，再好的工作思路也是“枉费心机”；工作不落实，再好的工作部署也会“打水漂”。前不久，胡锦涛同志在中纪委三次全会上提出，要在全党“大力弘扬求真务实精神，大兴求真务实之风”，认真学习、领会、贯彻这一要求，对于我们一步一个脚印地做好农业农村工作，扎扎实实地把农村现代化建设推向一个新阶段有着特殊重要的意义。

（1）深刻认识和理解“求真务实”的内涵，把“求真务实”作为必备的政治品格，认真培养好、锻造好。求真务实，是马克思主义一以贯之的科学精神，是我们党思想路线的核心内容。坚持求真务实，这个“真”，核心就在于事物的规律性。农村工作虽然千变万化，但从根本上仍然是有规律可循的。改革开放20多年，农村社会的不断发展，农村经济的不断繁荣，实际上就是我们不断深化对农业和农村经济发展规律的认识，遵循和运用规律改造农村天地的实践过程。这些认识，深刻地体现在邓小平理论和“三个代表”重要思想之中，体现在党的基本路线、基本纲领和基本经验之中，体现在党的十一届三中全会以来党和国家制定的一系列方针政策特别是中央已经出台的6个一号文件之中，我们只有真正落实求真务实的根本要求，自觉地认识这些规律、把握这些规律、遵循和运用这些规律，树立和落实科学的发展观、正确的政绩观，才能更加自觉地坚持以经济建设为中心，更加自觉地促进社会主义物质文明、政治文明和精神文明的协调发展，更加自觉地促进社会全面进步和人的全面发展，更加自觉地促进全市农村经济社会的可持续发展。

（2）在具体措施上突出抓好“四抓”，确保工作落实。一是抓典型示

范。充分发挥好典型的示范带动作用，组织干部群众参观典型，用典型进行现身说法，调动干部群众学先进、比先进、赶先进、超先进的积极性，带动全盘工作。二是抓检查考核。重点检查那些涉及农民切身利益的问题，群众关注的“热点”问题，长期不能解决的难点问题和容易出现反复的问题，并敢于较真，确保落实。三是抓思路创新。在新的发展阶段，解决“三农”问题，继续沿用老办法是很难奏效的，必须打破常规，跳出“三农”抓“三农”，用农业之外、农村之外、农民之外的思维方式，用统筹城乡经济发展，以产业化促进工业化、以工业化推动城镇化、以城镇化带动产业化和工业化的办法和思路。四是抓观摩交流。积极组织外出学习考察，学习借鉴外地先进经验，努力提高我市农村工作整体水平。

（3）着眼全年，立足当前，切实安排好春季农业生产和相关工作。重要而紧迫的有以下三项。第一，要切实搞好禽流感防治。春节前后，我国一些地方发生禽流感，我市集结全力，快速反应，做了大量工作，没有疫情发生，下一步要教育干部群众坚决克服侥幸心理和麻痹思想，把防治工作当作当前的一项头等大事，更进一步抓实、抓细、抓具体，确保达到“四不”要求。第二，要切实安排好春耕生产。现在，春耕备播时节已经来临，各级要组织技术人员下乡搞好指导，努力提高单产，增加效益，增加农民收入。各有关部门要主动上门为“三农”服务，尤其要搞好化肥、种子、农药等各项服务，确保质量、取信于民。第三，切实组织好春季植树造林。当前，植树时节已到，要抓紧拿出一个方案，包括宣传动员、任务目标、苗木准备、地块落实、督导检查等，并及时付诸实施。苗木栽上后，要下大力气进行管护，保证成活率。

总之，要通过我们扎实有效的工作，力争全市的农民收入有一个大的增长，农村经济社会有一个大的发展，农业农村工作局面有一个新的开创。

在全市民主评议行风总结表彰暨动员大会上的讲话

（2004 年 2 月 26 日）

刚才，省委、省政府召开了全省民主评议行风总结表彰大会，对 2003 年民主评议行风工作进行了总结，表彰了 2003 年民主评议行风优秀、先进单位和行风建设优秀单位，对 2004 年的民主评议行风工作进行了安排部署。为及时传达贯彻全省民主评议行风广播电视大会精神，经市委、市政府研究决定，我市接着召开民主评议行风总结表彰暨动员会。这次会议的中心议题是，总结 2003 年的民主评议行风工作，表彰 2003 年度民主评议行风优秀单位、先进单位和行风建设优秀单位，安排部署今年的民主评议行风工作。下面，我先讲三个问题。

一　巩固成果，乘胜前进，继续把民主评议行风工作推向深入

按照省委、省政府统一安排部署，2003 年我市在全市范围广泛开展了以“树立行业新风，优化经济环境”为主题的民主评议行风活动。此项活动在市委、市政府的领导下，在社会各界群众的广泛关注和大力支持下，通过各级各参评部门的共同努力，取得了明显的阶段性成果。

（1）各级党委、政府领导力度越来越大，社会参与面越来越广。各级党委、政府把民主评议行风作为反腐倡廉和为经济建设服务的有效载体，作为一项重点工作来抓，主要领导亲自动员部署，主管领导狠抓落实，确保了

各项工作的充分开展。通过新闻媒体进行广泛宣传，调动社会各界群众参与的积极性。在邯郸人民广播电台开辟了“清晨行风热线”栏目，市直55个参评部门领导走进直播间接听热线和接待群众7000余人（次），收到社会各界群众的意见建议2000余条。全市共公布热线电话1000多部，受理群众投诉举报4638件。各级各参评部门举办大型的上街宣传和投诉受理活动80多次，全市近百万名群众参与了宣传活动。各级在新闻媒体上开辟了专栏，对行风评议工作进行宣传，在市以上电台、电视台、报纸上播发、刊登新闻稿件5000多篇（件），覆盖了各行各业，可以说，民主评议行风活动日益深入人心。

（2）参评部门职能进一步转变，给经济快速发展创造了良好的条件。通过评议，各级各参评部门努力打造行政快速通道，积极创造适应市场经济的工作方式、方法，取消可用市场机制调节的行政审批事项，清理废止制约改革和经济发展的文件、规定，落实上级明令取消的收费项目。市政府今年第五批取消行政审批项目64项。市国税局、地税局积极改进税收方式、强化服务职能，实行税银联网，委托代缴简易申报，减少了32道工作程序，方便了纳税人。市财政局在对全市5万名会计换发会计证工作中，一改过去坐等审证变为深入下去集中审核。参评部门的职能进一步转变，使企业感到办事效率高了、自主权多了、条条框框少了、办事快捷方便了，为经济发展创造了有利的条件。

（3）部门和行业作风的明显改进，给人们以全新的感觉。在评议中，我们将解决群众关注的热点问题作为重点。各参评部门在评议中从方便群众办事，为民解难、为民排忧的角度出发制定了一系列的便民利民措施。通过便民利民措施的实施，使一些过去久拖不决的热点难点问题得到了解决，使一些通过许多环节才能解决的疑难问题得到了较好解决，使一些过去无人管、不愿意管的群众日常生活中的小事开始得到重视，并得到了很好解决。各参评部门认真征求社会各界的意见和建议，对反映本部门行风不正方面的问题认真整改，制定了具体的措施，方便群众和企业办事。市交通局针对群众提出的办事难问题，制定了21条便民利民措施，并狠抓落实。市公安局制定出台了45项便民措施，给群众办事带来了很大方便。这些都大大方便了市民的生活。广大群众从耳听目睹、亲身经历中感受到参评部门的作风确实变了，犹如一股清风拂面，给人们以全新的感觉。

（4）一大批热点难点问题的解决落实，给参评部门的形象增添了光彩。在评议中，各级各参评部门采取热情受理、及时转办处理、限期报结果、跟踪抓落实并实行挂帐督办、把解决问题与日常考核挂钩等硬性措施，极大地调动了参评部门解决落实的责任感和紧迫感。评议以来，全市共收到来信来访 1596 人（次），达到了件件有结果、事事有回音。全市共查处违纪案件（问题）147 件，党政纪处分 119 人。群众反映的热点难点问题的解决落实，使人们进一步认识到行风评议工作的威力和作用。同时，也进一步增强了广大群众参与行风评议的积极性，树立了各职能部门在人民群众中的良好形象。

（5）执法行为进一步规范，给企业创造了更加宽松的环境。通过评议，各执法部门针对群众和企业提出的检查过多过滥、个别人员执法不规范、执法水平低等问题，认真制定整改措施。市国土资源局制定了《进一步规范执法程序 11 条规定》，加强职业道德教育，修订完善具体的工作规范、考核和奖惩办法，提高执法人员的执法水平。市民政局为防止借婚姻登记搭车收费、殡仪馆收“红包”等问题的发生，制定了《民政执法责任制实施办法》《基层民政单位规范化建设标准》等 6 个文件、42 项制度，形成了一套科学规范的行风建设监督机制。市畜牧局针对有的执法人员乱执法的问题，采取执法过错追究、监督举报等 6 项制度，今年共通报处理违人员 38 名，较好地解决了随意执法的问题。广大执法人员严格执法，热情服务，自觉规范执法行为，优化了经济发展环境，促进了经济的发展。

（6）积极探索，不断创新，使民主评议行风工作机制进一步规范。为使民主评议行风规范运作，去年我市制定了《2003 年民主评议行风运作规程》，将评议活动分为准备、宣传动员、部门自查自评、整改、听证考核、综合评议、总结表彰七个阶段，并将这七个阶段分为 45 道程序，每道程序都明确了具体的时间、内容、方法、措施，使参评部门对行风评议工作一目了然，既易操作又保证了有序运行。这一做法受到省纠风办的充分肯定。各级行评办结合本地实际创造性地开展工作，不断探索和丰富行风评议工作的新路子。武安市去年对 295 个基层所站进行评议。永年县利用召开大型会议之机，让与会人员对参评部门进行评议。

去年的民主评议行风工作虽然取得了明显的阶段性成果，但与人民群众的期望相比还有一定距离，主要表现在以下几个方面。一是思想认识不到位。一些地方、一些部门还存在不容忽视的问题，有的思想认识不够端正，对行风评议产生观望思想和松劲情绪。二是工作力度不够大。个别部门安于现状，创新进取精神不强，有的作风漂浮，满足于一般号召，工作不实不细，针对性差。三是工作结合不够好。有的部门没有将行风建设与业务工作结合起来，行风建设与业务工作“两张皮”，没有形成工作合力。有的解决群众投诉举报的问题拖拉敷衍，力度不够。这些问题的存在不同程度地影响了行风评议工作的深入开展，在今后工作中必须采取有效措施，认真加以解决。

二　突出重点，把握特点，把2004年民主评议行风工作提高到一个新水平

2004 年是我市优化经济发展环境年。各级各部门要坚持以邓小平理论和“三个代表”重要思想为指导，深入贯彻中纪委三次全会和省、市纪委四次全会精神，围绕着优化经济环境、促进经济发展这一目标，以解决群众关心的突出问题为重点，按照《工作方案》规定的方法步骤，把评议工作往深里抓、往实里抓，强化工作措施，狠抓工作落实，推动民主评议行风活动扎实有效地开展，为开创我市改革与建设的新局面做出更大贡献。

（1）以落实《若干规定》为重点，全面提高环境优化水平。当前，我市正处于深化开放、扩大开放、全面建设小康社会的关键时期，良好的发展环境对推进经济发展和社会进步有着重要的意义。各级各部门要充分认识当前优化“软环境”的重要性，增强优化发展环境的政治责任感和工作紧迫感。各级各部门要按照《若干规定》精神，全面检查“软环境”状况；对照《若干规定》的标准要求，逐条逐项清理存在的问题，拿出优化本地区、本部门、本单位发展环境的具体方案，把贯彻《若干规定》的工作贯穿到

全年的行风评议活动中，有计划、有步骤、下功夫加以落实。在行风评议中要重点解决妨碍发展的旧思想、旧观念，不适应市场经济的管理方式和方法，不符合有关法规的行政审批事项及收费项目等问题，推动治理教育乱收费、纠正医药购销和医疗服务中的不正之风、减轻农民负担、治理党政部门报刊滥发、治理公路“三乱”等专项工作深入开展。督促各部门自觉转变职能，切实规范行政执法行为，依法办事，提高效率，从根本上解决执法不公、吃拿卡要等问题。

（2）以解决“新四条”为突破口，努力维护群众的根本利益。中央纪委三次全会提出要坚决纠正征用土地中侵害农民利益问题；坚决纠正城镇拆迁中侵害居民利益的问题；坚决纠正企业重组改制和破产中不落实中央有关政策规定，造成职工合法利益受到侵害的问题；坚决纠正拖欠和克扣农民工工资问题。这四条问题与广大人民群众密切相关，涉及人民群众的切身利益，纠正这四条问题是纠风工作的新任务，省里将其作为今年行风评议工作的新内容、新要求。各部门要以“新四条”问题的解决为突破口，切实做好维护群众利益的工作。要牢固树立“群众利益无小事”的观念，诚心诚意办实事，尽心竭力解难题，把行风建设的各项工作往深里做、往实里做。各级纠风办要加大监督检查力度，严厉纠正以权谋私损害群众利益的不正之风，对一些问题严重或久拖不决、群众反映强烈的问题，纠风办要直接调查，全程督办，一查到底，坚决维护人民群众的根本利益，维护党和政府执政为民的良好形象。

（3）以搞好向基层延伸为新举措，切实加强基层所站和窗口单位的行风建设。今年的行风评议的对象要向基层延伸，把直接与群众打交道的各参评部门设在基层的所站和窗口单位纳入评议范围，并实行省、市、县、乡四级联动。评议范围向基层所站延伸是深入开展行风评议需要，是行风评议活动的一个新举措。虽然去年有地方已经对基层站所进行了评议，但评议的方法还不是十分科学，有待于进一步改进评议措施、提高评议方法。各级各部门要深入进行调查研究，广泛征求意见，认真谋划，合理安排。要坚持条块结合、以条为主的基本原则，根据部门和行业的实际情况，制定基层所站和窗口单位评议工作方案，摸索新的办法和路子。县（市、区）行评办要对乡镇加强工作指导，评议结果要在全县（市、区）通报，督促基层所站和窗口单位的工作人员提高素质，转变作风，切实解决执法不公、乱收费、乱罚款、吃拿卡要和刁难群众等问题。让人民群众切身感受到行风评议工作带来的实实在在的效果。

（4）以规范运作、创新方法为手段，全面提高行风评议工作质量。在连续两年大规模的民主评议行风中，我们深入研究行风评议工作的基本规律和特点，总结前些年工作经验，结合邯郸实际不断探索，锐意创新，建立和完善长效工作机制，初步形成了民主评议行风的有效机制。今年的行风评议工作内容有拓展，评议范围不断扩大，评议方法又有改进，给我们 2014 年的工作提出了新的更高的要求。今年要在总结去年经验的基础上，着重从以下四个方面加以改进：一是改进听证质询方式，加大整改力度；二是改进查案方式，加大直查力度；三是改进检查督导方式，加大明察暗访力度；四是改进测评方式，加大问卷测评次数。各级行评办要按照市民主评议行风工作方案要求，结合本地区的实际，进一步规范活动程序，健全活动制度，完善活动内容，创新活动办法，健全和完善运行机制，全面推动民主评议行风走上制度化、规范化、长期健康发展的轨道。

（5）以“三线”“两报”为主要阵地，进一步调动百万群众评行风的积极性。往年我们在市电台开设了“清晨行风热线”栏目，各单位设立了举报电话热线，对宣传行风评议、征集民意、为民解忧，动员广大群众评行风均起了积极的作用。今年要在市电视台邯郸新闻节目中增设“行风在线”栏目。在邯郸日报、邯郸晚报增加行风评议宣传内容。通过“清晨行风热线”、电话热线、“行风在线”、邯郸日报、邯郸晚报这“三线”“两报”为主要宣传阵地，广泛宣传行风评议工作动态，征集群众意见，解决群众反映的问题。同时还要采取上街宣传、评议代表联系群众、走访座谈等方式，营造行风评议浓厚氛围，进一步调动广大群众参与行风评议的积极性。

三　加强领导，求真务实，确保民主评议行风取得新成果

今年省委、省政府对民主评议行风工作提出新的要求，广大人民群众对

民主评议行风工作的期望也很高，各级各部门要按照省、市的部署，坚定信心，真抓实干，强化措施，狠抓落实，确保民主评议行风工作取得新成果。

（1）要进一步提高思想认识，切实摆到突出位置来抓。开展民主评议行风活动，是解决人民群众身边问题的有效措施，是各部门加强自身建设、树立良好形象的内在需要，是适应新形势、转变职能、加快改革与发展的时代需要。各级各部门要进一步提高思想认识，消除对民主评议行风活动的一些不正确看法，进一步端正态度，切实把民主评议行风工作作为一项重要工作，摆在突出位置，摆上重要工作日程，以高度的责任感和事业心，认真抓好各项工作任务，推动各方面工作的落实。

（2）要搞好条块结合，形成行风评议整体合力。各部门、各行业要认真贯彻“管行业必须管行风”“抓机关必须抓基层”的原则，上级主管部门要加强对下级行风建设工作的督促和指导，一级抓一级，层层抓落实。各参评部门要对全行业民主评议行风工作负起责任，加强与当地党委、政府的沟通联络，及时掌握本系统、本行业行风建设情况，齐抓共管，解决好本地区、本部门存在的突出问题。今年确定的免评部门要正确认识自己的地位，正确对待取得的成绩。要坚持免评不免建的原则，积极完成行风评议的各项工作，认真解决群众反映的热点难点问题。如果免评期间行风建设出现明显滑坡，发生企业和群众反映强烈的不正之风问题，发生严重损害发展环境的问题，要取消“行风建设优秀单位”资格，纳入当年评议范围。

（3）要求真务实，扎扎实实解决行风问题。各部门要以求真务实的态度对待行风评议工作，扎扎实实解决行风方面存在的问题。要在摸清民意民愿、找准问题关键、把握客观规律上下功夫；要在讲实话、出实招、办实事、务实效上求突破，真正把着力点放到研究解决优化发展环境的重点问题上，放到研究解决群众生产生活中的热点问题上，放到研究解决本部门存在的突出问题上，继续推进和扩大民主评议行风取得的阶段性成果。

（4）要强化监督指导，确保行风评议顺利进行。各级纠风办要做好组织协调和监督检查工作，使行风评议工作做到组织领导到位、工作措施到位、整改落实到位，特别是对群众反映问题较多的部门要加大督导力度。要选好用好评议代表，充分发挥他们听民意、代民言、促整改的作用，不断拓宽部门与群众沟通交流的渠道，扩大评议的社会广泛性。各级行评干部要正确认识自己的地位作用，不断加强自身建设，以良好的作风推动行风评议活动开展，以奋发进取的精神把行风评议工作推向更高的层次。

同志们，全市民主评议行风工作的目标任务已经明确，现在的关键就是要集中精力，狠抓落实。各级各部门要以这次会议精神为动力，以创新的勇气、改革的精神、求实的作风，推动我市民主评议行风工作登上新台阶，为邯郸的改革、发展、稳定做出新贡献！

在学习中央一号文件和省委六届五次全会精神会议上的主持词（节选）

（2004年3月1日）

按照市委主要领导提议，全市人口与计划生育工作会后，把各县（市、区）委书记、县（市、区）长，主管农业农村工作的县（市、区）委副书记留下来，和市直农口部门的主要负责同志以及各县（市、区）主管农业工作的副县（市、区）长、农工委书记一起，利用半天时间，集中学习中央一号文件和省委六届五次全会精神。主要目的在于通过集中学习，切实提高大家对中央一号文件和省委六届五次全会重要意义的认识，正确分析我市农业农村工作面临的新形势，进一步学习政策、吃透政策、用足用好政策，牢牢把握加快农业农村发展的新机遇，促进全市农民收入的快速增长。

刚才，增海同志、素华同志分别传达了中央一号文件和省委六届五次全会精神。中央一号文件和省委六届五次全会精神，内容丰富、含义深刻、政策性强，是指导我们今后一个时期农业农村工作的总纲领，仅仅靠这半天来完全弄懂、吃透精神是不现实的。今天的学习只能说是初步的、粗线条的。更为重要的是，大家回去以后，要结合本地本单位实际，潜心学习，细心研究，用心领会，把握实质，融会贯通，真正把中央一号文件精神和省委六届五次全会精神贯彻落实到实际工作中去。下面我就学习贯彻落实中央一号文件精神和省委六届五次全会精神，再提几点要求。

第一，要把学习贯彻中央一号文件和省委六届五次全会精神作为农业农村工作首要的政治任务。中央一号文件下发后，特别是2月9日在全国各大报纸刊登后，各县（市、区）和市直各单位特别是涉农部门对中央一号文件都进行了认真的学习与讨论。并且制定了具体的促进农民增收的措施与办法，不少县还召开了四套班子会、常委会、三干会等进行了学习和贯彻，形式多样，方法灵活。但是应当看到，我们对中央一号文件的学习还很不够，特别是有的地方和单位反应相对迟缓，缺乏应有的政治敏锐性和强烈的机遇意识，甚至有的地方和单位的领导对中央一号文件还没有通读过一次。这里边当然有一些客观的原因，比如防治禽流感，还有春季绿化造林、春耕备播、县（市、区）召开两会等，工作头绪较多，所以坐不下来，沉不进去，对文件学习和贯彻也就难免一知半解、浅尝辄止。因此，张力书记在前几天听取农工委关于农业农村工作的汇报时，专门提出要把大家集中起来，对中央一号文件进行一次封闭式的逐段逐句的学习，目的在于进一步提高大家学习中央一号文件的自觉性，增强落实中央一号文件、促进农民增收的紧迫感和责任意识。刚才，素华同志还传达了省委六届五次全会精神，这次会上，省委出台了《中共河北省委关于推进农村小康社会建设若干重要问题的意见》，这是一个事关全局、指导当前和今后一个时期我省农村小康建设的十分重要的文件，必将对我省和我市农业农村工作起到巨大的推动作用。因此，各县（市、区）和市直各单位都要把学习贯彻中央一号文件和省委六届五次全会精神作为当前农业农村工作的一项重要的政治任务，学习好、宣传好、贯彻好。各级各部门领导班子要带头学，主管领导和涉农部门更要扑下身子原原本本地学，逐字逐句、逐条逐项学，反复学，真正吃透精神，领会精神，让中央一号文件精神入心入脑。在学习的同时，要进一步加大宣传力度，采取电视广播、文艺宣传队下乡、发放明白纸、到集市庙会宣讲等方式，把中央一号文件精神和省委六届五次全会精神宣传到千家万户，使之家喻户晓，让广大农民群众明白中央的政策精神，使中央和省委的政策给广大农民带来实实在在的实惠。

第二，要把研究政策、吃透政策作为贯彻中央一号文件和省委六届五次全会精神的重中之重。中央一号文件共包括9部分22个方面的具体政策，这些政策对于我们这个农业大市特别是粮食主产区来说，在促进农民增收上具有更为重要的意义。所以，研究政策、吃透政策就更为迫切。比如扶持粮食主产区生产的政策措施，鼓励农民工进城务工的具体措施，加快土地征用制度改革的措施，粮食直补的措施，鼓励个体私营等非公有制经济发展的措施，还有支持主产区进行粮食转化和加工的措施等。我们各级各有关部门要很好地研究这些政策，整合政策。特别是要看一看我们有哪些项目、哪些产业在政策界定的范围内，哪些能争取划入政策界定的范围内。只有把政策研究透、领会好，才能把政策用活用好，才能真正发挥政策的积极效益。

第三，要把创造性地运用好政策、促进农民增收，作为各级领导干部大力弘扬求真务实精神、大兴求真务实之风的具体体现。中央一号文件指出，对于“三农”问题，不仅分管领导要直接抓，而且党政“一把手”要亲自抓，地县两级领导要把主要精力放在农业和农村工作上。胡锦涛同志在中纪委三次全会上提出，要大力弘扬求真务实精神，大兴求真务实之风。对于当前的农业农村工作来讲，能不能把中央一号文件和省委六届五次全会精神落到实处，促进农民增收，就是对我们能不能大力弘扬求真务实精神、大兴求真务实之风的最好检验。当前最为重要的是，各县（市、区）要在认真学习文件、充分研究好政策的同时，抢抓机遇，搞好各项工作与中央政策的有效对接。各级各部门都要研究制定落实中央一号文件精神的具体措施，努力把中央的政策与我们本地的实际相结合，使之更加细化、实化、具体化。这方面，市发改委的工作应给予充分肯定。自中央一号文件下发以后，他们及时组织人员跑部进厅，争项目、争资金，取得了比较好的效果。中央确定了全国一共五个优质小麦基地，河北省一个市，现经过争取，河北省已基本确定为我市。希望各县（市、区）和市直有关部门都要有一种强烈的机遇意识，积极进取的精神，求真务实的工作作风，创造性地贯彻落实好中央一号文件和省委六届五次全会精神，为推动全市农业农村工作的开展，特别是农民增收工作做出我们积极的贡献。

建立防腐保廉体系　实施保驾护航工程
以求真务实精神深入开展全市
党风廉政建设和反腐败工作

——在中共邯郸市纪律检查委员会第四次全体会议上的工作报告

（2004 年 3 月 3 日）

我代表中共邯郸市纪律检查委员会常务委员会向第四次全体会议做工作报告，请予审议。

这次全会的主要任务是：以邓小平理论和“三个代表”重要思想为指导，认真贯彻落实胡锦涛同志提出的“大力弘扬求真务实精神，大兴求真务实之风”的要求，深入学习贯彻党的十六大和党的十六届三中全会精神，传达、贯彻中纪委三次全会和省纪委四次全会精神，总结 2003 年全市党风廉政建设和反腐败工作，研究部署 2004 年党风廉政建设和反腐败任务。坚持标本兼治、综合治理的方针，惩防并举，注重预防，扎实工作，开拓创新，努力取得党风廉政建设和反腐败斗争的新成效。

一　2003年全市党风廉政建设和反腐败工作回顾

2003 年，在省纪委和市委的正确领导下，我市年初及时召开市纪委三次全会，对全市的反腐倡廉工作进行全面部署。全市各级纪检监察机关紧紧围绕发展这个执政兴国的第一要务，全面贯彻中纪委二次全会，省、市纪委三次全会精神，在面临市、县领导班子换届和防治“非典”的特殊形势下，毫不松懈地开展了党风廉政建设和反腐败斗争。紧紧抓住落实党风廉政建设责任制这个重要环节，突出考核结果运用和责任追究，督促各级党委、政府加强对反腐倡廉工作的领导；多次召开全市性调度会议，强力推进反腐败各项工作任务的落实；坚持教育监督并重，积极深化改革，强化制度创新，使反腐败源头治理工作进一步加强；认真组织“千家万户看党风”规模调研活动和全市纪检监察机关领导干部到东南沿海四省十市学习考察，不断提高工作水平，创新工作机制和方法，使全市的党风廉政建设和反腐败工作取得了新的成效。

——领导干部廉洁自律工作和落实党风廉政建设责任制相结合，形成了“四廉”监督新机制。一年里，市纪委协助市委认真落实了市级党政领导干部党风廉政建设责任制，由市级干部带队对县（市、区）和市直部门进行廉政年度考核。在领导干部廉洁自律和落实党风廉政建设责任制工作中，把着力点放在制度创新上，积极探索对领导干部监督和落实责任考核相结合的新办法，形成了述廉、评廉、考廉、用廉的“四廉”监督新机制，同时实行了党风廉政建设责任制第一责任人半年报告制度。尤其是注重考廉结果的运用，把考核结果与干部奖惩和使用挂钩，收到了良好的效果。中纪委副书记刘锡荣同志对我市注重廉政考核结果运用的做法给予高度赞扬，他指出，“把考核成果和奖惩制度与干部任用相结合，邯郸是很有特点的”，“这一点你们做得特别好”。省委副书记、省纪委书记张毅同志对此也给予充分肯定。《中国纪检监察报》头版刊发了我市“四廉”监督的经验。“四廉”监督机制的建立和党风廉政建设责任制的落实，促进了领导干部廉洁自律各项工作的深入开展。奢侈浪费问题得到进一步治理，查处了一批违反规定用公款吃喝案件。领导干部不准收受有关单位现金和有价证券、不准利用职权违反规定干预和插手建设工程招标投标、经营性土地使用权出让和领导干部配偶子女从业规定等领导干部廉洁自律“三项重点工作”得到落实，其中领导干部主动申报上交和退回收受的礼金、礼品 12.1 万元。通过实施《领导干部廉洁自律警示卡》、《廉政承诺书》、廉政谈话和诫勉谈话制度，组织全市各级领导班子召开廉洁自律专题民主生活会，进一步增强了领导干部廉洁从政意识。

——查办案件工作在查处有个性、有特征的重大典型案件方面取得了较大突破。一年来，全市各级纪检监察机关共立案查处各类违纪违法案件1762件。通过办案挽回经济损失2595万元。通过查办和公开处理一批重大典型案件，使人民群众切实看到了我市反腐败的实际成果，更加坚定了反腐败斗争的信心。同时，通过对一些案件的初查、核实，澄清了问题，保护了一批干部。我市的办案工作在全省继续保持了领先位次。我市建立信访信息库、案件线索库、办案资料库和办案人才库的“办案四库”做法及案件管理、案件审理等工作经验，得到中纪委、省纪委充分肯定。

——纠风工作在规范化操作和为经济建设服务方面创出了邯郸特色。在行风评议工作中，我市总结14年来连续开展行风评议工作的经验，在规范操作程序、改进评议方法上下功夫，形成了规范、高效、具有邯郸特色的评议机制；制定了《民主评议行风运作规程》，建立完善了评议代表例会、分组调研、专家评议、重点督访、投诉受理等工作制度。围绕经济建设纠风治乱，公开处理了一批干扰破坏经济环境的典型案件。认真开展了治理教育乱收费、治理公路“三乱”、纠正医药购销中的不正之风等工作。加强了对报刊摊派、农民用电和建房乱收费的专项治理，减轻了农民负担。

——从源头上预防和治理腐败工作取得了新进展，政府采购、产权交易制度改革工作走在了全省前面。在行政审批制度改革方面，对照国家及省公布取消的审批事项，我市又公布取消了73项行政审批事项，公布取消总数达541项，占原有总数的55.5%。同时，加强了对保留审批事项的监督管理。在财政制度改革方面，进一步落实了“收支两条线”规定。会同有关部门开展了行政事业性收费、政府性基金年度稽查和市级收入专项检查，追缴欠费上缴国库2300多万元；财政集中收付工作取得明显进展，市本级141个一级预算单位全部实行了集中收付。产权交易制度改革进一步深入，通过市产权交易中心全年共完成了34宗企业产权转让，活化资产2.3亿元。党政机关处置公务车辆引入市场机制，进行了公开拍卖。政府采购工作进一步扩大了采购范围。在干部人事制度改革方面，推行了党政领导干部任前公示制、聘任制、试用制，建立了由纪检监察、组织、审计等机关、部门参加的干部监督工作联席会制度。加强了对领导干部的经济责任审计工作，全市共对 145 名党政领导干部和 12 名企业领导干部进行了经济责任审计。

——以“树讲求”“三项教育”为主要内容的党风廉政教育取得了好效果。协助市委在全市党员干部中开展了掀起学习贯彻“三个代表”重要思想新高潮和“树正气、讲团结、求发展”活动。认真落实胡锦涛总书记关于“两个务必”的讲话要求，在全市开展了以“艰苦奋斗，廉洁从政”为主题的教育活动。把正面典型示范教育、反面典型警示教育、党纪政纪条规教育融入主题教育之中，积极开展了“上一堂国情课、走访一次贫困家庭、到革命传统教育基地接受一次教育、开一次艰苦奋斗专题学习交流会、举办一场艰苦奋斗先进事迹报告会”的“五个一”活动。组织全市科级以上干部参观了廉洁从政图片展览，观看了大型警示教育话剧《警钟》，收看了典型案件剖析片，使广大党员干部增强了廉洁自律意识，提高了践行“三个代表”重要思想和立党为公、执政为民的自觉性。

——行政监察和专项监督检查取得了新成效。围绕经营性土地使用权招标拍卖挂牌、有形建筑市场、国债资金和重特大事故责任追究开展执法监察，积极配合有关部门对救灾款物、四项社保基金等进行专项检查。

——建立防治“非典”工作纪检监察组，为保证“防非”工作顺利进行发挥了重要作用。纪检监察组 24 小时受理群众举报，随时查办违纪违法案件，不定期对重点部位检查督导，认真查处党员干部擅离职守、监管不力、失职渎职等问题。各级纪检监察机关还在防治“非典”期间，加强了对救灾款物、医药市场秩序的监督检查和公路“三乱”的治理，保证了“绿色通道”的畅通。同时，抽调一大批干部向全市每个高考考场派驻了纪检监察员，为防治“非典”期间各项工作顺利进行提供了坚强的纪律保证。

省纪委对我市纪委 2003 年整体工作做出了“实绩突出”的综合评价。市委、市政府主要领导同志对我市纪检监察工作也多次予以表扬。

回顾 2003 年反腐倡廉工作实践，使我们在思想认识上有了新的飞跃。

第一，牢牢把握为发展第一要务服务的指导思想，反腐倡廉工作路子才会越走越宽。发展是执政兴国的第一要务，也是各级纪检监察机关要牢牢把握的工作大局。2003 年，全市纪检监察机关充分发挥职能作用，为深化改革和经济建设保驾护航。为了确保国企改革的顺利进行，认真查处了一批借企业改制侵吞国有资产等违纪违法案件。为了优化经济环境，促进对外开放，保护重点项目建设，认真组织开展了治理企业周边环境、治理公路“三乱”等专项治理活动，制定了《关于对干扰经济发展环境行为进行责任追究的实施意见》，对干扰损害经济发展环境行为严格实施责任追究。为了切实解决好关系群众切身利益的热点、难点问题，市纪委、监察局积极协调收缴再就业资金，帮助下岗职工再就业，派出干部联系贫困农村，解决群众生产生活中的实际困难和问题。

第二，扎扎实实开展调查研究，反腐倡廉工作就会更具有针对性，更好地体现求真务实精神。2003 年 6 ~ 7 月，市纪委、监察局认真谋划，组织全市纪检监察干部开展了“千家万户看党风”规模调研活动。此次调研成为我市纪检监察机关组织的规模最大、参加人员最多、内容最广泛的一次调研。全市共发放党风廉政建设民意调查问卷 2 万份，召开座谈会 786 个，走访群众 13600 余人次，调查企业 161 家、乡镇和街道办事处 136 个、机关事业单位 256 个、自然村和居民委员会及基层所站 1030 个。全市纪检监察系统共有 61 名县级干部、330 余名科级干部和 610 余名一般干部直接参加了调研。通过调研，对全市党风廉政建设的总体状况有了更加客观、准确的评价，对近年来全市党风廉政建设取得的成功经验有了比较全面、系统的总结，对党风廉政建设中存在的突出问题、对群众关注的热点难点、对进一步加强和改进全市党风廉政建设的方向和重点有了更加清晰、明确的认识，进一步完善了工作思路和工作措施，使我市的反腐倡廉工作更具预见性、针对性。

第三，虚心学习、借鉴外地先进经验，结合实际进行理性思考，才能使反腐倡廉工作与时俱进，创出具有本地特色的工作路子。去年 8 月、9 月，利用一个多月时间，组织市、县两级纪检监察机关领导干部赴广东、江苏、浙江、福建四省十市，围绕如何做好新时期党风廉政建设和反腐败工作，进行了比较深入的学习考察。在学习考察期间，现场观摩先进地区的工作流程，实地学习外地纪检监察机关开放的思想意识、严谨的工作作风和有效的工作方法。通过学习考察，使市、县两级纪检监察机关领导干部解放了思想，开阔了视野，拓宽了工作思路。

第四，必须始终坚持抓好自身队伍建设，才能保证反腐倡廉工作任务顺利完成。在认真研究我市纪检监察干部队伍基本状况的基础上，市纪委、监察局针对突出问题，从三个方面切实加强了自身建设。一是加强政治业务素质建设。从领导班子入手，开展了民主集中制学习教育活动；从加强政治素质和强化自律意识入手，在全系统开展了学习贯彻“三个代表”重要思想、开展“树、讲、求”学习教育活动。二是建立内部监督机制，强化对纪检监察干部队伍自身监督。市、县纪委成立了由分管副书记任组长的监督领寻小组，聘请了一批监督员，建立了纪检监察干部廉政报告制度、廉政监督卡制度、走访制度、评议制度和告诫制度等。三是加强组织建设，加大干部交流力度。积极建议市委将 6 个较大县（市）纪委领导班子职数由 7 人增至 9 人。加强了市直纪检监察机构建设，对部分市直纪检组长、副组长进行了充实调整。市纪委、监察局领导班子成员和机关中层干部的调整、提拔、交流工作有了实质性进展。

2003 年工作虽然取得了明显成效，但与上级的要求和群众期望相比，还存在一些差距和不足，主要是：个别地方和单位落实党风廉政建设责任制意识仍不够强，抓反腐倡廉工作时紧时松；有些工作还不够规范，源头治腐工作在一些环节上还有待加强；查办有震动、有影响的大案要案还不够多；纪检监察干部队伍还存在年龄偏大、文化素质偏低、结构不够合理问题，市直纪检组织不够健全，独立办案能力差，在工作力量整合和统一调度上还有许多工作要做等，这些都需要在今后的工作中认真加以解决。

在此，受市纪委常委会的委托，我向全会报告一下常委会自身建设情况。市纪委三次全会以来，常委会带头认真学习贯彻党的十六大和党的十六届三中全会精神，坚持把兴起学习“三个代表”重要思想新高潮作为首要政治任务，自觉抓好理论中心组学习，认真开展“用‘三个代表’重要思想指导纪检监察工作新的实践”理论研讨活动。切实改进工作作风，深入基层，深入群众，认真搞好调查研究，努力使纪检监察工作体现立党为公、执政为民的要求。坚持民主集中制原则，建立健全常委会、书记办公会议事规则，坚持民主生活会制度，认真开展批评与自我批评，认真执行廉洁自律各项规定，自觉接受全委会和广大党员干部的监督。加强机关内部管理，严格工作纪律，特别是办案纪律和保密纪律，严格执行党风廉政建设责任制。希望同志们对市纪委常委会的工作进行监督，多提意见和建议，以便使我们进一步改进工作和作风，把工作做得更好。

二　2004年全市党风廉政建设和反腐败工作主要任务

2004 年，是深入贯彻党的十六大和党的十六届三中全会精神、完善社会主义市场经济体制的重要一年，也是实现反腐倡廉五年工作目标的重要一年。我们要以邓小平理论和“三个代表”重要思想为指导，认真贯彻胡锦涛同志“为民、务实、清廉”的要求，全面落实中纪委、省纪委确定的 2004 年党风廉政建设和反腐败工作任务，牢牢把握纪检监察工作为第一要务服务的指导思想，逐步构建起教育、制度、监督并重的防腐保廉体系，全面实施为经济发展保驾护航工程，努力锻造一支高素质的纪检监察干部队伍，为加快邯郸经济社会全面发展做出积极贡献。

（一）全面构建防腐保廉体系

在全市全面构建防腐保廉体系，是认真贯彻落实党的十六届三中全会和中纪委三次全会“建立健全教育、制度、监督并重的惩治和预防腐败体系”的重要措施，是将全市党风廉政建设和反腐败斗争不断推向深入的内在要求，也是全市广大党员干部和人民群众的迫切愿望。我们要力争用三年时间，在全市逐步建立起与社会主义市场经济体制相适应的防腐保廉体系，把治标与治本、德治与法治、教育与管理、预防与惩处有机结合起来，使党风廉政建设和反腐败工作更加系统化、规范化、法制化，使广大党员干部的拒腐防变能力不断增强，党政机关更加廉洁高效，腐败现象得到有效遏制。

1. 以防腐保廉教育为基础，建立和完善思想防御机制

防腐保廉宣传教育要以各级领导干部为重点，以树立马克思主义的世界观、人生观、价值观和正确的权力观、地位观、利益观为根本，以艰苦奋

斗、廉洁奉公为主题，以更好地做到立党为公、执政为民为目标。当前，要紧紧围绕树立正确的权力观这个关键，认真抓好党员干部“为民、务实、清廉”教育。特别是要把学习、宣传《中国共产党党内监督条例（试行）》和《中国共产党纪律处分条例》作为今年宣教工作的重要内容，认真组织开展“两个条例”的学习、宣传活动。要抓好“四大纪律八项要求”教育，教育广大党员干部严格遵守党的政治纪律、组织纪律、经济工作纪律和群众工作纪律，在党风廉政建设方面自觉遵循以下要求：（1）要同党中央保持高度一致，不阳奉阴违、自行其是；（2）要遵守民主集中制，不独断专行、软弱放任；（3）要依法行使权力，不滥用职权、玩忽职守；（4）要廉洁奉公，不接受任何影响公正执行公务的利益；（5）要管好配偶、子女和身边工作人员，不允许他们利用本人的影响谋取私利；（6）要公道正派用人，不任人唯亲、营私舞弊；（7）要艰苦奋斗，不奢侈浪费、贪图享受；（8）要务实为民，不弄虚作假、与民争利。各级领导干部要认真贯彻执行省委《关于加强对领导干部配偶、子女及身边工作人员管理的暂行规定》，履行好管好配偶、子女及身边工作人员第一责任人的责任。

通过教育，促进全市各级领导干部廉洁自律，解决和纠正突出问题。认真清理党政领导干部违反规定兼任企业领导职务问题，认真清理党政机关用公款为干部职工购买个人商业保险问题，认真清理拖欠公款或利用职权将公款借给亲友的问题。坚决纠正以各种名义用公款大吃大喝和高消费娱乐的歪风。领导干部本人或携亲属旅游等私人活动费用不得用公款支付或让接待单位负担。坚决纠正超标准配备使用小汽车和在住房上以权谋私的问题。进一步落实领导干部不准收受现金、有价证券、支付凭证的规定和领导干部配偶、子女从业的有关规定。认真落实国有企业领导人员廉洁自律的各项规定，尤其要严格执行中纪委三次全会提出的不得在企业重组改制和破产、资本运营、产权交易过程中擅自决策或为个人和亲友谋取私利，不得在招标采购中收受回扣，不得在企业重组改制和破产中损害国家利益和职工合法权益的规定。

完善防腐保廉“大宣教”工作格局，整合各种教育资源，市、县两级都要把防腐保廉宣传教育纳入全党宣传教育和精神文明建设的整体规划，统一部署，统一实施。具体要做到“四个纳入”，即把防腐保廉教育纳入党员干部教育的总体部署，每年集中对新任领导干部进行廉政培训，组织、人事部门进行干部培训时，要相应安排党风廉政教育内容；纳入各级党校培训教育的必备内容；纳入各级党委中心组学习的必备内容；纳入对各级领导干部的培养、选拔、管理、奖惩等各个环节，确保“两个安全”，即领导班子安全和干部队伍安全。

2. 以深化改革为动力，建立有效的权力制衡机制

拓宽从源头上防治腐败的领域，推进“四项改革”，完善“四项制度”。把建立结构合理、配置科学、程序严密、制约有效的权力运行机制，作为构建防腐保廉体系的“主攻方向”，结合政府机构改革，合理调整权力结构，尤其是对管权、管钱、管人等容易产生腐败的部门，进行权力的适度分解，把决策权与执行权分开，将资金调拨权与使用权分离，形成权力制约的格局。认真贯彻《中华人民共和国行政许可法》，深入推进行政审批制度改革。要以自我革命的精神，进一步搞好审批项目的清理、调整和衔接工作。规范审批行为，对上级和我市已经取消的审批事项要加强后续监管，对保留的审批事项，要制定科学合理、公开透明的审批流程，明确各审批环节的依据、标准、条件和责任、权限、时限等。市、县两级纪检监察机关要加强对行政审批制度改革各环节的监督，依照省纪委、监察厅制定的《行政审批过错责任追究暂行办法》的规定，严格责任追究。

全面推进财政管理体制改革，健全公共财政体制。深化部门预算改革，我市市级所有行政单位要全部实现部门预算。进一步推进国库集中收付制度，逐步将所有政府性资金实行国库集中收付。严格执行“收支两条线”规定，将政府非税收入全部纳入“收支两条线”管理，加大对“小金库”的清理和查处力度，割断收费收入与部门利益之间的联系。推进投资体制改革，加强和改进对投资活动的管理和监督。

按照上级部署，积极推进党政机关移动通信工具管理货币化改革。市纪委、财政局、机关事务管理局要抓紧制定改革的具体意见，经批准后组织实施。已经实施此项改革的地方要巩固成果，进一步完善。积极扩大公务用车、公务接待和党政机关福利津贴统一发放改革的试点范围，条件成熟时，

在全市推广实行。

积极协调配合组织、人事部门深化干部人事制度改革，深入贯彻《党政领导干部选拔任用工作条例》，建立健全干部选拔任用和管理监督机制。全面推行和规范党的地方委员会全体会议无记名投票表决下一级党委、政府领导班子正职拟任人选和推荐人选制度，逐步推行党委常委会讨论主要人事任免无记名投票表决制。按照“公开、平等、竞争、择优”的原则，大力推行民主推荐、任前公示、公开选拔、竞争上岗和任期试用等制度，实行领导干部辞职制度，逐步推行党政领导干部任期制，加大调整不称职、不胜任现职干部的力度。加强对贯彻落实《条例》的监督检查，严肃查处跑官、要官、买官、卖官行为。

严格执行建设工程招标投标、经营性土地使用权出让、产权交易和政府采购四项制度。进一步强化对有形建筑市场的监管，规范建设工程和政府信息化工程招标投标行为，加强对招投标过程的监督，严格审核招标代理机构和评标专家的资质，坚决纠正干预招标、虚假投标、串标和非法挂靠等问题。认真落实经营性土地使用权招标拍卖挂牌出让制度，严肃查处违法违规批地用地行为。健全产权交易市场，加强对资产评估行业的监管力度。进一步扩大政府采购的范围和规模，实行采购办公室与采购中心、采购管理与执行的分离，加强政府采购的规范化管理。今年上半年，要在全市推行政府网上采购，并将财政性资金和财政拨款的建筑材料采购纳入政府采购招投标管理。行政监察机关要对“四项制度”执行情况实行全程监督。

3. 以规范从政行为为重点，健全和完善法规制度约束机制

认真贯彻落实全国纪检监察法规工作会议精神，切实加强防腐保廉法规制度建设。各级各部门要把廉政法规制度建设列入重要议事日程，纳入党风廉政建设和反腐败工作的总体部署，把从严治党和执政为民的要求转化为具体的制度规定。各级各部门要在各自的职责范围内将反腐败的要求融合到相应的工作制度之中，针对腐败现象易发、多发部位和群众反映强烈的问题，建立和完善预防、监管、惩处、保障等各方面的规章制度，形成用制度规范行政行为、靠制度管事、靠制度管人的机制。市纪委、监察局要加强与人

大、政府及有关部门的联系，参与有关法规和规范性文件的制定。各级纪检监察机关要加强对防腐保廉法规制度执行情况的监督检查，对违反法规制度的行为严肃查处，保证各项法规制度的有效贯彻执行。

4. 以认真贯彻党内监督条例为契机，强化和完善监督制约机制

要认真学习、广泛宣传和坚决贯彻执行《中国共产党党内监督条例（试行）》，认真贯彻落实省委《关于加强各级党组织民主集中制若干重要问题的决定》，切实加强和改进党的集体领导，强化对贯彻民主集中制的有效监督。各级领导班子和领导干部要勇于拿起批评与自我批评的武器，进一步提高民主生活会质量，积极开展批评与自我批评。上级纪委和组织部门要加强对下级领导班子民主生活会开展情况的督导。

要综合运用党内监督、国家专门机关监督、群众监督和舆论监督等多种监督形式，形成监督合力，确保权力的正确行使。尤其要落实好胡锦涛同志在中纪委三次全会上关于“要把党内监督与群众监督紧密结合起来，使两者相互促进、相得益彰”的讲话精神。近年来我市建立的“述廉、评廉、考廉、用廉”制度，就是党内监督与群众监督相结合、领导干部廉洁自律与落实党风廉政建设责任制相结合、自律与他律相结合方面探索的新形式、建立的新机制。我们要进一步总结经验，把“四廉”监督纳入党内监督条例的贯彻落实中，将其作为落实《条例》的一个重点内容，努力深化，不断提高。市纪委近期要制定“四廉”监督的具体实施细则和操作流程，使“四廉”监督更加完善、规范。要继续落实党风廉政建设责任制第一责任人半年报告制度、纪委负责人同下级党政主要领导谈话制度。全面推进和完善政务、厂务、村务公开，在公开的规范和提高上下功夫。与群众利益密切相关的部门和单位，如学校、医院以及水、电、气、公交等公用事业单位也要全面实行办事公开，为群众监督创造有利条件。加强新闻舆论监督，建立党风廉政建设新闻发布会制度。加强审计监督，扩大党政领导干部经济责任审计范围，改进和完善审计方法。注重审计结果的运用，努力使审计结果进入党委选人用人决策程序和党政纪惩处程序。各级纪委要充分发挥党的监督机关的职能作用，加强对《条例》执行情况的监督检查。对违反《条例》规定，不履行或不正确履行党内监督职责、不遵守党内监督制度的，要追究责

任，严肃处理。

5.以落实党风廉政建设责任制为核心，建立和完善责任保障机制

党风廉政建设责任制是深入推进防腐保廉工作，构建防腐保廉体系的重要保障。各级党委、政府要严格执行党风廉政建设责任制，把党风廉政建设和反腐败工作纳入党委、政府工作整体格局通盘考虑，一起部署、一起落实、一起检查、一起考核。认真抓好责任分解、责任考核和责任追究。最近，市委常委会对市委、市政府领导及分管战线职能部门党风廉政建设工作进行了责任分工。张力同志对全市党风廉政建设工作负总责；聂辰席同志协助张力同志抓好全市党风廉政建设工作，对全市政府系统的党风廉政建设工作负责；各位常委、副市长对分管部门和单位的党风廉政建设工作进行指导和监督。主要工作分工是：干部人事制度改革、清理党政领导干部违反规定兼任企业领导职务、厂务公开，由李石、贾永信同志负责，市委组织部、市总工会分别牵头抓；政法系统的党风廉政建设工作、推进司法体制改革，由陈会新、张有祥同志负责，市委政法委牵头抓；领导干部廉洁自律、查处大案要案、党风廉政教育、落实党风廉政建设责任制、党风廉政建设组织协调，由周文夫同志负责，市纪委牵头抓；民主评议行风、优化经济发展环境、政务公开工作，由周文夫、赵风楼、丁英辉同志负责，市纠风办、市优化办分别牵头抓；党内监督工作、农村和城市基层党风廉政建设，由李石、周文夫、贾永信同志负责，市纪委、市委组织部分别牵头抓；减轻农民负担、村务公开，由周文夫、史增海、曹素华同志负责，市委农工委、市农业局分别牵头抓；治理党政部门报刊散滥和利用职权发行工作，由徐亚平、辛宝山同志负责，市新闻出版局牵头抓；行政审批制度改革、财政管理制度改革、投资体制改革、政府采购、清理党政机关用公款为干部职工购买个人商业保险、清理党政领导干部拖欠公款或利用职权将公款借给亲友的问题，由赵风楼同志负责，市监察局、市财政局、市发改委分别牵头抓；加强对行业组织和社会中介机构的管理和监督，由赵风楼同志负责，市发改委牵头抓；国有企业党风廉政建设、纠正企业重组改制和破产中侵害职工合法权益、纠正拖欠和克扣农民工工资问题、规范国有企业产权交易、治理公路“三乱”，由宋春婴、冯连生同志负责，市国资委、市劳动和社会保障局、市建

设局、市交通局分别牵头抓；纠正征用土地中侵害农民权益问题、纠正城镇拆迁中侵害居民利益问题、规范建设工程招投标行为、落实经营性土地使用权招标拍卖挂牌出让制度，由冯连生、丁英辉同志负责，市国土资源局、市建设局分别牵头抓；继续纠正医药购销和医疗服务中的不正之风和治理教育乱收费，由辛宝山同志负责，市卫生局、市教育局分别牵头抓。各县（市、区）各单位也要认真搞好2004年度党风廉政建设责任制分解，确保防腐保廉各项工作在各级各单位都能做到有人抓、有人管、有人负责、落到实处。各级纪检监察机关要注意发现和查处责任追究案件，加大责任追究力度，对那些领导不力，甚至不抓不管，导致严重不正之风长期得不到治理、屡屡出现重大腐败问题的地方和单位，要根据情况追究主要领导的责任，维护党风廉政建设责任制的权威性和严肃性。

各级纪委要认真履行协助党委组织协调反腐败工作的职责，促进防腐保廉工作深入开展。要妥善处理与各职能部门的关系，既要认真组织协调，又要充分调动各部门的积极性。对需要多部门共同完成的工作，要有效组织，合理调配，整合力量；对那些与部门业务紧密相关的工作，要充分发挥部门的牵头作用。

各级纪检监察机关要全面履行两项职能，切实发挥行政监察职能作用，按照科学民主决策、坚持依法行政、加强行政监督这三项政府工作的基本准则，做好行政监察工作。加强廉政监察、执法监察和行政效能监察。认真履行《行政监察法》赋予的职责，加强对党的路线、方针、政策和国家法律、法规，以及政府法令和重大决定执行情况的监督检查，促进依法行政，确保政令畅通。以上五个机制，教育是基础，制衡是重点，监督是关键，制度是根本，责任是保障。五个方面相辅相成，互相作用，共同构成一个有机统一的整体，充分体现中纪委三次全会提出的标本兼治、注重治本、惩防并举、注重预防的要求。各级党委、纪委要认真抓好落实。

（二）实施保驾护航工程

纪检监察机关要把营造良好的经济发展环境作为神圣职责、首要目标，通过加强党风廉政建设和深入开展反腐败斗争，实施保驾护航工程，千方百计为第一要务排阻清障，保驾服务，为加快经济发展提供坚强的政治保证。

1. 实施“保护工程”

以优化我市经济发展环境为中心，以保护党员干部发展经济的积极性和企业合法权益为重点，努力在全市形成“干事业有理、做贡献有功”的大好局面。

各级纪检监察机关要主动深入经济建设第一线和市场经济新领域。要叫响保护干事创业者的口号，打出保护干事创业者的旗帜，展示保护干事创业者的行为，为干事创业者保驾护航。要积极制定有关规定和政策界限，对政治上靠得住，能干事、会干事、干成事的干部，要坚决支持、保护；对想干事、有失误的要关心教育，既不能因监督、管理不够而使他们倒下，也不能因支持、保护不力使他们夭折；对受到委屈的要为他们伸张正义，对受到诬陷的要为他们澄清事实，以正其名；对自己不干事又对干事创业的说三道四、评头论足甚至设置障碍的要予以追究；对造谣中伤、诬告诽谤他人的要发现一起、坚决查处一起。从而保护和调动广大党员干部搞改革、干事业的积极性，推动我市经济建设的快速发展。

要强化对企业合法权益的保护，严格执行省纪委、省监察厅制定的《关于进一步优化发展环境的若干纪律规定》和市纪委、监察局《关于对干扰经济发展环境行为进行责任追究的实施意见》，对违反优化政策环境、违反优化政务环境、违反优化市场环境、违反优化法制环境、违反生态环境保护规定的各种违纪行为，要坚决查处。要以铁的手腕、铁的纪律严厉惩治“三乱”（乱收费、乱摊派、乱检查），严肃处理党员干部“三强”（强收、强征、强罚）行为和为“五霸”（市霸、村霸、路霸、车霸、官霸）充当保护伞的行为，对只收费不服务、以罚代管加重企业负担的，对到企业吃、拿、卡、要、报等影响企业发展、干扰企业正常经营活动的要从重从快查处。典型案件该通报的通报，该在新闻媒体曝光的公开曝光。同时，要深入开展“四个一”活动，即每位领导建立一个联系点（包一个企业）；每季召开一次座谈会和走访征求企业意见，了解企业困难和要求；每半年为企业领导讲一次法纪课；实实在在帮助企业解决一个实际困难。大力支持国有企业的改革，充分发挥职工群众民主监督的作用，加强国有企业防腐保廉工作。要依法保护各类投资者、经营者的合法权益，特别要注意支持、保护民营和外商企业，不折不扣地落实支持民营、外商企业发展的各项政策措施，扶持民营、外商企业做大做强。

2. 实施“惩戒工程”

确保优化经济发展环境，为经济建设提供强有力的法纪保障。要认真贯彻从严治党方针，加大查办案件工作力度，坚决惩处腐败分子。要充分发挥我市办案工作“四库”的作用，重点查办县（处）级以上领导干部违纪违法案件，特别是违反政治纪律的案件和贪污、受贿、挪用公款的案件。着重查办建设工程、土地使用权出让、金融、物资采购领域的案件；企业重组改制和破产国有资产严重流失的案件；领导干部伙同或支持其亲友非法敛财的案件，严重腐化堕落的案件；司法人员贪赃枉法、徇私舞弊的案件，领导干部和执法人员为黑恶势力充当“保护伞”的案件；严重违反组织、人事纪律的案件和严重失职渎职的案件。严肃查办基层干部以权谋私、侵害群众利益的案件。尤其要严肃查办阻碍和破坏国企改革的案件；钻企业改革空子、中饱私囊、私分国有企业资产或借改革之机到企业吃、拿、卡、要、报的违纪违法案件；报复企业领导人员和阻碍企业合法经营的案件；到企业寻衅滋事、煽动聚众闹事干扰破坏经济秩序的案件。年内，市纪委、监察局要查处几起有影响有震动的大案要案，各县（市、区）也要注重查处在当地有影响有震动的大案要案，对典型案件进行公开处理。

要不断探索办案的新思路，改进办案方法和手段，将查办与防治相结合，发挥查办案件在预防腐败和治本方面的建设性作用。一要完善查办案件领导体制和协作办案机制。切实加强党委、政府对查办案件工作的领导。各级党组织必须认真查办职责范围内的案件。纪检监察机关要集中力量查办比较复杂的案件，同时充分发挥组织协调作用。完善反腐败斗争联席会议和查办大案要案协调小组工作机制，建立健全纪检监察、法院、检察、公安、审计等执纪执法机关协同办案的各项制度，形成办案合力。二要完善惩处腐败分子的有效制度。要严格执行《中国共产党纪律处分条例》，对重大、疑难案件，实行交叉办案、异地办案、联合办案。在充分运用法律制裁、纪律处分和组织处理等手段的同时，加大对腐败分子的经济处罚和追缴力度，不让其在经济上占便宜。加大对携款外逃公职人员的追逃力度，不让其逍遥法外。设立职业资格限制和剥夺制度，限制其从业资格，增大腐败行为的风险和成本。三要注重查办案件的经济、社会和政治综合效果。坚持惩处与保护、惩处与教育的有机结合，实施个案预防，剖析违纪违法案件发生的原因，寻求有效预防的对策。要进一步加强信访举报工作。提倡和鼓励实名举报，严肃查处打击报复举报人的行为，对诬告陷害的要追究责任。加强与有关职能部门的联系，整合信访资源。坚持分级负责、归口办理，建立有效的信访处理机制，妥善解决群体访、重复访等问题。

3. 实施“效能工程”

着重解决行政管理、行政执法过程中不作为、乱作为和效率低下的问题。重点围绕市委、市政府重大决策，围绕市政府为民办实事项目来实施。要在全市机关大力提倡和发扬“五办”作风：对基层、企业和群众反映的亟待解决的问题，要闻风而动“马上办”；对疑难复杂的老大难问题，要知难而进“主动办”；对能够在基层和现场解决的问题，要深入实际“上门办”；对一些条件暂不具备或一时难以解决的问题，要创新思维“变通办”；对涉及面广、政策性强的热点问题，要坚持阳光操作“透明办”。

一方面继续抓好机关效能监察和政务公开，为机关工作全面提高整体水平创造条件。对行政不作为、乱作为的要依法依纪追究责任，切实纠正乱作为、督促不作为、鼓励有作为，解决部门之间存在的推诿扯皮、效率低下甚至失职渎职等问题。另一方面以建设行政服务中心、会计核算中心、招投标中心、政府采购中心和经济发展环境投诉中心为载体，以深入推行政务公开、厂务公开、校务公开、村务公开为保障，为营造高效快捷的服务环境创造条件。促进机关转变工作作风，改善服务态度，提高办事效率。要充分发挥投诉中心的作用，加大对投诉问题的查处力度，切实维护外商及各类投资者的权益。同时要坚持完善三个环节，即建立效能监察网络，制定效能监察责任机制，规范效能监察运行程序，通过制定和实施《效能监察质询书》《效能监察建议书》《效能监察告诫书》《效能监察决定书》《廉政监督卡》的“四书一卡”，使效能监察发挥应有作用，强化效能监察的权威性、针对性和长效性。

4. 实施“惠民工程”

要以切实维护人民群众的根本利益为出发点，以更好地做到立党为公、执政为民、让群众满意为目标，在总结运用“千家万户看党风”规模调研成果的基础上，进一步找准群众反映的突出问题，下决心采取有效措施加以解决。

针对群众意见大、反映强烈的突出问题，进行集中整治，一抓到底，抓出成效，取信于民。（1）继续治理教育乱收费，全面推行义务教育阶段“一费制”收费办法，狠抓“招生、编班、收费”三个环节，规范教育收费行为。（2）继续纠正医药购销和医疗服务中的不正之风，解决医药购销中给予、收受回扣和医疗服务中“开单提成”、收受“红包”等问题。纪检监察机关要督促有关部门，本着公开透明、高效利民的原则，规范教育收费和医疗服务行为，全面实行收费公示制、药品集中招标采购制、医疗费用清单制、药品价格查询制和医疗卫生服务信息公示制等制度。（3）继续做好减轻农民负担工作，规范农业税征管，不准在规定之外进行任何形式的摊派和收费。（4）继续治理党政部门报刊散滥和利用职权发行的问题。（5）加大从源头上治理公路“三乱”的力度，进一步清理、撤除不符合规定的道路收费站点。

树立正确的政绩观，坚决反对形式主义、官僚主义，狠刹搞各种脱离实际、劳民伤财的“形象工程”“政绩工程”的不良风气，认真解决损害群众利益的突出问题。（1）坚决纠正征用土地中侵害农民利益的问题，严肃查处违反规定乱批乱占耕地，以及拖欠、截留、挪用土地补偿费用等问题。（2）坚决纠正城镇拆迁中侵害居民利益的问题，严肃查处拆迁中不依法办事、滥用强制手段等行为。（3）坚决纠正企业重组改制和破产中不落实中央有关政策规定，造成职工合法权益受到侵害的问题。（4）坚决纠正拖欠和克扣农民工工资问题，保护农民工的合法权益。通过解决群众反映强烈的突出问题，使我市广大群众切实感受到党风政风和社会风气在不断好转，反腐败的信心进一步增强。

继续深化行风评议、政风考核活动。要不断总结经验，充实完善评议、考核制度，逐步把评议、考核活动向基层站所延伸，把评议、考核活动抓出声色，搞出成效，真正评出高效率，考出好作风。行风评议中对连续两年被评为各级、各类别前两名的单位由同级党委、政府颁发“行风建设先进单位”奖牌，免评两年，并给予一定的物质奖励；连续两年被评为不达标的单位，建议调整领导班子。同时，要积极探索行风建设长效机制和效能监察考评体系，促使有关部门及时解决那些与发展经济密切相关、与人民群众生产生活息息相关的问题，进一步密切党群干群关系，促进经济快速发展。

（三）锻造高素质的纪检监察干部队伍

构建防腐保廉体系，实施保驾护航工程，推进全市党风廉政建设和反腐败斗争深入开展，必须有一支高素质的纪检监察干部队伍做保证。我们要以组织建设为突破口，以改善结构、提高素质、增强能力为重点，开创全市纪检监察干部队伍建设新局面。

1. 大力加强组织建设，改善干部队伍结构

以机构改革为契机，搞好市纪委机关的人员调整和内设机构的完善。上半年要抓紧完成市纪委机关的机构改革。要按照干部“四化”标准和《党政领导干部选拔任用工作条例》，充实调整、配齐配强市纪委、监察局领导班子和各室（厅）负责人。按照“公开、平等、竞争、择优”的原则，搞好室（厅）副主任、处长等正科级职位的竞争上岗。机关内部实行轮岗制度，以增强工作活力。通过公开招考，选调一批文化程度较高、有一定业务专长的年轻同志充实到市纪委机关，改善市纪委机关的年龄结构、知识结构，解决长期缺编、人员不足的问题。继续积极争取、大力推荐，搞好干部的横向纵向交流。各县（市、区）也要参照市纪委做法，抓好本机关干部队伍结构调整工作。以加强领导班子建设为重点，搞好县（市、区）纪检监察机关的组织建设。去年换届后，县（市、区）纪检监察机关领导班子

大部分进行了调整，活力明显增强。各县（市、区）纪委、监察局领导班子一定要加强纪检监察法规政策及相关业务知识学习，加强实践锻炼，加强团结，认真执行民主集中制，完善常委会议事规则，不断增强班子的凝聚力、战斗力。加大对派驻纪检监察机构的领导和管理力度。认真落实《中国共产党党内监督条例（试行）》，实行对纪检监察派驻机构的统一管理。加强工作指导，整合工作力量，集中统一调配。特别是在查办重大案件和大的专项检查活动中，注意使用派驻机构力量，充分发挥其职能作用。实行派驻纪检组长（纪委书记）向市纪委述职和报告工作制度，加强对派驻机构工作的检查考核。加强国有企业和垂直单位的党风廉政建设，强化工作指导力度。

2. 以“三个代表”重要思想为指针，加强思想政治建设和作风建设

继续深入开展学习“三个代表”重要思想活动，用“三个代表”重要思想武装纪检监察干部头脑，不断增强政治意识、大局意识和责任意识。要大力弘扬优秀纪检监察干部的崇高精神，广泛开展向优秀纪检监察干部梁雨润、张建国、孙卫山同志学习活动。为了大力弘扬求真务实精神，在全市人民中树立起纪检监察干部可亲、可信、可敬的良好形象，市纪委要求全市纪检监察干部认真做到“秉公执纪、求真务实、廉洁高效、创新争先”。希望大家认真牢记、坚决执行。切实加强对纪检监察干部的有效监督，严格执行纪检监察干部廉政报告制度、廉政监督卡制度、查案单位走访制度、评议制度等。

3. 加强业务建设和能力建设，提高广大纪检监察干部的综合素质

要把加强学习，创建学习型机关，作为纪检监察干部队伍建设的一项重要内容，通过办培训班等形式，两年内把纪检监察干部轮训一遍。认真学习“两个条例”，学习与纪检监察工作相关的社会主义市场经济知识、现代管理知识、法律知识、科技知识、外语知识和计算机应用知识等，积极开展调查研究、专题讲座、现场观摩等形式的学习交流活动，努力提高广大纪检监察干部的执纪办案能力、组织协调能力、语言和文字表达能力、处理复杂问题能力和开拓创新能力。努力改善办公办案条件，以提高办案工作科技含量为重点，提高整个纪检监察机关的数字化、信息化水平。

同志们，今年党风廉政建设和反腐败工作任务十分繁重。让我们更加紧密地团结在以胡锦涛同志为总书记的党中央周围，高举邓小平理论伟大旗帜，以“三个代表”重要思想为指导，深入贯彻中纪委三次全会和省纪委四次全会精神，在省纪委和邯郸市委的领导下，扎实工作，开拓创新，为推进全市党风廉政建设和反腐败斗争的深入开展、为我市全面建设小康社会而努力奋斗！

认真落实中央一号文件
全力促进我市农民增收

——在全市农业工作会议上的讲话

（2004 年 3 月 9 日）

全市农村工作会议之后，我们专门召开全市农业工作会议，学习贯彻中央一号文件和省委六届五次全会精神，总结过去一年全市农业工作取得的成就，分析当前的形势和问题，部署明年的工作，这对于发展全市农业工作、促进农民增收，具有非常重要的意义。刚才，志强同志宣读了市农业局关于表彰 2003 年度先进单位的决定，永年县农业局、涉县农业局等单位做了典型发言。庆仁同志认真总结了 2003 年度全市农业工作，并对 2004 年农业工作做了安排部署，讲得很具体，针对性和操作性都非常强，我完全同意，希望各县（市、区）和各单位要认真抓好落实。下面，我讲几点意见。

一　充分认识当前全市农业工作面临的新形势、新变化和新机遇

当前，我市农业工作正处在新的发展阶段。进一步深化对农业新阶段新形势、新变化、新机遇的认识，把思想和行动统一到中央、省委、省政府和市委、市政府重大决策部署和要求上来，是我们做好各项工作的重要前提和保证。

第一，分析新形势。自 1999 年党中央、国务院做出推进经济结构战略性调整的重大决策部署以来，我们市始终将增加农民收入放在全局工作的突出位置，采取了一系列行之有效的政策措施，全市农业工作在原有的基础上取得了新成就。2003 年，全市农林牧渔业总产值达 210 亿元，全市农民人均纯收入达到 2900 元，分别比 1999 年增长 11.7% 和 16.6%，其中农民人均纯收入增速是近五年来最高的。这一个时期，是全市农业结构调整稳步加快的时期，也是农村改革不断深化的时期，是农产品供给最为充裕的时期。从全国来看，中央 1998 年底做出了农业和农村经济发展进入新阶段的重要判断。在部署 2000 年农村工作时，又进一步提出了新阶段的中心任务是对农业和农村经济结构进行战略性调整。2001 年，中央更加明确地提出，推进农业和农村经济结构的战略性调整，要把努力增加农民收入作为基本目标。2002 年，中央农村工作会议提出了增加农民收入要坚持“多予、少取、放活”的指导思想。党的十六大提出了统筹城乡经济社会发展、全面建设小康社会的宏伟目标。去年，中央农村工作会议要求把解决好“三农”问题作为全党工作的重中之重。今年，中央又以一号文件印发了《关于促进农民增加收入若干政策的意见》，以中共中央、国务院的名义，专门制定关于促进农民增收的文件，是新中国成立以来的第一次，充分体现了党中央、国务院对解决农民增收问题的高度重视。从我市来看，增加农民收入是我市农业农村工作中的头等重要的任务。尽管去年我市农民人均纯收入达到 2900 元，增幅 5.05%，但仍低于全省平均水平 1.2 个百分点，农民人均纯收入绝对值比廊坊低 1100 元，比唐山低 890 元。所以，认真落实中央一号文件，加快农民增收步伐，对于我们这样一个农业大市来讲，有着更为重要的现实意义。

第二，认识新变化。农业新阶段的内涵丰富，变化深刻，影响广泛。做好新形势下的农业农村工作，必须认真分析和认识新阶段农业的重大变化，进一步统一思想认识。从宏观形势上看，农业发展从主要受资源约束向受资源、市场双重约束转变，发展所面临的压力更大了；农业经济从主要侧重于国内市场到综合面向国际、国内两种资源、两个市场转变，农业国际化步伐加快，适应经济全球化的新趋势，面向市场、扬长避短、开放开发、参与竞争的领域更宽了；特别是农村发展与城镇乃至整个国民经济发展的关联程度进一步提高，城乡发展的互动性、互补性越来越强，统筹城乡经济社会发展的现实需要更为迫切。从农业农村经济发展上看，农产品供求关系发生重大变化，由卖方市场向买方市场转变，调整农业结构，适应市场需求，成为农业工作的中心任务；农业发展正在由单纯数量增长向数量、质量、效益、安全并重转变，不但要适应人口增长和经济社会发展的需要，而且要转变增长方式，实现社会效益、经济效益、生态效益的统一；农民收入的主要来源发生重大变化，非农产业和进城务工成为农民收入的重要来源，拓宽渠道、建立长效机制已经成为农民增收的重要方向；农村劳动力就业格局和转移动因发生重大变化，加快由种植业向种、养、加各业转移，由农业向非农产业流动，由农村向城镇集聚，统筹城乡经济发展已经成为解决“三农”问题的关键。从全市种植业内部看，已经基本走出以粮棉油为主导的传统格局，区域布局优化，正在向以优势农产品为主导、形成规模化产业带的方向发展；作物结构渐趋合理，正在由传统的粮经二元结构向粮经饲三元结构加快调整；品种结构改善，在向适应市场需求、突出优质专用品种的市场化、优质化的方向转变；种植方式日益丰富，正在向设施生产、间作套种、立体栽培等高效方式发展；产业结构出现积极变化，正在向新兴产业、特色产业加快发展的多元化格局拓展，蔬菜业已经成为种植业中带动农民增收的第一主导产业。这些变化从根本上说，就是农业在继续加快由计划经济向市场经济转变，由粗放经营向集约经营转变，由传统农业向现代农业转变，这对农业乃至整个国民经济的发展都将产生深远的影响，对增加农民收入将起到更为基础性的作用。

第三，把握新机遇。中央一号文件是一份含金量很高的文件，之所以说它含金量高，是因为这个文件在粮食主产区农民增收问题上，具有很多政策和资金支持。改革开放 20 多年来，中央最早出台的优惠政策重点是放在东南沿海经济发达地区，建了很多开放城市和特区，最大的就是海南岛，一个省的建制搞开放。后来，又提出了西部大开发的政策。最近，又提出支持东北老工业生产基地的产业改造，给了很多特殊的政策和资金支持。最近，特别是随着中央一号文件的颁发，又出台了支持粮食主产区的特殊政策，这个政策对于我们是有惠及的。希望大家要认真地学习中央一号文件和随后所配套的一系列的农业农村文件，用足用好这些政策。我们省是全国十三个粮食主产区之一，而我市又是全省的粮食主产区，所以，中央一号文件对于我市农民增收来讲，就是一次非常难得的机遇。中央一号文件中共有 9 部分 22 条，单是直接支持粮食主产区农民增加收入的政策就有 13 条之多。比方说，加强主产区粮食生产能力建设、支持粮食主产区进行粮食转化和深加工、增加对粮食主产区的投入、提高农产品质量安全等，而且每一条里面还有多项具体政策。因此，我们必须认真学习好中央一号文件，要研究政策，吃透政策，用足用好政策。在此基础上，要积极跑部进厅，争取项目和资金，利用好加快农村经济发展的大好机遇，把各项政策落到实处，促进全市农民收入的快速增长。在这一方面，我们市的农业局还有市发改委做了很多前期的工作。最近，有一个具体的政策，就是全国确定了五个优质小麦生产基地，河北省分来了一个，通过我们农业部门和发改委做前期的工作，这个优质粮食基地就落户到了我们邯郸，这一项可以争取资金 5000 万元。所以说，只要我们用足用好政策，这个机遇是能够抓住，并加快我们自身发展的，政策就是资源，政策会带来资金、带来效益。

二　以全面建设小康社会总揽农业工作全局，牢固树立科学的发展观

做好新形势下的农业农村工作，认清形势，统一认识，必须牢固树立全局观念，增强全局意识，自觉服从和服务于全局，在全局的指导下推进各项工作开展。

坚持以全面建设小康社会总揽农业农村工作全局。中央把解决好“三农”问题作为全党工作的重中之重，放在更加突出的位置，把全面建设小康社会的工作重点放在农村，这对农业农村工作提出了新的、更高的要求。2 月下旬，省委召开了六届五次全会，专题就农村小康建设进行了全面部署。各级各部门特别是农业部门一定要认真学习贯彻落实省委六届五次全会精神，坚持以全面建设小康社会总揽工作全局，把全面建设小康社会作为农

业工作的总方向、总目标，增强责任意识，树立大局意识，自觉把各项工作置于全面建设小康社会的总体目标之中，一切工作都要服从和服务于全面建设小康社会的大局。解决农业农村发展面临的各种矛盾和问题，要坚持解放思想，实事求是，与时俱进，敢为人先，勇于实践，在改革中找出路，在开放中阔视野，在创新中求发展。努力破除小进即满、小成即安、得过且过、甘居中游的心态，树立不进则退、慢进亦退、奋力开拓的创业精神；破除消极畏难情绪、无所作为思想，树立勇于探索、敢闯敢试、攻坚克难的创新意识。坚持以发展为主题，以结构调整为主线，以改革开放和科技进步为动力，以提高广大农民的生活水平为根本出发点，与时俱进，开拓创新，为全面建设小康社会多做贡献。关于中央一号文件和省委六届五次全会精神，从省、市、县都要组织宣讲团，3 月中旬要下去宣讲，宣讲团的主要任务一是学习宣传中央一号文件精神，二是谋划好小康建设的规划，三是帮助群众办实事，四是锻炼干部队伍，转变工作作风，市里还要开会专门部署。

要强化“发展是第一要务”的意识。发展是第一要务，是解决“三农”问题的根本途径。邯郸是农业大市，但还不是农业强市，农业不发展，农村不繁荣，农民收入不提高，就不能实现真正意义上的小康。当前，农业仍然是弱势产业，农村是经济社会发展的滞后地区，农业和农村经济发展仍处于“过坎爬坡”的关键时期。解决“三农”问题，从根本上说要靠加快发展，所面临的各种困难和问题也必须用发展的办法来解决。大发展小困难，小发展大困难，不发展最困难。各级农业部门要始终强化“发展是第一要务”的意识，牢固树立“不发展就是失职，不加快发展就是失误”的思想，不能平庸守业、无所作为、不求有功、但求无过。越是有成绩的时候，越要清醒地深入查找工作中的不足和问题，纵向比总结成绩，增强信心；横向比瞄准先进找差距，振奋精神，自我加压，奋力争先，争创一流。要努力增强责任感、紧迫感和使命感，发挥主动性、积极性、创造性，穷心尽力，全神贯注，下全力推动农业发展、农民增收和农村繁荣。

要牢固树立科学的发展观。党的十六届三中全会提出：坚持统筹兼顾，坚持以人为本，树立全面、协调、可持续的发展观，促进经济社会和人的全面发展，这就是科学发展观的基本内涵。农业工作贯彻这一要求，最重要的是要把握以下五个方面。一是要统筹协调农业社会化服务体系、农村市场体系和国家对农业的支持保护体系“三大体系”建设。加强农业社会化服务体系、农村市场体系建设、国家对农业的支持保护体系“三大体系”建设，是完善农村经济体制的重要内容，是深化农村改革的重要方向，都要坚持不懈地向前推进。二是要统筹协调农业生产、农产品加工、农产品流通三个关键环节。生产、加工、流通，既是农产品价值的形成、增值和实现的过程，又是农业增效、农民增收的具体过程，紧紧相连，缺一不可。要把实施“卖出去”战略作为一个系统工程，统筹生产、加工、流通，促进农业产业链条的完善。“卖出去”这是发展农业生产走向市场最关键的一招。经济学中把“卖出去”叫“惊险的一跳”，产品卖出去卖不出去是惊险的一跳。如果跳得好，收回成本，还有利润；跳得不好，摔伤的不是商品，而是商品生产者。所以要在卖出去上做文章、下功夫。三是要统筹协调农业生产安全、农产品质量安全和农产品消费安全三项安全工作。树立“安全农业”的新观念，努力构建生产、产品、消费系统的安全体系，大力实施从“田间到餐桌”全过程的质量安全控制。上餐桌的消费品要安全，首先要对消费者负责任，回过头来说，这也可能是卖出去的一个根本的步骤。第一次你可能卖出去了，但是第二次，有可能因为质量问题或者是其他问题，就卖不出去，卖不出去，回过头来受损失的是生产者，这是一个一以贯之的利益体系。所以，要想深化农产品的生产，取得更好的效益，就要研究这些问题，不光从地里头、大棚里头研究农业产品的生产问题，而且要研究消费者对最终产品的检验，特别是质量问题、安全问题和营养问题。如果吃得好，营养充足并且还有医疗保健作用，那么产品质量就会提高声誉，就会促进和拉动生产，我们的收入就会高起来，钱包就会鼓起来。四是要统筹协调农业生产、生态、生活三个领域。加强基础设施建设，改善农业生产和农民生活条件；通过发展生态农业，推动可持续发展；通过沼气、旱作农业等重点项目建设，改善农村卫生条件和生活环境，推动农村三个文明建设。刚才，庆仁同志在报告里边已经讲过了，并且传达了张力同志的批示精神，这实际上既是市委、市政府，也是省委、省政府对我们的要求。生态环境的建设，我们邯郸在河北省也可以说在全国农业系统是发起地之一，我们是农业部和省委、省政府的一个试点，最早在我们这儿发起。沼气在院子里建设已经发展到建设生态村、生态环境户，又发展到文明生态大院，这既是物质文明建设，又是精神文明建设的载体和切入点，所以我们要下力抓好。五是要统筹协调农产品竞争力增强、农业增效、农民增收的“三增”目标。农产品竞争力增强是前提条件和当务之急；农业增效既关系到农产品竞争力，更关系到农民收入的提高；农民增收是“三增”的核心目标，农产品竞争力增强和农业增效的成果，最终要集中反映到农民增收上，应当把“三增”作为一个系统目标体系，统筹研究谋划，全面组织实施。

三　紧紧围绕农民增收这一主线，以重点工作突破活跃农村工作全局

当前，从中央到地方都已把解决好“三农”问题提升到了事关经济社会全面、协调、健康发展的战略层次，提升到事关全面建设小康社会的全局高度。解决农民增收问题，既是当前紧迫而繁重的任务，也是今后长期而艰巨的目标；既是农业工作的基本要求，也是整个经济工作的重大课题；既是重大的经济问题，也是重大的政治问题。我们一定要从全局和战略的高度，充分认识促进农民增收的重大意义，切实解决好农民增收问题。在实践中，要紧紧抓住以下五项重点工作，全力推进。

第一，坚定不移地深化结构调整。推进农业结构调整不仅是新阶段保持农民收入持续稳定增长的基本途径，也是提高农业竞争力的根本措施。近几年来，我市种植业结构调整迈出较大步伐，方向是正确的，成效是明显的。但总的来看，深度还不够，水平还不高，必须坚定不移地继续推进。要继续把握设施农业、生态农业、创汇农业、特色农业、绿色农业总体方向，拓展牧草、食用菌、优质油料、甘薯、花卉、优质杂粮新领域。通过实施优势农产品区域布局，把区域布局调优；大力发展新兴产业、特色产业，把产业结构调强；加强质量安全管理，把质量水平和综合效益调高；搞好农民技能培训，促进农村劳动力转移，把农民增收的渠道调宽。在整个的结构调整里边，还有一个更突出的问题就是要抓好龙头企业、龙头产业的建设。抓龙头

带产业，这是很多地方农业农村工作成功的一个经验，例子可以说是举不胜举。龙头带动能够聚集分散的经营户，形成一个产业带的优势和规模优势，可以搞出名牌和特色产业来。现在，最突出的就是畜牧业，养牛、奶业的发展。庆仁在报告里边也讲到要支持百万吨奶业的发展，讲得很好。虽然市委、市政府发了一个支持畜牧业发展的通知，把畜牧业作为主产业来抓，由主要的职能部门来抓，但是，没有农业部门的支持，这个百万吨的奶业项目要实现是不可能的。所以，这是一盘棋。奶业的发展，在全国已经带动了好多产业的发展，如南方的乐百氏已经入驻唐山的丰润，还有东北的完达山，内蒙古的伊利，好多的奶业发展，已经带动了农民致富，我们要在这儿做文章。农业部门在这个问题上要和畜牧部门协同作战，抓住龙头，带动农民致富。

第二，启动优质粮食产业工程。中央一号文件的核心是促进农民增收，而增强粮食的综合生产能力，既关系到粮食生产安全，又是促进农民增收的主要途径。今年全市粮食播种面积要稳定在 1100 万亩，总产量 376 万吨，确保人均占粮 435 公斤。在中央提出的优质粮食产业工程九个优势产业带中，涉及我市的主要包括黄淮海平原优质专用小麦产业带和黄淮海平原专用玉米产业带。要以国家优质粮食工程为依托，选择基础条件好的粮食生产大县，大力实施优质粮食产业工程，重点发展优质专用小麦产业工程和优质特用玉米产业工程，全面提高粮食综合生产能力。具体工作中，要尽快形成粮食产业三大优势产区，即优质专用小麦优势产区，以大名、魏县、曲周、肥乡、临漳、磁县、永年、邯郸县为重点，面积达到 259.4 万亩，占全市小麦总播面积的 47.1%；优质特用玉米优势产区，以大名、魏县、曲周、肥乡、临漳、磁县、永年为重点，面积达到 187 万亩，占全市玉米总播面积的 47.9%，同时，根据农业部 2004 年要大力发展青饲玉米的要求，要在我市畜牧业发展较快的广平、邱县、邯郸县、馆陶、成安等县，重点发展粮饲兼用玉米和青饲玉米，并形成优势产区，面积达到 60 万亩以上；优质杂粮优势产区，以武安、涉县、磁县、邯郸县、永年等为重点，面积达到 114 万亩，占全市杂粮总播面积的 71%。通过这三大优势产区，辐射带动其他周边县，逐步形成区域化布局、规模化生产、产业化经营的基本格局。

第三，进一步创新完善农业科技服务体系。农业科技服务体系建设，是推广和普及科学技术最直接的方式，也是将农业实用技术迅速转变为生产力的最有效的手段。因此，农技服务体系建设也是农业系统的一项难点工作。近几年来，全市农业系统按照“高新技术建龙头，示范园区抓带动，科技服务进村，农技电波入户”的思路，建立了分级功能定位、相对完善的从市到农户的“四级一户”新型农业科技推广服务体系，显示了很强的生机与活力，在科技兴农中发挥了重要作用。但是，相对我市农业大市的实际情况和科技在农业生产中的重要作用来说，农技服务体系建设仍然还有很大的差距。刚才庆仁同志又对今年的农技推广工作进行了具体的安排部署，各县（市、区）要继续围绕功能定位、机制创新、体制改革、体系完善等方面，积极探索改革创新的新思路、新举措，充分发挥重点项目的带动作用，使农业科技服务进村入户、贴近基层、贴近农民。在农业的发展上发挥科技的作用，处处能体现出它的威力和效益。去年一年我们在秸秆禁烧上“开源节流”，一边疏导，一边消化，做了大量的工作，这与我们的农业部门发挥科技作用是分不开的。去年，我们第一次被省环保局、省农业厅等八部门联合评选为秸秆禁烧和综合利用先进市。这是非常令人高兴的事，这是大家共同努力的结果。这件事一方面说明，发挥农业科技服务体系的作用，会大显身手，另一方面说明，只要我们肯下功夫，没有做不到的事情。过去我们对焚烧秸秆都是很犯愁的事情，上级通报批评，一级一级被罚。但是现在我们把工作做到位，组织好、管理好，特别是疏导好、利用好，我们就能够做好这项工作，烧秸秆就是一个很好的例子。当然，这里边也包含了我们农口部门干部作风的转变，深入基层，多做耐心细致的工作，也体现了一种工作状态和工作精神。去年 9 月份在永年县开现场会的时候，我就讲，换届之后，各县（市、区）主管农业农村工作的同志包括农口部门好多都是新同志，这对我们工作是一个检验，看看我们驾驭全局工作的能力怎么样。最后大家经得起考验，并且获得禁烧先进市的荣誉称号，实属不易。大家要保持这种精神，继续做好这方面的工作。

第四，切实加强农产品质量安全管理。认真实施农业部无公害食品行动计划，落实省、市“菜篮子”放心工程实施方案，继续围绕产前、产中、产后关键环节，推进全过程质量安全控制。建设绿色环境，扩大环境评价范围，确保源头净化。要加快绿色生产，普及无公害技术操作规程，全面推进无公害标准化生产。2004 年，要在绿色农产品基础设施建设上取得突破。重点建成大名县 15 万亩优质小麦、15 万亩花生和武安市 10 万亩杂粮、洺河源园区 4 个绿色农产品标准化示范基地，产品总量达到 50 万吨，年销售额达到 5 亿元。培育绿色产品，搞好无公害基地和产品认证，加大绿色食品开发力度，加快专业化、商品化步伐。推进绿色流通，推选产地编码、档案化管理，发展连锁销售、物流配送等现代化流通方式。引导绿色消费，培育名牌产品，提高无公害产品的社会影响和认知程度。每个环节都要有新思路、有新目标、有新措施，力争取得新突破。这是我们提高农业产品生产管理、营销质量上档次的要求。过去我们光想种，也想卖出去，但是在“软包装”上、提高产品档次的深加工上、装饰上文章做得还不够，我们附加值就不容易提上去。正面的典型我们也是有的，去年防非典，我们着力推了一下永年南大堡的蔬菜。开始的时候压力非常大，大概是在非典期间，当月有 50 多万吨的蔬菜面临着将要烂掉的危险，路都封了，运不出去。市委、市政府高度重视这项工作，及时地组织协调，农业部门特别是农业局，配合非典办积极地做这方面的工作，搞绿色通道，搞质量认证，给推销人员和我们的司机发放健康证等一系列的工作。最后，南大堡这个农业部门联网的蔬菜市场，一个名牌市场，及时地把我们的蔬菜运往北京、内蒙古、山西、东北、天津各地，及时地销售出去，占领了市场，也宣传了我们的产品。今年年初，禽流感又使我们的禽蛋产品受到很大的影响，但是我们有一个金凤市场，金凤牌的鸡蛋又给我们打开了销路。年前的时候，鸡蛋曾经到了一块八一斤，再往下降，养鸡就会不合算，后来又涨到两块三四一斤。昨天我到超市里去看，金凤牌的鸡蛋绿色食品三块六到三块八一斤，这就是品牌的效应。所以我们要在搞好产品质量的同时，在认证上、标准上和创名牌上下功夫。

第五，多措并举促进农民增收。解决农民增收问题，事关全局，意义重大，既是当前一项紧迫任务，又是全面建设小康社会的中心环节。中央要求采取更加直接、更加明确、更加有力的措施，实行“内外抓、重点抓、综合抓”。内外抓，就是既要向农业的广度和深度进军，把农业和农村内部的文章做足，又要继续推进农村劳动力外出就业，在农业和农村外部寻求增收途径。劳动力的输出，魏县已经创造出了好的经验。前一段时间，中央人民广播电台连续三次播了魏县的经验，最近，市委、市政府又在那儿开了现场会。重点抓，就是既要抓好面上增收，全方位开辟农民就业和增收的渠道和途径，又要分类指导，突出重点，抓好粮食主产区、纯农户和低收入农户的增收，着力解决好农村贫困人口和特殊困难群众的生产生活问题。综合抓，就是既要靠创造条件让农民自身努力，充分发挥市场机制的作用，调动农民自主创业增收的积极性，又要调整国民收入分配结构，加大国家的支持保护力度；既要立足当前采取见效快的具体措施，又要着眼长远寻求解决农民增收问题的治本之策，建立促进农民收入持续增长的长效机制。全市各级农业部门都要充分发挥自己的职能作用，积极探索促进农民增收的新渠道。

四　切实加强和改进对全市农业工作的领导

新时期、新阶段的农业工作，无论是内部机制还是外部体制都发生了并还在发生着深刻变化。全市农业系统广大干部特别是领导干部，要把关注农村、关心农民、支持农业作为自己义不容辞的重要职责，想千方百计，吃千辛万苦，以与时俱进的思想，奋发图强的精神，真抓实干的行动，在促进农业增效、农民增收和农村发展的伟大实践中，做出自己应有的贡献。具体工作中，要大力强化四种意识。

第一，注重学习，强化开拓创新意识。当前，国内外经济形势复杂多变，农产品市场变幻莫测，农业工作难度日增。全市农业系统广大干部职工，要适应农业工作新形势、新阶段、新任务的要求，认真研究农村经济规律和农业工作方法；要适应我国加入世贸组织的要求，精心研读世贸组织规则，充分认识农业工作面临的严峻挑战。全市农业战线干部职工，要熟悉新情况，掌握新知识，研究新问题，增长新本领。当前，关于农业工作的政策规定很多，外地也有不少好的经验，我们要挤出时间学文件、学政策，掌握指导工作的主动权。同时，要更多地走出去，开眼界，换脑筋，转观念，为农业工作不断注入新的生机和活力。

第二，注重调研，强化科学发展意识。发展是硬道理，是党执政兴国的第一要务。发展必须以经济建设为中心，解放和发展生产力。发展是一个系统工程，必须协调推进。科学发展观是对党和国家事业发展全局高瞻远瞩的把握，是社会主义现代化建设的必然要求。各县（市、区）在制定农业发展规划时，要按照科学发展观的要求，实现经济社会的持续健康发展、人与自然和谐发展，推动我市广大农村走上生产发展、生活富裕、生态良好的文明发展之路。

第三，注重实效，强化正确政绩意识。在座的各位都是领导干部，追求政绩、为民建功立业是应该的也是可以理解的。对广大农业干部职工而言，树政绩的根本途径是为广大农民群众实实在在地办几件好事，真真正正地让农民增加收入。在具体工作中，要时刻注意尊重客观规律，提高领导水平，脚踏实地工作，俯首为民办事。当前，农业系统正在开展千名技术人员进千村入万户助民增收活动，目的就是给农民讲政策、传信息、授技术、送物资，帮助农民解决实际问题。这就是一个树政绩的很好载体，要长期坚持下去。

第四，注重作风，强化为民服务意识。作风建设历来是我们事业成功的重要保证。做好全市农业工作，必须注重全市农业干部队伍的作风建设，进一步强化为农民服务的意识。一些地方、一些工作之所以没有取得应有实效，有的并非思路不对、措施不当，也不是没有想到、没有说到，而是没有真抓实干、一抓到底、落到实处。这里面固然有客观原因，但主观原因应该说是主要的，愿不愿意抓落实、去不去抓落实、会不会抓落实，这是一个干部乃至一支队伍的作风问题。可以说，在座的各位同志，干的都是农业工作，想的都是农民群众，我们要把更多的精力放在农业工作的具体落实上，抽出更多的时间深入农民群众中去，了解实际情况，倾听农民意愿，帮助他们解决生产生活中的困难和问题，切实把党在农村的方针政策落到实处。

同志们，农业工作是稳民心、安天下的工作。农业工作是极端重要的，从事农业工作也是非常光荣的。在推进我市全面建设小康社会这一伟大事业中，我们肩负着全市农民群众的希望，肩负着时代赋予的崇高使命。全市农业（农机）战线的同志们，要与时俱进，开拓创新，艰苦奋斗，狠抓落实，为促进我市农民增收和全面建设小康社会做出更大贡献！

在市纪委、监察局机关全体干部职工会议上的讲话

（2004 年 3 月 12 日）

今天召开的委、局机关全体干部职工大会，是一次十分重要的会议。既是一次总结工作、表彰先进的大会，又是一次认真学习贯彻中央、省、市纪委全会精神、安排部署工作任务的大会。刚才，风明同志向大家传达了省、市纪委四次全会和市两会及省、市政府廉政工作会议的主要精神，宣布了市委关于委局班子和中层干部任免决定，宣布了市纪委常委会关于纪委常委和监察局局长、副局长分工的意见；玉凤同志宣读了委、局机关受表彰同志的名单；徐数同志总结了去年以来的工作情况，部署了 2004 年的工作任务，并将工作任务分解到各厅室，明确了责任人。他们讲的意见都是经过市纪委常委会研究决定的，我都赞成，希望各个厅室认真贯彻落实。下面，我再讲三个问题。

一　充分认识肩负的历史责任，增强搞好反腐倡廉工作的紧迫感

徐数同志刚才总结了去年以来委局工作中取得的主要成绩，这些成绩来之不易。去年一年是个比较特殊的年份，我们的工作成绩是在为市、县领导班子换届工作提供强有力政治保证的背景下和在直接参与防治非典战斗的特殊条件下取得的，也是我们在内搞规模调研、外学先进经验，一手抓上级部

署的贯彻落实、一手抓工作创新中取得的。对于我们工作中取得的成绩，包括在防非典斗争中的良好表现，市委主要领导同志多次表扬，省纪委也给予了高度评价。我市开展“四廉”监督，特别是注重“考廉”结果运用等做法，受到了中纪委领导同志的充分肯定。这些成绩的取得，是在省纪委和市委的正确领导下，在委局机关全体同志的共同努力下，认真践行“三个代表”重要思想，贯彻中纪委、省纪委和市纪委全会精神，求真务实、真抓实干，同心同德、团结拼搏的结果。对此，我代表市纪委常委会，向大家表示衷心感谢！

在肯定成绩的同时，我们也要看到，我市的党风廉政建设和反腐败工作还存在一些不足和问题，有些方面还有较大的差距。比如说全市工作还存在不平衡的问题、反腐倡廉有些工作还不够规范的问题、有些不正之风还没有彻底根除和存在反弹的问题、查办有震动有影响的大案要案还偏少的问题以及我们在全市纪检监察干部队伍管理和力量整合方面的问题等，仍然需要我们在今年的工作中认真加以解决。从委局机关自身的工作情况看，也面临着一个改进和提高的问题。有些工作尽管上级纪委给予充分肯定，但也有一个继续扎实做好工作、使之更加名副其实的问题。从我们的主观方面看，对反腐倡廉形势的严峻性、紧迫性也有一个认识不足的问题，表现在工作纪律、工作作风方面，仍然存在松、散、软的问题。为了进一步做好今年的反腐倡廉工作，仍然有必要认真解决思想认识问题，充分认识到肩负的沉重的历史责任，进一步增强做好今年反腐倡廉工作的责任感、使命感和紧迫感。

首先，要从事关执政党生死存亡的高度，深刻认识肩负的历史使命。党的十六大报告明确提出：“坚决反对和防止腐败，是全党一项重大的政治任务。不坚决惩治腐败，党同人民群众的血肉联系就会受到严重损害，党的执政地位就有丧失的危险，党就有可能走向自我毁灭。”从古今中外一些朝代更替和政党兴亡的情况看，党的十六大报告的论断绝非危言耸听。当然，反腐倡廉是全党和全社会的事情，需要各个部门齐抓共管，需要广大人民群众共同参与，作为执纪监督的专门机关，反腐倡廉我们更是责无旁贷、义不容辞。我们所选择和从事的事业，就是要捍卫执政党健康的肌体，就是要防止人亡政息的悲剧发生的崇高事业。从这个意义上说，我们肩负的责任重大，我们从事的事业光荣而艰巨。从我市情况看，市纪委监察局肩负着带领全市纪检监察机关搞好我市党风廉政建设和反腐败工作的重要使命，我们的工作是否卓有成效，直接关系到全市的党风廉政建设和反腐败斗争是否能够取得成效。试想，如果我们不增强责任感、使命感和紧迫感，如果我们心存侥幸、工作懈怠，将会有一种什么样的严重后果！

其次，要从实现全面建设小康社会奋斗目标的高度，深刻认识肩负的重大责任。党的十六大明确提出，发展社会主义民主政治，建设社会主义政治文明，是全面建设小康社会的重要目标。强调要努力促进社会主义物质文明、政治文明和精神文明的协调发展。我国社会主义政治文明最本质的特征就是坚持党的领导、人民当家做主和依法治国的有机统一。如果我们党严重脱离人民群众，腐败现象屡禁不止，党的领导地位就可能丧失，人民当家做主和依法治国也就无从谈起。所以，加强党风廉政建设是社会主义政治文明建设的首要问题，也是“三个文明”建设协调发展的首要问题。从另一个方面讲，离开坚强的纪律作保证，如果任由不正之风、腐败现象泛滥和猖獗，没有一个良好的社会政治环境，我们的经济建设就不可能取得长足的发展。上次中纪委副书记刘锡荣同志来邯郸时介绍了他在温州任市委书记时的一些情况，对比我市和温州，为什么在经济发展方面存在那么大的差距？尽管原因是多方面的，但思想观念落后、经济发展环境差依然是一个重要的制约因素。改变我市经济发展的落后局面迫在眉睫，全面推进我市的党风廉政建设和反腐败工作也迫在眉睫。

最后，要从贯彻求真务实要求的高度，增强反腐倡廉工作的紧迫感。在中纪委三次全会上，胡锦涛同志把求真务实作为一个十分重要的问题提了出来，并用了大量的篇幅深刻论述了为什么要求真务实、如何做到求真务实的问题。胡锦涛同志关于求真务实的要求，是对全党提出来的，同时，也是对各级纪检监察机关提出来的一个重大政治问题。做其他工作要求真务实，开展党风廉政建设和反腐败工作更要按照求真务实的要求，狠抓落实，见到成效。按照求真务实的要求开展反腐倡廉工作，就必须扎扎实实地抓，而不是搪塞应付地抓。在这方面，通过一系列重大案件的查处，党中央的坚强决心昭然可见，党中央的具体行动昭然可见。腐败和反腐败是邪恶和正义之间你死我活的殊死较量，反腐败工作坚强有力，腐败蔓延的势头就会得到遏制；反之，反腐败工作收效甚微，腐败现象和不正之风就会蔓延和猖獗。按照求真务实的要求开展反腐倡廉工作，要求我们必须只争朝夕，不给腐败现象和腐败分子以喘息的机会。从今年我市的反腐倡廉工作任务看，依然十分繁重。现在已经是3月中旬，每年的12月又是查漏补缺，总结当年工作，谋划新一年工作的时候，这样，今年有效的工作时间，其实只有8个多月的时间，所以，希望大家一定要增强抓工作的责任感、使命感和紧迫感，以只争朝夕的精神，履行好自己的职责，把分管负责的工作任务抓紧抓好。

二　分解任务、明确责任，全面落实“三个一”工作任务

我在市纪委四次全会的工作报告中，提出了一个体系、一个工程、一个队伍“三个一”的工作任务。这“三个一”，就是全面构建防腐保廉体系、实施保驾护航工程、锻造高素质的纪检监察干部队伍。“三个一”涵盖了上级部署的各项工作任务，也具有我市的本地特色。“三个一”中的第一个“一”，即全面构建防腐保廉体系，这是贯彻落实党的十六届三中全会和中纪委三次全会“建立健全教育、制度、监督并重的惩治和预防腐败体系”的具体措施，意在从体制、机制、制度和源头上预防腐败问题的发生。第二个“一”，即实施保驾护航工程，意在通过强化惩治职能，打击腐败现象和腐败分子，纠正各种不正之风，解决政府部门不作为、乱作为和服务意识不强、效率低下的问题，解决侵害群众切身利益的突出问题，优化经济环境，促进经济发展。第三个“一”，即锻造高素质的纪检监察干部队伍，意在通过加强组织建设、思想政治建设、作风建设、业务建设和能力建设，全面提高纪检监察干部队伍的整体素质和战斗能力，为全面完成反腐倡廉工作任务提供组织保障。前两个“一”相辅相成、互为补充，是反腐倡廉工作的主要任务；第三个“一”既是一项重要的工作任务，也是一项保证性措施。全面落实“三个一”工作目标，今年的反腐倡廉工作就会取得圆满的成功。为了落实“三个一”任务目标，常委会进行了任务细化和分解，进一步明确了各厅室的责任。委局领导班子成员和各厅室都要按照分工和责任，抓好

承担任务的具体落实，确保各项任务目标落到实处。在抓落实的具体工作中，要努力做到四点。

第一，要有求真务实的精神和求真务实的作风。如果抓落实不到位，再好的计划都是一纸空文，没有任何的实际意义，在抓落实上来不得半点虚假。农民种田有一句格言叫作“一分耕耘，一分收获”。讲的是，没有实干精神，不在耕耘上多下功夫，就不会有好的收成。我们做反腐倡廉工作也是一样。一个人、一个机关如果精神状态不好、工作作风浮漂，是注定干不好工作的。在落实工作任务目标过程中，每个厅室都要在用真劲、想实招、见实效上用心思、下功夫，要紧紧围绕各项工作任务，有针对性地采取措施，一项一项地狠抓落实，不搞形式主义，不做表面文章，不急功近利，不投机取巧，坚决避免胡锦涛同志在中纪委三次全会讲话中严肃指出的十个方面问题。要坚持严要求、高标准。既要讲效率，又要讲质量；既要讲进度，又要讲深度，把各项工作往细里做、往深里做、往实里做。

第二，要注意改进和创新工作方式、工作方法，提高工作效率和工作效果。通过去年的规模调研和外出取经，我们对纪检监察工作带规律性的东西已经有了一个更加深入的认识和感受。我们自己的工作实践也告诉我们，既要有苦干加实干和求真务实的工作作风，还要有会干加巧干和开拓创新的工作精神。要充分运用规模调研和外出学习考察的成果，在创新工作方式方法、提高工作效率和工作效果上开动脑筋。要注意研究社会主义市场经济条件下领导干部违纪违法的特点和规律，努力谋求体制、机制、制度的创新。要贴近经济建设第一线，及时了解掌握改革中出现的新情况、新问题，特别是要及时发现、研究带有倾向性的问题，增强反腐败工作的预见性、预测性和针对性，尽量把问题解决在成风和泛滥之前。在具体的工作落实中，每个厅室都要对承担的年度任务目标进行认真的研究，定出工作计划，明确完成任务的质量和标准。在全面完成工作任务的同时，还要学会抓重点、重点抓。总的要求是，年内每个厅室都要创出一两项带本地特色和亮点的工作，在全省乃至全国叫得响。

第三，要进一步分解责任，实现工作压力层层落实。各厅室要把分工负责的工作任务进行具体细化分解，切实做到实化、细化、具体化，把任务和压力落实到每一个人头上，使人人有压力、有动力、有活力。要建立相应的奖惩措施。年底，常委会要对各厅室工作目标任务完成情况进行考核，哪一项工作没有按时完成或完成得不好，要追究室主任的责任。各厅室也要对每个人的工作情况做出评价。要按照工作任务完成情况兑现奖惩，切实使干好干坏不一样。

第四，要加强调度和协调，确保各项工作顺利开展。各室处对分管和负责的工作要定期进行调度，对工作进展中出现的各种问题要及早发现，及时协调解决。总的要求是，在抓工作落实的过程中，要集中精力，全身心投入，快节奏运行，高效率工作，确保全年工作任务目标的圆满完成。

刚才，宣布了纪律常委和监察局局长、副局长工作分工，宣布了室主任的任命，从这次会议开始，全部走马上任。要尽快到位，做好工作交接，同时要承担起各自的工作职责，都要独当一面，各司其职，各尽其责，要不等不靠，真正地负起责任。根据《党政领导干部选拔任用工作条例》，新提拔的同志都有一年的试用期，但是这不影响履行职责。职责就是主任，这是已经到位了的。试用期这是组织上管理干部的要求，对所有新提拔的干部都有这个要求。但是，工作职责要到位。主管书记、常委、主任分工也都有了较大的调整，要按新的分工各尽职责，抓好工作。

三　继续加强自身建设，进一步提高机关效能和整体活力

要完成日趋繁重的反腐倡廉工作任务，没有一支过硬的干部队伍，说什么都是空话。在中纪委三次全会上，胡锦涛同志和吴官正同志都就加强纪检监察机关自身建设提出了新的更高的要求。省纪委四次全会也就此问题提出明确要求，省委书记白克明同志，省委副书记、纪委书记张毅同志讲话都突出地讲了这个问题。我们必须按照中纪委三次全会和省纪委四次全会要求，切实加强机关干部队伍的自身建设。我们市纪委四次全会部署的任务是三个大的方面，其中一个方面就是队伍的自身建设。讲队伍建设，就我们目前干部队伍现状看，实在是不等人啊！在去年 4 月 18 日的机关全体干部职工会上，我给大家讲过一个感受，就是我们坐到主席台上，看看台上、看看台

下，感到我们这支队伍年龄结构实在是有点偏大了，所以心里有点沉重，感到我们机关干部提拔使用的任务很重，优化干部队伍结构任务也很重，当时我表态时也说了一定要优化队伍、激活队伍的话。

一年来，市纪委常委会在加强全市纪检监察干部队伍建设的同时，在加强委、局机关自身建设方面倾注了大量的精力，做了不少的工作。包括向市委推荐提拔了部分干部到外地和基层任职，调整交流了部分干部到市直纪检组任职，充实调整配齐配强了委、局领导班子，一年时间提拔、调整和重用干部 24 名，其中，由科级干部提拔为县级干部 13 名、由副县级干部提拔为正县级干部 2 名，委局机关内部提拔副县级干部 12 人，基本配齐了各室主任，力度应该说不算小了。到这时可以说，我们委局领导班子和中层干部队伍建设已经顺利完成了任务，这是市委和省纪委关怀和支持的结果，也是我们委局机关全体同志大力支持的结果。委局机关全体同志的大力支持，首先就表现在干部的推荐上。近几年来，据同志们讲，虽然委局提拔干部不多，但推荐、考核干部时候不少。应该说近几年来这次推荐提拔干部票数是最集中的一次。这说明大家都是出于公心、以事业为重来关心我们的队伍建设，给我们选拔干部奠定了非常好的群众基础。当然，这只是我们机关干部队伍建设三步走的第一步。去年一年，在我们机关干部队伍建设上考虑了一个“三步走”：第一步是委局班子成员和室主任的配备；第二步是中层副职——正科级干部的选拔使用；第三步就是进一些年轻的、有文化的同志，来解决“到年底平均年龄 47 周岁”的问题。现在我们机关人均 47 周岁，在河北省 11 个市纪委里面是第一啊。我们的机构改革工作正在进行，下一步，我们将按照中纪委三次全会和省、市纪委四次全会精神要求，继续加强机关干部队伍建设。包括对委局机关厅室缺额副职进行公开竞争选拔和进行全员的定岗定员，还要通过公开招考，选调一批文化素质较高和年轻有为的干部充实委局机关，使机关干部的年龄结构和知识结构趋于合理。

提拔调整干部，首先考虑的是工作的需要。同时，我们尽可能地考虑到同志们积极要求进步和多做工作的正当要求，从政治上对大家负到责任，尽可能使更多的同志得到提拔重用。但是，干部提拔不能搞平衡，也不是机关搞福利，不能人人有份，这一点，我相信同志们是能够正确认识的。有的同志的进步可能与自己的期望值不太一致，有的同志可能认为自己有比较长的经历、有资格了，由于历史的原因和队伍的需要，没有能够得到提拔，这里也希望同志们能够正确对待。不允许和组织过不去，这是规矩；也不要和同志们过不去，你的工作生活离不开同志们，还要善待相处；更不要和自己过不去，“牢骚太盛防肠断”。这次提拔的干部市委确定后，我找了一些同志谈话，总体上还是不错的，大家心态比较平和。在这里，我向新提拔的同志讲三句话。第一句话，你是优秀的。你的工作成绩得到了组织和同志们的认可，这次提拔我们选的都是票数比较高的。这次提拔干部不存在必须把谁弄上去、必须把谁弄下来的问题。在这一点上，我们向组织、向同志们都可以拍胸脯，绝对是按照干部选拔任用条例、按照程序、按照干部标准和公认程度认认真真选拔的，所以选的同志是优秀的，工作成绩突出，同志们比较信任，组织考察合格，最后，市委做了决策、拍板，走上了领导岗位。我们对于被考察的同志，也看了近三年考核的结果。这次提拔的十几名同志，在近三年的考核中，有80%的同志都有过一到两次被评为实绩突出。当然，全部考核合格是肯定的。第二句话，你不是唯一优秀的。还要谦虚谨慎，做好自己的本职工作。要尊重同志，规规矩矩地做事，堂堂正正地做人。从另一个角度去说，不被提拔的也不是不优秀的。有相当多优秀的同志，考察也有相当的群众基础，由于工作的需要，由于结构的需要，甚至由于年龄结构的需要，这次没有走到领导岗位上来，有的是因为特殊工作岗位的需要，他还离不开那个工作岗位。所以选上来的同志要谦虚谨慎，正确对待同志，正确对待自己。第三句话，要保持住这个优秀。保持住职位不是很难，但保持住优秀实属不易。保持住优秀就是要把全部精力转移到工作上去，做好本职工作，不辜负组织和同志们的希望。新上来的同志要记住这三句话：你是优秀的，但不是唯一优秀的，要保持住这个优秀。对于那些没有被提拔上来的同志，我也讲三句话。第一句话，对于职务提升的问题要有一个平常心对待。什么叫平常心对待？人人都要求进步，人人都要求有一个更广阔的工作舞台，首先是为党和人民多做工作。有的同志找到我或者其他常委、书记谈谈想法，这都是可以理解的。但是，不能把职位看得过重。如果把这些东西看得过重，就会形成负担，就会产生一些情绪、产生一些牢骚。牢骚并不是提拔干部的条件，牢骚越多越提拔不了。所以，对于职务的问题，既要通过工作成绩、通过大家的认可积极进取，又要有一个平常心对待。有的同志自己觉得不错，大家看着也不错，可是这次推荐并没有站到前边去。还是要检查自己有哪些不足，找自己的缺点，完善自己。如果不提拔就闹情绪，就撒气，甚至就消极怠工，最后给同志们留下的印象只能是一句话：幸亏没提他。那不就糟糕了。为什么要提出这个事情来？这是因为很不容易做到平常心对待。有的同志确实工作年头不短了，有的同志几次错过机会。干部提拔不能否认有一个机遇的问题。首先是你的工作成绩、自身素质，再就是工作需要，工作需要就有一个机遇的问题在里面。我跟一些同志讲，不可能每一个同志都当县级干部，因为咱们的职数有限。邯郸市县级干部知多少？有1500 人，我们的干部队伍 15 万人，百里挑一嘛。按这个比例，我们机关一百人应该是一名县级干部。这次调整提拔 24 人，就占到 1/4 了。我记得董强同志在干部调整时讲过一句话，当自己没有被提拔的时候，要比比同伴，比比小时候放牛时的同伴，想想割草的、放牛的同伴现在在干什么，心就会更宽一些。所以，大家一定要有一个平常心，要平静下来。要平静地想一想，找找领导或同志、知心朋友聊一聊，会平静下来的。这一点大家做得也是不错的。省纪委张毅书记在一次会议上讲，职务的问题只能说组织选择的时候是让自己多干些工作，而不能无限制地给自己定标准，今年当什么、明年当什么。如果那样，只能是一句话，叫望山跑死马，讲得很深刻。第二句话，要接受组织的选择。以自己的工作业绩来接受组织的选择。干部都是动态管理，对所有的同志讲句话，这次的调整干部并不是“末班车”。这次干部调整年龄上限就卡在了机构改革的切线年龄，切线的无论是科级还是县级都不能再提拔了，这是市委的大的政策。我在组织部的时候，有的老同志找我，说能不能给一个非领导职数，我就讲两句话：第一，市委政策有变化，咱们不会落下来；第二，如果政策没变化，咱们要认真执行政策。诚然，对干部的选择，也要考虑梯队、考虑结构。在这个意义上说，我们一些老同志干得也不错，群众威信也不低，由于年龄偏大，没有得到提拔，这就要为干部队伍建设做点贡献，甘当人梯。第三句话，要以宽广的胸怀对待新上来的同志，配合好工作。团结出干部。只有这样做，我们才有一个团结战斗的集体，对事业有利、对个人有利、对同志也有利。有一句话讲：“海阔凭鱼跃，天高任鸟飞。”就我们委局机关来说，应该看到，也是一个搞活的局面，有了一个宽松的环境，要维护好这个好局面、好环境。要好好工作，做好工作，得到市委的认可，才能出干部。首先是有作为，然后才能有地位。相信大家一定能够有一个正确的态度，正确地对待这一切，使我们在一个团结、和谐的气氛里，完成上级党委、纪委交给我们的各项工作任务，为我们邯郸改革开放和现代化建设保好驾、护好航。

自去年以来，干部队伍建设我们是从组织建设选了一个突破口。可以说我们的三步走，已经走出坚实的一步，也是非常关键的一步。下一步的工作还要继续接着做。从队伍建设大的方面讲，应该从组织建设为主转向思想、作风、组织、业务建设并重，全面提高队伍的素质。鉴于这一点，我再向同志们具体地提几点要求。

第一条，要加强学习，不断提高综合素质。要建立学习型机关，树立良好的学习风气，这是形势的需要、任务的需要，也是我们自身队伍建设的需要。随着改革开放和现代化建设的不断发展，反腐败工作涉及的领域越来越多，范围越来越广，工作专业化程度越来越高。比如，在查办案件工作中，涉及投资、金融、证券、保险等新的经济领域违纪违法案件越来越多，这就要求纪检监察干部必须具备相关的经济、法律方面的专业知识；随着从源头上预防和治理腐败工作的深入推进，体制机制制度改革的力度不断加大，特别是今年又把“三项改革”扩展为“四项改革”，增加了投资体制改革的内容。这也要求纪检监察干部对相关业务知识要有更深入的了解，并且要有较强的分析判断和解决问题的能力；随着科学技术的快速发展，反腐败斗争面临着犯罪手段高智能化、高技术化的挑战，也要求我们必须掌握一定的高科技方面的知识，不断提高工作的科技含量。包括这些新提拔的同志，也要注重学习和提高自身素质。因为职务的升迁，并不意味着你的能力和综合素质就会相应地随之而提高。新的岗位，对干部的知识结构、工作能力和综合素质又有一个新的更高的要求，虽然大家是比较优秀的，光吃老本，不积极进取，不坚持学习，就不能适应新的工作岗位的需要。这就意味着大家都有一个继续学习提高的任务。要加强对纪检监察业务知识以及经济、法律、金融和现代科技知识的学习，努力提高自己的政策理论水平、业务能力和专业水平，提高自己的综合素质，更新知识结构，尽快适应新形势和新任务的需要。

第二条，要以拼搏进取的精神状态和雷厉风行的工作作风，不断做出新的成绩。有人说："工作是福。"我很同意这个观点。先不说立党为公、执政为民的硬道理、大道理，仅算算一个人一生中，能有多少有效工作时间可以利用，就足以让我们知道该如何抓紧时间，勤奋工作了。尤其是像我们机关，好多都是为党和人民辛勤工作了二三十年的老同志，算算能够利用的工作时间，相对说，变少了。在身体许可的情况下踏踏实实做点事，真是比什么都强。我们的邯郸老乡"黑脸"姜瑞峰经常用"日食人民小米、月拿国家俸禄"来告诫自己要勤奋工作。如果我们得过且过，熬天混日子，就连我们 1000 多元的工资都对不住。更何况我们的反腐倡廉任务越来越繁重，如果没有一个朝气蓬勃的精神状态，如果没有一个奋发进取和雷厉风行的工作作风，就很难履行好自己的职责。尤其是这次得到提拔的同志，更要做勤奋工作的表率。领导就是责任，职务就是义务。已经取得的成绩，只能代表过去。走上新的领导岗位，担任了重要领导职务，就意味着肩负起一个更大的责任和一个新的开始。面对组织和同志们的重托，要有不履行职责就寝食难安的责任意识。要谦虚谨慎、戒骄戒躁，正确对待已经取得的成绩，要把组织和同志们的信任化作工作的压力和动力，以不断取得的成绩来回报组织和同志们的信任和重托。以谦虚谨慎的态度团结、凝聚和带领周围的同志，勤奋敬业、埋头干事，努力多干事、干成事，在干事中锻炼自己，增强党性，增长本领，提高素质，还要在干事中带好队伍，打造好"铁军"，建设高效能机关，以一流素质、一流作风，创造反腐倡廉的一流业绩！

第三条，要带头廉洁自律，树立起良好的形象。其一，纪检监察干部尤其要带头搞好廉政建设。"正人先正己""打铁还需自身硬"。我们是纪检监察机关，是抓党风廉政建设和反腐败工作的综合机关，作为党内和政府内专司监督的专门机关的特殊地位，以及处在腐蚀与反腐蚀第一线这样一个特殊环境，决定了纪检监察干部时刻面临着各种诱惑和考验，如果不切实加强自身的廉政建设，随时都会有被腐败分子拉下马来的危险。最近一个时期，特别是调整干部这个时期，我们也接到一些反映信，涉及我们干部队伍的一些反映信。在这之前，也时不时接到一些反映信，反映我们的一些干部。当然，对这些反映信，我们纪委常委会是认真对待的。对每一个反映信，我们都认真地负责任地进行了核查，没有发现影响提拔的问题，我们对同志负责，该用还是要用。对反映问题的人要警示一下，要实事求是。对组织负责，对同志也要负责，不能捕风捉影，也不能不负责任。对这个现象也是要批评的。从另一个角度说，对我们这个干部队伍的一些同志也是要严格要求的。有些问题可能不像反映的那么重，有的客观现象也是存在的，反映了我们有的同志有些时候对自己要求不严格，没有从高站位、高标准严格要求自己，才会让一些同志造成一些误会和误解。所以，要加强我们自身的建设，树立好的形象。昨天常委会也讨论了，今年干部队伍建设上也要加强纪律教育、理想信念教育、执纪执法教育。有时候有些人是不懂规矩，去做一些越轨的事情，有的属于懂规矩、存侥幸心理，擦边或轻微违纪，要从这些问题抓起。严重违纪那就要严惩了，执纪违纪、执法犯法罪加一等啊。所以要规范干部行为。干部室、机关党委要认真抓这个事情。希望同志们要严格自律，树立良好的形象。其二，任何人都不能凌驾于党纪国法之上。纪检监察干部在监督别人的同时，也无时不在组织和人民群众的监督之中。这一点，我们要有清醒的认识。甚至对于我们的干部可能要有更苛刻一点的要求。可能别的干部做一些事情就过去了，但是我们的干部就不能去做，这就是更高的要求。群众接受你的程度就不一样。纪检干部也有七情六欲，但是也确实有对纪检监察干部有更高要求的问题。中纪委四次全会提出“四大纪律八项要求”，要经常对照检查自己的一言一行。要求别人做的，自己首先做到；要求别人不做的，自己坚决不做，甚至有些事情，别人可以做的，我们都不能做，真正成为遵纪守法的模范。要增强接受监督的意识，自觉接受来自各方面的监督。要严格遵守工作纪律特别是办案纪律。要坚持原则、敢于碰硬、依法办事、秉公执纪，保持谦虚谨慎的作风和奋发有为的精神状态，树立可亲、可信、可敬的形象。

此外，再和同志们讲一讲团结的问题。我讲这个问题，并不是说我们机关在团结上已经有了多大的问题，我们整体上还是不错的，而是说搞好机关人与人之间、处室与处室之间的团结至关重要。没有团结，一盘散沙，就形不成合力，就干不出成绩，也出不了干部。所以，白克明同志到河北工作后，首先提出的一个问题就是要“树正气、讲团结、求发展”。当然，团结不是一团和气，是在树正气的前提下，要有是非观念，原则问题上不让步，枝节问题上讲友谊。只有树立正气，搞好团结，才能谈得上谋发展。在团结问题上，我们提倡讲大团结，不搞小圈子、小团伙。我们的团结是以促进工作为前提的团结，所以，处理团结问题，要从有利于工作着眼。市纪委常委班子成员要做团结的模范，要通过班子全体成员的共同努力，把常委会建成政治上坚强、工作上创新、作风上过硬、团结统一的坚强领导集体。机关每一位同志都要解决好团结问题。要讲党性、讲大局、讲奉献，把维护和加强机关团结作为自己应尽的义务。在处理团结问题上，要大事讲原则，小事讲风格、讲胸怀，时时处处以事业为重，以大局为重，不计较个人得失，不在个人主义的小圈子里打转转。团结问题搞好了，我们不仅能够齐心协力干好工作，而且能够心情舒畅、健康活泼地干好工作。

总之，让我们机关上下在邓小平理论和“三个代表”重要思想指导下，认真落实好中纪委三次全会和省、市纪委四次全会的工作部署，精诚团结，求真务实，恪尽职守，全面推进我市的党风廉政建设和反腐败工作，为全面建设小康社会的宏伟目标做出新的更大的贡献。

最后，我提议为新走上领导岗位的同志们鼓鼓掌，鼓鼓劲！

在复兴区调研时的讲话

（2004 年 3 月 19 日）

根据近期市委常委会分工，我负责联系复兴区。今天过来，看了复兴区新建的阳光超市、光华苑住宅小区、兴隆彩涂板项目、兰海花木公司等几个点，听了高升同志的工作汇报，感到近两年全区确实发生了较大变化。特别是去年以来，区委、区政府紧紧围绕“建设大复兴、实现新跨越”的总体要求，坚持“工业立区、三产活区、民营兴区”，突出抓了工业创新、民营升级、城市建管、环境改善、队伍建设等几项重点工作，思路非常好，并取得了初步成效。你们提出的“工业立区”和市里“工业立市”的思路是一致的；“三产活区”是战略思想的调整，是产业经济发展的要求；“民营兴区”也符合复兴区的实际情况。在干部队伍建设方面，坚持以人为本，大力实施人才战略，班子建设和干部队伍的结构、素质、作风都有了明显改善。确实，复兴区的发展，现在已经有了一个很好的基础。关于下一步的发展，我谈四个问题，供同志们参考。

一　关于“工业立区”问题

复兴区是邯郸市典型的工业区，工业比重大，邯钢等驻区企业多。长期以来，特别是近几年，依托大企业的优势，服务驻企，发展自身，区属工业经济得到了长足发展。邯郸是“古城新市”，“两黑两白”是特色、是优势，但是存在产业结构调整速度比较慢、提升不容易的问题。产业工人较多，产品相对陈旧、附加值低，形成更大经济效益难度较大。如何提升传统产业，是市里的课题，也是复兴区的课题。如何加快发展，市里提出了“工业立市”，就是要发挥自身优势，靠改革开放总揽全局，靠开放带动调整产业结构。区里提出的“工业立区”是符合市情区情的。兴隆彩涂板项目就是一个调整产业结构、拉伸产业链条的典型例子。我国的钢铁企业，从北到南，越往南产品的附加值越高。深圳一家公司，搞微机的芯片，几克的钢材就可以卖到10美元。而我们的钢铁企业，产品主要是线材，板材也多是“大路货”，没有高级产品。产业链条短，但成本很高，一个工人武装起来要几万元、十几万元甚至几十万元，所以一定要提高产品附加值。现在，我们引进了纵横钢铁项目，它不是来炼钢的，是来搞中宽带的，利用我们的资源、技术，拉长产业链。我们为什么不能搞呢？这是我们搞“工业立市”一定要思考的问题，搞“工业立市”一定要拉长产业链，努力提高产品附加值。

在发展工业上，要注意用高新技术改造传统工业，同时也要注重调整结构、培育新兴产业。这一点，传统工业区更要有一个清醒的认识。否则，就会吃亏，财政就不安全，就业就不安全，就会造成一系列的社会问题。从长远看，确保经济持续、健康、快速增长，必须培育新兴产业，实现经济结构多元化，提高经济运行质量，降低财政风险。这不仅是经济问题，同时也是社会问题。在这方面，与我市工业经济结构类似的唐山，有许多值得我们学习的地方。这个市的丰润区，在积极改造提升传统工业的同时，引进了广东乐百氏、上海均瑶、内蒙古蒙牛、湖南南山四大奶业巨头，带动了相关产业和经济发展。这方面，我们应该很好地向人家学习。复兴区在商业、房地产、生态建设等方面做了大量的工作，使新兴产业逐步形成，提升了人气，加快了人流、物流周转，为下一步“建设大复兴”奠定了好的基础。搞房地产，搞生态园建设，这些不可能在短期内收到较好效益，但几年后职工就业、财政支撑等方面就能够逐步受益，并解决一些社会问题。

二　关于“三农”问题

只要有农业人口的地方，就有“三农”问题，这是和整个经济社会发展联系在一起的。经济和社会发展，“三农”是基础。处理好“三农”问题是实现小康社会的基本问题。没有农民的小康，就没有全国的小康，这是中央面对全国提出的。对复兴区，也是这样。复兴区的“三农”问题和整个城区建设是密不可分的，至少在空间布局上，有个解决“空心村”的问题。复兴区解决“三农”问题，特别要注意解决失地农民补偿问题。一是补偿必须到位，保护农民的合法权益。二是补偿费怎么用，这是个深层次的问题。比如建立基金，补偿费不直接全部发给农民，鼓励他们就业，通过基金来保障他们的生活。或者说在城市建设中留下“金角银边”搞门店，给他们的生活创造长期的物质来源。这都是需要我们关心的事情。失地农民补偿问题，是一个大问题，如果解决不好、酿成事端，势必影响我们的经济建设和社会稳定，也不符合为百姓谋利益、群众利益无小事的原则。解决“三农”问题的核心是增加农民收入，处理好城乡关系、工农关系。如果这些事情运作得好，不断地把农村消化掉、改造好，就能促进整个城乡经济的发展，最终将这些地方变成城市，这是中国城市发展的一个特色。邯郸市在主城区、小城镇、卫星城建设上已经有了一个大的谋划。现在主要是城区建设。从根本上说，这是一个生产力布局问题，希望复兴区能在这方面有更大作为。

三　关于城市经营问题

搞好城市经营，城市规划是一项重要的基础工作。汕头市设了个规划与国土资源局，城市规划搞得非常漂亮。城市建设不能乱来，各项功能都要建设齐全，便于生产、生活。不仅地面上漂亮，而且地下要适用。比如给水、排水、污水处理、废渣废气处理、保持较好的空气质量等，都要考虑到。城市建设有个“天际线”问题，高层建筑错落叠置，颜色搭配，还有一些美学的要求。这些方面，我们邯郸市城市建设都做了大量工作。城市建设还有经营理念问题。沁河还清时，亚太花园的房价每平方米上涨几十元、上百元，这就是一个城市经营出产值、出效益的例子。对一个城市，只要用心经营，就会有丰厚的回报。对污染较重的复兴区来说更要加强这方面工作。在城市建设和管理上，还要注意另一个问题，就是保护地下水、保护生态环境问题。对驻区大企业的环保问题，复兴区应该有知情权，要了解怎么来治理污染、用什么样的思路治理污染，本着有利于监督企业的原则，促进企业做好这个事情。同时，要绿化、美化、优化环境，这对提高居民生活质量至关重要，对改善经济发展环境，推进精神文明建设都有促进作用。

四　关于干部队伍建设和机关作风建设问题

复兴区四套班子都有工作规范，而且如此齐全，形成文本，在19个县（市、区）应该是好的。换届后，复兴区的班子特别是党政班子年轻化程度比较高、文化程度也比较高，是一个有文化、有活力的班子，团结干事的班子，这是复兴区的希望。希望你们一定要带好全区干部队伍。最近，中央、省委、市委对干部队伍建设都非常关注。胡锦涛总书记在中纪委三次全会上提出，在全党“大力弘扬求真务实精神、大兴求真务实之风”，实实在在做事，埋头苦干，不搞空架子，切实为一方百姓干实事。落实到复兴区，当务之急，就是要着力解决发展后劲问题，上项目、引项目、抓项目。区四套班子领导实行分包项目责任制，就是真抓实干，就是服务于经济建设中心。我们说，安全生产任务很重要，但班子安全更重要，因为它关系发展全局。所以，在服务中心、埋头做事的同时，一定要保证队伍安全。今年，全市党风廉政建设要围绕市纪委四次全会“建立防腐保廉体系，实施保驾护航工程”精神，强化“一个体系，一个工程，一支队伍”，抓好队伍自身建设，切实保障干部队伍安全。班子成员出了问题，就会影响整个班子的威信，形象差就不能很好地带好队伍、发展经济。保证班子安全，一要靠教育，要有理想信念；二要靠制度，用制度规范每个人的行为；三要靠监督，要认真学习贯彻中央“两个条例”，建立“三位一体”的党内干部监督体系。

几十年前，毛泽东同志就说过“邯郸是要复兴的”。复兴区就是邯郸复兴的亮点、代表，是邯郸复兴的载体之一。希望复兴区尽快复兴起来，为推进全市的改革开放和经济建设做出新的更大贡献！

在涉县调研移民搬迁工作时的讲话

（2004 年 4 月 2 日）

今天来涉县主要是针对移民搬迁问题进行调研。今天上午，我们请市建筑设计院的专家与大家一块儿看了园区内几栋楼的使用与维修情况，看了整个生活区内水电以及一些基础设施的再利用等方面情况。刚才，社群同志代表县委就涉县移民搬迁工作做了汇报，大家又对移民搬迁工作中的一些问题进行了讨论，形成了比较一致的看法，希望各级各单位一定要尽最大努力，把移民搬迁这件事情做好，为贫困地区群众的脱贫致富创造条件，提供帮助。下面，我再讲几点意见。

第一，要把移民搬迁作为贫困地区脱贫致富的治本之策给予高度重视。整个扶贫工作从中央到地方都很关注，大家的认识正越来越趋向一致。就是说，没有农民的小康就没有全社会的小康，贫困人口的脱贫问题解决不了，也很难实现一个地方的小康。我们要贯彻“三个代表”重要思想，要想立党为公，执政为民，必须要为百姓办实事。这些年来，我们搞改革开放，现代化建设，人民群众的总体生活水平可以说是提高了，初步达到了小康水平。我们邯郸地区也基本达到了小康水平。2003 年，我们市的农民人均纯收入达到了 2900 元，虽然不是非常富裕，但温饱的问题还是解决了，多数群众的生活逐步走向了富裕。但是回过头来说，从去年年初看，我们全市还有 42 万贫困人口，一年下来以后，我们解决了 9.8 万人的脱贫问题，但我们还有 32 万贫困人口没有完全解决温饱问题，特别是一些最贫困的地区，也就是涉县和武安的深山区、东部黑龙冈流域的苦水区，生存条件恶劣，社会环境和生态环境很差，没有继续生活下去的条件，这样的群众还有2200人，其中，涉县1600人。那么最贫困的人口怎么办？当然我们采取了很多的办法，多少年来，党委、政府对这些地方很重视，做了很多工作。但毕竟我们的财力、物力有限。同时，局部环境比较恶劣，想扶贫，那个地方没有生存条件，人畜饮水很困难，路很困难，修不进去，所以这些地方已没有继续生存下去的希望。怎么办，就要想真正的办法，就是搬迁出去。刚才各个部门、涉县县委、扶贫办在讨论时已经充分认识到了这个事情的重要意义，并感到做好这个事情不可能一蹴而就，不是很简单的事情。如果说是很简单的事情，新中国成立50多年了，就不可能等到现在了。但是现在已经到21世纪了，全国总体实现了小康，并向富裕小康迈进了，党委、政府、社会各界，不能再不做这个事情了。另一方面讲，如果我们下大力气来做，也不是做不到的事情。但毕竟在搬迁的问题上我们做得并不多，经验积累也不丰富，更何况我们的资金、人力、物力并不充足，如果充足的话，工作就好做了。尤其是移民搬迁的前期准备工作，如基础设施准备，群众的思想准备，生产生活条件的准备，都没有成功的做法和经验，这就给我们的搬迁工作带来了一定难度。要说我们当前比较成功的做法就是水库移民搬迁，这个事做得不少。但水库移民面比较大、比较分散。有的一个村搬迁后被分散到很多好的村子里去，一个村就分一两户。整体搬迁的情况不是很多，有的整体搬迁是从山脚下搬到山头上。河北省北部几个大的水库移民搬迁，比如丰宁、滦平等地现在就有不少遗留问题。要把搬迁工作做好，使搬迁的村民能够稳定地居住下去脱贫，不是非常简单的事。今天咱们既有具体事务的决策，也要对搬迁的有关问题进行研究。从现在看，要想把这项工作推动开，必须得有个突破口。邯郸的2200人实施搬迁，这个突破口找在哪？就找到涉县，找到千亩养殖园区这个地方来了。现在我们就把它作为一个突破口，作为一个试点，作为一项示范工作来对待它。这个就不光是务虚了，还要务实。涉县县委、县政府高度重视，特别是社群、建国同志，作为书记、县长直接抓这个事情，并且由专门的县级干部担任搬迁领导小组的组长，专抓这项工作。不等、不靠，已经做了大量的前期工作。搬迁工作带有邯郸、涉县的特色，就是整合资源，利用小三线军工企业移交给地方的厂址及生活设施，选择了两个村，一个寺峪村、一个庙岐村，227 口人，87 户，先实施首批搬迁。我今天来就是希望大家高度重视这个事情，把它办成了，以办成为原则。然后以它为示范来引导 2200 口人的搬迁，引导我市四个国家级、一个省级贫困县的扶贫搬迁工作。把 2200 口人分期分批完成搬迁，使这部分最贫困的人口先脱贫，然后再致富，这是一个总的指导思想。今天，大家本着这个总的指导思想，谈了很好的意见，特别是涉县县委、县政府想了很多的办法。并且不光喊，不光在书面上做文章，而且从实际上来做。首先把园区搞下来，然后事半功倍地做了很多协调工作，给予支持。先是对园区内的培训中心进行了装修，配备了电脑，住的地方也有了，被褥还是军工的，已经办了很多期的培训班。今天看到的三幢楼、5000 平方米，正在维修、加固，为搬迁做准备。看了这些项目大家应当有所触动。如果找个地方搞新建筑，恐怕就不是几百万的问题了，特别是又征地，又建设，几千万元的投入不可能建成 1200 亩的园区，对此，大家一定要充分认识这项工作的积极意义与现实意义，最大限度地给予支持和帮助。

第二，要认真做好住房等生产、生活设施的准备工作。涉县利用旧房建园区很有意义。以前我对这些旧房的安全问题有些担心，这些旧房大部分是 20 世纪七八十年代建的，交给地方后，七八年没人住，现在能不能再住人，安全系数有多大？今天市建筑设计院的总工来了，经他勘察，很负责地告诉我们，这些旧房维修加固后住 30 年没问题，这我就放心了。这三幢楼、5000 平方米，搬进 227 口人，人均 22 平方米，能够达到农村比较高的住房水平。扶贫搬迁在住房上一定要注意安全、适用、方便，本着这个原则搞维修加固。安全是第一位的，刚才专家说了，对这三幢楼的安全我们心里有底了。但光有底还不行，在维修上必须得认认真真做到安全施工。很多材料可以废物利用，两扇窗户可以并成一扇，就可以少花一扇的钱，但是一定要安全，做到既安全又适用。农村老百姓住房大部分是平房，比较习惯。山区也是独门独院，搬迁之后突然住上楼房，开始肯定不习惯。生产生活方面的事都要考虑到，城里人觉得方便的事，农村人未必觉得方便。这些人的搬迁不仅是脱贫的问题，而且也有个城镇化的问题。在安排住房问题上，要考虑到农民的实际需要，年老的住低层，年轻的住高层。如果农民感到不方便，搬迁后又返回去了，这就是不成功。生产设备也是要考虑的，要搞好山区水利设施的规划。

第三，仔细谋划生产项目。村民搬迁后，要解决生产自救、生活自立问题。要注意改善群众的生活条件，同时也要把大的项目搞起来，吸纳一些劳动力，就地解决更多的人来了干什么的问题。归根到底，有了生产生活的门路，搬迁村民才能够真正扎下根来。搬迁村民应该自食其力，但政府要给他们提供一些必要的生产条件，如土地、种子、饲料、生产工具等生产资料，最后达到促进农业增效、农民增收的目的。搬迁后，农民住得好了，交通便利了，吃得好了，收入高了，整体生活水平就会逐步得到提高。

第四，深入做好群众工作。尊重群众的意愿非常重要。农民故土难离，穷家难舍，这是应该理解的。整体搬迁相对来说还好点，也可能有死角死面。比如上年纪的人在老地方住习惯了，不愿意离开，这就需要我们做多方面的工作，动员他们出来。县乡干部可以先做党员干部、青年等有文化的人的工作。新区建好后，可以请搬迁对象来参观，他们一看可行，就愿意搬了。不要强求，不能硬来。总之，要本着“尊重群众意愿，做好思想工作，实行典型示范，自愿搬迁脱贫”的原则去做群众的思想工作，引导群众自觉自愿进行搬迁，要把主动权交给群众。搬迁千万不能伤害群众感情。在此基础上，要做好群众资产的整合工作，如土地问题要尽可能给予变现，进一步做好对群众的支持工作。

第五，要研究寻求移民搬迁的多种途径。在移民搬迁上，涉县县委、县政府想了很多好的办法。有分散搬迁的，整体搬迁的，搞园区搬迁的，我看可以把园区搬迁作为一个主体搬迁渠道。园区搬迁关键是要解决生产门路的问题。如果把大项目搞起来，就能吸纳他们就业，发展养殖也是一个很好的办法。一家养上两头奶牛、两头肉牛、五六只羊就能有出路了。这里距离县城十多公里，年轻人就可以到城里去就业，有本事的还可以到商贸城搞个小门店。实行园区搬迁可能是邯郸的一个特色，也是一个可行的路子。涉县还有两三处小三线企业旧址，可以用来搞扶贫开发。这些地方，只要生产问题解决了，容纳 800 人没有问题。这方面不存在一部分人搬迁占用另一部分人土地的问题，矛盾相对少，容易办。至少涉县 1600 人搬迁的任务占全市的大头，千亩养殖园区搞起来以后，实行园区搬迁是非常现实、非常有效、非常稳定的事情。

第六，运用好扶贫搬迁的政策，争取政策支持。搬迁可以立项目，省里有政策，有一定的资金。涉县的千亩养殖园区是市扶贫办建设科技扶贫示范园区的一个重点，如果再对移民搬迁进行立项，争取扶贫资金，就可以更好地做这个事情。还有就是与扶贫相关的政策，这方面政策也很多。又如解决土地问题、资金问题、户籍问题、医疗保险问题、子女就学问题，方方面面的政策都要研究到。除了今天来的部门，民政、司法、公安等部门都需要关注这个事情，做这项工作。今天主要看房子怎么样，还有哪些困难需要帮助解决。群众搬迁后，各种政策都要到位，行政区划、计划生育、殡葬改革等都需要有人来管理，软工程、硬工程都要考虑到，考虑全面。

第七，加强领导，多方支持扶贫搬迁工程。涉县已经成立搬迁领导小组了，有个副县长负责专门抓这项工作，书记、县长也始终关心这件事情。下决心把搬迁点设在园区，与县领导班子坚强有力有直接关系。这个点在省委、省政府是挂了号的，我们多次向省里汇报，冯文海副书记、宋恩华副省长都非常关心这个事情，所以县委、县政府、市扶贫办以及有关部门都要全力支持，尽力把这件事情做好。

在鸡泽、武安农业农村工作检查观摩活动座谈会上的讲话

（2004 年 4 月 15 日）

全市农村工作会议之后，市委、市政府决定由市级领导带队，分四个组到有关县（市、区）督导一下贯彻中央一号文件、省委五届六次全会和全市农村工作会议精神的情况，也看看春耕备播情况和植树造林情况。今天观摩了一天时间，上午在鸡泽县看了辣椒工贸城、波尔山羊养殖基地，还有植树造林、植树公司，看了一些项目，听取了鸡泽县委、县政府的工作情况汇报；下午在武安市看了天慈峰林生态建设项目，看了春耕、种棉情况，听取了武安市委、市政府的工作情况汇报。从掌握情况看，大家围绕春季农业、农事都在展开工作，抓落实抓得比较得力。鸡泽县虽然小，但是特色也比较明显，决心把特色产业做大做强，小县也要做大贡献，小县也要争取大的经济增量。武安市的底子比较丰厚，去年一年你们工作任务不轻，又赶上钢铁、煤炭价格上涨，粮食、棉花有个好价格，总体上还是风调雨顺，经济总量的增长速度也不慢，贡献比较大，形势还都不错。总的来看，两个地方一市一县，市委、市政府，县委、县政府高度重视，认真贯彻落实全市农业农村工作的各项决策部署，从本地实际出发，积极有效地做了大量工作，特别是在贯彻落实中央一号文件、省委六届五次全会和全市农村工作会议精神，贯彻落实国务院、全省农业和粮食工作会议精神方面，贯彻及时，推动有力，工作扎实，效果明显。可以说，今年的农业农村工作开局良好、进展顺利。只要大家继续按照中央、省、市的要求，狠抓各项政策措施的落实，全

市农业和农村工作的目标就一定能够实现。下面，就进一步做好当前的工作，具体讲三点意见。

一　提高认识，切实把思想统到中央、省、市今年出台的一系列促进农民增收的政策措施上来

当前，农业和农村工作有两个主题比较明显。一个是重视农民增收问题。改革开放20多年，农业增效增收，粮食产量增加，农产品充裕，农民生活水平有了很大的改善。但是，20多年来，有一个关键的核心问题，与城镇居民的收入水平相比，农民增收速度放慢了，农民总体生活水平还不高。中央先后出台了6个一号文件，针对解决不同时期农业面临的问题。从1982年到1986年连续五年发了5个一号文件。这前5个一号文件主要都是“放开”，打破“三级所有，队为基础”体制，实行家庭联产承包制和统分结合双层经营体制，同时粮食统购包销也放开，市场也放开。今年党中央、国务院发的一号文件，是第6个一号文件，重点是解决农民增收问题，文件主题就是增加农民收入。所以，我们工作着力点要放在增效增收上。今年的一号文件含金量比较高，对于“惠农”、支持农业，中央给了不少好政策，现在最重要的是全面、正确理解中央一号文件，联系本地实际贯彻中央一号文件，一定要按照中央的要求去做。中央的千条万条精神，最终还是要落实到农业增效、农民增收上。所以，我们要从本地实际出发，认真贯彻中央的精神。

再一个就是重视粮食安全。近几年来，粮食生产不断下滑，耕地面积减少，粮食种植面积下降，总产降低，尤其是粮食品种结构性矛盾突出，大宗品种如大米紧缺，价格上涨已超过恢复性上涨水平。对此，胡锦涛总书记指示：“粮食问题事关重大，需万分重视，精心调控。”温家宝总理指出：“粮食供求已经到了关键时刻。”为此，前几天，温家宝总理到河北视察工作，看到华北地区大面积的小麦长势不错。他说，看到华北这个粮田以后，对粮食问题心里就踏实多了。现在，粮食生产北方好于南方。南方的粮田耕地太少，人均水平低，同时改革开放较早，建工业园区，搞城市建设、小城镇建设，占地比较多，粮食播种面积在减少。新中国成立以来长期是南粮北调、

北煤南运，现在出现了北粮南调情况。围绕加强粮食安全生产，国务院召开了农业和粮食工作会议，河北省也召开了农业和粮食工作会议，又出台了很多具体政策。河北省农业和粮食工作会议我参加了，这次会议主要是研究具体政策。对于粮食“直补”，补多少、按照什么补，具体政策估计很快出台，补是肯定的。再有就是粮种和农机具的补贴，还有粮种与繁育补贴等。优质粮基地的补助是按级补的，国家级、省级都有不同的标准，国家级的咱们就是大名。国家对优质粮基地的补助，还有一个规模问题，必须达到40万亩以上。农机具补助，数量不会太多，但体现的是政府的关怀和支持。粮食“直补”等政策很快就要下来，下一步要做好这个事情。再有就是农业税减免政策，全国今年减1个百分点，河北省今年减3个百分点。邯郸市减免3个百分点后，农业税是3.4%。按照这一标准，武安市今年要减免农业税940万元。对武安市来说，减940万元农业税问题不大，但对东部农业县就紧张点。现在看来，农业税减免政策，逼着你调整产业结构，优化经济环境，更主要的是要培育地方财政税源，光靠种地来争取财政支持显然是不行的。

前几天，省委副书记冯文海到邯郸调研，我陪着他到永年。永年县西苏乡前六星村的村支书算了一笔账：过去种一亩地年产1吨粮食，纯收入最多也就500元，收入不是很高，由于收入不高，种粮的积极性就不是很高；现在实行了粮食“直补”，若按每亩10元算，加上农业税减免，农产品价格上涨，如果小麦保持每斤八毛五六，玉米保持每斤六毛多钱，这样的话，一亩地纯收入可到1000～1100元，农民种粮食的收入就有了较大提高，种粮的积极性就有了。今天下午咱们在武安看到种棉花情况，农民种植棉花，如果保持现在价格，仔棉3元多一斤，产量按500～600斤，那就是1500～1800元，除去500～600元的成本和其他附加，还赚1000～1200元，这就有了种棉积极性。种粮食、种棉花，有了好政策，能维持现在这个价格，那么农民的积极性就有了。现在看来，关键的问题是落实今年出台的这一系列“惠农”政策，让这些好政策尽快与农民见面；当务之急是结合本地实际抓好各种“惠农”政策的贯彻落实。所以，我们一定要把思想统一到中央、省、市出台的一系列农业农村工作政策措施上来，按照中央、省、市的要求积极有效地开展工作。

二　加大力度，突出农民增收和粮食安全生产两大重点，扎实做好今年部署的各项工作

围绕破解“三农”难题，围绕贯彻落实中央一号文件和省委六届五次全会精神，市委、市政府提出了“1387”工作思路，即围绕“一个转变”（传统农业向现代农业转变），抓好“三项突破”（加工、畜牧和绿色），实施“八大工程”（基地建设、龙头扶持、品牌打造、农业标准化、劳动力转移、园区经济、生态家园建设和秸秆饲料化工程），加快“七化进程”（种植基地化、养殖园区化、生产标准化、经营产业化、销售品牌化、投资多元化、项目业主化），实现农业增效、农民增收、农产品竞争力增强，努力把我市打造成为中原现代农业区域示范中心。具体有以下几项工作。

（1）农民增收方面重点抓好五项工作。一是以组织开展“农业项目年”活动为抓手，壮大龙头企业，提升农业产业化经营水平。这项工作刚才俊祥讲了，上午十周也讲了。现在“项目年”大家达成了共识，应该认真抓些农业项目。以抓工业的思路抓农业，核心的体现就是抓项目。今年我市围绕提高农业产业化水平搞了个“双百推进计划”，即抓好100个在建项目，力争完成固定资产投资12亿元；谋划建设100个招商引资项目，力争新增国家级重点龙头企业1个、省级重点龙头企业6个。大家要围绕“农业项目年”积极进行项目谋划建设，大力引进资金和农业先进技术，加快农业产业化发展步伐。二是围绕建设畜牧强市目标，积极发展畜牧业。年初，市委、市政府出台了《关于加快建设畜牧强市的决定》，提出了依靠畜牧业及相关产业实现农民人均增收60元的目标。从今年起到2008年，要建成100万吨奶业工程，年内奶牛存栏要达到6万头，全年奶产量8万吨。各县（市、区）要根据本地实际，积极组织实施。三是加大劳务输出力度，组织百万农民闯市场。农村工作会议之后，为什么马上就在魏县召开了全市劳务输出现场会呢？就是想搞一个“百万农民闯市场”。现在看起来，这一发动，像武安这个地方，1.5万个指标，恐怕还要突破达到3万个，翻一番，这更好。实践证明，大力发展劳务输出，是解决当前农村剩

余劳动力就业、增加农民收入的一条现实的渠道。大家要认真落实我市出台的《关于做好农村劳动力就业工作的意见》，通过“行政推动、宣传发动、政策驱动、培训带动、服务促动”等措施，加大农村劳务输出力度，促进劳务输出，增加农民收入。四是坚持“多予、少取、放活”的方针，维护农民利益。积极推进乡镇机构改革，做到“减人、减事、减支”相协调。冯文海副书记来调研时也提到这个题目，需要研究，需要测算。现在还是吃财政的人太多，尤其是乡镇。乡镇这个层面，主要是从农业这个口来支持开支，容易增加农民负担。要支持农村发展社会事业。要继续大力推行农村小额信贷业务，解决农产品加工业贷款难、农户扩大种养业贷款难的问题。要落实我市《关于进一步规范农户承包地使用权流转工作的意见》，积极引导和规范农户承包地使用权流转。五是加快结构调整步伐，挖掘农业内部增收潜力。要抓住目前春耕备播的大好时机，坚持“稳粮棉、扩蔬菜、增油料、优杂粮、种饲草”的方向，加快调整步伐，推进优势农产品的合理布局。我市提出“稳粮棉、扩蔬菜、增油料、优杂粮、种饲草”这个方针，还是基本侧重粮食，稳定粮食和棉花生产。但是，无限制地增加粮食的面积，别的都不搞了，恐怕也不是中央要求的大的方向。当然，还要做好农业标准化生产、农业基础设施建设、发展民营经济等其他各项工作。

（2）围绕粮食安全生产重点做好三项工作。一是挖掘潜能，进一步提高粮食综合生产能力。我市作为中部粮食主产区，要挖掘粮食生产潜能。一方面，要提高优质粮食生产水平。我市已规划建设“三大粮食产业基地”，即东部平原建设优质专用小麦、优质特用玉米两大产业基地，规划面积要分别达到 233 万亩和 390 万亩；以西部山丘地区为主，建设小杂粮基地，规划面积要达到 160 万亩。各县（市、区）要按照全市规划，把今年作为恢复发展粮食生产的关键之年，结合本地实际，搞好规划实施。要努力优化种植区域布局，全面启动优质粮食工程，全面提高粮食综合生产能力。要争取国家政策的支持，大名县已争取到 150 万亩优质小麦基地项目，有关县（市、区）要跑部进厅，争取也能列入国家粮食基地县计划盘子，享受到国家粮食主产区的优惠政策。另一方面，要提高粮食生产效益。各县（市、区）

要推进种植模式改革，积极推广粮棉套种、粮油间作、粮菜间作等高效种植模式，提高复种指数，增加生产效益。同时，要发挥科技对粮食生产的支撑和保护作用。要大力推广应用增产、提质、节本技术，增加种粮效益。二是落实政策，提高农民种粮的积极性。要不折不扣地落实各项支持粮食生产政策，继续深化粮食流通体制改革和农村税费改革，积极推进粮食购销市场化，在去年邱县实行“直补”试点的基础上，今年进一步在全市推开，最大限度地保护农民的利益，发挥“直补”的最佳效益。同时，要坚决制止一切面向农民的乱收费、乱集资、乱罚款，并建立健全防止农民负担反弹的长效机制。三是认真落实国家粮食政策，确保粮食安全。要坚持“四个结合”的原则，加强粮食安全生产，要把粮食生产销售和落实国家粮食政策与维护社会稳定相结合，与促进农民增收相结合，与加强监管相结合，与搞好服务相结合。对我市粮食生产和流通中存在的国有粮食购销企业库存下降、粮油价格出现了新一轮的上涨等问题，各县（市、区）都要采取措施。要成立粮食工作领导小组，加强对粮食工作的领导；加强收购农民余粮工作，以保证农民手中的余粮能够卖得出，满足农民购买生产资料的资金需要；制定完善粮食应急预案，确定粮食加工企业作为应急加工指定单位，保证成品粮的市场加工需要；增加储备粮规模，增强政府宏观调控能力；加强对粮食市场的监管，加强对粮食价格的监控。同时，严厉打击不具备收购资格的用粮企业、粮食经营企业和个体粮贩到农村收购粮食的行为。

（3）做好当前春季造林等几项工作。一是狠抓春耕备播。各县（市、区）要做好正在开展的春耕备播的准备工作，对耕地、农用物资的准备情况，加强检查，发现问题及时解决。各级工商、物价、质检等部门要密切关注农资市场，严防假冒伪劣，严禁哄抬物价，维护农民利益。二是加强小麦田间管理。要选派农技人员走向田间地头，广泛开展查苗情、查墒情、查虫情、查肥情的“四查”活动，要因地制宜，制定科学管理方案，全面搞好技术宣传和培训。据有关部门预测，全市预计发生“吸浆虫”病虫害面积 170 万亩，各县（市、区）要提前介入，积极开展专项防治。三是积极搞好春季造林等工作，确保年初市委、市政府下达的各项植树造林任务的完成。

三　加强组织领导，强化督查落实，确保各项工作措施的落实

（1）加强对各项工作的组织领导。各级党政干部尤其是党政“一把手”，要把解决好“三农”问题作为工作重点，把发展粮食生产、推进农业产业化、搞好春耕备播、春季植树造林等工作放在当前工作首位，做到中心不转移、精力不分散、行动不迟缓，抓准时机，不误农时，认真负责地、扎实有效地把各项工作领导好、组织好、落实好。

（2）制定方案，细化各项政策具体措施。中央、省、市出台的一系列文件，作为指导性文件，不可能对每一项工作都做出具体安排，这就要求县（市、区）在学习领会的同时，根据中央、省、市文件精神，与本地实际相结合，突出本地特色，制定具体方案，拿出翔实的措施。

（3）强化职责，加强督查，狠抓工作的落实。各项工作部署后，能否落到实处，督促检查是关键。要明确责任分工，抓好跟踪督查落实。前不久，为促进发展粮食生产的各项政策尽快进村入户，农业部派出 14 个粮食生产督查组，对各地春耕生产情况进行历时一个半月的蹲点督查。4 月初，温家宝总理、省委副书记冯文海就农业和粮食安全生产等工作分别到我省、我市视察、调研。各级领导干部都要深入基层，重视抓好督促检查，确保工作的落实。

（4）改进工作作风，真抓实干。各级领导干部要进一步转变作风，积极沉下去，深入春耕第一线，深入田间地头，深入农民群众中间，搞好政策宣传，帮助基层和农民解决问题。要以对人民高度负责的精神，妥善安排好农村困难群众的生产和生活。

纪检监察机关要在加强党的执政能力建设中发挥重要作用*

（2004 年 4 月 16 日）

胡锦涛同志指出，党的各方面建设，最终都要体现到提高党的执政能力上来，体现到巩固党的执政地位上来。加强党的执政能力建设，提高党的领导水平和执政水平，是我们党依据所处的历史方位和时代赋予的历史使命，依据全面建设小康社会的历史任务，对全党特别是党的各级领导干部提出的一项新要求，是带有全面性、根本性的重大历史课题。坚持以"三个代表"重要思想为指导，着力加强党的执政能力建设，对于全面推进党的建设新的伟大工程，全面实现小康社会的宏伟目标具有重大而深远的意义。

党风廉政建设是党的建设的重要组成部分，是加强党的执政能力建设、提高党的领导水平和执政水平的题中应有之义。纪检监察机关担负着加强党风廉政建设和反腐败斗争的重要职责，在加强党的执政能力建设，保持党的先进性、纯洁性方面具有其他部门不可替代的重要作用。各级纪检监察机关要充分认识自身在加强党的执政能力建设中的特殊地位和作用，牢固树立执政意识，增强使命感、责任感，主动适应党的建设的新发展、新要求，按照党的十六大提出的提高各级党委和领导干部"五种能力"，即科学判断形势能力、驾驭市场经济能力、应对复杂局面

* 本文刊发于河北省纪委《河北纪检监察研究》2004 年第 4 期。

能力、依法行政能力、总揽全局能力的要求，结合纪检监察工作实际，着力提高自身六个方面的能力，在加强党的执政能力建设中发挥积极的推动作用。

一　提高科学判断反腐败斗争形势的能力

科学判断形势是正确决策的基础，是提高执政能力的首要任务。只有在科学判断形势基础上制定正确的路线、方针、政策，确立正确的工作思路和工作格局，党的事业才能不断前进，反腐倡廉工作才能不断深化，党的执政地位才能不断得到巩固。党的十四大以来，党中央高屋建瓴，审时度势，正确分析和认识世情、国情、党情、社情，确立了反腐败斗争正确的指导思想、基本原则、工作格局和领导体制、工作机制，保证了党风廉政建设和反腐败斗争的深入开展和健康运行。党的十六届三中全会在总结经验的基础上，根据形势的发展变化，提出了健全教育、制度、监督并重的惩治和预防腐败体系的思路和目标。这是我们党对社会主义市场经济条件下深入开展党风廉政建设和反腐败斗争做出的新判断，提出的新要求，必将正确指导和有力推进党风廉政建设在新形势下的不断深入，取得新的成效。

提高科学判断反腐败斗争形势的能力，要特别注意以下三点：一是要以宽广的眼界，站在历史的高度、时代的高度观察问题，正确把握时代发展要求，善于进行理论思维和战略思维；二是要牢固树立辩证唯物主义和历史唯物主义世界观，善于运用科学的分析方法分析判断形势，做到以全面的观点看成绩，以辩证的观点看问题，以发展的观点看前景。三是要有求真务实的精神。深入实际、深入基层，开展调查研究，就是“求真”的重要途径和方法。近几年，我市每年都组织开展党风廉政建设问卷调查活动，去年还开展了“千家万户看党风”规模调研活动，发动社会各界对党风廉政建设和反腐败工作谈看法、找问题、提建议。这些都为我们准确地认识和把握反腐败斗争形势、有针对性地做好反腐倡廉工作奠定了好的基础。

二　提高服务第一要务的能力

社会主义市场经济体制的建立和完善，既是一项复杂的系统工程，也是一项长期的历史任务。在新的历史条件下，要提高党的执政能力和领导水平，就必须不断提高驾驭市场经济的能力，坚持以经济建设为中心，坚持发展这个执政兴国的第一要务不动摇。从纪检监察机关角度来讲，就是要把营造良好的经济发展环境作为神圣职责和首要目标，充分发挥自身职能，努力优化经济发展环境，为企业排阻清障、保驾护航，不断提高服务第一要务的能力和水平。一是充分发挥惩处职能。严肃查处乱收费、乱罚款、乱摊派、乱检查以及到企业吃、拿、卡、要、报等干扰破坏经济发展环境的案件，严肃查处钻企业改革空子、中饱私囊、造成国有资产严重流失的案件，严肃查处到企业寻衅滋事、煽动聚众闹事、报复企业领导人员等阻碍企业合法经营的案件，为改革、发展创造良好环境。二是充分发挥保护职能。以保护党员干部发展经济的积极性和企业合法权益为重点，认真研究制定有关规定和政策界限，并在执行有关规定中，既坚持原则性，又注意灵活性，努力为干事创业者撑腰壮胆，为企业发展保驾护航，提供坚强的纪律保证，在全社会形成“干事业有理、做贡献有功”的浓厚氛围。三是切实加强效能监察。一方面，要大力提倡和发扬“五办”作风，即对基层、企业和群众反映的亟待解决的问题，要闻风而动“马上办”；对疑难复杂的老大难问题，要知难而进“主动办”；对能够在基层和现场解决的问题，要深入实际“上门办”；对一些条件暂不具备或一时难以解决的问题，要创新思维“变通办”；对涉及面广、政策性强的热点问题，要坚持阳光操作“透明办”。另一方面，要通过监督检查，着力解决行政管理、行政执法过程中不作为、乱作为和效率低下、失职渎职等问题，促进政府机关转变职能、转变作风，提高工作效率。近年来，全市各级纪检监察机关积极开展“实施保驾护航工程”活动，查处了一大批干扰破坏经济发展环境的违纪违法案件。通过履行职责、排阻清障，服务第一要务的能力得到增强，为全市经济的健康发展做出了积极贡献。

三　提高维护人民群众切身利益的能力

党的十六大指出："推进党的作风建设，核心是保持党同人民群众的血肉联系。我们最大的政治优势是密切联系群众，党执政后的最大危险是脱离群众。"各级纪检监察机关和广大纪检监察干部要站在落实"立党为公、执政为民"这个"三个代表"本质要求的高度，把密切党同人民群众的血肉联系作为党风廉政建设的核心，把解决群众反映强烈的突出问题作为反腐倡廉工作的重点，努力提高维护广大人民群众切身利益的能力，用最大的优势化解最大的危险，不断巩固党的执政地位。首先，要牢固树立马克思主义的群众观点，深刻理解"群众利益无小事"的道理，牢牢铭记"立党为公、执政为民"的本质要求，坚持把维护和发展好人民群众的根本利益作为纪检监察工作的出发点和落脚点。其次，要针对改革和建设中群众反映强烈的突出问题，及时开展专项治理，认真纠正以权谋私、与民争利等损害群众利益的不正之风，狠刹搞脱离实际、劳民伤财的"形象工程""政绩工程"的不良风气。坚决纠正征用土地中损害农民利益问题、城镇拆迁中损害居民利益的问题、企业重组改制和破产中侵害企业职工合法权益的问题、拖欠和克扣农民工工资问题等，继续认真抓好治理教育乱收费、公路"三乱"、党政机关报刊散滥和利用职权发行等问题。再次，加强信访举报工作，提高协调和解决人民内部矛盾的能力。信访举报是纪检监察机关联系人民群众的桥梁和纽带，是人民群众反映问题、维护自身权益的重要途径。各级纪检监察机关要站在"群众利益无小事"的高度，热情接待群众来访，做好信访举报工作。要进一步创新纪检监察信访举报工作的观念、机制和方法，建立健全信访举报工作责任制，主动排查各种矛盾和隐患，努力把矛盾解决在基层，把问题解决在萌芽状态。建立协调处理上访问题的有效机制，形成处理上访问题的整体合力。一旦出现群体性上访，要主动负责，认真接访，及时化解。最后，要继续认真搞好政务公开、村务公开、厂务公开，深化行风评议活动，进一步扩大群众的知情权，畅通群众参与反腐败斗争的渠道。

四　提高依法依纪办事办案能力

依法治国，建设社会主义法治国家，是党领导人民治理国家的基本方略，也是党正确执政的必然要求。贯彻依法治国方略，关键在依法行政、依法办事。纪检监察机关作为执法执纪机关，要带头贯彻落实好依法治国方略，不断增强依法行政、依法执纪的自觉性、主动性，提高依法依纪办事办案能力，确保我们的执法执纪行为始终都在党纪国法规定的范围、程序内实施。当前尤其要认真学习、落实好宪法修正案和《中国共产党纪律处分条例》，坚决执行“四大纪律、八项要求”，做依法依纪办事的表率。同时，要进一步加大执法监察工作力度，加强对各级各部门和广大党员干部及国家机关工作人员执行党的路线方针政策、国家法律法规和上级决策、规定情况的监督检查，严肃查处各种违法乱纪行为，用党纪政纪手段保证宪法和法律的有效实施，促进各级各部门和广大党员干部依法行政，确保政令畅通。

五　提高综合惩治和预防腐败的能力

腐败是生长在党的健康肌体上的毒瘤。不坚决惩治和有效预防腐败，党同人民群众的血肉联系就会受到严重损害，党的执政地位就会有丧失的危险。我们在党的建设中必须坚定不移、坚持不懈地开展反腐败斗争。各级纪检监察机关要在党风廉政建设和反腐败斗争中，认真贯彻执行党中央确定的标本兼治、综合治理的方针，坚持教育、制度、监督并重，努力构建防腐保廉体系。一是以防腐保廉教育为基础，建立和完善思想防御机制。要以各级领导干部为重点，紧紧抓住树立正确的权力观、科学的发展观这个关键，教育广大党员干部牢记“两个务必”，牢固树立立党为公、执政为民的思想，自觉遵守“四大纪律、八项要求”，搞好廉洁自律。二是以深化改革为动力，建立有效的权力制衡机制。要拓宽从源头上预防腐败的领域，推进“四项改革”，完善“四项制度”。把建立结构合理、配置科学、程序严密、制约有效的权力运行机制，作为构建防腐保廉体系的“主攻方向”，结合政府机构改革，合理调整权力结构，尤其是对管权、管钱、管人等容易产生腐败的部门，进行权力的适度分解，把决策权与执行权分开，将资金调拨权与使用权分离，形成权力制约的格局。三是以规范从政行为为重点，健全和完善法规制度约束机制。认真贯彻落实全国纪检监察法规工作会议精神，切实加强防腐保廉法规制度建设。把法规制度建设纳入党风廉政建设和反腐败工作的总体部署，贯穿于反腐倡廉工作的各个环节。针对腐败现象易发、多发部位和群众反映强烈的问题，建立和完善预防、监管、惩处、保障等各方面的规章制度，形成用制度规范行政行为、靠制度管事、靠制度管人的机制。四是以认真贯彻党内监督条例为契机，强化和完善监督制约机制。要认真学习、广泛宣传和坚决贯彻执行《中国共产党党内监督条例（试行）》，把认真贯彻落实民主集中制作为关键措施，加强对领导干部的有效监督。认真落实胡锦涛同志在中纪委三次全会上提出的“要把党内监督与群众监督紧密结合起来，使两者相互促进、相得益彰”的讲话精神，积极探索加强对领导干部监督的新形式。近年来，我市建立并实施了述廉、评廉、考廉、用廉“四廉”监督机制，将党内监督与群众监督、领导干部廉洁自律与落实党风廉政建设责任制相结合，收到了较好的监督效果，受到中纪委领导的好评。我们要进一步努力加强这方面工作的探索。

六　提高组织协调党风廉政建设和反腐败斗争的能力

党风廉政建设和反腐败斗争是一项复杂的系统工程，必须加强组织协调。各级纪委要认真按照党章的规定，履行好对反腐倡廉工作的组织协调职责，确保中纪委三次全会部署的贯彻落实和各项反腐倡廉任务的顺利完成。

搞好组织协调，必须将组织协调工作融于领导干部廉洁自律、查办违纪违法案件、纠正不正之风和源头治腐等工作实践之中，通过对各项工作的组织协调，实现对反腐倡廉工作的整体协调，推进反腐倡廉工作的深入开展。搞好组织协调，纪委必须摆正位置，妥善处理与各职能部门的关系，发挥部门各负其责的作用，切不可越俎代庖、盛气凌人。遇到综合性的、需要多部门共同完成的工作，纪委要主动走到“前台”进行组织，协助党委搞好对各方面力量的合理调配，形成工作合力；遇到业务性强的、与职能部门紧密相关的工作，要充分发挥相关部门的牵头作用，积极配合，做好督促检查。搞好组织协调，必须认真落实党风廉政建设责任制。组织协调反腐败工作的职责与落实党风廉政建设责任制，二者紧密相连。组织协调的目的是进一步增强反腐倡廉的整体合力，贯彻党风廉政建设责任制是形成反腐倡廉整体合力的制度保证。因此，各级纪委在履行组织协调职责过程中要认真抓好党风廉政建设责任制的贯彻落实，把严格执行党风廉政建设责任制与履行党章规定的组织协调反腐败工作职责有机统一起来。对不认真落实协调小组协调意见的，要视为违反责任制规定的行为，严肃进行责任追究，使纪委组织协调反腐败工作的职责在执行党风廉政建设责任制的过程中得到落实。

典型带动　服务促动　行政推动
大力提高农民组织化程度
促进农业增效农民增收

——在全市农民专业合作经济组织建设经验交流会上的讲话

（2004 年 5 月 19 日）

这次全市农民专业合作经济组织建设经验交流会是市委、市政府研究决定召开的。会议的主要目的是深入学习贯彻中央一号文件和省委六届五次全会精神，认真落实党中央、国务院和省委、省政府关于支持农民专业合作经济组织建设的各项政策，抓住农民专业合作经济组织建设的有利时机，推动全市农民专业合作经济组织建设再上一个新台阶。同时，总结交流全市农民专业合作经济组织建设的新经验、新做法，发挥典型示范作用，强化行政推动力度，加快全市农民专业合作经济组织发展步伐，进一步促进农村经济发展和农民增收。刚才，馆陶县、武安市畜牧局、涉县王金庄花椒专业合作社等单位分别做了大会发言，有几个单位提供了书面材料，畅谈了体会，交流了经验，希望各县（市、区）和有关单位一定要互相学习，互相借鉴。下面，我再讲几点意见。

一　正确分析我市农民专业合作经济组织建设取得的成绩与不足，进一步增强做好这项工作的紧迫感和责任感

从去年省会召开后我市设立发展农民专业合作经济组织领导小组以来，

各级各部门不断深化对农民专业合作经济组织重要性的认识，制定措施，强化服务，全力推动，农民专业合作经济组织建设工作又有了新进展，取得了新成效，正在进入一个新的快速发展阶段。突出表现在四个方面：一是各级领导重视程度不断提高，并把这项工作列入了重要议事日程。去年以来，邱县、馆陶县、成安县、邯郸县、武安市、魏县、磁县、临漳县 8 个县（市）调整充实了农协（试验区）领导成员和办事机构；有 16 个县（市、区）建立了发展农民专业合作经济组织领导小组和办公室，下发了加快农民专业合作经济组织发展的文件，因地制宜，扎实有效地开展了各项工作。二是形成了加快发展的良好氛围。农民专业合作经济组织正在得到广大农民朋友的广泛认可，他们要求互相联合、共求发展的意愿正在逐步增强，不少龙头企业的经理和农民代表希望组织起来，成立协会，积极加入协会。三是农民专业合作经济组织又有了新发展。围绕建设畜牧强市，在完善提高现有 4 个市级专协联合会的基础上，按照“民办、民管、民受益、党领导”的原则，由民营龙头企业牵头，先后成立了“邯郸市养羊服务协会联合会”“邯郸市家禽业协会”“邯郸市养禽业经纪人协会”，三个市级专协（联合会）的会长均由民营龙头企业经理担任，组成人员中（副会长、秘书长、常务理事、理事）绝大多数是农民企业家和养殖大户。截至目前，全市农民专业合作经济组织已发展到 1392 个，比去年全省召开农民专业合作经济组织建设工作会议前增加了 224 个。其中，新增市级专协（联合会）3 个（市养羊专协联合会、市家禽业协会、市养禽业经纪人协会），还有 3 个市级专协（市养猪协会联合会等）正在筹建之中；新成立县级专协 32 个（魏县劳务输出协会，馆陶县中原大蒜协会、临漳县养羊专协、峰峰矿区养猪专协、大名县优质麦专协、磁县中药材协会等）；新组建乡、村级农民专业合作经济组织 189 个。四是开拓创新，农民专业合作经济组织保障体系和运作体系正在建立并逐步得到完善。在深入调查、认真研究、积极探索的基础上，我们从邯郸的实际出发，提出了以各级农协组织为依托，结合有关业务主管部门和专职人员，形成具有“组织、指导、协调、服务、监督”职能的保障体系；以“民办、民管、民受益、党领导”为原则，以服务广大会员为宗旨，建立了农民专业合作经济组织运作体系。通过两个体系的协调运作，增强了农民专业合作经济组织的服务功能，健全了农业社会化服务体系，较好地解决了“官办的好办不管用，民办的管用不好办”这一问题，达到了党委和政府支持、农民群众欢迎、企业基本满意的良好效果。

但是，对全市农民专业合作经济组织的建设不能估计过高，在全面分析取得的成绩的同时，还要看到这项工作中存在的问题。只有看到问题、抓住问题、解决问题，才能有的放矢，推动这项工作的深入开展，取得新的成绩。那么，全市农民专业合作经济组织建设存在的问题是什么？我看至少有以下四个方面。一是各级对发展农民专业合作经济组织的认识有待进一步深化。长期以来，农民已经习惯了一家一户的生产经营方式，缺乏组织起来共同发展的热情，而有些县和部门领导缺乏对发展农民专业合作经济组织重要性的认识，或者即使认识到了这个问题的重要性，但缺乏抓好这项工作的主动性和行之有效的方法，所以还没有把这项工作列入议事日程，或者满足于开过会了，发过文件了，就是没有行动，所以也就见不到效果。二是重数量的增加，不注重质量的提升。我市农民专业合作经济组织的规模普遍偏小、实力弱，服务水平低，自我发展能力差，带动和辐射能力和竞争力都不够强。三是管理不够规范。有的农民专业合作经济组织没有完整的章程和内部管理、监督制度，有的运作不够民主，有的甚至很松散。四是政策体系有待进一步完善，支持力度和手段有待增强。从我市发展农民专业合作经济组织的历程来看，不能说时间短，从80年代末就已经开始发展农民专业合作经济组织，我们的经验在全国被称为“邯郸模式”，得到了党和国家领导人的好评与肯定。但是相对于先进地区，比如山东、江苏、浙江等地方，农民专业合作经济组织不规范、辐射和带动能力弱是我们最大的差距，也是最现实的问题。所以，各县（市、区）和各单位必须统一思想，在充分认识发展农民专业合作经济组织重要性的同时，还要认真查找工作中存在的问题，找出症结，切实增强做好这项工作的紧迫感和责任感，紧紧抓住发展机遇，增强工作的主动性，加大工作力度，采取有效措施，大力度推进全市农民专业合作经济组织的发展。

二　认真贯彻落实中央一号文件和省委六届五次全会精神，把加强农民专业合作经济组织建设作为发展农村经济和促进农民增收的重要举措来抓

促进农民增收，是中央一号文件的出发点和落脚点，也是当前乃至今后一个时期“三农”工作的重心。中央一号文件在支持农民专业合作经济组织建设上出台了六个方面的政策，充分说明了中央对加强农民专业合作经济组织建设的高度重视。这6个方面的政策包括：（1）培育农产品营销主体。鼓励发展各类农产品专业合作组织、购销大户和农民经纪人；（2）积极推进有关农民专业合作经济组织的立法工作；（3）从2004年起，中央和地方要安排专门资金，支持农民专业合作经济组织开展信息、技术、培训、质量标准与认证、市场营销等服务；（4）有关金融机构要支持农民专业合作经济组织建设标准化生产基地、兴办仓储设施和加工企业、购置农产品运销设备，财政可适当给予贴息；（5）深化供销社改革，发挥其带动农民进入市场的作用；（6）对农民个人、农场职工、农机专业户和直接从事农业生产的农机服务组织购置和更新大型农机具给予一定补贴。省委六届五次全会通过的《关于推进农村小康社会建设若干重要问题的意见》中强调要提高农民进入市场的组织化程度，要求不拘一格，加快发展农民专业合作经济组织。去年，省委、省政府专门出台了《关于鼓励支持农民专业合作经济组织加快发展的意见》。之后，我市2次召开高规格、多层次人员参加的加快农民专业合作经济组织发展大会。同时，在年初召开的全市主管农业农村工作领导干部培训班上，我们还专门请河北经贸大学杨欢进教授给我们讲授农民专业合作经济组织的有关知识。从各级党委和政府的重视程度、政策支持力度来说，农民专业合作经济组织正在进入一个加快发展的大好时期。因此，各县（市、区）各部门一定要抓住农民专业合作经济组织建设的新机遇，认真学习政策、研究政策、吃透政策，用足用活政策，在此基础上，借鉴先进地区的经验，采取典型带动、服务促动、行政推动等行之有效的方法，推动全市农民专业合作经济组织建设再上一个新台阶。

当前，推动农村经济发展，促进农民增收，有三个问题要搞清楚，也就是中央一号文件中指出的农民增收的三个层次，即农业内部、农村内部和农村外部。从农业内部看，主要是抓三件事。一是要推进农村优势产业带建设，带动农产品的优质化和区域化；二是要发展农业产业化经营，支持龙头企业做大做强；三是要加强农业科技推广。从农村内部看，主要是拓宽农民增收的空间，大力发展农村二、三产业，壮大县域经济。从农村外部看，主要是大力发展劳务输出，加快农村剩余劳动力的转移。现在，不光从内部看，从全市看，要增加财政收入，必须发展县域经济。但是无论是从哪个层次看，增加农民收入，都必须提高农民的组织化程度，使农民联合起来，增强抵御市场风险的能力。从今年以来市委、市政府在抓农业农村工作的重点来看，我们在抓好农业和粮食生产的同时，还开展了农业项目年活动，就是为了做强做大龙头企业，增加农民收入。同时，市委、市政府紧紧抓住劳务输出这个重点。在年初市两会刚刚结束、我们召开全市农村工作会议的当天下午，专门在魏县召开了全市劳务输出现场会，提出了“百万农民工闯市场”。近期，市委、市政府还将召开劳务输出现场会，大力度地推进劳务输出。为了提高农民增收的组织化程度，今天下午，市委、市政府又专门召开全市农民专业合作经济组织建设经验交流会，充分说明了市委、市政府在抓农民增收上的信心和决心，说明了市委对通过加强农民专业合作经济组织建设，促进农民增收的高度重视。

加强农民专业合作经济组织建设，当前特别要围绕农民增收这个主题，把农民专业合作经济组织建设作为落实中央一号文件和省委六届五次全会精神、促进农村经济发展、促进农民增收的一个重要举措，重点做好四个方面工作。一要围绕正在开展的农业项目年活动，在产业结构的关键环节建立农民专业合作经济组织，拉动全市农村产业结构调整上新台阶；二要在产业链的薄弱环节建立农民专业合作经济组织，提高农业产业化的经营水平；三要在最具优势的产业上建立农民专业合作经济组织，推动产业做大做强；四要在农民最需要服务的项目上建立农民专业合作经济组织，健全农村社会化服务体系。总之，就是要将分散经营的农民组织起来，纳入整个市场体系，使他们真正成为市场竞争的主体；把农民自产自销的单个产品纳入整个产业链条，形成区域化布局、专业化生产、科学化管理、规模化经营、社会化服务的格局，从而提高农民增收的组织化程度。

三　明确发展思路，扭住关键环节，加大工作力度，推动农民专业合作经济组织健康、快速发展

（1）进一步明确农民专业合作经济组织建设的指导思想和基本思路。当前和今后一个时期，全市农民专业合作经济组织建设的指导思想是：以中央一号文件和省委六届五次全会精神为指针，以市场为导向，以农副产品销售为核心，以经纪人协会为重点，以完善机制为手段，进一步强化服务和行政推动力度，全面加快农民专业合作经济组织建设步伐，促进农村经济发展和农民增收。基本思路是：根据农业生产布局和农业产业化经营的要求，加强组织，积极协调，因地制宜，分类指导，通过龙头带办、能人领办、部门协办、农民合办等方法，大力发展多种形式的农民专业合作经济组织，及时为广大农民提供信息、销售、技术等各方面的服务。具体发展步骤是：在商品经济发展比较快、特色主导产业突出的或者说有一定基础的地方，要扶持帮助农民专业合作经济组织办实体、增实力、扩规模、上水平，向规范运行发展；在还没有脱贫的乡、村，要结合扶贫开发，积极鼓励农户从联合生产开始起步，由点到面，由小到大，逐步向技术、购销合作发展；在山区的一些乡、村，要充分发挥自然优势，积极发展错季蔬菜、种子繁育和牛羊养殖，并在这些产业大力发展合作经营、合作服务，加快群众致富步伐；在粮棉主产区，要集中力量，突出重点，在发展农产品购销、加工、储藏、运输等多种类型的农民专业合作经济组织上求突破。特别是小麦产业，要利用好国家支持粮食生产的各项政策，做大做强这一主导产业。通过建立农民专业合作经济组织，积极实施种子原种化、种植订单化、生产标准化、购销集团化、经营品牌化、贸工农一体化战略。此外，要进一步拉长小麦和棉花经济的产业链条，加快粮食和棉花的深加工，把小麦和棉花产业做大做强。

（2）抓实各类典型，发挥示范作用。农民都很讲实际，要加快发展农民专业合作经济组织，首先要抓好试点，树立样板，让广大农民群众看到好

处，得到实惠。所以，各县（市、区）和各部门要认真做好典型的培育、总结和推广，充分发挥典型的示范带动作用，用典型指导面上工作的开展。市、县都要重点培育、总结、选树、推广一批有代表性的、有特色的、能看能学的典型，引导和推动农民专业合作经济组织的健康发展。如在组织形式上，要选树龙头带办、能人领办、部门协办、农民合办等多种组织形式的农民专业合作经济组织典型，不搞一刀切；在利益机制连接方面，要选树农民专业合作经济组织与龙头、基地、农户之间建立紧密利益风险机制，实现“风险共担、利益均沾”，企业增效，农民增收，农民专业合作经济组织发展，党委和政府满意、群众满意的典型。市里重点抓好10个左右的农民专业合作经济组织典型，每个县（市、区）也要抓好2～3个规范化、有效益、有影响的典型。同时，围绕推进农业产业化进程，抓好30个农民专业合作经济组织的任务，已经纳入市委、市政府《关于2004年加快发展农业产业化经营的意见》（邯发〔2004〕3号），各县（市、区）和有关单位一定要认真抓好落实。

（3）强化政策扶持，创造发展环境。首先，要形成加快发展的合力。各级农业主管部门、市发展农民专业合作经济组织领导小组成员单位，要加快研究和制定本地区、本行业、本部门发展农民专业合作经济组织规划，尽快出台鼓励和支持本行业农民专业合作经济组织发展的具体优惠政策。对于农业综合开发项目、科技推广项目、扶贫开发项目，以及农、林、牧、渔和农产品加工重点项目，在符合国家项目立项政策的前提下，要重点向农民专业合作经济组织倾斜；税务部门要积极研究各项税收支持政策；金融部门要对农民专业合作经济组织的贷款申请适当放宽担保抵押条件；民政、工商部门要从实际出发，不断改进注册登记办法，减少收费，积极为各类农民专业合作经济组织注册登记提供方便，真正为农民专业合作经济组织的发展营造一个宽松的、良好的环境，使我们的农民专业合作经济组织在发展的过程中多遇到一些“绿灯”，少遇到或不遇到“红灯”。其次，要加大资金扶持力度。近日，省政府出台了《关于做好农业产业化和粮食工作促进农民增收若干政策的意见》，确定安排200万元专项资金，加强农民专业合作经济组织建设，我市也准备安排一定专项资金扶持农民专业合作经济组织建设。去年省里开会时提出，农民专业合作经济组织建设不受行政区划和地域限制，只要发展得好，就可以得到资金的支持，还可以以它为龙头，带动其他专业合作经济组织的建设。这是有政策的。因此，各县（市、区）也要安排一定的专项资金，重点支持农民专业合作经济组织和专业协会开展信息、技术、培训、质量标准与认证、市场营销等服务和典型宣传、工作交流、理论政策研究等活动。

（4）充分发挥农协职能作用，探索完善专协运行机制。由于种种原因，我市农协、专协职责不分，已建立起来的农民专业协会，官办的、官民合办的较多，加上重生产服务，轻加工服务，不重视销售效益，不能完全适应市场经济发展的要求。因此，各级农协要在继续坚持“因地制宜、分类指导、积极发展、逐步规范”原则的基础上，加快发展名副其实的“民办、民管、民受益、党领导”的农民专业合作经济组织。原有的官办或者官民合办的合作经济组织，如条件具备要逐步做好分离工作。各级农协要继续做好政策、信息、宣传、引导服务，提供管理机制、利益联结机制、风险保障机制、积累机制等成功经验，协调相关部门形成发展合力，为发展农民专业合作经济组织搞好服务。各级保障体系在农民专业合作经济组织的发展过程中，一定要发挥好“组织、指导、协调、服务、监督”的职能，发挥指导不领导、协办不包办的助推作用，为农民专业合作经济组织的发展保驾护航。要不断完善协会自身民主管理与决策机制，促进协会规范化管理；要探索多样化、系列化的服务机制，不断增强协会的吸引力；要健全完善盈余积累和利益分配机制，增强协会的凝聚力；在完善会员制的基础上，积极探索股份制或股份合作制的农民专业合作经济组织的新路子。

（5）加大培训教育力度，增强发展后劲。农民专业合作经济组织要发展，必须有一批熟悉合作理论、合作政策和合作实践的“带头人”与“明白人”。从农民专业合作经济组织发展的实践看，缺乏熟悉合作知识的专业人才，也是导致我市农民专业合作经济组织发展不快的重要原因。年初，我们在组织农业农村工作领导干部培训班上，已经进行了一次专题培训。以后，市委还将继续加强这方面的培训。同时，采取走出去、请进来的方式，加强这一方面知识的学习。各县（市、区）也要加大培训力度，以增强合作经济组织的发展后劲。在农民专业合作经济组织建立之前，要重点开展合作精神方面的培训；在农民专业合作经济组织运作过程中，要重点开展技术、经济和法律方面的培训。既要培训农民专业合作经济组织的负责人，也要培训农民专业合作经济组织的积极分子和普通社员，以便更好地指导农民专业合作经济组织的发展。培训要采取群众喜闻乐见的方式，例如现场参观、研讨以及认真分析成功和失败的农民专业合作经济组织的案例，可组织农民专业合作经济组织负责人现身说法，提高指导农民专业合作经济组织发展的能力和水平。各县（市、区）党委、政府的领导干部特别是我们负责农业农村工作的领导干部要加强对合作理论知识的学习，虚心地向专家学习，努力从理论高度把握农民专业合作经济组织的发展规律，更好地做好相关指导服务工作。

四　进一步加强对农民专业合作经济组织建设的领导

农民专业合作经济组织是农民走向市场自我发展的主要载体，是提高市场竞争力、增加农民收入的重要途径。各县（市、区）和有关部门一定要把加强农民专业合作经济组织建设作为当前农业农村工作的一件大事，摆上重要位置，列入重要议事日程，切实抓紧、抓好、抓出成效。

第一，要坚持“民办、民管、民受益、党领导”的原则。坚持党对农民专业合作经济组织建设的领导，是新时期农民专业合作经济组织工作基本要求，也是确保农民专业合作经济组织建设健康发展的重要保证。强调党对农民专业合作经济组织的领导，要把握四个方面：一是思想上引导；二是舆论上监督；三是工作上指导；四是政策上支持。特别是在对农民专业合作经济组织建设的指导上，要做到出谋划策而不直接决策，组织引导而不发号施令，主动服务而不越权干预，切实保证其组织独立自主地发挥作用。这方面，我们有过经验，也有过教训。在农民专业合作经济组织的建设上既不能不作为，也不能乱作为。

第二，要抓紧成立领导小组和办事机构。各县（市、区）没有成立农民专业合作经济组织领导小组的，近期要抓紧成立领导小组和办事机构，已经成立的要把人员配齐、配强，为办事机构提供必要的办公条件，解决必要的办公经费。农民专业合作经济组织领导小组要定期或不定期地听取农协的工作汇报，分析研究农民专业合作经济组织发展态势、工作中存在的问题，协调解决工作中遇到的难题，为农民专业合作经济组织工作的开展提供组织保证。

第三，要切实发挥保障体系的作用。协调市直职能部门，建立使相关行业的农民专业合作经济组织健康发展的保障体系，是我们在实践中探索的一条行之有效的路子，一定要认真坚持下去。同时，要不断完善保障体系的职能、作用以及与运作体系的关系，制定好农民专业合作经济组织的运作规程，协调好保障体系成员间的关系。通过保障体系的运作，加强对农民专业合作经济组织的组织、指导、协调、服务与监督，真正把农民专业合作经济组织发展成为农民自我合作、自我服务、自我管理的“自愿、自主、自治、自律”的农民组织。

第四，要加强宣传，营造氛围。一些基层干部和农民群众对农民专业合作经济组织建设重要性的认识不足，或者对其发展心存疑虑，严重影响了农民专业合作经济组织的发展。不提高基层干部和农民群众的认识，不增强群众的合作意识，农民专业合作经济组织就很难发展起来。所以，各县（市、区）都要进一步加大宣传教育力度，在群众中广泛宣传农民专业合作经济组织的作用，宣传各地的成功经验。各级新闻媒体都要采取不同的形式宣传农民专业合作经济组织建设的典型，进行深度报道，以形成发展农民专业合作经济组织的浓厚的舆论氛围。

同志们，增加农民收入是加快发展农民专业合作经济组织的出发点和落脚点，希望各县（市、区）和市直有关单位一定要认真落实中央一号文件和省委六届五次全会精神，坚持与时俱进，求真务实，开拓创新，进一步加大农民专业合作经济组织建设力度，为促进全市农村经济发展和农民增收做出新的更大的贡献。

在全市农村现代化试点建设现场会上的讲话

（2004 年 5 月 19 日）

这次全市农村现代化试点建设现场会，是市委、市政府决定召开的。目的是通过现场观摩及经验介绍，促进各县（市、区）相互交流，相互学习，相互借鉴，更加扎实地推进我市农村现代化试点建设工作。

刚才，大家参观了涉县的东巷村、一街村和老爷庙村，涉县、邯山区、临漳县、曲周县分别从不同角度介绍了他们在农村现代化试点建设工作上的成功做法和经验，他们的做法实实在在，很有代表性，具有较高的推广价值，大家一定要认真学习借鉴，努力使这些先进经验在全市开花结果。会上，素华同志宣读了《邯郸市农村现代化建设领导小组办公室关于对全市农村现代化建设试点单位实行动态管理的意见》，增海同志就我市农村现代化试点建设工作现状、存在问题、下一步如何抓讲了很好的意见，我完全同意。会后，各县（市、区）、各试点乡镇、村对增海同志的讲话、素华同志宣读的《意见》要认真学习，仔细研究，尽快贯彻落实到实际工作中去。下面，我再强调四点。

第一，加强领导，实行"一把手"负责制。农村现代化建设试点工作是一个复杂的社会系统工程，是一项探索性、先导性和长期性的工作，涉及面广，政策性强，任务艰巨，必须在党委、政府的领导下进行。各级党委、政府要站在贯彻落实党的十六大精神、践行"三个代表"重要思想的高度，切实把这项工作抓紧抓好。县乡村三级要把农村现代化建设试点工作作为"一把手工程"，由"一把手"亲自抓，实行"一把手"负责制。今天到会的各县（市、区）委副书记，回去后要抓紧向县主要领导汇报，把这次会议精神贯彻落实好。各试点乡镇党委书记、乡镇长要把工作重点放在推进乡镇政府所在村的现代化建设上，以此来带动全乡镇农村现代化建设工作；各试点村支部书记、村委会主任，要把现代化试点建设作为头等大事，全力以赴抓好这项工作。

第二，协调联动，形成强大合力。农村现代化试点建设工作需要全社会的关心、支持和参与。我们要千方百计动员方方面面的力量，齐抓共管，协调联动，做到有钱出钱、有力出力、群策群力，形成推进农村现代化试点建设的强大合力。各试点村镇是这项工作的主体，是搞好这项工作的关键所在。各试点单位在做好自身工作的基础上，要积极主动地与有关部门联系，寻求支持和帮助，借助他们的力量解决自己不能解决或难以解决的问题。各职能部门要更多地关心和支持这项工作，围绕试点村镇建设工作的重点和难点，制定帮扶规划，在政策、资金、项目、技术等方面精心指导、热情服务、大力扶持，实实在在地为现代化试点村镇建设做贡献。

第三，全面规划，使目标任务更具体、更明确、更有可操作性。农村现代化建设试点工作，搞好规划至关重要。各县（市、区）、试点乡（镇）、村要通过科学的研究论证，真正吃透县情、乡情、村情，找准具有本地特色的发展思路，制定内容更全面、目标更明确、措施更具体、可操作性更强的建设规划。新的规划，要坚持科学发展观，以人为本，以全面、协调、可持续发展为目标，准确把握农村三个文明协调发展的关系。新的规划，要体现科学性、超前性，做到高站位、高起点、高标准、高品位。新规划一经确定，就要严格执行，坚决维护其严肃性和权威性，不能朝令夕改，要一任接一任地按照规划去建设、去发展。

第四，会后要搞好反馈。各县（市、区）要将贯彻落实这次会议精神情况，于6月10日前报市农村现代化试点建设领导小组办公室。

在邯郸市纪检监察机关推进行政审批制度改革工作会议上的讲话

（2004 年 5 月 20 日）

这次全市纪检监察机关推进行政审批制度改革工作会议是一次非常重要的会议，对于深入贯彻落实中纪委三次全会精神和省、市纪委四次全会精神，进一步深入推进行政审批制度改革，加大从源头上预防和治理腐败力度，具有十分重要的意义。会上，参观和观摩了馆陶县政务大厅及其运行情况。刚才，馆陶、武安介绍了深化审批制度改革的经验。我感到，这两个县（市）的经验很好，对于其他县区很有借鉴意义。特别是馆陶县委、县政府、县纪委、监察局，求真务实、真抓实干，认识高、措施硬，在较短的时间内，通过行政审批制度改革，促进了职能的转变和作风的转变，树立了行政机关的新形象。文生同志在总结了前段监察综合工作情况的基础上，部署了下一步工作，明确了任务、目标和要求；徐数同志就纪检监察机关发挥职能作用、大力推进全市行政审批制度改革讲了意见。他们讲得很好，我都同意，希望大家认真抓好贯彻落实。下面，我再强调几点。

一　统一思想，提高认识，进一步增强搞好行政审批制度改革的紧迫感和责任感

近年来，我市各级行政机关和各有关部门认真落实中央和省、市的工作部署，积极推进行政审批制度改革，主要领导带头抓，纪委书记协调抓，分

管领导扎实抓，上下积极配合，遇到问题及时解决，使我市的行政审批制度改革不断深入。一些地方和单位立足本地本单位实际，积极探索深化改革的新思路、新办法，并取得了较好的成效，这为我们进一步做好今后的行政审批制度改革工作打下了良好的基础。同时也要看到，行政审批制度改革是一项政策性、业务性很强的工作，改革涉及面广、事关全局、事关一些部门的切身利益，目前各县（市、区）在深化这项改革方面进展还不平衡，改革的任务十分艰巨。对此，各级各部门一定要统一思想，高度重视。要站在落实“三个代表”重要思想的高度，充分认识到，搞好行政审批制度改革是一项调整和完善生产关系，建立一个高效、廉洁、勤政、务实和深受人民欢迎的政府，保证社会主义市场经济体制建立完善和促进国民经济持续、稳定、健康、快速发展的大事，要切实抓紧抓好。

首先，搞好行政审批制度改革是调整和完善生产关系的一个重要内容，是自觉改革和完善上层建筑中不相适应部分的一个重要内容。江泽民同志曾指出：“我们现在遇到的矛盾和问题很多，而且错综复杂、相互交织，但归根到底，是要正确认识和妥善处理新的历史条件下解放和发展社会生产力与调整完善生产关系，根据经济基础的发展自觉改革和完善上层建筑中不相适应部分的问题。”改革行政审批制度是建立完善社会主义市场经济体制、促进经济发展的客观需要。改革开放以来，我市的市场经济体制框架已经逐步形成，但政府对社会经济事务的管理方式还没有得到彻底改变，与建立社会主义市场经济体制的要求还很不适应。在发展社会主义市场经济过程中，政府不能再像计划经济时代那样事事都干预，有些应该下放给企业的权力要真正下放给企业。这样做绝不是说政府对经济工作不要宏观调控了，更不能说，政府就不要加强对社会和经济发展的监督管理了。而是为了适应社会主义市场经济体制的需要，逐渐把行政审批权力放开。这正是上层建筑适应经济基础需要调整和完善的重要组成部分。去年市纪委组织全市纪检监察领导干部到南方“四省十市”学习考察，大家都看到，这几年江苏、浙江、福建、广东等一些省份经济发展那么快，是与他们思想的解放、观念的更新、权力的下放，特别是改革旧管理体制有直接关系的。而我们受计划经济影响较深，长期存在统得过死、管得过多的问题。一些部门从自身利益出发，对于该下放的权力迟迟不愿意撒手，严重影响了我市改革发展的进程。我们必须进一步解放思想，学会更多地运用经济、法律等间接手段来调控经济，把更多的空间交给市场去调节，把应该交给企业自主决策的事情放给企业，让市场调节这只“无形的手”去做更多的事情。这是市场经济发展的必然要求。我国加入世贸组织后，标志着我国的社会主义市场经济进一步和世界经济接轨，我们只有加快政府职能的转变，进一步改革行政审批制度，才能适应新形势发展的要求，适应 WTO 运作机制的要求，从而提高办事效率，改善投资环境，使我市经济更好地融入全国和世界经济之中，推动我市经济的发展。

其次，行政审批制度改革是转变政府职能，树立高效、务实、为人民服务的政府形象的需要。按照“三个代表”的要求，始终代表最广大人民的根本利益，就必须牢记全心全意为人民服务的宗旨，建立高效、务实、勤政为民的政府，这就要求我们必须从人民的利益出发，进行行政审批制度改革，诚心诚意地为人民群众办实事、办好事，简化程序，方便群众。目前我们某些行政部门确实存在不同程度的衙门作风、官僚主义。有的办事程序烦琐；有的审批事项甚至要经过几十个部门，审批材料已经起皱发黄，但事情还是没有办成；有的暗箱操作，人为设置障碍，群众觉得门难进、事难办，对行政部门有意见。这些问题，应该通过行政审批制度改革加以解决。应该说，行政审批制度改革是促进职能转变的重要措施，也是政府职能转变的一个突破口。我们的各级行政机关及其工作人员必须站在讲政治的高度，来认识行政审批制度改革的必要性和重要性。要牢记党的宗旨，牢记我们的权力是人民赋予的，不断增强公仆意识，以人民高兴不高兴、满意不满意、赞成不赞成为标准，加强机关作风建设，提高工作效率，树立勤政为民的部门形象。

最后，改革行政审批制度对于从严治党、从源头上预防和治理腐败具有重要作用。当前一些消极腐败现象还相当严重，反腐败斗争形势依然严峻。从全市、全省乃至全国看，我们每年都要处理一大批违纪违法案件和腐败案件，但反腐败斗争取得的成效为什么仍不能令人满意？原因之一就是从源头上预防和治理腐败的措施和办法还不多。有人用“割韭菜”来形容只注重治标的反腐败工作，可以说不无道理。因此，必须用深化改革的办法从源头上解决腐败问题。我国社会存在的腐败现象，大多是属于权力运行过程中发生的腐败。许多审批权后面往往隐藏着腐败，特别是审批权过多过滥，更容易出现腐败问题。从近几年揭露出的不少案件可以看到，适应社会主义市场经济要求的行政审批制度尚待完善，项目审批管理中缺乏有效的监督和制约，是权钱交易等腐败现象得以滋生蔓延的一个重要原因，行政审批制度改革是从源头上预防和治理腐败的一项重要工作，我们必须当作大事，抓出成效。

二　以贯彻落实行政许可法为契机，抓住关键，突出重点，积极稳妥地深化和推进行政审批制度改革

即将于今年 7 月 1 日正式施行的行政许可法，体现了行政审批制度改革的精神，吸收了行政审批制度改革的成果，为进一步推进行政审批制度改革提供了法律保障和动力。贯彻行政许可法必将进一步推动行政审批制度改革的进一步深化。吴官正同志在中央纪委三次全会上所做的工作报告中指出，要认真贯彻实施《中华人民共和国行政许可法》，深入推进行政审批制度改革。温家宝总理在国务院第二次廉政工作会议上要求，加快行政审批制度改革，切实转变政府职能，大幅度减少行政审批事项。要按照中央纪委三次全会和国务院第二次廉政工作会议精神，以贯彻落实行政许可法为契机，进一步推进行政审批制度改革。

深化和推进行政审批制度改革，关键是要做好行政审批项目的清理和削减。行政审批制度方面存在的弊端，主要是行政审批项目过多过滥，审批环节过多，审批效率过低。近年来，我市按照中央和省纪委要求，认真开展行政审批项目的清理和削减工作，公布取消总数达 541 项，占原有总数的 55.5%。同时，加强了对保留审批事项的监督管理，通过建立审批大厅等形式改革了审批方式，在行政审批制度改革方面迈出了坚实的步子。但行政审批项目过多过滥的问题还没有从根本上得到解决，要下决心再取消和调整一批行政审批项目。要严格遵循行政许可法和改革的原则，该削减的坚决削减，不该保留的一项不留，切实把不应由政府机关审批的事项减下来，把公民、法人或者其他组织能够自主决定的事项交给其依法自主决定，把市场竞

争机制能够有效调节的事项交给市场，把行业组织或者中介机构能够自律管理的事项交给行业组织或者中介机构，把行政机关采用事后监督等其他行政管理方式能够解决的事项改为其他管理方式。在行政审批制度改革方面，当前存在的一个突出问题是，有些部门对精简下放审批权还缺乏应有的认识，下放审批权的自觉性还不高，这个问题要认真加以解决。我们不否认各部门都有自身的特殊性，但现行审批制度的弊端有更大的普遍性。当然，改革行政审批制度，并不是审批项目减得越少越好。在有些方面，特别是社会事务管理方面，不是要削弱，而是要加强。在削减审批项目中，一方面要保证数量上的削减，另一方面还要注重削减质量。要防止在削减审批项目上做表面文章。比如有的部门把与本部门利益关系不大的项目削减了，把与部门利益关系密切的留了下来。说白了，就是对其好处不大的审批项目放弃了，好处大的仍然不想放弃。这其实就是在搞搪塞应付，蒙混过关。要督促有关部门切实摈弃本位主义，从人民群众的根本利益出发，从经济和社会发展大局出发，对于应该取消的审批项目，按照上级要求，不折不扣地予以取消，该下放的要坚决下放。真正做到通过削减强化监督，规范权力运行，切实改革行政管理的方式和手段，充分发挥市场配置资源的基础性作用，更好地确定行政机关在市场经济运行中的地位和职能。

深化和推进行政审批制度改革，要切实加强和改进后续监管工作。取消和调整部分审批项目，并不是取消管理，更不是取消监管责任，要克服重审批、轻监管的倾向，切实加强和改进后续监管工作。对取消审批后还需通过其他方式监管的事项，要制定并落实后续监管的措施和办法，防止管理脱节；对改变管理方式的事项，要做好向行业组织或中介机构的移交工作，制定由行业组织或中介机构自律管理的政策规定和运作程序，指导并规范其行为；对行政机关目前确需保留的行政审批事项，尤其是那些容易发生以权谋私、权钱交易的审批项目，一时又难以用市场机制的办法解决的，要建立和完善审批监督和制约机制。比如，针对容易发生问题的部位和环节，加强监督制约，明确审批责任，简化审批程序，确定审批时限，提高办事效率，并制定严密的审批操作规程和标准，最大限度地减少审批部门和人员的自由裁量权。要继续推动行政审批制度创新。建立审批大厅、实行集中审批就是一个好办法。要注意完善审批大厅的功能，在审批大厅的运行过程中，要防止“大厅内值班审批、大厅外暗中指挥”的现象发生，搞厅内、厅外“两条线”，把大厅审批变成形式主义。要结合政务公开工作，进一步完善行政审批公示制度，加快推行网上审批步伐。有关部门要对审批时限进行公开承诺，接受群众监督。要按照权责统一的原则，建立和完善行政审批责任追究制度和信息反馈机制，主动接受人大、政协、司法机关以及舆论和人民群众的监督，将创新行政审批制度与其他改革紧密结合，整体推进，确保行政审批制度改革的要求和措施落实到位。要有重点地对一些地方和部门行政审批项目调整的后续工作进行监督检查，对有令不行、有禁不止、变相审批，违规审批的，要予以纠正并追究责任。

深化和推进行政审批制度改革，要努力做到“四个结合”。行政审批制度改革是一个系统工程，做好这项工作要努力做到四个结合。一是全面推进与重点突破相结合。在削减行政审批事项中，要突出清理削减的重点：涉及企业生产经营活动的审批项目是重点项目，与社会经济活动联系密切的部门是重点部门。二是清理削减行政审批项目与规范审批行为相结合。行政审批制度改革不仅是单纯的精简审批项目，还要把清理审批项目与规范审批行为相结合，对已取消的审批项目，必须建立相应的监管措施，改变管理方式，防止出现管理上的“真空”；对保留的审批项目，要抓紧制定具体规范办法。对保留的审批项目，要努力建立避免权力过分集中、“以权治权”的有利于相互监督制约的机制。三是落实上级要求与创新制度措施相结合。要深入探讨行政审批制度改革的特点和规律，及时总结和推广成功经验和有效做法，推动改革向纵深发展。要大力推进行政审批制度创新，逐步建立科学合理的审批管理机制、规范高效的审批运行机制、严密完善的审批监督制约机制。要探索建立信息化政府履行行政审批职能的实现模式，运用信息、网络等现代技术进行管理，积极发展电子政务，推行政务公开，提高制度创新的科技含量。要创新行政管理机制，将直接管理与间接管理、静态管理与动态管理、事前审批与事后监管、加强管理与搞好服务有机统一起来，充分利用间接管理手段、动态管理机制和事后监督检查加强对经济和社会事务的管理，不断提高管理水平和工作效率。四是审批制度改革与机构改革相结合。

减少审批权力，是巩固机构改革成果，实现政府职能转变的重要保证。机构改革的目的是“精兵简政”，只有简政才能精兵，因此，机构改革和审批制度改革两者是相辅相成的关系。目前我市机构改革工作已经基本完成，有的部门出现了撤并等改变，要根据机构改革后的具体情况，搞好审批权力、审批事项的具体衔接，防止工作断档。

三　加强领导，狠抓落实，确保行政审批制度改革顺利进行

行政审批制度改革是对传统行政管理体制的变革，是一项涉及面广、政策性强、难度较大的工作。改革行政审批制度，削减行政审批事项，其实就是削减一些部门的审批权力。因此，行政审批制度改革不仅有个转变观念的问题，更有个正确对待权力和利益的问题，对有关部门特别是领导干部来讲，是一场现实考验。随着改革的不断深化，各种困难和阻力就会越来越明显地凸显出来。从我市前一段改革和外省、市改革的情况看，握权不放，寻找对策，消极对待，避重就轻，减“小”不减“大”，减“瘦”不减“肥”，就是一个迫切需要解决的现实问题。因此，一定要切实加强对行政审批制度改革工作的领导，狠抓各项改革措施的落实，确保行政审批制度改革的顺利进行。要健全组织，加大领导和协调力度。行政审批制度改革工作要坚持“党委统一领导，政府主抓，纪检监察机关组织协调，部门各负其责”的领导机制和工作机制，各级党委要切实加强对这项改革的领导，各级政府要将其作为一项重要工作切实抓紧抓好。在行政审批制度改革工作中，市、县两级都建立了以市（县、区）长为组长的专项改革领导小组及其办公室，由于机构改革，一些领导班子成员职务出现变动，要及时对领导小组进行相应的调整。领导小组及其办公室要切实发挥组织协调作用，全面掌握改革情况，经常研究和解决改革中遇到的困难和问题。要坚持高标准、严要求、动真格，提出减少审批事项的硬指标，拿出抓好落实的硬措施，防止改革流于形式、走过场。对重大审批事项的改革，要坚持走群众路线，广泛征求各方面的意见和建议，使方案切合实际，便于操作，更加科学、合理。通过改革，突破束缚生产力发展的体制障碍，方便群众、方便基层、优

化环境、优化服务，真正体现“三个代表”的要求。要严明改革工作纪律。为确保这项改革的顺利进行，要求各部门也要建立“一把手”负总责、班子成员按分管范围具体抓的领导责任制，切实加强领导，主要领导同志要切实负起责任，保证按照省、市的统一部署完成好改革任务。

要加强监督检查，推动改革的不断深入。各级纪检监察机关要充分发挥职能作用，协助党委、政府搞好组织协调，加强监督监察，对各部门审批制度改革情况进行专项执法监察，确保政令畅通，对有令不行、有禁不止，或明改暗不改，瞒报、漏报、拆零多报等弄虚作假行为要严肃教育，严肃查处，并追究主要领导人和当事人的纪律责任。

有关部门要切实发挥好职能作用。各职能部门、各有行政管理审批职权的事业单位要认真学习、贯彻执行《中华人民共和国行政许可法》。要从有利于经济发展的大局出发，迅速清理那些不属于行政许可法规定范围的审批事项；对保留的审批事项要认真研究其审批程序、审批期限等是否与行政许可法相抵触，对存在的问题要按照行政许可法的要求迅速整改落实。对违反行政许可法的行为要严肃查处。行政审批制度改革的主管部门要认真按照党的十六大提出的要求，按照省、市做出的部署，突破权力和利益的束缚，突破传统行政管理方式的障碍，坚决减少审批事项和审批前置条件，大力简化审批程序和环节，削减行政性收费，努力为投资、创业活动营造更优的环境，为企业和群众提供更好的服务，为全市经济发展增添更强的动力。各级新闻单位要制订宣传计划，加强舆论引导，及时报道深化改革的正面典型和好的经验，披露改革中存在的问题，形成有利于深化改革的舆论氛围。

同志们，行政审批制度改革是一项意义深远的工作，是发展社会主义市场经济的必然选择。今年的行政审批制度改革任务十分繁重，各级党委、政府、纪检监察机关和各级行政主管部门要增强政治责任感和工作紧迫感，大力弘扬求真务实精神，大兴求真务实之风，结合本地本部门实际，坚定信心，知难而进，加强领导，狠抓落实，锲而不舍地推进行政审批制度改革工作，为我市改革开放和经济发展做出应有的贡献。

在学习考察德州中小企业担保机构建设会议上的讲话

（2004 年 5 月 22 日）

今天，我们到德州参观学习，是为了贯彻落实全市中小企业信用担保机构建设暨银企对接会议精神，进一步开阔视野，开阔思路，加快我市中小企业信用担保机构建设，推动全市民营经济大发展快发展。通过一天在德州的耳闻目睹，反观我市民营经济及中小企业信用担保机构建设现状，感到很开脑筋，很有收获，想必大家也深有同感。下面，就如何借鉴德州先进经验，加快我市中小企业信用担保机构建设，推动民营经济发展，我讲三点意见。

一　肯定成绩，正视差距，进一步坚定加快我市民营经济发展的信心和决心

今年以来，我市民营经济保持了良好的发展态势。1～4 月，全市民营经济完成增加值 148.1 亿元，比上年同期增长 29.3%，占年计划的 33.7%；营业收入完成 589.4 亿元，比上年同期增长 29.2%，占年计划的 33.5%；实缴税金完成 7.9 亿元，比上年同期增长 31.9%，占年计划的 37.7%；固定资产投入 29.8 亿元，比上年同期增长 147.6%，占年计划的 49.7%。总之，1～4 月任务目标完成较好，为全年任务的完成奠定了良好的基础。从我市民营经济运行态势看，呈现以下三个特点。（1）社会贡献份额加大，

社会效益稳步提高。今年 1 ~4 月，全市民营经济实缴税金完成 7.9 亿元，同比增长 31.9%，比去年同期增幅提高 15.7 个百分点，民营经济对社会的贡献明显增大。到 4 月底，全市民营经济职工人数达到 131.9 万人，比去年同期增加 16.9 万人，这对于转移农村剩余劳动力，增加农民收入，减轻社会就业负担，具有十分重要的意义。(2) 民营经济运行总体质量提高。4 月底，全市民营经济人均实现营业收入 44690 元，比去年同期增加 5470 元；人均税金 600 元，比去年同期人均增加 180 元；净利润完成 40.3 亿元，比去年同期增长 28.6%，全市民营经济总体运行质量明显提高。(3) 固定资产投入增长幅度大。1 ~4 月，全市民营经济共完成固定资产投入 29.8 亿元，同比增长 147.6%，增幅比去年大幅提高，占年计划的 49.7%，完成了全年近一半的任务。从固定资产投入方向看，主要投向于高附加值的企业、加工型的项目、农产品加工企业等，使产业结构调整有了新的进展。从投资规模看，投资超亿元的大项目增多，成为固定资产投资方面的显著亮点。投资规模的加大，加快了全市民营经济发展，为民营经济的发展注入了新的活力，拉动了民营经济的快速增长。

但是，我市民营经济发展水平和先进地区相比，还有不少差距。客观地说，邯郸市与发达地区相比，经济发展的差距主要差在民营经济和县域经济发展上，并且要清醒地看到，这种差距还在不断拉大，可以说，时不我待。单就和过去欠发达的德州相比，就更应感到时不我待。比如，德州市民营经济增加值增速在 50% 以上，而我市不到 30%。民营经济增加值占全市 GDP 的比重，德州市 2003 年是 73.7%，我市仅为 49.2%。民营经济从业人员，德州市 2003 年是 161 万人，我市截至今年 4 月仅为 131.9 万人。我在 1996 年到过德州，那时坐车出德州市，很多出市口不通，需要一个多小时才能出去。现在，德州市城市建设发展很快，城市面貌有了很大改观。德州市人口 550 万人，比我市少 300 万人，人均财政收入比我市要多。造成我市和德州市民营经济差距的原因固然是多方面的，但是我市中小企业信用担保机构建设滞后，民营经济资金瓶颈没有突破是一个极为重要的因素。围绕“民营突破”战略，全市一是抓龙头，去年全市筛选 51 家“四型”民营企业，今年又培育了 30 家“四型”后备民营企业，通过抓“四型”民营企业，有力地辐射和带动了全市民营企业发展。二是抓环境。包括政策环境、政务环境、市场环境，使全市民营经济发展环境得到了空前优化。说到优化环境，昨天市纪委在馆陶召开了行政审批制度改革现场会，馆陶设立了行政审批大厅，开展一站式服务，每个办事人员手里都拿着一枚审批专用章，公章一盖，事就办了，一步到位。不像有的单位，大厅办公只是形式，要真正办事，还得到单位去办。相比之下馆陶做得很好，确实是求真务实抓落实。三是抓服务，包括人才服务、融资服务、信息服务等，我们抓担保机构建设，就是抓融资服务。市委、市政府对中小企业信用担保机构建设是重视的，今年4月20日召开了专题会议，市委、市政府主要领导出席了会议。市委书记聂辰席、省中小企业局局长路富裕为市中小企业信用担保有限公司揭牌，标志着我市市级中小企业担保机构建设已迈出实质性步伐。省中小企业局局长路富裕和市政府代市长王三堂还分别做了重要讲话。会上，100多家中小企业与金融单位进行了对接洽谈，当场签订协议17项，总贷款金额3.6亿元，还签订了一批合作意向。截至4月底，已有两个项目、4000万元落实到位；一个项目、2000万元准备放款；三个项目已报各省行待批。另外又形成新的意向项目两个。会后，多数县（市、区）狠抓了会议精神的贯彻落实。涉县、邯郸县担保机构建设走在了全市前列，已有3家担保公司挂牌运作。武安市、永年县、邯山区、丛台区等对担保机构建设工作进行了专题部署，成立了领导机构，明确了牵头部门。武安市财政资金已到位300万元，永年县到位200万元，邯山区专程到涉县进行了学习考察，丛台区正在与北京担保公司联系合作事宜。但是有的县，对会议的贯彻落实不够，个别县甚至没有任何动作，连一个专题会议都没开，工作没布置。总的来看，我市担保机构建设严重滞后，与德州市差距悬殊。德州市11个县（市、区）全部建立了担保公司，共组建各类担保公司34个，每县合3个，总注册资金3.6亿多元，每个合1000万元以上。我市包括市级担保公司在内只有6家，远远不能适应我市中小企业发展的需要。因此，我们必须正视差距，迎头赶上，变压力为动力，变差距为潜力，变差距为希望，扎实工作，奋起直追，使全市中小企业信用担保机构尽快有一个大发展，推动民营经济有一个大突破。

二　借鉴德州经验，全力推动中小企业信用担保机构建设

（1）进一步增强担保机构建设的信心。当前我市担保机构建设进展不快，财政资金投入力度不够，民间资金启动的工作力度不够，根本原因是什么？根本原因在于认识不到位。不少人把担保机构等同于当年的农村合作基金会，一朝被蛇咬，十年怕井绳。必须走出误区，正确认识中小企业担保机构建设的重要性、必要性和迫切性。首先，建立中小企业担保机构是《中小企业促进法》规定的各级政府的重要责任，是省委、省政府和市委、市政府做出的一项重大工作部署。省政府制定的《关于进一步加快全省中小企业社会化服务体系建设的意见》，对建立中小企业信用担保机构提出了明确要求，进一步明确了各级政府建立中小企业信用担保机构的重要职责。其次，建立中小企业信用担保机构是政府转变职能的重要举措。建立中小企业信用担保体系，引导中小企业增强信用观念，健全信用制度，促进银行与企业建立良好互信关系，解决中小企业贷款难问题，是政府职能转变的重要标志，是政府财政资金投入方式的重大变革。政府投资设立中小企业信用担保机构，有利于用财政资金引领贷款资金，吸引更多的社会资金投向中小企业、民营企业，发挥“四两拨千斤”的作用。要学习德州先进经验，就要吸收民间资本进入担保领域。运用市场化的观念运作担保机构，要研究德州成形的机制，要有法制化的观念。信誉是核心，法律是基础，要依法规范担保机构的运作。最后，从德州市的成功经验看，首先要学会市场运作的方法。建立中小企业信用担保机构，不仅可以为中小企业提供担保服务，而且可以收到良好的经济效益。如我们参观的德州民鑫担保公司，2003 年一年就盈利 400 万元，没有一笔损失。目前，我市部分民营企业对建立中小企业信用担保机构积极性很高，但我们鼓励和支持民间资金进入担保领域的思路不宽，办法不多，宣传不足，发动不够。因此，要高度重视起来，千方百计争取担保资金尽快到位。确保上半年 7 个县（市、区）担保机构挂牌运作。到 9 月底，各县（市、区）担保机构全部挂牌运作。

（2）坚持多元筹资，组建多种类型的担保机构。我市各县（市、区）

特别是东部平原县，财政一下子拿不出更多的资金投资担保机构。应当在财政率先投资的基础上，借鉴德州经验，大力鼓励支持民间资本，特别是动员企业采取独资、股份制等多种形式，设立企业互助性、商业性的担保机构，尤其要支持由财政出资、由民间资金参股或控股建立的担保机构，壮大担保资金规模，增强担保实力。当前，要不拘形式，只要担保资金到位，就要建立机构，而后要抓好规范化运作。希望各县（市、区）回去以后要抓紧谋划，多想办法，千方百计把机构先建立起来。

（3）加大力度，加快进度，确保完成担保机构建设任务。各县（市、区）回去以后，对此项工作要专题研究，专题安排部署。结合德州先进经验，制订出各自的工作方案。要充分利用电台、电视台、报刊、信息网络等多种媒体，进一步加大对担保机构建设重要作用的宣传力度，广泛宣传德州市的成功经验，积极鼓励和引导民间资金向担保机构建设流动，形成全市上下竞相投资建设担保机构的浓厚氛围。

三　加强领导，明确责任，确保圆满完成今年中小企业信用担保机构建设任务

中小企业信用担保机构建设工作时间紧、任务重、政策性强。因此，一定要强化领导，加强协调，合力攻坚，务求实效。

1. 建立组织，明确职责

各县（市、区）政府要成立以政府主要领导为组长的担保机构建设工作领导小组，主要领导是第一责任人，主管领导是直接责任人。要明确牵头部门和责任单位，并狠抓落实，切实做到机构、任务、责任落实到人。

2. 借鉴德州“三动”经验

借鉴德州典型带动、行政推动、服务促动经验，全力推进我市中小企业担保机构建设。

（1）典型带动。在学习借鉴德州经验的基础上，今年适时召开一次全市担保机构建设经验交流会，大力推广涉县经验，加快建设进度，提高工作水平。市中小企业担保公司已挂牌，要抓紧规范化运作，为各县（市、区）

带好头，引好路。

（2）行政推动。市里已将担保机构建设列入了对各县（市、区）的年终考核内容，要把担保机构建设的成效作为考核干部实绩的重要内容。有关部门要强化督促检查，坚持每季度的专项督查，对完不成任务的要通报批评，主管领导要做出书面说明，对主管部门实施“一票否决”，取消当年评优评先资格。

（3）服务促动。市中小企业局作为主管部门，要搞好指导服务，要坚持每月一通报，每季度召开一次全市调度会，及时了解、发现、解决问题，通报情况。市工商局要主动为担保公司提供优质便捷的服务，简化程序，简便手续。各金融单位要与政府部门、担保机构、项目业主搞好协作，提高管理水平，改善金融服务，简化办事手续，减少审批环节，完善内控机制，加强风险管理，用足、用好、用活现有的贷款审批权限，支持担保机构发展，方便中小企业贷款融资，从而形成强大合力，把我市中小企业担保机构建设推上一个新台阶。

同志们，建立中小企业担保机构的任务还相当艰巨，但只要我们转变观念，细化措施，狠抓落实，就一定会不虚此行，就一定会把我市中小企业信用担保机构建设向前推进一大步，从而推动全市民营经济整体水平的提高，为全面建设小康社会做出新的更大的贡献。

在市委反腐败工作协调小组第一次全体会议上的讲话

（2004 年 5 月 26 日）

去年 5 月，我市在原大案要案协调小组的基础上成立了市委反腐败工作协调小组。今天，我们召开第一次全体成员会议，一是大家相互见个面，二是围绕如何充分发挥协调小组作用，议定其职责、范围、程序等相关问题。下面，我讲三个方面的问题。

一 新党章对纪委组织协调职责的规定，是深入开展反腐败斗争的客观需要

党的十五大确定的“党委统一领导，党政齐抓共管，纪委组织协调，部门各负其责，依靠群众的支持和参与”的反腐败领导体制和工作机制，是我们党在新的历史条件下，探索反腐败新路子的成果和结晶，是不断夺取反腐败斗争新胜利的重要制度保障。1996 年，我市成立了由纪委牵头，法院、检察院、审计等部门主要领导同志参加的查处大案要案协调小组，加强了对办案工作的组织协调，实现了优势互补，形成了整体合力，为我市突破大案要案特别是有影响有震动的重大典型案件发挥了重要作用。

党的十六大通过的党章（修正案）在关于党的各级纪律检查委员会主要任务的规定中，增加了协助党的委员会加强党风建设和组织协调反腐败工作的内容，为纪律检查机关按照“三个代表”的要求全面履行职能、加强

党风建设和组织协调反腐败工作提供了法制保障。党的十六大以党规党纪的形式把纪委在反腐败工作中的组织协调职责确定下来，是我们党在反腐败问题上与时俱进、积极进行体制机制制度创新的具体体现，适应了反腐败斗争深入发展的客观需要。第一，党章对纪委协助党委组织协调反腐败工作做出规定，有利于纪委充分运用党章赋予的职责，发挥党内监督主体的作用，督促各级党组织和党员干部，切实把坚决反对和防止腐败作为全党一项重大的政治任务抓紧抓好。第二，党章规定将纪委定位于协助党委组织协调，有利于纪委更好地从全局、战略的高度给党委当好参谋，按照党的十六大的部署对本地区、本部门的反腐败工作做出整体规划和决策。第三，反腐败斗争的长期性、复杂性、艰巨性决定了必须是全党动手，各方面齐抓共管。党章增加纪委组织协调的规定，有利于纪委发挥枢纽作用，协调各方，增强反腐败的合力。第四，纪委在反腐败方面了解全局，掌握情况，熟悉政策，富有经验，党章明确规定纪委组织协调的职责，有利于纪委进一步提高工作的质量和权威，将反腐败斗争从整体上向前推进。

二　落实纪委组织协调反腐败工作的职责，建立健全规范的工作机制和制度

党章对纪委组织协调反腐败工作做出规定，就是从党规党纪上赋予了纪委组织协调反腐败工作的权力，所有部门在反腐败工作中都必须自觉服从纪委的组织协调。市委将原大案要案协调小组改为反腐败工作协调小组，使得协调小组的工作内容、协调的范围增加了新的内涵，涉及反腐败工作的各个方面。市纪委四次全会提出了2004年全市党风廉政建设和反腐败工作“三个一”的工作目标：一是构建一个反腐保廉体系。以反腐保廉教育为基础，建立和完善思想防御机制，纪检监察、组织、人事部门协调联动，把教育纳入对各级领导干部的培养、选拔、管理、奖惩等各个环节，确保“两个安全”，即领导班子安全和干部队伍安全；以深化改革为动力，建立有效的权力制衡机制，拓宽从源头上防治腐败的领域，推进“四项改革”，完善“四项制度”；以规范从政行为为重点，健全和完善法规制度约束机制；以认真

贯彻党内监督条例为契机，强化和完善监督制约机制；以落实党风廉政建设责任制为核心，建立和完善责任保障机制。二是实施一系列保驾护航工程。保护党员干部发展经济的积极性和企业合法权益，实施“保护工程”；查处各类违纪违法案件，优化经济发展环境，实施“惩戒工程”；解决行政管理、行政执法过程中不作为、乱作为和效率低下问题，实施“效能工程”；着力解决群众反映强烈的突出问题，坚决纠正征用土地中侵害农民利益、城镇拆迁中侵害居民利益、企业重组改制和破产中侵害职工合法权益以及拖欠和克扣农民工工资等问题，实施“惠民工程”。三是锻造一支高素质的纪检监察干部队伍。充实调整、配齐配强委局领导班子和各室（厅）负责人，搞好室（厅）副主任、处长等正科级职位的竞争上岗，选调一批文化程度较高、有一定业务专长的年轻同志充实到委局机关，加强组织建设，改善干部队伍结构；以“三个代表”重要思想为指针，加强思想政治建设、业务建设和能力建设，提高广大纪检监察干部的综合素质。

根据《中国共产党党内监督条例》的要求，最近，市纪委负责同志要分别同县（市、区）党政主要领导、市直单位主要负责人进行谈话，谈话内容包括去年党风廉政建设考核情况，并要与党政主要领导半年报告制度相结合。谈话要有针对性，有问题该指出的一定指出来。我市实行的“三廉”监督机制，去年发展为“四廉”监督机制，尤其是“用廉”，受到中纪委副书记刘锡荣同志、省纪委书记张毅同志的肯定。

为推进反腐败上述各项工作，确保取得实效，按照党章要求，纪委要落实好在反腐败工作中的组织协调职责，制定相应的具体制度，明确和规范组织协调的范围、方式、程序和要求。今天会议讨论了协调小组工作规程，大家提出了一些很好的意见和建议。协调小组办公室要在认真修改后印发各成员单位试行，并在今后的实际工作中不断加以完善。

三　强化协调小组的组织协调作用，充分发挥各成员单位的整体优势

在反腐败工作中，尤其在查办大案要案工作中，要综合运用各成员单位

的职能和手段，优势互补，形成整体合力。既要按照各自的职能进行分工，又要根据工作需要做到有机配合，相互衔接。要正确处理三个关系：一是处理好整体与局部的关系。各单位要树立大局意识，增强整体观念，搞好相互配合。特别是各执纪执法部门在查办案件工作中，要按照有关规定，与其他机关及时相互移送案件和案件线索，并按程序履行有关手续，切实做到主动移送，认真受理，材料齐全，手续规范，防止以纪代法或以罚代纪情况的发生。二是处理好“主角”与“配角”的关系，充分发挥各自部门的职能作用。三是处理好信任与保密的关系。相互信任是各单位搞好协作配合的前提，在工作中，各部门的同志要相互尊重，互相帮助，互通情况，对相关情况不外传，对内部的意见和争议不泄露，遵守工作纪律，严格保守秘密。

在全市纪检案件检查工作会议上的讲话

（2004 年 6 月 2 日）

今年 4 月 26 日省纪委召开了全省纪检监察案件检查工作会议，刚才鸣春同志、生云同志传达了会议精神。我们今天召开全市纪检监察案件检查工作会议，是市纪委常委会研究决定的。这次会议的主要任务是：贯彻落实全省纪检监察案件检查工作会和市纪委四次全会精神，研究部署如何进一步统一思想，坚定信心，采取有力措施，加大工作力度，努力取得全市查办案件工作的新成果。今年以来，我市纪检监察机关继续加大查办案件的工作力度，办案工作取得了初步成效，在保持办案数量基本稳定的基础上，查处大案要案有了新的突破。综合来看，当前违纪违法案件同过去相比，不论案件的类型、规模、性质以及作案人员、作案手段等，都发生了新的变化，案件的复杂程度和查处难度增大，腐败和反腐败的斗争更加激烈，要完成日趋繁重的办案工作任务，必须进一步做好查办案件工作。为了进一步做好案件检查工作，我再强调以下几点。

一　认清形势，统一思想，增强进一步做好查办案件工作的责任感和紧迫感

查办违法违纪案件，严厉打击腐败分子，是贯彻“三个代表”重要思想的内在要求，是加快全面建设小康社会步伐、优化发展环境的重要保证。查办违法违纪案件是纪检监察机关的重要职责，是坚持综合治理、标本兼治

方针，推动反腐败各项工作深入开展的主要突破口，也可以说是我们党、我们纪检监察系统反腐败的一把利剑。

（1）进一步做好查办案件工作是当前反腐败斗争新形势的需要。必须看到，当前腐败现象易发多发的土壤和条件在一些领域依然存在，反腐败斗争的形势还比较严峻。从世情看，当前国际局势继续发生深刻而复杂的变化，我们既置身世界多极化和经济全球化的时代潮流之中，又面临西方发达国家在经济、科技、军事等方面占优势的压力和敌对势力对我实施“西化”“分化”的图谋，渗透和反渗透的斗争将长期存在。西方不健康的思想文化、价值观念和腐朽生活方式会乘虚而入，不同程度地影响和腐蚀着一些党员和干部。从国情看，现阶段正处于体制转换、社会转型和深化改革、加快发展的关键时期，特别是在完善社会主义市场经济体制的过程中，体制不够完善、机制不够规范、法制不够健全、政策不够配套、监督不够到位等问题依然比较突出，行政行为、企业行为和市场行为不可能在短时期内得到严密规范和有效约束，腐败现象易发多发的可能性在短时期内难以消除。从党情和社情看，各级党组织对党员干部的教育、管理、监督也存在不少薄弱环节。长期的执政地位使我们党面临着进一步提高领导水平和执政水平、提高拒腐防变和抵御风险能力的两大历史性课题，面临着执政、改革开放和发展社会主义市场经济的考验。这两大历史性课题是我们党在十五大提出的，进入 21 世纪仍然是我们面临的历史性课题，也是我们纪检监察工作面临的大的背景、大的环境、大的条件。在挑战和考验面前，一些党员干部的世界观、人生观、价值观和权力观、地位观、利益观存在扭曲和失范的现象，各种非马克思主义的思想意识也在滋长；有些党员干部思想空虚、意志衰退，拜金主义、享乐主义、极端个人主义滋生；一些地方和部门存在比较严重的形式主义、官僚主义和弄虚作假、铺张浪费行为以及各种消极腐败现象。从社情看，诸多矛盾相互交织的社会环境增加了反腐败斗争的复杂性。随着改革开放的日益扩大和各项改革的深入，市场经济的负面影响也开始反映到人们的思想意识和非经济领域中来，导致权钱交易、权权交易、权色交易等腐败行为的发生。市场经济有后调节性质，通过价值规律、价格、市场等来调节经济运行，如果不按规律办事，就要受市场规律的惩罚。市场经济形成的财富积累以多种价值形式出现，有时涉案钱物找不到去处是价值形式发生了变化，这加大了我们在市场经济下查案的难度，也与我们这方面的知识准备不足有关系。市场经济容易产生金钱拜物教，认为金钱万能，从而腐蚀我们的价值观念，导致腐败现象的发生。从市情看，我市反腐倡廉工作出现了一些新情况、新问题。随着我市开放力度的进一步加大和经济转型的加快，经济成分的多样化、社会利益的多元化、经济环境的复杂化继续增大，使消极腐败现象有了更多相对适宜的土壤，致使一些重大违纪违法案件时有发生并呈现新的特点，如有些案件涉案金额越来越大，涉及领导干部的案件接连不断。从我市去年和今年前 4 个月查处的典型案件反映出许多特点。如，我们在市直机关查处了两起案件，去年一起、今年一起。纪委人员一介入，有的还不是照着这个事情去的，马上财务人员就出逃了，去年出逃的已经逮捕归案，今年出逃的正在缉捕中。这说明一些问题很明显，一核实就有很大的问题。腐败分子已是惊弓之鸟，他们手段很狡诈，但也很心虚，问题摆在那儿很明显，一有风吹草动，便惊慌出逃。这反映我们财务管理存在薄弱环节，也反映监察监督没有到位。从案件的各种类型看，经济类案件、违反政治纪律的案件，还有失职渎职的案件，也随着纪检监察工作深入某些领域而相应被发现。目前，失职、渎职案件呈上升趋势，由于个别干部工作不到位，尽不到职责，对一些问题久拖不决，错过解决难题的最佳时机，到了很难解决的地步，致使上级机关批评和通报我们，群众对我们有意见，甚至有的造成了恶劣的负面影响，给人民生命财产造成了很大损失。对于这类案件也必须严肃查处。总之，反腐败的严峻形势，更需要我们不断加大工作力度，坚决打击违纪违法行为，并根据办案环境的变化，研究发案原因和规律，提高查办大案要案的整体效应，切实遏制违纪违法现象的高发易发势头，保持办案工作的良好态势。

（2）进一步做好查办案件工作是履行纪检监察基本职责的需要。按照《中国共产党党章》和《行政监察法》的规定，查处违反党纪政纪的案件是纪检监察机关的法定职责，不重视办案、有案不查就是失职，能查好的案件查不好就是不作为，不想查案或不坚决查案就是不称职。作为纪检监察机关，必须严格履行职责，丝毫放松不得。特别是在当前一些地方和领域违纪违法问题严重、犯罪猖獗的情况下，不办或办不好案件，我们所抓的反腐败各项工作都会黯然失色。在这个问题上，我们必须保持清醒的头脑，坚持党要管党、从严治党的方针，认真履行职责，坚决维护和严格执行党的各项纪律，严肃查办违纪违法案件，坚决清除腐败分子，纯洁党的队伍，不断提高党的凝聚力和战斗力。

（3）进一步做好查办案件工作是坚持标本兼治、综合治理方针的需要。查办案件既是反腐败治标的重要手段，又是反腐败治本的重要组成部分。首先，充分发挥查办案件的优势，认真剖析和公开处理典型案件，对各级党员干部进行以案说法、以案释纪教育，有利于增强其廉洁从政的自觉性；其次，通过深入剖析典型案件，研究窝案、串案等群体性案件发案的深层次原因，从中发现体制机制制度和管理上存在的弊端、漏洞和薄弱环节，有利于党委、政府及有关部门建章立制，加快改革进程，革除弊端，堵塞产生腐败的漏洞。最后，在办案中以一叶知秋、见微知著的敏感性，善于从个案中发现那些苗头性、倾向性问题，及时制定行为规范，尽早采取治理措施。从个案来讲，这是一种事后惩处，但对这些苗头性、倾向性问题，从避免腐败现象蔓延成风的方面来讲，则是一种有效的事前预防和治理。因此，越是强调源头治理，越不能忽视和放松查办案件工作，越要不断采取得力措施，不断改进和加强查办案件工作。

二　突出重点，强化责任，不断取得查办案件工作的新成效

今年以来，我市纪检监察机关办案工作总的形势是好的。但按高标准要求，依然存在发展不平衡，查办有震动、有影响的大案要案偏少等问题。各级各部门特别是纪检监察机关要针对存在的问题，认真分析原因，采取有效措施，以求真务实的精神进一步强化查办案件工作。

第一，充分认识办案工作的重大意义，牢固树立围绕中心、服务大局的责任意识。只有加大办案力度，才能维护好改革发展稳定的大局，及时解决在党风政风方面严重影响改革和发展的突出问题，维护广大人民群众的合法权益，有效地化解矛盾，更好地维护社会稳定，有力地促进各项改革和经济

建设的顺利进行。才能贯彻好标本兼治、综合治理的方针，惩处和震慑腐败分子，遏制腐败现象发展蔓延的势头。才能有效地促进党员干部提高廉洁自律意识，自觉抵制不正之风，在思想上筑牢拒腐防变的堤防，推动从源头上预防和治理腐败工作的开展。要将“查清问题，惩治腐败，挽回损失，维护稳定，促进发展”作为办案工作的一条原则。对一些事关全局的大案要案，分清轻重缓急，把握好时机和节奏，积极稳妥地开展工作；对一些重要岗位的涉案人员尽量先调整、后查处，避免因办案产生大的震动；对一些涉及面广、涉及人员众多的案件，尽可能缩短时间，集中力量查处主要涉案者；对涉及企业的案件，注意区分个人的问题和企业的问题，维护企业的声誉，促进企业的健康发展。

第二，突出办案重点，集中力量突破一批大案要案。当前，我们在查处案件上要突出以下重点：一是继续重点查处县处级以上领导干部违法违纪案件，特别是违反政治纪律的案件。坚决查处组织、参加或支持各种非法组织和非法活动，阳奉阴违、各行其是、有令不行、有禁不止，公开发表和在群众中散布同党的路线方针政策和各项决定相违背的言论，公开发表的文章、著作、演讲中泄露党和国家的秘密，编造、传播丑化党和国家形象的谣言，从国（境）外携带反动书刊、音像制品、电子读物入境等行为。以高度的政治责任感，认真落实中央关于维护稳定的各项工作部署和要求。对境内外各种敌对势力和“法轮功”等邪教组织的捣乱破坏活动始终保持高度警觉，坚决挫败他们的图谋。要采取有效措施，加强对新闻媒体、手机短信和互联网等的管理，有效防范和坚决制止有害政治信息的传播。坚决查处党政领导干部贪污、受贿、挪用公款等大案要案。在当前腐败现象易发多发的情况下，查处此类案件，影响大、威慑力大，可以增强人民群众对反腐败的信心，保持对腐败分子的高压态势。今年，市、县两级纪检监察机关都要抓几件有影响、有震动的案件，向社会公布。二是继续实施“惩戒工程”，确保优化经济发展环境，为经济建设提供强有力的法纪保障。“惩戒工程”是市纪委四次全会提出的保驾护航工程的重要内容。前几天，市委、市政府召开了百万人参加的优化发展环境电视大会，会上市纪委、监察局发布了《关于严肃查处损害发展环境行为的意见》，就是“惩戒工程”的一个具体举措。坚决查处破坏改革、阻碍发展、影响稳定的违纪违法案件，特别是查办建设工程招标投标、经营性土地使用权出让、金融、物资采购等领域和环节发生的案件，国有企业改革过程中国有资产严重流失案件和破坏社会主义市场经济秩序的案件，以及干扰破坏优化发展环境的案件。当前，改革开放进入一个关键时期，上述这些领域确实成了案件的高发区和多发区，这些问题上级有布置，在我们市也有反映。我们近期查办的大案要案，有的数额已经达到几百万元，那就是借改制之机侵吞国有资产，一方面职工下岗没有着落，另一方面腐败分子握有企业领导权变换着手法化公为私，把巨额的国有资产侵吞为己有。这个案子已进入尾声，已经查实，要严肃处理了。各地要密切关注改革发展稳定中的热点、难点和重点问题，加大案件查处力度，为改革发展和社会稳定提供坚强的政治保证和纪律保证。三是着力查处损害群众切身利益的案件。要结合纠风专项治理工作，着力查处征用土地、城镇拆迁、企业重组改制和破产、拖欠和克扣农民工工资以及教育乱收费、医药购销和医疗服务、农民负担等方面的典型案件。同时，要坚决查处对中央惠农政策不落实，克扣、挤占、挪用、贪污国家补贴给农民的专项资金的案件等。对此大家要密切关注，特别是享受国家、省的农业专用补贴资金，纪检机关要加强监督监察，通过查办这些案件，切实解决人民群众最现实、最关心、最直接的问题，让人民群众实实在在地感受到反腐败的实际成果。四是要在抓本级管理干部违纪违法案件上下功夫。抓好本级党委、政府管理的干部及直属单位的腐败问题，注意发现其违纪违法方面的典型案件，不管涉及谁，都要一查到底。只有抓好本级自办案件，一级影响一级、一级带动一级，办案工作才能收到好的效果。在具体查办案件中，还要注意研究发案规律，讲究办案策略。要拓宽揭露腐败问题的视野，探索主动挖掘案件的新思路；重视立案前的初核，做到进可攻、退可守、进退有据，始终抓住取证这个中心环节；抓住主要矛盾，注意把握重点，集中力量突破难点；用好政策、用好策略，重在打击少数腐败分子；实事求是，从实际出发，不拘常规，特案特办。总之，要拓宽领域，讲究方法，集中力量突破大案要案和典型案件。

这里再突出讲一讲，要正确理解办案不下指标，以求真务实的精神、实事求是的态度查办案件。作为纪检监察机关，特别是党委的纪检监察机关，一年拿不出几件像样子的案件是说不过去的，这个肯定是建立在有案可查的基础上。刚才我们分析了纪检监察的形势，去年开展了“千家万户看党风”规模调研活动，过去已经查处了许多问题很严重的案件，对是否有案可查是心里有数的，是在客观的、实事求是的基础上要求要抓几件“像样子”的案件。不是说无案可查，查假案、办冤案也是不行的。中央纪委提出办案不下指标。这次在省里开会，大家进行了充分讨论，认识上了一个高度，就是认为：办案不下指标是要用求真务实的精神、求真务实的态度来办案，查案必须讲求实事求是。没有案子非要查不是实事求是，有案不查也不是实事求是。有案不查不只是思想方法上有问题，而且是失职渎职，是法纪责任上的问题。所以强调这一点，就是要实事求是地办案，不要等下指标再去办案。批办的案子核实后可能反映的事实不一定准确，诬告现象也是存在的。但一个案子若是核查查否了，而上级直查直处的时候能够查清，那就很说明问题，作为一级纪委机关就不好交代。所以还是要对腐败分子有一个高压态势，办案不下指标，也要抓几件像样子的案子。

第三，各级纪委要加大对办案工作的组织协调。目前在党委的统一领导下，市县两级都成立了反腐败协调领导小组，各级纪委要通过这一机构和组织形式，在查办大案要案中有效地发挥好组织协调作用。一要发挥纪检机关自身的政治优势，敢于协调。充分发挥大案要案协调小组中纪检机关的协调职能，在确立办案思路、制定办案政策、排除办案阻力、解决办案难点等重大问题上，积极发挥主导作用，解决其他办案单位力所难及的问题。纪委发挥组织协调作用是党章赋予的职责，市协调小组组长是市委副书记、纪委书记，副组长是常委、政法委书记和常委、组织部部长，公检法司的“一把手”是成员，还包括纪委副书记、监察局局长和主抓案件的纪委副书记，还有审计局、人事局等部门的“一把手”是成员。咱们邯郸还有个创意，就是下设办公室，办公室主任由市纪委副书记、监察局局长徐数同志担任，分管案件的纪委副书记夏鸣春同志是常务副主任，政法委的常务副书记、组织部的常务副部长是办公室副主任，与查案有联系的公安局副局长、检察院副检察长、法院副院长、司法局副局长、反贪局副局长是办公室成员。这样我们就好协调了。最近我们开了一次全体成员会议，研究协调办案的事情，搞了一个协调规程，但是如何运行还需要进一步的创造和完善。近期把这个规程和我在协调会上的讲话发给大家，希望大家认真讨论和修改，使之更加完善。这项工作自上而下还没有成型的东西，中纪委、省纪委非常关注，正在进一步研究、探索和完善。这是个创新问题，市、县两级都要做一些事情，加大工作力度，强化协调职能，现在起步还不晚。二要坚持依法办案，善于协调。在调查取证、缉捕案犯、追缴赃款、起诉审判等重要环节的具体业务工作上，要尊重各执法机关依法办案取证的规定和程序，尊重他们对一些问题的定性处理，做到协调不包办、协同不越位。根据全市目前办案工作的情况，市县纪检监察机关还要加强全系统办案工作的组织协调和督促检查。三要加大批办案件力度。各级纪委领导同志，都要对群众反映强烈且线索具体的问题，特别是署名举报的信件做出明确批示，责成下级查办。对办案工作薄弱的地区和群众反映强烈的问题，上级纪委要有意识地向当地党委、纪委主要领导批办案件并要结果，督促其重视和支持查办案件工作，加强对本地区查办案件工作的领导。对无特殊原因查办案件数量大幅下降或查案有困难的地区和单位，上级机关要深入下去帮助研究解决实际问题。对批转下级查办的案件，要经常督促，直到结案；对重要复杂案件的查处，必要时上级派人协助其调查，排除干扰、尽快结案，以促进和加强基层的办案工作。最近批示件多点，大家很辛苦，工作有压力。作为上级当然要适当考虑大家的工作强度，批示件尽量筛选得准确一点。但批一个，一查没事；再批一个，一查又没事，那也不行。不能说批了都没事，都没事怎么群众老反映？你说没事，我就去直查。直查后确实没问题，说明核查结果经得起检验，那就行。如果直查直处真有事的话，你就得负连带责任。是不尽心，还是不尽责？所以对批办件还是要下力量认真查处。同时，对批办件也不能拖办，交办的事情不能按时完成，那也不行。大家回去后要查一下，看交办的案件查处情况怎么样，逾期未办的要说明原因，要有点规矩。

第四，采取得力措施，加大办案力度。当前，我们采取的主要措施是“四个利用”：一是利用“三库一举报”（信访信息库、案件线索库、办案资料库和实名举报）拓宽案源。继续完善案件线索库，对涉及职务较高、违纪金额较大的重要举报件，暂时无法调查的，将有关情况输入电脑，防止重要案件线索的流失。补充办案资料库，及时补充和更新与办案有关的工具性资料和案件资料，分类存入档案，以备待用。充实办案人才库，发现和挖掘审计、会计、建筑、土地、资产评估、拍卖等新经济领域中的专家型人才，充实到办案人才库中，为统一调配办案力量、突破重大典型案件提供人才和智力保证。按照不为所有、但为所用的原则，把办案需要的各种人才收入办案人才库，这些人才纪委机关不一定都有，但人才库一定要有。到用的时候能够找得到、用得上，这很重要。完善实名举报制，除保证实名举报予以反馈外，对举报有功人员，按有关规定予以经济奖励，并为举报人严格保密。二是利用查办大案要案组织协调机制，整合办案力量。坚持大案要案协调小组会议和执纪执法部门联席会议制度，充分发挥纪委在反腐败工作中的组织协调职能，加强与司法机关的协同办案，相互移交案件（线索），提高快速突破大案要案的能力。加大对基层办案工作的指导和督导力度，要经常深入基层，进行政策和业务指导，办案遇到困难时要及时帮助解决，逐步建立对基层办案工作的考核办法。乡镇纪委办案可实行上级纪委统一组织协调、区域分片、分组办案的办法，集中办案力量，提高办案水平。对于市直纪检组人员少、单独办案困难的实际，市纪委在今年的办案中，要统一协调，集中查办重点案件，真正形成办案合力。各县（市、区）纪委也要注意整合直属单位纪检监察机构的力量，使其在办案工作中充分发挥作用。三是利用评选“优秀办案组”和“办案标兵”调动和鼓励办案人员查办大案要案的积极性。今年计划在全市纪检监察系统开展评选“优秀办案组”和“办案标兵”活动，并通过表彰和物质奖励，调动和鼓励办案人员的工作热情。四是利用现代化、高科技的办案手段，提高办案质量。要利用我市开发的反腐败多媒体软件，分析办案重点，明确查办案件的主攻方向。利用新购进的办案监控设备和高科技办案工具，充分发挥其功能，积极运用到查办案件中去，特别在查办大案要案中的关键环节要充分运用，以提高办案的科技含量和办案质量。手段的问题，各县（市、区）纪委情况差距较大，有财力的问题，也有工作到位的问题。高科技办案设备还是要添一些，对提高办案质量有好处。去年市纪委装备了一些，有的在办案中开始发挥作用，对线索研究、案件挖掘、固定证据都有好处。

三　坚持原则，严明纪律，严格依纪依法查办案件

坚持依纪依法办案，是我们一贯的指导思想和基本要求，但目前在一些地方和单位出现了值得注意的问题：一是有的对案件的处理不严格依照党纪国法和规定程序办事；二是有的在使用“两规”措施中操作不规范，管理监督不严格；三是有的办案人员越权询问甚至滞留当事人等。这些问题不仅严重影响了查办案件的质量，而且还严重损害了纪检监察机关的形象，必须坚决予以解决。说到这个地方，就说到纪检监察机关自身的问题，一个要依法依纪办案，照章办事；一个要管住自己，不违纪，保护自己的安全。我们是监督查处别人的，自己受追究的情况就是有案不办或办错案、不依法依纪办案。大家要有清醒的头脑，把案子办错了或者有严重的失职，只有这一条，我们要受查处。应当看到，严格依纪依法办案，是贯彻依法治国方略的内在需要，是保证案件质量的重要手段，是保障党员和行政监察对象合法权利的必然要求，同时也是维护纪检监察机关形象的重要保证。各级纪检监察机关一定要充分认识严格依纪依法办案的极端重要性和现实迫切性，自觉把这个事关大局的问题认真解决好。

（1）坚持正确的方针和原则。要坚持从严治党、从严治政的方针。对那些违反党纪和政纪的人，不管涉及谁，都要一查到底。对瞒案不报、压案不办或设置障碍阻挠查处的，要严肃处理。要贯彻“一要坚决，二要慎重，务必搞准”的方针。坚持在纪律、法律面前人人平等，查办案件的态度要坚决，力度要加大。同时，又要力求稳妥，准确把握办案的时机和方式，综合考虑政治、经济和社会效果。在案件处理中，要坚持“惩前毖后、治病救人”的方针，坚持宽严相济，区别对待，既要严厉惩处极少数腐败分子，又要教育、挽救犯有错误的党员干部。要坚持实事求是的原则。违纪违法案件有多少就查多少，不能下指标；查案力度不能减，对办案数量明显下滑的也要说明原因。要严格区分腐败行为与一般违纪的界线，不能把犯一般性错

误的同志与腐败分子混为一谈。腐败分子在我们党内只是极少数，对于这个基本判断要认真把握，还要贯彻落实到反腐倡廉的理论研究和舆论宣传等各项具体工作之中，这体现我们的政策水平。要把查办案件的原则、方针与依纪依法办案结合起来，并且要贯穿于查办案件的全过程。现行的纪检监察法规对查办案件的各个环节都提出了明确的要求，我们从案件的受理、初核、立案、调查一直到审理、领导审定决定、落实执行等全过程都要严格按照纪律的规定进行，都要言之成理，行之有据。只有这样才能保证反腐败斗争沿着正确的方向前进。

（2）审慎用好“两规”“两指”措施。使用“两规”措施必须注意把握好原则，做到既要敢用又要慎用。“两规”“两指”对查办案件发挥了非常重要的作用，特别是在大案要案的突破上，当用要必用，但要慎重使用。要严格执行中央纪委、监察部关于“两规”“两指”的规定。1998 年以来，中央纪委、监察部先后制定下发了四个文件，对慎重使用、正确使用“两规”“两指”措施做出了十分明确的规定，各级纪检监察机关必须严格执行，特别是要严格按照中纪发〔2001〕15 号文件规定的三个使用条件使用。这里再次明确：“两规”“两指”措施不是办案的必经程序，也不是查办所有案件、对所有涉案人都必须采取的手段，必须坚持审慎、稳妥的态度。使用“两规”“两指”措施必须从严控制，认真执行审批程序，严格使用时限。这非常关键，当用必用，要从严控制，要执行程序，要规定时限。对非党员、非国家公务员不能使用“两规”“两指”措施；县（市、区）纪委使用“两规”“两指”措施，必须报市纪委领导批准；乡（镇）级纪委、市直和县（市、区）直纪检组（纪委）不准使用“两规”“两指”措施。对同级党委管理的干部使用“两规”措施的，必须及时向同级党委报告。有些被“两规”“两指”人员按要求应向人大常委会党组、政府党组、政协常委会党组报告或向垂直单位上级主管部门通报的，要及时报告或通报。使用“两规”“两指”措施一定要严格按有关程序报组织批准。各级纪检监察机关主要领导对本机关使用“两规”“两指”措施的情况负总责。在使用“两规”“两指”措施中，因违反规定失职、渎职造成严重后果的，或者有逼供、诱供、体罚情节的，或者无权使用而使用这一措施的，要严肃追究直接责任者的责任；情节严重的，还要追究纪检监察机关领导的责任。要严禁将“两规”“两指”措施借给其他机关使用，这是规定，也是纪律，必须不折不扣地执行。

（3）严格执行办案制度和办案程序。严格执行办案制度和办案程序，才能提高办案效率和办案质量，才能确保依法依纪办案。要严格案件报批程序。不论是初核、立案，还是对审查对象采取纪律措施，都必须严格依照有关规定办事，及时请示报批，该会议决定的必须召开相关会议研究决定，涉及党委、政府管理的干部还要提请党委、政府批准，积极争取领导的支持。对于违反程序、未经报批而擅自采取措施，对案件查办造成不利影响的，要严肃追究。要严格案件查办程序。办案人员要严格按规定程序办理案件，切实保障党员、干部的合法权利，不得以任何借口剥夺被调查人的申辩权。严禁以威胁、引诱、欺骗等非法手段收集证据。同时要完善办案工作制度，包括与证人谈话制度、回避制度、查审分离制度以及赃款赃物收缴管理制度等。要发挥审理对办案程序的监督把关职能。审理部门要按照事实清楚、证据确凿、定性准确、处理恰当、手续完备、程序合法的 24 字方针，通过对案件的事实和证据等进行审核，对所办案件是否符合办案法定程序进行审查。各级纪检监察机关要针对办案中存在的制度不完善、程序不规范的问题，加强制度建设。

（4）严格办案人员工作纪律。当前，我市纪检监察办案队伍的主流是好的，绝大多数办案人员能够慎独自律、秉公执纪、辛勤工作，为我市的党风廉政建设和反腐败斗争做出了贡献。办案确实很辛苦，一些办案地点没有办公桌，只能在床上写字；没有椅子坐，只能坐马扎。一上案就是多少天，甚至一个月、几个月回不了家。实践证明，我们这支纪检监察队伍还是坚强的，对他们要关心、爱护，保证他们喝得上水、吃得上饭，有起码的办案条件。张毅同志对省纪委秘书长一再强调，办案人员的伙食不能低于省委机关食堂的伙食标准。如果低的话要追究责任，如果高的话不追究。但是，也应该清醒地看到，在我们的办案队伍中也出现了这样或那样的问题，如有的打着纪检监察机关的旗号，以权谋私、以案谋私。这些问题虽然发生在极个别办案人员身上，但后果严重，影响恶劣，危害极大。我们现在有几起事也在调查之中，查实了要严肃处理，都不要护短，绝不能姑息。问题出在哪个机关都不是光彩事，但是如果现在发现了问题再不下手解决，那就是养痈遗患。就像一个疮，老不开刀，最后坏大事。如果我们认真去把它清理出去，就是干部队伍建设的一个功劳。实践表明，从事反腐败斗争的干部，对腐败并不具有天生的免疫力。在严格教育、严格管理、严格监督的同时，严格纪律是纪检监察干部拒腐防变的一项重要措施。对违法违纪的办案人员，必须严格执行纪律，发现一起，查处一起，严肃处理，决不护短。对有问题不适合在查办案件岗位上的人要坚决调整出去，我们不能因为这极少数人员而损害了全市纪检监察干部队伍的良好形象。这里进一步明确和重申以下几点：①未经领导批准不准擅自进行办案活动；②不准向无关人员泄露举报人、举报内容、领导批示意见等有关情况，严格遵守保密规定；③不准违反规定采取“两规”“两指”措施或借“两规”“两指”措施对被调查人实行变相拘禁，侮辱其人格和刑讯逼供；④不准接受被查单位或个人的宴请和礼物馈赠；⑤不准利用被查单位或个人办私事、谋私利；⑥不准违反规定占用被查单位或使用没收的通信工具、电脑、小汽车等物品。一定要教育我们的同志遵守办案纪律，否则，一边查着他，一边还请你吃饭，给你送纪念品，你怎么查？你怎么掌握这个度？你这是自己给自己出难题！最近，省检察系统查了一起大案，犯罪嫌疑人在领导岗位时收了钱财，就给人承诺，最后没有达到或没有完全达到个人目的，人家回过头来就告他，就这样把好几个干部倒腾进去了。被查时给你送钱送物，这样品质的人能甘心饶了你？你这是把枷锁套到自己脖子上，愚蠢至极！与此同时，我们还要关心和保护案件检查干部，严肃查处打击和报复办案人员的行为。对被诬告的，要及时澄清、坚决保护；对蓄意诬陷的，必须严肃处理。要在政治上、工作上、生活上关心爱护、帮助办案人员，解决实际困难和问题，解除后顾之忧，使他们能够集中精力查办案件，为反腐倡廉做出应有的贡献。对坚持原则、刚直不阿、秉公执纪的办案人员要为他们撑腰壮胆；对有突出贡献的，按政策规定给予表彰和奖励。

同志们，今年我市的党风廉政建设和反腐败工作任务艰巨繁重，办案工作责任重大。细算时间账，今年已过去五个月，可谓光阴荏苒。希望大家以

“三个代表”重要思想为指导，坚持立党为公、执政为民，按照中央纪委、省纪委、市纪委全会的部署和这次会议的要求，以求真务实的作风和只争朝夕的精神，不断加大案件查处力度，努力取得办案工作的新成效，为全面推进党风廉政建设和反腐败工作再立新功，为全市实现全面建设小康社会的宏伟目标保好驾、护好航。

把握形势　抓住重点
努力开创我市扶贫开发工作的新局面

——在市扶贫开发领导小组会议上的讲话

（2004 年 6 月 2 日）

这次会议的主要任务是，传达贯彻省扶贫开发工作电视电话会议精神，总结去年以来的工作，分析当前的扶贫形势，安排部署下一阶段的扶贫开发工作，并为召开全市扶贫开发工作会议做准备。刚才巍吏同志传达了省扶贫开发工作电视电话会议精神，也汇报了全市 2003 年以来扶贫开发工作情况，市发改委、财政局等七个市直单位对本单位贯彻落实市委邯发〔2003〕20 号文件精神开展扶贫开发工作情况进行了汇报，有十二个市直单位做了书面汇报。从总的情况看，各单位去年以来在扶贫开发上都做了大量工作，但是还需要继续做更大的努力才能完成邯发〔2003〕20 号文件下达的任务。下面，我就当前形势、下一阶段工作讲几点意见。

一　当前我市扶贫开发面临的形势

当前，我市扶贫开发工作机遇和挑战并存。首先，扶贫开发工作正面临着机遇。一是从大的环境来看，党中央、国务院领导高度重视扶贫开发工作。国务院总理温家宝在全球扶贫大会上发表讲话指出，减少以至消除贫困，不仅是一个经济问题，而且是一个政治问题。国务院副总理回良玉就扶贫开发工作专门做了重要批示，指出：关心贫困地区，关爱贫困人口，搞好扶贫开发，事关经济发展和社会稳定大局，事关全面建设小康社会目标的实现。今后扶贫开发要坚持以人为本，落实科学发展观，始终把减少贫困人口作为主要任务，既要尽快解决 2900 万农村贫困人口的温饱问题，又要抓好 5000 多万低收入人口的脱贫致富。中央领导同志的重视，既大力支持了扶贫工作，也更加坚定了广大贫困地区干部群众战胜困难、脱贫致富的信心和决心。二是从政策环境来看，中央、省、市出台了一系列支持扶贫开发的政策。中央一号文件把“三农”工作作为全党工作的重中之重，特别是其中有许多扶贫开发的好政策，党的十六届三中全会还提出了“完善扶贫开发机制”的要求。省委、省政府出台了《关于加大对扶贫开发工作重点县（区）支持力度的意见》，去年 10 月市委、市政府出台了《关于加大对扶贫开发工作重点县和重点村扶持力度的意见》，这些政策的出台为搞好扶贫开发工作提供了强有力的政策支持。三是中央、省对搞好今年的工作做出了安排部署。4 月 22 日国务院扶贫办召开了全国扶贫办主任会议，3 月 22 日省扶贫开发工作领导小组召开会议，4 月 28 日省委、省政府又召开全省扶贫开发工作电视电话会议，这些会议对扶贫开发下一阶段工作做出了安排部署。四是从我市状况看，工作基础是比较扎实的，为下一步工作创造了条件。近年来，我市扶贫开发工作取得了很大的成绩，可以说基础较好。特别是 2003 年以来，在市委、市政府的领导下，全市上下认真贯彻落实扶贫开发的各项方针政策，着力推进扶贫三大工程，狠抓四项重点工作，不断完善扶贫开发的工作机制，使全市贫困人口由 2002 年底的 47.3 万人下降到 2003 年底的 37.5 万人，贫困人口发生率由 6.8% 下降为 5.4%，贫困地区的社会、经济、文化有了较大发展，基础设施建设不断得以完善，贫困人口的生产生活质量有了明显改观。上述都是我们进一步做好扶贫开发工作的有利条件。

其次，扶贫开发工作又面临着严峻挑战。一是我市同全国一样，扶贫开发工作已经发展到新的阶段。从贫困人口数量上看，全国农村没有解决温饱问题的还有 2600 万人、低收入人口 5000 多万人，这 7600 多万农村人口构成新阶段我国农村扶贫的基本对象。与此同时，剩下的这部分贫困人口数量虽然少了，但分布更加分散，居住地区的自然条件恶劣、社会发展程度低，扶贫工作的难度进一步加大。具体到我市，截至去年年底，全市仍有37.5万贫困和低收入人口，而且这些贫困人口大都集中在地理位置更加偏僻、生存条件更加恶劣的地区，是扶贫开发工作的“贫中之贫”“难中之难”。随着扶贫开发工作的深入，剩余扶贫任务更加艰巨。解决剩余贫困人口温饱的难度加大，剩余贫困人口与全市农民的平均收入差距拉大，剩余贫困人口的生存和发展环境较差，剩余贫困人口的综合素质较低。二是我市非重点扶贫县能得到的国家和省扶贫资金减少。随着国家和省对扶贫资金的整合，从今年起，国家和省的扶贫资金主要用于扶贫开发工作重点县的重点村。对非贫困县的重点村，主要是由当地市、县政府筹措资金进行扶持。而我市非重点县贫困村过多，有150个重点村是在非重点县，占全市重点村的21%，这样将直接减少国家扶贫资金约400多万元，这些县的财政状况又普遍较差，这一政策的改变给我市扶贫开发工作带来更大的压力。三是今年是我市第一批重点村计划3年脱贫的最后一年，任务艰巨。按计划，今年我市要有318个重点村实现脱贫。能否保证他们按时出列、实现脱贫，将直接影响对下一步扶贫开发的战略部署。四是实现我市全面建设小康社会目标，要求我们必须按时完成扶贫开发任务。按我市规划，今后几年农民纯收入每年要递增5%左右，到2010年全市农村贫困人口基本实现稳定脱贫，到2020年农民人均纯收入要超过7000元，在全市农村全面实现小康，而目前我市还有37万多贫困和低收入人口，他们的人均收入都在883元以下，距小康社会的目标要求还有很大的差距，需要做大量的艰苦的工作。全面建设小康社会，重点在农村，难点也在农村。没有农村的小康，就没有全市的小康。而没有贫困地区的小康，就不可能有全社会的小康。对此，大家要有足够的认识，同时要进一步加大扶贫开发力度，加快贫困地区脱贫致富的步伐，否则到2010年我市贫困人口还不能稳定脱贫，人均收入上不去，就必然影响到全面建设小康社会的进程，影响到全市小康社会目标的如期实现。

总之，我市扶贫开发工作既面临着大好机遇，也面临着严重挑战。我们既要看到机遇、抓住机遇，增强工作的决心和信心，力求实现新的突破，又要正视困难，敢于迎接挑战，知难而上，以奋发有为的精神不断开创我市扶贫开发工作的新局面。

二　突出重点，努力做好今年的扶贫开发工作

今年，我市扶贫开发工作要坚持以党的十六届三中全会和中央一号文件的精神为指导，认真贯彻中央、省扶贫开发工作会议精神，全面落实市委、市政府制定的全市扶贫开发规划和市委、市政府《关于加大对扶贫开发工作重点县和重点村扶持力度的意见》（邯发〔2003〕20号），围绕市委、市政府既定的规划目标，实现今年318个重点村、8万贫困人口的脱贫任务，确保我市扶贫开发三年阶段性目标在今年如期实现。

做好我市今年的扶贫开发工作，必须解放思想，抓住重点，求真务实，狠抓落实。一要突破思想障碍，提升贫困村发展经济的内在驱动力。新阶段扶贫开发必须把解放思想、更新观念作为先导，以思想的解放促进经济的发展；二要实施整村推进战略，全面落实扶贫开发规划。我们要坚定不移地实施整村推进战略，紧紧围绕《邯郸市农村扶贫开发规划（2001—2010年）》确定的目标和任务，全面抓好落实。三要坚持项目、资金、培训、帮扶到村，覆盖到户。把扶贫工作做到村、做到户。四要因贫制宜，因村施策，分类指导。贫困县、乡、村各异，差别比较大，贫困户致贫的原因也不尽相同，必须结合实际，实行分类指导。五要捆绑使用扶贫资金。在运作上，要整体推进，重点突破，具体讲，要采取以下措施。

（1）继续落实好扶贫政策。去年市委、市政府下发了《关于加大对扶贫开发工作重点县和重点村支持力度的意见》（邯发〔2003〕20号），这个文件包括产业扶贫、行业扶贫、科技扶贫、社会扶贫、政策扶贫五个方面共28条，对各单位承担的扶贫任务明确了具体指标和要求，可以说，我市近期扶贫工作目标能否完成，关键在于能否把这个文件精神落到实处。刚才各单位在汇报中，都谈到了本部门的落实情况，总的来看，大多数单位比较重视，有措施、有行动。但也有个别部门重视程度不够，没有实际的东西。今年市委、市政府两个督查室，要按照20号文件要求对市直有关部门进行分解立项，对各有关职能部门细化任务后，对落实情况进行跟踪督查，确保各部门分担扶贫工作任务的落实。各职能部门要认真研究省委冀发〔2003〕

11 号文件，围绕扶贫开发工作，在资金、政策、项目、服务等方面积极开展工作，特别是要有针对性地争取省直有关部门的支持和帮助。

当然，在实际运作过程中，确实也存在一些问题，刚才一些市直单位汇报中也谈到这一点。由于政策上的转型，从过去的“输血”式扶贫，变成现在“造血”式扶贫；由过去解决“温饱”，到现在解决“温饱和低收入”搞扶贫开发。在实行转换的过程中，既有一个上下级、横向各机关、系统各部门之间的衔接问题，也有一个如何进一步贯彻好省委、省政府文件精神的问题，还有一个整合扶贫开发政策、整合扶贫开发资源问题。我们需要做这方面的工作。具体下来，有关部门要围绕部门衔接和政策资源整合，加强研究和谋划，共同制定工作办法。我们要做好这些工作，搞好部门衔接，搞好政策整合、资源整合，发挥最大效能，争取上级更多的支持，力争更多的资金、项目进入我们邯郸，完成好我们的扶贫开发任务，积极为我市贫困群众早日脱贫做出贡献。

（2）大力推进“扶贫三大工程”。推进扶贫科技示范工程、城乡共富工程、人才素质工程，是我市扶贫开发工作中的创举，是完成当前和今后一个时期扶贫开发工作任务的重要抓手，一定要坚持不懈地抓下去。同时，要进一步在完善功能、提高科技含量、增强带动能力、完善服务体系上做文章，充分发挥三大工程对推动扶贫开发工作中的重要作用。畜牧、农业、科技等有关部门要密切配合，抓紧建立良种繁育体系、防病灭病体系、饲料加工体系、科技推广体系、标准化建设体系五大服务体系，扶贫办要和畜牧局结合抓紧建立防病灭病中心站。

（3）狠抓四大重点扶贫项目建设。发展以“周转畜”为主的畜牧业、以“周转棚”为主的设施农业，实施劳务输出、移民搬迁四大扶贫项目，是今年扶贫工作的重中之重。为此，省将继续从财政扶贫资金中分别切出专项资金用于上述四大项目的实施，我们要尽可能多地积极争取。在此基础上，要认真总结已有的成功经验，指导重点县对每个拟执行的项目制定具体的实施方案，积极稳妥地推进各项重点项目的建设。当前，市扶贫办要抓紧做好四件事：一是研究制定周转畜实施的有效机制，确保取得好的效益；二是与水利、交通、发改等部门密切配合，抓紧实施涉县两个村的移民搬迁工作，确保6月底完成搬迁任务；三是与有关部门一道加强督导和检查，确保各项工作落到实处；四是注意发现和培养实施四大扶贫项目的典型。现在我们邯郸扶贫开发有两个突出的特点。一个是利用“小三线”军工企业遗弃场地搞扶贫开发科技示范园区，这个示范点在涉县，目前前期工作已经差不多了，2个贫困村、87户、227口人可以实施整体搬迁。另一个是把民营企业家引入扶贫项目中，我们搞了十几个园区，有规模的有五六个，其中搞得比较有特色的是利用沙荒地搞建设园区，这个示范点在广平。园区建设本身也是个龙头，是扶贫开发的载体，是实施整体扶贫搬迁的有效形式，搞得好可以有示范意义，能够带动周边，还可以吸纳科技含量高的项目入园入区。所以，我们要注意培养典型，搞好示范，搞好经验交流，推动面上工作。

（4）突出抓好劳务输出和培训工作。贫困乡村人均耕地占有量少，可利用资源不足，可输出劳动力占乡村劳动力的比率高。因此，必须把劳务输出作为一个重要产业来抓。一是对需要和能够外出就业的贫困户劳动力建档造册，落实到乡、村、农户；二是根据贫困人口的不同文化程度，组织多种技能培训，取得上岗就业资格证，使每一个输出者都能掌握一门以上的技能，提高整体素质，增强外出择业能力；三是进一步发展劳务中介组织，加强与发达地区劳务市场的联系，有计划、有组织地输出劳动力，使外出务工人员有序向城镇、大中城市、沿海发达省份转移。现在看，劳务输出关键是要提高组织化程度，加强技能培训，搞好维权服务。组织劳务输出搞扶贫，与争取几千万元资金上项目相比，难度小得多，投入少、见效快、效果好，这项工作要积极做好。

（5）深化社会帮扶工作。社会扶贫的内容十分广泛，除了党政机关、企事业单位、民主党派、群众团体等单位有组织地定点扶贫外，现在有许多民营企业、个体老板，包括城市的一些下岗职工，都将目光对准了贫困地区的资源开发，有的已参与进来，有的准备参与。这对于我们整个扶贫开发工作来说，是一笔丰富的社会资源。我们应该抓住机遇，把它利用好。为此，今年要切实抓好邯发〔2003〕20号文件确定的部门任务和133个市直对口帮扶单位的帮扶工作。在加强对定点扶贫工作的督促检查、强化定点扶贫单位的责任、扎实做好定点扶贫工作的基础上，要全面总结帮扶工作的成功经验、宣传先进典型，并按照市场经济规律，认真研究新形势下做好社会扶贫工作的新机制，不断完善帮扶措施，大力推进“城乡共富”，号召和组织更多的社会力量参与到扶贫开发的大业中来。此外，市扶贫办要结合有关部门搞好定点扶贫工作的检查验收。同时，要继续做好中直帮扶单位的协调服务工作。在适当时机要召开中直、省直机关扶贫定点帮扶工作座谈会，进一步深化帮扶工作，促进社会帮扶工作深入开展。

（6）增加扶贫资金投入。这是扶持农村贫困群众的一项实质性措施。由于省里投入政策的变化，国家、省支持我市非重点扶贫县重点村的资金减少。针对这种情况，一方面各县要立足自力更生，加大自筹资金扶贫力度；另一方面市扶贫办、财政局要根据各县情况，对需要支持的县抓紧拿出意见。要严格项目管理和资金管理，抓好四项工作：一是切实做到专款专用，严禁挪用、截留；二是要进一步解决好扶贫资金到位晚的问题，要与有关部门一道，加强审计检查，确保各项扶贫资金尽快落到实处；三是加强项目的审计、检查、验收，提高项目对贫困人口的覆盖率，确保扶贫资金使用效益；四是进一步研究解决信贷资金贷款难的问题。解决信贷资金贷款难的问题，关键是要建立信用担保公司。现在市委、市政府正在做这个工作，市中小企业局、农业局等部门都在建设信用担保中心来解决这个问题，这项工作要继续研究、要推动。

（7）搞好第一批重点村验收和第二批重点村启动工作。按照规划，第一批 318 个重点村今年实现脱贫，年底要组织力量，对这些重点村进行检查验收，同时启动对第二批重点村的扶持。市扶贫办和有关部门要深入基层，认真搞好调查研究，摸清底数，确保第一批重点村的出列和第二批重点村的启动工作。

三　加强对扶贫开发工作的组织领导

（1）继续实行党政“一把手”负责制。按照中央要求继续实行党政“一把手”扶贫开发工作负责制，把扶贫开发的效果作为考核贫困地区党政主要负责人政绩的主要依据之一。各贫困地区的县委书记、县长，乡（镇）党委书记、乡（镇）长是本地扶贫开发工作的第一责任人。同时各帮扶单位的“一把手”是本单位帮扶工作的第一责任人。对扶贫开发工作，各级党政领导和各有关部门的主要负责人要亲自调查研究，亲自安排部署，亲自解决重点难点问题。要切实改进工作作风，坚持经常深入贫困农村，实实在在地帮助贫困群众解决困难和问题，真正做到干实事、求实效。

（2）进一步完善扶贫开发机制。从某种程度上讲，当前的扶贫工作并没有完全调动起社会方方面面的积极性。对此，中央明确提出，随着市场经济体制的不断完善，要进一步建立完善扶贫开发机制。一是责任机制。各级政府和有关职能部门要强化抓扶贫工作责任，把扶贫开发纳入本部门工作规划，统筹安排，主动配合，切实担负起本部门的扶贫开发责任，发挥好项目实施中的服务、指导和监督职能。二是投入机制。要通过改革的办法，充分发挥市场在扶贫资金配置上的基础作用，多渠道、多形式筹措扶贫资金，改变扶贫只靠政府拿钱的现状。三是工作机制。根据上级精神，中央要加大对各省扶贫开发工作的检查督促，各省每年要向中央汇报扶贫开发工作，各市县也要向省述职。因此必须加大对扶贫开发工作的督查，特别是两个督查室和审计部门要切实负起责任。四是运行机制。解决干好干坏都一样、只要穷就给钱的问题，今后在扶贫资金的分配上将主要看工作，奖优罚劣。五是监管机制。针对个别县拖欠、挪用扶贫资金的问题，要研究和采取措施，对扶贫资金和扶贫项目进行全程监管，切实提高扶贫资金的使用效益。

（3）加强贫困地区基层组织建设。要全面加强以党支部为核心的村级组织建设，选准、配强脱贫致富带头人。扶贫开发的各项政策措施，都要靠基层组织带领广大农民群众去落实。“帮钱帮物，不如帮个好支部”，这是广大群众从实践中得到的经验。有了一个好班子，找到一个好路子，就能带领群众脱贫致富奔小康。相反，如果没有一个好班子，再好的村也会被折腾穷，这样的例子不胜枚举。因此，组织、民政等部门在选配村“两委”班子人选上，要明确导向，围绕有利于脱贫致富，把那些真心实意、能秉公办事、公道正派、年富力强的人充实到基层组织中来，把村“两委”班子选好配强。同时要抓好基层干部的培训工作，提高贫困地区基层干部的政治素质、政策水平和带领群众脱贫致富的能力。

（4）切实转变干部作风。要大力弘扬求真务实的精神，发扬求真务实的作风。市直有关部门和帮扶单位，要跑部进厅，积极走出去争资金、争项目；要深入基层，到村到户，积极沉下来，搞好帮扶，搞好服务。县、乡、村级干部要担负起实现本地脱贫的责任。各级干部要牢固树立正确的政绩观，多为贫困村、户脱贫做些具体实在的工作。要大兴调查研究之风，因地制宜探索脱贫路子，帮助和带领群众早日脱贫致富。

同志们，全市扶贫开发工作任务艰巨，时间紧迫。但是，有中央、省、市的高度重视，有多年来扶贫开发工作的实践经验，有党的扶贫政策和措施保障，只要大家认真履行好自身的职责，各部门密切配合，只要我们按照全市统一部署踏踏实实工作，全市扶贫开发工作目标就一定会如期实现，我市全面建设小康社会目标就一定能够实现。

在全省周转羊（涉县）现场会上的致辞

（2004 年 6 月 8 日）

今天，全省周转羊现场会在涉县召开，这是对我们扶贫开发工作的极大鼓舞和支持。首先，我代表邯郸市委、市政府对这次会议的召开表示热烈的祝贺，对省扶贫办靳主任以及石家庄、保定、邢台、沧州、衡水市的领导到邯郸指导工作表示诚挚的欢迎！为了便于大家指导工作，我把邯郸市的基本情况和扶贫开发工作的有关情况向大家做一简要的介绍。

邯郸历史悠久，文化底蕴深厚。1994 年被国务院批准为全国历史文化名城。早在 7300 年前，这里就孕育了新石器时代早期的磁山文化。战国时期是赵国的都城，汉代与西安、洛阳、淄博、成都同为全国五大都会。邯郸素有“成语典故之乡”之誉，邯郸学步、负荆请罪、黄粱美梦、完璧归赵、梅开二度等成语都出自这里。抗日战争时期，刘伯承、邓小平同志率八路军一二九师长期在这里战斗和生活，现在涉县赤岸村还有刘邓故居、一二九师司令部旧址等革命历史遗址。同时，今年是邓小平同志 100 周年诞辰，邯郸市和涉县正在筹备大型的纪念活动。

邯郸地处晋冀鲁豫四省交界处。全市总面积 1.2 万平方公里，总人口 857 万人，其中市区人口 120 万人，农业人口 687 万人。1985 年邯郸市被国务院列为对外开放城市，1992 年被国务院批准为全国“较大的市”。全市现辖 4 区、1 市、14 县，共有 214 个乡镇、5366 个行政村。改革开放以来，特别是近几年来，邯郸的经济与社会各项事业得到了快速发展。2003 年底，全市完成地区生产总值 762.6 亿元，同比增长 12.1%；农林牧渔业总产值

228.7亿元，同比增长5.6%；全市完成财政收入63.8亿元，同比增长18.7%；农民人均纯收入2900元，同比增长5%。与全省先进地市相比，邯郸市属于欠发达地区。尽管经过“八七”扶贫攻坚和从扶贫攻坚向十年规划过渡时期的2001年和2002年的工作，全市已有24.4万人脱贫，但截至2002年底，全市仍有涉县、广平县、魏县、大名县4个国家级贫困县，馆陶县1个省级扶贫开发工作重点县，全市有贫困人口42.5万人，其中绝对贫困人口16.8万人、低收入人口25.7万人。

去年以来，在省委、省政府的正确领导下，在省扶贫办的大力支持和帮助下，邯郸市委、市政府把解决贫困地区人口的脱贫问题列入了为群众办的十件实事之一，进一步创新工作方法，加大资金投入力度，确保资金使用效益。经过一年的努力，解决贫困人口9.94万人，保证了原定9.8万人口脱贫的目标如期实现。

在实际工作中，我们主要抓了两个方面。一是全力推进科技示范工程、城乡共富工程、人才素质工程等扶贫三大工程。在推进扶贫科技示范工程上，去年共投资1200万元，初步建设了10个布局比较合理、科技含量较高、示范效果较好、带动能力较强的示范园区。这10个园区建成后，将带动周边89个重点村，通过科技培训，调整产业结构，增加收入，加快群众脱贫致富步伐。目前全市已初步形成了县有扶贫科技示范园区、乡有扶贫科技示范村、村有扶贫科技示范户的科技扶贫示范体系。在推进城乡共富工程上。为了动员社会各界力量投入扶贫开发的宏伟事业中来，大力开展了以动员组织有志之士到贫困地区创业为标志的城乡共富活动，使一大批企业家、城镇下岗职工和有志于家乡扶贫事业的人士纷纷到农村开辟就业门路，承包荒山荒地、上项目、办实体，扶持家乡经济发展。自去年以来，全市有25家企业参加，累计投资2亿元，实施扶贫项目28个，带动贫困户1.1万户，使4000多人解决了温饱。在推进人才素质工程上。积极推进“每村一名大学生”工程，利用各种途径提高贫困地区人口素质，去年共培训贫困地区农民1.8万人次，增强了群众脱贫致富的能力。二是努力探索四大重点工作运行机制。去年下半年，按照省统一安排，我们将周转畜、周转棚、劳务输出、移民搬迁作为扶贫开发工作的四项重点，着重探索四项重点工作的运行机制，建立完善保障机制，改革扶贫资金投入办法，同时用竞标的办法来吸纳民间资本，去年共吸纳了300万元的社会资金，有效促进了四项重点工作的开展。

我市扶贫开发工作尽管取得了一些成绩，但离省扶贫办的要求和兄弟市县的工作还有很大差距。特别是目前我们还有37.5万没有解决温饱和低收入人口，要实现全面建设小康社会的宏伟目标，扶贫开发工作的任务繁重而艰巨。这次全省周转羊现场会在涉县召开，给我们提供了一次很好的学习机会，必将对推动我们的扶贫开发工作起到积极的促进作用。恳切希望今天与会的各位领导和同志们对我们的工作多提出宝贵意见，并把你们的好做法、好经验留下来，以便促进我们工作更好地开展。最后，祝愿各位领导在邯郸工作顺利，生活愉快，预祝会议取得圆满成功！

在全市民营经济工作领导小组第二次全体会议上的讲话

（2004 年 6 月 14 日）

这次全市民营经济工作领导小组会议，是去年组建以来第二次全体成员会议。其间领导小组成员有个别调整，主要成员没有大的变化。这次会议主要是传达 2004 年全省民营经济工作会议精神，研究贯彻落实省会议精神的具体措施，进一步加快我市民营经济的发展。会议还讨论了关于召开 2003 年度全市民营经济工作总结表彰大会的方案和市委、市政府关于表彰 2003 年度发展民营经济先进单位和先进个人的决定草案及先进单位和先进个人名单。经过大家讨论，原则同意市民营经济工作领导小组办公室关于全市总结表彰大会方案和表彰名单，同意提出的今后工作要点。一些具体工作要根据同志们提出的意见，由领导小组办公室进行修改、补充、把关，经过修改后，报市党政联席会议决定实行。

一　去年以来我市民营经济出现了良好的发展势头

去年以来，市委、市政府坚持“开放总揽，环境先导，民营突破”的总体发展思路，积极为民营经济发展创造良好的政策环境，采取有效措施，加大扶持引导力度，使全市民营经济有了新的发展和提高。全市民营企业达到 20.2 万家，从业人员 129.8 万人。2003 年全市民营经济完成增加值 375 亿元，实现营业收入 1502.5 亿元，上交国家税金 18.2 亿元，分别比上年增长 21.5%、20% 和 28.8%。民营经济增加值占全市 GDP 的比重达到 49.2%，民营经济上交税金占全市地方一般预算收入的 67.8%。民营企业吸纳城镇下岗职工 2.4 万人，比上年净增 5000 人，对农民年人均纯收入的贡献达到 2109 元。全市民营企业完成固定资产投资 88.2 亿元，完成投入在 100 万元以上的重点项目 834 个，其中 100 万～500 万元的项目 504 个，500 万～1000 万元的项目 149 个，1000 万元以上的项目 190 个。今年以来，全市民营经济继续保持快速增长态势。1～4 月，完成增加值、营业收入、实缴税金同比分别增长 29.3%、29.2%、31.9%；外贸出口额完成 0.29 亿元，同比增长 46.5%，占计划的 53.1%；实际利用外资 138 万美元；固定资产投入完成 29.8 亿元，同比增长 147.6%，占计划的 49.7%。第一季度在建投入 1000 万元以上的重点项目 146 个，亿元以上项目 23 个。

去年以来，在民营经济发展上，重点抓了四方面工作，即“破解一个难题，开展两项活动，搭建三个平台，抓实四项重点”。

破解一个难题就是破解民营企业融资难的问题。重点抓了两方面工作。一方面政府搭建平台，促进银企合作。市委、市政府组织了两次较大规模的银企对接洽谈会，驻市 6 家金融单位与 100 多家民营企业进行了对接洽谈，直接签订贷款项目协议 20 个，总贷款金额 3.6 亿元；签订合作意向 20 多个，意向资金近 10 亿元。今年又制定了《关于建立银企合作长效机制的意见》，提出了八项具体措施，为进一步做好民营企业融资工作提供了长效的政策保障。另一方面积极筹建信用担保体系服务民营企业。目前，市财政 1500 万元担保资金已拨付到位，市级担保公司正式挂牌运作。市农业信用担保中心注册 1500 万元资金开始运作，重点服务于民营农业产业化龙头企业，7 个重点县中，涉县、邯郸县信用担保中心已提前挂牌运作。预计今年 9 月底之前，19 个县（市、区）将全部完成信用担保中心建设任务。

开展两项活动。一是市领导“两访、两查、两督”活动。去年 6 月和 11 月，21 位市级领导深入 70 余家重点民营企业，开展了“两访、两查、两督”活动，帮助企业解决了资金融通、土地征用、生产经营、外部环境、税费减免等方面的问题 30 多个，受到了民营企业家的普遍欢迎。二是民营企业家诚信守法倡议活动。今年初，我市 16 位民营企业家通过《邯郸日报》等新闻媒体联合向全市民营企业家发出了诚信守法、优化环境的倡议书，取得了良好的社会效果。

搭建三个平台：一是搭建开放平台。2003 年 7 月，组织市直有关部门领导、部分县（市、区）长和一批民营企业家，先后到江浙等地参观学习考察、推介项目、寻求合作，取得了丰硕的成果。共签约项目 31 个，总投资 72.6 亿元，合同引资 72.4 亿元（含外资 6686.7 万美元）。今年 5 月 15 日，又成功地组织召开了“2004 邯郸—江浙沪经济合作论坛”。二是搭建宣传平台。今年 2 月 2 日（正月十二），举办了全市民营企业家元宵节茶话会暨首届邯郸市发展民营经济“十大新闻、十大创业标兵”揭晓仪式，对当选的“十大创业标兵”披红戴花，大力表彰，在全市引起很大反响。三是搭建政策平台。2003 年 8 月我市出台了《关于扶持“四型”民营企业发展的若干规定》，市直 37 个部门也根据各自职能分别制定了对骨干企业的帮扶措施，为民营经济发展提供了政策保障。

抓实四项重点：一是抓实重点项目。2003 年，狠抓了投资 1000 万元以上的 190 个重点项目。今年，又对投资 1000 万元以上的 130 个在建项目继续给予重点支持，确保项目建设顺利进行。二是抓实特色产业。通过政策引导、资金倾斜、规范管理等措施，使一些颇具特色的民营企业得到了快速发展。目前，大名面粉产业总体水平已居全国同类县第一名，永年标准件产业居全国同类县第二名。三是抓实国退民进工作。鼓励支持民营企业通过兼并、收购、买断、投资控股等举措，盘活国有资产。南京雨润集团等知名民营企业通过收购、入股等形式，参与了我市国有资产重组。四是抓实民营企业内部制度建设。通过建立和推广现代企业制度，增强企业发展后劲。目前，我市已有 110 多个民营企业通过了 ISO 9000 质量体系认证。

二　进一步增强危机感和紧迫感，把加快发展民营经济作为事关全局的战略任务来认识、来对待

大力发展民营经济，是贯彻党的十六大精神和宪法的重要体现。党的十六大和党的十六届三中全会精神为民营经济发展注入了强大动力，提供了根

本保障。党的十六大提出两个“毫不动摇”，把各种所有制经济共同发展作为坚持和完善基本经济制度的重要任务，要求毫不动摇地鼓励、支持和引导非公有制经济发展。党的十六届三中全会进一步提出要大力发展和积极引导非公有制经济，并就消除体制性障碍和完善制度等方面做出了明确规定。十届全国人大二次会议通过的宪法修正案，把“公民的合法的私有财产不受侵犯”“国家鼓励、支持和引导非公有制经济的发展”写入国家根本大法，确立了民营经济的重要地位，为民营经济发展提供了法律保障。

当前，全国各地都把发展民营经济作为新阶段取得领先和后发优势的关键，作为实现全面建设小康社会宏伟目标的重要保证。而我市民营经济的现状、在全省所处的位置不容乐观。纵向比，也就是拿自己的现在和过去比，确实有了较大的发展；但横向比，不要说和沿海发达地区比，就是和省内兄弟市比，我们也存在不小的差距。我市去年民营企业完成增加值 375 亿元，与保定市相差 80 多亿元，与石家庄相差 143 亿元。从增加值占 GDP 的比重看，我市在全省排第五位，但与邢台相差 28 个百分点。上缴税金占全部财政收入的比重，我市在全省排第七位，与秦皇岛相差 34 个百分点，与邢台市相差 22 个百分点。从规模上看，营业收入 500 万元以上全省 4664 家，我市只有 391 家，在全省排第七位。外贸出口额在全省排第十位，利用外资排第八位。像邢台的华龙面、羊绒加工这些在全省全国叫得响的企业和行业还没有。说明我市民营企业整体规模不大，效益不高，外向度不高。从我市县（市、区）之间来看，发展很不平衡，东西部相差很大，以增加值为例，最高的武安市去年完成 74 亿元，最少的肥乡县只有 4 亿多元；从投入来看，最高的邯郸县 30 多亿元，最少的广平县只有 9000 多万元。

另外，我市民营经济发展当前还有一些问题亟待解决：一是国家产业产品结构调整对我市民营经济发展有一定冲击。我市民营经济钢铁企业今年第一季度增加值完成 49 亿元，占全市增加值总量的 45.4%；水泥完成增加值 5 亿元，占全市增加值总量的 4.6%。钢铁、水泥两大行业增加值已占到全市民营经济总量的一半，可以说举足轻重。因此，国家产业政策调整对全市民营经济的影响将非常大。二是中小企业融资难仍是制约我市民营经济发展的“瓶颈”问题。今年第一季度末，全市民营经济已开工建设投入在 1000

万元以上的在建项目130个，其中固定资产投资有缺口的项目就有103个，资金缺口总额达28.3亿元。如果不及时解决好这个问题，就可能出现新的半拉子工程。三是民营企业家队伍整体文化素质亟待提高。据统计，民营企业家接受正规大专以上学历教育的不到总数的20%。由于民营企业家队伍整体文化素质比较低，民营企业大多管理粗放，沿用家族式的陈旧管理模式，影响全市民营经济快速持续发展。四是新建民营企业征地难是一个迫切需要解决的问题。随着国家土地审批程序的规范与严格，民营企业在新建和扩建大项目中普遍存在征地难，这已成为制约民营经济发展的新的难点问题。如大名县河北五得利面粉集团有限公司在大名县城附近谋划的“五得利面粉工业城”项目，总投资2亿元，占地140亩，资金都已到位，原材料、技术、市场等方面也不存在问题，确实是个好项目，但因土地使用证很难办下来，使该项目迟迟不能开工。

以上情况说明，目前我市民营经济发展有着难得的机遇，也面临着严峻的挑战。因此，全市上下特别是各级领导干部，一定要增强危机感和紧迫感，必须从战略和全局的高度充分认识发展民营经济的重大意义，切实把加快我市民营经济发展当作一件大事来认真对待。

三　强化措施，狠抓落实，实现民营经济发展新突破

现在发展民营经济的大政方针已经明确，我们的主要任务，就是要以科学发展观为指导，按照“往深里做，往实里做”的要求，狠抓各项措施的落实，力争实现民营经济发展新突破。

（1）狠抓政策落实，为民营经济发展提供有力支持和保障。这几年从中央到省、市都相继制定了一系列扶持发展政策，特别是《中小企业促进法》，省委、省政府《关于进一步鼓励、支持和引导民营经济发展的若干意见》及市委、市政府《关于扶持“四型”民营企业发展的若干规定》，省政府25个部门、市政府37个部门的扶持措施等。应该说政策不少了，关键问题是要抓好落实。一是放宽市场准入条件。要按照省、市加快民营经济发展的有关政策精神，进一步放宽民营企业投资者资格条件、投融资领域、登记

事项、前置审批等方面的限制。前不久浙江出台了《浙江省民间投资登记备案管理办法》，规定除了禁止类和限制类项目外，境内公民和法人使用自有资金，在浙江范围内进行的符合国家和省有关法规、规划的投资建设，一律实行备案管理，不再审批项目建议书和可行性研究报告。项目当事人或其委托代理人只需到指定的登记备案办理点或者网站，向项目所在地投资主管部门提出申请，主管部门在收到申请之日起一个工作日内必须办结备案手续。我们要积极借鉴这种做法，结合邯郸实际，研究进一步放宽民营企业市场准入的政策，为民营经济提供更大的发展空间。二是降低办事门槛。各有关部门要认真清理各职能部门中各种管理规定和地方性文件中束缚民营经济发展的条条框框，并在登记申报、税负、规费标准、产品进出口、企业人员出入境、企业融资等方面对民营企业平等相待，为民营企业发展扫除障碍。三是要在融资方面，继续大力推进银企合作，积极支持符合条件的民营中小企业上市融资。四是要加快构建公平竞争的平台，在税收、土地供应、矿产开采、人才培养以及国债项目立项、工业技改贴息、科技成果转化等方面，有关部门要进一步清理现行规定，对民营企业要真正做到一视同仁。五是要按照《行政许可法》的要求，严格规范行政许可行为，对国务院和省政府已经取消或下放的行政审批事项，要快速跟进，抓好落实，加强监督，尽快解决目前一些环节仍按旧的审批机制运行的问题。要切实解决政策落实过程中截留梗阻的问题，改变有的地方政策效应从上到下递减弱化的现象，确保政令畅通，确保政策不折不扣落实到位。所有部门都要做到“权力与责任挂钩，权力与利益脱钩”，坚决纠正“与民争利”的行为，充分体现让利于民。

（2）提高服务水平，优化民营经济发展环境。一是要抓好信用担保体系建立工作。目前，市级信用担保机构已正式挂牌。6 月底，7 个重点县（市、区）也要正式挂牌运作。5 月 21 日，市委、市政府主管领导亲自带领 19 个县（市、区）长和市直有关部门，到信用担保工作先进地区山东德州市参观考察，学习了经验，明确了目标。各县（市、区）要加快进度，确保 9 月底之前 19 个县（市、区）信用担保机构全部挂牌运作。年底前，全市要确保完成省下达的 2 亿元信用担保金额任务。二是要进一步清理“三乱”。要最大限度地规范减少各类行政事业性收费，按照能免则免、能减则减的原则，降低各类收费标准。各级各部门要制定和完善行政执法守则，规范管理行为。要依法对个体工商户和民营企业监督检查，严禁强制个体工商户和民营企业到指定的中介服务机构接受有偿服务。对巧立名目、吃拿卡要、以权谋私、损害民营企业利益的行为，要严肃追究当事人和有关领导人的责任。各级中小企业局都要选聘一批个体工商户和民营企业经营者作为监督员，对各部门的行政执法行为进行监督。三是要积极引导民营经济参与国企改革。国有资本战略性退出，为民营企业实现迅速扩张腾出了空间、创造了条件。我们要加大工作力度，把民营经济发展与我市经济结构调整、国有资本退出紧密结合起来，认真落实省、市有关政策，进一步放宽准入领域，大胆探索各种行之有效的参与形式，打破所有制和地区、部门界限，引导支持民营企业通过多种有效形式参与国有中小企业的改制、改组和改造，同时积极鼓励有条件的民营企业参与国有大型企业的改组、改制，大力发展各类混合所有制经济。四是要加大宣传力度，为民营经济发展营造良好氛围。今年要继续开展评选发展民营经济十大新闻、十大创业标兵活动，同时还要开展评选全市民营企业“十大纳税企业”等活动，大力表彰为我市民营经济发展做出突出贡献的民营企业家，在全市上下形成尊重民营企业家、支持民营企业、发展民营经济的浓厚氛围。在全市民营企业中继续开展“诚信民企在邯郸”活动，围绕诚信守法、诚信经营、诚信管理、诚信文化、诚信奉献、诚信发展六个方面开展连续深入宣传报道，在全市树立民营企业家的良好形象。

（3）积极推动创新，不断提高我市民营经济整体质量。要以科技创新、制度创新、管理创新、品牌创新为动力，促进民营经济从分散小规模经营向规模化集约化经营转变，从劳动密集型产业向技术密集型和劳动密集型产业相结合转变，从不规范经营向规范经营转变，不断提高企业核心竞争力。一是积极推动科技创新。要支持鼓励民营企业加大技术改造和创新的投入，依靠科技进步提高发展层次和质量。积极引导具备条件的民营企业走产、学、研结合的发展道路，加强对引进技术的消化吸收与创新，加大新产品、新技术、新工艺的研发力度，形成一批科技含量高、市场竞争力强的拳头产品。

要大力吸引各类科技人员来我市创办、领办或协办科技型企业，大力发展科技型民营企业，使之成为“科技兴市”的主力军。要加大对民营企业科技创新的支持力度，加强对企业专利技术的保护，确保民营企业产业档次和经济效益同步提高。二是积极推动体制创新。针对我市民营企业当前普遍存在的规模较小、低质同构、竞争无序的状况，要以建立现代企业制度为目标，不断深化改革，逐步完善民营企业的法人治理结构，促进民营企业由单一的业主制、“家族经营”向公司制、股份合作制转变，形成适应市场经济要求的经营机制，增强抵御市场风险能力，形成新的制高点。三是积极推动管理创新。要鼓励民营企业引入现代管理模式和经营理念，促进民营企业经营管理从经验型、粗放型向科技型、效益型转变。要推动民营企业由传统管理向现代管理转变，重点围绕企业的财务、质量管理，积极采用现代管理技术、手段和方法提高管理水平。要积极引导民营企业加强劳动人事、资产经营管理，使之逐步向国际通行规则接轨，在更深更广程度上参与国内和国际市场的竞争。四是积极推动品牌创新。要按照实施名牌战略的要求，引导帮助民营企业争创知名品牌。积极鼓励和支持企业申请驰名商标和著名商标，对取得驰名商标和著名商标的民营企业，要以多种形式予以奖励。要继续努力做大做强优势产业和特色产业，培育品牌企业和名牌产品，争取尽快培育出几个邯郸自己在全省、全国叫得响的民营企业品牌和产品品牌。

（4）加大开放力度，积极谋划民营企业“走出去”的战略。随着国内竞争国际化和国内市场全球化，民营经济发展面临严峻挑战和考验，民营企业要生存、发展、壮大，就必须充分利用国内国外两个市场、两种资源，在更大范围、更深层次上参与国际竞争。目前，与先进地区相比，我市民营经济在出口创汇、利用外资和境外投资等方面还有很大差距。各级各部门要进一步增强开放意识，帮助民营企业尤其是实力较强的民营企业尽快提高从事外经贸业务的能力和水平。要更加积极地开展与外商的合资合作，鼓励民营企业扩大与外资企业和世界著名品牌的配套协作，融入跨国公司生产、营销体系。今年 4 月，邢台的华龙集团与世界一流的日本日清食品株式会社的成功合资，成为民营企业与国际知名企业合资合作、优势互补、快速提升自身竞争力的典型范例。这次合资日方投入了 15.54 亿元，项目建成后，华龙集团将成为世界上最大的方便面生产企业。要积极实施“走出去”战略，鼓励有条件的民营企业开展境外投资，开拓国际市场。“走出去”，是民营经济发展到一定阶段的必然选择。“走出去”，需要政府的有效引导和扶持。在这方面，浙江为我们提供了好的范例。近年，浙江省委、省政府专门出台了《关于加快实施“走出去”战略的意见》，积极推动本省优势民营制造业走出国门到境外建立生产企业，推动省内商品专业市场到境外设立市场以及有条件的企业到境外设立营销网点。目前浙江已在世界100多个国家和地区投资建设了1000多家企业。实践证明，民营企业走出去，既带动了民营企业的出口，也通过在更广泛领域、更高层次参与国际竞争与合作，充分利用了国际、国内两个市场的资源，发展壮大了自己。在抓好利用外资的同时，要高度重视对东南沿海发达省份的招商引资，吸引更多的外地知名企业到我市投资置业。对外来企业要在政策、服务、权益保护等方面给予更多的关照和支持。使他们投资放心，生活舒心，发展更有信心。

（5）牢固树立和坚决落实科学发展观，促进民营经济全面、协调、可持续发展。以胡锦涛同志为总书记的党中央明确提出“坚持以人为本，树立全面、协调、可持续的发展观，促进经济社会和人的全面发展”；强调按“五个统筹”的要求，推进改革和发展。科学发展观，是我们党对社会主义现代化建设规律认识的进一步深化，是对社会主义现代化建设指导思想的进一步发展。科学发展观的提出是重大理论创新，我们一定要深刻理解，全面落实。既要抓住机遇，加快发展，也要珍惜机遇，量力而行，坚决克服盲目追求发展速度的倾向。在抓发展的同时，要更加重视转变经济增长方式，坚持速度和结构、质量、效益相统一，走可持续发展道路，把民营经济真正引向优化结构、提高效益的轨道上来。一是要继续毫不松懈地抓好项目建设。要从实际出发，区别情况，努力做到该调整的调整，该发展的发展，该优化的优化，该控制的控制。对低水平、浪费资源、效益不高的行业要坚决控制；对有市场、有效益的产业和企业以及需要加强的薄弱环节要继续给予大力支持。在当前形势下，要积极研究调整建设用地规划，根据国家土地政策，加大非耕地和闲置土地利用力度，提高土地利用效率，保证重点项目建设用地需要。要加快产业产品结构调整步伐。针对我市民营企业中冶金企业比重较大的特点，根据企业现有规模、产品效益、市场前景等情况，对符合国家产业政策的项目，引导企业加大技改投入，提高产品档次，扩充市场份额，实现大发展、快发展。对不符合产业政策的项目，坚决停下来，鼓励和引导民营企业家把资金投入发展潜力较大、发展前景广阔的农副产品加工项目中来，投入奶牛业、中草药业等一些“朝阳产业”中来，使原有的资源型民营企业向农业产业化项目转移，开拓新领域，实现新发展。二是积极引导民间资金和信贷资金转向壮大高新技术产业、改造提升传统产业上来，大力扶持规模型、科技型、外向型企业发展。各级各部门要通过政策激励、优化服务、融资支持等多种措施帮助它们做强做大，引导它们通过制度、技术、管理创新，通过兼并重组，进一步增强市场竞争能力，尽快建成一批跨地区、跨行业、跨所有制的大型企业集团。经过 3～5 年努力，争取培育出年营业收入 100 亿元以上企业 1 家、50 亿元以上企业 2 家、10 亿元以上企业 8 家。三是大力推进产业集群发展。各级政府要以做强做大县域特色产业集群为目标，制定科学的发展规划，加强引导，与小城镇建设、土地和环境保护、园区建设、第三产业发展、农民就业等有机结合起来，加大招商引资力度，营造良好环境，吸引国内外资金合资合作，提升县域特色产业集群的整体水平。四是要整顿市场经济秩序，严厉打击假冒伪劣侵权行为，加强知识产权保护，提高民营企业依法经营的意识。

发展民营经济事关我市发展大局，各级各部门要密切配合，各负其责，协调一致，齐心协力支持民营经济发展。相信经过我们上下共同努力，我市民营经济一定能实现快发展、大发展。

在河北省经济学会2004年年会暨学术研讨会上的致辞

（2004年6月23日）

值此河北省经济学会2004年年会暨学术研讨会在我市召开之际，我代表中共邯郸市委、邯郸市人民政府表示热烈的祝贺！向莅临这次大会的各位领导和来宾表示热烈的欢迎！

邯郸位于河北省南部，是晋、冀、鲁、豫四省交界处最大的中心城市。全市现辖4区、1市、14县、214个乡镇、5366个行政村。总面积1.2万平方公里，总人口857.1万人。其中农业人口687.2万人，非农业人口169.9万人；市区人口138.2万人，城市人口居河北省第三位。1985年被国务院列为对外开放城市，1992年被国务院批准为“较大的市”，1994年被国务院批准为全国历史文化名城。前不久，由省建设厅、省统计局对我省2003年城市化发展综合水平进行的监测显示，邯郸市与石家庄市、唐山市一起跻身全国特大型城市行列。

邯郸资源丰富，区位优势明显，经济基础雄厚，是中原经济技术协作区的中心城市。西部山川秀美，蕴藏丰富的矿产资源，东部平原是河北省重要的粮食主产区，盛产各种农产品和经济作物，素有“冀南粮仓”和“冀南棉海”之称。

邯郸历史悠久，文化源远流长。早在7300多年前，这里就孕育了新石器时代早期的磁山文化。磁山遗址粟的出土，改变了以往长期认为粟起源于印度或埃及的说法，填补了前仰韶文化的空白，修正了目前世界农业史中对植粟年代的认识，说明了早在7000多年前，河北南部太行山东麓的先人，已经有了比较发达的农业。战国时期，邯郸是战国七雄之一赵国的都城，汉代与西安、洛阳、淄博、成都同为全国五大都会。独具特色的燕赵文化培育出大批政治家、军事家和思想家，千古一帝秦始皇、完璧归赵的蔺相如、负荆请罪的廉颇以及哲学家荀子、公孙龙等都出生在这里。邯郸是全国著名的“成语典故之乡”，“胡服骑射”“邯郸学步”“黄粱美梦”等许多脍炙人口的历史典故都发生在这里。革命战争年代，刘伯承、邓小平同志率八路军一二九师在这里战斗和生活达6年之久，为中国革命的胜利做出了巨大贡献。

改革开放以来，特别是近几年来，在省委、省政府的正确领导下，经过全市人民的共同努力，邯郸市的国民经济得到了快速发展。2003年全市实现地区生产总值762.6亿元，比上年增长12.1%，全部财政收入达到63.8亿元。全市实现农林牧渔业总产值228.7亿元，粮食总产量达362.9万吨，棉花产量9.3万吨，油料产量18.7万吨，禽蛋产量91.7万吨。农民人均纯收入2900元。永年蔬菜、鸡泽辣椒、大名花生、馆陶鸡蛋、魏县鸭梨、临漳獭兔等龙型经济和特色主导产业发展步伐不断加快，农业产业化初具规模。国家已先后命名魏县为中国鸭梨之乡、鸡泽县为中国辣椒之乡、馆陶县为中国蛋鸡之乡和双孢菇之乡、曲周县为中国甜玉米之乡。

今年以来，市委、市政府认真贯彻落实中央一号文件和省委六届五次全会精神，把解决“三农”问题作为各项工作的“重中之重”，紧紧围绕传统农业向现代农业转变，全力组织实施“八大工程”（基地建设、龙头扶持、品牌打造、农业标准化、劳动力转移、园区经济、生态家园建设和秸秆饲料化工程），着力加快“七化进程”（种植基地化、养殖园区化、生产标准化、经营产业化、销售品牌化、投资多元化、项目业主化），力争实现三大突破（加工、畜牧和绿色），进一步促进农业增效、农民增收和农产品市场竞争力增强，努力把我市打造成为中原现代农业区域示范中心。

在工作措施上，市委、市政府突出抓好六个方面工作：一是认真落实国家粮食政策，让种粮农民得到更多的实惠。一方面，将2004年作为恢复发展粮食生产的关键之年，努力优化种植区域布局，全面启动优质粮食工程。全市2004年计划粮食播种面积1100万亩，比上年增加32.2万亩。同时，按照省委的要求，截至 5 月底，全市粮食直补工作已全部结束，补贴资金全部兑现到了农户。另一方面，市委、市政府认真贯彻落实农村税费改革政策，全市农业税税率降低 3 个百分点，农业税平均税率由原来的 6.4% 降到 3.4%，全市农民应负担的农业税及附加降为 21247 万元，比上年减少 18671 万元；人均负担由上年的 59.83 元降为 31.85 元，减少 27.98 元；亩均负担由上年的 47.92 元降为 25.51 元，减负 22.41 元。全市有 4 个县区全部免征农业税。二是加大农村劳务输出力度，拓宽农民增收的外部空间。组织百万农民工闯市场。在做好对农民工培训的同时，不断强化行政推动力度。今年，继开办北京、天津、广州、深圳劳务就业服务处外，还将再建 10 个以上驻外劳动就业服务机构，进一步提高农民工闯市场的组织化程度。三是制定切实措施，建设畜牧强市。市委、市政府出台了《关于加快建设畜牧强市的决定》，努力实现依靠畜牧业及相关产业使农民人均增收 60 元的目标。四是开展“农业项目年”活动，加快农业产业化发展步伐。实施“双百推进计划”，即抓好 100 个在建项目、谋划建设 100 个招商引资项目。五是实施生态家园富民工程，搞好沼气综合利用。今年全市将新发展沼气生态户 10 万户，比上年多发展 5.2 万户。六是坚持“多予、少取、放活”的方针，维护农民利益。要求各级财政每年对农业总投入的增长幅度要高于其财政经常性收入的增长幅度。同时，大力推进乡镇机构改革，做到“减人、减事、减支”相协调，进一步减轻农民负担，促进农村经济持续、健康、快速、协调发展。

但是，作为全省的农业大市，我们还不是农业强市，特别是由于龙头企业少、规模小，农业产业化水平还不高，农副产品深加工上还有待于进一步延长产业链条，在促进农民增收上也还有很多工作有待进一步探索。今天，各位领导和专家齐聚邯郸，共同探讨“三农”问题，共商振兴“三农”大计，这必将对我市乃至全省的农业农村经济发展起到积极的推动作用，为促进农民增收架起金色的桥梁。对此，我们再一次表示衷心的感谢。

最后，预祝这次会议圆满成功！

在涉县寺峪庙峧村整体搬迁后与群众座谈时的讲话

（2004 年 6 月 29 日）

经过县委、县政府，市委、市政府和寺峪、庙峧两个村干部群众的共同努力，今天，全村群众已经从原来交通不便、生活条件恶劣的深山区搬到了交通比较便利、自然条件相对较好的科技扶贫示范园区，落成了峪峧新村。对大家的“乔迁新禧”，我代表市委、市政府表示衷心的祝贺！同时，为了使大家搬迁下来之后，确保能够尽快脱贫致富，尽快过上比较幸福的生活，今天，我们在这里召开一次座谈会，听一听大家在搬迁过程中还有什么困难和问题，对搬迁之后尽快脱贫致富有什么想法和建议，以便县委、县政府和市委、市政府针对有关问题，进一步做好今后的工作，为乡亲们今后的生产和生活提供更多的方便，确实把这件好事办好、实事办实。

应该说，把寺峪、庙峧两个村搬下来，解决大家的生活困难，是改变偏远山区贫困状况、实现稳定脱贫的现实之路，也是全面完成扶贫开发任务、推进农村经济整体发展、建设小康社会的一项重大举措。从这项工作的谋划、组织实施到今天的搬迁，县委、县政府以及有关部门做了大量艰苦细致的工作。县委书记王社群同志、县长崔建国同志带领有关部门多次到这里进行调研，市、县扶贫办的同志们做了认真的谋划和具体的组织实施，市直有关部门如交通局、水利局、畜牧局、农业局、建设局等为这两个村的搬迁也都做出了积极的贡献。在此，我也代表市委、市政府对各有关单位在扶贫搬迁中给予的大力支持表示衷心的感谢。

刚才，大家对搬迁之后存在的问题、如何尽快脱贫致富提出了许多很好的意见和建议，希望涉县县委、县政府和有关部门一定要认真对待，充分尊重群众的意愿，按照群众的要求，进一步改进我们的工作，把各项后续工作做扎实、做到位。不仅要让群众从山上搬下来，更要想办法让群众脱贫致富。搬迁只是手段，目的是要让群众早日脱贫，使群众的生活更加富裕，进而早日实现小康的目标。下面，就搬迁以后的工作，我再提几点要求。

第一，要尽快成立新的党支部和村委会，在带领群众脱贫致富的过程中充分发挥党员的先锋模范作用和党支部的战斗堡垒作用。这几年的实践充分证明，无论是搞扶贫开发，还是实施移民搬迁，广大党员干部和党支部都发挥了积极的作用，如果没有党员干部的先锋模范作用和党支部的战斗堡垒作用，我们的扶贫开发工作要想取得这么好的效果是不可能的。特别是在这次搬迁过程中，广大党员干部以身作则，率先垂范，认真宣传实施搬迁工作的重要意义，充分做好广大群众的思想政治工作，全力组织群众搬迁，保证了各项工作的顺利进行。但是，要看到，群众从山上搬下来，只是为以后的脱贫致富奠定了一个好的基础，更多更繁重的任务还在后面。我们的党员干部要进一步发挥好先锋模范作用，在做好群众思想政治工作的基础上，带领群众把加快发展作为头等任务，靠发展解决群众遇到的新困难和新问题。当前，要特别注意抓紧成立党支部，抓紧把党员干部组织起来，把群众组织起来，认真发挥好党员干部的先锋模范作用和党支部的战斗堡垒作用，保证让乡亲们搬下来，留得住，早日适应下来，早日脱贫致富，这方面，涉县县委要给予高度重视，尽早把这项工作做下来。

第二，要高度重视群众的生产和生活问题，确保群众在较短时间内生活得到改善。“穷家难舍，故土难离”，这是中国人的传统。由于群众刚从山上搬到园区内，无论从生活习惯上，还是从居住环境上，有一些不适应是在所难免的，有一些思想问题也是可以理解的。解决这些问题，关键是我们各级各部门要能够站在群众的立场上想问题、办事情，善于换位思考，善于替群众着想。在此基础上，要耐心细致地做好群众的思想政治工作。对群众在搬迁以后生活上出现的困难和问题，只要群众提出来，只要不是不合理的要求，就要一条一条记下来，能马上解决的要马上解决，不能马上解决的要向群众讲清楚道理，想办法尽早满足群众的合理要求。在解决群众的生产问题上，要认真落实原定的各项政策措施，该给群众兑现的一定要兑现到位，特别是要做到公开、公平、公正、合理，以搬迁政策为准绳，以公示名单为依据，不搞优亲厚友，不搞因人而异，实施阳光操作，增强透明度。防止因为工作不细致、不公开、不公平导致群众出现新的思想问题，甚至使搬迁工作出现大的波动。

第三，要切实保证群众搬迁后各项配套设施尽快到位。在涉县实施移民搬迁，是我们在扶贫开发中的一个创举，多次受到省委、省政府领导的肯定。这项工作是一个创新，没有什么经验可以借鉴，特别要求我们各级各部门，一定要把各种可能出现的问题想周全、想细致，把各项准备工作做充分、做具体。当前，在解决有关配套设施的落实上，要注意做好五个方面的工作：一是要解决好群众的生活用水问题，确保水源充足，水质洁净；二是要解决好群众子女的入学问题，确保搬迁后群众子女有学上；三是要解决好群众的医疗问题，确保群众有病之后能够及时得到治疗；四是要解决好群众的户口问题，确保群众外出就业和群众子女升学不受影响；五是雨季即将来临，要高度重视防洪和山体滑坡问题，做好重点地段的防险加固，确保群众安全度汛。这些工作有的需要一个过程，有的需要马上动手，要分清轻重缓急，各项配套设施能落实的要尽快落实到位。

第四，要立足于自力更生，选准脱贫路子，尽快脱贫致富。在整个搬迁过程中，寺峪、庙峧两个村的广大干部群众，积极配合县委、县政府和有关部门，克服了许多困难，做了大量工作，体现了老区人民识大体、顾大局的精神。现在，全村群众已经由原来的深山区搬到了现在的科技扶贫示范园区，并且已初步具备了脱贫致富的基本条件，大家一定要珍惜这个来之不易的机会。一方面要尽快安下心来，尽快适应现在的生活环境，既来之，则安之。有什么问题，可以直接向县委、县政府反映，县委、县政府一定会全力帮助解决；另一方面要进一步解放思想，转变观念，破除原来的等、靠、要思想，充分发挥自己的聪明才智和创造性，立足于自力更生，艰苦奋斗，靠自己的双手勤劳致富。只有这样，才能从根本上改变贫穷落后的面貌。这次搬迁，县委、县政府给每家每户提供了一定数量的土地。同时，还要通过发展周转畜尽快使群众致富。此外，大家还要多动脑筋，多想办法，特别是在发展第三产业上、在劳务输出上做文章。进一步开辟致富门路，实现多渠道增加收入，尽快实现脱贫致富的目标。

第五，各级各部门要一如既往地支持峪峧新村的发展。在两个村的前期搬迁过程中，各级各部门做了大量工作，为两个村的脱贫致富做出了积极贡献。但是，要使峪峧新村真正脱贫致富，成为小康村，还有大量的工作要做。因此，市委、市政府希望各级各部门要继续发扬我们在扶贫开发中展现出的好的工作作风，一如既往地给刚刚搬入新居的群众以大力支持，使峪峧新村的群众尽快脱贫致富。老区人民将会永远感谢大家，同时，我也代表老区的人民向大家表示衷心的感谢。

第六，认真总结典型经验，推动全市扶贫开发工作取得新的成效。党的十六大提出，本世纪头二十年要建设惠及十几亿人口的小康社会。实现全面建设小康社会的宏伟目标，重点在农村，难点在农村贫困地区。没有农民的小康，就没有全社会的小康。贫困人口的脱贫问题解决不了，也很难实现一个地方的小康。截至去年年底，我市农村有23.5万人的年人均收入在637元以下，尚未解决温饱问题；还有14万人年人均收入为638～882元，两项合计37.5万人。社会环境和生态环境很差、需要搬迁的有2200人，其中涉县是1600人。我们把涉县扶贫搬迁作为一个突破口、作为一个试点、作为一项示范工作来对待，就是想因地制宜，寻找一条确实能够帮助最贫困群众脱贫致富的路子来。从目前情况看，搬迁工作是成功的，具有邯郸的、涉县的特色。希望有关单位认真总结这次搬迁的成功经验，进一步发挥典型示范作用，使我市生活环境最差的2200口人分批完成搬迁，早日实现脱贫致富，早日过上小康生活。

抓重点，拓思路，强机制
扎实有效地把我市扶贫开发工作落到实处

——在全市扶贫开发工作会议上的讲话

（2004 年 7 月 2 日）

刚才涉县、市发改委等 7 个单位做了典型发言，分别就落实邯发〔2003〕20 号文件、实施扶贫开发和对口帮扶工作等介绍了他们自己好的经验和做法，大家要很好地学习借鉴；素华副市长对去年以来我市扶贫开发工作进行了总结，对下一步工作进行了安排部署，大家要认真贯彻落实。下面，我围绕贯彻全省扶贫开发工作电视电话会议精神，贯彻落实市扶贫开发领导小组会议精神，讲五点意见。

一　把握形势，提高认识

去年以来，我市扶贫开发工作取得了很大成绩，如期完成了年度扶贫工作任务，全年解决了 9.94 万贫困和低收入人口的脱贫问题，贫困地区基础设施建设得到加强，综合经济实力得到提高，生产生活条件明显改善，这些成绩的取得为我们全面做好今年的扶贫开发工作打下了良好基础。但是，我们也要看到，我市的扶贫开发工作面临的形势不容乐观，任务还很艰巨。为此，我们必须进一步把握扶贫开发工作的新形势，统一思想，形成共识。

（1）扶贫工作是事关全面建设小康社会大局的紧迫任务。前不久，温

家宝总理在全球扶贫大会上指出，本世纪头二十年是我国全面建设小康社会的关键时期，我们将用10年时间尽快解决少数贫困人口的温饱问题，改善贫困地区的生产生活条件，提高贫困人口的生活质量和综合素质，加强基础设施建设，改善生态环境，逐步改变贫困地区经济、社会、文化的落后状况，为达到小康水平创造条件。最近，国务院副总理回良玉在国务院扶贫开发领导小组第二次会议上把做好扶贫开发工作放在“事关全面建设小康社会目标的实现，事关科学发展观的贯彻和落实”的高度加以强调。由此可见中央领导同志对扶贫开发工作的高度重视。全面建设小康社会，重点在农村，难点在农村，尤其是贫困地区。我市有5个重点贫困县，共有37.5万农村贫困和低收入人口，这些人口人均收入较低，距小康社会的人均收入目标有很大的差距。我们必须增强工作的紧迫感和责任感，进一步加大扶贫开发工作的力度，加快贫困地区脱贫致富步伐，确保到2010年我市贫困和低收入人口按计划如期稳定脱贫，绝不能因完不成扶贫开发任务而影响到全市小康社会建设的大局。

（2）新时期扶贫开发面临新挑战。这种挑战体现在：一是经济增长对贫困的缓解作用明显降低。从全国来讲，我国农村贫困人口由1978年的2.5亿人减少到2003年的2900万人，这些贫困人口大量集中在贫困线附近，也就是年收入在600～660元。研究表明，当一个地区的贫困发生率下降到5%以下时，经济增长对贫困的缓解作用明显降低。从我市来看，我市2003年底农村贫困人口占全市农村总人口数的比例为4.4%，贫困发生率正处于5%以下。二是扶贫方式有待于研究适当调整。对不同的人群采用不同的扶助方式，可以提高扶贫政策和措施的针对性和有效性。调查显示，我国剩下的未解决温饱人口其中有一部分是缺乏劳动能力或基本生存条件的人群，他们不仅缺乏生存能力，而且无力使用基础设施，对于这部分不救不活的，还要考虑变造血为输血，直接救济。对于纯收入为627～869元的低收入人群，这部分人是有生产能力的，则适宜采取开发式扶贫。三是消除贫困、做好扶贫工作的工作思路和机制有待开拓创新。

（3）我市扶贫开发工作的任务相当艰巨。一是全市农村扶贫人口还占一定数量。截至2003年底，我市贫困和低收入人口合计37.5万人，其中，贫困人口有23.5万人，低收入人口有14万人。二是剩余扶贫人口实现脱贫的难度加大。这些人口虽然数量有所减少，但是，主要分布在我市西部的太行山区和东部的黑龙港苦水区流域，生存条件恶劣，地理位置偏僻，交通不便，信息闭塞，自身状况也不利于脱贫，往往是思想观念落后，综合素质较低，自主就业、创业能力差。因此，尽管这些人口数量不大，但脱贫的难度很大，是我市扶贫开发的“贫中之贫，难中之难”。三是脱贫成果有待于加以巩固。我市有年纯收入为627~869元的低收入人口14万人，他们刚刚跨过温饱线，其中一些人的生产生活条件未得到根本改变，收入状况不稳定，极易返贫，巩固脱贫成果的任务也很艰巨。

总之，做好扶贫开发工作责任重大，任务艰巨。各级各部门、各级领导干部一定要提高认识，高度重视，增强工作的责任感和使命感，通过坚持不懈的努力和扎实有效的工作，确保我市扶贫开发工作目标任务的全面完成。

二　抓住重点，务求实效

刚才素华同志对我市今年的扶贫开发工作，特别是重点工作做出了安排部署，大家一定要认真贯彻落实。抓重点是一种工作方法，重点抓住了就能起到事半功倍的效果。可以这样讲，今年的扶贫开发任务能不能很好地完成，关键就在于能不能抓住重点。为此，我对做好重点工作再强调以下几点。

（1）继续抓好“两周转”工作。发展以“周转畜”为主的畜牧业、以“周转棚”为主的设施农业，是扶贫开发的有效途径之一，“两周转”投入少，收效快，技术成熟，家家户户都能上，是看得见，摸得着的增收项目，既易于在贫困户中推广，又符合现代农业发展的方向。但在实际工作中，还存在工作不深入、不到位等问题，各级各单位要切实负起责任，该谁做好的工作，一定要扎实做好。各县（市、区）政府县长是第一责任人，市、县扶贫办及畜牧、农业部门要密切配合，搞好衔接，确保这项工作顺利开展、扎实有效。

（2）抓好劳务输出工作。劳务输出是农民增收的有效途径，也是帮助贫困和低收入人口实现脱贫的经济实用办法。要积极做好贫困地区的劳务输出工作，把劳务输出作为一项产业来抓。一是提高劳务输出的组织化程度。各县（市、区）要把农民工特别是贫困和低收入农民工的劳务输出作为当前重要工作，认真搞好谋划和组织推动，广泛深入地组织开展劳务输出活动。我市大约有富余农村劳动力 220 万人，现在在外打工的有近百万。富余劳动力是现成的，能不能输出去关键在组织。所以，要成立专门的劳务输出组织输出劳动力，也可以动员党团组织、民兵组织、工青妇组织来推动劳务输出。现在方方面面都在做工作，但是还要加大工作力度，扩大组织规模，提高组织化程度。二是重视搞好劳务输出的技能培训。培训直接关系到劳务输出的数量和质量，同时也是占领劳动力市场的重要举措。要增加投入，千方百计满足培训经费需要；要整合可利用的教育资源，健全和完善培训基地；要拓宽培训领域，逐步提高劳务输出就业率。三是要搞好维权服务，解决外出劳务人员的后顾之忧。总之，要狠抓劳务输出工作，务求使这项工作取得较大突破，通过抓劳务输出促进农民增加收入，使扶贫开发工作取得新成效。

（3）加强资金管理，提高扶贫资金使用效益。一是要注意集中使用，不能“撒胡椒面”。当前，一些地方扶贫资金使用中的突出问题是太分散，我市也有这类情况。市扶贫办、财政局等有关部门要注意把好关。扶贫资金只能做加法，各方面的资金要向贫困地区倾斜，而不能搞切块、做除法。二是扶贫资金必须用于扶贫直接关联的项目，专款专用，不能挪用。支持贫困地区发展的扶贫资金，政策性极强，又非常敏感，一旦管理不善出现问题，不仅影响扶贫效果，而且在社会上影响很坏，必须实行最严格的管理。三是扶贫资金的管理要实行“阳光工程”。要大力推行扶贫资金的公告、公示和报账制度，依靠广大群众和社会舆论的监督，保证扶贫资金分配、管理、使用的各个环节公开透明，不能搞暗箱操作。四是要加强扶贫资金的检查审计。要切实加强对扶贫资金的审计监督，绝不能在扶贫资金上出现任何纰漏，审计、财政和扶贫部门要认真研究这个问题，做好各项扶贫资金的审计和检查工作，认真解决挤占、截留、挪用问题，对贪污、挥霍扶贫资金的，必须严厉查处，并追究有关领导的责任。

（4）进一步开展移民搬迁工作。进行扶贫移民搬迁是解决没有生存和发展基本条件的贫困村、户脱贫的有效办法。这是一项综合工程，扶贫、水利、交通、农业、土地、公安、民政等部门都要给予大力支持，要按照“搬得出、稳得住、能致富”的要求，确保在2007年前完成全市2200人的搬迁任务。最近，我市扶贫搬迁工作完成了第一批扶贫搬迁任务。经过涉县县委、县政府艰苦努力，在省、市扶贫办和市直有关部门的大力支持下，涉县实现了87户、252口人整户、整村搬迁，这在涉县历史上还是第一次。这次搬迁，涉县县委、县政府积极主动，动脑筋、想办法，做了大量工作，体现了执政为民的本质要求，市扶贫办、水利局、发改委等有关部门也做了大量工作。现在两个村一个叫寺峪村、一个叫庙峧村已经整体搬迁，建立新村，我们给它起了个名字叫“峪峧新村”。不靠寺，也不靠庙，而是靠共产党的领导和人民群众的艰苦奋斗来实现脱贫。这样下来，我市还有要实施搬迁的人口1950人，他们还在环境、条件不好的地区维持生存。我们要集合各方面力量、整合各种资源，整合利用各项政策，特别是要把省扶贫搬迁政策利用好，力争在三年时间内实施彻底的搬迁，使老乡们真正从根本上解决贫困问题，逐步走向富裕。

（5）把对口帮扶工作作为一项政治任务来抓。对口帮扶是扶贫开发的一项重要措施。我市开展对口帮扶以来，大部分单位都能站在共同富裕和全面建设小康社会的高度，按照市委、市政府的要求，持之以恒地积极开展工作，投资金、帮物资、给政策、送科技、上项目、帮班子、找路子，做了大量实实在在的好事，解决了贫困村自身难以解决的问题，为贫困地区的经济发展、社会进步、人民生活改善做出了较大贡献。但是，根据年初市扶贫办对全市133个对口帮扶单位调度掌握的情况，一些单位力度不大、干的实事不多，还有少数单位人员没到位、工作没有实质性进展。存在这种情况的主要原因在单位领导。希望这些单位能够提高认识，把工作赶上去。

三　拓展思路，创新提高

当前，扶贫开发工作已进入新的发展阶段，要根据新阶段扶贫开发的新特点，积极探索扶贫开发工作的新思路。

（1）要学习借鉴外地经验。对扶贫开发工作，各地创造和积累了许多行之有效的成功经验和做法。如黑龙江、甘肃、内蒙古等地，集中力量实施“整村推进”扶贫规划，一个村一个村地解决问题，取得了明显效果；江苏安排财政资金建立担保基金，制定优惠政策鼓励农村信用社开办“到户贷款”，受到贫困群众的普遍欢迎；重庆开展“集团式社会扶贫”，由实力较强的市直部门牵头、其他部门参与，组成社会扶贫集团，有钱出钱、有力出力，共同帮扶若干重点县，实现了社会扶贫资源的整合。我们自己也有我们自己的成功经验，刚才，我们这些单位也介绍自己的经验，涉县扶贫经验也是很好的经验。这些经验和做法都值得我们学习借鉴。

（2）要学习研究扶贫政策。近年来，全国的宏观形势和扶贫工作都有了新的发展。党的十六大提出全面建设小康社会的宏伟奋斗目标，党的十六届三中全会提出要完善社会主义市场经济体制，提出了以人为本和全面、协调、可持续的科学发展观，在农民增收、扶贫开发工作上，中央、省、市出台了一系列文件政策，这些新任务、新思路、新政策，给扶贫工作带来了新机遇和新挑战，对我们做好扶贫开发工作提出了新的更高的要求。适应新的形势，开拓新思路，卓有成效地开展工作，要求我们要下功夫研究政策、学习文件，透彻领会上级政策、精神，适应形势发展。特别是在扶贫开发工作上，要树立和落实科学发展观的要求，进一步理清扶贫开发的工作思路。

（3）要深入基层掌握实情。各级扶贫部门要围绕我市贫困和低收入人口尽快脱贫，开展深入细致的调查研究，摸清底数。要搞清楚在现有的贫困人口中，有多少是丧失劳动能力需要“输血”的贫困人口，有多少是有劳动能力适合开发式扶贫的贫困人口，有多少需要扶贫移民搬迁的村和人口。这些情况往往是动态的，我们要坚持经常深入基层，进行动态掌握。只有比较准确地摸清楚这些基本情况，我们才能够制定有针对性的政策措施，采取因地制宜、分类指导的办法，逐村逐户地解决问题。

（4）要善于研究新问题、新举措。扶贫开发的各项工作，要紧紧围绕帮助贫困和低收入人口脱贫致富这个核心，找准脱贫致富的路子，千方百计增加贫困人口收入。比如：目前我市未解决温饱的人口，大部分居住在自然条件恶劣的深山区、苦水区，这些地方资源匮乏，生态环境恶劣，脱贫基础非常脆弱。针对这一情况，必须不断创新和完善扶贫思路，善于从外部寻找脱贫致富的路子。一是搬出去。对基本丧失生存条件的贫困村，整体搬迁到资源相对聚集、具有可持续发展条件的地区建立移民新村。二是走出去。按照小城镇规划，采取优惠政策，引导贫困农户转移到集镇或公路沿线，发展第三业、路边经济。三是输出去。组织贫困地区的青壮劳力进城务工，或到生产条件好的地方转包耕地、开发“四荒”资源。总之，要创新工作思路，做到因地制宜、因时制宜，探索扶贫开发工作的新举措，务求各项工作能够取得新成效。

四　强化机制，规范运作

当前，政策不落实的情况在一些地方和部门十分突出，不少资金并没有真正惠及贫困群众。实践证明，扶贫开发光有政策不行，光有决心不行，必须改革现行管理体制，建立严格的管理制度。抓好了扶贫开发机制建设，就能使扶贫开发工作走向规范化、制度化管理。因此，要把完善扶贫开发机制作为今年的重要工作来抓。关于建立机制问题，刚才素华副市长讲了一些内容，这里我再强调几点。

（1）建立和完善各项工作制度。要坚持“分级负责”的总体要求，进一步建立和完善各项工作制度。一是市对省负总责、县对市负总责制度；二是县对所辖重点村的检查制度，重点检查扶贫开发计划的落实情况，并解决实际困难；三是贫困村要健全贫困户档案制度，掌握贫困农户实际困难和情况，以便分析情况，做好工作。通过上述规章制度的建立，形成一层抓一层、层层抓落实的扶贫工作责任制。

（2）要建立督促检查机制。由市委、市政府两个督查室牵头，按照市委邯发〔2003〕20 号文件的要求，组织有关部门按照分解给有关职能部门的任务，对结构调整、基础设施建设、行业发展、生态建设、科技振兴、资金配置、“四税”返还、税费减免、对口帮扶等项工作落实情况，进行逐项督促检查，对检查情况及时通报，以推动整体工作开展。督促检查要作为扶贫开发工作的一项制度，坚持下来。

（3）完善资金投入、分配和项目管理机制。一方面，完善增加扶贫投入机制。要按照市场化运作方式，拓展多渠道投入的空间，以政府投入为主导，市级财政要拿出一部分资金，各县也要尽量多安排配套资金，各部门大力帮扶，鼓励、倡导社会各界捐款捐物、扶贫济困，形成“政府主导、市场配置引导、部门参与、社会支持”的多元化扶贫投入机制。另一方面，完善财政扶贫资金专户管理和扶贫资金项目公告公示制。坚持扶贫资金报账制、扶贫资金项目年度检查制和审计制。

（4）完善激励约束机制。建立健全党政领导包抓制度和扶贫工作考核体系，特别是要建立对重点县年度目标管理和扶贫工作评价考核制度等。

五 加强领导，转变作风

扶贫开发是一项复杂的系统工程，需要各级各部门、全社会共同努力。为此，要加强领导，形成合力。

（1）各级领导要真正负起责任，把工作摆上位置。能否认真贯彻落实好市委邯发〔2003〕20号文件，全面完成今年的扶贫开发任务，各级领导干部特别是党政“一把手”是关键。党政“一把手”是本级、本部门扶贫开发工作的第一责任人，各级各部门党政“一把手”要站在全面建设小康社会大局和坚持“立党为公、执政为民”的高度，切实把扶贫开发工作摆上议事日程，亲自谋划，亲自研究，亲自部署，亲自深入贫困地区解决实际困难和问题。

（2）有关职能部门要加大行业扶贫力度，尽职尽责。2003年市委、市政府出台的《关于加大对扶贫开发工作重点县和重点村支持力度的意见》，对各有关职能部门的扶贫开发工作进一步明确了责任目标，各职能部门要从全局的、战略的高度对扶贫开发工作给予高度重视，确保各项任务目标的如期完成，特别是水利、交通、教育、计划、卫生、电力等部门要积极筹措资金，加大投入力度，早日改变贫困地区的落后面貌。

（3）广泛动员社会力量参与扶贫开发。近年来，工矿企业、群众团体、科研院所、民主党派、武警部队等开展了多种形式经常性的扶贫工作，为我市扶贫开发工作做出了积极贡献。要广泛动员社会力量继续参与扶贫开发工作。

（4）加强农村基层组织建设，配强“两委”班子。扶贫开发的各项政策，最终都要靠贫困地区基层干部组织广大农民群众去落实。“给钱、给物，不如配备一个好干部”，有了一个好领头人，有了一个好班子，找到一个致富的好路子，就能带领广大群众脱贫致富奔小康。要重视并切实选好配强农村特别是贫困村“两委”班子。同时，要抓好基层干部的培训工作，提高贫困地区基层干部的政治素质、政策水平和带领群众脱贫致富的能力，使基层组织真正成为扶贫开发的坚强战斗堡垒。要选派干部驻村到户，帮助贫困和低收入农民落实增收脱贫的措施。

（5）切实转变干部工作作风。各级领导干部要全面贯彻实践“三个代表”的要求，坚持“立党为公、执政为民”，做到体察民情，倾听群众的呼声，解决贫困群众急需解决的实际困难和问题。要求真务实，为扶贫开发卓有成效地开展工作，绝不能浮在表面，搞形式主义。各级各部门和广大党员干部，一定要从与贫困群众温饱关系最密切的问题入手，从贫困群众反映最强烈的问题做起，为他们办实事，做好事，解决具体困难和实际问题，使我们的工作体现和落实在贫困群众得到实惠、改善生活上，体现在促进全市扶贫开发任务的全面完成上。

同志们，大力推进扶贫开发，加快贫困地区脱贫致富步伐，事关全市改革发展稳定大局，事关全面建设小康社会目标的实现，各级各部门要在市委、市政府的领导下，充满信心，扎实工作，确保全市扶贫开发工作目标的如期实现，为全面推进农村小康社会建设做出新的更大的贡献。

求真务实　真抓实干　全面完成全市党风廉政建设和反腐败工作任务

——在全市纪检监察工作座谈会上的讲话

（2004 年 7 月 19 日）

经市纪委常委会研究决定，召开这次全市纪检监察工作座谈会，主要是总结今年以来全市党风廉政建设和反腐败工作情况，传达贯彻全省纪检监察工作座谈会和全省纪检监察机关负责同志会议精神，研究部署下半年工作任务，推动全市党风廉政建设和反腐败各项工作全面深入开展。在今天的会议上，徐数同志传达了全省纪检监察工作座谈会、全省纪检监察机关负责同志会议和市委六届六次全会精神，19 个县（市、区）汇报了今年以来的工作情况和下半年的工作思路，市直几个纪工委也做了书面汇报。前几天，市纪委监察局在磁县召开了“体系”和“能力”建设研讨会，在会上有些单位做了重点发言，徐数同志做了总结讲话。总的来讲，这两次会议开得很成功，必将对全市党风廉政建设和反腐败工作起到很好的推动作用。下面，我根据市纪委常委会研究的意见，再讲三点。

一　上半年全市党风廉政建设和反腐败工作取得的新进展，为全面完成年度工作任务奠定了良好的基础

今年以来，全市各级党委、政府和纪检监察机关，坚持以“三个代表”

重要思想为指导，认真贯彻落实中纪委三次全会和省、市纪委四次全会精神，围绕落实年初确定的“三个一”工作任务目标，坚持深入调研与学习外地先进经验相结合、落实上级部署与抓好地方特色工作相统一，求真务实、真抓实干，不断加大工作力度，使全市的党风廉政建设和反腐败工作取得了新的成效。

（1）建立和实施“四廉”监督机制，进一步加强了对领导干部的监督，规范了领导干部的从政行为。一是完善和实施“四廉”监督机制，切实加强了对领导干部的监督。在总结去年运行“三廉”监督机制实践的基础上，进一步规范、完善和实行了对领导干部的“四廉”监督机制并狠抓落实。上半年，我市由市级领导干部带队组成考核组，对县级领导班子和领导班子成员 2003 年度实行“三廉”监督和落实党风廉政建设责任制情况进行了考核。评出先进单位 29 个、较好单位 77 个、一般单位 5 个。县级党政班子成员评出先进 156 人、较好 273 人、一般 6 人、较差 2 人。对于在考核中被评为一般或较差的单位和领导干部，全部进行了诫勉谈话，指出其存在的问题，限期纠正和解决。二是组织对县（市、区）和市直单位的党政“一把手”逐人进行了“单个面对面述职谈话”。市纪委利用一个多月时间，组织对县（市、区）和市直单位的 139 名党风廉政建设第一责任人进行了“单个面对面述职谈话”。通过述职谈话，将党风廉政建设第一责任人半年书面报告变为当面报告，从总体上解决了党风廉政建设在年度工作中存在的“两头热、中间冷”的问题，是我们落实“四廉”监督机制的具体措施，也是贯彻《党内监督条例》在机制方面的创新。三是建立反腐倡廉“大宣教”工作新格局，深化了党风廉政教育。全市建立并实行了由组织、宣传、党校、广电、文化和新闻单位等部门参加的“大宣教”成员单位联席会制度，加强了协调，使党风廉政教育融入“大宣教”之中。同时，为适应改革发展新形势的需要，不断充实新的教育内容。广泛开展了“立党为公、执政为民”主题教育活动，通过多种形式，增强了领导干部“为民、务实、清廉”的意识。在认真学习贯彻“两个条例”的同时，把落实“四大纪律、八项要求”作为领导干部廉洁自律工作的重点，通过学习、专题讨论、舆论宣传、文艺演出、知识竞赛等形式，取得了较好的教育效果。四是领导干部廉洁自律其他工作进一步深化。全市各级都明确了领导班子成员和有关部门在党风廉政建设中承担的任务、责任，使党风廉政建设和反腐败工作任务落实到了人头；组织清理党政领导干部违反规定兼任企业领导职务、党政机关用公款为干部职工购买个人商业保险、党政领导干部拖欠公款或利用职权将公款借给亲友的问题；实行了廉洁自律工作向农村和城市基层干部“三延伸”，即制度约束上向基层延伸、责任目标具体化上向基层延伸、廉政档案规范化管理上向基层延伸。

（2）进一步加大查办案件工作协调力度，查办大案要案出现了强劲态势。市和各县（市、区）都成立了以纪委书记为组长的反腐败工作协调小组，加强对办案工作的协调，促进了办案工作的开展，确保了办案数量不减，办案质量提高。今年以来，全市查办案件工作呈现四个特点。一是在办案工作不下指标的情况下，案件查处保持了良好发展态势。二是突破了一批有影响有震动的大案要案和典型案件。三是不少县纪委提升了办案能力，严肃查处在本县有影响的案件。四是市纪委监察局直查案件继续保持了强劲势头。在查办案件工作中，各级注重发挥办案治本功能，做到了“三个延伸”，向警示教育延伸、向专项治理延伸、向完善制度加强管理延伸，从而进一步扩大了办案效果。

（3）积极创新和深化纠风工作，切实解决损害群众利益的热点问题。在行风评议工作中，实施“三个提升”，推进了行风评议工作的深入开展。一是运用现代信息技术，提升评议工作的科技含量。今年年初，运用现代信息技术，研制开发了“民主评议行风测评问卷档次票数登记汇总软件”和“行风评议得分综合计算软件”，我市将这两套软件运用于对去年行风评议工作的总体考核评价中，使考评工作提升了自动化水平，减少了人为因素，保证了公平公正。二是开辟“三线”“两报”阵地，提升宣传工作力度。在市电台开通了“清晨行风热线”，在市电视台开播了“行风在线”，各参评部门开通了行风监督热线电话；在《邯郸日报》《邯郸晚报》上开辟了行风评议专栏，营造了浓厚的舆论氛围。4 月 10 日，组织市直 56 个参评部门在中华大街举行了民主评议行风集中宣传活动，现场接受群众质询 2300 多人（次）。市委书记、市长直接参与现场指导，1 万多名群众参加了宣传活动。

三是多方面组织评议，提升评议工作质量。组织评议代表，深入企业、农村、机关、学校、街道、个体工商户、集贸市场等场所，广泛征求意见。组织参评部门召开不同形式会议征求意见，开展自查自评。还借组织参评部门互评、借召开全市优化发展环境广播电视大会之机通过问卷测评等征求各方面意见，受理投诉举报 188 件（次）。今年的评议工作实现了全方位、多层次、立体化。在纠风工作中，开展专项活动，着力解决群众关注的热点问题，优化发展环境。开展“行政提速、服务提质”活动，突出解决职能部门不作为、乱作为问题；开展“诚信邯郸”教育活动，突出解决有章不循、有诺不践问题；开展“平安社区（村）、平安单位”创建活动，突出解决在社会治安中存在的干扰破坏经济秩序的问题。5 月下旬，召开了有百万人参加的优化发展环境广播电视大会。在纠风工作中，还围绕着力解决群众关注的热点问题，加大查处力度。今年以来，全市共查处群众关注的热点问题案件 292 件。治理公路“三乱”、治理教育乱收费、纠正医药购销中的不正之风等项工作也都取得了实实在在的效果。

（4）以深化制度改革、加强执法监察为主要措施，不断推进源头治腐工作。一是加强监督检查，着力推进财政管理制度改革。以严格落实“收支两条线”为重点，进一步规范了部门预算、国库集中收付、政府采购制度和产权交易行为。今年 1～6 月，全市共组织政府采购 506 批次，采购金额 1.14 亿元，节约资金 1639 万元，节资率 14.4%；通过开展市级收入、行政事业性收费和政府性基金年度检查，共纠正混库和收缴市级财政收入 2584 万元；完成产权交易 11 宗，盘活国有资产 2.91 亿元。二是以贯彻落实《行政许可法》为契机，积极推进行政审批制度改革。在全市认真开展了《行政许可法》培训和审批项目清理工作。5 月 20 日市纪委、监察局在馆陶召开现场会，推广了该县简化审批程序、优化发展环境的经验。三是加强协调，深化干部人事制度改革。以贯彻落实《党政领导干部选拔任用工作条例》为重点，积极推行领导干部任前公示制、聘任制、试用制，从机制和制度上加强了对干部人事制度改革的协调工作。在加大对拟提拔干部廉政把关力度的同时，认真开展了领导干部经济责任审计工作。

继续加大执法监察力度，维护了市场经济秩序。重点围绕纠正征用土地中侵害农民利益、城镇拆迁中侵害居民利益、企业重组改制和破产中侵害职工合法权益、拖欠和克扣农民工工资等热点问题开展执法监察。今年以来，全市共清理拖欠和截留、挪用被征地农民补偿费问题 13 件；受理城镇拆迁信访投诉 27 件，已分别采取措施，进行了调查处理；清理拖欠工程款 3.52 亿元；共完成监督招标工作 158 项，工程 295 个，实现了应招标工程、应公开招标工程和应实行清单招标工程招标率三个 100%。扎实开展重特大事故调查处理和国债项目检查工作。市、县还成立专门督导组对种粮农民直补工作进行督查，对直补资金落实情况进行全程监督，促进了直补工作的健康开展，全市共兑现直补资金 7400 万元，涉及土地面积 830 万亩。

(5) 采取“三步走”和“完善内部监督机制”等方法措施，使纪检监察干部队伍建设迈出了新的步伐。针对市纪委监察局机关干部队伍长期以来年龄结构不合理、队伍严重老化的情况，经过反复调查研究，提出并实施了机关干部队伍建设“三步走”，加大干部提拔交流力度。第一步是通过选任配齐配强委局班子成员和室主任；第二步是通过竞争上岗配齐室副主任；第三步是选调充实一批素质较高的年轻干部。通过实施“三步走”，共提拔和调整重用县级干部 24 人，提拔重用和交流 17 名正科级副主任，并选调进 5 名年轻干部，使机关干部的年龄结构和知识结构趋于合理。这五名年轻同志都是全日制本科大学生，年龄在 30 岁以下，共产党员，基层工作经验 2 年以上。委局机关平均年龄下降了 2.93 岁，大学学历所占比例提高 8.2 个百分点。机关干部队伍的梯次结构已初步形成。另外，还加强了对市直纪检监察机构的管理，完成了部分市直派驻监察室主任的考察任用工作。正在完善加强各县（市、区）纪委监察局和市直各派驻纪检组（纪委）的人员配备。在加强组织建设的同时，加强了思想建设和能力建设，尤其是围绕解决“纪检监察机关谁来监督”的问题，市、县两级都完善了内部监督机制，实行评议制度、走访制度、报告制度等，加强了内部监督。

对照年初部署的任务和上级要求，回顾上半年的工作，虽然取得了一定成效，但也存在一些不容忽视的问题。主要是工作发展不平衡，有的地方和部门在求真务实抓落实方面存在差距。有的只停留在会议部署和一般号召上，深入实际、深入群众、调查研究不够，抓落实、抓深入不够；有的地方查办案件工作力度不大，特别是查办大案要案力度不够；群众反映强烈的一些问题还没有得到有效解决；等等。从今天的发言来看，19 个县（市、区）纪检监察工作也是不平衡的，从实际工作、总结的经验材料还有开创性工作来看，差别还是不小的，要认真分析、总结，不足的要加强，落后的要迎头赶上，使今年后几个月的反腐倡廉工作更加卓有成效。

二　统一思想，加大力度，把严肃查处领导干部送钱收钱、跑官要官等问题作为下半年一项重点工作抓紧抓好

治理领导干部送钱收钱、跑官要官等违纪违法问题，这是一项十分重要的工作。中央和省年中相继召开会议对这项工作进行部署，市委、市纪委也专门召开会议进行学习贯彻。全市各级各单位一定要充分认识治理领导干部送钱收钱、跑官要官等违纪违法问题的重要性和必要性，把思想认识统一到党中央、中央纪委，省委、省纪委和市委的要求上来，从政治和全局的高度深化认识。今后要作为一项重点工作来安排落实，坚决制止送钱收钱、跑官要官、参与赌博和打着领导干部旗号办私事等违纪违法问题，务必取得实实在在的效果。

第一，要结合领导干部廉洁自律工作，加强教育监督，使领导干部提高抵制送钱收钱、跑官要官等问题的自觉性。要认真抓好中央和省、市有关会议精神的传达学习，提高广大党员干部遵纪守法的自觉性。要教育各级领导干部严格执行党风廉政建设责任制的规定，管好自己，严格自律，同时要管好下属、配偶、子女、亲友和身边工作人员，管好分管的系统、部门和单位。要把制止送钱收钱、跑官要官、参与赌博和打着领导干部旗号办私事等问题，列入党风廉政建设责任制专项述职和考核、领导干部民主生活会的重要内容，认真查找和解决党员领导干部在遵守和执行中央和省、市有关规定方面存在的问题，自觉接受来自各方面的监督。对于存在这方面问题的，要主动向组织交代。要注意抓好正反两个方面的典型，抓好正面典型示范教育和反面典型警示教育。要注意利用中秋、元旦、春节等特殊时期抓好监督检查和防范工作。各级各单位主要领导要带头抵制送钱收钱、跑官要官等歪

风。最近，在市委中心组学习会上，市委书记聂辰席同志代表市委常委会向全市人民郑重表态，并要求大家监督。各县（市、区）主要领导也要就此明确表态，自觉接受群众监督。

第二，要集中精力，严肃查处送钱收钱、跑官要官等违纪违法问题。要把严肃查处领导干部送钱收钱、跑官要官等问题作为下半年查办案件工作的重点，适当调整和集中办案力量，加大工作力度。要畅通信访渠道，公布专项举报电话受理群众举报，实行24小时值班制度。要认真排查和筛选案件线索，对涉及领导干部送钱收钱、跑官要官、参与赌博和打着领导干部旗号办私事的案件，一经发现，即行免职，立即查处，不论涉及谁，都要一查到底，决不姑息迁就。对仍在顶风作案、严重违纪违法者，要依纪依法从严惩处。我们要特别注意抓出送钱收钱、跑官要官的典型案件，适时召开会议进行公开处理和曝光，以儆效尤。

第三，各级纪检监察机关要在抵制和治理领导干部送钱收钱、跑官要官等问题中发挥表率作用。各级纪检监察机关在这项工作中负有双重职责，一方面要认真贯彻党中央和省、市部署，积极履行职责，加强监督检查；另一方面要对纪检监察干部严格要求、管理和监督，发挥表率作用。广大纪检监察干部要带头遵纪守法，做廉洁刚正的忠诚卫士。要严格依纪依法办事，规范信访举报、案件检查、案件审理、专项检查、纠风、执法监察等工作的程序。纪检监察机关的领导班子成员更要当好表率，带头做到不送钱收钱、跑官要官。对于向纪检监察机关领导班子成员送钱的，一要拒收，二要严肃处理。对于向纪检监察机关领导班子成员跑官要官的，不但不给，而且要教育批评，并记录在案。决不允许打着纪检监察机关领导干部的旗号办私事、谋私利。凡是以纪检监察机关领导干部及其亲属名义办事，或利用纪检监察机关领导干部影响谋利的，有关部门和单位要一律拒绝，严肃批评，严肃处理。纪检监察机关领导干部要带头遵纪守法，严格遵守各项规章制度，自觉接受来自各方面的监督。要严格执行党风廉政建设责任制，管好下属、配偶、子女、亲友和身边工作人员。在这方面，市纪委常委班子成员要带头。作为市纪委书记，我一定严格遵守，请同志们支持并监督。各级纪检监察机关要加强对纪检监察干部的监督，对于违反这方面纪律的纪检监察干部，要更加严肃处理，绝不允许极少数人败坏纪检监察机关的良好形象。

三　突出重点，整体推进，圆满完成年初部署的党风廉政建设和反腐败工作任务

年初召开的市纪委四次全会提出了“三个一”工作目标，这是今年必须完成的工作任务。今年下半年要结合我市实际，认真贯彻中纪委三次全会，省、市纪委四次全会精神，认真贯彻吴官正、何勇和张毅同志在有关会议上的重要讲话精神，突出重点、整体推进，确保“三个一”等反腐倡廉各项工作任务的全面落实。具体要着重抓好以下几项工作。

（1）以深化对党政“一把手”的监督为重点，认真抓好领导干部廉洁自律各项规定的落实。一是深化对党政“一把手”廉政谈话工作。在规范谈话工作的同时，要采取灵活多样的形式。可全部谈，也可部分谈；可面对面谈，也可以采取书面报告的形式。围绕谈话中发现的领导干部廉洁自律方面存在的问题，认真加以纠正，推动领导干部廉洁自律各项工作的深入开展。二是继续抓好弘扬求真务实作风和遵守“四大纪律、八项要求”教育。要把弘扬求真务实作风和执行“四大纪律、八项要求”情况，作为下半年对党员干部进行教育和各级领导班子民主生活会的重要内容，逐条进行对照检查，认真开展自查自纠。三是继续抓好“三项清理”工作。清理违反规定兼任企业领导职务的工作，要注重抓巩固，防止反弹；清理用公款购买个人商业保险、拖欠公款或利用职权将公款借给亲友的问题，重点组织好对检查出的问题整改和验收工作，坚决克服前纠后犯、边查边犯的现象。这项工作市纪委监察局对市公检法等政法机关进行了清理，并在非常短的时间内进行了纠正。要将“三项清理”作为领导干部今年述职述廉的重要内容逐条进行明示。四是继续抓好“三纠正两落实”工作。坚决纠正用公款大吃大喝和高消费娱乐歪风，市纪委要组织开展专项检查，对检查出的问题要坚决纠正、严肃查处；坚决纠正超标准配备使用小汽车，当前要注意解决好“清车”遗留问题，尤其要刹住借用、向下属企业摊派资金购买小汽车的歪

风；坚决纠正在住房上以权谋私歪风，对我行我素、顶风违纪的，发现一起，查处一起。认真落实领导干部不准收受现金、有价证券和支付凭证的有关规定，重点查处借节假日之机、办理婚丧喜庆等事宜敛财和用公款向领导干部赠送现金、有价证券、支付凭证的行为；认真落实领导干部配偶、子女从业的有关规定，重点加强对职务、分管工作和配偶子女从业行为发生变动的领导干部的申报、登记、核查和纠正工作。五是加强国有企业党风廉政建设。继续落实“三个不得”，即国有企业领导人员不得在企业重组改制和破产、资本运营、产权交易过程中擅自决策或为个人和亲友谋取私利；不得在招标采购中收受回扣；不得在企业重组改制和破产中损害国家利益和职工合法权益。要结合我市企业特点，通过试点的办法探索企业领导干部廉洁自律的新路子。六是深化党政机关移动通信工具管理货币化改革。借鉴涉县、复兴区的改革经验，结合实际制定改革方案，确保按时完成改革任务。这里特别强调，各级纪委要认真履行党章赋予的职责和任务。维护党章和其他党内法规，重要的是维护党章的权威，发展党内民主，加强监督制约，保证党的各级组织和党员干部严格按党章和其他党内法规办事；检查党的路线、方针、政策和决议的执行情况，重要的是加强监督检查，严肃党的纪律，确保政令畅通；协助党的委员会加强党风建设和组织协调反腐败工作，重要的是在党委领导下，坚持和完善反腐败领导体制和工作机制，惩防并举、注重预防。总之，既要坚决惩处腐败，又要有效预防腐败，深入开展党风廉政建设。

（2）以查办大案要案为重点，努力增强查案工作的政治、经济、社会效果。一要集中力量突破大案要案。从 1 ~6 月我市办案情况看，查办有影响、有震动的大案要案仍然不多，案件质量有待继续提高。有的县（市、区）在汇报工作时没有讲出几件大案要案来。中纪委对办案工作不再下指标，这是求真务实的精神。有案不查不是实事求是，没案非要查出案件来也不是实事求是。但是，大案要案抓不出来，不一定就证明没有案件可查，如果有案不查，就是没有尽到职责，就有失职之嫌。对此，各县（市、区）要认真查找原因，采取有效措施，抓紧排查案件线索，尽快上新案、上大案。年底前，都要查处几件有影响的大案要案和典型案件。市、县都要召开一次公开处理会或新闻发布会，公开处理一批重大典型案件。要把领导干部送钱收钱、跑官要官、参与赌博和打着领导干部旗号办私事等问题作为办案重点。对风气长期严重不正、至今得不到有效治理的地方，要追究有关领导的责任。二要搞好组织协调。纪委要充分发挥组织协调作用，纪委书记要亲自协调，直接指挥大案要案的查办。加强对下级办案工作的指导，尤其要强化对重大案件的督办工作。对批转下级查处的案件，要经常督促，直至查结，必要时要派人协办。三要坚持依纪依法办案。要用好“两规”“两指”措施，要敢用、慎用、会用，能少用的尽量少用，能不用的尽量不用。确需使用时，要严格审批程序，严格使用范围，严格使用条件，严格加强管理，确保“两规”期间被审查人员的安全，并要做好“两规”措施解除后的安全衔接工作。当然，首先要报告市纪委办公厅。如果案件已经查实，该移交司法机关的要及时移交。要认真学习《中国共产党纪律处分条例》，严格按《条例》办事。四要充分发挥办案的治本功能。对已经查结的重大案件和典型案件，要向警示教育、完善制度和加强管理延伸。下半年，市和县（市、区）都要利用近期查办的重大典型案件召开一次党员领导干部警示教育大会。五要继续加强信访举报工作。最近一些地方信访出现反弹，呈现上升趋势，各级领导要高度重视，真正解决问题。要充分发挥信访作为发现案件线索的主渠道作用，深挖细查案件线索；纪检监察机关在信访工作中要建立健全信访考核制度，创新接访形式，加大信访处理力度，尽量减少越级访特别是进京赴省集体访，坚决杜绝“闹事访”。最近，越级进京访呈上升势头，各县（市、区）要认真做好工作，一方面要加强值班，注意反馈信息，同时，更重要的是做好信访案件的就地解决和分流，领导同志要深入一线解决问题。市纪委书记办公会决定，要恢复领导接访制度，领导同志要亲临一线，面对群众，解决问题。要注意研究方法问题，纪检监察信访部门要做好前期工作，筛选一些信访案件，安排领导同志接访，以提高办事效率，更好地解决问题，特别是进省赴京集体访、闹事访，要争取努力解决在基层、解决在地方，为中央和省担担子，使中央和省里的领导同志去思考和解决更大的问题。

（3）以扎实开展纠风专项治理为重点，切实纠正损害群众利益的不正之风。一是继续深入开展民主评议政风行风活动。要注意研究开展评议工作的新形式、新方法，进一步提高评议效果。要把评议范围向基层所站延伸，加大基层所站和窗口单位的行风建设力度；进一步完善市、县、乡三级联动加直评、问卷测评和工作考核相结合的评议办法，重点研究、总结对基层所站和窗口单位的评议办法；要把解决各部门存在的突出问题作为评议工作的重点，以评促纠，以评促建；特别要加大民主评议与纠风专项治理结合的力度，把专项治理工作的好坏作为衡量相关部门政风行风建设状况的重要标准。二是深化纠风三项治理工作。在治理教育乱收费方面，从秋季新学年开始，要加强对全市义务教育阶段中小学进行监督检查，督促其全面落实“一费制”收费办法；加强对公办高中招收择校生的规范化管理，严格执行限分数、限人数、限钱数的“三限”政策；学校收费要严格实行“收支两条线”管理，建立和实施教育收费决策听证、公示、巡查督导、专项审计和责任追究等制度，严肃查处乱收费和挤占、挪用、截留教育经费的行为；在纠正医药购销和医疗服务中的不正之风方面，要广泛开展医德、医风教育，严肃行业纪律，重点查处在医药购销中给予和收受回扣、医疗服务中收受“红包”、开单提成等行为；进一步规范药品集中招标采购工作，加强对药品招标全过程和中标药品采购使用情况的监督。在减轻农民负担方面，重点解决损害农民利益的突出问题，加大对涉农案件的责任追究力度。三是巩固治理公路“三乱”、治理党政部门报刊散滥和利用职权发行三项工作成果。规范治理车辆超限超载行为，解决多头执法和以罚代管问题；加强明察暗访，落实公路“三乱”反弹摘牌办法和责任追究制度。坚决纠正变相摊派报刊和改头换面继续发行的问题，将订阅报刊费用限额制实施范围由村扩展到乡（镇）及农村中小学。四是抓好整顿统一着装工作。要按照国务院通知精神和省实施意见，认真搞好调查摸底、自查自纠和检查抽查，对拒不接受清理决定的单位和人员要严肃执行纪律。按照全省统一部署，这项工作要抓紧进行，力争9月底以前结束。五是切实加强农村和城市基层党风廉政建设。各县（市、区）要把认真解决群众反映强烈的突出问题作为密切党同人民群众联系的重要措施来抓。要总结、树立、宣传、推广一批基层单位的先进典型，发挥示范作用。

（4）以落实“四个坚决纠正”和促进党政机关勤政高效为重点，大力开展执法监察和效能监察。执法监察要把坚决纠正征用土地中侵害农民利益、城镇拆迁中侵害居民利益、企业重组改制和破产中侵害职工合法权益、拖欠和克扣农民工工资问题作为重点，督促各级主管部门切实履行职责。一方面要加强管理，另一方面要严肃查处侵害群众利益的各种问题，绝不允许敷衍塞责，推托不管。要由市纪委牵头，协调国土资源、财政、审计等部门，对征用农民集体土地补偿费管理使用情况开展专项检查，重点是1999年以来征用土地补偿情况，认真解决拖欠、截留、挪用农民征地补偿费问题；落实公开办事制度，征地程序、补偿安置费标准和使用情况都要向群众公开，接受监督。要继续配合国土资源部门抓好土地市场治理整顿和经营性土地使用权招标、拍卖、挂牌出让制度的落实，坚决纠正违法违规占地现象；要继续抓好建设工程招投标的监督检查，积极参与整顿和规范市场经济秩序工作。效能监察要继续加大专项检查力度，促进机关提高办事效率；继续发挥投诉中心作用，认真落实市委、市政府《关于进一步优化经济发展环境的若干规定》，坚决纠正行政不作为和乱作为行为，对问题严重、造成不良影响和重大后果的，要追究有关领导的责任，并选择一批典型案件进行公开处理。

（5）以推进四项制度改革为重点，加大从源头上预防和治理腐败力度。一是继续搞好行政审批制度改革。要搞好与国务院公布取消、调整、保留的行政审批项目的衔接落实，搞好对省政府公布取消的第六批行政审批项目的审核及后续衔接工作，加强对取消的审批事项的后续监管，规范审批行为，简化审批手续，提高办事效率。二是深入推进财政管理制度改革。要继续把落实“收支两条线”规定，清理“小金库”和银行账户作为重点。在抓好一级预算单位集中支付改革的同时，向二、三级预算单位延伸。要进一步扩大政府采购的范围和规模，市和县级政府采购监管部门与执行机构要分设。三是积极推进干部人事制度改革。发挥干部监督工作联席会议的作用，抓好《党政领导干部选拔任用工作条例》贯彻落实情况的监督，严肃查处违反干部人事纪律的违法违纪行为。继续做好党政领导干部、国有企业领导人员经济责任审计工作，注重审计结果的运用。四是推进投资体制改革。严格限定政府财政投资的范围，规范政府投资使用方式，建立政策性融资体制，加强和改进对投资活动的管理和监督。

（6）以加强对党员干部的教育和监督为重点，深入开展党风廉政宣传教育和党内监督工作。党组织要建设好，一靠教育，二靠制度。下半年要抓好三项工作。一是切实抓好“立党为公、执政为民”主题教育活动。要继续深入开展“三个代表”重要思想学习教育活动，当前尤其要把反对和防止领导干部送钱收钱、跑官要官等不正之风作为主题教育的一个重要内容，通过组织典型案例剖析、先进事迹报告会、反腐倡廉征文、文艺汇演等专题活动，丰富教育形式，提高教育效果；进一步完善反腐倡廉“大宣教”格局，形成党风廉政宣传教育的整体合力；各县（市、区）要逐步建立廉政网站，拓宽宣传教育渠道。二是切实加强对政治纪律执行情况的监督检查，保证政令畅通。各级纪检监察机关要把维护政治纪律放在首位，加强对党的路线、方针、政策和国家法律法规贯彻执行情况的监督检查，按照《中共中央纪委关于严格执行党的政治纪律的通知》要求，严肃查处违反政治纪律的行为。三是切实加强对民主集中制执行情况的监督检查，防止权力失控、决策失误和行为失范。完善贯彻民主集中制的各项具体制度，逐级检查领导班子议事规则的具体内容和落实情况。充分发挥党内民主，严肃查处侵犯党员权利的行为，有效预防和纠正违反民主集中制行为。四是发挥行政监察作用，使党内监督与行政监督有机结合起来。各级纪检监察机关要全面履行纪检监察两项职能，积极发挥行政监察职能作用。行政监察应注重做好事前监督、事中监督、事后监督，并贯穿到廉政监督、执法监察和效能监督的具体过程之中。对易发多发腐败的领域和部位的决策及实施，监察机关要全程参与；对具体行政行为涉及反腐倡廉有关问题的，监察机关要部分参与；政府部门涉及反腐倡廉规范性文件应向监察机关备案。五是切实加强对党内监督工作开展情况的监督检查。督促党内各监督主体履行职责，分析、解决党内监督方面的薄弱环节，协调整合党外监督，把党内监督与法律监督、行政监督、民主党派监督、群众监督和舆论监督有机结合起来，形成监督合力。六是继续深化政务、村务和厂务三公开，充分尊重群众的知情权、参与权、管理权和监督权。

（7）加大工作力度，促进防腐保廉体系的健全完善。在市纪委四次全会上提出的“三个一”工作目标，第一个“一”就是构筑防腐保廉体系。今年是我市构筑防腐保廉体系的第一年，也是夯实基础的关键一年，这项工作，我市走在了全省的前头，一定要加大工作力度，把工作做细、做实，力争以过得硬的工作和令人信服的效果，使这项工作在全省叫响。为此，一要注意研究如何将自律、办案、纠风工作纳入教育、制度、监督并重的防腐保廉体系之中，综合体现惩治和预防腐败的效果。二要以解决损害人民群众利益的突出问题为着力点，贯穿于体系建设的全过程。三要把坚持和完善反腐败领导体制和工作机制融入防腐保廉体系，形成全党动手抓党风廉政建设和反腐败工作的格局。四要注重调查研究，提高工作的预见性、针对性和实效性。

（8）加强自身建设，进一步提高纪检监察干部队伍素质。要组织纪检监察干部带头学习宪法法律，当前要着重学习好《行政许可法》，增强法制观念，进一步提高依法行政、依法办事、依纪依法办案的能力和水平。要发挥内部监督机制的作用，切实加强对纪检监察干部自身的监督。对违纪违法者必须严肃处理，决不姑息迁就。特别是对于打着纪检监察机关旗号谋取私利者，要坚决清理出纪检监察机关，以纯洁我们这支队伍，维护好纪检监察机关的良好形象。要加强权力观教育和党纪条规、法律法规教育，提高执政为民意识，做到清正廉洁、秉公执纪、服务群众、惩恶扬善，把“立党为公、执政为民”要求落实到党风廉政建设和反腐败工作中去。在反腐倡廉工作任务越来越重的情况下，各级纪检监察机关要特别注意调整充实我们的干部队伍，把那些政治素质高、业务能力强的同志及时充实到纪检监察干部队伍中来。同时，还要注重发挥直属部门纪检监察组织的作用。要统一调度和整合力量、集中力量，用于查办案件、专项治理等工作，解决好工作任务重与人员严重不足的矛盾，以适应形势和任务的需要，更好地做好纪检监察工作。

这里，我再强调两个问题。一是各县（市、区）纪委和市直各部门纪工委（纪委、纪检组）要充分利用好市纪委这次对党风廉政建设第一责任人谈话的机会，争取县（市、区）和市直有关部门党委“一把手”对纪检监察工作的领导和支持。这次谈话，其中有一个重要内容就是要求党政“一把手”要支持关心纪检监察工作。二是纪委书记是由同级党委副书记担任，而不是兼任。当纪委工作和兼任工作中大的活动在时间上发生冲突时，必须要服从纪委的工作。

同志们，现在已是7月中旬，今年的工作时间紧、任务重，必须以只争朝夕的精神抓好工作落实。让我们以“三个代表”重要思想为指导，统一思想，突出重点，扎实工作，努力把全市党风廉政建设和反腐败工作做深做实，为邯郸的改革发展稳定做出新的更大的贡献。

提高执纪能力　重在工作创新*

（2004 年 7 月 30 日）

以加强党的执政能力建设为核心，中央纪委三次全会及时提出并开始实施执纪能力建设，这是加强纪检监察干部队伍建设有远见卓识的战略性思考，是不断提高纪检监察工作凝聚力、战斗力、威慑力和感召力的现实途径，是有效实施纪检监察机关协助党委抓党风廉政建设和协调反腐败工作的重大举措。

今年以来，邯郸市纪委认真贯彻中央纪委三次全会精神，运用“千家万户看党风”规模调研成果，借鉴赴江、浙、闽、粤四省十市学习考察经验，紧密联系本地区党风廉政建设和反腐败工作特点，年初在市纪委四次全会上提出了“建立防腐保廉体系，实施保驾护航工程，锻造高素质干部队伍”的总体工作思路，并围绕工作目标深入开展工作，取得显著成效。一是以建立和实施“四廉”监督机制为着力点，深入开展了领导干部廉洁自律工作，中央纪委副书记刘锡荣同志给予充分肯定。近日，根据吴官正同志最新要求，我市强力出台六项措施狠刹送钱收钱、跑官要官等不正之风。二是加大了查办案件工作的协调力度，查办大案要案出现了强劲态势。三是以优化环境、

---

* 本文系周文夫在中央纪委举办的全国部分市（地）纪委书记、监察局局长北戴河座谈会上的发言，时任中共中央政治局常委、中央纪委书记吴官正，中共中央书记处书记、中央纪委副书记何勇等中央领导同志出席座谈会。本文刊发于《中国监察》2004 年第 20 期，摘登在《中国纪检监察报》2004 年 8 月 18 日“构建惩治和预防腐败体系”专栏，并由《河北反腐败工作简报》第 38 期（2004 年 10 月 25 日）头条摘发。

促进发展为着眼点，积极创新纠风工作方法，确实解决了一些损害群众利益的突出问题。四是以深化教育、推进制度改革、加强执法监察为主要措施，不断推进源头治腐工作。五是采取“三步走”办法，对市委局班子成员和室主任进行了交流、调整、提拔和补充，使干部队伍“年龄偏大、文化偏低、结构不合理”的问题开始得到解决。总结和反思过来的工作，我们更加深切地认识到，做好纪检监察工作条件纵有千条万条，但加强执纪能力建设是最核心的一条，应当成为当前和今后纪检监察队伍自身建设的重中之重。

最近，围绕何勇同志提出的“五种能力”，我们联系本市工作实际进行了一些研究探索。我们深深地体会到，提高执纪能力既要总结继承成功的经验，又要在新时期新阶段党风廉政建设和反腐败斗争新的伟大实践中，进行创造性的能力建设。因此要在六个方面创新工作。

一　创新“纪委组织协调”方式方法，提供能力建设的机制保证，从制度体制机制上形成和强大执纪能力

党的十五大确立的“党委统一领导，党政齐抓共管，纪委组织协调，部门各负其责，依靠群众的支持和参与”的反腐败领导体制和工作机制，是反腐败斗争具有方向性、全局性、战略性的重大举措，是我们党在新的历史条件下探索反腐败新路子的重大成果和智慧结晶，是我们夺取反腐败斗争胜利的重要的制度保证。组织协调，必须将组织协调工作融于领导干部廉洁、自律、查办违纪违法案件、纠正不正之风和源头治腐等工作实践之中，通过对各项工作的组织协调，实现对反腐倡廉工作的整体协调，推进反腐倡廉工作的深入开展。

在协助党委抓党风廉政建设上，一要认真落实党风廉政建设责任制，突出发挥第一责任人的作用。二要完善和实行“四廉”监督机制，“述、评、考、用”，重在用，在廉政考核结果的运用上下功夫。近几年来，我市围绕如何切实加强对领导干部的有效监督，着力制度创新、机制创新，探索建立了“领导述廉、群众评廉、上级考廉、组织用廉”的监督新机制。这一机制，将党内监督与党外监督、组织监督与群众监督、领导干部自律与他律有

机地结合起来，“述、评、考、用”四位一体，环环相扣，紧密衔接，增强了监督工作的规范性、系统性和有效性，“四廉”监督机制的建立和实施，有效地促进了我市党风廉政建设特别是对领导干部监督工作的深入开展。各级领导干部特别是主要领导干部的廉洁自律意识和自觉接受监督意识进一步增强，群众监督的渠道进一步畅通，组织监督力度进一步加大，监督工作的规范性、系统性、有效性明显提高。三要实行半年报告制度，半年一报告，一年一考核，解决年初部署和年底考核“两头热”，年中实施“中间冷”的问题。使述廉报告不仅成为总结自身廉政的方法，而且成为督查廉政责任制和廉洁自律各项规定贯彻落实的有力手段。四要积极开展第一责任人述廉谈话活动。从5月中旬到6月30日，利用一个半月的时间，我市纪委领导同19个县（市、区）和市直91个单位共139名党风廉政建设第一责任人和县级主要领导普遍进行了一次单个面对面廉政询责谈话。这样做既对下级党委贯彻党风廉政建设责任制实施了监督，又征求了下级党委对上级纪委的意见和建议，接受了下级党委对上级纪委的监督，取得了很好的教育和监督效果。五要建立社区纪检监察组织，加强社区党风廉政建设。根据城市规模和社区规模不同，在社区内分别设立纪委或纪检监察员；建立在社区居住领导干部表现情况反馈制度，加强对领导干部“八小时以外”的监督；加强对社区党风廉政建设的领导，将社区党风廉政建设情况列入对各级纪委的年度工作目标考核。

在协调反腐败工作上，要充分发挥反腐败协调小组的作用，既要敢于协调，又要善于协调，还要勤于协调。可在协调小组之下设一个办公室（在纪委），作为常设协调机构；并制定协调工作规程，使反腐败协调工作有章可循；同时，实行协调例会制度，重点协调大案要案，相互移交案件线索，以保持反腐败协调工作正常、有效运行。

二　创新信息传递和办案手段，建立全国纪检监察信息网络系统，提高信息传输和查办案件及办公现代化能力和水平

科学技术发展日新月异，当今社会已经进入网络时代，利用网络传输信

息已成为提高工作质量和工作效率、实现信息资源共享的必备条件。纪检监察系统信息网络建设可借鉴全国党校系统远程教学网建设经验。要加快办案办公现代化手段建设，改善“一张纸，一支笔；一人问，一人记”的传统办案方式。近年来，我市在办案工作中建立实行了“五制”“四库”办案方法，即实行案件主办人负责制、办案限时制、错案追究制、查否案件审理制、案件质量评估制五种制度，建立信访信息库、办案线索库、办案资料库、办案人才库。这些制度和方法的建立实施，增强了办案人员的责任意识，提高了办案工作的科技化含量和办案质量。同时要充分利用现代办公设备，提高查办案件工作的科技含量。一是利用扫描仪把调查取证的一些重要书证、照片、笔录等证据资料扫入电脑，再利用投影仪把办案中的录像资料、重要证据等放大到荧屏上，随时供领导和办案人员对重大复杂案件进行分析，制定办案措施，研究突破方案。二是实行对重大案件办案过程的全程录像，加强对办案人员依法办案、文明办案的监督和管理。三是在重点案件办结后，利用视听材料，对办案人员进行培训，通过分析办案特点、谈话技巧等，提高办案人员素质。四是利用摄像机等现代手段固定调查现场及谈话的原始记录，并将重要证据和有关视听材料等刻录成光盘，进行长期保存。

三　创新纪检干部培训制度，实施正规化培训，建立能力建设的有效培养途径

新形势下纪检监察工作与经济建设密切相关，渗透、贯穿于社会主义市场经济体制建设的各个方面，这就对纪检监察干部与时俱进、掌握市场经济规律的本领提出了新的更高的要求。然而客观上纪检监察干部文化程度偏低、知识结构不尽合理等现象普遍存在；受思维定式的影响，思想不解放、思路不开阔；熟悉和掌握经济知识的意识不强，融入、服务经济的主动性不够；尤其对市场经济新知识了解不深、知之不多。随着我国全面建设小康社会总体目标的逐步实现，伴着社会主义市场经济体制的日趋完善，为“发展这个执政兴国第一要务”保驾护航的纪检监察干部队伍，必须创新自己的学习、培训方式，由常规办短期班培训转向正规化培训。

第一，要实行五个统一，即统一办班规划，统一教学计划，统一教学内容，统一课程安排，统一考核标准。第二，建立培训基地（中心），发挥龙头带动作用。第三，扩大培训规模，划定培训范围，实行分级培训。既要对各级领导干部进行培训，也要对中层干部和一般干部进行培训。第四，坚持开放式办学和多种形式培训相结合，以求培训实效。要建立与各级党校、行政学院及其他大专院校的密切合作，采取联合办班、委托办班、开办讲座等多种培训形式，争取在较短时间内把纪检监察干部培训或轮训一遍。第五，在培训内容上，特别是要注意知识结构的分类，除纪检监察业务知识外，要尽可能多地涉及一些经济管理、财会、金融、WTO 等市场经济知识。通过学习培训，使广大纪检监察干部真正树牢熟悉经济、融入经济、服务经济、助推经济的意识，提高服务第一要务的能力。

四　创新内部监督机制，确保依纪依法执纪，锻造坚强政治品格和铁一般纪律的自我约束能力

胡锦涛总书记在中央纪委三次全会上强调，广大纪检监察干部要进一步增强责任感和使命感，加强学习、增强本领，坚持原则、秉公执纪，严以律己、以身作则，切实履行好党和人民赋予的神圣职责。按照中央纪委三次全会要求，必须切实抓好对纪检监察系统干部的内部监督，积极探索加强纪检监察系统内部监督的措施和办法，逐步建立健全监督制约机制，加强内部管理，完善工作程序。

一是实行自查自纠执纪行为制度，加强自律意识和锤炼自我约束能力；二是建立领导监督责任制度，要求领导干部“看住自己的门，管好自己的人”；三是实行责任追究制度，严肃查处内部人员违纪案件，决不护短；四是实行内部监督与外部监督相结合。虚心接受人民群众及社会各界的监督。近年来，在认真研究我市纪检监察干部队伍基本状况的基础上，针对突出问题，我们一方面从领导班子入手，开展了民主集中制学习教育活动；从加强政治素质和强化自律意识入手，在全系统开展了学习贯彻“三个代表”重要思想、开展“树、讲、求”学习教育活动。另一方面建立了内部监督机

制，强化对纪检监察干部队伍自身监督。市、县纪委分别成立了由分管副书记任组长的监督领导小组，聘请了一批监督员，建立了纪检监察干部廉政报告制度、廉政监督卡制度、走访制度、评议制度和告诫制度等，对完善内部监督、加强内部管理起到了很好的促进作用。

五　创新行政后勤工作，建立有力的保障机制，为纪检监察工作提供坚强的后方支持

兵马未动，粮草先行。要创造好的工作环境，取得好的工作成效，必须有一个好的后勤保障。各级地方政府要不断加大对纪检监察机关的资金投入。对财政年度拨款要确定一个增长比例，从经费上保证纪检监察工作的实际需要。要尽力改善纪检监察机关的办公条件和纪检监察干部职工的生活环境，及时解决他们在工作和生活中遇到的困难和问题，使大家安心工作，无后顾之忧。

一方面，要为纪检监察干部配置具有高科技含量的办公设备（如计算机、扫描仪、刻录机、数码相机、数码录音机、投影仪等），以提高工作的科技含量和工作效率；配备先进的通信工具和交通工具，解决办案手段和工具滞后的问题；按需拨付办案经费，保证办案工作顺利进行。

另一方面，要提高纪检监察干部的政治和经济地位，在纪检监察干部家属工作，子女就业、上学，住房等问题上制定优惠政策，帮助纪检监察干部解决生活中遇到的困难，使他们全身心地投入党风廉政建设和反腐败斗争中。

六　创新纪检监察干部双重管理体制，加重垂管、加快统管，奠定能力建设的组织（干部）基础

社会主义市场经济体制改革的不断深入，对纪检监察工作提出了新的更高的要求。要适应新形势新任务要求，各级纪检监察机关必须坚持与时俱进，努力加强体制、机制和制度创新。在双重管理体制框架内，一是应加重

垂直管理力度。即上级纪检监察机关对下级纪检监察机关的领导班子及其成员的配备、任免，要由备案或审核转为审批，对下级纪委的主要负责人的选拔应从提名（或确定考察对象）环节介入。中央纪委可管到地市纪委书记，应统一建立个人档案，参与其选拔审批、调配交流。二是加快统一管理速度。即按照《党内监督条例》关于“纪委对派驻纪检组实行统一管理”的规定，抓紧制定实施细则，对派驻机构和人员实行统一管理，整合使用干部队伍资源，使之在纪检监察工作中发挥出更大的作用。三是加强对全国纪检干部队伍的调研与调整。目前，应对全国30多万人的纪检监察干部队伍状况进行一番调查研究，总结管理经验，查找存在的问题，依据调研成果制定有针对性、可操作性强的相关政策，本着“调整、交流、充实、提高”的原则，留下来绝大部分，交流出一部分，补充进一部分，以解决“年龄偏大、文化偏低、结构不合理”的突出问题，进而为加强执纪能力建设、提高执纪能力水平打下坚实的干部基础。

理清思路把握机遇
努力开创全市人口和计划生育工作新局面

——在全市人口和计划生育工作会议上的讲话

（2004年8月27日）

今天，市委、市政府召开这次高规格的人口和计划生育工作会议，主要任务是贯彻落实中央人口资源环境工作座谈会和全省人口计生工作会议精神，分析我市面临的人口形势和工作任务，安排部署当前和今后一个时期应当着力抓好的几项重点工作，进一步统一各级各部门的思想认识，明确思路，把握机遇，乘势而上，推动全市人口和计划生育工作实现新突破、再上新台阶。

下面，根据市委、市政府党政联席会研究的意见，我先讲三个问题。

一　认清形势，明确思路，层层统一思想

今年以来，我市在人口和计划生育工作上，动手早，抓得紧，成效明显。特别是市委、市政府3月1日召开全市人口和计划生育视频会议之后，各县（市、区）普遍加大了抓好人口和计划生育工作的力度，无论是集中服务活动还是经常性工作的水平，都较上年有了新的提高。据统计，截至7月底，全市考核年度共出生69490人，较上年同期73177人减少3687人；出生率为8.13‰，同比下降0.48个千分点；计划生育率为97.79%，同比提高1.88个百分点，基层基础工作较上年也有了较大加强，发展势头是好的。

7月7日，省委、省政府召开全省人口和计划生育工作会议，总结了2003年的工作，明确了人口计生工作面临的形势和任务。概括起来体现在三个方面，一是中央强调要从牢固树立和落实科学发展观的高度，充分认识人口和计划生育工作的极端重要性。胡锦涛总书记在今年中央人口资源环境工作座谈会上指出，做好人口和计划生育工作是树立和落实科学发展观的必然要求和重要内容。把人口和计划生育工作的重要地位和作用提到了一个新的高度。二是人口和计划生育工作的思路和方法有了重大转变。中央座谈会指出，人口和计划生育工作要集中力量抓好建立健全农村部分计划生育家庭奖励扶助制度、综合治理出生人口性别比升高问题、开展人口发展战略研究三件大事。其中，建立健全对农村部分计划生育家庭奖励扶助制度，是人口和计划生育工作思路和工作方法的重大转变。国家推行这一制度绝不是一般性的奖励优惠政策，而是一项带有长期性、方向性、制度性的重大举措，它有利于稳定低生育水平，有利于农村老龄化问题的逐步解决，有利于消除农村贫困人口，有利于促进农村人口与经济社会协调发展，有利于密切党群干群关系。各级党委、政府和计生部门一定要深刻领会其精神实质，创新工作机制，逐步实现由“处罚多生”到“奖励少生”的转变。三是树立和落实科学发展观，对人口和计划生育工作提出了新的更高要求。人口计生工作必须着眼于调动人民群众的积极性、主动性和创造性，着眼于满足人民群众的需要和促进人的全面发展，着眼于提高人民群众的生活质量和健康素质，着眼于解决实行计划生育家庭的实际困难，让其在经济发展和社会进步中得到实惠。

为了认真贯彻落实好中央和省里会议精神，市委、市政府召开了政府常务会、党政联席会，对全市人口与计生工作进行了认真的研究，同时，对人口与计生工作的现状进行了全面客观的分析。总体上看，近年来，我市人口和计划生育工作呈上升趋势，主要标志有三点：一是低生育水平比较稳定。2001～2003年全市人口出生率分别控制在10.46‰、10.38‰、10.54‰以内。二是计划生育率逐年有所提高。2001～2003年，全市计划生育率分别为94.85%、94.91%、95.53%，年平均提高0.34个百分点。三是基层基础工作得到加强。在计划生育宣传教育、优质服务、依法行政、流动人口管理、协会工作等方面总结推出了一批先进典型，整体水平在原有基础上有了新的提高。在7月7日召开的全省人口计生工作会议上，我市获2003年度二档市计划生育进步奖，受到省委、省政府的表彰。但由于我市人口基数大，工作基础差，存在的问题仍然十分突出。一是人口出生有漏报。从人口普查资料看，我市每年一孩出生率约为8‰，二孩及多孩出生率约为4‰。据此推算，全市出生率在12‰左右，每年漏报1~2个千分点。二是死角死面比较严重。从去年开始，我市采取不打招呼、直接进村入户调查解剖的方式，共解剖了19个县（市、区）的21个后进乡（镇），其中就有14个乡（镇）因人口计划不达标被列为市重点管理或重点联系乡（镇）。还有一些根据信访线索调查解剖的后进村，人口出生基本处于失控、半失控状态。三是已婚育龄妇女孩次构成差距大。已婚育龄妇女孩次构成，是反映一个地方生育政策执行情况和计划生育工作质量的重要指标。尽管近几年随着我市人口计生工作水平的提高，孩次构成有了较大幅度的提升，但和全省平均水平相比仍有较大差距。2003年我市的一孩妇女比为35.32%，比全省平均水平低6.1个百分点；多孩妇女比为22.42%，比全省平均水平高10.26个百分点。四是性别比偏高的问题仍比较突出。2000年“五普”资料显示，我市出生人口性别比为118，计生报表显示为122。虽然经过各级的努力，我市出生人口性别比有所下降，但仍然偏高。2001~2003年平均出生性别比为115，平时调查的出生性别比还要大于这个比值。

上述情况表明，尽管我市人口计生工作整体水平逐年有所提高，但在全省的排位仍不靠前。从我市获2003年度二档市“进步奖”来看，我们在全省的排位是7个二档市中的第四名。位次虽然有所前移，但仍未跳出全省后几名的圈子。整体水平不高的现状还没有从根本上改变，人口计生工作仍处于艰难的负重爬坡阶段。根据中央和省工作会议精神，结合邯郸的实际，市委、市政府认为，中央提出的建立健全对农村部分计划生育家庭奖励扶助制度，实现由“处罚多生”向“奖励少生”的转变，是一项带有长期性、方向性、制度性的重大举措，必须认真贯彻落实。但由于我们市人口基数大，工作基础差，加强基层基础工作、稳定低生育水平的措施丝毫不能放松。坚持“处罚多生”与“奖励少生”两措并举，稳定低生育水平与创新工作思路两手抓，而且两手都要硬，是当前和今后一个时期我市人口与计生工作的基本思路。对此，各级党委、政府和各有关部门一定要认清形势，提高认识，把思想统一到中央和省会议精神上来，统一到市委、市政府的决策部署上来，进一步增强做好新形势下人口计生工作的责任感和紧迫感，与时俱进，开拓创新，切实把人口和计划生育这一事关国计民生的大事抓细、抓实、抓出成效。

二　抓住机遇，乘势而上，努力开创人口计生工作新局面

当前，我市的人口和计划生育工作正处于转轨变型时期，机遇与挑战同在，发展与矛盾并存。各级各部门要以贯彻落实中央座谈会和省工作会议精神为契机，抓住机遇，乘势而上，创新思路，谋求发展，推动人口计生工作的升级转型，努力开创全市人口计生工作新局面。当前和今后一个时期，要在现有工作的基础上，重点抓好以下五项工作。

（1）积极推进建立农村部分计划生育家庭奖励扶助制度。建立对农村部分计划生育家庭奖励扶助制度，是新时期人口和计划生育工作的治本之策。省委、省政府已将此项工作列入了重点督查和考核评估的内容，凡落实不到位的，年终考核要实行“一票否决”。我市是人口大市，计划生育工作难度大，任务重，建立奖励扶助制度，完善利益导向机制，使人口计生工作步入良性循环的发展轨道，更有其特殊的重要意义。目前，这项工作在全省各市都已启动，各县（市、区）和各有关部门思想上要有紧迫感，要从实践“三个代表”重要思想、促进经济社会统筹协调发展的高度，充分认识实施这项制度的重要意义，抓紧部署，尽快启动，跟上全省的步伐。具体讲，要抓好以下几点：一要组织开展好农村部分计划生育家庭的奖励扶助工作。国家推出这一政策，主要是对60岁以上的农村独生子女和双女户父母按年人均不低于600元的标准发放奖励扶助金。根据国家政策规定，这项工作所需资金中央和地方财政各负担50%。地方部分，省确定省、市、县分别承担的比例为6∶3∶1。目前，省财政已拿出161万元专款作为建立扶助制度的专项资金。为确保这一制度的顺利实施，市委、市政府确定并拨出80万元专项资金启动我市的这项工作。各县（市、区）要仿照市的做法，按

比例拨出专项资金。最近，国务院办公厅转发了《国家人口计生委、财政部关于开展对农村部分计划生育家庭实行奖励扶助制度试点工作意见》（国办发〔2004〕21号转发），国家人口计生委、财政部印发了《农村部分计划生育家庭奖励扶助制度试点方案（试行）》（国人口发〔2004〕36号），进一步明确了实施这一制度的重要意义、主要内容及原则、要求等。各县（市、区）要严格按照国家《通知》和《方案》的要求，认真组织好这项工作。一方面，要认真搞好测算，摸清需要奖励扶助的底数；另一方面，要加强对奖励扶助制度的社会宣传，营造实行计划生育光荣的社会氛围。经济条件好的市（县）更要积极行动起来，率先抓好奖励扶助制度的实施。二要认真落实好省《条例》规定的各项奖励政策。从目前情况看，由于种种原因，《河北省人口与计划生育条例》规定的各项奖励政策，在我市农村多数地方落实得不好。一些地方既没有按政策规定对外生者落实经济处罚，也没有落实对计划生育家庭的奖励优惠政策，严重影响了广大农民实行计划生育的积极性，这种状况必须尽快改变。就我市而言，在现阶段，人口计生工作坚持“处罚多生”与“奖励少生”两手抓，两手都要硬，就是既要对外生者严格按《条例》规定标准征收社会抚养费，又要对实行计划生育的家庭落实奖励和优惠政策，特别是要首先落实好每人每月10元的独生子女父母奖金，以树立政府的良好信誉。各县（市、区）要围绕“两手抓”的思路，从本地实际出发，积极探索多种有利于鼓励农民自觉实行计划生育的有效办法，多制定一些让群众看得见、摸得着、得实惠的具体措施，逐步形成有利于计划生育工作的利益导向机制，提高农民群众实行计划生育的自觉性。三要尽快建立计划生育救助公益金。目前，全市城乡一些实行计划生育的家庭因独生子女伤残、死亡，使家庭生活陷入困难境地，对此，党和政府有责任、有义务对他们进行救助。去年以来，我省唐山、石家庄等市开展了建立计划生育救助公益金的试点工作，取得了良好的社会效益。根据省要求，市政府常务会议确定，从明年起，市财政将拿出50万元专项资金，建立市级计划生育困难家庭救助机制。各县（市、区）要根据县的规模大小、财政状况的好坏和需要救助人数的多少拨出专款，原则上大县不少于30万元，中等县不少于20万元，小县不少于10万元，尽快建立县级计划生育救助公益金，使大多数特殊困难计划生育家庭都能得到及时的救助。四要组织开展“少生快富”扶贫工程。“少生快富”扶贫工程是国家推行的把计划生育工作与扶贫开发相结合的重要措施，在宁夏的贫困地区已经取得了成功。我市有5个国家及省级扶贫开发工作重点县，这些地方要借鉴宁夏的经验，积极大胆地开展这项工作。从明年开始，市扶贫办将在扶贫资金中单列专项资金，在扶贫开发重点县启动我市的“少生快富”扶贫工程。当前，各扶贫开发重点县首先要搞好调查摸底工作，在此基础上，协调有关部门把扶贫开发工作与计划生育工作有机结合起来，多出台直接帮扶、资助实行计划生育家庭的政策措施，实现扶贫开发与计划生育工作的相互促进。

（2）采取有效措施，加大综合治理出生人口性别比升高问题的力度。我市出生人口性别比从20世纪80年代后期开始偏离正常范围。2000年“五普”资料显示，我市出生人口性别比为118，计生报表显示为122。虽然经过各级的努力，我市出生人口性别比有所下降，但仍然偏高。2001年至2003年，三年平均出生性别比为115。出生人口性别比持续偏高，势必影响我市人口与经济、社会、资源、环境的协调发展和可持续发展，影响人口安全、经济繁荣和社会稳定。各级各部门一定要充分认识出生人口性别比持续偏高的严重性和危害性，增强综合治理的紧迫感和责任感，将其作为一项战略任务，抓紧、抓实、抓好。8月初，市政府下发了《邯郸市人民政府关于认真做好综合治理出生人口性别比升高问题的意见》，这个《意见》对综合治理出生人口性别比升高的目标任务、重点区域、工作措施以及组织领导等做出了具体规定。这次会上，市人口计生委、市卫生局、市药监局又联合印发了《治理出生人口性别比升高有关管理制度及登记表格的通知》，对性别比治理的有关工作做出了具体的规定，各县（市、区）和各有关部门要按照《意见》和《通知》要求，精心组织，认真实施，抓好各项目标任务的落实，力争通过3～5年的努力，使全市出生人口性别比偏高的势头得到有效遏制，逐步趋于正常范围，为全面建设小康社会创造良好的人口环境。

（3）以改造县、乡技术服务站为切入点，建立与小康建设同步发展的计划生育和生殖健康服务体系。随着人民生活由温饱型向小康型的转变，广大育龄群众的生殖健康需求越来越多，要求我们为其提供更加丰富多彩的计划生育和生殖健康优质服务。从目前我市情况看，一些县、乡计划生育技术服务站无论是房屋、设备、环境卫生还是技术人员素质、服务意识，都与广大育龄群众日益增长的生殖健康需求不相适应。各级党委、政府和人口计生部门，一定要转变旧观念，树立新理念，坚持以人为本的思想，从有利于人的全面发展、有利于提高育龄群众的生殖健康水平、有利于人口计生工作的扎实开展出发，全面提升县、乡两级技术服务站的服务水平，逐步建立起与小康建设同步发展的计划生育和生殖健康服务体系，实现计划生育和生殖健康服务的升级转型，即由传统的以落实避孕节育措施为主的单一技术服务转变成开展生殖保健、优生优育、预防性病艾滋病等多种内容的综合性服务，使计划生育真正成为党和政府提供给广大群众的一项公益性服务。要下大力气改造一批条件较差的基层技术服务站，并根据实际情况，将县、乡技术服务站划分为基本服务型、优质服务型和小康型三个层次，制定相应的发展规划，促进梯次发展。武安市、涉县、永年县 3 个经济强县、优质服务先进县以及武安市磁山镇、磁县磁州镇、峰峰矿区和村镇、临漳县柳园镇 4 个小城镇建设示范镇要率先建成优质服务型、小康服务型的技术服务站。要在保证为广大育龄群众提供基本的避孕节育技术服务的同时，拓宽服务领域，增加服务项目，定期对农村计划生育家庭进行健康查体，广泛开展生殖健康服务。要进一步改善基层技术服务人员的学历、年龄结构，加强专业知识培训，大力开展岗位练兵，提高基层技术人员的服务意识和能力。根据上级要求，到 2005 年 6 月底前，县级技术服务站至少要配备一名具有医师执业资格的技术服务人员，乡级服务站至少配备一名具有助理医师执业资格的技术服务人员。希望各县（市、区）抓紧协调运作，积极创造条件，适应新形势、新任务的要求，确保计划生育技术服务工作的开展。

（4）强化薄弱环节，加强人口和计划生育基层基础工作。我市人口基数大、工作基础薄弱，在人们的生育观念尚未根本转变的情况下，稳定低生育水平将是一项长期而艰巨的任务。各级各部门必须始终高度重视人口和计划生育工作，始终把稳定低生育水平作为人口和计划生育工作的首要任务，始终把加强基层基础工作放在重要位置。特别是要抓好市委、市政府《关于加强人口和计划生育基层队伍建设的决定》《关于进一步加大人口和计划生育工作力度扭转后进乡（镇）村被动局面的意见》两个专件的贯彻落实，高度关注后进县、乡、村的计划生育工作，帮助、指导他们解决问题、改进工作，直到改变落后面貌。对于那些迟迟不能改变后进面貌的地方，要坚决实行“一票否决”，力争到年底全市的后进转化面达到80%以上。同时，要进一步完善落实乡、村经常性工作机制，把责任层层落实到村级，改变村组工作开展不起来、发挥作用不够的状况。要进一步明确村“两委”班子的责任，把村级组织网络建设好，确保人员落实、责任落实、报酬落实。

（5）扎实开展好计划生育集中服务活动。按照计生考核年度，当前正在进行的季服务活动是2004年最后一次服务活动。抓好这次季服务活动，对于圆满完成全年人口与计划生育的责任目标有着极为重要的作用。为此，市委、市政府决定，要把这次季服务活动作为一次以落实避孕节育手术为主要内容的计划生育集中服务活动。各县（市、区）要抢抓机遇，因势利导，统筹安排，切实加强具体领导。各级党政“一把手”要亲自抓，召开会议研究部署，解决好活动开展过程中的重大问题；各级主管计生工作的领导要搞好组织协调，加强督查调度和具体指导；其他班子成员要联系分包乡（镇）村，抓好所在乡村各项任务的落实。各有关部门要积极参与，全力配合，形成齐抓共管、综合治理的工作氛围和机制。要把工作重点放在后进乡（镇）、死角村等重点部位，集中合力攻坚，实施重点突破，带动整体工作向深层次发展。要讲究工作方法，坚持依法行政，文明执法，严禁侵犯公民合法权益、违法施政问题的发生。市委、市政府两个督查室和市人口计生委要加强对集中服务活动的调度、督查和指导。对领导重视、措施有力、效果明显的县（市、区）要予以通报表彰，对活动差、工作不力的县要予以通报批评，必要时召开反面现场会予以警示，确保这项活动达到预期目的。

三　加强领导，真抓实干，确保既定目标的实现

当前和今后一个时期人口和计划生育工作的目标任务已经明确。各级各部门要紧紧围绕几项重点工作，求真务实，真抓实干，采取有效措施，集中

全力抓好。

第一，要进一步强化目标管理责任制。做好新时期人口计生工作任务艰巨，责任重大。各级党政“一把手”必须坚持亲自抓、负总责，抓工作部署，抓突出问题，抓督促检查。要进一步完善人口和计划生育目标管理责任制，把工作任务层层落实到乡、村。要明确各级、各个方面、各个环节的责任，根据目标责任的落实情况，严格考核，兑现奖惩，改变一些地方责任不明、奖惩不力的状况。对会议部署的几项重点工作，要落实责任，加强考核，一级抓一级，层层抓落实，确保各项目标任务落到实处。要不断研究新情况，解决新问题，把综合治理出生人口性别比升高问题纳入目标责任管理，把人口数量指标与性别比指标统一起来考核。

第二，要进一步加大财政投入力度。新的《河北省人口与计划生育条例》颁行之后，取消了照顾二胎生育费，加上农村税费改革的不断深化，县、乡、村计划生育经费不足的问题更加突出。各县（市、区）要积极推进人口和计划生育投入体制改革，完善投入机制，把人口和计划生育投入纳入公共财政，切实加大投入的力度，确保法律法规规定的计划生育奖励优惠政策、免费计划生育服务项目以及基层工作人员报酬的落实。对农村乡级计划生育经费的投入，要严格按照省财政厅、省人口计生委文件的规定，以年人均3.5~9元的标准落实，不能随意降低标准。中央提出的建立农村部分计划生育家庭的奖励扶助制度，是从根本上解决农村人口问题的重大举措。各级党委、政府和有关部门要对这项制度的建立提供必要的财力支持。要加大调整财政支出结构的力度，向人口和计划生育事业倾斜，确保对农村部分计划生育家庭进行奖励扶助措施的落实。

第三，要进一步加强人口计生工作的综合治理。人口和计划生育工作是一项社会系统工程，各级党委、政府要积极协调各有关部门，加强对人口计生工作的综合治理。市人口计生领导小组成员单位要根据各自的职责任务，进一步制定和完善有利于计划生育工作的各项社会经济政策和保障措施。当前，要把治理出生人口性别比升高问题作为计划生育综合治理的一件大事来抓。各级宣传、计生、卫生、药监、公安、教育、农业等部门要密切配合。出生人口性别比持续偏高的市（县），要在党委、政府的统一领导下，协调各相关部门，集中开展有声势、有力度的专项治理行动，争取年内取得明显成效。

第四，要进一步加强督查，抓好落实。各级党委、政府要切实把人口和计划生育工作情况纳入重大事项督查范围，每年组织不同层次、不同范围的督查活动，发现问题及时解决，确保各项任务的落实。今年要重点对计划生育后进转化、建立农村部分计划生育家庭奖励扶助制度以及治理出生人口性别比等几项重点工作进行督查。通过督促检查，进一步调动各有关部门和广大干部做好人口计生工作的自觉性和积极性。

同志们，新形势、新任务赋予了我们新的责任，新机遇、新挑战给我市带来了新的转机。各级各部门要以“三个代表”重要思想为指导，把握机遇，乘势而上，团结奋进，锐意进取，把工作往深里做，往实里做，为开创全市人口和计划生育工作的新局面做出新的更大的贡献。

在五得利集团荣获中国名牌产品和农业产业化国家重点龙头企业庆贺大会上的讲话

（2004 年 9 月 29 日）

在党的十六届四中全会刚刚闭幕、全市人民欢度中秋佳节和喜迎国庆55周年之际，河北五得利面粉集团被农业部、国家发改委等八部委认定为全国农业产业化国家重点龙头企业，五得利集团生产的“五得利”牌小麦面粉被国家质量监督检验检疫总局评定为“中国名牌产品”，实现了我市农产品中国名牌产品零的突破。这是我市农业战线也是全市人民经济生活中的一件大喜事。在此，我代表邯郸市委、邯郸市人民政府向大名县委、县政府，向河北五得利集团表示热烈的祝贺！

大名县地处冀、鲁、豫三省交界，是一个平原农业大县，一无矿产资源，二无城郊优势。近几年来，特别是换届之后，新一届县委、县政府全面贯彻党的十六大和党的十六届三中全会精神，认真落实中央一号文件，坚持特色建县、工业立县、环境兴县、开放活县、民营富县和科教强县六大战略，着力培育特色产业，大力扶持龙头企业发展，努力推进农业产业化经营，取得了明显效果，走在了全市前列。五得利集团在短短几年内能够迅速发展为国家级农业产业化龙头企业，是五得利集团团结拼搏、锐意进取、科学管理、勇于开拓的结果，也是大名县委、县政府正确决策、大力支持、放手发展的结果。希望大名县委、县政府要立足实际，总结经验，一如既往地把大名县的龙头企业做大做强，把大名县的特色产业做大做强，把大名县域经济做大做强，全面推动县域经济的快速发展。五得利面粉集团目前已是全国最大面粉加工企业，邯郸市唯一的农业产业化国家重点加工龙头企业和邯郸市唯一的中国名牌产品，希望五得利集团要抓住机遇，乘势而上，百尺竿头，更进一步，珍惜荣誉，再接再厉，不断把企业做大做强，争取全省第一、全国第一，创世界名牌，为富民强县、富民强市发挥更大带动作用！希望广大企业家要认真学习五得利企业精神，进一步解放思想，更新观念，诚信经营，与时俱进，为增收富民、强县奔小康做出自己的贡献。

各级各部门特别是各执法执纪部门和涉农部门要全面落实国家鼓励农业产业化龙头企业、支持民营经济发展的方针政策，为龙头企业办实事、办好事、搞服务，为龙头企业开绿灯、行方便，为农业产业化保驾护航，在全市形成合力，促进全市农业产业化经营水平的不断提高，推动全市农业农村经济的持续快速发展。

望大名县委、县政府在发展农业产业化、扶持龙头企业上再结硕果，培育更多像五得利这样的龙头企业！

祝五得利集团在未来的发展上再创佳绩，再铸辉煌！

在全市农村经纪人队伍建设工作会暨现场会上的讲话

（2004 年 10 月 26 日）

这次会议是市委、市政府研究决定召开的。会议的主要内容是：总结、交流我市加强农村经纪人队伍建设的经验，分析形势，理清思路，明确重点，推进这项工作再上新台阶。今天，我们到金凤市场、金翔饲料公司现场观摩了邯郸市养禽业经纪人协会、馆陶县饲料制造业协会的运作情况。刚才，馆陶县委、曲周县农机经纪人协会等 5 个单位做了典型发言，成安县草莓专业服务协会、涉县王金庄花椒合作社等 10 个单位做了书面发言。各单位介绍的经验都很好，听后很受启发，希望大家要相互学习、认真借鉴。下面，我围绕加强我市农村经纪人队伍建设工作讲三点意见。

一　提高认识，把握形势，积极主动地推动我市农村经纪人队伍建设

首先，要认识到农村经纪人在农村经济发展中具有非常重要的作用。农村经纪人在农村不仅能发挥勤劳致富的表率作用，而且还是农产品转化增值的中坚力量；不仅能对推动农村经济发展产生影响力，而且还潜移默化地影响到农民致富观念的转变。可以说，大力培育农村经纪人队伍，对于开拓农产品市场、引导农民发展质量效益型农产品、减少生产的盲目性与滞后性、促进传统农业向现代农业转变、推进农业产业化进程等都具有极其重要的作

用。因此，我们要高度重视加强农村经纪人队伍建设工作，要把加强农村经纪人队伍建设当成促进农民增收的“新招”，扎扎实实落到实处。要树立“培养一个重要经纪人，有可能带动一种产业发展；培养一批经纪人，就能够带动一地经济繁荣”的理念，切实把加强农村经纪人队伍建设工作叫响、抓实，以推动我市农业和农村经济的发展。

其次，要掌握我市农村经纪人队伍建设的现状。近些年来，我市广大农村和各个涉农部门，紧紧围绕加快农村经济发展这个主题，以解决农民买难卖难、增加农民收入为突破口，大力推进农村经纪人队伍建设，不断进行创新、探索，农村经纪人队伍得到蓬勃发展，农村经纪人队伍建设工作取得了明显成绩。从数量上看，我市农村经纪人队伍已初具规模。截至目前，我市的农村经纪人从业人员大约有 7 万人，经纪人协会达 96 个。其中，职业经纪人有 1.56 万人，占 22.7%；自由经济人 5.3 万人，占 77.3%。从类型上看，种类繁多。按照组织形式划分：有个人、农村经纪人协会、农村专业合作经济组织；按照类型划分：有农村销售经纪人、农村信息经纪人、农村科技经纪人；按照性质划分：有专职、兼职；按照经营范围划分：有禽蛋、果蔬、畜牧、粮食、建材、贩运、饲料等，涉及种植、养殖、加工、销售、运输等方方面面。从经营方式看，形式多样，各具特色。主要经营方式有：个体经营，松散型合作经营，农村经纪人协会联合经营，具备一定农村经纪人性质的农村专业合作经济组织等。这四种经营方式各具特点，如个体经营走村串户、设点经营，方式灵活；农村经纪人协会有组织机构，抵御市场风险的能力比较强，组织交易的农产品规模和金额比较大，带动农民增收的辐射面大等。总之，我市农村经纪人队伍从规模、类型到经营方式都取得较大发展。

再次，要查找我市的农村经纪人队伍建设存在的问题。虽然我市的农村经纪人队伍建设取得了成绩，但是，从适应市场经济发展的要求看，这支队伍建设还存在一些问题。一是缺乏组织，缺乏统一管理。我市的农村经纪人总量不小，但基本上是“自发型”“松散型”，处于“各自为战”“分散经营”的状态，组织化程度不高，自律性不强，甚至有互相拆台，欺行霸市现象，严重影响了农村经纪人队伍的进一步发展。二是服务质量不高，涉足领域不宽。农村经纪人个体经营规模普遍较小，经营领域还只局限在农产品流通上，加之受利益驱动，为农服务还不到位，无法实现系列化、网络信息化的优质服务，难以适应市场经济发展的要求。三是人员文化素质偏低。我市的农村经纪人基本上都是农民，总体看，平均文化程度相对较低，大多数没有受过专业培训，难以适应当前市场经济对农村经纪人的要求。上述这些问题，从一个侧面反映出，我市的农村经纪人队伍建设还处于起步阶段。这就需要各级党委、政府不断加强引导，精心培育，搞好服务，促其健康、快速发展，更好地发挥作用。

最后，要明确农村经纪人队伍建设的发展趋势。综观当前我市农村经纪人队伍发展情况，发现其有三个特点。一是有向组建协会发展趋势。农村经纪人协会的建立，能够改变农村经纪人的自发状态和分散经营、各自为战的局面，能够解决农村经纪人信息不灵、预测不准、资金不足、自律性不强、抗风险能力差等问题。可以说，农村经纪人协会是农村经纪人队伍建设的最好组织形式。所以，农村经纪人队伍必然要走上组织起来创办协会的路子。二是有向知识化、信息化和网络化发展的趋势。现在是信息社会，经济社会快速发展。过去的农村经纪人仅限于倒倒农产品，靠上门串户，现在大多成立了公司、购销部、信息中介部之类的单位，通过电话、手机甚至电脑上网联络信息，手段逐步提高。其结果必然是向知识化、信息化和网络化发展。三是要求经纪人具备较高素质能力。作为农村经纪人，以前帮乡亲们卖粮卖菜，把他们的农产品销售出去，自己挣点儿差价、劳务费，可能还过得去。现在信息化快速发展，客观上要求还必须具有分析、预测市场形势，掌握政策、掌握供求信息等各种能力，要求有比较全面的知识。所以，我们在推动农村经纪人队伍建设工作中，要把握趋势，因势利导，顺势而为。

二　制定目标，明确重点，确保农村经纪人队伍建设取得实实在在的效果

根据当前我市农村经纪人队伍建设现状、存在的问题和发展趋势，我市

的农村经纪人队伍建设，要以农业增效、农民增收为总体目标，大力推动经纪人队伍向“六化”“四会”发展，有效发挥好“五个作用”。

“六化”指的是：一是经营规模化。就是要鼓励经纪人树立信心，增加投入，完善机制，努力把经纪人经营活动做强、做大，不断扩大经营规模。二是活动组织化。就是要改变农村经纪人发展的“单打一”模式，鼓励由个体营销逐步走上联合、合作之路，建立各种经纪人协会，靠集体力量开展经营活动，提高市场竞争能力。三是手段现代化。就是加快运用现代技术手段，改善装备水平，使用先进的交通、运输、通信和交易工具，提高经营和服务效率。四是功能综合化。就是从单纯从事农副产品收购，向生产、加工、保鲜、贮藏、运销等一体化经营转变，把服务内容扩展到技术支持、生产指导、产品处理、项目咨询等诸多方面，由单一功能向综合功能发展。五是市场多元化。就是要积极开拓新市场，扩大农产品的流通范围，逐步由以本地营销为主转向本地与外地、国内与国际营销并重，实现销售市场多元化。六是服务信息化。就是要由注重农副产品的现货收购经销向注重市场信息的收集应用方向发展，发挥好信息在引导商流和物流中的特殊作用。

“四会”指的是：在农村经纪人队伍建设上，分类指导，因势利导，促进农村经纪人队伍快速发展。一是依托批发市场，发展壮大专业经纪人协会。要依托我市众多的专业产品批发市场，积极发展壮大专业经纪人协会。专业批发市场是专业产品的重要集散地，是经纪人活动的重要场所。各县（市、区）的协会，要在市场经营活动中主动承担起对经纪人的引导、组织与服务责任，特别是要加强与外地经纪人的联系，使协会成为经纪人之家，成为培育和壮大经纪人队伍的摇篮。二是围绕农业产业化经营，发展贮藏加工经纪人协会。针对我市农产品贮藏保鲜能力低、加工能力弱的现状，适应市场需要和消费变化，积极发展农副产品贮藏加工经纪人协会。要在贮藏加工经纪人的连接和带动下，加快农产品贮藏保鲜与加工基础设施建设，促进农产品初加工和深加工发展，提高农产品附加值，增加农业效益。三是结合科教兴农，发展农业科技经纪人协会。为落实科教兴农战略，要重视培育一大批农民用得起、农村留得住的农业科技经纪人，通过协会把他们组织起来，发挥他们的科技带头作用，为广大农民引进、推广先进实用的农业新技术、新品种、新设施，加速科学技术成果的转化和应用。四是结合农村信息体系建设，发展信息经纪人协会。在农村信息员队伍建设中，要重视发展信息经纪人，组建信息经纪人协会，发挥他们与农产品生产经营活动关系紧密、对外联系面广的优势，做好市场信息收集、传播工作，使之成为农民发展商品生产的“千里眼”和“顺风耳”，在生产经营活动中帮助农民克服盲目性，增强预见性。

大力扶持和发展农村经纪人的目的是更好地发挥农村经纪人对农业和农村经济发展的引领作用，促进农民增加收入，推动农村小康社会建设。要引导广大农村经纪人发挥好“五个作用”。一是发挥农产品购销流通作用。农产品购销是农村经纪人的主要经营活动。农村经纪人要努力拓展经营门路，开辟销售市场，扩大经营规模，帮助农民销售农产品。通过农村经纪人的桥梁和纽带作用，解决农民卖难问题。二是发挥信息传递作用。农村经纪人在销售农产品的同时，要及时把自己掌握的市场需求信息、市场价格信息和适用科技信息传递给农民，指导他们调整生产结构，生产适销对路产品，提高经营效益。三是发挥示范引导作用。农村经纪人要把掌握的商品供求信息和科技信息，通过自己先行试验示范的办法，引导农民发展生产，增加新的增收渠道和门路。四是发挥组织带动作用。农村经纪人是农村经济发展中的能人，要发挥能人的带动作用。要积极鼓励和引导农村经纪人和各类农村合作经济组织领办农业产业化龙头企业，推动农村经济组织创新和当地主导产业发展。各级供销社要主动实施开放办社，广泛吸纳农村经纪人和各类人才领办供销社，推动供销社的体制、机制创新。五是发挥繁荣城乡市场作用。农村经纪人是沟通城乡需求的重要力量，要在推销农副产品的同时，把优质、廉价、高效、适用的农业生产资料和日用工业品采购回来，达到互通有无、繁荣市场、满足城乡需要的目的。

三　加强领导，形成合力，推动农村经纪人队伍建设不断取得新进展

第一，加强宣传、抓好落实。要通过各种媒体加大对农村经纪人、协会

对促进农村经济发展、增加农民收入重要性的宣传力度，形成全社会关心、支持农村经纪人队伍发展的良好氛围。各有关单位、部门，要围绕本单位、本部门职能，尽快把农村经纪人队伍建设工作落在实处。

第二，大力扶持，加强引导。各级党委、政府和农民专业合作经济组织领导小组，要把建立农村经纪人协会作为发展农村经纪人队伍的一个重要途径，把建立农村经纪人协会作为发展农民专业合作经济组织的一个重要内容。对于农村经纪人组织成立协会工作，要给予大力扶持；对已成立的协会，要加强引导，促其提高凝聚力，吸引广大农村经纪人加入协会组织。要搞好规模大户的走访调查，建立档案，搞好指导。

第三，抓好典型，示范带动。各地党委、政府和农协组织要注意发挥典型的引导和推动作用，培养一批有说服力、号召力的经纪人协会或专业经纪人的典型，对贡献较大的经纪人要给予表彰，提高其社会地位和知名度。通过加快培、树我市农村经纪人协会的典型，充分发挥典型的示范带动作用，促进我市农村经纪人队伍的健康、快速发展。

第四，加强培训，提高素质。各级党委、政府，特别是农民专业合作经济组织领导小组办公室，要指导农村经纪人协会积极与各级工商部门合作，开展对农村经纪人的经济、法律、世贸知识、诚信经营等培训。对考核合格的发放农村经纪人资格证书，并进行档案管理。对信誉良好、交易额大的农村经纪人还要进行上网培训，提高其运用中国农业信息网等收集、发布有关信息的能力。

第五，部门联动，优化环境。各有关部门要各负其责，密切协作，围绕我市农村经纪人协会建设等内容提供政策等全方位支持。工商、民政等部门要简化程序和手续；金融部门要把经纪人协会和经纪人经营所需资金作为信贷支农的重点予以支持；各级税务部门要依法对经纪人队伍所从事的经纪业务在税收上予以倾斜和照顾；监督检查部门要加大查处力度，遏制各种向农村经纪人协会和农村经纪人乱收费、乱摊派、乱罚款的现象，创造良好的市场环境；各新闻媒体要营造有利于农村经纪人队伍发展的舆论氛围和社会环境。

同志们，加快农村经纪人队伍建设，是事关我市农村经济发展和农民增收的大事，需要各级党委、政府及有关部门大力扶持。大家一定要站在全面建设小康社会、推动我市农村经济跨越式发展的高度，重视做好农村经纪人队伍建设工作。对这项工作，一定要认真对待，认真落实，扎实推进。通过扎扎实实的工作，为我市培养造就一支强大的农村经纪人队伍，为繁荣我市农业和农村经济、全面建设小康社会做出新的贡献。

在曲周、邱县、磁县、峰峰矿区调研农业产业化工作时的讲话

（2004 年 11 月 4 日）

今年已过去十个月，还有两个月的工作时间，为了回顾总结前十个月农业农村特别是农业产业化和民营经济工作，谋划明年工作，我与市农业局、中小企业局和农业产业化办公室的负责同志一起到曲周、邱县、磁县和矿区来进行了两天专题调研。昨天，看了曲周县的龙腾中药材饮片有限公司、宇龙粮油有限公司、晨光色素有限公司和邱县的扭扭（河北）食品有限公司、康远清真肉食品有限公司、恒冠乳业公司等企业。今天，又看了磁县的林坦工业区、华龙集团磁县精粉加工项目、磁州鞋城和矿区的福润集团、盛华陶瓷、彭楠焦化工程项目。刚才，又听了四个县区的工作汇报。总的感觉，一是今年以来，各县（市、区）在落实农业项目年上成绩是显著的，新上了一大批农业产业化龙头项目特别是农副产品深加工项目，进一步延伸了农副产品的产业链条，我市农副产品深加工项目少的现状正在得到改变。二是不少农业产业化的龙头企业实力正在逐步壮大，发展势头良好。比如今年大名县的五得利面粉集团被农业部、国家发改委等八部委认定为全国农业产业化国家重点龙头企业，五得利集团生产的“五得利”牌小麦面粉被国家质量监督检验检疫总局评定为“中国名牌产品”，实现了我市农产品中国名牌产品零的突破。三是在推动农业项目年的建设上，民营企业起到了很大的作用，农业对外开放取得了显著成绩。如曲周县的华宇特种油脂、中药材饮片、晨光色素等，基本上是民营企业投资的。还有磁县的华龙集团精粉加工

建设项目、矿区的福润集团以及内蒙古伊利集团落户我市，都是我们农业对外开放取得的重要成果。总之，今年以来，各县（市、区）在推进农业项目年活动和促进民营经济发展上工作是积极的，成效是显著的。但是也要看到，无论是民营经济的发展还是农业项目年的推进，各县（市、区）的发展还很不平衡。要完成全年的目标任务，还需要再鼓干劲，再下功夫。

下面，我就当前和今后一段时间的工作，重点是推进农业产业化和农业项目年活动，再讲几点意见。

一 要维护好利用好全市农业农村工作良好的发展势头

今年以来，在中央一号文件各项惠农政策的指导、支持下，市委、市政府围绕促进农民增收，制定了大力推进农村税费改革、实施农业项目年活动、开展百万农民工闯市场、加快畜牧业发展多项具体措施，各级党委、政府和涉农部门积极努力贯彻落实，使全市农业农村工作取得了少有的好成绩。特别是我们大力推进农业产业化工作，全力搞好农业项目年活动，为促进农业增效、农民增收起到了积极作用。年初市委下发了《关于2004年加快发展农业产业化经营的意见》（邯发〔2004〕3号），具体谋划和实施了“4333工程”（即进一步育强40个市级重点龙头企业，育大30个农产品生产基地，育活30个农民专业合作经济组织，育成30个省级以上知名品牌）。据季报统计，到今年9月底，40个市级重点龙头企业实现销售额（包括交易额）88.20亿元，实现利税1.29亿元，带动农户96.86万户，分别比上年同期增长6.29亿元、2502.5万元、4.15万户；建成农产品基地48个，比上年同期多建成11个，基地实现销售产值51.16亿元，比上年增加7.88亿元；47个专业合作经济组织入会会员达到13.44万人，比上年增加了2.28万人，这些农民专业合作经济组织通过培训、提供技术资料和订单收购农产品等形式，服务农户达到52.98万户，比上年增加8.12万户；已经育成省级以上知名品牌33个，其中获得国家级名优产品10个。我们组织在全市开展农业项目年活动，实施了“双百推进计划”（即抓好100个在建项目，谋划建设100个招商引资项目），并对这次活动实行了月报表、季调度、半年观摩评比、年终总结奖惩制度。到今年 9 月底，全市竣工和在建农业项目达到 274 个，比上年翻了一番还多，实际投入资金 14.99 亿元，比上年增加 70% 以上。建成或即将建成市滏阳乳业年产 5 万吨乳制品生产线、魏县浓缩果蔬汁加工项目、磁县华龙专用面粉生产线、邱县扭扭食品加工项目以及大名得利城等一批龙头项目，有力地推进了全市农业产业化发展。

实践证明，我们在加快民营经济步伐、推进农业产业化的发展上，在促进农业增效、农民增收上，路子是正确的，方法是对头的，形势是好的，既符合中央和省委、省政府的要求，又切中邯郸农业农村工作的实际，抓住了邯郸农业农村工作的主要矛盾。对于已经取得的成绩，我们要认真总结经验，并使之发扬光大。同时，要巩固好来之不易的大好形势，再接再厉，推动全市农业农村工作更快更好发展。今年 8 月 24～26 日，省委、省政府召开了全省农业产业化工作会议。会议对全省几年来农业产业化工作进行了总结，对今后工作进行了安排部署。市委、市政府十分重视省农业产业化会议精神的贯彻落实，决定最近召开一次全市农业产业化工作会议，会上将传达贯彻落实省会精神，回顾总结我市近年来农业产业化工作，安排部署今后的工作，同时印发市政府《关于扶持农业产业化经营重点龙头企业的若干意见（讨论稿）》和《农业优势产业发展三年规划（讨论稿）》。希望各县（市、区）要认真总结并谋划好下一步的农业产业化工作，为全市召开的农业产业化工作会议做好准备。

二　要切实把农业产业化作为推动农业发展的根本思路

党中央、国务院一直高度重视农业产业化的发展。早在 2001 年，中央经济工作会议就明确提出："扶持产业化就是扶持农业，扶持龙头企业就是扶持农民。"今年的中央一号文件，把加快发展农业产业化经营作为推进农业结构调整、促进农民增收的重要措施。省委六届五次全会通过的《关于推进农村小康社会建设若干重要问题的意见》指出："农业产业化是农业发展的基本出路。要把推进农业产业化经营，作为农业和农村经济工作中一个带有全局性、方向性的问题来抓。"中央和省委做出这样的判断，是对近年来农业农村经济发展和农业结构战略性调整理论和实践的科学总结，符合科学发展观和全面建设小康社会的根本要求。实践证明，抓好了农业产业化经营，就找到了发展现代农业的有效途径，就找到了农民进入市场的有效载体，就找到了创新农业经营体制的一个重要突破口，也就走出了农民增收的一条新途径。当前农业和农村经济形势可以概括为四句话，即“三农”问题是热点，农民增收是难点，粮食安全是重点，农业产业化经营是亮点。农业的基础地位主要体现在粮食安全和食品安全上，农业的竞争力主要体现在以农业产业化经营为特征的完善的产业体系上。在当前农产品市场约束日益增强、农民收入来源日趋多元的背景下，按照统筹发展的思路推进农业和农村经济发展，关键是要努力提高农产品的市场竞争力，提高农业的产业竞争力，提高农民进入市场的组织化程度，核心就是推进农业产业化经营。近年来，我市农业产业化经营取得了明显成效，但从整体来说是刚刚进入发展提高阶段。应该看到，我市一些地方和部门农业产业化工作摆位不够突出，缺少深入研究，发展思路不宽，工作力度不大，特别是用改革和市场经济的观念解决实际问题的办法不多。与全省和先进地区相比，存在明显差距。从2003年看，我市产业化经营总额虽比上年增加9.7亿元，却有广平、涉县、临漳、成安、魏县、磁县、邯郸县七县出现了负增长。我市产业化经营总额比全省11个市平均值少17.6亿元；农业产业化经营率只比上年增加了0.8个百分点，低于全省增幅2.5个百分点，差距由上年的5.8个百分点拉大到8.3个百分点。在19个县（市、区）中，同比增长的只有永年、磁县、武安、峰峰和丛台区，出现负增长的县却达到11个。这与我市农业大市的地位极不相称，与我市农产品资源的优势极不相称，也与当前加快推进农业产业化经营的形势极不相称。造成这种情况的原因，除了农业产业化监测统计不够全面外，根本的原因还是我市农业产业化经营的主导产业规模明显偏小。尤其是农产品的包装、储藏、加工、运输、销售等产后环节开发滞后，产业链条短，产业体系还没有完全形成。加上龙头企业数量少，规模小，产业内部结构“头重脚轻”。据有关部门统计，在去年91.5亿元的产业化经营总额中，主导产业联系的45个主要龙头企业销售额只有21.4亿元，平均每个企业只有4756万元，占产业化经营总额的比重仅为23.4%，农产品生产基地销售额却高达

60.9亿元，比重为66.6%。反映出我市农产品销售的多数还是原始产品，增值环节不多，缺少像邢台华龙、承德露露那样大型知名精深加工企业。应该说，从我们今年实施的农业项目年的进展看，这些问题有的正在逐步好转，已经有了一个良好的发展势头。只要我们思路正确，措施有力，抓好落实，全市农业产业化水平就一定会有新的更大的提高。

三　要着力抓住关键环节进一步完善农业产业化体系

我市是农业大市，农业生产条件得天独厚，既是国家和省规划粮棉生产优势主产区，又是畜牧和蔬菜、林果生产大市。我们要充分利用我市得天独厚的农业生产条件，发挥农产品资源丰富的优势，紧紧围绕畜牧、蔬菜、林果三大优势产业和粮食、棉花等大宗农产品，按照培育和发展龙头企业、大力加强农产品基地和农民专业合作经济组织建设的总体思路，以项目建设为突破口，发展和完善农业产业化体系，推动我市农业产业化向更高层次迈进。

（1）进一步做大做强龙头企业。龙头企业肩负着信息引导、市场开拓、产品开发、科技创新、服务农户等责任，是发展农业产业化的关键。实践证明，在一个区域内做大做强一个龙头企业，就能够带动一个产业，活跃一方经济，富裕一方农民。可以说抓住了龙头企业，就抓住了发展农业产业化经营的牛鼻子。我市农业产业化经营水平不高，主要问题就是在于龙头企业不强，带动能力较弱。因此，提高我市农业产业化经营水平，第一位的任务就是要加快培育一批关联度大、科技含量高、带动能力强的龙头企业。最根本的是各级各部门要通过优化发展环境、加强规划指导、提供优质服务、实行政策扶持等具体措施，激活企业特别是民营企业这一投资主体，激活龙头企业厂长（经理）的发展意识和竞争意识，引导龙头企业加大投入，多上项目，努力实现生产规模第一，科技含量第一，产品质量第一，经济和社会效益第一。这其中，要突出抓好三个层次：一是要壮大现有龙头企业规模。目前，我市已建成2个国家级、18个省级、40个市级重点龙头企业。这些企业具有一定的发展基础，但绝大多数规模偏小。有关县（市、区）和市直有关部门要具体指导和帮助这些企业，逐个制定发展规划，确定发展目标，通过加大资金投入、与知名企业合作、研发新产品、吸引农户入股、实行资产重组并购等方式，加快做大做强步伐，像大名五得利那样，每年都有新项目，每年都有新发展，争当和敢当行业的“龙头老大”。二是要引进“三资”，建设一批新的龙头企业。各县（市、区）和市直有关部门按照市场需求和产业体系发展的客观需求，积极组织具有市场发展潜力的农业开发项目、精深加工产品和投资回报率高、市场前景好的龙头企业，扩大对外开放，多方招商引资。主动出击，积极与国内外知名企业攀亲结缘，引进民营资本、工商资本和国外资本，像魏县、邱县、磁县那样，建设一批新的龙头企业。三是要积极引导农民专业合作经济组织和种养大户，特别是过去的“五小”业主和有一定经济实力的能人，投入资金和技术，创建一批龙头企业。要以加快发展农产品加工为突破口，坚持用抓工业的理念谋划和发展农业，统筹规划，集中布局，实施产业群体发展战略，创办特色鲜明的农产品加工园区，大力发展农产品分段、包装、储藏、加工、运输等企业，开发农产品系列加工和精深加工，着力培育一批龙头企业。

（2）进一步调优做大生产基地。农产品生产基地是农业产业化链条中的“第一生产车间”，必须要把培育优势产业带和特色区域作为农业产业化的基础工作来抓。调优调大农产品生产基地，关键是要按照市场需求，发挥比较优势，坚持“有所为，有所不为”的原则，选择1～2个能够富民强县的主导产业，调出特色，形成规模。首先，要做到专业化。要像永年大蒜、临漳獭兔、鸡泽辣椒、大名花生那样，根据龙头企业和市场反馈的信息，及时调整生产方向，突出骨干品种，形成鲜明特色，实行专业化生产。其次，要做到规模化。发挥比较优势，按照区域规划，抓住骨干品种，调整产品区域布局，集中连片发展，形成规模优势。最后，要做到科技化。在主导产业区域发展中心地带，建一批乳业、蔬菜、养殖以及林板一体化等科技示范园区，搞好良种和技术服务，带动基地建设科技水平的提高。明年和今后一个时期，各县（市、区）要围绕全市产业发展规划，进一步育大目前已初具规模的30个特色农产品基地，实现或基本实现布局区域化、品种优质化、生产标准化、经营规模化、销售品牌化。调优调大农产品生产基地，要特别注意鼓励和支持龙头企业按照经济合理半径和区域资源优势，通过定向投入、定向服务、专项扶持、合同收购等方式，建立、发展和育大一批自己的新的农产品生产基地。

（3）大力发展农民专业合作经济组织。各级各部门之所以重视和推进农业产业化经营，主要是着眼于它对增加农民收入和解决“三农”问题的重要性。龙头企业和一般工商企业不同，它是指从事种植业、养殖业生产、加工、销售，并通过合同契约、产权联合等一种或多种利益机制，与农户结成稳定关系，实行生产、加工、销售一体化的加工或流通企业。本身就具有带动农业增效和农民增收的职责，必须要把完善龙头企业和农户之间的利益机制，作为发展农业产业化的重要内容。各级各部门要按照省、市的具体安排，认真总结先进经验，因地制宜，不拘一格，从农民要求迫切的问题抓起，大力发展各类农产品专业合作组织、购销大户和农民经纪人。特别是要突出抓好以龙头企业为依托，通过合同、订单等方式吸收基地农户参与，兴办生产、加工、销售为一体的专业合作经济组织；由专业大户、经纪人牵头，组织兴办营销型专业合作经济组织；以农业、畜牧、林业等专业部门和社区为依托，引导农民建立服务型专业合作经济组织。把更多的农产品生产配置到有效的农业产业体系中来，从整体上提高农民的组织化程度，以农民的组织化提升我市农业产业化水平。对“官民合办”的专业服务协会，要认真总结经验教训，积极采取措施，理顺管理体制，完善服务功能，使其成为自负盈亏、自主经营、自我发展的企业法人。要认真总结一批典型经验，培育一批先进典型，通过发展农民专业合作经济组织，促进龙头企业与农户形成合同收购农产品、股份参与、利润返还等多种利益连接机制，加快实现我市农产品的生产、加工、销售一体化经营。

（4）大力发展标准化生产，不断开拓农产品市场，创建品牌农业。市场竞争的核心是终端产品的竞争，实质上就是品牌的竞争。品牌的基本特征是知名度高、信誉度高、市场份额高、获利能力高。必须按照市场需求，充分利用农业大市的各项优势，认真谋划，大力创建我市品牌农业。尽快使我市的优势农产品和大宗农产品都能够通过相关质量标准体系认证，做到有注册商标，市场知名度较高，市场竞争能力较强，经济效益较好。这是我市农产品打入市场的“绿卡”，也是龙头企业进入市场的“准入证”。但是，目前我市不少地方对农业品牌化的重要性认识不足，观念落后，对提高农产品质量、创建品牌、提高产品知名度缺少实质性措施。加上我市强势龙头企业数量少，农产品保鲜、储藏和精深加工不够，国内市场难以扩大，国际市场难以进入，造成许多具有地方特色的名优农产品资源流失和价值埋没，一些优势产业发展徘徊，难以形成气候。创建我市品牌农业，首先，各级各部门要高度重视，大力创建和扶持名牌。要树立科学的可持续发展观，进一步确立品牌就是效益、品牌就是生命的意识，切实把实施农业品牌战略、创建品牌农业作为提升我市农业产业化经营水平的一件大事来抓。其次，要大力发展标准化生产，奠定创建品牌农业的基础。品牌的实质是品质，创品牌农业必须在提高产品质量上下功夫。要进一步建立健全我市农业标准体系和农产品质量检测体系，大力发展农业标准化生产，促进农产品质量标准和生产技术规程的实施；要在加工、流通企业全面推行 ISO9000 和 ISO14000 标准，实现从生产到销售的全过程质量控制。再次，要加强品牌整合，做大做强农业品牌。要以名优产品为龙头，以资本运作为纽带，以集团经营和发展农民专业合作经济组织为载体，实现统一标准、统一品牌、统一营销。既要注重传统特色产品的开发和提升，又要注重科研单位的协作和联合攻关；既要开拓农业发展新领域和新农产品市场，又要注重农业品牌及龙头企业的规模化和生产布局区域化。瞄准行业前沿的市场需求，积极开发新产品，不断引进新品种，扩大品牌产品的生产规模和市场占有份额。最后，要搞好名牌认定，实行品牌共享。前不久，在第八届中国农产品交易会期间，我市有 7 种产品被认定为名优农产品。各县（市、区）要按照国家和省政府确定的名牌产品的认定方法，不断完善农业名牌产品的认定方法和认定条件，逐步开展农产品原产地认定工作，形成区位名牌，促进产业聚集。要以“质量、诚信、效益”为准则，做好政府、企业和农户三者之间的衔接工作，发挥优势龙头企业、强势龙头企业品牌的带动作用，实施一牌多品、品牌共享，理顺龙头企业和农户之间“利益均沾，风险共担”的利益连接机制，加速形成农业品牌产业链，推进农业产业化经营。

四　要毫不放松地抓好后两个月的工作

完善农业产业化体系，整体推进农业产业化经营，必须要以农业项目建设为突破口，把农业项目建设渗透到调优农产品基地、壮大龙头企业、发展农产品加工、发展农民专业合作经济组织和加强农业基础设施建设等各个环节，连续搞上几年。抓住国家宏观调控和支持农业及农业产业化项目的机遇，大上快上一批农业项目。现在，距年底只有两个月的时间了，各县（市、区）在推进农业项目年上，要突出抓好四个方面的工作：一是对照今年农业项目年活动确定的“双百推进计划”目标，看看哪些项目还没完成，进一步压死责任，再上措施，确保今年任务目标的圆满完成；二是按照市场要求和完善产业体系的客观需要，明年需要上哪些项目，能够上哪些项目，要具体做出规划，抓紧上报市农业项目年活动办公室。三是加大农业项目的推介力度，瞄准国内外大企业、大财团，尤其是世界500强和中国500强企业，积极开展各种形式的招商引资活动，引进工商资本、民营资本、金融资本投资，大上快上一批农业项目。四是加大农业项目的谋划。要立足于发展和完善优势产业，加大农业项目的谋划力度，特别是要抓紧谋划一批能够带动主导产业晋档升级的大项目、好项目，积极做好前期工作，争取早日开工。

最后，我就民营经济工作再讲几个具体问题。

在积极推进服务体系建设上，一是建立创业辅导基地。为广大群众提供一个能学一技之长的基地。二是抓好担保融资体系规范化运作。今年各县（市、区）都建立了担保体系，明年的重点是规范运作，要真正为企业贷款提供担保服务。三是建立信用评价体系。积极开展信用评价活动。四是信息服务体系。要建立全市中小企业网站，实现省、市、县和重点企业四级联网。五是技术服务体系。六是法律服务体系，真正为民营企业发展创造好的服务环境。

在做好明年的发展规划上，一是搞好调研，拿出制定规划的充分依据。二是坚持科学发展观，促进民营企业全面、协调、可持续发展。把民营企业真正引向优化结构、提高效益的轨道上来。三是结合本地实际，不要好高骛远，要走实路子。四是突出重点，重点要放在创知名产业、知名企业，在壮大特色产业上下功夫。

在全市狠刹婚丧事大操大办歪风会议上的讲话

（2004 年 11 月 24 日）

最近一个时期，婚丧事大操大办这股不正之风又有抬头，在有些地区、部门的个别领导干部中甚至愈演愈烈。这个风气我们已经纠正过多次了，但总是出现反复和反弹，这件事情已经引起社会各界、广大人民群众的强烈不满。我们邯郸的一些老同志也打电话把意见提到市委、市纪委，建议我们要管一管。在中央前天召开的党风廉政建设责任制工作电视电话会议上，中央政治局常委、中央纪委书记吴官正同志发表了重要讲话，并且把我们最近一个时期整治的“四股歪风”又加了一项内容，就是婚丧事宜大操大办这个歪风，要求对这“五股歪风”进行专门的治理。刚才，风鸣同志宣读了市纪委、监察局《关于严格禁止领导干部婚丧事大操大办的通知》，徐数同志代表市纪委、监察局发表了讲话，对这项工作进行了专门的部署，并且也提出了具体的要求。在前天全市党风廉政建设责任制工作电视电话会议上，我已就这个问题专门讲了意见。这些都是我们共同研究的，希望同志们要认真地抓好贯彻落实。为了把这项工作落到实处，抓出成效，我再强调几点。

一　认识要到位

生老病死，婚丧嫁娶，这是自然规律；婚事喜庆，白事发丧，这是人之常情。我们共产党人是最讲人情的，我们提倡以人为本、科学发展，主张人的全面发展，几个文明一起抓，这里面都充满着人文关怀。为人民服务，这是我们的宗旨。但是在处理这些红白喜事上持一个什么样的态度，从我们民族文化的传统上，从我们党和国家规章制度上，应该说都有一个行为规范。不是说我们一开会，对娶媳妇、生孩子、安葬老人都要苛刻，而是我们要崇尚、要坚持一种精神、一种生活伦理道德的规范，那就是文明举办婚丧喜事。怎么个文明法呢？至少我们要做到喜事要喜庆、要祥和；丧事要平安、要顺利，喜事丧事都要得体。对于国家公务人员来讲，对党员领导干部来讲，更有一个遵纪守法、适宜得体的问题。

在这个问题上，我们不能单单看成是个人的事情，要看成是社会的事情。特别是一个党员干部、国家公职人员，你对这些个人重大事情的处理，直接关系到社会、关系到其他的群体，直接影响到社会的各个层面。应该说，现在的婚丧事，办得比前些年体面得多了。经济不发展的时候、生活困难的时候，我们的婚丧事能办到什么程度？举行婚礼，你那个酒席能摆到什么程度？要和现在比，那寒酸得很了。今天在座的四五十岁的同志都知道，七八十年代的时候，很多人结婚很简单，结婚证一领就搬到一起住了，割几斤肉就把事办了。但现在我们不是主张事情就简单到这个程度，我们当时有当时的条件，现在的婚丧事应该随着经济发展水平的提高有所改善。应该说改革开放这么多年来，我们的婚庆事宜办得比较喜庆、比较红火、比较体面了。但现在的问题是，在一些社会层面上，一些有钱的人、一些领导干部、公职人员，办得就有些过。一摆酒席几十桌、上百桌，动用车辆十几辆、几十辆，浩浩荡荡，招摇过市，群众就非常反感。至少我们从很现实的角度来考虑，它带来的负面影响非常之大。比如，其一，它增加了家庭以至同事、亲友的负担。刚才徐数同志讲，有些同志一个月的工资拿不回去。送贺礼、随份子过去是几元、十几元，到现在是几十元、上百元，一二百元，有的更多。如果老是这样，你一个月挣多少工资？这些钱都随份子，负担很重。收礼的家庭也欠下了很多人情，今天你收了礼，明天就要还账了，总有一天你会还不起的，这就由体面变成了不体面。其二，婚丧事大操大办歪风也在激化着社会矛盾。我们现在应该说从总体上生活水平都有提高，生活条件都有改善。但是不要忘了，我们还有贫困阶层，还有贫困群众。从我们邯郸城区讲，下岗职工和低保人口成千上万人，不是个小数字；从我们全市讲，还有30多万贫困人口没有完全解决温饱问题。所以说，这些最基层的群众，看这些有钱的，这么招摇过市的办红白喜事，这么铺张，他心情能平静吗？能平和吗？你不是在激化社会矛盾吗？最近一个时期，中央提出要建立和谐社会，河北提出了要建立和谐河北。怎么个和谐法？和谐首先是经济发展，紧接着就是分配公平、利益和谐。如果你这个地方大操大办，极其铺张，同时又有人温饱不解，食不果腹，衣不遮体，那不是逼着他造反吗？揭竿而起呀！所以就出现了一些绑架、杀害、入室抢劫等一系列的恶性事件。当然，绑架是犯罪了！从事件本身说，谁做这个事情，谁是犯罪分子，要严惩不贷。但是从社会的和谐和平衡说，那就有一个分配不公、就有一个社会不和谐、就有一个激化矛盾的问题。所以婚丧事大操大办这个行为，对你自己好像体面了、光彩了，但是对社会讲，激发了社会矛盾，起到了非常不好的作用。其三，它在腐化和败坏着我们的社会风气。我们正处在改革开放和现代化建设的关键时期，我们在改善着人民的生活，同时也激励着人们为了建设社会主义现代化强国、为了全面建设小康社会而勤俭节约、努力奋斗。你大操大办红白喜事这样的导向，把整个社会、整个群体导向何方？在我们的党内，你肯定在违反着党的纪律、败坏着党风，甚至败坏社会风气。如此等等，不一而足，能够说出很多条。这几条，大家尤其要思考和重视。

为什么我们屡讲而屡有歪风邪气抬头呢？起码有这么几个方面的原因，我们的党员干部，特别是各级领导干部脑子里要挂一挂号。一是陋习不改。传统势力是非常顽固的。列宁讲过，千百万人的习惯势力是最可怕的势力。时不时地大操大办，讲体面，讲风光，这个思想总会抬头，它促使着我们一些有钱、有权的人，总想展示自己，实际上这是一种陋习。二是作风浮躁。三是借机敛财。

二　党员干部要起模范带头作用

陋习不改，作风浮躁，互相攀比，借机敛财，这是婚丧事大操大办屡禁不止的深层次原因。谁来解决这些社会风气的问题？那就要从我们这些社会管理者身上做起。我们的党员领导干部和国家公职人员都是社会的管理者，也是人民的公仆。你要管理社会，己不正，怎么能够正人呢。你一方面自己在铺张浪费，另一方面你又去管理基层群众，让他不这么做、不那么做，谁听你的？所以，认识这个问题，不能简单地概括为这是市委、市政府、市纪委、市监察局又给我们提要求了，不让这么做，不让那么做。不是那么简单的！这是一个社会怎么发展，一个地区怎么稳定，怎么创造和谐良好的环境来加快经济发展，提高总体经济力量，来提高总体人民生活水平、实现共同富裕的大问题。在这一点上，生活在我们一个地区、一个城市或一个社区的每一分子，都有一个相互依存的关系，都希望有一个和谐的关系。所以在这一点上，大家一定要形成共识，要做好这方面的工作，使我们广大党员干部群众在制止奢侈浪费上，要有所作为、有所收敛，使我们的社会风气真正得到好转。当然，这也是个老话题了，社会风气的根本好转，要从党风做起，党风正、政风正，才能够带动社会风气好转。党员干部要带头，首先要破除这个陋习，规范自己的行为，遵纪守法，带头厉行节约，崇尚节俭，文明简办婚丧事宜。今天几个单位都发了倡议，这都很好，希望大家要向他们看齐，要进行承诺，要认真践诺，要起带头作用。

三　要履行好“第一责任人”的职责

刚才徐数同志也讲了，这个事情，中央已经列为目前要专项治理的“第五股歪风”提出来了。“五股歪风”：第一是送钱收钱；第二是跑官要官；第三是借赌博敛财；第四是打着领导干部旗号办私事；第五是婚丧事大操大办。既然中央提出来了，说明这也不仅仅是邯郸的事情，是全国性的愈演愈烈的趋势出现，要专项治理。我们有党风廉政建设责任制，有“第一责任人”，党政“一把手”是“第一责任人”。要启动这个机制，要让他们发挥作用，尽职尽责。从经办人来说，不管是报告制度也好，还是动用车辆也好，我们还是体谅大家的。动用车辆我们是有规定的，喜庆事不准使用公车，丧事还可以使用三辆公车的，不是“一抹黑”的什么都禁止了，我们还是讲人情的。但是，让你用三辆，你为什么要用四辆、五辆呢？为什么要用警车呢？招摇过市，这是不行的。该做什么，不该做什么，要按照规定，要执行责任制。“一把手”要负起责任，如果你那个单位、地区、部门有严重的事情发生，要追究“一把手”的责任，咱们说到做到。今年5月、6月，市纪委、监察局组织过“第一责任人”谈话，对全市正县级干部也就是“一把手”，包括县（市、区）的书记、县（区）长，市直的局长、党组书记普遍进行了一次谈话。让他们述廉，给他们提要求，这些内容都在其中，有责任，有追究。今天可能“一把手”来的不多，都是副书记、纪委书记或纪检组长来了，回去要把这个消息传达到，传不到是你的责任。单位出现婚丧事大操大办问题，要追究“一把手”的责任，要根据情节轻重进行处理。

四　纪检监察系统要严肃查处典型案件

市纪委对一些婚丧事大操大办的案例已经开始着手专项治理，对有反映的领导干部也找来直接进行了谈话。各县（市、区）、市直各部门纪检监察机关要负起责任，要加大查处典型案例的力度。对于我行我素者、造成不良影响或者严重不良影响者，根据情节轻重进行严肃处理，决不姑息迁就，决不护短，抓住典型案例要公开曝光，以儆效尤。

五　要齐抓共管形成良好的社会风气

婚丧事操办要崇尚节俭，要文明得体，大操大办并不得体。大操大办看起来很风光，实际上劳民伤财。因此，我们要求各级党政机关、企事业单位、人民团体及社会舆论界，都要行动起来，发挥作用，狠刹这股歪风。

这里要突出讲一下，狠刹大操大办歪风，要形成强大的舆论攻势，讲清道理，树起正气。在这里可以试问一下那些大操大办婚宴者，你在那里摆了几十桌、上百桌，邀请了成百上千人来喝喜酒，可真正愿意去的、从心里替你高兴的能占多大比重？我记得去年有一个同志参加了喝喜酒，席间就给我办公室打电话，说单位领导给我们发了通知让我们来喝喜酒，我们特别不愿意来，因为耽误工作、耽误事，你来看看吧，来查查吧。非常不愿意去的同志，你下通知勉强人家去，人家看你是什么“长”，有什么头衔，有多大的用处，手里有些权力，才去喝这个酒，其实并不情愿去，这又何苦呢？然后纪委还要派人去查你、处分你、通报你，你这个喜事还是喜事吗？你这光彩不光彩？你不光彩！不光彩从哪儿得来？你自己的行为不得体、不适宜，就是这个道理。丧事本来就是入土为安，孝敬已故老人就是安葬为顺。人们老讲一句俗话，叫作“活着不孝，死了乱叫”。老人活着的时候你不孝顺，死了还要给你挣钱花，你说道德不道德！最后因为这个事情受查处，弄得葬下的人也不安生啊，为你背了这个罪名啊，你何苦呢？所以，希望大家回去后把这次会议精神传达好，把社会舆论营造好，要讲清这些道理，讲清我们的纪律，使每个党员干部都要起模范带头作用，崇尚节俭文明举办婚丧事。我们不希望我们的党员干部、我们的同志在这个事情上摔跟头、跌跤子、受处分，我们希望大家能够得体地办这些事情，把主要的精力用在学习、工作和干事业上。

现在我们邯郸正处在发展的关键时期，希望我们能够保持一个和谐的、稳定的、团结向上的社会风气和社会局面，推动整体社会事业和经济工作的全面发展。今天借这个机会强调这几个问题，希望大家要抓好落实。

在全市民营经济工作领导小组会议上的讲话

（2004 年 12 月 9 日）

这次全市民营经济工作领导小组会议的主要内容，是总结分析 2004 年全市民营经济工作，研究确定 2005 年民营经济工作思路和工作重点，讨论通过《2004 年民营经济工作考核办法》。刚才我们对一年来全市民营经济工作进行了概括总结，对明年民营经济工作要点进行了初步谋划。各位领导小组成员对此提出了很好的意见。特别是对《2004 年民营经济工作考核办法》进行了充分讨论，提出了很多建设性的意见。会后市民营办要根据大家所提意见，进行认真修改。关于修改的重点，第一，是分值比重要做些调整，尤其要突出主要经济指标、资金投入和重点项目建设。调整时要注意经济存量和增量的关系，特别是新增的产值、新的贡献率。考核要用一致的标准，用一把尺子衡量，这样才能做到公平公正，实事求是，调动积极性。第二，奖励对象以县委、县政府和民营经济工作领导小组成员单位为主，重点是主要领导和主管领导。第三，是大家提到的环保、企业文化、职工权益等问题，要在考核办法中有所体现，但在分值上还是要侧重于主要经济指标、资金投入和重点项目建设等指标。还有一些提出的其他方面的意见和建议，民营办要认真研究，有针对性地予以吸收。对考核办法总的要求是“重点突出，导向明确，简便易行”。修改出来后，报市委、市政府批准执行。明年工作要点修改后也要报市委、市政府。大家提出的县乡中小企业工作机构编制等问题，可以在明年工作要点中提出来，也可以搞专件报告市委、市政府来决定。总体上说今天的会议开得很好，大家建言献策，提了很多好的意见和建议，我们认真研究后，采纳吸收。下面，我就善始善终完成今年工作任务以及谋划好明年工作讲几点意见。

第一，抓好最后阶段冲刺，全面完成今年各项工作任务。今年以来，全市上下按照市委、市政府“开放总揽，环境先导，民营突破”的总体发展思路，积极为民营经济发展创造良好的政策环境，采取有效措施，加大扶持引导力度，使全市民营经济实现了持续健康发展。从刚才的发言可以看出，大家对我市民营经济发展持肯定态度，特别是对市中小企业局的工作给予了较高的评价。今年我市民营经济发展出现了许多闪光点。一是一批民营企业特别是农业产业化的龙头项目已经落地形成。比如说，经过多年发展起来的大名五得利面粉集团有限公司，今年被确定为国务院农业产业化重点龙头企业，“五得利面粉”被认定为“中国名牌产品”，这是我们邯郸农业上的第一个国家级的名牌产品。河北华龙集团优质面基地落户磁县，第一条日处理500 吨小麦的面粉生产线已经建成，可以辐射周边农民种植优质小麦每年增收 2000 万元以上。滏阳乳业集团和伊利集团合作的 5 万吨乳制品项目已落成投产。福建扭扭食品集团进入邱县，项目主体建筑已经落成。中国农大在临漳搞的林果实验基地已经运行起来了，林果发展有了科技依托。这些农字号的龙头企业、民营企业落户邯郸，对我市民营经济的发展有很好的带动作用。二是中小企业信用担保体系建立并投入运行。担保资金达到 2.7 亿元，已担保 88 笔，贷款 5873 万元，开始为缓解民营企业资金不足发挥作用，这项工作我们走在了全省前边。三是中小企业行风评议也处在全省前列。我市中小企业信用担保体系建设和行风评议这两项工作，得到了省委、省政府，市委、市政府和省中小企业局的充分肯定。四是中小企业上市辅导工作开始启动。总体上看，一年来全市民营经济效益大幅度提高，固定资产投资增势强劲，大中型项目增多，龙头企业带动作用增强，名牌战略初见成效。截至目前，各项任务指标均超计划完成，有些工作在全省名列前茅。当然，我市民营经济发展中还存在一些困难和问题，刚才民营办在汇报中也谈到了，土地、资金、人才、环境等方面还存在这样或那样的问题。但只要我们能够认真对待，正确应对，困难和问题是会被克服和解决的。现在到年底还有 20 多天时间，各级各部门要有交账意识，进一步增强责任感、紧迫感，认真地盘点一下各项工作，算算账，看看年初确定的目标任务完成了没有，对民营企业的承诺实现了没有，做到心中有数。要集中精力，集中力量，抓重点、攻难点，全力抓好当前工作，能在今年完成的绝不推迟到明年，确保圆满完成全年各项目标任务。同时，要以今年工作好的成绩，为明年民营经济发展打下好的基础。

第二，认真总结工作经验，同时找出差距和不足。今年以来，为了促进我市民营经济的快发展、大发展，市委、市政府相继出台了一系列政策规定，提出了符合我市实际的战略思路，开展了一系列大型活动，各有关部门也制定了支持民营经济发展的帮扶措施，所有这些都对加快民营经济的发展起到了积极的引导和促进作用。现在，年终将至，各级各部门要结合本单位、本部门实际，认真搞好工作总结，既要总结成功的经验，又要实事求是地找出工作中的差距和不足。只有认识到自己的差距和不足，才能有针对性地采取措施，更好地为民营企业提供服务。今年以来，市中小企业局领导班子经过调整后，干部职工工作积极性空前高涨，各项工作体现出争先创优的精神，值得表扬和肯定。在新的一年里，希望所有领导小组成员单位进一步解放思想，改进作风，做好工作，真心实意、满腔热忱地为民营经济发展献计出力，搞好服务。

第三，坚持科学发展观，认真谋划好明年工作。明年将是我市民营经济快发展、大提高的一年。各级各部门要结合实际，认真贯彻党的十六大和最近召开的中央经济工作会议精神，坚持科学发展观，以全局的观点、发展的观点和统筹的观点，从高、从深、从新谋划好明年的工作。从高就是要高起点、高站位；从深就是制定规划要细化、实化；从新就是要结合新形势、提出新思路、制定新措施。各县（市、区）在制定明年发展规划时要注意把握好以下几点：一是要坚持科学发展观，用科学发展观和正确的政绩观指导规划制定，通过科学规划促进民营经济全面、协调、可持续发展，把民营经济真正引向优化结构、提高效益的轨道上来；二是要搞好调研，大量掌握第一手资料，为科学谋划明年的工作提供充分依据；三是要结合本地实际，不要好高骛远，制定发展规划既要有一定的前瞻性，又要适合本地的实际条件；四是要突出重点，重点要放在创知名产业、知名企业，在壮大特色产业上下功夫；五是要研究使用好各项优惠支持政策，抢抓机遇，加快发展。这一点在讨论的时候许多同志都提到了，在政策运用上应该下下功夫。我们讲整合资源也包括整合政策资源，充分地利用政策。我市中小企业信用担保中心建立起来之后，我提议要实际运行起来必须和银行对接，你担保后必须得到银行支持企业才能贷到款，企业和担保中心，担保中心和银行之间有许多政策需要研究。在大的政策允许的框架内，研究政策，抢抓机遇，为加快民营经济发展贡献力量。各职能部门、各系统、各成员单位都要研究政策，献计献策。要研究政策之间的整合利用、搞好政策衔接、优化政策资源的配置。各职能部门在谋划明年扶持民营经济工作上，要进一步解放思想，最大限度地发挥职能作用，制定更加有力的扶持政策，切实增强服务意识，提高服务质量，为全市民营经济发展、为全市经济社会发展多做贡献。

第四，增强大局意识，为民营经济发展提供优质服务。发展民营经济是事关全局的大事，离不开各级各部门的帮助与支持。各级各部门要增强大局意识，加快职能转变，创新工作机制，改善服务态度，不断提高为民营企业服务的质量。真正把各方面的力量凝聚起来，形成加快发展的强大合力。作为民营经济工作领导小组成员单位，更要率先垂范，先行一步，为其他部门做出榜样。要进一步扩大政务公开范围，简化办事程序、提高办事效率。要经常深入基层、深入企业，想企业所想，急企业所急，凡是企业迫切需要解决的问题，只要不违反法律、政策规定，就要千方百计地去解决，真心实意为民营企业办实事，解难题，促发展。

第五，拓宽思路，研究探讨解决民营企业发展中的难点问题。近年来，我市民营企业有了较快的发展，但与先进省、市相比，还有较大差距。形成差距的原因或者说“瓶颈”，仍然是土地、资金、人才、环境四大难题。前一段我们围绕解决“四难”问题，在全市开展了大型的调研活动，各县（市、区）、市直有关部门提出了许多好的建议，希望各县（市、区）、各部门要互相学习借鉴。我看解决这些问题总的思路应该是“壮龙头，解瓶颈，招人才，创环境”。比如，龙头企业和资金、土地之间有个辩证关系。五得利面粉集团得了两个金字招牌（国务院确定的农业产业化重点龙头企业、“五得利面粉”被认定为“中国名牌产品”），在今年严格控制土地使用规模的形势下发挥了非常重要的作用，五得利面粉城200亩用地得到批准，在全省只此一家，两块金字招牌起到了“虚功实做”的效果。面对困难我们要进一步坚定信心，一步一步地推进工作，把工作做实。又如，中小企业局在汇报工作中提到的“西资东引、东西互动”，我认为很好。在做好对外招商引资的同时，在邯郸范围内开展西资东引，东西互动活动，把西部县（市、区）的资金、人才、管理优势与东部县的农产品资源优势有机结合起来开展合作。这项工作由市中小企业局牵头，其他部门配合，以县（市、区）政府为桥梁，以企业面对面交流为重点，进行对接。这样西部县（市、区）可以实现产业地下转地上的战略转移，东部县也可以加快发展，实现双赢。这件事做好了，会对缓解前面提到的几难问题有积极帮助作用。对这项工作，市中小企业局要尽快拿出工作方案，可以先搞试点，取得经验后再进行推广。由这一思路扩展开来，还可以考虑全市西、中、东部民营经济的区域发展产业布局问题。民营经济区域发展产业布局要有战略规划，起指导作用，要因地制宜，发挥优势，突出重点，形成特色。西部在传统产业如钢铁、煤炭、电力等方面，要在现有基础上做大做强。唐山和我们邯郸比，产业结构和基础都是差不多的，为什么比我们发展快？它的优势在哪里呢？从钢铁上说，唐山是把企业做大做强了，外向度比较高，重点在县里，许多大的民营钢铁企业也集中在县里。我们县（市、区）里也有一部分，但在做大做强上还是有差距的。中部应该在加工制造、高新技术产业方面多上项目，扶强助优，调整结构，培育新的经济增长点。中部环绕主城区，更要强调注意环保问题。在高新技术产业上我们是可以有所作为的，像制药、汽车等企业的出现，就说明了我们可以搞。我市民营企业家搞的一些产品，科技含量已经很不低了，比如，永年河北硅谷化工有限公司研制开发生产的钻井业用硅氟高温降粘剂，技术上属国内领先，达到国际先进水平；研制开发生产的吸储能材料是军事工业高技术的重要物资，所开发的铅锰板可在核潜艇上使用。东部地区要重点在农林畜牧产品深加工上、提高产品附加值上、增产增收上下功夫。今年的中央经济工作会议，提出了新的农村经济发展总体思路，叫“增产增收”，即增加粮食产量，增加农民收入，对东部县针对性很强。我们邯郸近两年不断梳理农业农村发展思路，去年提出“稳粮食、调结构、壮龙头、抓发展、促增收”的发展思路，取得了积极效果。今年全市粮食产量达 395 万吨，年景还是挺好的。但光靠种地是富不了的，必须搞深加工，增加附加值，这就是我们的一个思路。我刚才讲的民营企业中几个农字号的龙头企业，都是在围绕农民增收做文章。今年，我带两个民营企业家到欧洲考察，其中一个是搞食品添加剂“色红素”生产的，用 30 吨辣椒加工 1 吨“色红素”，1 吨“色红素”可以卖 1 万多美元，已经进入欧洲市场。欧洲市场我们的辣椒进不去，经过深加工的“色红素”可以进去。东部县只有大力发展民营经济，搞深加工，提高农产品附加值，才能从根本上解决财政收入增长乏力问题，实现粮食增产、农民增收。中央经济工作会议上，有一个基本的国民经济形势估计，指出从全国国民经济发展的局势上看，已经进入“以工补农，以城带乡”的发展阶段，这对于利用政策、市场机会发展东部很重要。今天我提出全市西、中、东部民营经济发展的产业布局这个题目，不仅市中小企业局要研究，各成员单位都要研究，要回答在民营经济发展布局上应该想什么招，在项目建设上，你那个部门如何给予支持。

第六，继续做好“内树典型，外学经验”工作。今年，我们选树了一批发展民营经济的先进典型并进行了隆重的表彰，组织了几次有一定规模的现场观摩活动，在全市范围推广他们的先进经验，取得了积极效果。我们成功组织了赴江浙、德州等地的学习考察，也收到了良好效果。明年要继续组织好这些活动，有计划地组织民营企业家和有关人员到先进地区进行考察学习，学习在管理模式、环境优化、政策落实、思想解放等方面的好经验，真正把先进的东西学到手、用得上，借助好的经验不断完善自己，提高自己，实现更快更好地发展。民营经济要加大对外开放的力度，鼓励民营企业家走出市门、走出省门、走出国门，寻求市场，寻求合作，提高民营经济的外向度和对国际市场的依存度。

同志们，一年来，我市民营经济保持了持续快速健康发展的良好态势，这是市委和市政府正确领导、全市民营企业战线广大干部职工辛勤工作和在座各成员单位共同努力的结果。希望大家珍惜这一来之不易的局面，发扬连续作战的精神，对民营经济继续给予关心和支持，各负其责，密切配合，齐心协力为全市民营经济快发展、大发展做出新的更大的贡献。

在全市妥善解决农村土地承包纠纷和二轮延包扫尾工作调度会上的讲话

（2004 年 12 月 10 日）

今天的会议是市委主要领导同志同意召开的。会议的目的是认真贯彻落实冀办字〔2004〕64 号文件精神，对全市农村土地二轮延包扫尾和妥善处理土地承包纠纷工作进行再部署、再动员，确保年底完成二轮延包扫尾任务，解决一批农村土地承包纠纷问题，确保全市农村社会稳定。刚才，听了 16 个县（市、区）的汇报，感到同志们就二轮延包扫尾做了大量工作，但存在问题难度较大，不容小视。下面我讲三个问题。

一　认清形势，提高认识

农村土地承包政策是党在农村的基本政策。我市 1998 年开展农村土地二轮延包发证工作以来，经过各级党委、政府的努力，取得了较好成效。但是随着时间的推移和国家有关政策的调整，我市与全国一样出现了一些新情况、新问题，特别是随着中央一号文件的下发，各项惠农政策的落实，农民种地的积极性空前高涨，从而围绕土地承包的一些矛盾和问题逐渐暴露出来，直接影响了农村社会稳定，成为各级关注的焦点。为此，从国家到省、市出台了一系列相关政策和办法。

今年 1 月 1 日，《中华人民共和国农村土地承包经营权证管理办法》实施，对二轮土地延包中向农户颁发的土地承包经营权证的管理提出了详细、具体的管理办法。4 月 30 日，国务院办公厅下发了《关于妥善解决当前农村土地承包纠纷的紧急通知》，对解决土地承包纠纷的原则及方法等做出具体规定。10 月 27 日，省委、省政府两办下发《关于妥善解决当前农村土地承包纠纷的意见》（冀办字〔2004〕64 号），对解决土地承包纠纷和开展二轮延包扫尾工作提出了规范性意见。根据中央和省的文件精神，我市也相继下发文件并召开会议。4 月 19 日，市委、市政府两办印发《关于进一步规范农户承包地使用权流转工作的意见》（邯办发〔2004〕3 号），对土地流转的原则、程序以及乡村组织在流转中的作用等做了具体的规定。9 月 15 日，在魏县召开全市农村土地流转工作现场会，会上增海同志代表市委、市政府对土地承包和土地流转工作讲了重要意见。11 月 16 日，市委、市政府两办下发了《关于认真落实冀办字〔2004〕64 号文件精神，妥善解决农村土地承包纠纷的意见》（邯办字〔2004〕61 号）。今年以来，就农村土地承包方面的有关文件，国家级 4 个，省级转发和专门下发文件 6 个，市级转发和专门下发文件 7 个，召开会议 3 次。在这样短的时间内，国家、省、市在农村土地承包方面下发这么多文件、多次召开专题会议是不多见的。这充分表明中央把稳定农村土地承包关系、保护农民合法的土地承包经营权问题放在十分重要的位置。因此，我市各级党委和政府要认清形势，高度重视，及时调整工作重点，把解决土地承包纠纷和二轮延包扫尾工作列入当前重要工作日程，采取各种有效措施，确保年底前完成二轮延包扫尾任务，解决一批暴露出的土地承包纠纷问题。

目前，我市土地承包和二轮延包扫尾工作还存在一些问题。农村土地承包纠纷时有发生，且呈上升趋势。今年以来，到市级以上农业主管部门上访 67 起，其中土地纠纷 51 起，占 76%。其中，到农业部上访 7 起，到省农业厅上访 5 起。上半年土地纠纷上访 23 起，下半年达到 28 起，比上半年上升 22%。从成因看，多数土地纠纷为发包方违约造成的。其中，因村干部更换等原因强行收回农户承包地向外发包或划宅基地 17 起，占 33%；超标留机动地或机动地发包不公开等 11 起，占 22%；侵害妇女土地承包权益 6 起，占 12%；其他纠纷 17 起，占 33%。因此，必须加强对基层干部土地承包政策和法律的宣传教育，增强执政为民观念，提高依法行政能力。

12月7日，市农村工委抽调21名干部，组成7个检查组，由县级干部带队，对15个县（市、区）的30个乡（镇）、60个村、600个农户的延包发证情况进行了暗访。从抽查情况看，有45个村已向农户发放了土地承包经营权证，15个村未向农户发证。仅从抽查的村计算，已发证村占75%，未发证村占25%。在已颁发土地承包证的45个村中，有22个村不同程度地存在证书填写不规范、缺公章、漏项目现象，占49%。在已发证村中，多数农户因发证时间较长，已找不到土地承包证。由此看来，延包发证扫尾任务还很艰巨，必须引起各级领导和有关部门的高度重视。

土地承包纠纷的发生，究其原因是土地延包政策不落实；而二轮延包政策的不落实，又为产生纠纷埋下了隐患。延包政策的落实与土地纠纷的发生是相互联系、相互影响的，延包政策落实得好，土地纠纷就少，否则纠纷就多。要从根本上减少土地纠纷的发生，必须不折不扣地贯彻落实土地延包政策。

二　采取有效措施，做好延包扫尾工作

开展二轮延包扫尾工作，依法签订30年承包合同，发放土地承包经营权证，这是冀办字〔2004〕64号文件的核心要求，也是《农村土地承包法》的基本精神。市委、市政府对此项工作十分重视，专门下发了文件。市委书记聂辰席对此做出重要批示："请各县（市）区党政主要领导予以重视，要认真贯彻省、市要求，细化、实化各阶段工作，妥善解决土地承包纠纷，确保稳定，促进经济社会和谐发展。"为此，我们要认真落实聂书记的批示精神，抓好二轮延包扫尾工作，妥善解决土地承包纠纷，切实维护广大农民的土地承包权益，为经济发展和社会稳定创造良好的条件。

（1）有步骤分阶段开展延包扫尾工作。全市二轮延包扫尾工作分为三个阶段进行：一是排查摸底阶段（11月15~25日）。各县（市、区）对土地发证情况进行摸底，逐乡逐村进行排查，看有多少村整村未开展延包发证工作，多少村部分村民小组未开展延包，多少村部分农户未领到土地承包经营权证，分别是什么原因，要一一拉出清单。通过排查，彻底摸清我市土地

延包发证底数。排查工作完成后，逐村填报《农村土地二轮延包扫尾工作排查情况统计表》［已下发各县（市、区）］，排查表要在县、乡、村主要领导签字并加盖单位公章后，逐级汇总上报市农工委。二是解决问题阶段（11 月 26 日 ~12 月 15 日）。本阶段是延包扫尾工作的攻坚阶段，要对排查出的问题进行梳理，归纳分类，根据不同的情况，依照政策和法律采取相应的办法加以解决。三是发证阶段（12 月 16 ~30 日）。在解决问题的基础上，严格按照《农村土地承包经营权证管理办法》规定的程序，向农户发放土地承包经营权证。划分阶段是为了体现时间概念，具体工作可灵活掌握，穿插进行，前一阶段工作完成后，后一阶段工作可提前介入。各县（市、区）要按照省、市的基本要求，细化、实化各阶段工作。着眼长远，立足当前，面对问题，妥善解决，确保二轮延包扫尾工作按时完成。

当前延包扫尾工作已进入第二阶段，从掌握情况看，工作进展不平衡。有的地方第一阶段工作走了过场；有的进展缓慢，排查表至今未上报到市；个别地方上报的数据不真实。对排查工作走过场的，要进行补课，一定要按照要求逐乡逐村进行排查。

（2）明确责任，压死任务。延包扫尾工作时间紧，任务重，为切实做好，必须明确责任，压死任务。冀办字〔2004〕64 号和邯办字〔2004〕61 号文件已明确，土地二轮延包扫尾工作县（市、区）委书记是第一责任人，主管书记、主管县（市、区）长是直接责任人，党委农村工作部门是牵头单位，农业等行政部门配合。县（市、区）委、政府，乡镇党委、政府和村两委也要明确责任，将任务落实到人。县（市、区）要切实加强对土地延包扫尾工作的领导，协调有关部门，在人力、财力上大力支持，为工作开展创造条件。党委农村工作部门要切实履行好牵头职能，要深入调研，认真谋划，拟定切实可行的具体细化的实施方案，做到底数清、情况明、办法多，为党委、政府当好参谋。在具体问题的处理中，既要按照国家有关政策法律规定，又要因地制宜灵活运用；既要把延包扫尾工作完成，又要保持农村稳定。延包扫尾工作虽数量少，但任务重，需多部门协调联动。主管部门对延包扫尾工作进展情况、存在问题等及时向县（市、区）委和政府领导汇报，取得领导支持。在党委、政府的统一领导下，搞好综合协调，形成攻坚合力，确保延包扫尾工作的顺利开展。年底前，省、市将对延包扫尾工作进行督查，发现仍有不落实延包政策、存在未发证村和虚报情况的，要进行通报批评，并追究有关责任人的责任。

（3）具体帮助，分类指导。延包发证工作的主要任务在乡、村，难点也在乡、村，因此，县（市、区）要派出懂政策、业务熟练的同志分包乡镇，督促发证工作的开展；乡镇要派出干部包村。对情况复杂、难度较大的村，县、乡要派出得力人员组成联合工作组，帮助开展工作。解决问题要本着先易后难的原则进行，没有什么大问题的村、组、户，在做好工作的基础上，就可以发证。一个村的各村民小组情况不同，没有问题的组可以先发证，然后集中力量解决重点问题。

三　结合实际，研究政策，妥善解决土地承包纠纷

妥善解决土地承包纠纷问题，既要认真研究政策，执行政策，又要切实结合本地实际，因地制宜。实践证明，很多土地纠纷的发生，是因为没有认真执行土地承包政策或执行政策过程中工作不细造成的。因此，解决土地纠纷，要做到以下三点。

一要结合实际，研究政策。1978 年实行家庭承包责任制以来，土地承包政策是在逐步完善的。但应该承认，这中间由于政策变化，执行政策过程中掌握不一致，甚至出现一些偏差，加上时间久远，各县（市、区）情况有很大差别。比如，有的县实行过“两田制”，机动地往往超标，而有的县没有实行过“两田制”，往往出现别的方面的问题，这就是实际。因此，解决问题要切实结合本地情况。同时，解决问题必须研究政策。首先，研究大政策。解决土地承包纠纷，要以《农村土地承包法》和中央关于稳定完善农村土地承包关系的一系列政策为依据，把维护农民的土地承包权益作为首要出发点，坚持依法处理的原则。法律法规和政策已有明确规定的，必须坚决执行。所以要研究大政策，熟悉大政策，学会运用大政策。其次，研究小政策。就是对个案的处理，对暂时没有法律政策规定的，要从实际出发，根据《农村土地承包法》和党的农村政策的基本精神，结合实际提出具体的

规范性意见，达到既不违反党的土地承包政策基本精神，又使纠纷群众基本满意的效果。

二要立足基层，着眼稳定。解决土地承包纠纷，要立足基层。土地纠纷大多发生在发包方与承包方、承包方与承包方之间，这些问题只要弄清情况，依照政策和法律公平公正地处理，多数纠纷是能够解决的，这也有利于当事人的生产和生活。因此，要充分发挥乡、村基层组织在调解土地纠纷中的作用。广大基层干部要着眼农村稳定大局，本着对广大农民负责的精神，以维护当事人的合法权利为出发点，通过细致的思想工作，耐心说服，公平调解，把矛盾纠纷化解在基层。要从善意出发，通过调解，促进纠纷双方的团结与合作。对群众反映的问题，不得推诿、扯皮，要公正处事，不得偏袒一方。否则，只能把纠纷群众推向上一级，既干扰上级党委、政府的工作，又影响纠纷双方的生产生活，给他们造成更大的损失。因此，解决土地纠纷要着眼稳定，立足基层，化解矛盾。

三要畅通渠道，妥善解决。解决土地承包纠纷，必须畅通渠道，通过调解、仲裁、诉讼等多渠道解决。土地纠纷的解决，必须引起各级领导重视，要坚持领导挂帅、部门负责的原则。各级党委、政府主要领导要亲自过问，分管领导和部门领导具体落实。一是建立土地承包纠纷处理机制。土地承包纠纷实行乡、村调解，县级答复，市级复查制度。二是建立县级土地纠纷仲裁机构。年底前，各县（市、区）都要建立土地承包纠纷仲裁委员会，对通过调解仍不能解决的纠纷实行仲裁，拓宽土地纠纷解决渠道。三是通过诉讼解决土地纠纷。对少数不同意调解和仲裁的案件，可起诉到基层法院。根据《农村土地承包法》的要求，法院应当受理。对个别家庭特别困难又受到侵害的当事人，应当给予法律援助。涉及农村土地征占的案件、非法将农户承包地划为宅基地等纠纷应由国土资源部门解决，不得推诿。要通过多种渠道、多种形式解决土地纠纷，把矛盾化解在基层，确保农村稳定，促进经济社会和谐发展。

在全市民营企业协会成立大会上的讲话

（2004 年 12 月 30 日）

首先，我代表中共邯郸市委、市政府，对全市民营企业协会成立，对当选第一届民营企业协会的全体理事、秘书长、会长表示热烈的祝贺！

近年来，我市民营经济有了长足发展和进步，为全市经济社会发展做出了突出贡献。民营经济已成为全市国民经济的重要增长点，成为增加财政收入和扩大群众就业的重要渠道。到今年 11 月底，全市民营经济完成增加值 433.7 亿元，营业收入完成 1697.1 亿元，实缴税金完成 25.3 亿元，同比分别增长 30.2%、28.8% 和 50.8%，预计到年底全市营业收入 500 万元以上的规模企业将达 420 家，民营企业的规模、水平、档次都有了明显的提升。这些成绩的取得是全市上下特别是民营企业家和广大民营企业经营者辛勤劳动、共同努力的结果。在此，我代表市委、市政府，向全市所有民营企业经营者和企业家表示衷心的感谢，并致以崇高的敬意！

民营企业协会的成立，是我市民营经济发展中的一件大事，表明我市在为民营企业服务、促进民营经济发展上迈出了新的步伐。我相信，第一届民营企业协会一定能够充分发挥作用，为推动全市民营经济更快更好地发展做出应有的贡献。下面我讲几点意见。

一　进一步增强发展意识，努力在企业做大做强上下功夫

近年来，党中央、国务院和各级党委、政府对发展民营经济高度重视，

出台了一系列鼓励、支持民营经济发展的政策措施，党的十六大强调要“毫不动摇地鼓励、支持非公有制经济的发展”。十届全国人大二次会议通过的宪法修正案，把“公民的合法的私有财产不受侵犯”“国家鼓励、支持和引导非公有制经济的发展”写入了国家根本大法，确立了民营经济的重要地位，为民营企业发展注入了强大动力，提供了法律保障和政治保障。省委、省政府把发展民营企业作为四项重点之一，出台了《进一步鼓励、支持和引导民营经济发展的若干意见》。市委、市政府每年都召开大型的民营经济总结表彰大会，去年相继制定出台了《邯郸市 2003 ~ 2007 年民营企业发展指导纲要》和《关于扶持“四型”民营企业发展的若干规定》，市直 37 个部门制定了相关政策规定，对加快民营企业发展起到了积极的推动作用。现在各地都在抢抓机遇，加快发展，我们一定要有危机感和紧迫感，进一步增强快发展、大发展的意识，千方百计推动我市民营经济上规模上档次。民营企业家是发展民营经济的领跑者，在新的形势下，要树立强烈的发展意识，树雄心，立大志，干大事，不断增投入，上项目，扩规模，上水平，一步一个脚印地把企业做大做强。

要实现做大做强目标，必须在体制、科技和管理“三创新”上下功夫，在扩大开放上找出路。在体制创新上，要集中精力搞好产品技术开发和品牌经营，坚持强优联合发展，建立跨国、跨地区、跨所有制、跨行业的集科工贸于一体的企业集团。通过兼并、收购、控股、参股、租赁等形式实现低成本扩张，迅速形成规模优势，提升竞争能力。对于成长性好、科技含量高的企业，要积极辅导上市，通过资本市场融通更多资金。在技术创新上，要采取多种形式建立技术依托，提高创新能力。要不断加大科技投入，加快科技进步，大力引进、消化、吸收国内外高新技术和先进适用技术，改造提高技术装备和工艺水平。要注重科技队伍建设，舍得花钱培养自己的人才，舍得花钱引进外来人才。在管理创新上，要借鉴国内外先进的管理方法和管理经验，建立现代企业制度，强化质量管理，主动按照 WTO 要求，掌握和运用国际通行的管理规则，积极推行质量认证，增强品牌意识，大力实施品牌战略，争创国际和国内知名品牌。在扩大对外开放上，要动真招，用实劲，实现大的突破。民营企业要生存发展壮大，就必须利用国内和国际两个市场、两种资源，在更大范围、更高层次上参与国际竞争。希望具备条件的企业要积极主动走向国际市场，到境外办企业，着力开拓境外市场。

二　充分发挥协会作用，为加快民营经济发展提供优质服务

随着政府对企业直接管理职能的逐步弱化，协会组织在为企业服务方面将发挥不可替代的重要作用。协会要适应新形势，抓住新机遇，围绕加快民营经济发展这个中心任务努力做好各项协调、服务工作。

（1）发挥好党委、政府与企业之间的桥梁和纽带作用。在党委、政府与企业之间架起沟通的桥梁，是协会的一项重要职能。在工作开展中，一方面，要认真学习好国家、省、市有关政策规定，通过协会把党的政策不折不扣地传达给企业经营者，把政策用足用好用活。另一方面，要注重搜集会员对全市经济社会特别是民营经济发展的意见和建议以及会员的思想状况，及时反映上来，为党委、政府科学决策提供依据。总之，要通过协会积极有效的工作，进一步密切党委、政府与企业家的联系，增进相互之间的理解和支持。

（2）协助党委、政府加强对会员的培养、教育工作。企业家是财富的创造者。事实证明，哪个地区拥有的优秀企业家越多，它的经济就越发达，经济发展越有活力和后劲。协会要通过积极吸收新会员逐步壮大队伍，通过组织会员开展广泛的学习提高会员的文化素质。培养教育的重点首先是要做好会员思想政治工作，对会员进行思想教育、法制教育和职业道德教育，教育他们文明经营、守法经营；要组织会员结合实际学习市场经济知识，努力提高会员适应市场、驾驭市场的能力；要为会员提供生产经营信息等中介服务，组织经验交流；要协助政府有关部门进行行政管理，开展职业技能培训；要协助党组织加强协会的党、团、工、妇组织建设。同时，要加强自身建设，通过健全完善一系列制度，促进协会按照《章程》的规定健康、有序、高效地开展好各项工作。

（3）拓宽服务范围，为民营企业搞好多元化服务。民营企业协会是由民营企业的厂长、经理组成的群众自治组织，其根本任务就是为会员的成长、为会员企业的发展搞好服务，造就一支高素质的企业家队伍。协会要在

党委、政府的指导下，坚持“自我教育，自我管理，自我服务，自我保护，自我发展”的原则，发挥优势，切实为企业家办一些他们自己办不了或者办不好的事情，帮助企业解决一些实际困难。具体说要发挥好五个方面作用：一是开展协调沟通，加强会员企业与经济理论界等社会各界的沟通和联系，加强会员企业与全省、全国各地民营企业家的沟通与联系；二是积极开拓国外市场，提高产品的知名度，真正把企业做大做强；三是积极开展行业自律，规范企业自身行为，提高产品的信誉度；四是应对各类国内外贸易争端，维护本行业本企业的利益；五是开展各类服务工作，如法律、技术、信息、推荐评优和组织公益活动，真正实现协会“服务会员，服务企业、服务经济建设”这一宗旨。

三　加快自身发展，为全市民营经济和社会发展多做贡献

在座企业家既是协会管理者，又是企业直接生产经营者。随着民营企业发展的政策环境、市场环境和社会环境的不断改善，民营企业有着广阔的发展空间。会员企业作为全市民营企业的代表，要坚持与时俱进，开拓创新，首先把企业自身做大做强，在全市民营企业中起到示范作用，为全市经济发展建功立业。

第一，要拓宽眼光，谋求企业大发展。在过去的几年里，在座的企业家为我市民营经济发展、为全市经济建设做出了突出贡献。但我们不能有丝毫的松懈。新的形势对大家提出了新的更高的要求，希望大家进一步解放思想，开拓进取，再接再厉，把企业做大做强，为全市经济建设做出新的更大的贡献。从目前看，不要说与南方先进地区相比，就是在省内相比，我们也还有许多差距和不足。像邢台的华龙面、清河的羊绒、保定的电缆等这些在全省全国叫得响、拿得出的行业和产品在我市还不多，我们要有危机感、紧迫感和责任感。在座的企业家是我市企业界的精英，是经济活动中最具活力最具支撑力的群体。大家要明确自己肩负的使命，以加快发展为己任，把自身的成长、企业的发展同全市的经济社会发展紧密地联系在一起，锐意进取，努力奉献。要有开阔的视野，时刻关注市场走向，研究本行业的发展态

势，善于在发展中寻商机、抢机遇、上规模、促发展。要树立干大事、创大业、当大老板的气魄。要树立品牌意识，一定要创造出自己的品牌，在资本经营相对较弱的情况下，我们必须靠品牌来赢得发展，靠理念的创新来赢得发展。

第二，要不断学习，提高自身综合素质。今天参加会议的40多家重点民营企业的厂长、经理，为全市民营经济发展做出了重要贡献。希望你们树立远大的理想，珍惜过去的成就，抓住当前的机遇，加快今后的发展。希望你们加强学习，努力适应新形势、新要求，提高在经济全球化条件下经营管理企业的能力，充分发挥敢闯敢试的开拓精神，继续做改革开放和发展经济的带头人。要把遵循市场法则与发扬社会主义道德结合起来，走爱国、敬业、诚信、守法的道路，注重抓好安全生产、环境保护、劳动保护、企业文化建设等工作，尊重和维护职工的合法权益，树立良好的产品形象和企业形象。

同志们，市委、市政府以及社会各界对民营企业协会、对我们的企业家都寄予了厚望。希望全体会员在协会的组织和引导下，以“三个代表”重要思想为指导，紧紧围绕市委、市政府的中心工作，认真遵守协会《章程》，扎实履行各项职责，抓住机遇，开拓进取，为全市经济发展多做贡献，创造出无愧于时代的业绩！

最后，祝大家在新的一年里身体健康，事业进步，阖家幸福，万事如意！

在中国13亿人口日电视电话大会上的讲话

（2005 年 1 月 6 日）

今天是我国人口发展中的一个重要日子，也是我国人口发展中的一件大事。据国家统计局测算，2005 年 1 月 6 日，我国（不包括香港、澳门特别行政区和台湾地区）总人口将达到 13 亿人。为纪念这个日子，全国将要开展为期一周的宣传周活动。刚才，我们一起收听收看了国家、省电视电话会议，希望各县（市、区）各部门要认真学习，深刻领会，抓好贯彻落实。为做好 13 亿人口日宣传周的宣传工作以及近期计划生育宣传和服务工作，下面，我再讲三点意见。

一　站在可持续发展的高度充分认识中国13亿人口日的重要意义

中国 13 亿人口日的到来，表明我国人口和计划生育事业取得了辉煌成就。经过 30 多年艰苦努力，我国有效地控制了人口的过快增长，实现了人口再生产类型由高出生率、低死亡率、高增长率向低出生率、低死亡率、低增长率的历史性转变，人口总和生育率从 20 世纪 70 年代初的 5.8 下降到目前的 1.8 左右。我国控制人口和实行计划生育，使世界 60 亿人口日和中国 13 亿人口日的到来推迟了 4 年，为世界人口的稳定和发展做出了积极贡献，也为我国实现可持续发展和全面建设小康社会创造了良好的人口环境。

13亿人口是我国前所未有的人口规模，人口和计划生育工作面临着新的严峻的挑战。我国目前正处于人口低增长率高增长量并存的时期，人口规模庞大的基本国情没有改变，目前的低生育水平并不稳定，出生人口性别比持续偏高，流动人口、老龄人口将进入高峰期，劳动力人口剧增给充分就业增添了明显压力。就我市的人口形势看，受生育惯性的影响，全市处于生育旺盛期的妇女人数逐年增多。2005年，20～29岁的育龄妇女人数将由去年的67.7万增加到75.6万。据预测，这种增长趋势将一直持续到2010年。加上工作发展不平衡，流动人口、下岗职工等特殊人群计生管理难度增大等原因，我市人口与计生工作面临着更加严峻的考验。所以，各级、各单位、各部门都要对新时期人口与计生工作的严峻性有一个清醒的认识，站在人口和计划生育工作是推动我市经济实现全面可持续发展的重要方面的高度，进一步增强人均观念和人均意识，对人口和计划生育工作做到警钟长鸣，常抓不懈，稳定生育水平，推动人口和计划生育工作深入开展，为全面建设小康社会创造良好的人口环境。

二　扎实搞好春节前后的计划生育各项工作

（1）认真搞好中国13亿人口日宣传周活动。2005年1月6日至12日是全国宣传周。在宣传周期间，各县（市、区）要认真组织，周密安排，确保每天都有一项重点突出、特色鲜明的主题宣传活动。一是都要在1月7日上午在当地县城中心组织集中活动，举办13亿人口日宣传活动的启动仪式，由当地主要领导出面，举办文艺演出、政策咨询等活动，高起点拉开宣传周活动的帷幕，市内四区一县要集中上街开展活动。二是要在县新闻媒体的黄金时间和主要版面上刊登关于13亿人口的公益广告。三是要由党政主要领导发表电视讲话或署名文章，纪念13亿人口日。四是要组织开展文艺演出、知识竞赛、生殖健康服务、演讲、咨询等多种形式活动。五是要组织有关专家学者、社会各界人士召开主题座谈会、讲座或报告会等，确保宣传周富有成效。

（2）认真搞好春节期间的集中宣传活动。各县（市、区）要以13亿人口日宣传周活动为龙头，结合文化科技卫生“三下乡”活动、婚育新风进万家活动、关爱女孩行动、农村部分计划生育家庭奖励扶助制度等活动，广泛运用电视、广播、报纸、网络等媒体进行宣传，利用多种手段在全社会营造浓厚的人口和计划生育氛围，形成有声有色的宣传声势。

（3）抓好2005年第一次季服务活动。各县（市、区）要认真开展一次集中服务活动，对育龄妇女及时落实安全、适宜、有效的避孕节育措施。做好向育龄群众的宣传教育和开展生殖健康服务等项工作。要明确专人对外出返乡人员开展清查，建档造册，回来一个服务一个，发现问题及时处理，确保将应管理、应服务人员全部纳入管理和服务之中。

（4）广泛开展“送温暖、献爱心”活动。各县（市、区）要积极组织各方面力量，深入基层，慰问计生户、村组专干、育龄群众，特别是对实行计划生育的独女户、双女户、困难户进行救助和慰问。使他们真正在政治上得到关心，生活上得到帮助，经济上得到实惠。进一步激发广大群众参与计划生育的热情和积极性，努力实现人口和计划生育工作思路和工作方法的转变。

三　切实加强对中国13亿人口宣传日活动的领导

第一，高度重视切实加强对宣传活动的组织领导。各级党委宣传部、人口计生委、统计局要高度重视、切实加强对宣传活动的组织领导，制定宣传活动方案和周密计划，保证宣传活动迅速启动、快速升温、形成高潮。

第二，要加强协调，突出重点。各级党委、政府和计划生育领导小组要协调有关部门密切配合，制定宣传报道计划，突出宣传报道重点，采取多种形式加大宣传报道力度，形成强大的宣传声势。

第三，要创造条件，增加投入。在宣传周和春节慰问工作中，各县（市、区）要有一定的经费投入作保障，确保13亿人口日宣传活动和春节期间计划生育各项工作落到实处。为2005年全市人口和计划生育工作起好步、开好头，实现首季开门红。

坚持以科学发展观为指导 进一步推进粮食增产农业增效农民增收

——在东部10县农业农村工作座谈会上的讲话

（2005 年 1 月 19 日）

最近，中共中央、国务院和省委、省政府相继召开了中央经济工作会议、中央农村工作会议和全省经济工作会议，市委也先后召开了六届七次全会和经济工作会议，对“三农”工作提出总体要求、做出全面部署。为了认真贯彻落实好这些会议精神，集思广益，做好全市农业农村工作，今天上午我们专门召开一次东部 10 县主管农业农村工作副书记座谈会，部分市直农口部门主要负责同志也出席了会议。主要是听一听大家去年工作完成情况和明年工作的打算，也听一听大家对全市农业和农村工作的意见和建议。刚才，10 个县的同志就去年工作总结和明年打算做了发言，并对全市明年农业农村工作提出了很好的意见和建议。请办公厅的同志认真整理，吸收到市委农村工作会议精神中去。下面，我讲四点意见，供大家研究。

一 关于对去年工作的回顾

刚刚过去的 2004 年，是全市经济保持健康持续快速发展的一年，是全市农业农村工作取得较大成绩的一年，也是近几年来，全市农民收入增长最快也是最多的一年。全市农林牧渔业总产值预计完成 260 亿元，同比增长

7.5%。农业增加值预计完成125亿元，同比增长7%。全市农民人均纯收入预计可达3135元，比上年同期增加235元，增长8.1%，增速比去年同期高3个百分点，是1997年以来农民收入增长最快的一年。

农业农村工作取得的成绩，得益于中央一号文件的各项惠农政策，得益于各级党委、政府和有关部门的积极努力，是“政策好、市场旺、人努力、天帮忙”。回顾我们一年来的工作，有些经验非常值得我们认真总结并在今后的工作中长期坚持。

第一，以科学发展观创新发展思路。思路决定出路，有什么样的思路就有什么样的出路。我们坚持用城乡统筹的理念、工业化的理念、开放农业的理念、发展现代农业的理念来指导农村、发展农业、促农增收，提出了“稳粮食、调结构、壮龙头、抓发展、促增收”的发展思路，出台了《邯郸市农业结构调整三年规划》《关于2004年农业项目年活动实施方案》《关于加快建设畜牧强市的决定》《关于做好农村劳动力就业工作的意见》《关于2004年生态家园富民工程的实施意见》《关于进一步规范农户承包土地使用权流转工作的意见》等文件并狠抓落实，有效地指导了农业农村经济的发展，较好地实现了城乡经济互动，促进了农民收入的增加。

第二，抓住主要矛盾合力攻坚重点突破。市委针对多年来农业投入少、重点项目不足、农副产品精深加工不够从而导致农业生产比较效益低的现实，在全市开展了以实施“双百推进计划”为主要内容的“农业项目年”活动。全市竣工农业项目151个，总投资12.85亿元，实际投入资金12.16亿元，其中今年投入9.72亿元；在建项目154个，总投资69.83亿元，已投入资金17.68亿元，其中今年投入11.18亿元，创造了我市农业项目建设的最好时期。针对龙头企业规模小、带动和辐射能力弱的现状，把培育龙头企业作为发展农业产业化的重中之重，在全市育成了2个国家级重点、18个省级重点、40个市级重点龙头企业。其中，省级重点龙头企业在全省11个市中继续保持了总数第一。大名五得利面粉集团同时获得农业产业化国家级重点龙头企业和“中国名牌产品”两块金牌，实现了我市农产品加工型国家重点龙头企业和农产品“中国名牌产品”零的突破。馆陶金凤市场被全国城市农贸中心联合会评定为“全国农副产品批发市场百强企业”（排名第19位）和“全国肉禽蛋批发市场十强市场”（排名第2位）。河北华龙集团优质面基地落户磁县，第一条日处理500吨小麦的面粉生产线已经建成，带动周边农民种植优质小麦，每年可增收2000万元以上。滏阳乳业集团和内蒙古伊利集团合作的5万吨乳制品项目落成投产。福建扭扭食品集团进入邱县，项目主体建筑已经落成。中国农大在临漳搞的林果实验基地已经运行起来，林果发展有了科技依托。这些农字号的龙头企业落户邯郸，对全市农业农村经济的发展起到了很好的带动作用。不断拓宽农民增收的渠道，全市开展了百万农民工闯市场活动，全年外出务工人数达到107万，占全省劳务输出总数的三分之一。农村基础设施建设有了新改观，造林绿化取得新成绩。截至11月份，全市新增灌溉面积13.8万亩，恢复改善灌溉面积60万亩，发展节水灌溉面积31万亩，分别占全年任务的138%、240%、122%，农建工作受到水利部、省水利厅农建检查团的充分肯定和表扬。提前4个月完成83个村、5.4万人农村饮水解困任务，治理水土流失面积80平方公里。共完成工程造林22.6万亩，村屯四旁植树1450万株；绿化道路3170公里，植树511万株；绿化河渠830公里，植树329万株。太行山绿化工作受到国家林业局通报表彰。提出了建设畜牧强市的新思路，全市实施了百万吨奶业推进工程，畜牧业保持了强劲的发展势头。去年，建成奶牛小区20个，全市奶牛存栏已达6.4万头，比年初纯增2万多头。动物防疫体系建设受到农业部的表彰。与此同时，我们在粮食生产、农村小额信用贷款发放、生态家园富民工程建设、农村现代化建设、土地流转、农村基层民主政治建设等方面也都取得了显著成绩。

第三，各级党委、政府及有关部门对农业农村工作高度重视。从去年初防治禽流感到中央一号文件的宣讲，从惠农政策的落实到各部门支持“三农”工作力度的加大，从争跑资金到引进农业重点项目，各级党委、政府付出了积极的努力，真正体现了把“三农”工作作为全党工作的重中之重。特别是在农业重点项目建设上，有的县书记、县长亲自跑，为了一个项目能够落到本地，吃尽千辛万苦，想尽千方百计，说尽千言万语，事迹很感人。比如，去年魏县为了把山东乳山集团在河北投资兴建的浓缩果汁加工项目吸引到魏县，书记、县长带领有关部门七下山东、三上北京，并邀请客商三次实地考察，感动了乳山集团，这个项目终于落户魏县。而且这个项目从开工到投产，仅用了120多天，创造了全市农产品大型加工项目从洽谈开始，2个月开工、4个月建成、半年内见效的成功范例。可以这样说，去年是农村经济发展取得显著成绩的一年，是近年来农民收入增长最快最多的一年，也是农村精神文明和政治文明建设大步前进的一年，是干群关系逐步走向和谐的一年。“三农”工作是全市工作的一个重点，更是全市工作的一个亮点。对于去年农业农村工作取得的成绩，我代表市委、市政府向大家表示衷心的感谢。

二　关于对当前农业农村工作形势的基本认识

对当前农业农村工作形势的清醒认识是我们做好“三农”工作的重要保证。应该说，当前农业农村工作的基本形势是“两个阶段”。一个是农业和农村经济发展虽然取得了新成绩，但仍然处于艰难的爬坡和攻坚阶段。另一个是农业和农村经济正处于一个重要的战略机遇期，我国从总体上已进入了工业反哺农业、城市反哺农村的发展阶段。

正确认识农业农村经济发展正处于艰难的爬坡和攻坚阶段，有助于我们进一步提高对农业农村工作的重视程度，使我们更加认识到农业农村工作的艰巨性、长期性与复杂性。总体看，去年的农业增效和农民增收是多种因素共同作用的结果。客观地讲，主要是三个因素：一是政策因素；二是市场因素；三是天气因素。从全省来看，去年全省农民人均纯收入3150元，比上年增加300元，增长10%。其中，惠农政策人均增收40多元，农产品价格上涨人均增收150元，外出务工人均增收70元，粮食增产，人均增收25元。从我市看，全市农民人均纯收入3135元，基本与全省平均水平持平。全市农民增收的构成，也主要得益于农业税减免、农副产品价格上涨和农民外出务工。从优化农业结构、促进农副产品的精深加工、提高农民进入市场的组织化程度上进一步促进农民增收，既任务艰巨又存在很大的潜力。今年，中央又出台了支持“三农”的一号文件，在保持粮食稳定增产、农民持续增收上，有许多新的政策支持，但也面临着不少新的困难和挑战。就全市来说，有“三个不可低估”。一是实现粮食稳定增产的难度不可低估。去年的粮食增产只是恢复性增长，提高粮食生产能力任务艰巨。种粮比较效益低的问题并未根本解决，粮食播种面积增长的空间有限，农业基础设施还很薄弱，而且今年的天气如何、市场如何都会对粮食生产产生重要影响。二是保持农民收入持续增长的难度不可低估。农民增收仍处于艰难的爬坡阶段，制约收入持续增长的障碍还没有根本消除。促进农民增收的因素较为脆弱，城乡二元经济结构尚未打破，农民增收的长效机制还远未建立起来。三是提高农业竞争力难度不可低估。农业和农村经济发展正处于关键时期，面临的国内外市场竞争与挑战更加严峻。农业竞争力不强的问题依然存在，特别是加入世贸组织过渡期即将结束，农产品市场开放度会进一步提高，农业和农村经济发展将面临更加严峻的挑战。对此，我们必须有一个清醒的认识，对农业农村工作取得的成绩不能盲目乐观。

农业农村工作正在进入一个工业反哺农业、城市反哺乡村的新阶段。胡锦涛同志指出，纵观一些工业化国家的发展历程，在工业化初始阶段，农业支持工业、为工业提供积累是带有普遍性的现象；但在工业化达到相当程度以后，工业反哺农业，实现工业与农业、城市与乡村的协调发展，也是带有普遍性的现象。中央经济工作会议明确提出，我国现在总体上已进入了以工促农、以城带乡的发展阶段。这个重要论断，是我们党新形势下对工农关系、城乡关系在思想认识上的深化，对于我们科学认识和把握经济社会发展规律、正确处理新时期的工农关系和城乡关系、落实统筹城乡发展战略、切实做好新阶段的“三农”工作，具有重大的指导意义。充分认识农业农村工作发展正处在一个重要的战略机遇期，要求我们必须看到机遇，抓住机遇，利用好机遇，采取措施，积极应对，有所作为，以更加积极的姿态，全力推动农业农村工作的快速发展。

三　关于做好今年农业农村工作需要把握好的几个问题

今年是完成“十五”规划的最后一年，是贯彻党的十六届四中全会精神、为“十一五”发展奠定良好基础的重要一年，是我们农业农村工作面临大好机遇的一年。做好今年的农业农村工作，对于推进全面建设小康社会具有十分重要的意义。2005 年全市农业农村工作的基本指导思想是：以党的十六届四中全会和 2005 年中央一号文件精神为指导，坚持科学发展观，坚持统筹城乡发展的方略，坚持“多予、少取、放活”的方针，紧紧围绕“粮食增产、农业增效、农民增收”这一主题，稳定、完善和强化各项支农政策，提升为“三农”服务的水平，启动和继续开展“农业服务年”“农业项目年”两大主题活动，抓实畜牧、绿色、加工、民营、劳务输出、县域经济等重点工作，提高农业综合生产能力，促进农民持续增收，促进全市农业农村经济社会全面发展。

总体任务是：完成“12235”目标，实现农业农村经济的新跨越，即 2005 年全市粮食面积稳定在 1000 万亩以上，牧渔产值占农业总量的比重增加 2 个百分点以上，劳务输出新增 20 万人，农业产业化经营率增加 3 个百分点，确保全市农林牧副渔业总产值、农业增加值和农民人均纯收入增长 5% 以上。

围绕这一指导思想和总体目标，做好明年的农业农村工作，要重点把握好以下几个问题。

（1）以科学发展观为指导实现加快发展。科学发展观是我们做好经济工作必须长期坚持的指导思想，也是我们做好农业农村工作的指导思想，是解决当前我们农业农村工作中诸多矛盾和问题的基本原则。科学发展观，首先是发展问题，发展的首要问题，就是我们要集中精力把经济建设搞上去。对于全市的农业农村工作来说，就是要改变我市作为农业大市大而不强的现实；对于我们东部十个县来讲，就是要把县域经济实力搞上去，实现富民强县的目标。落实科学发展观，要求我们在推进农村经济的发展上，要能够找出制约本地经济发展的主要因素，抓住主要矛盾，理清发展思路，制定发展措施，遵循农业农村经济的发展规律，创造性地开展工作，实现加快发展的目标。

（2）坚持把提高农业综合生产能力作为粮食增产、农业增效、农民增收的重要手段。中央一号文件强调要加强农业综合生产能力建设，全面增强农业发展后劲，这对于我们东部农业县来说带有更强的针对性，我们应该牢牢抓住这一重要机遇，调动农民务农种粮的积极性，发挥各级党委、政府重农抓粮的主动性。围绕进一步加强土地产出和资源综合利用能力建设，加强农业科技创新和应用能力建设，加强农业物质装备能力建设，加强农产品和市场开拓能力建设，加强农业综合支持的服务能力建设，重点抓好三项工作：一要严格落实各项惠农政策。按照“两减免、三补贴”的要求，今年大名、广平、馆陶和涉县四个国家级贫困县将全部免征农业税，其他县农业税税率再降2个百分点，这项政策要确保全部落实到位，不能出现任何问题，发现政策不落实或者没有全面落实的，要抓反面典型，公开曝光，严肃处理。同时，如果县里有条件，要加大对种粮农民直接补贴、良种补贴和农机具购置补贴力度，加大对种粮农户的支持。二要加大农业结构调整力度。着眼于提高农业竞争力，各县要大力发展优质、高效、高产、生态、安全农业。按照“稳定面积、优化结构、依靠科技、主攻单产、提高总产、增效增收”的思路，努力提高粮食的综合生产能力。优化种植结构，大力发展无公害蔬菜和名优特果品，提高种植业效益。加快建设畜牧强市步伐，邱县、馆陶、临漳要进一步扩大奶牛、肉羊、蛋鸡、獭兔和瘦肉型猪等畜产品养殖规模，使畜牧业在促进农民增收上发挥更大的作用。要加强农业科技创新体系建设，大力推广先进适用技术。推进农业标准化建设，进一步优化农业区域布局，做大做强国家、省级特色产业之乡，加大特色专业乡、专业村建设力度，促进优势农产品向优势产区集中，尽快将产业优势、产品优势转变成经济优势。三要强力推进产业化经营。要从政策、资金、人才等方面进一步加大对龙头企业的扶持力度，抓住商务部支持重点农副产品市场改造的机遇，争取资金，推动五得利集团、金凤市场、鸡泽辣椒工贸城等一批加工型、市场型龙头上规模、上档次、上水平。要大力发展农民专业合作经济组织和农副产品行业协会，推广“公司加合作组织加农户”“订单农业”等经营形式，完善龙头企业与农民的利益联结机制，提高农民进入市场的组织化程度，进一步提高农业产业化经营水平。

（3）坚持把发展县域经济作为富民强县的重要支撑。就我们东部十个县来说，县域经济是短腿，是弱项，也是制约经济发展的瓶颈，必须下大力气突破。2003年省统计局对全省136个县（市）经济发展综合排队，我市进入前30位的只有武安市（第6位）、涉县（第21位）、邯郸县（第26位）三个县（市），东部十个县中没有一个进入前30名，却有6个县排在100位以后（成安第103位、临漳第112位、曲周第113位、魏县第117位、肥乡第122位、大名第128位）。县域经济薄弱，一方面表现在我们的基础差，总量小；另一方面表现在我们的经济特色不明显，有特色的又起步晚、规模小，同时对外开放滞后。所以，我们一定要增加紧迫感和危机感，努力突破县域经济这个制约全局的薄弱环节，增强经济发展的活力和后劲。

加快县域经济发展，要重点抓好"三集中"、推进"三化"。所谓"三集中"，一是土地向种粮大户集中，妥善做好土地流转工作，适度发展规模经营。二是农民向城镇集中，让农民离土不离乡。三是项目向园区集中，发展规模工业经济。推进"三化"。一是工业化。从实际出发，大力发展县域工业，特别是要按照中央一号文件的要求，提高粮食综合生产能力，大力发展农字号的农副产品深加工企业，提高农副产品的附加值。去年，我带曲周县的辰光集团和华裕粮油集团到欧洲考察。辰光集团搞食品添加剂色红素生产，用30吨辣椒加工1吨色红素，在欧洲市场可以卖到1万美元，效益很好，而单纯出口辣椒就打不进欧洲市场。农副产品的深加工方面，还有很多文章可做。比如，玉米可以生产味精、可以生产青霉素等。所以，我们东部十县要找准自己的比较优势，多上农副产品的深加工项目，提高农副产品的附加值，提高农业项目对财政增收的贡献率。二是农业产业化。要进一步培育壮大特色主导产业，加大基地建设，同时，发挥龙头企业和农民专业合作组织的带动作用，逐步改变农民分散经营、一家一户面对市场的状况，促进农业增效、农民致富。三是城市化。坚持以市场机制推进小城镇建设，鼓励引导社会资本参与城镇基础设施和公益事业建设，积极吸引和引导各种生产要素向县城和中心镇集中，以企兴城，以业兴城，以市兴镇，并不断增强小城镇辐射和带动力。

县域经济是特色经济，无论是工业化、产业化还是城镇化，都要注重特色，注重发挥比较优势，选准发展方向，把潜在的资源优势变为现实的竞争优势，外地的成功经验已经充分说明了这一点。

（4）坚持把加强基层民主政治建设作为做好农业农村工作的重要基础。

去年，全市农业农村工作之所以能取得较大成绩，除了得益于政策、市场等因素和各级党委、政府的积极工作，也得益于基层民主政治建设的加强，得益于党的惠农政策在农村的全面落实和不走样，因此，全市农村形势稳定，干群关系和谐。今年，这项工作还要加强，要通过不断完善制度，把基层民主政治建设提高到一个新水平。一是切实加强村务公开阵地建设，进一步完善村务公开的程序，加强村务公开的管理。坚持村级落实、县乡备案、逐级督查的制度以及随机抽查暗访、村务公开举报、查处和整改建议书及警示制度，不断提高村务公开的质量。二是进一步规范民主决策制度。要规范村级民主决策的程序，扩大民主决策的范围，建立决策责任追究制度，保障农民群众的决策权。三是进一步完善民主管理制度。逐步建立健全农村“三资”的经营管理、使用保护、换届移交、审计评估、登记公开等规章制度。坚持和完善“1·20”和“7·30”民主议政日制度，进一步规范民主议政的内容、参加人员、活动程序。坚持推行民主评议村干部工作制度，建立和完善村干部的激励约束制度，切实保障农民群众的监督权。

四　关于做好农业农村工作的领导方法问题

第一，切实转变领导方式。中央经济工作会议指出，党委抓经济工作主要在把握方向，谋划全局，提出战略，制定政策，推动立法，营造良好环境。作为党委，把握住了这六个方面，就能统领经济工作大局，掌握主动权，就能从思想上、政治上、组织上保证中央和省委、市委关于经济工作的总体要求和各项具体部署的贯彻落实。对于我们东部各个县来说，更是这样，在领导经济工作中，要注意加强综合协调，充分发挥各方面的积极性，形成推动发展的强大合力。要注意为经济发展创造良好的环境，提供更加优质的服务，促进农村各项政策的落实。

第二，以良好的精神状态确保各项重点工作的落实。细节决定成败，决胜在于末端。对于今年农业农村工作的各项要求，我们必须要有一个良好的精神状态去抓落实。决策再正确，贯彻不下去，也等于空话。大政方针确定以后，主要就是抓落实。从这个意义上讲，提高领导发展的能力，就是提高抓落实的能力。抓落实，要求我们要深入下去，从突出问题抓起，从具体事情抓起，了解基层群众反映的问题，有针对性地加以解决。另一方面要进一步优化经济发展的环境，着力解决审批事项多、环节多、办事难、乱收费和乱罚款及其他一些政策不落实的问题。同时，要注意解决乱检查、乱评比活动，让基层腾出更多的时间，做好他们应做的工作。

第三，切实加大对“三农”工作的宣传和典型推广力度。近几年来，全市农业农村工作取得了显著成绩，特别是在农业重点项目建设上成绩更是突出。可以说，我们农业大市在向农业强市的转变上已经迈出了较大的步伐，这其中有些新经验、新做法及新项目非常值得宣传、推介，但在这项工作上我们是一个弱项。宣传农业农村工作取得的成绩，并不是要我们夸大其词，言过其实，自吹自擂，而是要有重点地对经验进行总结、推广，从而为我们更好地做好农业农村工作提供典型示范，对有些农业产业化的龙头企业帮助他们宣传产品，扩大知名度，这也是今年我们服务“三农”工作的一项重要措施。强化宣传力度，一是要善于总结，把我们的好做法、好经验总结出来；二是要找准平台，盯住上级各类报刊、简报等新闻媒体，要善于和新闻媒体的同志交朋友，提供线索，把我们的好做法、好经验宣传出去，用于推动我们的工作。今后，各个县农口上的信息、亮点工作可以通过办公厅这个渠道向上反馈，也可以找新闻单位推介。总之，目的在于推动我们的工作，希望各个县特别是我们主管农业农村工作的副书记们在这方面要多动脑筋，多想办法，共同推动农业农村工作的开展。

我今天的讲话，主要是就今年“三农”工作给大家出个题目，也谈些想法，供同志们谋划工作参考。至于工作部署，要以今年全市农村工作安排为准。

在邯郸市老区建设促进会成立大会上的讲话

（2005 年 1 月 21 日）

新年伊始，万象更新。时值辞旧迎新之际，今天，我市老区建设促进会正式成立了。这是我市革命老区建设工作中的一件大事，一件喜事。在此，我代表邯郸市委、邯郸市人民政府，对市老区建设促进会的成立表示热烈的祝贺，对致力于促进老区建设、帮助老区人民脱贫致富的老干部、老同志、各界人士表示崇高的敬意，对到我市光临指导的省老区建设促进会的领导和同志们表示热烈的欢迎和衷心的感谢！

我们邯郸市是革命老区，有着光荣的老区革命斗争历史。1940 年刘伯承、邓小平率八路军一二九师挺进太行山区，开辟、创建了晋冀鲁豫抗日根据地，一二九师司令部旧址就位于我市涉县城西北的赤岸村。过去，我市老区人民在中国共产党的领导下，为夺取全国革命的胜利，用自己的鲜血和生命为中华民族的解放事业做出过巨大牺牲和重大贡献。今天，在全面建设小康社会、加快推进社会主义现代化建设的新的发展阶段，我们绝不能忘记革命先烈，不能忘记老区人民。缅怀先烈，饮水思源，动员各方面的力量，加快老区的发展步伐，是我们报答老区人民责无旁贷的责任。

我市革命老区较为集中，大多数县（市、区）中都有革命老区，老区建设的任务十分繁重。据统计，在全市 19 个县（市、区）中，有 11 个县（市）革命老区乡镇都在半数以上。这些年来，在各级党委和政府的关心和重视下，老区经济有了长足发展，基础设施不断完善，群众收入水平、生活水平也不断提高。但是，受诸多方面条件的制约，我市还有一些老区的经济社会发展水平还比较低。在11个革命老区相对集中的县（市）中，仍有3个县还是扶贫县。一些老区的人民群众还不富裕，生活质量还不高，甚至个别地方还相当贫穷。在全面推进农村小康社会建设中，切实加快老区人民增收、加快实现全面建设老区小康社会的步伐，显得尤其重要、尤为紧迫。

当前，全市上下正在学习贯彻中央、省、市经济工作会议、中央农村工作会议和市委六届七次会议精神。特别是农村工作方面，全市围绕实现粮食稳定增产、农民持续增收、提高农业综合生产能力，正在组织力量加大谋划实施力度，加快推进全面建设农村小康社会的步伐。在这样的形势下，市老区建设促进会的成立，为我市开展农村工作，特别是老区建设工作，增添了一支不可忽视的力量。它的成立，必将对促进革命老区经济、政治、文化发展，提高老区人民物质、文化生活水平，加快老区小康社会建设步伐等发挥积极的促进作用。

市老区建设促进会作为重要的社会团体组织，它由热心老区建设的老干部、老同志和其他有关人士组成，是老区建设工作的一支重要队伍，其宗旨就是为老区经济社会发展服务。老促会是党委和政府联系老区人民的重要纽带和桥梁，是推进老区建设的参谋和智囊。为了做好今后的工作，更好地发挥作用，在此，对市老促会提出以下几点期望，供大家参考。

（1）要善于学习贯彻党的方针政策，靠党的政策帮助老区人民脱贫致富。市老促会成立后，要尽快熟悉情况，进入角色，开展工作。帮助老区脱贫致富的方式方法很多，但最关键的是要依靠落实党的政策。因此，老促会一定要注重学习党的方针政策。前不久，中央、省、市先后召开了经济工作会议，中央召开了农村工作会议，市委召开了六届七次会议，对今后的经济社会发展做出了安排部署。对贫困地区，党中央、国务院和省委、省政府出台了一系列扶贫政策，我市根据本地实际也制定了《关于加大对扶贫开发工作重点县和重点村扶持力度的意见》等相应的扶贫开发政策和措施。市老促会要认真学习和深入领会中央、省、市的各次会议精神和各项方针政策，继续发挥善于把握方向、运用政策的优势，依靠党的政策帮助老区实现脱贫致富。

（2）要注重多掌握情况，搞好调查研究，有针对性地开展工作，反映问题，提出建议。市老促会成立后，要多调研，多掌握情况，围绕老区建设多反映情况，多提建议，协助市委、市政府和市扶贫办做好工作，当好参谋。在掌握情况方面，既要掌握全市当前工作、把握总体情况，又要深入贫困地区摸清乡村实情。既要掌握我市老区建设情况，又要了解外地老促会工作动态、学习外地的先进经验等。近两年来，我市扶贫开发工作总体上又有了新的进展。我市 2000 年底有 5 个贫困县、707 个贫困村、64.02 万贫困和低收入人口。2001 年开始，市委、市政府制定了《邯郸市农村扶贫开发十年规划》，通过“扶贫开发”“造血”式扶贫，到 2004 年底，我市贫困村已经减少到 400 个左右，贫困人口减少到 39.5 万人。剩余的这些贫困人口大都集中在地理位置更加偏僻、生存条件更加恶劣的地区，是扶贫开发工作的“贫中之贫”“难中之难”。掌握了这些情况，就会对全市老区扶贫开发工作有了总体的把握。在调查研究方面，大家要围绕加快老区脱贫致富、全面建设小康社会，针对阻碍老区发展的突出问题、老区人民的实际困难，进行深入调查研究。要及时向市委、市政府和市扶贫办反映问题，提出建议，出谋划策，并且要尽力为老区人民和老区建设做些实事，做些好事，从而有效地推动老区、贫困地区的经济社会发展。

（3）要围绕我市农村工作重点，围绕实现老区粮食稳定增产、农民持续增收、大力加强老区农业综合生产能力建设做好工作。市老促会要围绕我市农村工作的重点，积极开展工作。当前，我市农村工作要突出抓好两个方面工作，一是围绕粮食稳定增产，二是围绕农民持续增收。2004 年我市同全国一样，取得了粮食增产、农民增收、农业增效的好成绩。我们摆脱了粮食产量连续四年减产的趋势，去年出现了粮食增产，主要是政策好、市场旺、人努力、天帮忙。但是，从长远发展来看，我市一些地方农业基础设施薄弱的状况没有根本改变，一些老区要“靠天”吃饭，农业基础设施仍然比较差。旱涝灾害经常发生，一旦遭遇灾害，有的地方可能颗粒无收。老促会要围绕加强老区综合生产能力建设，注意老区人民的生产条件和生态环境、水利设施的建设和改善，坚持科技开发与人的素质提高同时抓，努力提高综合生产能力，为老区发展积攒后劲。我们市委、市政府也在突出抓劳务输出工作，这也是一项增加农民收入的有效措施。市老促会也可以组织老区的劳务输出，坚持不懈地抓好这项工作，也可以在这方面多出谋划策。

（4）要充分发挥自身工作经验丰富、交际面广等优势，积极有效地推动工作。市老促会在工作中，应该充分利用和发挥自身优势。要继续发挥老领导、老同志经验丰富、见多识广的优势，积极为各级党委、政府当好参谋、顾问。要继续发挥老同志关系多、联系面广、德高望重的优势，为老区开发建设牵线搭桥，多渠道争取各方面的支持。要充分发挥老同志善于做党务、政务、政治思想工作的优势，在老区建设中开展政治思想、宣传教育工作，提高农民科学文化素质，努力创建农村和谐社会。

（5）要努力加强自身建设，不断实现新的发展，为我市老区建设做出更大贡献。老促会成立后，要按照章程确定的宗旨和制度办事。要加强队伍建设，不断使队伍得到发展壮大。除了发挥好现有老同志的作用外，还要扩大队伍，把热心于老区事业的具有实力的企业家和科技、文化、教育、卫生等各方面的专家吸收为团体会员或个人会员，共同努力办好老促会，为老区建设服务。要重视抓好队伍自身素质的学习提高，树立良好的社会形象，更好地为老区建设服务。

同志们，老区建设是一项长期的系统工程，需要动员和组织全社会的力量共同参与。我们一定不辜负省老促会对我们的期望、对我们的嘱托，要扎扎实实地做好工作。各级党委、政府，各级领导干部，各企事业单位及社会各界朋友，都要关心、重视、支持老区的建设和发展，千方百计地解决老区人民生产、生活中的实际困难和问题，加快我市老区人民脱贫致富奔小康的步伐。各级党委、政府要大力支持老促会工作，要关心老促会同志的工作和生活，要为老同志继续发光发热提供必要的后勤服务工作，尤其是对老同志的身体健康更要多加关心和爱护，要尽可能多地为老同志的工作提供便利条件。

最后，祝市老区建设促进会越办越好！祝老同志在新的一年里身体健康、工作顺利！祝全体与会同志新春快乐、万事如意！

在市中小企业局调研时的讲话

（2005 年 2 月 1 日）

2004 年以来，大家以饱满的工作热情，扎实的工作作风，在完成市委、市政府交给的各项工作任务和服务民营企业发展上，做了大量的工作，取得了非常明显的成效，使邯郸民营经济发展有了长足的进步，各项主要经济指标的增长幅度大多数在 40% 左右。刚才看各处室的时候，在统计规划处看到 2004 年 11 月的一组数字，在邯郸的省部属企业工业增加值是 88 亿元，而我市民营企业增加值达到 235 亿元。这说明民营企业在邯郸国民经济发展中已经起到举足轻重的作用，它的贡献率在逐步增大。邯郸民营经济的发展是我们的希望，是我们的未来。在全市整个经济体制改革、产业结构调整、培育新的经济增长点等方面，民营经济起了非常重要的作用。所以近两年来，市委、市政府在调整大的经济发展战略的时候，提出“开放总揽、环境先导、民营突破”，提出“工业立市、农业稳市、民营活市”这样的工作指导方针。中小企业局在发展民营经济上做了许多卓有成效的工作，特别是近一年来，担保机构、银企对接、行风建设、企业维权、信息网络建设等许多工作走在了全省前列。省中小企业局领导同志来邯郸，都对我们的工作给予了很高的评价。省里几个专题会议有的在我们邯郸召开，有的让我们去介绍经验，这无疑对我们是一个很大的鼓励和鞭策，同时是对我们工作的一个客观评价。再说行风评议这件事，从自身来说是机关、队伍建设，也能够综合反映精神状态、工作业绩等方面的情况。以前在全省中小企业系统中，行风评议是不靠前的，在我们邯郸也属于拉后腿的。所以省中小企业局领导几次给我们压担子，要求我们做好这项工作。我们承诺，保证不拉后腿，争取做贡献。现在我可以告诉大家，我们是做贡献了，市中小企业局在行风评议中被评为优秀。前年还是倒数，去年被评为优秀，非常不容易，我感到很高兴。要在这个基础上，再接再厉，做好工作。

2005 年，对我们邯郸经济社会发展是非常关键的一年，是执行“十五”规划的最后一年，也是谋划、编制“十一五”规划的重要一年。我们面临的全面建设小康社会和现代化建设的任务相当繁重，特别是在产业结构调整、培育新的经济增长点、促进城乡人民增收、提高生活水平等方面，任务还非常艰巨。我们过去“两黑两白”的经济结构，在市场经济条件下，已经很难再向前发展、提高效率了，必须做大的调整，培育新的产业、新的产品。靠什么机制来做？当然，国有企业改革是非常重要的一面，但我们的难处是很多的。还有一个方面，就是实现民营经济的突破，从这方面来推动经济社会的发展。客观地说，我市国有企业、原材料工业基础比较雄厚。前些年，特别是计划经济的时候，民营经济在整个经济中占的比重非常小，是不被重视的。就是在改革开放后的头十几年，可以说没有把关注点放到民营经济这边来。这给我们留下了很多缺憾，同时也给我们留下了发展的空间，有了更多的发展机遇。为什么我们调整了发展思路后，短短几年，民营经济就有了这么大的增长？说明邯郸经济社会发展对民营经济有呼唤、有需求，也说明民营经济在邯郸适合发展，有广阔的发展前景。当然，发展民营经济也不是轻而易举的事，有很多的难处。尽管我们做了许多工作，也取得了明显成效，但很多“瓶颈”仍然明显地制约着我们的发展。刚才，殿魁同志讲的几个方面困难，也是比较突出的制约因素。比方说土地、资金、人才三大难题。上次民营经济领导小组会上谋划工作时，我也讲过还有个环境问题，环境问题是个综合性问题。还有体制问题，特别是县里将来机构改革怎么搞，我们可以积极提建议，但要服从国家大的政策。改革的转换期是最困难、最难受的，有时候有些问题下不了手。老的改掉了，新的还没有出来，出现空当，就容易造成工作上的缺位，该做的事情做不了或者做不好。这些问题都是在改革中经常遇到的情况，要靠我们加强工作、加快改革的步伐来解决。在这个过程中，我们也是可以有所作为的，通过深入调研，提出一些切合改革发展稳定实际的对策，向市委、市政府提出一些建议，也可以向省里提建议，争取被上级采纳。

下一步的工作，我在元旦前召开的全市民营经济工作领导小组全体会议上已经讲过了，在你们这里就不再讲了。整个工作的谋划，将来市委、市政府还要开会，还要部署。今天，主要讲讲机关工作吧。从乡镇企业起步建立乡镇企业局发展到现在的中小企业局，经历了20多年。民营经济在整个国民经济发展中已经具有举足轻重的地位，中小企业局所担负的功能和职责，越来越切合经济发展的需要。出现今天这个好局面，有党和国家政策调整给我们带来的机遇，有市委、市政府的正确领导，同时，更多的是靠中小企业局全体干部职工的共同努力。

一　抓好班子带好队伍

在座的局班子成员和中层干部中，许多同志在局里工作了多年，做了大量工作。大家知道，真正要做好工作、出成绩，关键是要有一个好的领导班子、好的带头人。市委决定殿魁同志主持中小企业局工作，一年来的工作做得很好，这一点市委、市政府是充分肯定的，省中小企业局也是充分肯定的。班子成员、中层干部以及全体干部职工，要珍惜团结的局面、干事的局面。要维护班子的团结，维护班子的威信，使火车头跑得更快，带领大家更好地前进。

二　增强全局意识，加强理论业务学习，不断提高干部队伍素质

作为政府主管中小企业和民营经济发展的职能局，在市委、市政府把整个经济社会发展战略调整到“民营突破”的时候，大家可以思考一下我们肩上的担子有多重，责任有多大。你们局既是政府主管中小企业的部门，又是全市民营经济领导小组的办公室，是市委、市政府抓民营经济的参谋部，

同志们都是参谋和助手。要有这样的全局意识，要站在这样的高度，来管全市中小企业和民营经济的发展，为培育新的经济增长点、为调整产业结构做贡献。刚才，我在担保公司讲了，要立大志、做大事，不要挣小钱。这句话在这里同样适用，但主要强调第一句话，就是大家要考虑干事情。在座的中层干部是科级，班子成员是县级，规格也不算低了。到了这个地位上，还能干多长时间？还能干几年？这都需要想一想。所以如果打岔也是过日子，干活也是过日子，与其说打岔不干事，不如踏踏实实干点事。光打岔不干事折腾了几年，回头看，自己是空虚的，对党和人民没有个交代。如果集中精力干点活、吃点苦、受点累，回过头来看很充实，对自己有个交代，对同志也有个交代。在团结和谐的班子里工作，大家心情会很愉快，干部也会成长。有了这个前提和意识，集中精力干事情，加强理论、政治、业务学习，提高自身素质，这是我们干好工作的最基本条件。从当前来说，政治理论学习就是保持共产党员先进性教育。中小企业局在行风评议上走在了前列，在“保先”教育上也要开展好、组织好。同时，要继续搞好今年的民主评议活动，保持先进地位，保持先进称号。中小企业局管民营经济发展，实际上是一个部门管宏观。民营经济的领域太宽了，涉及的产业、行业、人才等，业务交往面太宽了，市场也很宽。民营企业人才济济，要想管好这个领域、这些人，为他们搞好服务，不具备一定的素质是不行的。就信用担保公司来说，已经进入了金融领域了，金融不仅与经济发展有密切联系，而且对整个社会的方方面面都有着不可替代的影响力，要管好确实不容易。中小企业局要驾驭民营经济有序发展、有效率发展，就要有本事，需要学习方方面面的知识，提高素质，增强驾驭市场经济的能力。

三　把注意力放在为民营经济发展服务上，多为民营经济发展解决实际问题

省委、省政府明确提出，今后市、县两级发展经济的重点主要是民营经济。我市民营经济已经有了一个快速健康发展的好势头，潜力很大，前景非常广阔。我们要多做服务性工作，多做调解性工作，多做引导性工作，促进

民营经济发展。在前不久中央经济工作会议上，胡锦涛总书记指出，党委领导经济工作的方法主要是把握方向、谋划全局、提出战略、制定政策、推进立法、营造环境。在解决民营经济发展中问题的时候，要多做调查研究，了解它的需求，研究思路，研究战略，提出方针，制定政策，搞好服务，促进发展。比如，为解决中小企业融资难，我们搞了信用担保体系建设，解决了一些问题。当然，担保体系建设现在还是刚刚起步，还有许多工作要做。可以说是：初见成效，可喜可贺；增资扩股，任重道远；服务民营，践行宗旨；做大做强，前景广阔。土地的问题，我们要通过整合利用资源来解决，甚至可以虚功实做创造性地解决问题。我在几个会议讲过大名五得利面粉城征地的例子。五得利集团日处理小麦 5000 吨，全国第一。但这么多年牌子没有打出去，我们积极做推荐工作，最后五得利集团被国家发改委、农业部等八部委确定为农业产业化国家级重点龙头企业，五得利面粉被国家名牌鉴定委员会和国家质检总局评定为“中国名牌产品”，这是我们邯郸农业上的第一个国家级的名牌产品，实现了我市农产品加工型国家重点龙头企业和农产品“中国名牌产品”零的突破。五得利集团董事长丹志民被评为“全国十大杰出农民”。五得利面粉集团得的两个金字招牌（国家级重点龙头企业和“中国名牌产品”），在去年严格控制土地使用规模的形势下发挥了非常重要的作用，五得利面粉城 200 亩用地得到批准，在全市只此一家，全省也不多。两块金字招牌看似虚的东西，在关键时刻发挥了实实在在的作用。我们就是要通过对各种资源的整合利用，来服务、来引导、来扶持，帮助企业做强做大。

四　做好机关规范化建设和行政权力公开透明运行工作

2005 年，河北省纪委谋划了行政权力公开透明运行工作，省委常委会研究决定，这项工作在全省搞试点，在 11 个市里确定 1 个市作为试点，我们邯郸被定为了这个试点市。同时省里还将开展效能建设主题活动，这些工作我们邯郸都不能落后。中小企业局在这方面要有所作为，通过行政权力公开透明运行和效能建设，把班子队伍带得更好。如果说班子是团结的，队伍是有战斗力的；如果说班子和队伍是有全局观念，有很高政治业务素质的；如果说我们心里装着民营企业，能够为民营企业搞服务、办实事；如果说我们这个机构、这个机关能够更规范化地建设，纳入法律、制度建设的轨道，公开透明运行，并不断提高效率。那么，2005 年会有更大的作为，最终能够推动全市民营经济发展，为全市全面建设小康社会和现代化建设事业做出贡献。我相信你们有这个能力，一年来的实践证明你们有这个能力！

建立惩防体系提高执纪能力　把全市党风廉政建设和反腐败工作不断引向深入

——在中共邯郸市纪律检查委员会第五次全体会议上的工作报告

（2005 年 2 月 23 日）

我代表中共邯郸市纪律检查委员会常务委员会向第五次全体会议做工作报告，请予审议。这次全会的主要任务是：以邓小平理论和“三个代表”重要思想为指导，深入学习、贯彻、落实党的十六届四中全会精神，中央纪委四次、五次全会精神，省纪委五次、六次全会和市委六届七次全会精神，总结 2004 年全市党风廉政建设和反腐败工作，研究部署 2005 年党风廉政建设和反腐败工作任务。

一　2004年全市党风廉政建设和反腐败工作情况

2004 年，市委、市政府高度重视并加强对全市党风廉政建设和反腐败工作的领导，采取了一系列重大举措，推动了反腐倡廉工作的深入开展。全市各级党委、政府和纪检监察机关以求真务实的精神，狠抓各项工作任务落实，使全市党风廉政建设和反腐败工作取得了新的成效。

领导干部廉洁自律工作以狠刹“五股歪风”为重点，在教育、监督和专项治理方面取得了新突破。突出开展了治理跑官要官、送钱收钱等“五股歪风”工作。组织副科级以上领导干部进行了公开承诺和表态。开展了党政机关移动通信工具货币化改革试点工作。落实领导干部配偶子女从业有关规定等工作也取得了明显成效。

组织开展了学习贯彻《中国共产党党内监督条例（试行）》、《中国共产党纪律处分条例》和《中国共产党党员权利保障条例（试行）》工作。组织4689名副科级以上领导干部参加了“三个条例”知识考试，组织3000余名干部职工进行了“三个条例”知识竞赛，推进了“三个条例”的贯彻落实，增强了各监督主体的责任意识和广大党员干部接受监督的自觉性。

协助市委认真落实了党风廉政建设责任制，进一步完善和落实了责任分解、责任考核、责任追究等制度和措施。年初，对38名市级领导干部、1562名县级干部和14256名副科级以上干部承担的党风廉政建设工作任务进行了责任分解。年中，组织139名县级党政正职进行专项述职谈话，组织2132名乡（科）级班子党政正职进行廉政谈话，推进了责任制落实。年底，对县（市、区）和市直部门进行了年度廉政考核。

查办案件工作进一步加大协调力度，在查处重大典型案件方面取得了突破性进展。市纪委、监察局在上级不下达办案任务指标的情况下，继续加大对办案工作的协调、指导和督办力度，督促各级纪检监察机关严格依纪依法办案，注重查处本级管理的案件，提升县（市、区）纪委办案能力，集中查办了一批有影响、有震动的重大典型案件和严重损害群众利益、影响全市发展稳定的重大案件。全年先后三次召开典型案件公开处理会、新闻发布会，运用典型案件开展警示教育，实现办案延伸。我市办案工作向警示教育延伸、向专项治理延伸、向完善制度和加强管理延伸的做法，受到了中央纪委领导同志的肯定。

纠正不正之风和民主评议工作通过实行挂帐督办制度，在解决群众反映的突出问题和优化发展环境方面创出了邯郸特色。一年来，纠风工作在三个方面取得了明显成效：一是民主评议工作通过实行挂帐督办制度和规范化管理，加大了解决评议问题的力度。2004年，市评议办共受理群众投诉213件，其中挂帐督办解决问题85件。在全省民主评议活动座谈会上，我市介绍了评议工作规范化管理的经验。二是专项治理工作取得阶段性成果。全市各级纠风部门立案查办典型案件105件。2次召开查处不正之风典型案件新闻发布会，对13起干扰和损害经济发展环境的典型案件进行了公开处理和曝光。三是积极围绕重特大安全生产事故、专项资金使用等开展执法监察。全市共开展执法监察项目56项。会同有关部门对16个县（市、区）和11个市直单位38个国债重点项目进行了检查。围绕落实市委提出的“行政提速、服务提质”活动，积极开展行政效能监察，组织明察暗访，查处了个别公安干警不作为等六个方面问题。在全省优化发展环境大会上，我市介绍了经验。协调市国土资源局认真开展了征收农民土地补偿费使用情况和经营性土地招、拍、挂工作的监督检查，对拖欠农民的5836万元土地补偿费全部补偿到位。对建筑市场、拖欠农民工工资、重大投资项目等重点工作进行了重点督导和检查。

源头治腐工作坚持教育、制度、监督并举，不断扩大工作成果。建立并实行了由组织、宣传、党校、广播电视、文化和各新闻单位参加的“大宣教”成员单位联席会制度，使党风廉政教育融入“大宣教”之中；进一步充实了“立党为公、执政为民”主题教育和“两个条例”教育等新的教育内容；利用纪检监察网站、反腐倡廉文艺汇演等丰富多彩的新形式，提高了教育效果。着力推进财政管理制度改革。组织了落实“收支两条线”规定、财政国库集中收付、预算编制、政府采购、产权交易等专项检查，制定了《产权交易管理暂行办法》，完善了党政机关通过招标、拍卖处置公务车辆的制度和办法，推进了产权交易制度改革。同时，参与了对改制企业产权转让的公开招标拍卖工作，盘活资产31.5亿元。财政集中收付工作取得明显进展，市本级103个一级预算单位、61个二级预算单位全部实行了集中支付。积极推进行政审批制度改革。开展了《行政许可法》培训和清理工作，组织开展了专项检查，推动了《行政许可法》的落实。加强协调，深化干部人事制度改革。推进了领导干部任前公示制、聘任制、试用制，建立了纪检监察、组织、审计等机关、部门参加的干部监督工作联席会议制度等，从机制和制度上加强了对干部人事制度改革的监督。开始建立行政权力公开透明机制，积极推进政务、厂务、村务、校务四项公开。

总结2004年工作，我们的体会和基本经验主要有四个方面。

（1）必须把优化发展环境、服务发展第一要务作为纪检监察工作的立足点和着力点。一年来，市纪委、监察局积极查处企业改制中侵吞国有资产等违纪违法案件，优化企业内部环境；严肃查处行政不作为和乱作为等问题，推进“行政提速、服务提质”活动的深入开展，优化政务环境；积极开展民主评议、纠正医药购销中的不正之风、治理教育乱收费和公路“三乱”、减轻农民负担等工作，优化社会环境。实践证明，围绕经济建设中心和改革发展稳定大局开展纪检监察工作的定位是十分正确的。只有这样，纪检监察工作发挥作用的天地才会更宽广。

（2）必须不断适应新形势需要，创新工作理念和工作思路，指导全市反腐倡廉工作健康开展。2004 年，市纪委、监察局在内搞调查研究、外出学习考察的基础上，结合本市实际，在市纪委四次全会上提出了“三个一”的任务目标，即构建一个防腐保廉体系，实施一个保驾护航工程，锻造一支高素质的纪检监察干部队伍。一年来，组织全市纪检监察机关创新工作方法，制定具体措施，全面落实“三个一”任务目标，使反腐倡廉工作不断取得新的成效。我市“三个一”工作目标的提出和实施，体现了中央教育、制度、监督并重，从源头上预防和治理腐败的工作方向，是我市党风廉政建设和反腐败工作认识上的一个飞跃，措施上的一个深化，方法上的一个创新。

（3）必须以创新的工作方法和措施，加强对党员领导干部的监督。在贯彻《中国共产党党内监督条例（试行）》、加强对党员领导干部的监督工作中，我们创新监督形式，从 5 月中旬到 6 月底，由市纪委书记、副书记任组长，组成 5 个谈话小组，对全市 19 个县（市、区）和市直 91 个单位的 139 名党风廉政建设第一责任人逐人进行了述职谈话，强化了对“一把手”的监督，增强了“一把手”抓党风廉政建设的自觉性。省纪委发通报对这一做法予以推广。

（4）必须加强纪检监察机关自身建设，不断提高纪检监察队伍的整体素质。2004 年，市纪委常委会在委、局机关提出并实施了干部队伍建设“三步走”工作思路：一是协助市委提拔、调整和重用 24 名县级干部，配齐配强了委局班子成员和各厅室主任；二是通过竞争上岗，择优选配了 12 名副主任，使中层干部力量得到加强；三是从省委选调生中选拔了 5 名优秀年轻干部，充实到机关干部队伍中。通过“三步走”，机关干部的平均年龄下降了2.93岁，大学学历干部由23.6%提高到31.8%，机关干部队伍的梯次结构初步形成，年龄和知识结构得到改善。

回顾2004年的工作，虽然取得了一定的成效，但也存在一些问题，主要是：在加强组织协调，更好地调动社会各方面力量，齐抓共管反腐倡廉工作方面力度还不够大；在广辟案源、深入挖掘有价值重大案件线索方面，措施还不够有力；在对派驻纪检监察机构的管理和发挥其作用方面，还需进一步规范和加强；在构筑防腐保廉体系，从源头上预防和治理腐败等方面仍然有大量的工作要做。这些，都需要在今后的工作中采取更加有效的措施，认真加以解决。

受市纪委常委会的委托，我向全会报告常委会自身建设情况。市纪委四次全会以来，市纪委常委会在市委和省纪委的正确领导下，坚持以邓小平理论和“三个代表”重要思想为指导，认真贯彻落实省委、省纪委和市委的各项决策部署，全面抓好市纪委全会部署任务的组织实施，扎实推进全市党风廉政建设和反腐败工作。在纪检监察系统开展了提高执纪能力、构建惩防体系、严格依纪依法办案等专题研讨活动。市纪委常委会重视理论中心组学习和理论武装，班子成员按要求做好学习笔记，撰写体会文章，聘请有关专家学者进行了《行政许可法》等专题学习辅导。坚持民主集中制，严格执行常委会工作规则，努力做到决策的科学化、民主化。认真遵守领导干部廉洁自律各项规定，严格按照国家法律和党内法规办事，自觉接受全委会和各级党组织、广大党员干部的监督。加强内部监督，加强财务管理。重视纪检监察队伍建设，对纪检监察干部严格要求、教育、管理和监督。同时我们也认识到，市纪委常委会的自身建设还存在一些薄弱环节，政治业务学习还有待进一步加强。我们希望市纪委各位委员、各级党组织和广大党员干部继续对市纪委常委会的工作进行监督，以便我们进一步改进工作和作风，把工作做得更好、更有成效。

二　2005年全市党风廉政建设和反腐败工作主要任务

2005年，我们要以邓小平理论和“三个代表”重要思想为指导，认真贯彻中央纪委四次、五次全会和省纪委五次、六次全会精神，坚持标本兼治、综合治理、惩防并举、注重预防的方针，努力建立健全教育、制度、监督并重的惩治和预防腐败体系。在继续保持惩治腐败强劲态势的同时，加大预防腐败工作力度，着力在推进行政权力公开透明运行、专项资金综合治理、机关效能建设等重点工作上实现突破。为改革发展排阻清障，为人民群众排忧解难，深入推进全市党风廉政建设和反腐败工作，促进全市和谐社会建设和经济更快发展。

（一）集中力量，突出重点，着力抓好省委、省纪委确定的三项重点工作

最近召开的省纪委六次全会，确定了今年全省党风廉政建设要突出抓的三项重点工作。这是省委、省纪委贯彻落实党的十六届四中全会和中央纪委五次全会精神，紧密结合我省实际开展的开创性工作。我们要高度重视，集中力量，认真抓好。

(1) 下大力气抓好推进行政权力公开透明运行工作。阳光是腐败的天敌，公开是腐败的克星。推进行政权力公开透明运行工作，是解决因暗箱操作导致腐败的关键措施，是落实《实施纲要》、构建惩治和预防腐败体系的重要举措，对有效规范权力、制约权力、监督权力具有十分重要的意义。

我市是全省 11 个设区市中，唯一被确定的推进行政权力公开透明运行工作试点单位，这是省委、省纪委对我市的信任和鞭策。我们要精心组织，大胆探索，锐意创新，努力把我市的行政权力公开透明运行工作引向深入，并为明年这项工作在全省全面推开提供有价值的借鉴和有益的经验。工作中要突出抓好三个环节：一是登记摸底环节。认真搞好调查摸底，编制各级职权目录，理清各级各部门及其岗位、人员的职责、权限和运行流程。二是全面公开环节。按照省纪委关于推进行政权力公开透明运行工作的实施意见，结合我市实际，全面规范行政权力公开的内容、范围、形式和时限，确保公开真实客观、及时快捷。三是监督检查环节。在加强纪检监察机关监督的同时，采取设立行政权力公开监督员、建立行政权力公开评议制度等措施，加强广大干部群众和社会各界对行政权力公开透明运行工作的监督。研究制定

违反行政权力公开透明运行规定处理办法，对不公开、假公开、敷衍应付、欺上瞒下的，要严肃追究单位主要领导的责任。通过大力推行和实施行政权力公开透明工作，使行政权力的行使逐步做到行为规范、程序严密、运行公开、结果公正、监督有力，最大限度地防止权力滥用，遏制权钱交易、以权谋私等腐败现象的发生。

（2）全面开展专项资金的综合治理。这次专项资金综合治理的重点是扶贫资金、救济救灾资金、农村中小学危房改造和布局调整资金、公共卫生防治体系建设资金及计划生育药具专项经费等直接关系人民群众生产、生活和生命安全的专项资金。在专项检查中，要紧紧抓住资金审批、拨付、使用等关键环节，注重发现和查处典型案件，举一反三，推动整个专项资金综合治理工作的深入开展。要严格掌握政策界限，实事求是地处理检查中发现的问题。综合治理，堵塞漏洞，健全完善有关规章制度，确保专项资金的规范使用。

（3）大力推进机关效能建设。省委决定，2005 年在全省乡镇以上机关和具有行政管理职能的单位，开展以“提速、提质，为人民、促发展”为主要内容的机关效能建设活动。我市是全省开展“双提”活动较早的市，这项工作我们已经有了较好的基础。今年要按照省委统一部署和要求，在去年开展“双提”活动的基础上，进一步抓好规范和深化。认真学习浙江省加强机关效能建设的经验，总结推广邯山区在机关效能建设方面的做法，制定出台我市加强机关效能建设的暂行规定和责任追究办法并认真抓好落实。加强明察暗访，强化责任追究，坚决查处和纠正推诿扯皮、敷衍塞责、效率低下等影响行政效能的行为。促使各级机关增强服务意识，严格绩效考评，提速工作过程，提升服务质量，努力使我市的机关效能建设再上一个新台阶。

上述三项重点工作，既是建立健全惩治和预防腐败体系、推进党风廉政建设的有效措施，也是促进全市经济发展的重要举措。为此，市委决定成立专项工作领导小组，切实加强对三项重点工作的领导。各级纪检监察机关要认真抓好三项工作的组织协调，加强监督检查，确保三项重点工作任务的落实。

（二）认真解决突出问题，促进领导干部廉洁从政

全市各级党组织和广大党员干部要严格遵守“四大纪律八项要求”，尤其要严格遵守党的政治纪律和组织纪律，绝不允许组织、参加或支持各种非法组织和非法活动，不允许阳奉阴违、各行其是、有令不行、有禁不止，不允许公开发表或在群众中散布同党的路线方针政策及各项决定相违背的言论，不允许编造、传播丑化党和国家形象的谣言。自觉维护党的团结统一，在思想上、政治上、行动上同党中央保持高度一致。

要严格执行中央和省委、市委做出的有关领导干部廉洁从政各项规定，在严肃执纪的同时加大组织处理力度，切实解决党风方面存在的突出问题。(1) 违反规定收送现金、有价证券和支付凭证的，要按照组织程序一律先行免职，再依据规定处理。(2)“跑官要官”的，要批评教育，不能提拔重用，在重要岗位上的要予以调整，已得到提拔的要坚决撤下来；对“跑官要官”制止不力造成用人严重失察失误的，要严肃追究责任。(3) 放任、纵容配偶、子女及其配偶和身边工作人员，利用领导干部职权和职务影响经商办企业或从事中介活动谋取非法利益的，要辞去现任职务或者由组织责令辞职，并按照规定给予纪律处分。(4) 利用婚丧嫁娶等事宜收钱敛财的，要严肃查处。这个问题既是中央纪委全会今年新增加的内容，又是我市群众反映非常突出的问题。最近我市出台了《关于对参与婚丧事大操大办的公车给予取消年度油修费等处理的规定》，各级各部门要认真落实好这方面的规定，坚决刹住这股歪风。(5) 参加赌博的，先予以免职，再依据规定处理；到国（境）外赌博的，要从严惩处。(6) 坚决纠正和处理领导干部超标准配备小汽车、在住房上以权谋私、用公款大吃大喝等问题。(7) 坚决执行省委关于领导干部“三不”规定，即领导干部个人不准擅自决定建设项目立项，不准授意和内定项目中标对象，不准违规干预资金使用。各级领导班子和领导干部，都要围绕上述问题和其他突出问题，认真进行对照检查，有什么问题纠正什么问题。纪检监察机关要采取经常性检查与定期专项检查相结合、明察与暗访相结合的方法，加强对上述规定和其他领导干部廉洁从政规定执行情况的检查，构成违纪的要严肃查处。

进一步加强对党员领导干部的廉洁从政教育，按照中央和省、市部署，认真开展以实践“三个代表”重要思想为主要内容的保持共产党员先进性教育活动，坚定理想信念，发扬优良传统，保持清正廉洁，切实解决党员和党组织在思想、组织、作风以及工作方面存在的突出问题。各级纪委要积极参加保持共产党员先进性教育活动，并会同有关部门加强监督检查，保证教育活动顺利开展。继续认真抓好权力观教育，抓好正面典型示范教育和反面典型警示教育活动，市、县两级年内都要利用典型案件召开1～2次警示教育大会。

（三）着力解决群众反映强烈的突出问题，坚决纠正损害群众利益的不正之风

要站在执政为民的高度，突出抓好四项工作。

一是坚决纠正征收征用土地、城镇房屋拆迁、企业违法排污、企业重组改制和破产中损害群众利益，以及拖欠农民工工资等突出问题。加强对征地过程和征地、拆迁补偿资金分配使用的检查和监管，严肃查处拖欠、截留、挪用补偿资金等问题。规范城镇房屋拆迁管理行为，纠正滥用强制拆迁手段等问题。加大对企业环保工作的监督检查力度，严肃查处企业违法排污行为。加强对企业重组改制和破产操作程序的监督，抓好企业经营状况、安置政策等重大事项的公开，保障职工的知情权、参与权和监督权。推行工程建设业主支付担保和承包方履保制度，切实解决拖欠农民工工资问题，维护好群众利益。

二是继续抓好纠风专项治理工作。认真治理教育乱收费，全面实行公办学校义务教育阶段“一费制”收费办法，严格执行公办高中招收择校生“三限”政策，规范高等学校收费行为。进一步完善药品集中招标采购，严格规范医疗服务项目和医务人员的诊疗行为，严肃查处药品和医疗器械购销中给予和收受回扣，以及医疗服务中“开单提成”、收受“红包”等问题。认真落实减轻农民负担和农村税费改革的各项政策规定及配套措施，加大监督检查力度，严肃查处涉农负担恶性案（事）件。治理整顿党政机关及其所属单位乱办班、乱收费、乱发证等问题。采取有效措施，加强从源头上预防和治理公路“三乱”工作，巩固成果，防止反弹。

三是进一步深化民主评议活动。在普遍评议基础上，重点搞好对教育、卫生、公安、交通、国土资源、建设等部门的评议。积极探索对政府部门以外的机关和党委部门的评议办法。在评议的科学化、制度化、规范化上下功夫，不断提高评议效果。认真落实《关于对政风行风建设问题实行挂帐督办的实施办法》，坚持阳光投诉、阳光服务、阳光热线、听证质询、践诺公示等行之有效的制度，认真解决影响发展和群众反映的突出问题，促进参评部门更好地为人民群众办实事，为优化发展环境做贡献。

四是切实加强城市和农村基层干部作风建设。认真解决发生在群众身边的办事不公、作风粗暴、损害群众利益等问题。对损害群众利益的不正之风长期得不到有效治理的地方和单位，要按照有关规定追究主要领导的责任。

（四）坚决查办违纪违法案件，继续保持惩治腐败的强劲势头

今年我市查办案件工作的重点是，查办发生在领导机关和领导干部中滥用权力、谋取非法利益的违纪违法案件。严肃查办利用人事权、司法权、审批权违纪违法的案件，工程项目中发生的案件，金融、土地管理等领域以及物资和服务采购活动中的案件，严肃查办企业重组改制、产权交易和经营管理活动中国有资产严重流失的案件，严肃查办党政干部、执法人员为黑恶势力充当“保护伞”的案件和领导干部送钱收钱、买官卖官、参与赌博等案件，严厉惩处腐败分子。

进一步加强对查办案件工作的组织协调和管理。认真履行纪委的组织协调职能，充分发挥市、县两级纪检监察机关查办案件的主力军作用，注重调动和发挥市直、企业及乡镇纪检监察机构的办案力量和作用，坚持督办、与司法机关协办、系统内联办相结合，形成查办案件的整体合力。在坚持和完善具有我市特色的信访信息库、案件线索库、办案资料库和办案人才库的办案“四库”等行之有效制度基础上，积极推行和完善四项工作制度：（1）“一案三责”制度（案件主办人责任制、室主任连带责任制、案件质量责任追究制）；（2）“一案三会”制度（案前分析会、案中协调调度会、案后总结会）；（3）“一案三报告”制度（案件调查报告、案件

剖析报告、办案经验教训总结报告）；（4）“一案三延伸”制度（查办案件向警示教育延伸、向专项治理延伸、向完善制度和加强管理延伸）。努力提高办案效率和质量，增强办案的政治、经济和社会效果。进一步做好纪检监察信访举报工作。坚持纪检监察机关领导干部轮流接访制度，认真落实省纪委、监察厅《关于办理答复署实名举报件的暂行办法》，以高度负责的精神，认真处理群众来信来访。既要注意从群众信访举报中发现案件线索，又要注意鉴别分析，支持和保护党员干部敢抓敢管、干事创业的积极性。健全完善上访情况信息沟通等信访举报工作机制，努力提高基层纪委解决信访问题的能力。

（五）深化改革，完善制度，继续深入推进治本抓源头工作

在深化干部人事制度改革方面，要突出抓好《党政领导干部选拔任用工作条例》和《党政领导干部选拔任用工作监督检查办法（试行）》的贯彻执行，总结推广成安县干部任免常委会票决制等成功做法，建立健全干部选拔任用和管理监督机制，强化监督检查，有效预防、坚决治理选人用人上的不正之风和腐败现象。在推进行政审批制度改革方面，要认真贯彻实施《行政许可法》，进一步削减行政许可和审批事项，压缩行政审批环节，改进行政审批方式，扩大联合审批和部门会签的范围。建立健全审批事务行政公开、行政听证、公务回避、职能分离、审批时效等相关制度，加强对行政审批的监督、管理。推行馆陶县深化行政审批制度改革方面的经验，抓好典型带动。在深化财政管理制度改革方面，要重点落实好“收支两条线”规定，加大对“小金库”的清理和查处力度。推行财政综合预算，继续扩大财政资金国库集中收付改革范围。加强对农村财务的监督管理。继续推进通信费、公务用车、公务接待等方面的职务消费货币化改革。在推进投资体制改革方面，要贯彻落实《国务院关于投资体制改革的决定》，重点加强对政府投资项目的监督，完善重大政府投资项目论证制和公示制，建立政府投资责任制和责任追究制。进一步推进司法体制改革，支持司法机关依法独立公正履行职责，健全完善司法工作规范和责任追究制度，严格执行审判公开制度，健全检务公开制度，加强对司法活动的监

督，解决群众反映强烈、影响司法公正的突出问题，预防和治理司法领域中的腐败现象。

进一步健全并严格执行工程建设项目招标投标制度，加强项目经理和评标专家管理，坚决纠正干预招标、虚假投标、串标等问题。加强有形建筑市场建设，完善建筑市场监控体系和信用体系。落实和完善经营性土地使用权招标、拍卖、挂牌出让制度，规范协议出让行为，严肃查处暗箱操作等违规违法问题。完善产权交易市场功能，强化对国有资产评估和产权交易的监管。健全完善管理职责与执行职责相分离的政府采购管理体制，建立预算编制备案制度，完善招标评标体系。规范行业组织和社会中介机构，强化对各类社会组织的管理和监督。

（六）加强国有企业党风建设和反腐倡廉工作，保证国有企业改革顺利进行

一要在全市国有企业领导人员中深入开展坚定理想信念、依法经营、廉洁从业、诚实守信的教育，监督国有企业领导人员严格遵守《国有企业领导人员廉洁从业若干规定（试行）》，不得滥用职权、损害国有资产权益，不得以权谋私、损害企业利益，不得侵犯职工群众合法权益，自觉规范职务消费行为，切实维护国家、社会、企业利益和职工群众的合法权益，实现国有资产保值增值。要把廉洁从业情况作为对国有企业领导人员考核的重要内容。

二要加强对国有企业改制及国有产权转让的监督检查。根据国务院及有关部委颁布的《关于规范国有企业改制工作的意见》《关于加强对国有企业改制及国有产权转让监督检查工作的意见》，结合我市实际，制定《关于加强对我市国有企业改制工作监督检查的意见》，通过纪检监察机关的参与，维护国家、企业和职工利益，保证国有企业改制顺利实施。

三要加强对国有企业资产的监督管理。紧紧抓住投资决策、产权交易、资本运营、财务管理、营销采购、工程项目等关键环节，建立健全企业内部监督制约机制，加大企业效能监察和内部审计力度，建章立制，堵塞漏洞，防止国有资产流失。

三　全面贯彻《实施纲要》，建立健全惩防体系，努力提高纪检监察工作能力

党中央最近颁布的《建立健全教育、制度、监督并重的惩治和预防腐败体系实施纲要》，是以胡锦涛同志为总书记的党中央从完成经济社会发展的重大任务和巩固党的执政地位全局出发，在总结历史经验、科学判断形势的基础上做出的重大战略决策，是我们党对执政规律和反腐倡廉规律认识的深化，是从源头上防治腐败的根本举措，是当前和今后一个时期深入开展党风廉政建设和反腐败工作的指导性文件。对于提高党的执政能力、落实科学发展观、全面建设小康社会，具有重要意义。我们要提高认识，强化措施，精心组织，把学习贯彻《实施纲要》同开展保持共产党员先进性教育活动结合起来，同深化改革、促进我市经济更好更快发展结合起来，同抓好党风廉政建设其他各项工作结合起来。在去年全市开展的构建防腐保廉体系工作的基础上，进一步健全完善三项机制，着力提高五种能力，强力推进六个创新，切实把《实施纲要》贯彻落实好，把我市建立健全惩治和预防腐败体系工作不断引向深入。

（一）坚持教育、制度、监督并重，健全完善三项机制

建立健全教育防范机制。要把反腐倡廉教育融入领导干部的选拔、管理、使用、培训等各个环节，教育引导广大党员干部特别是领导干部牢固树立正确的世界观、人生观、价值观和权力观、地位观、利益观，执政为民，清正廉洁。建立市级廉政网站，利用网络、短信等现代科技手段，不断改进教育形式。大力推进廉政文化建设，积极开展廉政文化进社区、家庭、学校、企业和农村的“五进”活动。进一步完善“大宣教”工作格局，形成反腐倡廉教育的强大合力。

建立健全制度约束机制。结合我市反腐倡廉工作的实际，重点建立完善约束领导干部行为、规范权力运行的制度规定，形成按制度办事、靠制度管人的机制。加强对反腐倡廉各项法规制度执行情况的监督检查，严肃查处违反法规制度的行为，保证反腐倡廉各项法规制度的贯彻执行。

建立健全监督制约机制。切实加强对各级领导干部特别是主要领导干部的监督，加强对管钱、管物、管人干部的监督，加强对决策、执行等权力运行关键环节的监督，建立健全及时发现问题和纠正错误的机制，防止权力失控、决策失误、行为失范。进一步拓宽和健全监督渠道，把党内监督与党外监督结合起来，把组织监督与法律监督结合起来，把专门机关监督与群众监督结合起来。加强审计监督，扎实推进党政领导干部和国有及国有控股企业领导人的经济责任审计工作，加强协调，加大对审计发现问题的查处力度。

（二）苦练内功，着力提高五种能力

围绕贯彻党的十六届四中全会和中央纪委四次全会关于“加强执政能力建设”的要求，紧密结合我市实际，在着力提高纪检监察工作五种能力上下功夫。

在提高保障和服务经济发展能力上下功夫。围绕树立和落实科学发展观，不断强化融入经济、服务经济、助推经济的意识，自觉把反腐倡廉工作安排、任务落实、督促检查同深化改革和发展经济的实际紧密结合起来，把纪检监察重点工作与党委、政府中心工作紧密结合起来。充分发挥纪检监察两项职能，大力加强和改进行政监察工作。加强对政府职能部门、行政执法机关行使职权、履行职责、执法程序的监督检查，建立健全行政执法评议考核制和行政执法过错责任追究制，坚决纠正和查处有法不依、执法不严的行为。围绕国家宏观调控政策各项措施贯彻执行情况，以及优化发展环境、重大公共投资项目和群众关心的热点问题，加强行政执法监察。重点加强对《行政许可法》、《土地管理法》、《招标投标法》及省、市相关地方性法规贯彻执行情况的监督检查，确保国家宏观调控政策和各项经济法律法规的贯彻落实。切实加强对优化发展环境的组织协调，严格执行市纪委、监察局《关于对干扰经济发展环境行为进行责任追究的实施意见》，充分发挥优化发展环境投诉中心的作用，严肃查处各类破坏经济发展环境的行为。

在提高对党员领导干部有效监督能力上下功夫。认真贯彻执行《中国共产党党内监督条例（试行）》，充分发挥各级纪委作为党内监督专责机关的作用，以完善“四廉”监督机制和党风廉政建设第一责任人逐人述职谈

话制度为重点，加强对各级领导干部特别是主要领导干部的监督，推动党内监督工作深入开展。在完善“四廉”监督机制方面，重点抓规范、抓经常、抓“用廉”，真正做到廉者用、廉者奖，不廉者下、不廉者罚。在完善党风廉政建设第一责任人逐人述职谈话制度方面，重点抓好谈话前准备、谈话中增强针对性和谈话后的整改落实等关键环节，努力强化谈话效果，提高监督的针对性、有效性。

在提高依法执纪、依法监察能力上下功夫。要把依纪依法的要求贯穿于纪检监察工作的各个方面，认真贯彻执行《中国共产党纪律处分条例》和国务院《全面推进依法行政实施纲要》、《中华人民共和国行政监察法实施条例》等，不断增强依法执纪、依法监察意识。特别是要坚持依纪依法办案，严格按照法定权限和程序使用办案手段和措施，正确运用政策和策略，做到严格执法、公正执法、文明执法。

在提高发展党内民主、维护党员权利能力上下功夫。各级纪检监察机关要切实加强对党内民主各项制度，特别是省委《关于加强各级党组织民主集中制若干重要问题的决定》执行情况的监督检查，加大对党员领导干部违反民主集中制、独断专行、打击报复反映真实情况的同志、违反党内选举制度等各种损害党员民主权利行为的处理力度，切实保障党员的民主权利。协助党委逐步推行党务公开，增强党组织工作的透明度，使党员更好地了解和参与党内事务。

在提高组织协调反腐败工作能力上下功夫。结合本地本单位实际，协助党委提出组织开展反腐倡廉工作的建议和措施，明确各部门、各单位在反腐倡廉工作中特别是在构建惩治和预防腐败体系中的职责和任务，充分调动执纪执法机关和各专项工作牵头部门的积极性，抓好党风廉政建设责任制的落实，形成工作的整体合力。继续坚持和完善年初责任分解、年中专项述职、年底责任考核制度，完善责任追究的制度规定，加大责任追究力度，不断提高落实党风廉政建设责任制工作水平。

（三）强力推进六个创新，进一步加强纪检监察机关自身建设

按照建设一支政治坚强、公正清廉、纪律严明、业务精通、作风优良的

高素质纪检监察干部队伍的要求，着力抓好六项创新，进一步加强纪检监察干部队伍建设。

（1）创新纪检监察干部双重管理体制，夯实能力建设的组织基础。进一步加强上级纪检监察机关对下级纪检监察机关的工作指导和人员管理，继续实行和完善纪检组长、监察室主任向纪委、监察局述职和报告工作制度。加快派驻纪检监察机构统一管理速度，年内全面完成市、县纪委、监察局双派驻机构统一管理工作。加强与有关方面的沟通协调，加大纪检监察干部的调整交流力度，进一步改善纪检监察队伍的年龄结构、知识结构。

（2）创新纪检监察干部思想教育方式，打牢能力建设的思想基础。认真学习实践“三个代表”重要思想，广泛开展向牛玉儒、梁雨润、张建国、孙卫山等先进人物学习的活动，结合纪检监察系统的实际，精心组织开展保持共产党员先进性教育活动，切实解决思想作风方面存在的问题，坚定理想信念。在纪检监察机关内部，推行“一岗双责”责任制，各级领导既要抓好工作，又要抓好人员的思想教育。

（3）创新学习培训制度，拓宽能力建设的培养途径。积极创建学习型机关，狠抓纪检监察干部的政治、业务知识学习，采取“请进来”举办培训班、开办讲座，“送出去”选派干部参加中央纪委、省纪委培训或到各级党校、院校深造等多种形式，进一步做好纪检监察干部培训工作，力争在2006年底前，将全市纪检监察干部轮训一遍。

（4）创新内部监督和制约机制，提高纪检监察干部自我约束能力。严格执行省纪委、监察厅《关于全省纪检监察机关工作人员执行公务的若干规定》，建立健全查办案件和专项检查回访制度、自查自纠执纪行为制度和领导监督责任制度，加大对纪检监察干部的执纪监督。对违反纪律规定的要严肃处理，不适合在纪检监察岗位上工作的要坚决调整出去。实行内部监督与外部监督相结合，注重发挥特邀监督员、新闻媒体和社会各界的监督作用，促使广大纪检监察干部自觉接受监督，严格执行工作纪律特别是办案纪律，自觉维护纪检监察机关的良好形象。

（5）创新执纪办案形式和手段，提高查办案件工作的科技含量。加快办公、办案现代化手段建设，逐步配置具有高科技含量的办公、办案设备，改善“一张纸、一支笔，一人问、一人记”的传统办案方式，不断提高纪检监察工作特别是办案工作的效率和质量。

（6）创新行政后勤工作，为纪检监察工作开展提供有力的物质保证。积极争取各级政府对纪检监察机关的资金投入，从经费上保证纪检监察工作的实际需要，努力改善纪检监察机关的办公、办案条件和纪检监察干部职工的生活条件。

同志们，今年全市党风廉政建设和反腐败工作任务超常繁重，新的形势对我们的工作提出了新的更高的要求。让我们紧密团结在以胡锦涛同志为总书记的党中央周围，高举邓小平理论和“三个代表”重要思想伟大旗帜，在省纪委和邯郸市委的领导下，与时俱进，开拓创新，求真务实，扎实工作，把全市党风廉政建设和反腐败工作不断引向深入，为建设和谐社会、推进全市改革发展稳定和早日实现全面建设小康社会的宏伟目标，提供坚强有力的政治保障和纪律保障。

在全市纪检监察系统先进集体、先进个人表彰大会上的讲话

（2005 年 2 月 23 日）

今天，我们召开全市纪检监察系统先进集体、先进个人表彰大会，是经市委常委会研究决定的。市委、市政府对这次表彰大会非常重视，参加市纪委五次全会的市领导同志亲切接见了受表彰的代表。聂辰席同志代表市委、市政府的即席讲话中，对全市纪检监察工作给予了充分肯定，对大家做出的成绩给予高度评价，对先进典型更好地发挥表率作用提出了明确要求和殷切希望。我们一定要认真学习，深刻领会，全面贯彻落实。这次受表彰的先进集体和先进个人，是我市纪检监察机关和广大纪检监察干部的优秀代表，为全市党风廉政建设和反腐败斗争做出了突出贡献。借此机会，我代表市纪委、市委组织部、市人事局、市监察局、市总工会，向受表彰的先进集体和先进个人表示热烈的祝贺和崇高的敬意！并通过你们，向辛勤工作在全市纪检监察系统的全体同志表示亲切慰问！

刚才，王峰翡同志宣读了市纪委、市委组织部、市人事局、市监察局、市总工会对 2000 年以来在全市纪检监察工作中取得优异成绩的 22 个先进集体和 102 名先进个人的表彰决定。受表彰的先进集体和先进个人，向全市纪检监察机关和广大纪检监察干部发出了倡议。这对于我们做好今后的工作必将产生巨大的激励作用。我们召开这次表彰会，目的就是进一步在全市纪检监察系统弘扬正气，学习先进，鼓舞纪检监察干部争先创优，发奋工作，在新世纪新阶段为反腐倡廉做出新的贡献。

五年来，全市各级纪检监察机关认真贯彻落实党中央、中央纪委、省委、省纪委和市委、市纪委关于反腐倡廉工作的重要部署，结合实际，与时俱进，开拓创新，认真履行职责，为推进党风廉政建设和反腐败工作，维护全市改革发展稳定大局，促进“三个文明”建设，做出了积极贡献。实践证明，广大纪检监察干部不愧是党和人民的忠诚卫士，是一支党性强、作风正、不畏艰险、能打硬仗、富有战斗力和奉献精神的队伍，是一支党和人民完全可以信赖的队伍。

这次受表彰的先进集体和先进个人，多数来自党风廉政建设和反腐败斗争第一线。他们当中既有特别能战斗的模范集体，又有兢兢业业、忘我工作的先进个人；既有担当领导重任的指挥员，又有身处一线的战斗员；既有坚持原则、刚正不阿的办案能手，又有在平凡岗位上创造非凡业绩的优秀人物。他们的模范事迹和崇高精神，具有鲜明的时代特征和先进性，集中体现了纪检监察干部忠于党和人民、立党为公、执政为民的本质要求；体现了纪检监察干部坚持原则、秉公执纪、扎实工作、无私奉献、一身正气的高尚品质；展示了纪检监察干部与时俱进、奋发有为的精神面貌；树立了纪检监察干部可信、可亲、可敬的良好形象。他们是新时期纪检监察干部践行“三个代表”重要思想，坚持为民、务实、清廉的杰出代表，为我们树立了学习的榜样。

各级纪检监察机关和广大纪检监察干部，要紧密联系工作实际，把学习先进活动与做好新阶段党风廉政建设和反腐败工作结合起来，不断提高有效惩治和预防腐败的能力。要广泛深入地开展学习先进活动，学习他们的先进事迹，弘扬他们的崇高精神，发挥先进典型的示范作用，为深入推进党风廉政建设和反腐败斗争做出新的贡献。在此，我提几点要求与希望。

第一，学习先进，就要增强政治意识和大局意识，忠于党和人民，自觉践行“三个代表”重要思想。思想支配行动，行动的自觉来源于政治上的清醒和理论上的成熟。要做好新形势下的反腐倡廉工作，必须始终注意深入学习邓小平理论和“三个代表”重要思想，学习党的十六大和党的十六届三中、四中全会精神，学习中央纪委五次全会、省委六届六次全会、省纪委六次全会和市委六届七次全会精神及省委、省政府、市委、市政府关于加强党风廉政建设和反腐败工作的各项要求，从提高党的执政能力和巩固党的执政地位的战略高度，充分认识做好新阶段反腐倡廉工作的重要性。要把“三个代表”重要思想转化为思想方法和工作方法，转化为自觉坚持党的基本理论、基本路线、基本纲领和基本经验，认真履行职责，保证党的路线、方针、政策和重要部署贯彻落实的自觉行动。要紧紧围绕发展这个党执政兴国的第一要务，全面落实科学发展观，为经济社会发展创造良好环境而努力工作。要坚决贯彻党中央、省委和市委反腐倡廉的重大决策和重要工作部署，恪尽职守，扎实工作，不断取得新成绩。要忠于党和人民，坚持立党为公、执政为民，切实维护广大人民群众的根本利益。

第二，学习先进，就要与时俱进、开拓创新，努力提升党风廉政建设和反腐败工作水平。进入新阶段，党风廉政建设和反腐败工作面临新的形势、新的任务，要深入研究反腐倡廉的特点、规律和发展趋势，提高纪检监察工作的能力和水平，增强反腐倡廉工作的预见性和创造性，注意用发展的思路、改革的办法解决导致腐败现象发生的深层次问题。坚持标本兼治、综合治理、惩防并举、注重预防的战略方针，建立健全教育、制度、监督并重的惩治和预防腐败体系，是党中央为做好新形势下的反腐倡廉工作做出的重大战略决策，是我们党对执政规律和反腐倡廉工作规律认识的进一步深化，是反腐倡廉工作向纵深发展的必然要求。坚持反腐倡廉工作与时俱进，就要认真坚持反腐倡廉战略方针，贯彻落实《实施纲要》。要认真组织对《实施纲要》的学习，广泛开展宣传，结合本地本部门的实际，制定实施办法。要注意借鉴反腐倡廉的有益做法，总结新经验，研究新对策，使惩治和预防腐败的各项措施更好地适应经济社会发展的要求。刚刚结束的市纪委五次全会提出要着力提高五种能力，即努力提高保障和服务经济发展能力，努力提高对党员干部有效监督能力，努力提高依法执纪、依法监察能力，努力提高发展党内民主、维护党员权利能力，努力提高组织协调反腐败工作能力。这也是中纪委四次全会对纪检监察机关的新要求。全市纪检监察干部都要加强业务学习，提高自身素质，不断创新执纪监察的方式方法，提高在新形势下做好纪检监察工作的能力，卓有成效地开展党风廉政建设和反腐败工作。

第三，学习先进，就要改进作风，求真务实，真抓实干，争创一流工作业绩。各级纪检监察机关和广大纪检监察干部要保持奋发有为的精神状态，大兴求真务实之风，按照中央纪委五次全会、省纪委六次全会和市纪委五次全会的工作部署，真抓实干，务求实效。紧密结合本地、本部门工作实际，以科学的态度、扎实的工作，抓好各项任务的落实。要突出重点，有所侧重，善于抓住工作中的主要矛盾和矛盾的主要方面，力争通过抓重点来推动工作的全面、深入开展，达到以点带面、事半功倍的效果。要切实抓好行政权力公开透明运行、专项资金清理、机关效能建设等工作落实。要转变作风，深入实际，调查研究，察实情，办实事，坚决反对贪图虚名、不求实效的形式主义和脱离群众、脱离实际的官僚主义。要不断改进工作方法，提高工作效率和质量，使党风廉政建设和反腐败工作不断取得新成效。

第四，学习先进，就要坚持原则，秉公执纪，刚正不阿，无私无畏，勇于同各种消极腐败现象做斗争。当前，反腐倡廉总的形势是好的，但在一些地方和部门，损害群众利益的问题仍然比较突出，腐败问题和不正之风时有发生，反腐败斗争的形势依然比较严峻。纪检监察机关作为党内监督和行政监察的专责机关，必须认真履行职责，继续保持查办违纪违法案件的强劲态势。要大力发扬无私无畏精神，正气凛然，敢于碰硬，知难而进，排除阻力，勇于同腐败分子做坚决斗争。要坚持原则，不徇私情，严肃执纪，切实维护党纪国法的尊严和人民群众的切身利益。

第五，学习先进，就要严于律己，清正廉洁，无私奉献，树立纪检监察机关的良好形象。纪检监察干部处在反腐败斗争的第一线，随着反腐败工作的不断深入，腐蚀与反腐蚀的斗争日益尖锐复杂。广大纪检监察干部要时刻保持清醒头脑，自觉加强党性锻炼，筑牢拒腐防变的思想道德防线，不断增强反腐蚀的能力。要树立马克思主义的世界观、人生观、价值观和正确的权力观、地位观、利益观，保持和发扬艰苦奋斗的优良传统，模范遵守党员干部廉洁从政的各项规定和纪检监察工作纪律，尤其是严格遵守省纪委、监察厅《关于全省纪检监察机关工作人员执行公务的若干规定》，常修为政之德、常思贪欲之害、常怀律已之心，经受住权力、金钱、美色的考验，做到清正廉洁，一身正气。要在生活实践中养成高雅的志趣、高品位的文化素养和良好的道德风范，自重、自省、自警、自励。真正做到台上台下一个样，人前人后一个样，八小时内外一个样，有没有监督一个样，在任何时候、任何情况下都能把握住自己。努力做一个高尚的人，一个纯粹的人，一个有道德的人，一个脱离低级趣味的人，一个有益于人民的人。自觉维护纪检监察机关的良好形象，永葆共产党人的高风亮节。

同志们，今年是贯彻落实党中央提出反腐倡廉战略方针和《实施纲要》的第一年，做好今年党风廉政建设和反腐败工作，意义深远，关系重大。希望大家要以崭新的精神风貌，迎接新形势、新任务的考验，把党风廉政建设和反腐败工作不断推向深入。

提高农业综合生产能力
全力推进农业增效农民增收

——在全市农业工作会议上的讲话

（2005 年 3 月 11 日）

全市农村工作会议召开不久，我们又召开这次全市农业工作会议，目的在于认真贯彻落实中央、省、市农村工作会议精神，全面总结 2004 年农业工作，深入分析当前形势，研究部署 2005 年农业工作，动员全市农业战线的广大干部职工，振奋精神，抢抓机遇，以更加饱满的精神状态、创新务实的工作作风和更加卓有成效的工作，努力提高农业综合生产能力，全力推进农业增效、农民增收。

2004 年，全市各级党委、政府和农业战线的广大干部职工坚持以科学发展观为指导，学习贯彻中央一号文件精神，认真落实各项惠农政策，积极促进农民增收，推动了全市农业农村工作的快速健康发展。一是农业生产获得全面丰收。粮食单产创历史最好水平，达到了 359.5 公斤，总产达 395.8 万吨，比上年增加 32.9 万吨，为历史上第三个高产年。二是农民收入大幅增长。全市农民人均纯收入达 3234 元，比上年同期增加 334 元，增长 11.5%，比全省平均水平高出 63 元，成为 1997 年以来农民收入增长最快的一年。三是农业结构调整扎实推进。畜牧、蔬菜、果品三大主导产业带动作用强劲，特色产业和农产品品牌建设实现历史性突破。全市新增 2 个中国特色之乡、5 个河北特色之乡，总数分别达到了 9 个和 12 个，完成无公害标准化生产面积350万亩、无公害蔬菜基地监测评价面积256万亩，当年通过省无公害产地认证A类养殖场14个、B类养殖场15个，均居全省前列。大名五得利集团小麦面粉加工能力已居全国第一，达到日加工小麦5000吨，五得利集团同时获得农业产业化国家级重点龙头企业和“中国名牌产品”两块金牌，实现了我市农产品加工型国家级重点龙头企业和农产品中国名牌产品零的突破。四是农业对外开放水平不断提高。河北华龙集团优质面粉基地落户磁县，带动周边农民种植优质小麦，年可增收2000万元以上；福建扭扭食品集团、山东乳山集团、内蒙古伊利集团等一大批知名的农字号龙头企业落户邯郸，对全市农业经济的发展起到了很好的带动作用。五是生态家园富民工程取得了新成绩。全市完成沼气池建设109020个，占省下达任务的232%，相当于前6年建池总量，为农民增收节支2.35亿元，全市农民人均增收35元。

此外，全市劳务输出109万人，占全省的三分之一，总量居全省第一位，畜牧强市建设迈出坚实步伐，林业、水利、扶贫等项工作也都取得了很大的成绩。可以这么说，2004年是我市农业工作极不平凡的一年，是认真落实党的农村政策、充分调动农民积极性、农村小康社会建设全面起步、农民群众欢欣鼓舞的一年；是全市各级党委和政府拼搏进取、各项工作取得显著成绩的一年；是加快农业科技进步，加强农业综合生产能力建设，为今后农业工作更快、更好发展奠定坚实物质基础的一年。这些成绩的取得，是我市认真贯彻执行国家支农惠农政策的结果，是市委、市政府对“三农”工作高度重视的结果，是各级农业部门广大干部职工艰苦努力的结果。在这里，我代表市委、市政府，向与会的各位同志，并通过你们向辛勤战斗在农业工作第一线的广大同志，表示衷心的感谢。

关于全市农业农村工作的基本思路和目标任务，在3月7日召开的全市农村工作会议上，素华副市长已做了全面的安排部署，农业系统今年各项工作目标和任务要求，明天庆仁局长还要做具体安排，我就不再多讲了。下面，我就当前农业工作的总体形势、工作着力点和提高领导农业工作的水平讲三个方面的意见。

一　正确认识当前农业农村工作面临的新形势

近几年来，特别是党的十六大以来，党中央、国务院高度重视“三农”工作，提出了一系列的新思想、新认识、新判断，出台了一系列的新政策、新举措。这些重要指导思想、大政方针、重要论断和判断、明确的政策和工作指向，是做好“三农”工作最为重要的基本依据，各级各部门特别是我们农业部门的干部职工要认真学习，深刻理解精神实质，紧密联系工作实际，准确科学把握，在工作实践中认真贯彻落实。只有这样，才能把思想进一步统一到党中央、国务院和省委、市委的重大决策部署上来，总揽全局，把握好农业工作的大局和方向。

第一，正确理解“两个趋向”的重要论断。胡锦涛总书记在党的十六届四中全会上明确指出：“农业是安天下、稳民心的战略产业，必须始终抓紧抓好。纵观一些工业化国家发展的历程，在工业化初始阶段，农业支持工业、为工业提供积累是带有普遍性的趋向；但在工业化达到相当程度以后，工业反哺农业、城市支持农村，实现工业与农业、城市与农村协调发展，也是带有普遍性的趋向。”在去年中央经济工作会议上，胡锦涛总书记明确指出：“我国现在总体上已到了以工促农、以城带乡的发展阶段。”“两个趋向”的重要论断，是对国际发展经验的精辟概括，是对我国经济发展阶段的科学判断，是指导经济社会协调发展的战略思想，也是制定农业和农村发展政策的基本依据。总之，“两个趋向”的重要论断，是一个立意高远、内涵深刻的重要论断，是党中央在新形势下对工农关系、城乡关系在思想认识和政策取向上的进一步深化，对于科学认识和把握经济社会发展规律，正确处理新时期的工农关系和城乡关系，落实统筹城乡发展方略，切实做好新阶段“三农”工作，具有重大的指导意义。按照“两个趋向”重要论断安排部署农业工作，必将带来党领导“三农”工作的一个方向性的重大变化，意味着“三农”在整个经济社会发展中的地位、角色和作用的重大变化，说明了国家统筹城乡发展、增强城乡互动、支持“三农”的力度必将不断加大，农业投入渠道将更宽，农业工作领域将更广，内涵也将更加丰富，标志着农业和农村经济发展迎来了重大战略机遇期。深刻理解和把握“两个趋向”的重要论断，要求我们农业部门必须进一步加快职能转变，拓宽工作领域，谋划发展新思路，从单纯抓农业向统筹城乡经济社会发展转变，与其他产业、行业有效衔接，更加统筹、协调、综合、创造性地开展工作。既要从农业自身特点出发思考农业，又要跳出农业谋划农业和农村经济工作；既要从农业发展的新阶段思考农业，又要着眼于“以工促农、以城带乡”的发展趋向谋划农业；既要从市情出发思考农业，又要着眼于国情和世界农业发展趋势谋划农业。总之，全市农业系统一定要抓住难得的发展机遇，多方争取对农业的投入和支持，与时俱进，乘势而上，用统筹协调的理念推进农村经济发展，用现代工业的理念推进农业发展，用以人为本的理念推进农民增收，不断开创农业农村工作新局面。

第二，准确把握农业农村工作正处于艰难爬坡和攻坚阶段的科学判断。近几年来，我市农业和农村经济社会发展同全国、全省一样，正处在一个新的发展阶段。按照中央和省委的要求，市委、市政府采取了一系列战略举措，全市农业系统做出了坚持不懈的努力。应该说，这一时期农业结构调整步伐逐步加快，农村改革不断深化，农产品供给最为充裕，农业和农村经济发展取得了巨大成就。特别是去年以来，全市农业在宏观调控中得到加强，农村出现了多年来少有的好形势和许多新的可喜变化。农业生产全面丰收，粮食生产扭转了连续四年下滑的局面，农民人均纯收入大幅增长，农村经济全面发展。农业和农村发展的好形势，从根本上说，是得益于党中央、国务院采取了一系列支农惠农的政策措施，也是政策好、市场活、人努力、天帮忙等多种因素共同作用的结果。但是也应清醒地看到，粮食增产、农民增收等许多方面带有恢复性质，新阶段“三农”问题许多深层次矛盾并没有消除，长效机制尚未建立健全，农村改革和发展仍然处在艰难的爬坡和攻坚阶段，保持农村发展好势头的任务非常艰巨。比较突出的问题，一是虽然粮食生产实现恢复性增产，但粮食综合生产能力并没有大的实质性提高，粮食生产比较效益偏低的状况并没有根本改变，保护和提高粮食综合生产能力的任务仍十分艰巨。二是虽然农民收入较快增长，但城乡差距扩大的趋势没有根本扭转，促进农民增收的长效机制还没有建立起来。三是虽然去年农业投入增加较多，但总体上看，农业和农村基础设施建设薄弱的问题还没有得到有效解决，农村经济可持续发展面临许多新问题。四是虽然农村改革力度不断加大，但维护农民合法权益的热点、难点问题仍然比较多，影响农业发展的体制性障碍并未消除，配套改革还需要一个长期的过程。五是虽然农业科技发挥了积极作用，但农业科技支撑服务能力并没有明显增强，推广体系薄弱，农民的科技文化素质不高，全面加快实施科教兴农战略仍然是加快农业发展重大任务。对这些问题，我们必须有一个清醒的认识。一方面，对于农业农村工作的成绩和良好的发展态势，要认真总结经验，充分肯定成绩，增强信心，振奋精神，开创新局面。另一方面，要敏锐地看到问题，提出问题是解决问题的前提，提出问题是成功的一半。同时，要辩证地看待问题，客观地分析问题，认真地研究问题，切实地解决问题。所以，对于当前的农业农村工作，正确的态度是，形势越好，越要保持清醒的头脑，越要把问题看深看够，而且今年农业农村经济发展面临的不确定因素可能多于去年，实际困难和挑战可能大于去年。因此，我们必须进一步增强责任感、使命感，针对农业“爬坡攻坚”的阶段，尤其应该以“爬坡攻坚”的精神状态、艰苦扎实的工作作风，不断开创各项工作新局面。

第三，扎实落实“多予、少取、放活”的方针。改革开放以来的实践证明，基层和农民中蕴藏着巨大的创造力，有了好的环境，就会极大地解放和发展农村生产力。比如，家庭联产承包责任制的实行，推动了农业生产的快速发展；乡镇企业的异军突起，为农村经济注入了巨大活力。全市在新阶段结构调整中，蔬菜业的科技服务和流通体制改革，推动了设施农业的快速发展，已经成为种植业第一主导产业，实现了历史性突破。农机工作的政府引导服务、农户自主经营，极大地提高了农机社会化服务水平，形成了每年万台联合收割机南征北战的崭新局面。抗虫棉的引进，解决了多年困扰棉花生产的棉铃虫问题。农技“电波入户”计划的实施，为千万农民送去了“炕头上的科技快餐”，受到了广大农民的普遍欢迎。我市这些可喜的变化，从根本上说，都是因为有了一套好的政策、好的机制，尊重了农民的主体地位，遵循了市场经济规律，为基层和农民创造了一个好的发展环境。去年以来，中央出台了一系列促进农民增收的政策措施，农民真正从中得到了实惠。今年中央明确，加强“三农”的决心不能动摇，扶持“三农”的力度不能减弱，强化“三农”的工作不能松懈。各级农业部门在认真落实中央精神的基础上，一方面，要配合有关部门认真落实好中央和省有关扶持政策，该给的给足，该减的减够，不走样、不截留、不拖延，把“多予、少取”的工作落实到位，真正让农民得到实惠。另一方面，要认真研究为“三农”创造良好环境的问题，突破思想障碍和体制弊端，该放开的放开，取消一切限制农民创业增收的过时、不合理、不合法的规定，在法制、政策、管理、服务等各个领域共同做好放活农业、放活农村、放活农民这篇大文章。要着眼于调动农民积极性，着眼于建立长效机制，着眼于增强农业综合生产能力，每年选择一两项事关调动农民积极性的全局性工作，全力攻坚，力求突破，进一步推动农村生产力的大解放、大发展。

第四，正确处理发展粮食生产与推进结构调整的关系。发展粮食生产，是中央根据粮食供求重大变化而做出的战略举措，也是深入推进结构调整的重要基础性工作。就我市而言，我们提出稳定粮食产量，加快调整结构，从中需要准确把握二者的关系。发展粮食生产，并不意味着不能进行结构调整；推进结构调整，也并不意味着不要粮食生产。实质上，这是个既对立又统一的过程。如何理解和把握这个问题，要讲三句话，一要把结构调整与粮食生产统一起来。在切实保护和提高粮食综合生产能力的前提下，坚定不移地推进结构调整，加快发展优质高效、生态安全的特色优势产业，向农业发展的广度和深度进军，不断开拓节约资源、保护环境、增效增收的空间，促进农业可持续发展。二要把粮食生产摆到结构调整的整体部署中来。积极发展适应国际、国内两个市场需求的粮食作物和优质专用品种，适时进行结构性调整，增强应对市场短期弹性变化的能力，提高种粮效益，增加农民收入。在加快结构调整中已经形成的特色经济作物区域，特别是县域特色经济区域，要进一步解放思想，改变以往讲比例、讲自给、讲稳产的传统做法，坚持讲市场、讲效益、讲特色，扩大规模，提高质量，加快发展，把特色产业做大做强，实现由优势特色产业向主导产业的新跨越。三要把粮食生产工作的中心放到保护和提高粮食综合生产能力上来。坚持以市场为导向，以效益为中心，一靠政策，二靠科技，转变粮食生产的增长方式，认真落实国家和省扶持粮食生产的一系列补贴政策，更好地促进粮食增产、农业增效、农民增收。

二　牢牢把握农业工作的有效着力点

2005 年的农业工作任务繁重而艰巨。各县（市、区）和农业部门，要善于在头绪繁多的各项工作中，理清思路，抓住重点，并且围绕工作重点，制定落实措施，调动一切可以调动的力量，合力攻坚。今年农业工作要围绕提高综合生产能力，牢牢把握农业增效和农民增收的着力点，实现农业工作的重点突破。

（1）稳定强化扶持农业发展政策，发挥政策调控和保障能力。2002 年，党中央做出了农业农村经济发展进入新阶段的重要判断，继而明确了结构调整中心任务和农民增收基本目标，提出了“多予、少取、放活”的方针，2004 年以来又出台了一系列更直接、更有效的政策措施，对于推动农业发展、农民增收、农村稳定发挥了巨大作用。实践证明，政策在促进“三农”发展中有很强的调控和保障能力。促进农业综合生产能力的提高，各级农业部门的首要任务就是要加大政策落实的执行力度，把政策落实到位，落到实处，充分发挥政策调控保障功能，让农民真正得到实惠。一方面，要增强工作的主动性。有些政策的落实，属于本部门、本单位职责范围内的，要从职能出发，尽职尽责；需要和有关部门配合的，要放下架子、抹开面子、扑下身子，积极配合有关部门抓落实。另一方面，要健全落实政策责任制，及时掌握新情况、新问题，采取新对策，认真加以解决。在政策的落实过程中，要突出做好“两减免、三补贴”，把对粮食、农机的各项补贴政策和扶持农业的各项重点项目落实好、执行好。同时，要继续净化农资市场，维护农民合法权益。通过落实政策，充分保护和调动广大农民的积极性。

（2）实施严格的耕地保护制度，努力提高耕地综合产出能力。耕地是农业发展的基础，是广大农民最基本的生产资料和最根本的社会保障。耕地问题，既有数量问题，又有质量问题。各级农业部门要配合有关部门严格管理土地，在加强基本农田数量保护的同时，把加强耕地质量建设摆到重要位置，积极组织实施新一轮“沃土工程”，认真开展基本农田的质量调查与监测工作，制定基本农田质量建设规划，切实搞好基本农田的质量建设。要扎实推进优质粮产业工程项目建设，农业部门要切实负起工程实施的重大责任，明确领导，完善机制，确保取得实效。要继续实施旱作农业工程，推进旱作基本农田建设和旱作节水技术的推广，力争取得更大进展。要加大生态家园富民工程实施力度，推进保护性耕作、有机肥积造、秸秆还田工作，提高农业资源综合利用能力。要大力推广测土施肥和平衡施肥技术，逐步形成工程、农艺、生物、化学措施相结合的提高地力综合技术体系，全面提高耕地投入产出水平。

（3）强化市场经济意识，全面提高农产品市场竞争力。要围绕提高农业综合生产能力和农产品市场竞争力，继续推进农业和农村经济结构的战略性调整。要围绕区域布局，把竞争力调强；围绕产业结构，把效益调高；围绕品种结构，把质量调优，不断提高农业产业升级能力。要优化区域布局，加大优势农产品区域布局规划实施力度。要以设施蔬菜为重点，立足竞争，加快调整，实现由蔬菜大市向蔬菜强市的新跨越。要发展特色产业，积极培育新兴产业，加大特色产业之乡建设力度，努力实现由区域特色产业向主导产业的新跨越，更好地发挥示范带动作用。要继续扩大农业对外开放。面向国际、国内两种资源、两个市场，引进来，走出去，在多渠道利用外资的基础上，以项目建设为载体，把工作重点放在优良品种、先进技术的引进与开发上来。要发挥比较优势，发展外向型农业，尽快提升传统产业的竞争力，努力把种子、蔬菜、果品等优势产业做大做强，积极开拓国际市场。要全面提高农产品质量安全水平。继续实施“无公害食品行动计划”和“菜篮子”放心工程，无公害食品、绿色食品、有机食品密切结合，围绕产前、产中、产后关键环节，建设绿色环境，加快绿色生产，培育绿色产品，推进绿色流通，引导绿色消费，推进“从田间到餐桌”全过程质量安全控制。要大力发展农产品加工业。农产品加工业连接农业、工业、流通领域，是延伸农业链条，变原料农业为产品农业、变产品优势为产业优势的重要一环，是实现以工促农、增强农业竞争力的有效措施。各级农业部门要把发展农产品加工业作为推进农业产业化经营的重要内容，认真落实市委、市政府关于继续开展农业项目年活动的意见，研究制定各项配套措施，积极支持培育支柱产业，大力培育名牌产品，不仅要积极组织农民闯市场，更要做大做强重点企业和名牌产品去占领市场，全面提升农产品市场竞争力。

（4）坚持科教兴农，强化科技支撑和服务能力。科技是第一生产力，科技进步和创新，是提高农业综合生产能力的根本途径。要继续实施以种子工程为核心的科教兴农战略，以加强体系建设和提高农民科技素质为重点，从进村入户的层面上促进农业科技含量的提高。要按照“高新技术建龙头、示范园区抓带动、科技服务进村庄、农技电波入农户”的总体思路，继续完善“四级一户”新型农业科技推广服务体系。市农业局要开展关键技术的试验、示范和推广，加强科技示范园区建设，增强示范带动作用；县级要加大农技“电波入户”计划的实施力度，注重完善提高，进一步提高收视率，发挥新型手段在农技推广普及中的重要作用；乡级要“公益”与“效益”相结合，继续建设农业科技示范场，增强乡镇农技推广体系的自我完善和服务功能；村级要加大科技进村服务站建设力度，全面实施农业部科技入户工程，技物结合，增加数量，完善质量，增强功能，全方位开展农业科技服务。人是生产力中最积极、最活跃的因素，基层农业科技队伍是农业科技推广的主要力量，农民是农业综合生产能力建设的主体。要依法稳定基层农技推广队伍，合理摆布公益性与经营性的关系，积极探索以市场为导向的新的管理运行机制。要多层次、多渠道开展农业科技培训，加强农业广播电视教育，广泛积极开展送科技下乡活动，推动农民科技文化素质的提高，努力增强农民自我发展能力。

（5）推进农业产业化经营，完善体制创新能力。各级农业部门要按照突出抓好一个重点（龙头企业）、两项建设（专业合作经济组织和农产品基地）的思路，立足职能，找准切入点，推动农业产业化经营整体水平的提高。在农民专业合作经济组织建设上，要完善机制，切实加强引导、保护和支持。要按照“民办、民管、民受益”原则，以“农民自办、联户自律”“科技领办、技物服务”“企业联办、产销衔接”等形式为重点，鼓励和支持不同形式的农民专业合作经济组织。要重点抓好蔬菜业农民专业合作经济组织建设，以此为突破口，带动全市农民专业合作经济组织的全面发展。要把发展订单农业作为加强宏观指导和服务的重要内容，坚持一手抓发展，一手抓规范，推动订单农业的健康发展。在基地建设上，要按照区域布局规划、优势产业带建设和科技园区完善配套，进一步抓好各优势特色产业基地规划和建设；要把培育壮大龙头企业作为重点，认真谋划，积极扶持。

（6）扎实开展农业服务年活动，提升服务保障能力。支持“三农”，服务“三农”，是各级党委和政府各项工作的重中之重，更是我们农业部门义不容辞的责任。从我们市来说，今年要开展农业服务年活动，各级农业部门要认真按照市委、市政府的要求，制定推动“农业服务年”活动开展工作的具体方案与服务措施，全力提高服务能力。从国家来讲，农业部已从2004年开始，全面推进种业体系、农业科技创新与应用体系、动植物保护体系、农产品质量安全体系、农业信息和农产品市场体系、农业资源与生态环境保护体系、农业社会化服务与管理体系七大体系建设，这是提高农业综合生产能力的基础工程，是适应农业发展新阶段需要的体系框架，是加快农业农村经济发展的有力支撑和保障。各级农业部门要围绕这七大体系建设，抓住机遇，密切配合，共同努力，认真做好项目的衔接和实施工作，争取更多更大支持。力争通过几年的努力，逐步形成支持保障有力、服务快捷高效、监管规范有序的农业综合支持保障服务体系，使农业科技创新与应用能力得到显著提升，重大动植物病虫害得到有效控制，农产品质量安全水平明显提高，农业资源和生态环境得到有效保护，农业社会化服务与管理能力进一步增强。

三　不断提高对农业工作的领导水平

新时期、新阶段的农业工作，无论是内部机制还是外部体制都发生了并正在发生着深刻变化。全市农业系统广大干部特别是领导干部，要以正在开展的保持共产党员先进性教育活动为契机，把共产党员的先进性体现在关注农村、关爱农民、关心农业的思想上，体现在想千方百计、吃千辛万苦、真抓实干的具体行动上，体现在促进农业增效、农民增收和农村发展的伟大实践中。

第一，加快知识更新，提高开拓创新本领。全市农业系统广大干部职工，要适应农业工作新形势、新阶段、新任务的要求，认真研究农村经济规律和农业工作方法；要适应我国加入世贸组织的要求，精心研读世贸组织规则，充分认识农业工作面临的严峻挑战，要熟悉新情况，掌握新知识，研究新问题，确定新思路，增长新本领。当前，关于农业工作的政策规定很多，外地也有不少好的经验，我们要挤出时间学文件、学政策，掌握指导工作的主动权。同时，要更多地走出去，开眼界、换脑筋、转观念，为农业工作不断注入新的生机和活力。

第二，深入调查研究，提高服务农业水平。当前，农业和农村经济进入新的发展阶段，面临着新的挑战、新的机遇，出现了许多新的情况、新的问题，也向我们提出许多新的任务、新的课题。在全面建设小康社会的进程中，党中央对“三农”问题做出了一系列新的战略部署。做好新阶段的农业农村工作，要在全面深入学习的基础上，坚持实践第一的观点，问计于基层，求教于实践，大兴调查研究之风，善于发现问题、分析问题，准确把握农业发展的规律，总结经验，发现典型，指导推动工作。要完善调研方法，拓宽思路，开阔视野。要坚持向上调研，吃透上级工作部署；向下调研，摸清基层实际情况；向外调研，借鉴先进经验；向书本调研，丰富各种知识；向专家调研，增强决策的科学性。希望各县（市、区）农业部门每年都要选择一两项重要课题，认真、深入、系统地开展调研活动，做出有深度有指导意义的调研报告。只有这样，我们才能在新形势、新任务面前，提出新思路，采取新举措，开创新局面，取得新突破。

第三，加强政风建设，提高农业行政能力。要牢固树立科学的发展观和正确的政绩观，弘扬求真务实、开拓创新、勤政高效、清正廉洁的政风。要继续深入扎实推进行风建设，把各项工作与农民生产生活紧密联系起来，积极为农民办实事、办好事。要切实加强农业信访工作，明确属地管理责任，积极预防和处理群体性事件，齐抓共管，形成合力。要整合资源，充分利用系统内宣传渠道，与新闻媒体密切配合，加大农业宣传工作力度，把政策、技术、信息的第一信号及时传递给农民，把基层中的典型经验、先进人物的事迹挖掘出来，加大宣传和推广的力度，更好地发挥模范的先进示范和带动作用。要进一步改进会风、文风，切实精简会议和文件，提倡少开会、开短会，开电视电话会和网络视频会议，降低行政运行成本。要按照开展保持共产党员先进性教育活动总体要求，提速工作过程，提升服务质量，抓党风、带政风、促行风，推动全系统做好“三农”工作的能力不断有新的提高。要树立争创一流的精神状态，围绕中心、服务大局，突出重点工作，增强办文、办事能力，推动全系统不断提高机关工作水平，带动全局工作不断取得新突破。

第四，搞好作风建设，提高为民服务效率。作风建设历来是我们的事业成功的重要保证。做好全市农业工作，必须注重全市农业干部队伍的作风建设，进一步强化为农民服务的意识。一些地方、一些工作之所以没有取得应有实效，并非思路不对、措施不当，也不是没有想到、没有说到，而是没有真抓实干、一抓到底、落到实处。这里面固然有客观原因，但主观原因应该说是主要的。愿不愿意抓落实、去不去抓落实、会不会抓落实，这是一个干部乃至一支队伍的作风问题。我们要把更多的精力放在农业工作的具体落实上，抽出更多的时间深入农民群众中去，了解实际情况，倾听农民意愿，帮助他们解决生产生活中的困难和问题，切实把党在农村的方针政策落到实处。

同志们，农业工作是稳民心、安天下的工作，极其重要，从事农业工作无上光荣。在推进我市全面建设小康社会这一伟大事业中，我们肩负着全市农民群众的希望，肩负着时代赋予的崇高使命。我们希望全市农业（农机）战线的同志们，要与时俱进，开拓创新，艰苦奋斗，狠抓落实，为促进我市农业增效、农民增收和全面建设小康社会做出新的更大的贡献。

全面落实科学发展观
强力推进“环境先导”建设

——在市优化经济发展环境办公室调研时的讲话

（2005 年 3 月 15 日）

年前市委常委的工作分工进行了一些微调，决定由我分管优化环境工作。今天，看了行政审批大厅和国土资源审批服务大厅两个点，和机关的同志们见了面，特别是听玉铭同志的情况汇报，对优化办的整体情况有了大体了解。优化办成立以来确实发挥了非常大的作用，大家工作很辛苦，做了大量的工作，成效也是显著的。市委、市政府对我们的工作是满意的，全市人民也是看得到的，总体上也是满意的。随着我们“开放总揽、环境先导、民营突破”这个整体思路深入贯彻，优化环境，推动发展，还有更大的任务、更多工作要去做，可谓是任重而道远。下面我讲五个问题。

一　肯定成绩，进一步增强优化经济发展环境的信心

近年来，市委、市政府高度重视优化经济发展环境工作，实施了“开放总揽、环境先导、民营突破”的总体战略，经过全市上下的共同探索和努力，优化经济发展环境工作取得扎实进展。第一，优化经济发展环境已成为全市上下的共识。第二，优化经济发展环境工作规范化、制度化建设取得了积极进展。市优化办主要从推行“八项制度”入手，逐步把优化经济环

境工作推向深入。比如，服务承诺制度和“一次查实下岗”制度的建立，使各行政服务部门公开承诺，接受群众监督，努力提高行政权力运行公开透明度，有力地促进了工作作风的改进，服务质量的提高。“双提”这是我们邯郸在河北省比较早提出并且实行的，现在要在全省开展“提质、提速，为人民、促发展”活动。第三，增强了外来投资者在邯郸投资的信心。纵横集团在我们这落户，十几天就办完了所有手续，我们开发区的一些项目捆绑式办公，效果也不错。通过环境治理和投资环境的改善，招引外商来邯投资落户，推动了经济的发展。第四，促进招商引资工作取得了新突破。经济发展环境的优化，有力地促进了招商引资工作，2004 年，全市共引进省外资金 62.26 亿元，同比增长 81.5%；实际利用外资完成 1.26 亿美元，同比增长 48%，实现历史性突破；对外贸易完成 5.93 亿美元，增速居全省第二位。

二　正视问题，进一步增强优化经济发展环境的紧迫感

我们对环境还不能估计得过于乐观，在机关作风、行政效率等方面，还存在很多的问题。比如说，一些部门工作飘浮，在一定程度上还存在官僚主义、形式主义现象；有些部门办事环节仍然过多、时间过长，办事方式、程序不合理；有些行政审批、行政执法环节收费过高、过杂；一些基层办事人员和“窗口”部门服务意识不强，服务态度不好，某种程度上仍然存在“门难进、脸难看、话难听、事难办”的情况；个别工作人员法制观念不强，不能依法行政、依法办事；少数机关工作人员廉洁意识不强，以权谋私，吃拿卡要，有的搞权钱交易；有些部门对优化环境仅仅在浅层面上修修补补，而对机制、体制、制度层面的问题缺乏深入的研究，对各类各项政策的集成效应重视不够，没有下大力量来研究。所以咱们还得看到问题，增强紧迫感，要不然有些企业确实要让我们办事效率不高、机制不健全给吓跑了、难跑了。

三　统一思想，进一步强化抓环境就是抓发展的意识

第一，投资者是上帝，老百姓是衣食父母。心里要装着 860 万人民，优

化环境是给他们创造生活的条件、发展的条件。投资者来，也是双赢。人家要发财，咱们也受益呀，优化环境要有这个意识。这也是立党为公、执政为民的思想的体现，也是“三个代表”重要思想的体现。第二，优化环境就是抓发展的最佳着力点。只有把环境搞好了，真正让来邯郸安家者乐业，到邯郸投资者发财，才能吸引人气、汇聚商气、增加财气，邯郸经济才能快速发展。第三，企业说好才算真好，群众说行才是真行。要树立这个观点，让企业说话，让群众说话。好不好，行不行，群众满意不满意，企业满意不满意，得从这里来体现。金碑银碑不如老百姓的口碑，这奖那奖不如老百姓的夸奖。第四，改善环境要从我做起，从现在做起。我们每个人都代表邯郸形象，关系邯郸环境，都有保护环境的义务，要人人从自我做起，从现在做起。第五，不抓环境就是失职，破坏环境就是犯罪。发展是我们党执政兴国的第一要务，环境是加快发展的重要因素。能不能抓好环境，是对领导干部大局意识、政治意识强不强，工作能力强不强的一个直接检验。第六，注重未来，着眼长远利益。努力打造外商投资的政策“洼地”、诚信“宝地”和服务“高地”，有时候可能要牺牲局部的利益，牺牲个体的利益，但这是为了我们邯郸的长远利益，为了人民群众的根本利益。

四　抓长效机制，从体制、机制、制度上搞好环境建设

优化环境的问题涉及方方面面，抓环境的职能部门也很多，如何整合资源，形成合力呢？可以参考纪检监察工作领导机制，就是“党委统一领导、党政齐抓共管、纪委组织协调、部门各负其责、群众积极参与”。这样的工作机制、领导机制，我看在创造环境、优化环境上可以借鉴，就是要形成一个整体的工作机制，把各种力量整合起来，各种职权整合起来，各种机制和制度整合起来。然后在这个基础上，再进行创新、完善、提高，最后形成一个党委统一领导、党政齐抓共管、部门各负其责的这么一个完整的工作机制。比如说纪检监察来监督协调，群众参与监督。优化环境工作，根据客观条件和客观形势要求已经到了一个转折的时期，到了一个上台阶、上水平的时期。什么台阶、什么水平？就是要在制度创新、制度建设上下功夫。从中

央到地方，现在也出台了一系列的政策，也开展了一系列的活动，实际上也是引导着我们向机制、体制、制度特别是长效机制上来做工作。我接手纪委工作后提了一个观点，我说三项格局皆环境。什么意思？党风廉政建设、查办大案要案、纠正部门和行业不正之风，我看这三项工作都是创造当地或本部门、本系统的环境。什么环境？发展的环境。党的工作中心就是经济建设。班子安全、队伍纯洁、保持先进性，领导层面上是健康的、是积极的，这是最大的环境。一个班子只要有一个成员出了问题，一查你，一年两年缓不过劲来。不是说查案子造成的，是因为本身就犯了事了，出了问题了，出了腐败分子了，才查你。纠正行业部门不正之风就更明显了，一下就深入部门里面来了，好多事情在这个层面上，这个不是环境吗？还有就是上级抓我们的工作。你比如说，省委、省纪委抓党风廉政建设，今年是三项重点，第一个就是行政权力公开透明运行，试点地市在邯郸；第二个是专项资金治理；第三个是“双提”，机关效能建设。工作头绪很多，如果搞不好我们可能打乱仗。需要把它捋一下子，然后咱们总体谋划一下，一项一项地来实施。总体上是优化环境，把行政权力公开透明运行、民主评议、机关效能建设都囊括到优化环境里来。然后综合地来组织，来运转，这样就比较好了。这样也有利于咱们完成省委、省政府交给的各项任务。

五　加大力度，把优化经济发展环境的各项措施落到实处

第一，要落实责任制。市委、市政府优化环境宏观整体部署已经明确，下一步要狠抓落实。责任制就是抓落实的好方法，优化环境就要使这个法，层层分责任，把任务、目标落实到每一个班子、每一个成员身上。通过责任制，谁不落实就好追究责任了。把这个做好了，那么就形成一张网，就能收到纲举目张、四两拨千斤的效果。第二，要通过抓效能监察促进环境优化。就从会风和有管理职能部门机关作风入手，就从会风不正、晚来早走、串岗等问题切入，咱们可以搞一下暗访，你们把它都录一录，然后集中起来咱们就放一放。效能嘛，讲什么呀，就是讲干活，就打偷懒的，打不干活的、不作为的。苏联社会主义国家刚刚建立的时候，列宁提出来的一个任务就是和

懒汉做斗争，就提了这样一个观点，现在又到重提这个的时候了。要搞好“创优评差”活动的谋划，评差不是光评评就拉倒了，一回差怎么办，两回差怎么办，这得有个说法，咱们干，就得动真的。第三，要谋划好全市优化环境百万人电视电话大会。向辰席同志汇报工作的时候产生一个思想，就是优化环境要上层面的问题。辰席同志也几次做了批示，要求优化环境和行政权力公开透明运行和效能建设要结合起来。怎么个结合法？在这次大会上就是个体现，重点要讲行政权力公开透明运行，要讲机关效能建设，同时还可以加上民主评议活动。优化办要从这方面思考谋划这个事情。首先把这个会谋划好，动员好，通过大会把整个思路贯彻下去。这个大会也可能叫邯郸市优化发展环境暨推进行政权力公开透明运行工作动员大会，会标上都要体现出来，然后主题上这么讲，就上层次了。第四，要通过加强软件建设促进硬件建设。你们提出来的编制问题、职能划分、界定等几个具体问题，我们积极努力，一件一件的来办吧。你们要软件先行，先把工作搞起来，有为才能有位。

同志们，优化经济发展环境工作任重道远。我们要牢固树立和全面落实科学发展观，解放思想，实事求是，与时俱进，开拓创新，推动全市优化经济发展环境工作再上一个新台阶！

搞好效能建设深化民主评议　为邯郸经济发展和社会事业进步提供有力保障

——在全市机关效能建设暨民主评议动员大会上的讲话

（2005 年 3 月 15 日）

刚才，省委、省政府召开了机关效能建设暨民主评议动员大会，省委副书记、省纪委书记张毅同志对这两项工作进行了动员部署。我们这次会议的主要任务就是：贯彻落实全省机关效能建设暨民主评议动员大会精神，全面总结 2004 年全市民主评议工作，安排部署我市 2005 年机关效能建设和民主评议任务，动员各级各部门进一步统一思想，强化措施，狠抓落实，确保机关效能建设和民主评议工作取得明显效果，为优化全市发展环境、促进经济发展、构建和谐社会做出积极贡献。下面，我讲四个问题。

一　认清形势，坚定信心，继续把民主评议活动推向深入

2004 年，按照省委、省政府要求和市委、市政府的部署，我市在 56 个司法和行政执法机关、社会和经济管理部门、公用事业和企业单位中开展了以“树立行业新风，优化发展环境”为主题的民主评议活动。通过各级各参评部门的共同努力，我市民主评议工作取得了明显的阶段性成果。

（1）充分运用新闻媒体，广泛进行宣传动员，在全市营造民主评议活动的浓厚氛围。民主评议的本质特征就在于人民群众的广泛参与。为了体现

评议活动的广泛性，2004 年 4 月，组织参评部门在中华大街举行大规模集中宣传活动，市委、市政府领导聂辰席、王三堂、周文夫现场指导了宣传活动，1 万多名群众参与了宣传活动，与参评部门工作人员面对面沟通交流，现场投诉。在市电台开播“清晨行风热线”节目，市委、市政府有关领导和纠风办、参评部门负责同志分别到直播间接听热线，2004 年共接待群众 6100 余人（次），收到意见建议 490 余条。在市电视台开播了“行风在线”栏目，去年共播出 39 期，播发参评部门政风行风建设内容 140 多条。在邯郸日报、邯郸晚报上增加民主评议宣传内容，公开了 56 个参评部门的承诺，让广大人民群众进行广泛监督。参评部门在整改阶段分别召开了新闻发布会，通过新闻媒体向全社会公开本部门本行业政风行风建设情况。通过大力宣传，在全市营造了浓厚的舆论氛围，充分调动了广大人民群众参与民主评议活动的积极性。

（2）运用立体评议方式，开展全方位评议活动，参评部门查找出一批突出的政风行风问题。评出问题、找准问题、解决问题是民主评议能否取得实实在在效果的关键。参评部门抓住这个关键，通过采取召开领导班子民主生活会、中层干部会、干部职工大会、老干部座谈会等形式深入进行自查自评。为把问题找准找实，参评部门利用上街设立投诉受理站、举行窗口对话交流会、领导班子成员深入基层征求意见等多种方式，深入查找本部门存在的问题，为有针对性整改打下坚实的基础。为帮助参评部门查找问题，市民主评议办公室组织了互评活动，印制参评部门互评表 6000 份，让参评部门帮助其他 55 个部门查找问题，市民主评议办公室对这些问题进行梳理汇总、归纳分类，原汁原味地反馈给参评部门。还充分发挥评议代表的作用，组织他们走访企业和个体工商户征集意见，共征集意见和建议 384 个，转部门整改重点问题 76 个。

（3）落实挂帐督办机制，扎扎实实整改问题，解决了一批群众反映强烈的热点难点问题。解决问题、实现风气好转从而达到促进经济发展，是民主评议活动的根本目的。2004 年 11 月，召开了民主评议听证质询会，评议代表质询问题 21 个，8 个参评部门的领导当场对有关问题进行解答，明确了具体的整改措施和时限。有的参评部门组织了政风行风建设听证会，当场解答群众提出的问题，使一批重点问题得到整改落实。为使群众反映的问题得到有效解决，市民主评议办公室制定了《关于对群众反映的政风行风问题实行挂帐督办的实施办法》，对上级转办、市评议办受理、评议代表征集、新闻媒体披露的典型政风行风问题挂帐督办，确保群众反映问题件件有回音，事事有结果。去年市民主评议办公室共受理群众投诉213件，对其中的85件实行了挂帐督办，群众对解决结果都比较满意。实行挂帐督办后，群众关注的教育乱收费、公路“三乱”、野蛮执法、药价虚高等问题得到进一步治理。

通过开展民主评议活动，促进了参评部门进一步转变职能，转变作风，提高服务水平，提高办事效率；促进了经济发展环境的优化；促进了参评部门业务工作发展。民主评议活动的效果显而易见，得到了广大人民群众的认可和肯定。但客观分析，民主评议工作也存在一些问题和不足，主要是在民主评议年年深入的情况下，个别单位领导对这项活动的艰巨性和长期性认识不足，产生观望思想和松劲情绪；有的单位没有将民主评议与业务工作紧密结合，没有形成工作合力；个别单位片面追求名次，采取各种办法拉票，却不注重解决群众反映的问题。上述现象影响了民主评议工作的开展，必须引起我们高度重视，在今后工作中采取有效措施，认真加以解决，不断把民主评议活动推向深入。

二　突出重点，把握关键，扎实深入地搞好2005年民主评议工作

2005年，全市民主评议工作的总体目标是：以“三个代表”重要思想为指导，以保持共产党员先进性教育为动力，以经济发展为中心，以提高执政能力为着眼点，以解决不正之风问题为重点，促进参评单位进一步转变观念，转变职能，转变作风，提高执法水平、行政效率和服务质量，优化我市经济发展环境，为改革发展排阻清障，为人民群众排忧解难，为实现全面建设小康社会的目标做出积极贡献。根据这一指导思想，今年我市民主评议工作重点要做到“五个强化”。

（1）强化宣传，调动广大人民群众参与民主评议活动的积极性。要继续办好“清晨行风热线”栏目，利用这块宣传阵地广泛地宣传民主评议工作，展示参评部门形象，便于群众与参评部门直接沟通联系，使这条热线真正成为部门与群众联系的桥梁。各级还要在电视、报纸上开辟专门栏目，加大对民主评议工作的宣传力度，扩大民主评议活动的影响面。各级各参评部门还要采取一切行之有效的方式，继续加大对民主评议活动的宣传，通过上街集中宣传、开展阳光服务活动、评议代表联系群众、走访座谈等方式，在全市营造民主评议活动浓厚氛围，进一步调动广大群众参与民主评议的积极性。

（2）强化监督，为重点评议单位的政风行风建设搞好服务。按照市纪委五次全会要求，今年在普遍评议的基础上，重点对教育、卫生、公安、交通、国土资源、建设等部门进行监督和服务。市、县、乡三级相应建立监督员队伍，对这些单位实施经常性、多角度、大范围的明察暗访、实例调查，并面对面对这些单位的工作进行阶段性讲评，帮助他们查找问题，制定措施，扎实整改，提高民主评议工作的实际效果。这些单位要深刻认识到，被定为重点监督服务单位，是加强部门和行业管理、提升社会形象的有利时机，要虚心接受监督员的意见和建议，以民主评议工作为动力，面向基层、面向群众、面向社会，把各项工作进一步做深、做细、做实，使政风行风建设再上一个新台阶。

（3）强化整改，扎实解决群众反映的热点难点问题。各级各参评部门要以高度的事业心，高度的责任感，高度的自觉性，帮助群众解决热点难点问题，以解决问题的实际成果取信于民。各级民主评议办公室要继续实行挂帐督办制度，对群众反映的问题要跟踪督导，定期调度，确保落实。参评部门的热线电话要保持畅通，热情受理群众投诉。对自查出的问题、评议代表提出的问题、群众投诉的问题、媒体披露的问题、热线举报的问题和窗口对话交流会上群众质询的问题进行认真研究，归纳分析，找准问题症结，研究制定出整改措施。对边评边犯、顶风违纪的要从严处理，并追究有关人员的责任。参评部门在整改问题的同时，要针对薄弱环节，建立完善规章制度，减少和杜绝不正之风问题发生。

（4）强化指导，督促参评单位建立政风行风建设自我运行机制。随着民主评议工作不断深化，要逐步建立参评部门政风行风建设自我运行机制，使民主评议工作走上制度化、规范化轨道。要实现这个目标，各参评部门要不断积极探索、不断完善现有的工作制度，形成符合自身工作特点、具有鲜明行业特色、能够在单位长期运行、促进自身建设的政风行风建设长效机制。各级民主评议办公室要深入研究，加强指导，推广经验，要把自我运行机制建设作为评议考核的一项重要内容，大力推动参评单位民主评议工作走上制度化、规范化的自我发展轨道。

（5）强化创新，积极探索深化民主评议工作的新途径。民主评议活动是促进部门转变作风的有效措施，是优化发展环境的重要举措，对推进经济发展和社会进步有重要作用。这项活动需要常抓不懈，逐步完善，不断创新。各级各参评部门要正确认识民主评议活动的长期性和艰巨性，积极探索深化发展的新途径。要把近年来民主评议工作的实践经验，上升到理论层次进行总结、探讨、升华，推动民主评议活动上水平、上层次；把民主评议工作作为构建社会主义和谐社会的重要途径，探索民主评议活动新的发展方向；把民主评议工作的一系列制度作为构建惩治和预防腐败体系的重要组成部分，进行新的实践和尝试；把民主评议活动与机关效能建设、行政权力公开透明运行、专项资金清理等工作紧密结合起来，开辟综合加强政风行风建设新形式，不断推动民主评议工作深化发展。

三　明确任务，理清思路，努力搞好我市机关效能建设工作

刚才，张毅同志从实践“三个代表”重要思想、保持共产党员先进性高度，从加强党的执政能力建设的高度，从坚持和落实科学发展观促进经济发展的高度，强调了做好机关效能建设工作的重要性和必要性，明确了具体任务要求。根据张毅书记讲话要求，结合我市实际，今年效能建设工作重点抓五个方面。

（1）全面推进机关效能建设。今年要在乡镇以上机关及具有行政管理职能的单位开展以“提速、提质，为人民、促发展”为主要内容的机关效

能建设，重点抓好四项工作：一是要强化制度建设。全面推行岗位责任制、AB岗工作制、首问责任制、服务承诺制、政务公示制、限时办结制、失职追究制，以岗位责任来明确工作职责，以服务承诺来明确服务要求，以政务公示来推进政务公开，以失职追究来严肃工作纪律，实现以制度管人管事。二是搞好自查自纠。坚持有什么问题就查什么问题、什么问题突出就解决什么问题的原则，要着力解决影响我市改革稳定发展大局、人民群众关注、基层反映强烈涉及效能方面的问题。突出解决好“办事难”“行为不规范”“文山会海”“迎来送往”“素质不高”“作风不实”“效率低下”七个方面的问题。三是强化监督检查。建立和规范各级效能监察投诉中心，聘请机关效能监督员；充分发挥人大法律监督、政协民主监督、新闻舆论监督、人民群众和社会团体的社会监督作用；利用专项检查、跟踪检查、明察暗访等多种形式，进一步加大监督检查力度。四是严肃责任追究。对有关违反法律、法规、政策规章和工作制度以及不作为、乱作为行为，要依据《河北省行政机关效能行为责任追究办法》进行责任追究，对影响机关效能的典型案件要公开曝光。

（2）认真开展《行政许可法》贯彻落实情况的监督检查。依照法定职责，本着突出重点部门、重点问题、重点环节的工作思路，加大监督检查力度。一是以工商、民政、环保、发改委、建设、国土等部门作为检查的重点对象，紧紧围绕行政许可主体、行政许可事项以及依法执行项目、取消项目的监管措施还有工作人员履行职责情况进行监督检查，督促具有行政许可权的机关及其工作人员按法定权限和程序依法履行职责，规范行政行为；抓制度公开、程序公示和践行承诺等关键环节，建立责任追究制，切实解决审批行为不规范、服务承诺不兑现、政策执行不到位、取消项目不落实等突出问题，防止违法施政和权力滥用现象发生。二是督促有关部门建立健全信息公开等相关制度，探索建立“一个窗口对外”的审批和许可工作机制。三是积极探索“事前预防、事中监督、事后检查”的监管方式，切实加强对行政权力的监督制约，防止行政权力缺位和滥用。四是总结推广先进典型经验，公开处理典型问题。

（3）继续对重大公共投资项目实施监督检查。一是从建设项目入手，有针对性地选择2～3个投资数额较大的重点项目进行跟踪检查，要注意抓好事先预防、现场监督和重点环节的检查。二是重点检查职能部门及其工作人员在项目审批过程中执行法律和有关规定、公开审批程序和条件以及工作人员履行职责、遵守纪律等情况。三是对不按法定职责进行审批、贻误行政管理工作或损害申请人的合法权益、造成严重后果的，要严肃追究责任，确保全市重大公共投资项目的顺利实施，提高政府投资的效益。

（4）继续对市委、市政府优化发展环境《若干规定》的落实情况开展专项监督检查。一是着重对公安、司法、财政、水利、建设、国土、商务等职能部门贯彻落实《若干规定》和本部门《实施细则》情况定期抽查和不定期暗访，及时发现问题。二是加强各级政务服务中心建设，对设在中心的服务窗口要充分授权，完善和规范“一条龙服务、一站式办公”。三是培养具有自身特点和行业特点的先进典型，大力宣传表彰，推动整体工作开展。四是对优化发展环境各项规定不落实、发展环境较差且企业和群众反映强烈的部门和单位进行公开曝光，对损害发展环境的典型案件进行严肃处理。

（5）强化对重大决策情况的监督。一是督促有关行政机关完善重大决策机制，健全决策规则，规范决策程序，建立和完善决策失误纠错改正机制，推进科学决策、依法决策和民主决策。二是督促有关部门明确有关规定从决策到执行以及监督检查的程序，尤其要加强对行政执法的监督；督促完善行政执法程序，实行行政执法依据公开制度和执法行为评议考核制度。三是督促建立健全社会公示、听证、专家咨询等科学民主的监督机制。此外还要围绕市委、市政府中心工作和新出现的问题开展效能监督检查，围绕邯郸的社会稳定和经济发展开展各项工作。

四　强化措施，落实责任，确保机关效能建设和民主评议工作取得明显成效

机关效能建设和民主评议是促进发展环境优化的两项重要工作，涉及单位多、工作任务重、要求标准高，需要全市各级各部门积极参与，需要广大机关干部和广大人民群众协调一致，共同努力。因此，各级各部门必须加强

领导，明确责任，强化措施，狠抓落实，确保这两项工作取得扎扎实实的成效。

（1）加强组织领导，健全工作机制。市里成立了机关效能建设联席会议和办公室，负责组织指导协调全市机关效能建设工作，解决机关效能建设中的重大问题。各级各部门也要成立相应组织机构，建立工作责任制，围绕总体目标，分解工作，明确责任，一级抓一级，层层抓落实。民主评议工作要继续坚持良好的工作机制，各级各单位要对民主评议工作高度重视，作为重点工作来抓。主要领导要亲自抓、负总责，民主评议办公室要做好具体工作，切实做到干劲不能减，措施不能软，力度不能小，工作不能松。免评单位要加强对这项工作的领导，坚持免评不免建的原则，积极完成民主评议各项工作。免评期间出现群众反映强烈不正之风问题的，要取消免评资格，纳入当年评议范围。

（2）加强督导检查，推进工作落实。要确保机关效能建设和民主评议活动健康有序地开展，必须加强对各个环节的监督指导。各级机关效能建设办公室要对机关效能建设的学习动员、自查自纠、制定措施、考核总结进行全过程、全方位的监督检查。对违反有关法律法规、政策规章和工作制度以及不作为、乱作为行为，要依据规定追究责任，决不姑息迁就。各级民主评议办公室要做好组织协调和监督检查工作，使民主评议工作做到组织领导到位、工作措施到位、整改落实到位，特别是对群众反映问题较多的部门要加大督导力度。要选好用好评议代表，充分发挥他们听民意、代民言、促整改的作用。

（3）加强系统管理，严肃评议纪律。参评部门要认真贯彻“管行业必须管行风”“抓机关必须抓基层”的原则，上级主管部门要加强对下级政风行风建设工作的督促和指导，一级抓一级，层层抓落实。各参评部门要对本系统民主评议工作负起责任，加强与当地党委、政府的沟通联系，及时掌握本系统、本行业政风行风建设情况，形成齐抓共管局面。各级各参评部门要严格遵守评议纪律。各级党委、政府领导不得擅自干扰评议过程、改变评议结果。各级民主评议办公室要按照规定的方法步骤搞好评议工作。各级评议代表不得接受参评单位宴请、馈赠和安排的娱乐活动。参评单位和人员不准拉票、虚报成绩、搞假材料。对违反纪律的要严厉批评教育，情节严重的给予党政纪处分，并对参评单位实行“一票否决”，列为不达标单位。

（4）抓好正反典型，推进工作开展。通过抓反面典型公开曝光，教育和警示大家。机关效能建设工作要坚持正面宣传与反面警示相结合，努力形成奋发向上的风气。各级各部门要积极组织丰富多彩的创优活动，发现和培育一批加强效能建设的先进单位和个人，树立典型，推广经验。今年在适当时间召开一次效能建设经验交流会议，推进工作深入开展。对那些群众反映强烈的影响机关效能行为，要按照《关于影响机关效能行为责任追究办法》严肃追究责任。该告诫的告诫、该离岗的离岗、该辞退的辞退、该曝光的曝光，坚决维护效能建设工作的严肃性。效能建设主要是保证机关公平行政、依法行政、提高效率。效能建设要从具体事情抓起，市委准备从抓会风开始，开会迟到、早退、打手机、交头接耳，作为一个领导干部，如果在党委、政府部署工作时这么三心二意，怎能够正确地理解党委、政府的会议精神？又怎能够把会议精神领回去认真地研究贯彻执行？效能建设还要抓机关工作人员出勤、坚守工作岗位，看其是否在工作期间真正地投入工作中。各级各部门也要从这些具体工作入手搞好效能建设。各级纪检监察机关和组织人事部门要加强监督检查，加强明察暗访，对于置若罔闻、视而不见的，要抓典型，严肃处理。

（5）摆正两者关系，同步协调发展。加强机关效能建设与开展民主评议活动，目的都是推进经济社会全面发展。机关效能建设是各级机关自觉加强管理、提高工作效率和工作质量、建设现代行政机关的一项新举措。民主评议工作则是通过组织人民群众和社会各界评价参评单位工作、促进参评单位自觉加强建设的重要手段。机关效能建设是民主评议工作的重点内容，民主评议是加强机关效能建设的重要手段。各级各参评单位要把机关效能建设纳入民主评议活动，让人民群众和全社会来检验效能建设的效果，评价机关“执政为民、执法为民、服务社会和优化发展环境”的成果，从而推动机关效能建设提高水平。机关效能建设要善于借助民主评议的优势，民主评议要突出效能建设的内容，使这两项工作相互促进，相得益彰，确保取得扎扎实实的成效。

同志们，今年全市机关效能建设和民主评议工作的目标已确定，任务已明确。我们要围绕着这两项工作目标的实现，进一步振奋精神，开拓创新，与时俱进，真抓实干，卓有成效地搞好机关效能建设和民主评议工作，为邯郸社会和经济发展创造良好环境，提供有力保障。

在市专项资金综合治理工作领导小组会议上的讲话

（2005年3月16日）

刚才，大家就《邯郸市专项资金综合治理工作方案》进行了比较充分的讨论，讲了很多有价值和建设性的意见，国岭同志也讲了非常好的意见。大家的意见，集中起来就是怎么运作、怎么操作的问题，比如：审计局怎么审计的问题、发改委审批项目的问题、财政局资金拨付的问题、教育局专项资金使用的问题、计生委药具管理的问题、扶贫办扶贫款项的问题，还有严肃清理、压死责任、协调联动等一系列问题。领导小组办公室要把《方案》再进一步细化，要有可操作性，完善充实后印发下去执行。下面我讲三点具体意见。

一 要认真负责，防止走过场

专项资金综合治理工作是省委、省政府今年专题部署的重点工作之一。去年省内一个市抽查了40笔专项资金，笔笔有问题。省纪委去年下半年抓了几个典型案件，其中有省直的一个干部，给一个村里搞了10万元扶贫款，给了村里3万元，管理部门截留了2万元，她截留了5万元，数额虽不大，但性质恶劣，受到了开除党籍、开除公职处理，并移交司法机关判了5年徒刑，在社会上引起了很大反响。加强专项资金管理，第一要规范管理；第二要从源头上预防腐败，防止腐败现象的发生；第三要提高资金的使用效率。

所以，省委、省政府决定，要进行专项资金的综合治理，并且作为党风廉政建设的主要工作进行部署。今年省委、省纪委谋划了三项重点工作：一是行政权力公开透明工作；二是专项资金治理工作；三是在机关实行以“双提”为内容的机关效能建设。这三项工作市委常委会已经进行了专门研究，成立了三个工作领导小组及其办公室，现在正逐项来组织动员部署。

今天我们专题研究专项资金综合治理工作。如何做好这项工作，省里电视电话会都已讲了，这里就不展开说了。我突出讲不能走过场的问题，从以下几个方面再强调一下。第一，切实加强专项资金治理工作是适应邯郸经济发展的必然要求。也就是说，这是内在的要求，不是强加了多少任务、增加了多少负担的问题。中央提出全面建设小康社会和建设和谐社会的宏伟目标，我市也提出要建设和谐邯郸，市委全会强调了这个问题，政府工作报告也强调这个问题，这就是我们的内在要求。专项资金在很大程度上是为了解决群众生产生活的实际困难，在协调城乡、工农、干群关系方面体现立党为公、执政为民的执政理念。这些资金是救命钱、救急钱、救难钱。如果这些资金在我们的领导机构、领导干部手中被挪用了，甚至化公为私挥霍掉、浪费掉、贪污掉了，这是党纪国法所不容的。本来这些资金能够救济社会、缓解社会矛盾，但是如果这些资金发挥不了应有的作用，特别是被挪用侵占，就会激化社会矛盾，实际上是在犯罪。第二，加强专项资金综合治理对于建设和谐社会、建设小康社会至关重要。专项资金与群众利益、国家利益、社会利益紧密相关，领导小组及办公室的每个同志、每个成员在思想定位上要有明确的认识。第三，专项资金综合治理是从源头上防止腐败的重要措施。从中央到省、市、县都在贯彻《实施纲要》，胡锦涛总书记在中央纪委五次全会做了全面的阐述，从源头上预防腐败，保障干部清正廉洁，这是治本之策。从源头上治腐，从机制体制制度上惩治腐败，我们都没有理由走过场，不容许走过场。当然，在专项资金使用上，我们工作中确实存在一些实际问题。领导小组成员、各办公室成员，都要提高思想境界，严明纪律，做到思想认识到位，工作办法到位，绝不能因小失大，否则，这项工作就不能做好。不能把过去的那些滋生腐败的现象和问题，认为是地方发展中合理合情的东西。提高执政能力、开展先进性教育就是要解决这些问题。如果谁走了过场，那就要追究谁的责任。省里要抽查我们，市里也要抽查有关部门，如果抽查出了问题，我们不会担待哪一个，庇护渎职、失职是决不容许的。我们要坚定不移地做好这个工作，确实拿出点精神来，拿出点干劲来，不能计较本单位本部门利益得失。另外，还得有点拼搏精神，保质保量按时完成任务。在正确认识的基础上，还要领会上级的意图，学习运用好上级的政策，做到全面清理，重点治理，上下联动，条块结合。全面清理就不能这个清理那个不清理，这个不可以漏网那个可以漏网。重点治理内容有 7 项，我们成立了 7 个小组，7 项重点以外也要治理，但要突出重点。条块结合的问题，就是市和各县（市、区）要结合，条条与部门要结合。说到底，没有条块结合、上下联动，就很难查出问题。蜻蜓点水一过，走了过场。我们邯郸交不了账，在座的几个部门也交不了账，我们一定要认认真真做好这件事。

二　要抓准问题，讲究政策

按时完成任务专项资金综合治理工作，从省里总体工作部署看，从我们平常掌握的情况看，大体上有这几个方面的问题：有专项资金前期立项审核工作不规范，审核较粗，把关不严，对有些项目的合理性必要性缺乏全面细致的考察、论证，存在人情项目、戴帽项目、虚假项目的问题；有专项资金拨付不及时，存在资金中间滞留的问题；有专项资金管理使用不规范，比如挤占、挪用、侵占专项资金等问题，有的地方把专项资金发了工资，甚至搞了形象工程，有打油的钱买了醋的问题，挤出点钱买了一辆车；有的大额使用，提取现金，白条入账，不符合报账制度规则；也有的套取财政专项资金，超年度支出，超标准用在建筑项目管理费用上；还有弥补其他经费不足，用虚假发票套取资金；甚至严重违纪，克扣收受贿赂等问题。我们要严格按照政策，抓住重点，认真清理。

三　要加强领导，落实责任制

开展好专项资金治理工作责任制是一个成功的做法。市委、市政府成立了领导小组及办公室，它是专项资金治理工作的指挥部，在市委、市政府的领导下做好这项工作。在此，我重点讲讲工作分工的问题，明确分工落实责任，这一条必须要搞好，我看方案上基本说清楚了。我再强调两点：一是上下联动的问题。各成员单位要各司其职，细化各自的工作方案，方案要贯彻上下联动、条块结合，并且全面清理、重点突出这个精神。今天各成员单位有一部分负责同志发了言，但是也没有都说，有的在思考，把意见拿出来交办公室，再完善这个方案。从清理上说，按照省里的精神，我理解就是清源头、清过程、清结果。这一笔资金是怎么来的？谁拨出来的？什么款项？什么性质？从哪个渠道来的？不管是纵向也好、横向也好，你这个渠道是怎么过来的？最后是项目、资金落到哪？结果怎么样？效果怎么样？从源头出来的这笔款，最后到结果办成事，办了谁的事？中间有没有损耗？怎么损耗法？都要追查、清理。从头到过程到结尾，也就是从立项、预算，到使用管理、到结算，要说清楚。在过程中如果有偏差的，该纠正的纠正，该治理的治理，有违法违纪的要立案查处。责任分解要在方案上有明确的体现。二是条块结合的问题。怎么结合？上级是什么责任？下级负什么责任？方案上要具体说清楚。专项资金综合治理没有条块结合办不成，每个口上都要确立自己的重点，大额度资金要有侧重。同时，在这个过程中还要接受群众举报。有的问题还要重点审计，审计工作讲分级负责，要配合好、衔接好，出了问题要一追到底。还有督促检查要做好，领导小组办公室下设 8 个检查小组，把它落实好。当然，首先从指导思想来说还是为了邯郸经济发展与和谐社会建设，对具体问题处理需要掌握好政策、运用好政策。但也不能因为怕不稳定、不和谐，捂着问题不暴露、不查问题，这样久而久之要出大毛病，对存在问题不能姑息迁就。所以我们要按照省委、省政府和市委、市政府的决定和整体部署，细化方案，各负其责，各司其职，完成好这项任务。

保持共产党员先进性
努力提高纪律检查工作能力和水平

——在全市纪检监察系统先进性教育活动专题报告会上的讲话

（2005年3月17日）

在全党深入开展以实践“三个代表”重要思想为主要内容的保持共产党员先进性教育活动，是党的十六大做出的一项重要决策，是新时期加强党的建设的一项基础性工程，也是贯彻落实党的十六届四中全会精神的一项重要任务。为此，省委、市委都做了具体的安排部署。在学习动员阶段，从市纪委、监察局机关到县级以上纪检监察系统的党员干部，根据省委、市委的安排部署，认真开展了集中学习、交流体会、观摩笔记、参加知识竞赛、观看英模影片和正反两方面专题录像，以及到烈士陵园缅怀革命先烈、重温入党誓词、组织纪检监察干部先进性标准大讨论等活动。总体上说活动开展是健康、积极的，产生的效果也是明显的。为了把教育活动进一步引向深入，促进先进性教育活动的第二阶段的顺利展开，市纪委常委会决定举办今天的报告会。下面，我作为参加先进性教育活动的一名普通共产党员，与全市纪检监察系统的党员干部谈一些学习体会和个人认识，与大家共勉。

一　充分认识新时期保持共产党员先进性的重要性和必要性

开展保持共产党员先进性教育活动，首先必须充分认识、深刻理解加强党的先进性建设、保持共产党员先进性的重要意义。只有认识提高了、到位了，才能把这项教育活动变成自己的自觉行动。要做到这一点，必须从三个方面进行把握和提高认识。

（一）党的先进性建设是关系马克思主义政党生存发展的根本问题

胡锦涛同志最近在新时期保持共产党员先进性教育专题报告会中提出了“加强党的先进性建设”这一命题。我们党成立已经80多年了，党对自身建设是非常重视的，到现在曾经提出过加强党的思想建设、组织建设、作风建设，现在又提出能力建设、先进性建设。这是在不断地深化对我们党的建设的认识，也是在不断地总结我们党的建设的成功经验，或者也有失败的教训，逐步来完善和推进这项工程。胡锦涛同志把这次先进性教育活动的性质和意义，上升到党的建设的高度，指出“党的先进性建设是关系马克思主义政党生存发展的根本性问题”，这就把党的先进性建设提高到一个相当的高度。

先进性是马克思主义政党的根本特征，也是马克思主义政党的生命所系、力量所在。党的先进性建设是马克思主义政党自身建设的根本任务。开展党的先进性建设，就是要通过推进思想建设、组织建设、作风建设和制度建设，使党的理论和路线方针政策顺应时代发展的潮流和我国社会发展进步的要求，反映全国各族人民的意志和愿望。使各级党组织不断提高创造力、凝聚力、战斗力，始终发挥基层党组织的战斗堡垒作用；使广大党员不断提高自身素质、始终发挥先锋模范作用；使我们党保持与时俱进的品格，始终走在时代前列，不断提高执政能力、巩固执政地位、完成执政使命。这个要求是从一个党员到党的组织又到全党分层次地提出的，同时这几个层次也是辩证的统一体。每个党员是党的一个细胞，党小组、党支部是党最基层的组织形式，“支部建在连上”是我们党的建设的一个基本经验。从党员到基层组织，再到地方组织，一直到党中央分层次提出了进行先进性教育的要求，一层一层递进，从微观到宏观，从基层到中央，最终要保持整个党的先进性。其落脚点就是要提高执政能力、巩固执政地位、完成执政使命。

我们党是在马克思列宁主义指导下建立起来的，是坚持以马克思主义理论为指导、代表中国社会发展方向、完全新型的无产阶级革命政党。这样一个政党的执政地位，不是共产党人自己选择的，而是中国人民的共同选择。中国近代史上有许多政党，为什么中国人民选择了共产党作为执政党？因为只有共产党才能代表中国最广大人民的根本利益，才能引导和带领中国人民来完成民族解放和繁荣富强的历史任务。中国人民选择共产党执政是历史的必然，也是全中国人民的根本利益所系。80 多年来，我们党始终高度重视保持党的先进性，坚持把党的先进性建设摆在突出位置来抓。以毛泽东同志为核心的党的第一代中央领导集体，把马克思主义建党理论同我们党的自身建设实践相结合，探索出一条着重从思想上建党、加强党的先进性建设的成功之路。毛泽东同志曾经指出，保持党和党员的先进性，根本途径是加强党内马克思主义理论和无产阶级思想教育，不断提高党员的思想觉悟，把党员教育和锻炼成坚定的共产主义战士。毛泽东同志的党建思想非常注重从思想上建党，有句名言叫作“不仅从组织上入党，更重要的是要从思想上入党”，要解决一个思想上的先进性问题。毛泽东同志也非常关注党的基层组织建设，早在大革命时期就提出“支部建在连上”。那时的主要任务就是夺取政权，这是一条成功的经验，是加强党的基层组织建设源头上的要求。党的十一届三中全会以后，邓小平同志总结“文化大革命”的深刻教训和新时期党的建设的新鲜经验，特别强调，中国要出问题，还是出在共产党内部。说到底，关键是我们共产党内部要搞好。他是总结了国内外执政党执政的经验教训后得出的结论。中国人民选择共产党在现阶段执政，有它的历史意义。从政治角度上说，当前没有任何一个力量能够像中国共产党这样代表中国人民的根本利益，能够像中国共产党这样具有驾驭中国社会历史发展的实力，所以问题要出就只能出在自己身上。其中风险挑战很多，最重要的就是丧失先进性、失去抵御风险和腐败的能力。党的十三届四中全会以后，以江泽民同志为核心的党的第三代中央领导集体，始终高度重视加强党的先进性建设，坚持和发展马克思主义党建理论，创造性地探索和回答了建设什么样的党、怎样建设党这个重大课题。江泽民同志集中全党智慧创立的“三个代表”重要思想，集中概括了新的历史条件下党的先进性的丰富内涵，揭示了党的先进性的根本特征，为新世纪新阶段加强党的先进性建设提供了科学理论指导。党的三代中央领导集体关于加强党的先进性建设的理论和实践一脉相承，为我们开展党的先进性建设，积累了丰富的实践经验，奠定了坚实的理论基础，提供了科学的思想指南。

回顾我们党长期以来加强党的先进性建设的理论和实践，主要有四个方面的重要经验和启示。

第一，加强党的先进性建设，始终是我们党生存、发展、壮大的根本性建设。我们党经过80多年的艰苦奋斗，成长为一个有6800多万名党员的大党，团结带领全国各族人民取得了革命、建设、改革的伟大成就，使国家面貌发生了举世瞩目的深刻变化。这其中的原因是多方面的，但归结到一点就是：我们党始终代表了中国先进生产力的发展要求，代表了中国先进文化的前进方向，代表了中国最广大人民的根本利益，具有并始终保持了马克思主义政党的先进性。离开了这种先进性，我们党不可能得到全国各族人民的长期拥护和支持，也不可能成为革命、建设、改革的坚强领导核心。抓住了先进性建设，就抓住了党的建设的根本，就抓住了加强党的执政能力建设、巩固党的执政地位的关键。

第二，加强党的先进性建设，需要同实现党的历史任务紧紧联系起来。党的先进性历来是随着形势和任务的变化而不断丰富和发展的，不是一劳永逸的。时代和实践的发展，总是不断给我们党提出新的要求，也给党的先进性赋予新的内涵。党的思想路线是解放思想，实事求是，与时俱进。这三句话，中央三代领导集体每一代贡献一句。毛泽东提出实事求是，用实事求是来认识中国基本国情，从《湖南农民运动考察报告》开始，分析了中国社会各阶级、各阶层的状况，得出了谁是我们的敌人，谁是我们的朋友，谁是革命依靠的力量，分清了敌我友，成功地领导了中国革命取得胜利，并且靠实事求是反对党内“左”的和右的错误。邓小平同志继承和发展了实事求是的思想，进一步提出了解放思想，打破了“左”的观念的束缚，搞改革开放。江泽民同志提出与时俱进，根据国内外形势的发展变化，来不断地推进党的先进性建设。实事求是，解放思想，与时俱进，这是党制定方针政策的哲学依据。因此，我们必须发展地而不是静止地、具体地而不是抽象地看待党的先进性、保持党的先进性。

第三，加强党的先进性建设，在执政特别是长期执政的条件下任务更为艰巨。我们党成为执政党固然不容易，长期执掌好政权更不容易。在改革开放和发展社会主义市场经济的环境中，党的先进性面临着新的历史考验。20世纪80年代末90年代初以来，世界上一些曾经执政多年的大党、老党，特别是苏联、东欧国家的共产党（工人党）先后丧失执政地位，教训惨痛。苏联是第一个共产党执政的国家，苏联共产党夺取政权建立社会主义国家，使人类历史进入了新纪元，人类社会由此而进入一个新的发展阶段。这样一个具有重大的划时代地位的大党，突然在一个早上红旗落地，党组织土崩瓦解。那么教训在什么地方？分析原因，从根本上说就是因为这个政党在广大人民群众的心目中丧失了先进性、失去了执政能力。这么大的一个党，当戈尔巴乔夫等宣布苏联共产党解散的时候，那么多党的组织、那么多的党员干部居然无所作为。为什么？党已得不到党员和党的基层组织的支持，得不到人民群众的认可。当然也有外部原因，就是以美国为首的西方敌对势力对它的侵蚀、对它的瓦解。这完全是一场触目惊心的、没有硝烟的战争。没费一枪一弹，把一个共产党大国党的执政地位瓦解掉，这里面教训是很多的。首先是放弃了党的思想武装，放弃了马克思主义的指导思想，党的基层组织涣散，没有加强党的基层组织建设。为什么我们能够渡过难关仍然保持了中国社会主义性质不变，继续推行改革开放的政策呢？当然，我们有老一辈无产阶级革命家掌舵，我们有马克思主义、列宁主义、毛泽东思想、邓小平理论指导。还有一个原因就是我们有坚强的基层党组织，我们的党员干部基本上保持着党的先进性，能代表中国人民的根本利益。说得简单些，就是我们党具有先进性，我们有坚强的基层党组织存在，所以我们不会土崩瓦解，经得起严峻的考验。历史地看待这些问题，一个政党过去先进，不代表也不等于现在先进；现在先进，不等于永远先进。因此我们必须居安思危，以改革的精神加强和改进党的建设，不断把中国特色社会主义事业推向前进，这是我们党始终保持先进性的根本要求。

第四，加强党的先进性建设，是加强和改进党的建设的长期任务和永恒课题。保持党的先进性，是一个不断认识、不断实践、不断提高的过程。必须把做好经常性工作与适当的集中教育结合起来，这是我们党加强先进性建设的一条重要经验。革命战争年代，我们党开展了延安整风这场马克思主义思想教育活动，改进学风、改进党风，确立了毛泽东思想作为党的指导思想，为夺取抗日战争和解放战争的胜利、建立新中国提供了有力保证。前些年，我们党在县处级以上党员领导干部中开展了"三讲"集中教育活动，在全国开展了"三个代表"重要思想学习教育活动，对新形势下加强党的先进性建设起到了重要作用。这次在全党开展先进性教育活动，就是从新的实际出发，对经常性教育同适当的集中教育相结合这一成功经验的具体运用。

（二）加强党的先进性建设是推进党的建设新的伟大工程的一项基础工程

我们党是由340多万个基层党组织和6800多万名党员按照民主集中制原则组成的统一整体。党员是党的肌体的细胞和党的活动主体，党的基层组织和党员队伍建设是党的建设的基础。党的路线方针政策的制定和贯彻落实，要靠广大党员积极参与。党的战斗力的提高、党的组织的发展、党的群众基础的扩大，要靠党的基层组织卓有成效地工作。党的良好形象，也要靠广大党员和基层党组织去树立、去维护。江泽民同志多次指出："基础不牢，地动山摇。"深刻揭示了党的基层组织建设和党员队伍建设在党的全部工作中的重要性。从总体上来看，我们党的基层组织是有战斗力的，党员队伍的主流是好的。广大党员脚踏实地、艰苦奋斗，立足本职、开拓进取，在改革发展稳定的各项工作中，在突发事件和关键时刻的考验面前，发挥了先锋模范作用。许多群众反映，他们身边的党员，"平常时期能看得出来，关键时刻能冲得出来，危难时刻能豁得出来"。特别是这些年来，广大党员干部中相继涌现出了像孔繁森、郑培民、任长霞、牛玉儒等一大批好党员、好干部。

在我们邯郸，在我们身边也有很多优秀党员，像张清、贾春梅等同志的事迹也是非常感人的。在关键时期考验党员干部，我们近两年至少有过两次，即在2003年防治非典、2004年防治禽流感。在非典流行时期，我们邯郸地处四省交界、河北的南大门，形势十分严峻。在防止非典的过程中，邯郸没有一个人因患非典而死亡，却由于我们的工作过于劳累，有的基层党员干部倒下了，保证了防治非典斗争取得了胜利。去年的禽流感是人禽交叉感染，我们出现过几次险情。距离我们不远的河南，是疫情多发区、高发区，我们面对着很多困难。但是我们的党员干部始终战斗在第一线，也坚守住了阵地，拒疫情于市门之外。群众过后在给我们提建议的时候，说非常希望我们的党员干部能始终保持像防治非典和防治禽流感的时候那么一种精神状态、那么一种服务态度。群众对我们的要求并不过分，也从另一个方面反映出我们党员干部在关键时刻是能够站出来的，能够发挥先锋模范作用的。我们在座的很多同志也都参与了这些工作，甚至有一些同志就在第一线。我们更多的干部抽出来去当督导组，行动吃住在一线，坚守岗位。可以说我们的先进性是无处不在的，是处处能够体现出来的，不是单凭几个光辉典范就闪闪发光。6800 万名党员，那几个人能占多大比重呀？保持共产党员先进性教育活动，关键在于搞好基层，要求我们的广大党员继续脚踏实地、艰苦奋斗，要立足本地，开拓进取，在改革发展稳定的工作中，能够经得住实践的考验。

当然，我们也要看到，在新的形势下，党员队伍中还存在与保持先进性的要求不相适应、不相符合的问题。主要是，一些党员理想信念动摇，党员意识和执政意识淡薄，带领群众前进的能力不强，先锋模范作用发挥得不好；一些党员干部事业心和责任感不强，思想作风不端正，工作作风不扎实，脱离群众的问题比较突出；一些党员领导干部思想理论水平不高，依法执政能力不强，解决复杂矛盾的本领不大，素质和能力同所肩负的责任和任务不相适应，有的甚至以权谋私、腐化堕落。另外，一些党的基层组织凝聚力、战斗力不强，有的甚至软弱涣散、不起作用。这些问题归结起来，一个是同新形势新任务的要求不相适应，另一个是同“三个代表”重要思想和全面建设小康社会的要求不相符合。这些“不适应”“不符合”的问题如不认真加以克服，就会严重影响党的先进性，影响党的执政成效，损害党和人民的伟大事业。这些现象还不是个别的，一个党员把自己混同于一个普通老百姓，那就丧失了先进性。毛主席在《反对自由主义》一文中指出，自由主义有各种表现，事不关己，高高挂起；明知不对，少说为佳；明哲保身，但求无过。因为是熟人、同乡、同学、知心朋友、亲爱者、老同事、老部下，明知不对，也不同他们做原则上的争论，任其下去，求得和平和亲热。忘记了自己是一个共产党员，把一个共产党员混同于一个普通的老百姓。这还只是在党内。到了以权谋私、腐化堕落，那就是对党的背叛。我们重温入党宣誓时最后一句话就是：永不叛党！战争年代是出卖组织、出卖同志，变节投敌。和平时期不执行党的决议，失去了党的先进性，那也是变节。成为腐败分子，那就是叛党。现在基层组织软弱涣散也不是个别的，面临改革开放和经济比较富裕条件下的执政考验，一些基层组织的战斗力已不如过去。记得在七八十年代的时候，我们农村的基层党组织还是非常坚强的，村里的支部书记虽说不算是什么大官，但知道村里面每一件事情，一下有事反映到公社去了，支部书记会感到脸上非常无光，这个事情怎么跑到公社去了？当时很多事情都解决在村，村党支部解决了大部分问题，反映到上面的事情非常少。可是现在，村里面的事情反映到乡镇那还算啥越级呀，到县是很平常的，一直到市、省、中央。当然群众反映事情多数是有道理的，但也有少数上访户无理纠缠。我说这个意思并不是不让上访了，发扬民主一直到中央都是合理的，也有这个体制让你去反映，更主要的是说我们的基层组织很多事情自己解决不了。有的不依法行政，不按规定办事，甚至把事情从小闹大，对当事人爱理不理，你不是去告吗，你再告又怎么样？基层干部很难，很不好做，我们都有体会，但是你不尽职责，干不成事情，坚守不住岗位，也不行。如果我们能把身边的问题消化在基层，就能给上层减少工作压力，让他们腾出精力来去干更多的事情，研究更大的问题。一般情况下群众是不轻易告状的，我们有句老话叫作：穷死不做贼，冤死不告状。告状不是简单的事情呀，因为告状是倾家荡产呀。跑那么多的路，吃那么多的苦，也许告不赢。有冤才告呀，有冤才鸣不平呀。你如果在基层把事情解决了，他不就负担减轻了，你不就是真正为人民服务了吗！

在市纪委三次全会我刚刚接手工作时候，我就讲过了，纪检队伍要政治立场坚定，组织纪律严明，工作刻苦认真。但是站在党的先进性高度来看，我们还存在这样那样的问题，在先进性教育活动的评议和整改阶段还要挖一挖，每一个班子成员、每一个共产党员都要认真对照一下。从我们市纪委机关来看，总的讲，广大党员干部队伍是好的，发挥了模范带头作用，是有战斗力的。但用保持共产党员先进性要求来分析，也不同程度地存在五个方面问题。政治思想方面，有些同志存在理想信念和宗旨观念淡化，艰苦奋斗、谦虚谨慎、戒骄戒躁的作风发扬不够，思想守旧、创新意识不强等问题。理论学习方面，存在学风不够端正，学习不深入，理论政策水平不高，指导实际工作不够；知识面较窄，知识更新慢，社会主义市场经济知识缺乏，不能适应反腐败形势和任务的需要等问题。工作方面，存在忙具体事务多，下基层调查研究少，特别是探索新形势下纪检监察工作规律性的东西少；工作标准不够高，分管的工作底数不清，评论别人时头头是道，分内工作混沌不清，缺乏积极性、主动性和创造性。廉洁自律方面，有些同志存在艰苦奋斗的思想观念淡化，对社会分配心理不平衡；下基层检查工作时接受宴请，接受基层单位馈赠的土特产品；个别人有时中午饮酒，醉酒后胡言乱语、丢人出丑，影响工作和形象等问题。纪律方面，有些同志存在纪律观念不强，遵守机关规章制度不够自觉，迟到早退；个别人办案时跑风漏气；利用工作便利办私事等问题；还有个别同志对研究决定的事情合自己意的就执行，不合意的就不执行，找各种借口拖着不办、顶着不办，是典型的自由主义表现。这些现象和问题，在一定程度上削弱了我们这支队伍的凝聚力和战斗力。因此，开展保持共产党员先进性教育活动，从我们委局机关来讲，同样具有很强的现实性和针对性。

（三）加强党的先进性建设是深入推进党风廉政建设和反腐败斗争的客观要求

改革开放以来，特别是随着社会主义市场经济体制的建立，由于法律法规的滞后，封建思想残余的沉渣泛起，特别是西方敌对势力价值观的渗透，一部分党员干部世界观、价值观发生扭曲，拜金主义、享乐主义思想膨胀，以权谋私、贪污受贿等消极腐败现象开始滋生蔓延。原因是多方面的，但根本原因是，这些党员干部的党性观念淡化，世界观、人生观、价值观发生了扭曲，逐渐丧失了党员的先进性，与党离心离德、与党和人民的利益背道而驰。近年来，党中央也在不断强化措施，在保持查处案件、严厉惩治腐败强劲势头的同时，加大从源头上预防腐败的力度，加大反腐倡廉宣传教育的力度，并取得了明显成效。今年，中央颁布了建立教育、制度、监督并重的惩防体系的实施纲要，监督关口前移。这次开展的保持共产党员先进性教育活动，从一定意义讲，也是防止腐败的重要措施，强调的是“三位一体”之中的教育环节，必将对党风廉政建设起到积极的推进作用。因此，我们一定要注意把反腐倡廉工作特别是反腐倡廉宣传教育工作同保持共产党员先进性教育活动有机地结合起来，以先进性教育活动促进反腐倡廉工作，以反腐倡廉工作推进先进性教育活动的进一步深化，取得实实在在的效果。

二　正确理解和准确把握新时期共产党员先进性的科学内涵和基本要求

中国共产党是中国工人阶级的先锋队，同时也是中国人民和中华民族的先锋队，是双重先锋，这是党的十六大修改党章后提出的。什么叫先锋队？“先锋”者，即先进、先行、走在前列的意思。唯其先进，才称得上是先锋队。所以，先进性是对党的性质的基本要求。无论是党的整体，还是党的成员，无论是在革命时期，还是建设和改革时期，党都始终走在工人阶级的前列，走在中国人民的前列，走在整个中华民族的前列，走在历史和时代潮流的前列。在不同的历史时期，党的先进性会有不同的要求。但归根结底，还是要看能否体现了“三个代表”重要思想。它告诉我们：一个政党到底是先进还是落后，从根本上，要看它能否促进先进生产力和先进文化的发展；它的思想理论、价值观念是不是代表了历史前进的方向；它是仅仅为少数人谋利益，还是为绝大多数人谋利益。从这样的高度解读党的先进性，已经不是停留在与广大群众的比较方面，而是把党的先进性与阶级性、群众性更加紧密地结合起来，把经济、政治、文化、生态四方面的内容和要求更加紧密地统一起来，把对党的成员的要求与对党的路线纲领的要求更加紧密地融合起来，因而上升到了一个新的层次。在新的历史条件下，坚持实践“三个代表”，就是走在时代潮流的前头，就是坚持了党的先进性。

在新的历史条件下，共产党员保持先进性，究竟要达到什么样的要求呢？中央在关于开展保持共产党员先进性教育活动的意见中明确提出，要自觉学习实践邓小平理论和“三个代表”重要思想，坚定共产主义理想和中国特色社会主义信念，胸怀全局、心系群众，奋发进取、开拓创新，立足岗位、无私奉献，充分发挥先锋模范作用，团结带领广大群众前进，不断为改革开放和社会主义现代化建设做出贡献。最近，胡锦涛同志在保持共产党员先进性专题报告会上，对新时期共产党员保持先进性的基本要求做出了六个方面的精辟概括：坚持理想信念，坚定不移地为建设中国特色社会主义而奋斗；坚持勤奋学习，扎扎实实地提高实践“三个代表”重要思想的本领；坚持党的根本宗旨，始终不渝地做到立党为公、执政为民；坚持勤奋工作，兢兢业业地创造一流的工作业绩；坚持遵守党的纪律，身体力行地维护党的团结统一；坚持“两个务必”，永葆共产党人的政治本色。我们每个党员都要认真学习、牢记在心，并自觉身体力行，用共产党员先进性的六条标准规范和约束自己的言行，争做保持共产党员先进性的模范和表率。

胡锦涛总书记所讲的保持共产党员先进性的六个方面的基本要求，是对全国各行各业的全体党员来讲的，是具有普遍性的要求。具体到纪检监察机关，具体到我们委局机关的每一名党员，还要根据自身工作实际制定具体可行的标准和要求。但我想，只要我们在座的每一位同志真正做到了认真履行党员赋予的神圣职责，扎实做好维护党纪政纪的各项工作，严格依法执纪，保持清正廉洁，我们就可以在各自的岗位上基本保持共产党员的先进性。

三　努力保持共产党员先进性与纯洁性，不断提高纪检监察队伍的执纪能力和水平

元宵节我们刚开了市纪委五次全会，春节前开了市纪委先进性教育活动动员会。这两个会一个是保持共产党员纯洁性，一个是保持共产党员先进性。其实，二者是相互联系、相互贯通的。保持党的纯洁性是保持党的先进性的基础，保持党的先进性是保持党的纯洁性的目的。深入开展党风廉政建设和反腐败工作可以为保持共产党员先进性教育活动提供纪律保证。作为纪检监察机关，一方面，我们要积极参加保持共产党员先进性教育活动，通过活动切实解决委局机关党员与党组织在思想、组织、作风以及工作方面存在的突出问题。另一方面，要切实履行好党章赋予的神圣职责，认真贯彻落实中纪委五次全会和省纪委六次全会精神，围绕市纪委五次全会提出的各项工

作任务，扎实做好今年的纪检监察工作。要坚持方针、建立体系，集中力量、突出重点，着力抓好省委、省纪委确定的推进行政权力公开透明运行、专项资金综合治理、机关行政效能建设三项重点工作；加大力度，切实解决违反规定收受现金和有价证券、跑官要官、利用婚丧嫁娶事宜收钱敛财等七个方面的突出问题，促进领导干部廉洁从政；要站在执政为民的高度，突出抓好纠风专项治理、民主评议等四个方面的工作，着力解决反映强烈的突出问题，坚决纠正损害群众利益的不正之风；坚决查办发生在领导机关和领导干部中滥用权力、谋取非法利益等违纪违法案件，继续保持惩治腐败的强劲势头；进一步深化干部人事制度、行政审批制度、财政管理制度等方面的改革，继续深入推进治本抓源头工作；加强国有企业党风廉政建设和反腐败工作，保证国有企业改革顺利进行。以突出问题的解决，凝聚民心民智，推动保持共产党员先进性教育活动的深入开展。

作为市纪委机关党员干部，要做优秀的共产党员，这是纪检监察工作的特殊性决定的。党员是党的肌体的细胞，我们纪检监察队伍中的党员是特殊细胞，如同党的肌体内的白细胞。不仅自己要保持生命力，还要保证肌体的健康；不仅要勤奋敬业，还要具有斗争性；做合格的共产党员还不够，还必须做优秀共产党员。纪检监察系统的党员干部，要在先进性教育活动中紧密结合工作实际，着力提高五种能力。一是提高保障和服务经济发展能力。2004 年在市委、市政府的正确领导下，全市经济呈现较好的发展态势，各项主要经济指标增幅均创 1994 年以来最高水平。全市生产总值达 936.5 亿元，比上年增长 14.5%，高于年初目标 4.5 个百分点；全部财政收入完成 92.4 亿元，可比增长 48%。最近召开的市人大十二届三次会议上，确定了 2005 年我市经济发展的“双超”新目标，即全市生产总值增长 12% 以上，全部财政收入可比增长 14.6%，实现生产总值超千亿、财政收入超百亿，努力构建四省临界区经贸中心和河北南厢重要的增长极。我们要紧紧围绕市委确定的新的经济发展目标，不断强化融入经济、服务经济、助推经济的意识，自觉把反腐倡廉工作安排、任务落实和督促检查同深化改革和发展经济的实际紧密结合起来，把纪检监察中心工作与党委、政府重点工作紧密结合起来。充分发挥纪检监察两项职能，围绕国家经济法规、政策特别是各项宏观调控政策措施贯彻情况，加强行政执法监察。加强对行政决策、行政执行和履行社会管理、公共服务职能情况的监督，加强对《行政许可法》、《土地管理法》、《招标投标法》及省、市相关地方性法规贯彻执行情况和重大公共投资项目的监督检查，确保国家宏观调控政策和各项经济法律法规的贯彻落实。切实加强对优化发展环境的组织协调，充分发挥优化发展环境投诉中心的作用，严肃查处各类破坏经济发展环境的行为。二是提高依法执纪、依法监察能力。认真贯彻执行《中国共产党纪律处分条例》和国务院《全面推进依法行政实施纲要》、《中华人民共和国行政监察法实施条例》，大力加强和改进纪检监察工作，把依法执纪、依法监察的要求贯穿于纪检监察工作的各个方面。特别是要坚持依纪依法办案，严格按照法定权限和程序使用办案手段和措施，正确运用政策和策略，做到严格执法、公正执法、文明执法。三是提高发展党内民主、维护党员权利能力。纪检监察机关要切实加强对党内民主各项制度，特别是省委《关于加强各级党组织民主集中制若干重要问题的决定》执行情况的监督检查，加大对党员领导干部违反民主集中制、独断专行、打击报复反映真实情况的同志、违反党内选举制度等各种损害党员民主权利行为的处理力度，着力保障党员民主权利。协助党委逐步推行党务公开，增强党组织工作的透明度，使党员更好地了解和参与党内事务。四是提高对党员领导干部有效监督能力。认真贯彻执行《中国共产党党内监督条例（试行）》，充分发挥各级纪委作为党内监督专责机关的作用，以完善"四廉"监督机制和党风廉政建设第一责任人逐人述职谈话制度为重点，加强对各级领导干部特别是主要领导干部的监督，推动党内监督工作深入开展。在完善"四廉"监督机制方面，重点抓规范、抓经常、抓"用廉"，真正做到廉者用、廉者奖，不廉者下、不廉者罚。在完善党风廉政建设第一责任人逐人述职谈话制度方面，重点抓好谈话前准备、谈话中增强针对性和谈话后的整改落实等关键环节，努力强化谈话效果，提高监督的针对性、有效性。五是提高组织协调反腐败工作能力。结合本地本单位实际，协助党委提出组织开展反腐倡廉工作的建议和措施，明确各部门、各单位在反腐倡廉工作中特别是在构建惩治和预防腐败体系中的职责和任务，充分调动执纪执法机关和各专项工作牵头部门的积极性，抓好党风廉政建设责任制的落实，形成工作的整体合力。继续坚持和完善年初责任分解、年中专项述职、年底责任考核制度，完善责任追究的制度规定，加大责任追究力度，不断提高落实党风廉政建设责任制工作水平。

同志们，保持共产党员先进性教育活动是事关每个党员的一件大事。今天我谈了一点学习体会，希望能对大家有所启发、有所帮助，也欢迎大家给予指正。让我们共同努力，把委局机关的保持共产党员先进性教育活动开展得更好。

精心组织锐意创新
扎实推进行政权力公开透明运行

——在全市深入推进行政权力公开透明运行培训会上的讲话

（2005 年 3 月 18 日）

省委、省政府和省纪委决定，今年把邯郸市政府和省商务厅、省国土资源厅作为深入推进行政权力公开透明运行省级试点单位。3 月 1 日，省里召开深入推进行政权力公开透明运行试点工作会议，对这项工作又提出了具体要求。市纪委五次全会对推进行政权力公开透明运行试点工作已做了安排部署。之后，市委又组成了相应的领导机构和工作机构。市委书记聂辰席同志主持召开了第一次试点工作领导小组会议，计划在 3 月下旬，市委要召开全市动员大会。今天召开这次培训会，就是要研究如何贯彻落实好省试点工作会议和市试点工作领导小组会议精神。为切实做好我市深入推进行政权力公开透明运行工作做些前期准备，一些技术性的工作要提前展开。刚才，已经宣读了《关于开展推进行政权力公开透明运行工作的意见》和《关于推进行政权力公开透明运行工作安排（讨论稿）》，明确了工作重点、方法步骤和有关要求，各级要抓好贯彻落实。下面，我讲三方面意见。

一　要把深入推进行政权力公开透明运行作为全市党风廉政建设和反腐败工作的重中之重抓紧抓好

白克明同志在省纪委六次全会上提出的党风廉政建设和反腐败“三项

重点工作”，首要任务就是深入推进行政权力公开透明运行。显然，这是全省反腐倡廉工作的重中之重。而且我市是全省唯一的试点市，做好这项工作尤为重要。各级党委、政府要站在发展社会主义民主政治、加强党的执政能力、构建社会主义和谐社会的高度，充分认识推进行政权力公开透明运行的重要性和必要性，切实增强做好工作的自觉性和责任感。

第一，深入推进行政权力公开透明运行，是发展社会主义民主政治、密切政府与人民群众血肉联系的必然要求。党的十六大报告中明确要求，要“加强对权力的制约和监督”。党的十六届四中全会明确提出，“坚持和发展人民民主，是我们党执政为民的本质要求和根本途径”，“要拓宽和健全监督渠道，把权力运行置于有效的制约和监督之下”。这是党和国家为加强政府自身建设而做出的重大举措。我们的各级政府是人民的政府，我们手中的权力是人民给的，必须为人民服务。我们的政府必须自觉地把人民“拥护不拥护”“赞成不赞成”“高兴不高兴”“答应不答应”作为想问题、办事情、做决策的根本出发点和落脚点。只有真心实意地尊重群众、相信群众、依靠群众，才能够建立起政府与人民群众的密切联系，把群众的意愿转化为政府的决策，把政府的意图变成群众的自觉行动。深入推进行政权力公开透明运行，就是适应建设社会主义民主政治的要求，坚持公开、公正、公平的原则，把除涉及党和国家秘密、依法受到保护的商业秘密和个人隐私以外的所有行政权力，都予以公开，保证人民依法对行政权力的运行进行监督，促进行政权力行使的程序化、规范化和透明化。推进行政权力公开透明运行，有利于政府部门及其工作人员履行职责，转变作风，提高效率，把立党为公、执政为民的要求落到实处，真正为人民执好政、掌好权，维护人民群众的切身利益，赢得人民群众的拥护和支持，巩固党的执政基础。

第二，深入推进行政权力公开透明运行，是在体制转轨过程中强化对行政权力制约和监督的重要举措。我国目前实行的改革开放是一个旧体制和新体制此消彼长的渐进过程。在这一过程中，必然会出现两种体制都在发挥作用又都不能充分有效地发挥作用的现象。一方面，旧体制的权力格局和体系被打破，但其运转的惯性仍然存在；另一方面，新体制的权力格局和体系正在形成，但还很不完善。新旧体制共生共存的局面，既会产生很大的摩擦和冲突，又会在权力设定和运行上造成新的空隙，使政治、经济和社会生活呈现暂时和局部的管理无序状态。毫无疑问，这种权力真空和管理无序现象的存在是十分有害的。如果处置不当，就可能在体制转轨过程中产生一系列弊端或权力腐败。推进行政权力公开透明运行，可以避免权力真空和管理无序现象的长期存在，从根本上铲除滋生腐败的土壤和条件。

第三，深入推进行政权力公开透明运行，是推进反腐倡廉工作、促进我市发展及构建和谐社会的内在需要。腐败问题不断发生，不仅影响了经济发展，也影响了政治安定和社会稳定，影响了我市构建和谐社会的进程。分析我市、我省乃至全国查处的一些重大违纪违法案件，不难发现，行政权力不公开、不透明，得不到有效监督，是导致腐败问题易发多发的一个十分重要的原因。许多腐败分子在身陷囹圄的反思中都痛悔，如果当初在违纪的时候有人提个醒，或许就不会导致违法犯罪的下场。阳光是腐败的天敌，公开是腐败的克星。只有大力推进行政权力公开透明运行工作，才能解决因暗箱操作导致腐败的问题，才能促进行政权力的规范运行，促进政府廉洁高效，营造良好的发展环境，促进全市的快速发展，树立政府的良好形象，建立和谐的邯郸社会。

第四，深入推进行政权力公开透明运行，是政府机关对行政权力实行的一场自我革命。深入推进行政权力公开透明运行，这不同于一般意义上的政务公开，对于全省乃至全国都是一项全新的工作，是一次新的探索和尝试，没有成形的经验可借鉴。它不仅是一个复杂的系统工程，还必然要触及一些行政权力拥有者自身的切身利益，最终使他们“行政权力部门化、部门权力个人化、个人权力利益化”变得不再可能。因此，这是一项带革命性质的艰巨任务，在推进过程中，必然要遇到来自方方面面的抵触和干扰。从这个意义上说，省委把试点的任务交给邯郸，这也是对我们的高度信任。而且，做好我市的行政权力公开透明运行工作，对于推动全省工作顺利开展也具有十分重要的带动和示范作用。我们一定不能辜负省委的信任和殷切期望！在深入推进行政权力公开透明运行工作中，一要树立勇于自我革命的无私精神；二要坚持积极稳妥的科学态度，既积极深入地推进这项工作，又注意掌握政策、依照法律；三要研究制定积极有效的得力措施。要以敢于革命的精神和改革、创新的办法、措施，敢于碰硬、善于碰硬，对那些阻挠工作开展、揽权不放、拒不公开的要敢于较真，该教育的教育，该批评的批评，该查处的查处，确保这项工作的扎实开展，为全省推开创造成熟经验，打好坚实基础。

二　积极探索，统筹规划，规范有序地推进行政权力公开透明运行

推进行政权力公开透明运行，要以邓小平理论和“三个代表”重要思想为指导，认真贯彻党的十六届四中全会精神，落实省委、省政府的总体部署以及我市的《工作意见》和《通知》，紧紧围绕发展第一要务，从维护人民群众的根本利益出发，以规范行政权力的行使为着力点，以公开透明为基本要求，以制度创新为手段，以监督制约为保障，积极探索，统筹规划，突出重点，稳步实施，整体推进。通过推进行政权力公开透明运行，达到阶段性目标：从思想上由被动公开变为主动公开；从形式上由单一形式公开变为多种形式公开；从内容上由一般权力公开变为群众关心的权力公开；从深度上由权力运行结果公开变为权力运行过程的公开。通过实现权力行使的行为规范、程序严密、运行公开、结果公正、监督有力，有效遏制腐败问题的发生。推进行政权力公开透明运行既要积极，又要稳妥。要遵循依法实施原则，严格按照法律法规和政策规定进行。遵循全面真实原则，除涉及党和国家秘密、依法受到保护的商业秘密和个人隐私的，都应予以公开，公开的内容必须真实。遵循注重实效原则，从实际出发，方便公民、法人和其他组织知情、办事，不搞形式主义。遵循便于监督原则，畅通民意反映渠道，保障各方面监督权的实现。还要遵循高效快捷原则。总之，要认真解决好“公开什么，向谁公开，由谁公开，怎样公开”的问题。具体要做好如下几个方面的工作。

（1）要明确工作重点。深入推进行政权力公开透明运行，必须突出重点，紧紧抓住本单位涉及人民群众切身利益的热点问题和人、财、物、事管理等容易滋生腐败的重点权力部位进行公开。在管理经济社会事务方面，要

重点围绕项目审批、工程招投标、大宗物品采购、社会公益事业建设、国有土地出让、矿产资源开发利用和产权交易、各类财政性资金及其他公共性资金分配使用以及其他重要权力的行使进行公开；在单位内部事务方面，要重点围绕人员录用、调动、任免、奖惩权，财务支配权，物资采购分配权以及其他重要权力的行使进行公开。市政府各部门和先行推开的县（区）都要根据各自实际，确定公开的重点内容，增强工作的针对性。

（2）要保证公开质量。市推进行政权力公开透明运行领导小组的《工作意见》将这项工作划分了四个阶段，即动员部署阶段、全面清理阶段、公开运行阶段和巩固提高阶段。各级各部门要按照要求，扎扎实实地做好每个阶段的工作，尤其要做好权力清理和公开工作，确保权力清理和公开的全面、真实。从许多腐败案件中暴露出，一些单位的负责同志连所管辖的主管部门究竟拥有哪些权力以及权力如何运行都不清楚，对权力的管理和监督处于失控状态，就更谈不上去预防和遏制腐败问题了。在这次清理中，各单位对属于本单位行使的行政权力一定要进行全面清理，不能有任何遗漏，做到真实公开、主动公开、全面公开。这些行政权力包括：行政许可权；非行政许可的审批权；行政处罚权；征税权；行政事业性收费权；重大项目、资金分配、资产处置等重要事项决策权；部门内部人员录用、调动、任免、奖惩权，财务支配、物资采购分配等管理权以及其他依法实施的行政权力。对于不能公开或暂时不能公开的行政权力，要严格执行备案制度，逐项列出目录，提供依据，说明理由，报市推进行政权力公开透明运行工作领导小组办公室备案。行政职能发生调整或改变时，要及时提出调整说明，重新上报备案。要编制清晰的职权目录和流程图，按照权力的类别，逐项列明职权行使依据、主管领导和内部负责机构、人员职责分工、行使权力的规则、服务承诺、工作纪律和责任追究等。凡未按要求进行清理、列入职权目录和编制流程图的行政权力，除法律、法规规定必须履行的，均按自动放弃论处，不得再予行使。当职权内容发生变更时，要按照规定的程序及时修订职权目录。在权力清理过程中，既要体现监督与责任原则，又要体现效能和便民原则。一方面，要明确权责、规范运行，有效避免因权责不明、监督出现盲区而导致违纪违法案件的发生；另一方面，要进一步简化手续和环节，提高工作效率，使群众办事明白、监督方便。领导小组办公室要加强监督检查，对各单位行政权力清理、编制职权目录和绘制流程图要进行认真指导、审核和把关，防止出现各种偏差。要以信息化为载体，对推进行政权力公开运行流程再造。要自上而下和自下而上提出运行流程方案，用计算机替代传统的工作方法，形成一个程序规范、结构合理的运行流程图，便于操作和应用。

（3）要做到运作规范。要健全有关制度，严格依照程序，合理确定公开内容、范围、载体和时间，确保规范、有序、积极稳妥地推进行政权力公开透明运行工作。在决策方面，要建立健全集体研究、社会公示、听证、专家咨询和决策公开发布等制度，依法公开决策的事项、依据和结果，便于社会知情监督。在执行方面，要在履行职责或办理与人民群众利益相关的事项时，特别是在行使审批、收费、处罚等权力时，必须向当事人告知全部与行使行政权力或办理事项有关的情况，严格按照程序规定和时限要求办理各类事项，并认真听取当事人的意见，尽量满足当事人的信息需求。在结果方面，要及时告知当事人，并以适当方式向社会或在一定范围内公开。公开范围应与行政权力行使涉及的范围相一致。凡应让领导班子或单位内部人员知情的，应在领导班子或单位内部公开。涉及部分人和事的，应在一定范围内公开或依当事人申请按照规定予以公开。凡应让全社会知情的，应及时向全社会公开。公开时间要与内容相一致。凡具有相对稳定性或经常性的，应长期公开，确保公民、法人和其他组织能随时获得。凡阶段性或临时性的，应随时公开，确保公民、法人和其他组织能够及时知悉。每项重要权力行使后要根据规定的公开范围、时限要求及时公开，不得无故拖延，不得遗漏。

要充分利用各种载体，扩大行政权力公开透明运行的宣传覆盖面，确保公开到位，方便群众监督。在载体的选择上，要按照实际、实用、实效的要求，因地制宜、因事制宜，利用多种形式进行公开。有关部门要按照责任分工，切实抓好行政许可事项、政府采购、建设工程招标投标、经营性土地使用权出让、专项资金管理、产权交易六个公开透明运行网络系统建设，充分发挥其作用。要利用好政务公开栏、办事明白卡、办事指南、公开承诺书、业务咨询电话、机关工作简报等传统载体。要人机同步，大力推广和应用电子政务，在互联网上开设行政权力公开透明运行网页，建立统一的公共信息资料库。要推进政务大厅建设，要使政务大厅真正担负其行政审批的职能，坚决杜绝“体外循环”。在大厅内要设置行政权力公开透明运行信息电子触摸屏、电子显示屏等，便于公民、法人和其他组织查询。同时，要利用广播电视、报刊、新闻发布会等载体进行信息公开。要通过多种渠道、多种形式的公开宣传，使公开透明运行的权力接受方方面面的社会监督。要用信息工程方法设计和安排行政权力公开透明运行工作，使我们的思想上、作风上有转变，技术上有提升。

三　加强领导，精心组织，确保推进行政权力公开透明运行工作取得阶段性成果

行政权力公开透明运行工作涉及面广、难度大、政策性强，各级党委、政府必须切实加强领导，精心组织，大胆探索，锐意创新，转变作风，真抓实干，确保推进行政权力公开透明运行工作取得实实在在的效果。

要健全组织，加强领导。市里已经成立了行政权力公开透明运行工作领导小组和办公室。这次会后，市重点抓的部位和单位都要参照市里的做法，成立相应的领导机构和具体办事机构，加强组织领导和日常工作。各级各单位党委（党组）都要把这项工作当作今年的一项重点任务来抓，要经常听取推进行政权力公开透明运行情况的汇报，研究决定工作中的重大事项，加强指导协调。各级各单位的党政主要负责人是推进行政权力公开透明运行工作的第一责任人，市直纪检组长（书记）要直接负责，没有纪检组长的单位，要明确主管副书记或副局长负责。第一责任人、直接责任人都要切实负起责任，认真履行职责，加大工作力度，确保工作顺利开展。在市动员大会之后，各单位都要召开动员大会，主要领导要亲自做动员报告。要组织开展好宣传工作，发动群众积极参与，运用群众和各种媒体的力量，发现问题，改进工作，把这项工作不断引向深入。

要整体协调，提高效果。行政权力公开透明运行的目的不仅在于公开本身，更重要的是通过公开实现权力行使的程序化、规范化和制度化，提高行

政效率，促进各项工作。当前的工作任务非常繁重，因此，工作中不能搞“单打一”，要搞好统筹协调，使各项工作相互促进、相得益彰。要落实完善社会主义市场经济体制和全面推进依法行政的要求，把推进行政权力公开透明运行工作与推进党风廉政建设和其他工作紧密结合，与正在开展的保持共产党员先进性教育活动相结合，与行政审批制度改革、投资体制改革和干部人事制度改革相结合，与经济社会发展和其他日常工作相结合，做到同研究、同部署、同实施、同检查、同考核，实现协调联动，形成综合效应，提高整体效果。

要积极督导，强力推进。市领导小组办公室要加强对这项工作开展情况的督导检查，及时协调解决工作中遇到的困难和问题。各级政府和部门除认真接受行政权力公开透明运行工作领导小组及其办公室的检查和考评外，还要主动向人大常委会汇报好这项工作开展情况，自觉接受政协的民主监督以及民主党派监督、群众监督和舆论监督，认真听取社会各方面的意见和建议。要注意表扬先进，鞭策后进，推动工作开展。各级各部门领导干部增强监督意识，热忱欢迎和自觉接受来自各方面的监督。要建立和实行受理行政投诉制度和奖励举报制度、责任追究制度、绩效评估制度和奖惩制度。纪检监察机关要认真履行监督检查职能，把推进行政权力公开透明运行作为党风廉政建设责任制和民主评议的重要内容，认真受理群众投诉，在查处案件中要同时检查推进行政权力公开透明运行工作情况。要严格责任追究制度，对不积极推进行政权力公开透明运行，工作进展缓慢、效果不明显的，要督促其采取措施，及时解决；对搞形式、走过场的，要通报批评，坚决纠正；对拒不公开权力或不受理当事人的投诉，搞虚假公开、欺上瞒下的，要认真查处，严肃处理；对因公开不力、造成违纪违法案件发生的，要严肃追究相关人员和单位第一责任人的责任。年底，市行政权力公开透明运行工作领导小组要提请市委、市政府，对推进行政权力公开透明运行工作实绩突出的单位、个人进行表彰奖励。要通过推进行政权力公开透明运行，最大限度地防止权力滥用，遏制权钱交易、以权谋私等腐败问题的发生。

同志们，深入推进行政权力公开透明运行，不是要刮一阵风，而是要长期坚持的一项重要工作，不能搞形式主义，必须切切实实地为从源头上预防和解决腐败问题闯出一条路子来。这项工作时间紧、任务重，各级、各单位一定要高度重视，要紧密结合自身实际，以咬定青山不放松的劲头和求真务实的精神，不断创新工作思路，完善工作措施，加大工作力度，锲而不舍地抓实抓细每一个阶段的工作，确保这项工作取得实实在在的效果。

在邯郸市机关效能建设联席会议第一次会议暨办公室成员会议上的讲话

（2005 年 3 月 23 日）

今天召开市机关效能建设联席会议第一次会议暨办公室成员会议，有两项任务。一是传达学习省委、省政府关于开展机关效能建设的有关会议和文件精神，二是研究我市开展机关效能建设工作方案。刚才，徐数同志、玉凤同志传达了省有关文件精神，大家也讨论了我市的工作方案，都讲了很多好的意见和建议，特别是社群秘书长，概括了机关效能方面存在的一些问题，讲得很好。希望联席会议办公室会后要吸收大家意见，进一步修改这个方案，尽快以联席会议纪要形式下发施行。下边我讲三点意见。

一　提高认识、高度重视，增强抓机关效能建设的自觉性

最近省委、省政府决定，在全省乡镇以上各级机关和具有行政管理职能的事业单位，开展以“提速、提质、为人民、促发展”为主要内容的机关效能建设。这是一项事关全局、具有战略性、根本性的一个重大任务。省委《开展机关效能建设的意见》中，讲得很清楚。对此，我们在思想上认识一定要到位。为什么各级党委、政府如此重视机关效能建设呢？我想有这几个方面的因素。第一，这是不断加强党的执政能力建设的必然要求。党中央提出要加强党的执政能力建设，我们各行各业、各个部门都在落实中央这个意见。特别是党政机关和具有行政管理职能的事业单位，是党执政的主要载

体，在国家的政治生活中居于重要地位，加强机关效能建设，就能够有效整合机关管理要素，不断提高依法执政、民主执政、科学执政的能力，以此保证党中央国务院的路线方针政策和省委、省政府，市委、市政府的决策部署有效地贯彻落实，更好地实现人民的愿望，满足人民的需要，维护人民的利益。第二，这是完善社会主义市场经济体制、推进政府职能转变的有力措施。开展机关效能建设，一个重要目标就是转变政府职能，使政府真正按照市场经济发展的要求来履行自己的职责。从当前我市的现状看，大力推进管理体制改革，提高行政机关工作效能，能够为建设廉洁、勤政、务实、高效的政府提供有力的保障。第三，这是坚持和落实科学发展观、促进我市经济社会更快更好发展的有效保证。当前，邯郸市面临着加快发展的好形势。市委六届七次全会和最近召开的人代会上市政府的工作报告，都提出了加快我市经济社会发展的新思路，特别是在经济上提出"双提"的目标（财政收入实现百亿，产值实现千亿）、建设和谐社会、全面建设小康社会等一系列宏伟目标。要想保证这些目标任务的实现，首先从领导机关必须规范自己的行为，提高工作效率，提高工作质量，主动为经济发展排阻清障，调动各方面的积极性，保证实现我市经济社会更快更好发展。第四，这也是加强勤政廉政建设的客观需要。今年，党中央颁布实施了《建立健全惩治和预防腐败体系实施纲要》，中央纪委五次全会提出贯彻《实施纲要》、建设惩防体系的具体措施，胡锦涛总书记到会做了重要讲话，突出讲了"惩防并举、注重预防"这样的思路。现在，一些部门和单位作风不实、权责不清、管理不严，服务差、效率低，门难进、事难办，耍特权、吃拿卡要报等问题依然存在，基层、企业、群众对此意见很大，同时也严重影响着我们机关的形象。这已经成为制约我市经济发展的障碍，长此以往就会严重影响我市经济社会的发展。我们要认真开展机关效能建设，下决心解决存在的这些问题，并通过建立长效机制从根本上解决问题。实际上这也是加强勤政、廉政建设，从源头治理腐败现象，从机制体制上建立惩防体系。所以，这次机关效能建设，要使全市各级机关转变工作作风，以新的精神风貌推进党风廉政建设，实现社会风气的好转。

市委、市政府把这项工作放到了非常重要的位置，召开专题会议，听取汇报，进行研究部署。市委书记聂辰席在多次会议、多种场合提出要“建设效能政府”的要求。2004 年初，市委、市政府就提出了“双提”“效能革命”的工作思路，它与我们邯郸优化发展环境联系到一起。通过这一年多的努力，这项工作取得了初步的成效。去年 8 月，省政府召开了优化经济发展环境现场经验交流会，我们邯郸市就以“提质、提速，效能革命”这个题目做了典型发言。省委、省政府在谋划 2005 年“双提”工作的时候，特别提到我们邯郸已有了一年多的工作经验。我们在河北省地市里面做这项工作比较早，在全省开展这项工作的时候，我们的工作不能落后，不仅不能落后，我们还应当做得更好，要借这个机会把我市的机关效能建设和优化发展环境做深、做实、做出成效。对于这项工作，市纪委、监察局搞了很多调研活动，特别是组织到南方几个发达地区学习考察。南方发达地区在效能建设方面的一些好的经验和做法，对我们有很大的启发，我们要继续不断地吸取借鉴外地好的经验，来推动我市的“提质、提速”工作。总之，加强机关效能建设具有极其重要的意义。我们联席会成员单位、办公室成员，大家一定要提高认识，高度重视，按照省委的要求，认真谋划、认真组织实施，加强协调，下大力气把这项工作抓起来、抓出成效。

二　组织力量、明确分工，增强抓机关效能建设的针对性

为把机关效能建设工作落到实处，省成立机关效能建设联席会议作为领导机构，联席会议下设办公室。今年 2 月，我市就设立了市机关效能建设联席会议和办公室。组织领导机构有了，如何运作需要有一套运作机制。刚才，我们学习了省委、省政府《开展机关效能建设的意见》，在这个《意见》中，省委、省政府谋划了非常好的领导机制和工作机制。这个运作机制就是“党委统一领导，党政“一把手”负总责，联席会议组织协调，成员单位各司其职，广大干部群众积极参与”。对机关效能建设，党委要统一领导，各单位“一把手”是第一责任人，要负总责、亲自抓，联席会议和办公室要搞好组织协调。

这里，我明确一下我们机关效能建设联席会议和办公室具体职责和分

工。机关效能建设联席会议的职责是，在市委、市政府的领导下，按照省总体要求和各阶段安排，制定我市机关效能建设工作计划，协调、指导全市机关效能建设工作，解决全市机关效能建设工作开展中的重大问题等。联席会议办公室的职责是，负责组织实施联席会议制定的工作计划和安排，处理日常工作等。联席会议成员单位职责分工是：市纪委、监察局负责机关效能建设工作的监督检查、受理投诉、案件查处、责任追究等项工作；市委办公厅、市政府办公厅分别负责督查本系统有关制度的制定及执行情况；市委组织部、市人事局负责制定并实施机关效能建设绩效考核办法；市委宣传部负责新闻宣传工作，加强舆论监督；市直机关工委负责组织市本级机关效能建设工作，并督促落实整改；市法制办负责机关效能建设有关规章制度的建立和完善。会后，各成员单位还要认真研究，进一步明确各单位职责，细化目标，认真地抓落实。联席会议办公室设在市纪委效能监察室。

为便于开展工作，还要加强办公室力量，每个成员单位抽调一名干部集中办公，抽调的人员要求是精兵强将、“双提”式人才，以加强检查督导、组织协调工作，处理全市机关效能建设日常事务。办公室内部也要细化分工，根据需要，可以设立资料综合、监督检查和案件查处、受理投诉和责任追究等几个组，通过分工负责，落实责任，推动工作深入开展。

三　采取措施、狠抓落实，增强抓机关效能建设的高效性

机关效能建设，对党政机关和具有行政管理职能的事业单位来说，是一场自我革命。我们这些领导机关和行政管理部门，都是管人、管事的，都是管别人的。开展机关效能建设，是规范自己的行为，督促自己“双提”，从这个意义上讲，机关效能建设是一场“效能革命”，省里的提法叫“机关效能建设”。具体到我们这个联席会和办公室，必须拿出“效能”精神来，以“提质、提速”的姿态，以“提速、提质，为人民、促发展”的理念，抓机关效能建设。我们开展工作，包括效能监察、制发文件材料，以及抽调人员集中问题，不能拖拖拉拉。抓机关效能建设，首先自身要讲效能，要有“效能”意识，做“效能”的表率。具体讲，要采取有力措施，狠抓落实，

在以下六方面下功夫。

第一，要搞好实施方案，尽快下达实施。关于机关效能建设工作，省里召开了动员会。在省召开机关效能建设电视电话动员会的同时，我市也召开了机关效能建设动员会。动员会召开了，这项工作布置下去了。但是，要真正能把这项工作推动起来，底下的工作一定要跟上。首先要根据省里的意见，结合我市的实际，尽快拿出实施方案来。机关效能建设工作，省里下发了三个文件：《意见》《方案》《追究办法》。文件已下达了两三天时间，我们要及时转发省里这三个文件。转发就好说了，就是这个实施方案要认真做，要认真修改，尽快推出。今天我们研究讨论了实施方案。实施方案的主体框架可以，但也存在提法、用词等不少需要修改完善的地方。刚才大家围绕实施方案提出了不少好的意见和建议，要注意吸纳进去。在修改上要注意以下几个方面。一是依据要充分。要依据省里的三个文件（《意见》《方案》《追究办法》），再加上张毅副书记讲话，这是最核心的东西，在这个基础上搞咱们的方案。二是提法要规范。比如，“效能建设”就不规范，它含义范围比较广、不准确，企业也讲效能，要定义为“机关效能建设”。三是时间要同步。省里对阶段性工作要搞检查验收，我们要与省同步。四是问题要找准。只有真正找准我市机关效能建设存在的突出问题，才能使机关效能建设具有针对性，才能取得预期的效果。五是任务要明确。干什么事、达到什么程度、采取什么措施，要具体明确。这个实施方案要抓紧做，尽快下发实施。

第二，要搞好责任分解，认真组织实施。通过责任分解，把具体工作落实下去，每项工作，谁是第一责任人，都要明确。联席会议要分解落实责任，办公室也要分解落实责任，成员单位责任是什么都要明确。特别是成员单位，今天参加会的同志回去以后，一定要找到本单位“一把手”，传达好今天这次会议精神，按照分工部署把本单位的职责承担起来。市直各单位、各县（市、区）、乡镇也要明确和落实领导责任，责任分解要注意分开层次。通过责任分解，切实把机关效能建设工作真正落到实处。

第三，要搞好督导检查，实施责任追究。要搞好机关效能工作检查，定期组织检查组深入各单位和工作第一线，明察暗访和抽查、检查，发现问题认真纠正。对那些群众反映强烈的影响机关效能行为，要按照省《关于影响机关效能行为责任追究办法》严肃追究责任。要突出加强机关组织纪律。中央纪委提出的抓“四大纪律、八项要求”，第一条就是加强纪律，保证政令畅通。有令不行，命令你不动，那就要追究责任了。纪委是干什么的？就是追究责任的，不是只抓贪污腐败不廉政的问题，不廉政的要抓，不勤政的也要抓。要督促检查各单位迟到早退、上班玩电脑游戏、打扑克、打麻将的现象，督促检查各单位机关效能建设工作开展情况，特别是单位“一把手”是否真正地进行了部署、是否尽职尽责。通过督导检查，加强机关纪律和组织观念，促进机关效能建设，实现机关作风的好转。

第四，要搞好民主评议，发挥群众的监督作用。市行风办、市民主评议办要把这项工作与本职工作衔接起来。行风评议工作运作已经较为完善规范，今年重点要放在机关效能建设上。

第五，要搞好新闻宣传，发挥媒体的监督作用。要在新闻媒体上增加内容、设立栏目、开辟园地加强机关效能建设宣传报道，营造良好氛围。要加强引导，对机关效能建设先进典型予以表扬，对于机关效能建设违规违纪问题进行曝光。

第六，搞好制度建设创新，建立长效机制。这次机关效能建设，要注重从根本上解决问题，加强制度建设。要建立实施方案中提出的“机关效能建设告诫”“一次查实下岗”等制度。通过加强制度建设，努力形成一套“有所为”的激励机制、“不愿为”的自律机制、“不敢为”的惩戒机制和“不能为”的防范机制，实现“以制度规范行为，以制度管人管事”。从而真正建立起适应邯郸经济发展的运转协调、公正透明、廉洁高效、行为规范的机关管理和运转机制。

同志们，做好机关效能建设工作，是省委、省政府的工作部署，也是市委、市政府交给我们的一项重要任务。我们一定要站在全局和讲政治的高度认真做好这项工作，认真完成好市委、市政府交给我们的重要任务。

在市内三区调研指导行政权力公开透明运行等项工作时的讲话提纲

（2005 年 4 月 19 日）

推进行政权力公开透明运行、开展专项资金综合治理和机关效能建设，是省委、省纪委确定的今年反腐倡廉的三项重点工作。在市纪委五次全会上，我市也把这三项工作作为重中之重，进行了安排部署。4 月 13 日，市委、市政府又召开百万人参加的广播电视大会，对推进行政权力公开透明运行、优化发展环境等工作进一步进行了安排部署和总体动员。市纪委五次全会以来，我市各级党委和纪检监察机关高度重视这三项工作，每项工作都建立了专门领导和工作机构，制定了工作方案，并召开一系列会议进行了研究部署。通过强力推进，使三项工作取得了阶段性进展。深入推进行政权力公开透明运行工作首先要进行权力清理。截至 4 月 10 日，全市共清理出各类行政权力 2136 项。行政许可事项等八个方面的公开透明运行网络正在构建之中，复兴区和涉县作为县级试点单位，在 19 个县（市、区）中率先推行了这项工作，成安县和市规划局还积极探索了通透式、开放式办公。专项资金综合治理工作目前已经对 2003 ~ 2004 年的专项资金分配情况进行了清理，基本摸清了底数。机关效能建设工作组织了明察暗访，在全市百万人广播电视大会上，通报了查处的一些典型案例，出台机关工作人员“六条禁令”，进一步严明了纪律。我市三项重点工作尤其是深入推进行政权力公开透明运行工作情况，受到了省纪委领导的高度重视和充分肯定。4 月 14 日至 15 日，中央纪委办公厅副主任熊学年、中央纪委监察部纪检监察研究所副所长齐世泽、省纪委副书记监察厅厅长李俊山等领导同志，专程来邯考察了我市推进行政权力公开透明运行工作情况，对我市的工作给予了充分肯定。认为我市的这项工作认识到位、领导有力、部署周密、要求明确，整个工作在健康有序地发展。从上午考察的情况和刚才同志们汇报的情况看，市内三区的三项重点工作也都不同程度地取得了积极的进展。下一步，我们要继续深入推进，尤其要从四个方面做好工作。

一　要进一步提高认识，高度重视

要从更高的站位充分认识三项重点工作的重要意义，增强做好工作的使命感和紧迫感。行政权力公开透明运行是集政治、经济、社会、技术于一体的重大研究课题，涉及面广、政策性强，是思想上的革命，体制上的创新，机制上的完善。深入推进行政权力公开透明运行，是坚持立党为公、执政为民、发展社会主义民主政治的客观要求。我们的一切权力属于人民，必须为民所用。但权力又是一把“双刃剑”，它既可以成为为人民群众谋取福利的工具，也可以变成腐败分子犯罪的魔杖。因此，加强对权力运行的制约和监督，确保权力正确行使，是摆在执政党面前的一个严峻课题。怎么才能保证对权力运行的监督？那就要建立权力公开机制，使权力透明，在阳光下操作。所以说，省委、省纪委关于推进行政权力公开透明运行的决策具有重大的现实意义和政治意义。我市是全省唯一的一个试点市，做好这项工作，是我们义不容辞的责任，必须大胆闯、大胆试，为全省蹚出一条路子来。做好专项资金综合治理，切实发挥专项资金的作用，促进经济发展，解决人民群众生产生活困难，从源头上预防和治理腐败，推进我市经济社会全面发展，有着非常重要的意义。开展机关效能建设的目的在于提高机关工作效率、改进机关工作作风，使各级机关进一步提高为人民谋发展的能力，提高科学执政、民主执政、依法执政的能力，使各级机关和广大干部树立勤政为民、务实清廉的新形象。在推进三项重点工作方面，尤其是在行政权力公开透明运行和效能建设上，我们已经做了许多卓有成效的工作，有了一定的基础。各级党委、政府和全市纪检监察机关一定要把三项工作作为今年全局工作的重点，摆上位置，列入议程，加大力度，抓实、抓细、抓紧、抓出成效。

二　要软件硬件一起上，强力推进

做好三项重点工作，既要有硬件的支持，又要有软件的推动。比如推进行政权力公开透明运行工作，在软件建设上，要做好清理行政权力，编制职权目录和流程图等项工作，努力做到权责清晰；要明确公开内容、范围、载体和时间，把公开什么、怎么公开、向谁公开、公开到什么程度回答清楚；要主动公开权力运行的全过程，并加强对决策、执行、办理结果全过程的动态监督，努力做到动态公开。在硬件建设上，要尽快搭建以网络为主的公开平台。市行政权力公开透明运行工作领导小组督办的行政许可事项、政府采购、建设工程招标投标、经营性土地使用权出让、专项资金管理、产权交易、公务员录用、城市规划八项公开透明运行网络，要加快建设进度。先把框架搭起来，然后再逐步完善。对于传统的公开平台如橱窗、公开栏、明白纸、新闻媒体等要继续充分利用，以适应不同人群的需求。专项资金综合治理和机关效能建设也要搞好必要的硬件和软件建设，还要借助行政权力公开透明运行方面的网络建设等公开平台，改进审批方式，扩展监督主体，完善工作管理，堵塞各种漏洞，推进工作开展。

三　要从正反两个方面，抓好典型

“抓典型”是推进工作的一个行之有效的方法。在推进三项重点工作方面，也要注意抓好正反两个方面的典型。在抓正面典型方面，要注意总结推广一些地方和单位工作中的一些成功经验和有效做法。比如在推进行政权力公开透明运行方面，成安县和市规划局通透式办公的经验；在权力清理环节，一些地方和单位总结出的上下互相印证、法制部门把关、班子集体研究等“三步清理审查规定动作”的做法；上报清理工作资料“一表一图一件一盘”的做法；等等。这些正面典型和成功经验对于推动全局工作的开展，无疑会产生十分重要的作用。在抓反面典型方面，要抓那些在推进行政权力公开运行工作中，搞不公开或假公开，尤其是借不公开搞腐败行为的反面典型。同时，要抓住专项资金管理和使用中的违纪违法典型。还要抓住机关效能建设方面行政不作为、乱作为，尤其是以权谋私、失职渎职等违纪违法典型。要发现一起，处理一起，曝光一起，警示和教育广大干部引以为戒。

四　要边干边总结，在总结中前进

首先，开展三项重点工作都要树立既要积极稳妥，又要敢于尝试、积极探索的思想。尤其是推进行政权力公开透明运行工作，河北省是全国唯一开展此项工作的省份，我市又是全省唯一的一个试点市，没有成形的经验可以借鉴，必须要勇于尝试，积极探索，大胆创新，当好全省的“试验田”。

其次，要注意总结每一步、每一阶段的做法和经验。既然省委、省纪委把这一重担交给我市，我们就要不负重托，将探索出的有效做法和经验及时整理和提炼出来，一方面指导本市的工作，另一方面为全省推进这项工作做出我们试点市的贡献。

最后，要注意研究管长效、管治本和堵塞漏洞的制度建设。通过制度建设，堵塞管理漏洞，防范违纪违法问题的发生；通过制度建设，有效调动干部的工作积极性，提高工作效率、效能；通过制度建设，使行政权力运行和机关工作运行更加规范有序。

同时，要注意研究和把握政策，确保三项工作健康开展。比如在推进行政权力公开透明运行工作中，要妥善处理好公开和保密、公开和稳定的关系，不能借口保密和社会稳定而不搞公开，又不能因为公开而忽视保密和社会稳定问题。

总之，要在三项工作的积极探索中总结，在总结中探索，在探索中前进。要大胆尝试、智慧总结、强力推进，不断创造出具有邯郸特色的成功经验和好的做法，在全市、全省乃至全国发挥示范带头作用。

在中央纪委副书记马馼来邯调研指导工作时的汇报*

（2005 年 4 月 24 日）

今天，中央纪委马馼副书记、刘森主任在张毅书记陪同下莅临我市视察指导工作，这是对邯郸市纪检监察工作最大的关心、鼓舞和支持，我代表中共邯郸市纪委、监察局对各位领导的到来表示衷心感谢和热烈欢迎！

今年以来，邯郸市纪检监察机关在省纪委和市委的领导下，以“三个代表”重要思想为指导，认真贯彻落实中央纪委五次全会和省纪委六次全会精神，按照《建立健全教育、制度、监督并重的惩治和预防腐败体系实施纲要》要求，坚持标本兼治、综合治理、惩防并举、注重预防的方针，全面部署，总体推进，突出三项重点工作，积极创新工作思路、工作方法和工作措施，切实加强惩防体系建设，不断提高纪检监察工作能力，在深入推进反腐倡廉各项工作、促进全市改革发展、构建和谐社会等方面做了大量工作，取得了新的成效。

* 马馼，时任中共中央纪律检查委员会副书记。本文系时任中共邯郸市委副书记、市纪委书记周文夫在向来邯视察指导纪检监察工作的马馼副书记的工作汇报。马馼听取汇报后指出，省委、省政府把邯郸市作为行政权力公开透明运行试点，“说明邯郸的工作有相当的基础，中纪委、监察部对这项工作也很关注”，这项工作“思路非常好，经验值得好好总结，它确实是在新的历史时期下贯彻《实施纲要》的一个新举措”。

一　突出三项重点，强化从源头上预防和治理腐败

根据省委、省政府和省纪委总体部署，今年我市要突出抓好三项重点工作，即推进行政权力公开透明运行、开展专项资金综合治理和机关效能建设。目前，这三项重点工作在我市已全面展开。

（一）推进行政权力公开透明运行工作情况

按照省委、省政府的决策部署，我市是全省唯一的行政权力公开透明运行工作试点市。市委、市政府和市纪委、监察局将这项工作作为重中之重，周密安排部署。成立了市委书记任组长，市长、市委副书记、市纪委书记、常务副市长以及一名市人大副主任、一名政协副主席任副组长的领导小组和市监察局局长任主任的领导小组办公室；制定了《关于开展推进行政权力公开透明运行工作的意见》和《关于推进行政权力公开透明运行工作安排的通知》（工作实施方案）；在市纪委五次全会做出安排部署之后，又召开了全市百万人广播电视大会进行了广泛的动员。全省深入推进行政权力公开透明运行试点工作会议后，我市又召开了推进行政权力公开透明运行工作培训会议，对各县（市、区）、市直各单位的有关人员进行了培训。在总体谋划上，我们的指导思想是，形成政府与群众立体互动的公开透明运行模式，注重结合实际，尽可能多地体现和反映邯郸的特点。我市的行政权力公开透明运行工作主要呈现三个特点。

第一，工作范围有所扩大和下延。2005 年，省确定我市试点工作为市政府本级，我市将重点开展行政权力公开透明运行工作的试点部位和单位扩大为：市政府本级（包括市长、副市长、秘书长、副秘书长）；市政府办事机构；市政府组成部门；具有行政权力的市直部门、单位；复兴区人民政府、涉县人民政府；其他县（市、区）确定的 1 ~2 个乡镇或县（市、区）直单位。未作为试点的县（市、区）政府和行政单位，也要求积极探索推进行政权力公开透明运行工作。

第二，扎实推进清理工作。为了切实搞好这个环节的工作，我们主要采

取了如下五项措施。一是严肃纪律。我市规定，凡未按要求经过清理列入职权目录并报经上一级领导小组或其办公室审核批准的行政权力，除法律、法规规定必须履行的，均不得再行使，否则以违反纪律论处，追究有关责任人和单位领导的责任。二是开展集中清理。我市清理工作原计划用一个月时间即到4月底前完成。4月1日，市委书记、市领导小组组长聂辰席在调度工作时，果断决定4月10日前完成清理任务，并阐明了其可行性。之后，领导小组办公室经过紧急调度指挥，加强业务指导，集中时间、集中精力、趁热打铁、一鼓作气完成了清理任务。三是规范清理程序。在清理工作中，我们总结出“职权清理审查三步法”：上下互相印证，一方面按照机构改革“三定”方案确定的部门职责自上而下进行梳理，另一方面从科员开始自下而上按照实际工作过程的操作程序逐级进行排查；法制部门把关，使权力清理依法进行；班子集体研究。这个三步法的清理程序，有效地保证了清理工作的完全、准确。在上报清理工作资料时，我们归纳提出了简明易记、实用性强的“一表一图一件一盘”要求，即每单位都要上报完整的行政职权目录表（含不公开行政权力目录）一套，每项权力都要附一张权力运行流程图，附一份相关实施依据文件（法律法规、政策规定或管理办法），每套材料都要附带一盘电子版资料。这样既规范了清理工作，又方便了统计汇总和审核。四是加强调度督导。清理工作开始后，各种疑难问题和矛盾都显现出来，领导小组及其办公室迅速开始高效运转，兵分三路，对65个市直单位进行拉网式督导检查。深入一线，研究解决清理中的共性问题，力求清理工作全面、彻底。五是严格审核统计。在统计审查工作中，我们按职级和权力类别，分别进行统计，并分别建立了规范的独立档案。对各单位上报资料中存在的问题，我们采取边审查边修正边完善的方法，督导其及时补充完善。通过清理，基本摸清了底数：市政府本级和市直65个部门、单位共行使各类行政权力2136项。按级别和部门性质分类：市政府本级136项；市政府工作部门1539项；市政府议事协调机构30项；市政府共管机构10项；市政府直属事业单位124项；承担管理职能的事业单位9项；法律、法规授权的组织22项；省部直属驻邯工作部门266项。按行政权力类别统计：行政许可权398项；非行政许可审批权206项；行政处罚权458项；征税权39

项；行政事业性收费权 155 项；重要事项决策权 26 项；部门内部管理权 314 项；其他行政权力 533 项；涉密不公开行政权力 7 项。

第三，边清理职权边搭建平台。在公开载体的选择上，我们根据公示内容的特点，本着边清理边搭建平台的原则，尽可能地建立多样化的公开载体和平台。充分利用“邯郸市政府公众信息网”，建立全市统一的行政权力公开透明运行网站。要求各单位建立和完善自己的工作网站，并设置行政权力公开透明运行专项网页。选择关键环节、重要部位，建立 8 个公开网络，即行政许可事项公开透明运行网络；政府采购公开透明运行网络；建设工程招标投标公开透明运行网络；经营性土地使用权出让公开透明运行网络；专项资金公开透明运行网络；产权交易公开透明运行网络；公务员录用公开透明运行网络和城市规划公开透明运行网络。选择适当的社会公众聚集场所，建立固定的政府信息发布站，设置大型电子显示屏、电子触摸屏，供社会组织和公众随时自助获取政府信息。建立市委、市政府新闻发布会制度。在《邯郸日报》开辟行政权力公开透明运行工作专栏。另外，我们还在成安县和市规划局进行了通透式办公试点，并正在积极推进政务大厅（行政服务中心）建设，确定在两年内全部建成市、县两级政务大厅（行政服务中心），实现区域行政权力及涉民涉企公众服务项目的集中办理。

目前，市统一网站平台已设计搭建完成，正在组织输入信息，完成与子网站的链接。复兴区和涉县的公开透明运行网络平台已经搭建完成，市直大多数部门正在积极建立和完善自己的对外工作站和行政权力公开透明运行网页。近日，市领导小组办公室将组织行政权力公开透明运行网站链接和操作演示。行政权力公开透明运行的其他重要公开载体建设等准备工作也在紧锣密鼓进行。“五一”节后，“邯郸市行政权力公开透明运行网”有望投入正常运行。

我市开展行政权力公开透明运行工作，初步取得了四个方面效果。第一，认识得到深化。大家越来越感到，推进行政权力公开透明运行是集政治、经济、社会、技术于一体的重大研究课题，涉及面广、政策性强，是思想上的革命、体制上的创新、机制上的完善。一些参加清理工作的同志普遍认识到，这项工作是落实执政为民的一件大事。第二，促进了对有关法律法规的学习。在清理工作中我们体会到，对行政权力的清查清理过程，也是一次强化学习、增强法治意识、提升政策水平的过程。据不完全统计，市直65个单位在权力清理中查阅各类法规、文件资料1400余件（次）。如市审计局在清理中翻阅学习了《审计法》《国家公务员暂行条例》《财政违法行为处罚处分条例》《会计法》《审计法实施条例》等30余部法律、法规及市审计局机关“三定”方案等有关文件，不仅查清查明了本局行使的行政权力事项，而且理清并明确了市长和协助市长负责审计工作的常务副市长在行政审计方面的权力。市政府办公厅为了理清市长所拥有和行使的行政权力，组织办公厅工作人员系统地学习和研究了《地方各级人民代表大会和地方各级人民政府组织法》等有关法律法规。第三，使政府、部门和有关领导进一步明确了拥有的行政职权。如清理出的市长权力达136项之多。各单位从事行政权力清理工作的同志普遍感受是，很多东西过去都是模糊认识，似乎明白却又说不清说不准，通过这次清理，查依据搬条文，才真正搞清楚弄明白。有的局长说，过去连自己有多少行政权力都不知道，这次清理后底数清了，这样才能真正做到依法行政。第四，使行政权力进一步得到规范。通过这次清理，各单位还清理出一些职责不清、职权不明的行政权力，并对其进行了规范和进一步明确。如在工程招投标管理方面，原来市发改委和建设局各执一词，职权概念模糊。这次清理工作中，领导小组办公室依据有关法规予以了重新界定和规范，两个部门比较认同和满意。这次清理中界定原职责不清的问题达60余个。

（二）开展专项资金综合治理工作情况

我市成立了市纪委书记任组长的领导小组及其办公室，制定了专门的《工作方案》，召开了全市性会议进行了安排部署。治理的范围是2003年以来社会和经济发展专项资金的管理、使用情况。治理工作从今年3月开始，到年底结束，分阶段实施。目前，正处于自查自纠阶段。我们已对2003～2004年底的专项资金分配情况进行了清理，摸清了底数。自2003年1月1日至2004年12月31日，上级共下拨我市六项专项资金，累计22128万元。其中，中央拨款5745万元，用于农村中小学危房改造1087万元，用于公共卫生建设 4658 万元；省拨款 16383 万元，主要用于扶贫 8353 万元，用于救济救灾 2058 万元，用于农村中小学危房改造 4383 万元，用于公共卫生建设 300 万元，用于农村劳动力转移培训 161 万元，用于人畜饮水 522 万元。在清理中，已受理群众举报 12 件（次），搜集有关线索 20 余条。目前，正在组织进行重点审计。

（三）开展机关效能建设情况

年初，我市成立了效能建设联席会议，制定了《效能建设工作方案》，召开了全市性会议进行了动员部署。我们结合实际，提出了当前要突出解决的八个方面问题：机关管理松懈，工作纪律散漫；干部事业心不强，工作状态不佳；公款、公物使用效率不高；办事拖拉、履行职责不到位；公共权力部门化，部门权力个人化，个人权力利益化；违规下达交款指标弥补财政收入不足，导致乱罚款问题；遇到好事抢着干，遇到难事躲着走，影响工作落实；办事无原则，工作无标准，不能秉公办事，重要事情有始无终、半途而废。今年以来，我们组织对机关工作人员工作作风、遵守工作纪律情况进行了明察暗访。检查中，发现存在机关作风纪律问题的单位 9 个，存在违反工作纪律、上班不在工作状态的问题 14 个。如一个县直单位上午 11 点就关上大门，工作人员全部下班；还有一个县的政府办公室，三个科室工作人员上班时间玩游戏。市联席会议就这次检查发现的问题及处理情况进行通报，对出问题比较多的单位“一把手”进行了诫勉谈话，对问题严重人员进行了停职或辞退处理，并将检查情况在全市会议和新闻媒体上进行了通报。

二 着力机制建设，构建教育、制度、监督并重的惩防体系

我市综合运用教育、制度、监督等手段，立足于五项机制建设，在实践中探索建立健全惩治和预防腐败体系的有效途径，取得了初步成效。一是立足于建立“大宣教”工作格局，建设思想防御机制。我市把反腐倡廉宣传教育纳入全市宣传教育和精神文明建设的整体规划中，统一部署，统一实施。具体方法上采取了“四个纳入”，即把反腐倡廉教育纳入党员干部教育

的总体部署，纳入各级党校培训教育的必备内容，纳入各级党委中心组学习的必备内容，纳入对各级领导干部的培养、选拔、管理、奖惩等各个环节。全市建立并实行了“大宣教”成员单位联席会议制度，反腐倡廉网络宣传工作联席会议制度，开办了邯郸廉政网等，营造了良好的反腐倡廉舆论氛围。二是立足于建立和完善党内监督制度，强化和完善监督制约机制。我市在综合运用党内监督、人大和政协监督、国家专门机关监督、群众监督和舆论监督等多种监督形式的基础上，突出党内监督这个重点，以贯彻执行《党内监督条例（试行）》为契机，建立并实施了“述廉、评廉、考廉、用廉”四项监督制度和对党风廉政建设第一责任人述职谈话制度，加强了对领导干部的监督。三是立足于规范从政行为，健全和完善法规制度约束机制。我市把法规制度建设贯穿于反腐倡廉工作的各个环节，把从严治党和执政为民的要求转化为具体的制度规定，针对腐败现象易发、多发部位和群众反映强烈的问题，建立和完善了预防、监管、惩处、保障等各方面的规章制度。如，市纪委、监察局制定了《关于坚决治理领导干部送钱收钱、跑官要官等违纪违法问题的意见》《关于对参与婚丧事大操大办的公车给予取消年度油修费等处理的规定》，与市信访办联合制定了《关于信访工作责任追究办法》，与市财政局联合制定了《关于进一步推进和深化财政管理制度改革工作的意见》等，使法规制度约束机制更趋完善。四是立足于落实党风廉政建设责任制，建立和完善责任保障机制。市委常委会每年年初都对市委、市政府领导班子成员及其分管职能部门党风廉政建设工作进行责任分工，并以任务分解表的形式予以明确。为了更好地发挥纪委的组织协调作用，市里建立了由市委副书记、市纪委书记任组长的反腐败协调领导小组，建立和实行了执纪执法机关联席会议制度，切实加强了对反腐败工作特别是查办大案要案工作的协调力度。在责任考核和责任追究方面，全市建立和实行了责任制考核与市委整体工作考核相结合的考核机制，使反腐倡廉工作在总体考核中占有较大比重。五是立足于深化源头治腐，建立有效的权力制约机制。我市把建立结构合理、配置科学、程序严密、制约有效的权力运行机制，作为构建惩治和预防腐败体系的主攻方向，尤其是对容易产生腐败的部门，进行权力的适度分解，把决策权与执行权分开，形成权力互相制约的格局。以严格落实“收支两条线”为重点，进一步规范了部门预算、国库集中支付、政府采购制度和产权交易行为。以贯彻落实《行政许可法》为契机，在全市认真开展了行政审批项目清理工作，推广了馆陶县简化审批程序、优化发展环境的经验。以贯彻落实《党政领导干部选拔任用工作条例》为重点，积极推行领导干部任前公示制、聘任制、试用制，建立了纪检监察、组织、审计等部门参加的干部监督工作联席会议制度。在加大对拟提拔干部廉政把关力度的同时，认真开展了领导干部经济责任审计工作。

在保持惩治腐败工作力度、查处违纪违法案件方面，我市在上级不下达办案任务指标的情况下，继续加大办案工作力度，每年都查办近两千件违纪违法案件，占全省办案总量的1/5左右。今年以来，我市集中查办了市总工会财务部部长李宏范利用职务之便，采取收入不记账、开“小头大尾”收据等手段贪污公款139万元的重大经济案件。今年第一季度，全市纪检监察机关立案查处违纪违法案件476件，结案214件，占总数的45%，挽回经济损失338.3万元。市纪委直查21件，涉及县（处）级干部10件。年初，我市召开警示教育会，公开处理了一批重大典型案件。

三　推进“六项创新”，切实加强纪检监察干部队伍建设

按照吴官正同志在中央纪委五次全会报告中关于“加强领导班子和干部队伍建设，提高政治素质，转变思想作风，改进工作方法”的要求，为加强我市纪检监察机关能力建设，提高队伍素质，我们实施了“六项创新”。

一是创新纪检监察干部双重管理体制，夯实能力建设的组织基础。在委局机关干部队伍组织建设中，我们提出并实施了“三步走”的工作措施。第一步是配齐委局班子和室主任。在市委的关心和大力支持下，首先配齐配强了委局班子成员和各厅室主任。委局机关共提拔和调整重用县级干部27人：副县提正县2人、正科提副县15人、调整重用10人（其中向外交流重用7人）。第二步是对缺配的副主任实行公开竞争上岗和对在职的副主任进行轮岗。通过竞职演讲、民主测评、理论考试和干部任用的有关程序，择优选用了13名中层副职。第三步是提拔配备了一批科级纪检监察员，选调了

一批优秀年轻干部。通过进人渠道，公开选调了 7 名优秀年轻大学生和军转干部充实到委局机关。通过“三步走”，市纪委监察机关共有 54 名干部得到提拔重用，占委局机关干部总数的 2/3 以上。机关干部的平均年龄下降了 2.93 岁，大学学历干部由 23.6% 提高到 31.8%，机关干部队伍的梯队结构初步形成，年龄和知识结构得到改善。目前，我们正在进一步加强上级纪检监察机关对下级纪检监察机关的工作指导和人员管理，实行和完善纪检组长、监察室主任向纪委、监察局述职和报告工作制度。加快派驻纪检监察机构统一管理速度，年初，经市委同意，提出了今年年内全面完成市、县纪委、监察局双派驻机构统一管理工作的目标。目前正在加强与有关方面的沟通协调，力争按时完成这一工作任务。

二是创新纪检监察干部思想教育方式，打牢能力建设的思想基础。在 2004 年开展“千家万户看党风”规模调研活动的基础上，目前，我们结合开展保持共产党员先进性教育活动，对创建“学习型”机关做出了安排部署，并组织广大纪检监察干部开展向牛玉儒、梁雨润、张建国、孙卫山等先进人物学习的活动。在纪检监察机关内部，推行“一岗双责”责任制，要求各级领导干部既要抓好工作，又要抓好干部的思想教育。

三是创新学习培训制度，拓宽能力建设的培养途径。为进一步做好纪检监察干部的培训工作，今、明两年，我们将采取“请进来”举办培训班、开办讲座，“派出去”选派干部参加中央纪委、省纪委培训或到各级党校、院校深造等多种形式，力争于 2006 年底前将全市纪检监察干部轮训一遍。

四是创新内部监督和制约机制，提高纪检监察干部自我约束能力。我市市、县两级纪检监察机关普遍建立了内部监督工作机制，建立了评议制度、走访制度、诫勉谈话制度等，加强了对纪检监察干部自身的监督。还在全市党政群、人大、政协、企事业单位不同层次人员中聘请了 106 名纪检监察队伍建设监督员，并充分发挥新闻媒体和社会各界的监督作用，加强对纪检监察干部的社会监督。我们正在建立健全查办案件和专项检查回访制度、自查自纠执纪行为制度和领导监督责任制，加大对纪检监察干部的执纪监督。

五是创新执纪办案形式和手段，提高查办案件工作的科技含量。已为办案人员配备了询问涉案人员监控设备，微型摄像机、录音机、办案专用笔记本电脑、便携式打印机等现代化办案设备，提高了办案工作的效率和质量。

六是创新行政后勤工作，为纪检监察工作开展提供有力的物质保证。正在积极争取各级政府对纪检监察机关的资金投入，从经费上保证纪检监察工作的实际需要，经市委同意，市纪委、监察局上缴市财政的罚没款百分之百返还，用于办公办案。

在全市党风廉政宣传教育工作座谈会上的讲话

（2005 年 4 月 25 日）

刚才，长山同志传达了全省纪检监察宣教工作座谈会精神，邯郸县、邱县、曲周县纪委从不同侧面介绍了经验，风明同志对 2004 年全市纪检监察宣传教育工作进行了回顾总结，并就今年的宣传教育工作任务进行了安排部署，我都赞成。今年目标明确，任务具体，措施有力，希望大家按照要求认真抓好落实。下面，我再讲三点意见。

一　深刻认识和充分发挥宣传教育工作对于做好新形势下反腐倡廉工作的基础性地位和作用

中央关于“标本兼治、综合治理、惩防并举、注重预防反腐倡廉”战略方针的提出和《建立健全教育、制度、监督并重的惩治和预防腐败体系实施纲要》的颁布，标志着反腐倡廉工作向纵深发展进入了一个新阶段。我们必须看到，新形势新任务对党风廉政宣传教育工作提出了新的更高的要求。各级纪检监察机关一定要深刻认识和充分发挥宣传教育工作对于做好新形势下反腐倡廉工作的基础性地位和作用。

第一，要充分发挥宣传教育的基础性作用。建立健全惩治和预防腐败体系的一条重要原则，就是坚持教育、制度、监督三者并重。教育是基础，制度是保证，监督是关键。三者统一于惩治和预防腐败体系之中，相互促进，共同发挥作用。教育是惩治和预防腐败体系的第一个环节，是治本的重要的措施，对于推动党风廉政建设向纵深发展具有基础性的作用。通过加强反腐倡廉教育，筑牢拒腐防变的思想道德防线，领导干部的思想素质和精神境界提高了，反腐倡廉各项制度才能更好地得到落实，监督工作才能更加有效。反腐倡廉教育要以领导干部为重点，深入学习贯彻“三个代表”重要思想，引导广大党员特别是领导干部牢固树立马克思主义的世界观、人生观、价值观，坚持正确的权力观、地位观、利益观，牢记立党为公、执政为民的执政理念。有的干部出问题往往就出在这个环节上。从近几年发生在我们身边的违纪违法案件来看，少数领导干部之所以走上违纪违法的道路，一个根本原因就是思想上出现了问题，理想信念产生了动摇，党纪政纪和法律意识淡薄。胡锦涛总书记在中央纪委三次全会上指出：“教育不扎实、制度不完善、监督不得力，是腐败现象得以滋生蔓延的重要原因。”我们一定要充分发挥宣传教育的基础性作用，创新工作方式方法，丰富宣传教育的内容，增强宣传教育的针对性和实效性，逐步消除一些消极腐朽思想观念对党员干部产生的影响，坚定他们的理想信念，增强自身的免疫力，推动党风廉政建设向纵深发展。

第二，要充分发挥宣传教育对于全局工作的推动作用。从我们的具体工作看，反腐倡廉各项工作虽然都有各自的内容和要求，但每一项都离不开宣传教育。比如党员领导干部廉洁自律，如果党员干部连党规党纪和行为规范都不了解，不明确哪些是允许的，哪些是“高压线”，违反了要受到什么样的追究和处理，自律就根本无从谈起。查办案件要教育涉案人员悔过自新、说清问题，本身就是一个教育的过程。案件查处后，还有一个对广大党员干部进行警示教育问题，通过对案件的剖析，分析党员领导干部犯错误的主观原因，使广大党员干部吸取教训、警钟长鸣，起到查处一案、教育一片的作用。其他的反腐倡廉工作，比如纠风、源头治理等，同样也有一个宣传教育的问题。因此，在开展党风廉政建设和反腐败工作时，要把教育作为一个重要的基础性环节，既充分发挥教育在思想道德防线方面的重要作用，又善于运用宣传教育这个手段，扩大反腐倡廉宣传教育的覆盖面。同时还要注意正确引导舆论，增强干部群众反腐败的信心，推动党风廉政建设和反腐败其他各项工作的深入开展。

第三，要充分发挥宣传教育的指导性作用。党风廉政建设和反腐败斗争要沿着正确的轨道向纵深发展，必须依靠邓小平理论、“三个代表”重要思想和中央关于反腐倡廉的政策来指导。而这些理论，只有通过宣传教育的途径，才能使广大党员干部入脑、入心，把理论自觉转化成行动自觉。要通过宣传创造浓厚的反腐倡廉舆论氛围，发现各方面的典型，总结成功的经验，发挥示范作用。目前，各级都在贯彻落实中央提出的反腐倡廉的战略方针和《实施纲要》。宣传教育工作要迅速适应新形势新任务的要求，积极投入反腐倡廉新的实践活动中，从实践中提炼归纳经验，宣传经验，充分发挥宣传教育的指导性作用，促进党风廉政建设工作水平和工作质量的提升，为反腐倡廉做出积极的贡献。过去一年，我市党风廉政建设宣传教育工作取得明显成效，这与大家的努力是分不开的。但距离党风廉政建设的形势和任务的要求，还有一定的差距，具体表现在缺少重点、热点、亮点，已有的工作亮点总结、宣传、推广也不够，全市整体宣教工作水平还有待提高。因此，各级纪检监察机关尤其是负责同志，一定要从政治和全局的高度充分认识加强党风廉政宣传教育的重要性和必要性，进一步增强做好宣传教育工作的责任感和紧迫感，要紧紧围绕中心工作抓重点、抓热点、抓亮点工作，有所突破、有所创新、有所作为，使整体宣教工作上水平上台阶，努力开创我市党风廉政宣传教育工作的新局面。

二　突出重点，开拓创新，把反腐倡廉宣教工作提高到一个新水平

今年是贯彻落实《实施纲要》、建立健全惩治和预防腐败体系的第一年。党风廉政宣传教育工作要以学习宣传和贯彻落实《实施纲要》为重点，促进党风廉政建设宣传教育各项工作的开展。

第一，要在突出抓好《实施纲要》的学习宣传和贯彻落实上狠下功夫。《实施纲要》是我们党运用邓小平理论和“三个代表”重要思想指导反腐倡廉工作取得的重要成果，科学总结了我们党反腐倡廉工作的基本经验，根据社会主义市场经济条件下反腐倡廉工作的特点和规律，明确了惩治和预防腐

败体系建设的指导思想、主要目标和工作原则，提出了一系列措施和办法，是当前和今后一个时期深入开展党风廉政建设和反腐败工作的指导性文件。学习宣传和贯彻落实《实施纲要》是全党的一项重要政治任务，更是党风廉政宣传教育工作的重中之重。各级纪检监察机关要注意把握三个问题。一是要学习领会好。把学习《实施纲要》与学习胡锦涛总书记在中央纪委五次全会上的重要讲话精神、温家宝总理在国务院第三次廉政工作会议上的重要讲话精神和学习中央纪委五次全会、省纪委六次全会、市纪委五次全会精神结合起来，与当前开展的保持共产党员先进性教育活动结合起来，深刻认识贯彻落实《实施纲要》、建立健全惩治和预防腐败体系，对于提高党的执政能力、巩固党的执政地位、深入推进党风廉政建设和反腐败斗争的重大意义，切实增强学习宣传和贯彻落实《实施纲要》的自觉性和责任感。二是要宣传推广好。各地各部门要采取多种形式，发挥各种优势，整合宣传教育资源，面向全社会，充分发挥广播、电视、报刊、网络等媒体的作用，加大宣传力度，形成学习宣传和贯彻落实《实施纲要》的良好氛围。三是要贯彻落实好。一方面要结合实际尽快制定市委和县（市、区）委贯彻《实施纲要》的具体实施办法；另一方面要注意运用《实施纲要》指导工作，把《实施纲要》的贯彻落实具体体现到今年反腐倡廉的各项工作之中，认真抓好落实。

第二，要在围绕推进“三项重点工作”搞好宣传教育上狠下功夫。推行行政权力公开透明运行试点、全面开展专项资金的综合治理、推进机关效能建设这三项重点工作是我省结合实际实施的反腐倡廉重要举措，也是贯彻落实《实施纲要》的具体行动。我们邯郸市作为全省推进行政权力公开透明运行唯一试点城市，各项工作已全面铺开，第一阶段职权清理和搭建公示平台工作初见成效，连同市规划局和成安县实行通透式办公的做法，已经引起中央纪委和省纪委的高度关注。这三项重点工作抓好了，我们的反腐倡廉工作就会取得新的成效，就会大大降低和减少腐败现象的发生。同时，我们贯彻《实施纲要》也就有了一个良好的开端。党风廉政宣传教育工作要进一步开创工作新局面，就要把工作的着力点放在贯彻《实施纲要》的具体工作中。要结合推行行政权力公开透明运行试点工作，切实加强对党员领导干部的宗旨观念教育，加大对推行行政权力公开透明运行的宣传力度，为试点工作创造良好舆论氛围。特别是我市作为全省推行行政权力公开透明运行的试点市，对我们的试点经验要及时在全省进行推广宣传，为全省各市开展工作提供有益的指导和借鉴。要结合全面开展专项资金的综合治理工作，大力宣传党的方针政策、法律、法规等，对广大党员干部进行纪律和法制观念教育，抓好典型案件的剖析，开展警示教育。要结合推进机关效能建设，广泛开展以“提速、提质，为人民、促发展”为主要内容的宣传教育活动，促进各级各部门及其工作人员规范机关工作行为，提速工作过程，提升服务质量，提高队伍素质，切实解决机关效能建设中存在的突出问题，努力建成行为规范、运转协调、公正透明、廉洁高效的机关工作运行机制，优化发展环境，促进全省经济社会实现更快更好发展。

第三，要在挖掘宣传报道反腐倡廉各项工作的深度上狠下功夫。反腐倡廉宣传教育工作，必须坚持正面宣传为主，牢牢把握正确的舆论导向。各地各部门要对中央和省纪委布置的“规定动作”的完成情况及时进行宣传报道，同时还要紧紧围绕市纪委五次全会的工作部署，采取多种形式，运用多种手段，加大宣传报道的力度。特别是要在报道深度上下功夫，善于发现、总结全市党风廉政建设和反腐败工作中的先进经验和正面典型，有计划地进行宣传报道。对已经查结的大案要案和典型案件，要深入报道，遏制腐败现象，震慑腐败分子，让人民群众感觉到市委、市政府反腐败的决心。要针对现阶段群众在党风廉政建设和反腐败工作方面存在的疑惑、模糊认识和错误思想，有计划地刊发一批言论，答疑解惑，统一人们的思想认识，弘扬正气，反对歪风，坚定反腐败必胜的信心。要善于策划、组织撰写有分量的理论文章、评论文章和新闻报道，使报纸上有文章、广播上有声音、电视上有形象、网络上有信息，通过采取多种形式，形成强大的反腐倡廉宣传声势。

第四，要在改进反腐倡廉宣传教育方式方法上狠下功夫。当前，随着对外开放领域的不断扩大，党风廉政宣传教育面临的经济基础、体制环境、社会条件和传播手段发生了巨大的变化。我们必须用时代的要求来审视宣传教育工作，用发展的眼光来研究宣传教育工作，以改革的精神来推动宣传教育工作。一是在宣传教育的内容上，要紧密结合我市改革开放和现代化建设的实际，紧密结合人民群众思想的实际，适应不同宣传教育对象的特点、兴趣和接受习惯，因地制宜、因人制宜，善于把宣传教育内容同宣传教育对象结合起来，努力找到与宣传教育对象加强沟通的交会点。要结合本地本部门改革发展的重大问题和党员干部思想作风突出问题、群众反映热点问题的实际来开展宣传教育工作。二是在宣传教育的方式上，要进一步适应受教育者的需要，真正使我们的宣传教育入耳、入脑、入心，力戒教条化、概念化和脱离实际，避免空洞的说教和形式主义。三是手段要新，既要继承多年来行之有效的传统方法，如讲党课、知识竞赛、文艺演出等，又要善于使用大众传媒、电化教育等群众欢迎的方法。互联网是一个已经兴起、很受群众关注的新媒体，为反腐倡廉宣传教育工作提供了现代化手段，也拓展了宣教工作的空间和渠道。要学会利用网络开展工作，掌握网上宣传教育的主动权，使之成为反腐倡廉的新阵地。今天，三个典型发言都很好，邯郸县纪委开展的家庭助廉活动，邱县纪委创新廉政宣教载体，曲周县构建廉政网络平台等，值得进一步完善、总结和借鉴。下一步，邯郸县要围绕家庭助廉，筑廉政防线；邱县要围绕创新宣教多元载体，建立宣教的长效机制；曲周县要围绕构建廉政宣教网络，占领、用好网络宣传阵地等工作进一步做深、做实、做大。

三　切实加强领导，确保反腐倡廉宣传教育各项任务落到实处

加强党风廉政宣传教育工作，是党风廉政建设和反腐败斗争深入发展的必然要求，是建立健全与社会主义市场经济体制相适应的教育、制度、监督并重的惩治和预防腐败体系的重要内容。各级党委、纪检监察机关要充分认识加强这项工作的重要性。越是发展社会主义市场经济，越是对外开放，就越要加强反腐倡廉宣传教育。

第一，高度重视，切实摆上议事日程。各级党委要充分认识新形势下党风廉政建设宣传教育工作的重要性，切实把这项工作提上重要议事日程，认真研究，周密部署，狠抓落实。要把反腐倡廉宣传教育作为党的思想政治工作的重要组成部分，要关心、支持纪委宣教干部队伍建设，主要领导要带头

抓，分管领导要具体抓，确保反腐倡廉宣传教育工作落实到位。要把党风廉政宣传教育工作纳入对同级党委落实党风廉政责任制的考核内容。各级纪检监察机关的领导干部，特别是主要负责同志要高度重视宣传教育工作，把反腐倡廉宣传教育工作与其他工作同部署、同检查、同考核、同评比、同奖惩，定期听取汇报，要给宣传教育干部出题目、压担子、交任务、要结果。要主动争取同级党委、政府领导的支持，搞好协调，加强指导，推动反腐倡廉宣传教育工作的深入开展。

第二，进一步发挥纪委的组织协调作用，形成“大宣教”的整体合力。搞好党风廉政宣传教育工作，必须依靠全党全社会的共同努力。经过近几年来的努力工作，虽然我市党风廉政“大宣教”格局已经初步形成，取得了一定成绩，但是它的作用只是初步的，还需要继续深化。“大宣教”的体制机制是，党委统一领导，党政齐抓共管，纪委组织协调，相关部门密切配合、各展所长，广大干部群众通过多种形式积极参与，形成整体合力。其中，党委统一领导是关键，党政齐抓共管是优势，纪委组织协调是重点，相关部门密切配合、各展所长是保证，广大干部群众积极参与是基础。目前，我们正面临发展完善“大宣教”格局的良好时机，特别是2004年底召开的全国宣传部长会议明确提出要建立健全反腐倡廉“大宣教”工作格局，标志着反腐倡廉“大宣教”又向前迈出了实质性的一步。各级纪检监察机关一定要抓住这次有利契机，充分发挥在“大宣教”格局中的牵头地位，积极主动地争取其他部门的支持与合作，如组织部门、新闻部门、宣传媒体等，多给他们提供一些工作的信息、经验和典型。另外，其他部门也应该认识到这是其工作的一个部分，也应积极主动地参与这项工作，做好这项工作，使联席会议等“大宣教”各种机制经常富于生机和活力。通过纪委的组织协调，把各成员单位开展反腐倡廉宣传教育的积极性最大限度地调动起来。要采取报刊、广播、电视、出版、文学、互联网等多种手段，形成宣传教育的整体合力。要把反腐倡廉理论学习和廉政教育纳入各级党校和其他干部培训机构的教学计划。理论政策研究部门要加强反腐倡廉理论的研究和宣传。经过方方面面的努力，达到统一思想、坚定信心、振奋精神、凝聚力量的目的，取得看得见、摸得着的最佳效果，更好地为党风廉政建设和反腐败斗争服务。

第三，进一步加强宣传教育干部队伍建设。各级纪检监察机关要十分重视宣教干部队伍建设，以适应新形势新任务的要求。要加强宣教干部的学习和培训，不断提高政治理论素质和业务能力，提高文字综合能力和协调能力，还要发扬吃苦耐劳、甘于寂寞、乐于奉献的精神。各级纪委要从政治上、工作上、生活上关心爱护宣教干部，注意选好配强宣教干部，同时要在宣教经费等方面给予支持，为党风廉政宣传教育工作创造良好的条件。

同志们，长期的工作实践表明，宣传教育是反腐倡廉工作的重要组成部分，是深入推进反腐败斗争的强大思想武器。我们一定要充分认识新形势下做好反腐倡廉宣传教育工作的极端重要性，增强责任感、使命感，按照中央和省、市纪委的部署，求真务实，扎实工作，努力把我市党风廉政建设宣传教育工作提高到一个新水平，为深入开展党风廉政建设和反腐败斗争做出新的更大的贡献。

在山东三市学习考察农业活动总结会上的讲话

（2005 年 4 月 28 日）

这次我市农业考察团，用 7 天时间先后到山东省潍坊、烟台、威海三市，重点学习考察了寿光蔬菜、昌乐肉鸭、龙大集团、天府集团、鲁花集团、南山集团、威海节水农业示范园区、亚特精品蔬菜示范园区、华宝花卉有限公司等 30 多家特色园区和著名企业。几天来，考察团成员不顾疲劳，早出晚归，长途奔波，以饱满的精神状态，带着强烈的事业心和责任感，用求真务实的工作态度，边走边看边议，在考察中学经验，在对比中找差距，在对接中求合作。一边学习考察，一边宣传邯郸、推介邯郸，先后举办了 4 次项目推介洽谈会和座谈会，共发布项目 55 个，签约项目 16 个，签约项目总投资 2.66 亿，协议引资额 1.19 亿元，引起了广泛关注，产生了较大影响。初步建立了邯郸与山东三市的长期联系和合作机制，达到了学习考察的预期目的，圆满完成了各项工作任务。在此，我代表市委、市政府向考察团全体成员和工作人员表示衷心的感谢！下面我谈三点意见。

一　潍坊、烟台、威海农业农村经济发展的主要经验

山东农业农村经济超常规跨越式发展的经验，给我们的感受非常深刻，我概括了一下，可以归纳为以下几个方面。

一是发展思路新。潍坊提出实施农业产业化、标准化、国际化，龙头带动、市场带动、科技带动，农民变职工、变民工、变市民的“三化、三带

动、三变”战略。烟台提出大力推进农业产业化、经济国际化和农村城市化，用“三化”解决“三农”问题的思路。烟台在具体工作中，提出按照“十化”（市场化、产业化、国际化、城镇化、法制化、科技化、区域化、制度化、社会化、宗旨化）要求，抓好农业农村各项工作措施的落实。莱阳市把他们的发展历程总结概括为四句话：起步于产业化，加速于工业化，扩张于城市化，提升于国际化。从发展战略、工作措施到总结自己的发展历程，思路都非常清晰，富有新意。

二是自主发展意识强。他们的发展目标远大，雄心勃勃，总是站在全国、全世界的高度看问题、谋发展。发展过程中他们不等不靠，自己创造条件实现超常规发展。他们政策吃得透，能够创造性地理解和执行国家政策，机遇抓得准，思想上的条条框框少。如威海提出“经济要超常规，思想首先要超常规”“看不到差距是最大的差距，没有危机感是最大的危机”“为外商服务也是为人民服务”“压力是信任，辛苦是机遇”等，充满了强烈的自主发展意识。威海的铁路、机场等项目，都是自己积极争取多年才最终完成的。他们有一股永不满足、永不停步的劲头，市场意识、扩张意识、创新意识非常强烈。如烟台市在去年基础上，今年又提出新的工作目标任务。要求进一步拓宽渠道，在国内外积极开展招商引资活动，特别要加大对日本、韩国、东南亚地区、美国、欧盟的招商引资力度，提高招商引资实效。年内，全市农产品出口额将达到 16.5 亿美元，增长 25% 以上；农业实际利用外资超过 5 亿美元，增长 10% 以上。

三是农产品外向度高。潍坊市目前有自营进出口权的农产品加工企业 412 家，有 500 多种农产品及加工产品出口到 80 多个国家和地区。潍坊的禽肉出口量占全国的 1/3，蔬菜出口量占全国的 1/5。去年，全市禽肉和蔬菜出口创汇达到 10.7 亿美元。烟台市 2004 年全市农业实际利用外资 4.54 亿美元，全年农产品出口总量 82 万吨，农产品出口额 15 亿美元，占全市出口额的 34.4%。龙大集团产品畅销日本、韩国、新加坡、美国、英国等十几个国家，去年出口创汇 1.3 亿美元。

四是龙头企业规模大。我们 26 日参观的南山、龙大、鲁花等企业，其规模之大超出了我们许多人的想象。南山集团总资产达到了 152 亿元。位于昌乐县红河镇的潍坊乐港食品有限公司，是目前国内最大的肉鸭加工经营企业，总投入 15 亿元，员工 11000 人，净产值 30 亿元，从雏鸭孵化、饲料供应、成鸭饲养、屠宰分割、速冻保鲜、产品包装到羽绒品制作，形成了一个很长的生产链条，其附加值随着产业链条的延伸而不断增加。目前该企业已发展社会养殖基地 100 余处，联结带动合同养殖户 2 万多户，对带动农民增收起到了十分重要的作用。另外还有中国西瓜第一镇尧沟镇的瓜果、寿光的蔬菜，其生产规模之大，产业链条之长，服务水平之高，都给大家留下了深刻的印象。

五是资金投入多。近年来，烟台市财政对农业投入年均增长在 15% 以上。2003 年，全市财政扶持“三农”的资金 7.36 亿元，2004 年达到 10.84 亿元。潍坊市 2004 年市县两级财政拿出 5000 多万元资金，以贷款贴息的形式，集中扶持市级以上重点龙头企业。莱阳市从 2001 年开始，坚持不变调、不松动、不减速，连续开展了五个投入年活动，通过调动骨干企业、民营企业、外商企业三大积极性，共投入项目资金 245 亿元，开工建设项目 850 个。

六是品牌叫得响。潍坊、烟台、威海三市在农业产业化发展中，根据国内外市场需求的变化，把推行标准化作为提高农产品质量的重要措施，培育打造自己的农业品牌。潍坊市在农产品加工企业中开展了争创中国名牌和中国驰名商标活动，形成了寿光蔬菜、昌乐西瓜、青州花卉等一批品牌产业；培育了诸城外贸、得利斯、莱阳鲁花、天府一枝笔集团等一批品牌企业；打造了得利斯食品、龙大食品、乐义牌蔬菜、潍县萝卜等一批品牌产品。不少品牌还在中央电视台黄金时段做广告，宣传产业发展，叫响产品品牌。

七是普遍重视企业文化建设。鲁花的宗旨是“产业报国，惠利民生”。其经营之道是“追求一个大目标——提高人类生命质量，发展一个大同盟——带动农民增收致富，抓住一个大根本——创立企业美好信誉，夯实一个大基础——严格产品质量管理”。胡锦涛总书记 2003 年底到鲁花视察时给予的评价是：“由于你们的努力，使消费者和农民都得到了好处，好，做得很好，希望你们做得更好，让更多的农民富裕起来。”总书记对企业的赞誉溢于言表。

八是发展环境好。有的同志把山东的城市绿化和道路林网建设概括为

"满眼绿"，把瓜菜生产的塑料大棚的规模称为"满地白"，把龙头企业机器运转称为"满耳声"，这实际上是对山东发展硬环境的真实感受。此外，他们还在支持项目建设上，制定出台了一系列政策措施，如奖励政策、行政事业收费优惠、提供建设用地优惠、鼓励海外留学人员投资创业优惠等，这些政策的出台，为他们招商引资创造了宽松环境。

二　和山东比我们的主要差距

考察团中有不少同志以前来山东学习过，今天再来考察，通过看山东，比邯郸，感受到差距有越拉越大的趋势。单从农民人均纯收入的比较，就不难看出这种差距。2004 年，我市农民人均纯收入是 3234 元，增长 11.5%。这是我们邯郸近年来农民人均纯收入增幅最大的一年，增长率第一次达到两位数，第一次达到河北省中等水平线以上。自己和自己比，增长确实不少，但和山东相比，就看出了差距。2004 年，潍坊、烟台、威海的农民人均纯收入分别是 4438 元、4600 元、5376 元，分别比我市高出 1204 元、1326 元、2142 元。我市与山东三市相比，差在哪儿？我看主要表现为如下几点。

一是思想观念不如山东新。在指导农业农村经济发展中，还是用计划经济、传统办法比较多，在解决征地、资金等难题时，不找市场找市长。

二是结构调整不如山东快。如寿光蔬菜、昌乐西瓜等都是高效农业，是标准化无公害生产。烟台市已建成具有特色产业的专业镇 80 多个，专业村 2500 多个。而我们邯郸的农业结构，大多还是一茬玉米、一茬小麦的传统种植模式，品种单一，结构雷同，经济效益不高。

三是龙头企业规模不如山东大。表现在两个方面：一方面，我们的龙头企业规模小，目前我市国家级龙头企业 2 家、省级 18 家。潍坊分别是 7 家和 22 家。去年我市龙头企业实现销售收入过亿元的只有 24 家，销售收入 3 亿元以上的 3 家。潍坊市过亿元的是 89 家，过 10 亿元的 12 家，过 50 亿元的 1 家。我们和潍坊人口面积差不多，有很多可比之处。潍坊有海岸线，但和烟台、威海比，海岸线的开发是有差距的，内陆面积比重较大，但扶持龙头企业数量比我们多，规模比我们大，差距是明显的。另一方面，龙头龙身关联度不紧密，杨仲信副主席把它称为工农关联度不紧密，一路上我们也在讨论这个问题，表述词语虽不尽相同，但点出了我们邯郸农业产业化龙头方面存在的最核心问题，龙头龙身关联度不紧密，得不到相互支持、相互促进。比如说，我们的龙头大企业集中在钢铁、煤炭行业，形成的规模、产值、利税是可观的，是有地位的，但从带动农业产业化龙身起飞上，龙头龙身脱节，大的龙头没能带起龙身。这两年我们搞了农业产业化项目年、服务年活动，试图抓一些大的农业产业化龙头来带动农业产业化发展，但由于龙身在资金、技术、人才、管理上都很弱，难以在短时间内从龙身里生长出大的龙头来。这固然有产业化自身限制问题，也有我们指导工作不到位的问题。从山东来看，工业企业和农业产业化的衔接是非常密切的，山东各种农业经济组织形式，比如说山庄、庄园式的经济组织，通过农业发展积累来支持工业，工业的发展又反哺农业，实现了城乡统筹发展。

四是品牌名牌农产品不如山东多。这里也有两个方面的问题：一方面是数量少，我市只有大名“五得利”面粉创了国家名牌，而潍坊形成了寿光蔬菜、昌东西瓜、安丘姜蒜、青州花卉、昌邑苗木、临朐果品等一批品牌产品，培植了诸城外贸、得利斯、乐港等一批品牌企业，全市认证农产品品牌408个，获得ISO等相关国际质量认证的企业达到110家。和人家比，在数量和质量上我们都是有差距的。另一方面就是利用得差。我们品牌数量少，但也形成了一部分，问题是往往满足于证书到手就算完成任务了。怎样用好一个品牌，启动一个产业，形成一个行业，把无形资产变成有形财富，文章做得不够，有的半路自消自灭了，教训是不少的。

五是农业外向度不如山东高。2004年我市农产品出口才1亿多美元，而潍坊去年仅禽肉和蔬菜出口就达到10.7亿美元。世界500强的日本兼松株式会社、奥地利图喜海公司、美国康佳公司等国际大财团都在潍坊投资搞农产品加工。龙大集团原是一个资产不到80万元的镇办砖瓦厂，1989年开始搞蔬菜加工出口，大部分产品出口，去年销售收入达23亿，创汇1.24亿美元，一个企业创汇超过了我们全市农产品出口创汇总数。潍坊市委、市政府2004年3月14日发布的《关于进一步鼓励外商投资的若干规定（试行）》共29条，其中对农业招商有很多优惠政策。如第8条，投资从事种植业、林果业、畜牧业、水产业的，按对当地政府财政贡献的60%给予奖励，奖励年限最长为8年；一次性缴清土地出让金的，优惠20%；等等。在招商办法上，他们坚持“节会搭台，经贸唱戏”的宗旨，如风筝节、寿光菜博会等国家级甚至国际级节会，而我市的太极拳、磁山文化等节会，虽有很高的知名度，但不如山东搞得活，经济含量不如山东高。

六是服务组织不如山东健全。山东在农业产业化服务方面，产前、产中、产后配套，组织健全，形成了公司加农户、公司（园区）加农户、农庄、庄园等多种组织形式，发挥出良好的组合带动作用。把各种资源、力量优化组合到一起，然后形成支柱性产业，用产业链再带动自身发展。比如说一些大的企业集团、庄园都有自己的发电厂，和国家电网并网。平时上网卖电，关键时候形成自己的封闭系统，保证企业内部的生产用电。关键环节都能配套，可见用心良苦。我们的农村合作组织数量少、规模小、功能不健全，没有发挥出应有的作用。

这是找差距，我概括了这几个方面，也是代表大家的。这方面的文章，我只是拉了个题目，梳理了一下问题。回去后，大家再继续消化，认真地总结，认真进行比较，在比较中进一步查找差距。

三　借鉴山东经验，强力推进邯郸农业产业开发开放

从山东回去之后，下一步农业产业化怎么抓？我看，要重点围绕开发开放做好以下几个方面工作。

一要围绕农业增效、农民增收进一步解放思想。思想解放的程度，决定经济发展的速度。要以这次来山东学习考察为契机，结合当前正在开展的保持共产党员先进性教育活动，紧密联系我市“三农”工作实际，在全市农口部门、农村广大干部群众中，深入学习、宣传和落实科学发展观，从强化执政理念、构建和谐社会、工业反哺农业、城市带动农村等方面展开学习讨论，掀起解放思想新高潮。每个考察团成员特别是主管农业农村工作的县（市、区）领导和市直单位的领导，要认真总结山东之行的所见所闻，系统地学习理解潍坊、烟台、威海三市经验的内涵，深入思考，反复比较，找差

距、抓机遇，增强责任感和危机意识。在此基础上，调整工作思路，制定新的发展措施。解放思想，狠抓落实，首先从我们考察团成员做起。回去之后，考察团每个成员都要完成“四个一”，即联系落实一个项目，交一份小结，写一份考察体会，提一个推进农业开发开放加快项目建设的工作建议。“四个一”落实情况要以县（市、区）、市直农口各部门为单位，在5月20日前交市委农工委。

二要在农业开发开放上创新工作思路。我们一定要把解放思想的着力点放在工作创新上，在农业农村工作战线进一步强化创新、创造、创业意识，引导农村广大干部群众坚持创新，持续创新，大胆实践，积极探索，不断在农业农村改革发展中创新经验，创出业绩，创造财富。要研究建立农业开发开放工作推进机制，探索促进农民增收、提高农业综合生产能力、发展产业化、工业化、城市化的新思路。回去之后，要在学习消化山东三市经验的基础上，结合本地本单位实际，按照市委、市政府的部署，制定新的农业开发开放措施，研究项目对接方法，加快农业产业化发展进程。市委农工委、市中小企业局要抓好调度检查，确保招商引资工作取得实效。市农、林、牧三个局，当前要重点抓好农业标准化生产和农产品品牌培育工作。要继续在全市农业农村工作系统营造想开放、议开放、抓开放的浓厚氛围。要把农业开放的意识树得更牢，把开放兴市的大旗举得更高，把项目强市的口号喊得更响，把推进开放的各项措施做得更实，通过开放吸引大项目、好项目到邯郸落户。春节后看民营企业项目的时候，了解到去年我带队到西欧去考察的两个企业，发展都很快。一个是晨光色素有限公司，去年全年出口创汇250多万美元，今年才到3月中旬，就已创汇250多万美元，预计全年可创汇1400多万美元。另一个是华裕面粉有限公司，建成了单个车间日处理小麦600吨的生产线，在邯郸单个车间日处理小麦是最高的。他们还和郑州粮食学院、西班牙、丹麦等单位和国家合作，正在谋划上麦芽油、橄榄油等项目。企业老总对我说，用两三年时间，几个项目都做起来，可以搞到20亿元产值。这个企业以前不过就是个榨油的作坊。我讲这些话的意思，是想说大家不要太拘泥、太保守，有些事不是做不到，关键是敢不敢做，会不会做，能不能走出去，找项目、拉资金、搞合作。市各新闻媒体要利用各自的平台，把这次农业代表团赴山东学习考察招商引资活动报道好宣传好，日报、电视台都要有专题的报道，形成浓厚氛围。

三要抓住机遇，发挥优势，搞好对接。潍坊、烟台、威海三市这样高的基数、这样快的速度仍不满足，我们更要有强烈的危机感和责任感。邯郸既不临海，也不靠边，如果发展速度再不加快，就会被远远抛在后面。比较起来，我们的待开发发展空间比他们大，土地、矿产、农业资源等有利条件比他们多，这是我们加大招商引资力度、实现更快更好发展的最佳机遇期。山东三市地域比较辽阔，但贴着海岸线的土地比较贵，他们惜土如金，很多地方在挖山、填海、造地搞建设。我们地处平原，用地应该说比他们条件要好一些，我们的空间比他们大，我们的钢铁、煤炭产业的链条拉长的空间也比较大。我们一定要抓住机遇，乘势而上，借力发展，把我们的比较优势与先进地区的产业结构进行充分对接，选准切入点，加快工作节奏，使全市农业农村经济发展的势头在原来的基础上，再有一个新的突破。

四要自我加压，埋头苦干，加快发展。大家在讨论中，对山东的同志吃苦耐劳、锲而不舍的精神非常敬佩，认为很值得我们学习。目前，在建设用地、资金等政策运行较紧的情况下，要有敢挑担子、服务基层、破解难题、共求发展的大局观念。同志们可能有一个共同的感觉，就是组织团队出行很不容易。这次市委、市政府组织的农业考察团，来了这么多人，下了这么大的代价，必须见到实实在在的效果，不能走一走、看一看、谈一谈就算了。这次市里本着求真务实的精神，没有下达任务指标，把活动的定位确定在宣传推介、洽谈对接上，实际上就是穿针引线。没有下达指标，不等于没有指标，不等于不要结果，不等于不排名次，这一点必须跟大家讲清楚。各县（市、区）、各企业一定要把这次活动的后续工作做好，把意向变成合同，把合同变成开工，把开工变成竣工，把竣工变成效益。市直农口部门、各县（市、区）签订的合同、协议、意向，要交市里备案。市委农工委、市中小企业局要加强对此项工作的督促检查，推进落实。

同志们，这次来山东学习考察，活动组织得周密细致，有关部门做了大量的实际工作。各位考察团成员不怕吃苦，不怕疲劳，连续作战，看龙头企业，会见客商，洽谈项目，收效很大。现在考察活动即将结束，但与山东三市全面合作的帷幕才刚刚拉开，希望大家回去后要做好后续工作，起草好考察报告，搞好考察项目对接，巩固扩大考察成果，特别是要交好朋友，记住联系方式，以后多加强联系，为促进全市农业农村工作的进一步发展奠定坚实基础，向全市人民特别是广大农民交一份满意的答卷。去年差不多也是这个时候，我们组团到德州学习考察中小企业信用担保体系建设。回来后，狠抓落实，在不长的时间内，工作取得了积极成果，中小企业担保工作去年在全省名列第一。今年我们又来到山东，学习农业产业化开发开放经验，这次内容更丰富，题目更大，希望大家继续坚持求真务实的精神，回去后狠抓工作落实，取得应有的成果。

在全市民营经济工作领导小组会议上的讲话

（2005 年 5 月 26 日）

这次全市民营经济工作领导小组会议，主要是传达全省民营经济工作会议精神，研究贯彻落实省会议精神的具体措施，以便进一步加快我市民营经济的发展。刚才，市民营经济工作领导小组办公室主任、中小企业局局长允殿魁同志，传达了全省民营经济工作会议精神，提出了贯彻落实省会精神的初步意见，汇报了 2004 年度全市民营经济发展情况、下一步打算和 2004 年发展民营经济先进单位、优秀民营企业家评选情况以及全市民营经济工作会议准备情况。经过大家讨论，原则同意民营办的意见。讨论中，大家就如何加快民营经济发展，提了不少好的意见和建议，比如武安钢铁企业要不要组建集团的问题，环境污染治理、坚持可持续发展的问题，引进、培育、壮大民营企业的问题，对民营企业支持、扶持和管理之间关系的问题，等等。会后，民营办要认真研究，把大家的意见和建议吸收到我们的工作报告里面来，把今天会上议的这几项工作的重点内容，归纳、整理后报市委、市政府批准施行。下面我讲三点意见。

一　要从更高的站位，充分认识发展民营经济的重要意义，进一步增强责任感和紧迫感

近年来，市委、市政府坚持“开放总揽，环境先导，民营突破”的总

体发展思路，积极创造良好的发展环境，加大扶持引导力度，使全市民营经济有了很大的发展和提高。刚才，殿魁同志在汇报中提到的一系列数字和事例已经充分说明了问题，自己和自己比，甚至和省内其他一些地方比，我们确实有了很大发展，有些工作走在了全省的前面。

如果和先进地区比，我们的差距是比较明显的。4 月底，我带市农业代表团到山东潍坊、烟台、威海学习考察，对山东人观念新、魄力大、发展快、效果好留下了深刻印象。比如龙头企业的规模，目前我市国家级龙头企业 2 家，省级 18 家；潍坊分别是 7 家和 22 家。去年我市龙头企业实现销售收入过亿元的 24 家，过 3 亿元的 3 家；潍坊市过亿元的 89 家，过 10 亿元的 12 家，过 50 亿元的 1 家。我们和潍坊人口、面积差不多，有很多可比之处。潍坊有海岸线，但很短，内陆面积比重较大，可他们扶持的龙头企业数量比我们多，规模比我们大。从省内看，我市 2004 年民营经济增加值、营业收入和税金总量在全省排第 4 位，但其他指标不容乐观。如规模以上企业我市完成 469 个，在全省排第 7 位，比第 1 位的唐山少 977 个，比邢台少 33 个。从民营经济占全市生产总值比重看，我市为 57.3%，与第 1 位的廊坊差 17.2 个百分点，与第 3 位的邢台差 15.5 个百分点，说明我们民营经济的发展规模、档次、水平还有一定的差距。从市内看，县（市、区）之间发展很不平衡，东西部相差很大。以增加值为例，最高的武安市去年完成 126 亿元，最少的肥乡县只有 6.2 亿元；从投入看，最高的武安市 29 亿元，最少的肥乡县只有 1.5 亿元。

产生差距的原因是多方面的，但思想不解放、观念更新慢是最根本的原因。应当说，近两年来，各级各部门对加快民营经济发展重要性的认识有了很大提高。但总的看，思想认识还不适应新形势、新任务的要求，思想解放还没有真正到位，发展民营经济的思想障碍依然存在，一些同志对民营经济还是另眼相看。长期以来，“姓资姓社”的传统观念和计划经济体制的影响还未根本消除，有的同志仍将民营经济视为社会主义市场经济的“补充”，对民营经济发展的战略意义认识不足；有些同志虽然在思想上承认民营经济的地位作用，但在实际执行中还有差异，在具体实施过程中还有区分。特别是在基层一些地方和部门，在执行政策、具体办事过程中，有意无意地设置了一些障碍，给民营企业出了不少难题，民营企业反映强烈，有的直接向我反映，都是一些很具体、很现实的问题。对有些问题我就让市纪委直查直处，把问题给解决了。解决思想认识问题，为民营企业发展创造良好的环境，仍然是各级党委、政府的一项十分重要而又紧迫的任务。

当前对我们来说，发展民营经济既面临着严峻的挑战，又面临着难得的发展机遇。现在，全国各地都把发展民营经济作为新阶段取得领先和后发优势的关键，把发展民营经济作为实现全面建设小康社会宏伟目标的重要保证。上周，我参加省政府组织的考察团到福建考察了农业产业化工作。福建是改革开放的前沿地带之一，他们提出建设海峡西岸经济发展区的总体战略，把“项目带动，产业集聚，壮大城市，提升民营，发展县城，转变职能”作为六项重要措施，给民营经济以很高的地位，把发展民营经济作为增强地区经济活力的重要途径。河北省委、省政府近年来把发展民营经济作为重中之重，明确提出河北经济发展和先进地区相比差就差在民营经济上，今后加快经济发展的出路就在发展民营经济上，地市及以下发展经济的重点就是发展民营经济。今年 2 月，国务院出台的《关于鼓励支持和引导个体私营等非公有制经济发展的若干意见》，较为完整、系统地提出了促进非公有制经济发展的政策措施。这是全面贯彻党的十六大和党的十六届三中、四中全会精神以及宪法修正案要求，完善社会主义基本经济制度的重要举措。这是新中国成立 56 年来，国务院第一次发布鼓励、支持和引导个体私营等非公有制经济发展的政策性文件，是党的十六大之后，民营企业期盼已久的关于非公有制经济发展的一份非常及时和重要的纲领性文件。这个《意见》的出台，标志着民营经济迎来了一个新的发展春天，必将对民营经济持续快速发展产生重大而深远的影响。我们一定要珍惜并牢牢抓住这难得的发展机遇，进一步增强危机感和紧迫感，以思想的大解放，促进民营经济的大发展。

二　要以更加务实的态度，突出重点，狠抓各项工作的落实

全省民营经济工作会议对今后几年全省民营经济发展进行了全面安排部

署。为了结合邯郸实际，落实好省会议精神，当前和今后一个时期，要突出抓好以下几项工作。

（1）抓政策落实。国务院《关于鼓励支持和引导个体私营等非公有制经济发展的若干意见》，在市场准入、融资、服务体系建设、维护企业合法权益、提高企业素质、加强监督管理、转变政府职能七个方面提出了政策措施，省政府正在研究制定贯彻落实的具体实施意见，这对促进非公有制经济发展将起到至关重要的作用，我们要认真学习，深刻领会，狠抓落实。第一，要搞好政策的学习、宣传。各级领导要带头学习政策，带头宣传政策。同时，要充分发挥舆论导向作用，通过新闻媒体、网络等多种形式搞好政策的宣传，真正把政策宣传到广大干部群众中去，让大家都能学习了解掌握政策的内容。只有大家了解掌握了政策，才能有效地接受群众对政策落实情况的监督，让政策最大限度地发挥作用。第二，要开展政策落实检查活动。既要注重了解掌握在落实中存在的问题，找准根源，提出改进的建议和措施，又要注意总结推广好的经验和做法。第三，要注重国家方针政策的具体化。要进一步解放思想，学习借鉴外地好的做法，结合本地本部门实际，使政策更加实化、细化，更贴近实际，满足民营经济发展的需要。

（2）抓环境优化。市委、市政府在总体谋划工作的时候，提出“开放总揽，环境先导，民营突破”。把优化环境放在了“先导”的位置。福建在谋划全省发展思路时，也把优化环境放在了突出位置。近几年来，我们坚持不懈地抓优化发展环境工作，取得了明显的成效。但优化环境是一项长期、复杂的系统工程，必须常抓不懈。今年百万人广播电视大会上我们公布的一个典型案例，某县政府办公室的三个科室在上班时间都有人玩电脑游戏。这件事在平常人看来并不是多么严重的事情，我们是不是小题大做了呢？完全不是。公务员在工作时间不干自己的正事，而是在打电脑玩游戏，这是非常恶劣的事情。特别是在上级三令五申加强纪律、提高工作效率这个背景下，对上级要求、对纪律熟视无睹，有令不行，有禁不止，它的严重性就严重在这里，这是绝对不允许的。青岛啤酒厂每年过节都要给员工发啤酒，但谁如果在生产线上喝一口啤酒，就开除、辞退。喝一口啤酒就至于辞退吗？分在哪喝这口啤酒。在生产线上喝一口啤酒，既懈怠了工作，也不卫生。一旦发生这样的问题，消费者都不买他们的产品了，企业就可能倒闭，损失会有多大？所以说，这类事不是小事，绝不能等闲视之。要发现一起，处理一起，曝光一起，警示和教育广大干部引以为戒。今年市委、市政府把行政权力公开透明运行工作作为优化环境的主题。大家知道，今年省委、省政府提出要着力推进行政权力公开透明运行工作，并把邯郸作为全省唯一的试点市，这是为从根本上破除制约发展的思想和体制两大障碍做出的重大战略部署，是从体制深处、从权力源头预防腐败的治本之策。实施“阳光行政”工程，是思想观念上的革命，执政理念上的提升，行政体制上的创新，工作机制上的完善。行政权力公开透明运行工作在我市开展以来，由于市委、市政府高度重视，强力推进，整个工作正在健康有序地发展。受到了省委、省政府、省纪委领导的高度重视和肯定，受到了中央纪委和监察部领导及中央纪检监察新闻媒体的关注，中央纪委主要领导同志做出明确批示，要求关注河北的这项工作，并进行经验总结。前不久，中央纪委副书记马馼和省委副书记省纪委书记张毅，中央纪委办公厅副主任熊学年，中央纪委监察部纪检监察研究所副所长齐世泽，省纪委副书记、监察厅厅长李俊山等领导同志先后来我市就此项工作进行了调研，对我市行政权力公开透明运行工作给予了充分肯定。目前，我们对市政府本级、市政府工作部门等所有行使行政权力的65个主体进行了清理，共清理出行政权力2193项。建立了行政许可事项、建设工程招标投标、政府采购、经营性土地使用权出让、专项资金管理、产权交易、公务员录用、城市规划八个公开透明运行网络系统。对我市还保留的367个行政许可项目，已开始接入计算机系统，实行网上审批、网上公开、网上监督。在抓好行政权力公开透明运行的同时，要特别强调抓好法制环境和市场环境建设。各级各部门要认真学习有关政策和法律法规，教育干部职工，进一步增强法制观念，自觉遵守各项规定，严格依法行政、公正执法。要以治理“三乱”为重点，严肃查处侵犯民营企业合法权益行为，减轻企业负担，保护企业经营者财产和人身安全。要进一步整顿市场经济秩序，严厉查处制售假冒伪劣产品、偷税漏税、行贿受贿的违法行为。要抓正反两方面的典型，大力弘扬正气，狠刹歪风邪气。要充分发挥舆论导向作用，在大张旗鼓宣传先进人物和事迹的同时，对阻碍民营经济发展的人和事要公开曝光。通过优化环境，为我市民营经济发展创造良好的外部条件。

（3）抓对外开放。首先，思想要解放，要有强烈的自主发展意识。最近，我们到山东、福建考察时了解到，近几年，福建省把发展外向型农业作为推进农业结构调整的重要战略举措，充分发挥区位优势和沿海优势，坚持"引进来"与"走出去"双向并举，走出了一条具有福建特色的外向型农业发展路子。山东省发展目标远大，雄心勃勃，总是站在全国、全世界的高度看问题、谋发展。发展过程中他们不等不靠，自己创造条件实现超常规发展。他们政策吃得透，能够创造性地理解和执行国家政策，机遇抓得准，思想上的条条框框少。如威海提出"经济要超常规，思想首先要超常规""看不到差距是最大的差距，没有危机感是最大的危机""为外商服务也是为人民服务""压力是信任，辛苦是机遇"等，充满了强烈的自主发展意识。威海的铁路、机场等项目，都是自己积极争取多年才最终完成的。他们有一股永不满足、永不停步的劲头，市场意识、扩张意识、创新意识非常强烈。如烟台市今年提出要进一步拓宽渠道，在国内外积极开展招商引资活动，特别要加大对日本、韩国、东南亚地区、美国、欧盟的招商引资力度，提高招商引资实效。今年年内，全市农产品出口额将达到16.5亿美元，增长25%以上；农业实际利用外资超过5亿美元，增长10%以上。其次，要不断创新招商模式。山东对外开放坚持大视野、大气魄、大手笔、高定位的理念，采取举办国际性节会、在全国性媒体大做广告、组织上千人招商团赴海外招商等形式，积极寻求与国内外大集团、大公司、大商社的合资合作，取得了积极成果。去年，烟台市农业实际利用外资4.54亿美元，同比增长185%。县级市莱阳把他们的发展历程总结为四句话："起步于产业化，加速于工业化，扩张于城市化，提升于国际化。"莱阳的龙大集团原是一个资产不到80万元的镇办砖瓦厂，1989年开始搞蔬菜加工，产品大部分出口，去年销售收入达23亿元，创汇1.24亿美元。龙大集团的董事长是土生土长的农民企业家，他儿子在美国得了工商管理博士后回来任龙大集团总经理，这是不是和国际接了轨？寿光搞蔬菜搞出了国际博览会，种菜种出了国际水平。最后，要加大产品的宣传推介力度。莱阳投入300万元制作烟台苹果广告，在中央电视台重要时段进行了3个月高密度宣传，使烟台果品的知名度和市场覆盖率大大提高。我们要认真学习山东的经验，把解放思想落实到工作创新上，把对外开放落实到求实效、促发展上。抓开放站位要高、魄力要大、方法要活。要通过“走出去”，积极主动地与大专院校、科研单位、大企业大集团广泛联系，开展多种形式的联合合作。同时还要主动地参加各种形式的招商会、洽谈会，把我们的产品、项目、政策带出去，争取更多的发展机会。我们前段时间去山东，一方面学习考察，另一方面推介邯郸，共签约16个项目，协议引进资金1.19亿元，出去就有收获。“引进来”，就是把资金、技术、管理、能人引进来，为我们服务。大家可能知道，永年硅谷不惜重金聘请了一些高级人才，现在看来，引进的人才为企业创造的财富远远超出了企业引进人才的投入。这充分说明企业经营者认识观念能否提高，是决定企业能否做大做强的关键。曲周晨光色素有限公司的经营者，思想解放，通过引进资金、技术生产色红素，去年全年出口创汇250多万美元，今年才到3月中旬，就已创汇250多万美元，全年预计可创汇1400多万美元。我讲这些话的意思，是想说我们各级干部和民营企业家不要太拘泥、太保守，有些事不是做不到，关键是敢不敢做、会不会做，能不能走出去找项目、拉资金、搞合作。

（4）抓重点企业。要继续抓好全市51家“四型”企业发展壮大和后备33家“四型”企业的培育。对规模型企业要立足于做大做强，还要加上一条“做长”，延长企业的寿命。通过积极扶持，使企业由小规模向大规模、集团化方向发展，形成更大的发展空间，有效地推动经济的快速增长。对外向型企业，要鼓励其与外资广泛联合合作或直接参与国际竞争，采取有力措施让更多的企业得到进出口经营权，帮助解决开拓国内、国际市场时遇到的各种问题，要特别在信息、技术和培训等方面提供服务和指导。民营科技企业是科技创新与制度创新的结合体，是先进生产力发展的实践者，是参与国际经济竞争的主要力量。要提高我市经济素质，走新型工业化道路，就必须大力发展科技企业，要支持其进一步提高技术创新能力，掌握自主知识产权。前一段到福建、山东学习考察，发现许多大集团，如盼盼集团、扭扭集团、龙大集团等，都是搞食品加工的。他们的共同特点是，背后都有大的科研单位做支撑，聘请全国性权威做顾问，有的请演艺界名人做产品形象大使，这些都值得我们认真研究、学习借鉴。农业产业化龙头型企业，已成为我市发展农业农村经济的主力军。支持农产品加工企业加快发展，有利于解决“三农”问题。要注意解决龙头带动龙身问题，密切龙头与龙身的关联度。我们邯郸农业产业化方面存在的最核心问题，是龙头龙身关联度不紧密，得不到相互支持、相互促进。比如说，我们的龙头大企业集中在钢铁、煤炭行业，形成的规模、产值、利税是可观的，是有地位的。但从带动农业产业化龙身起飞上，龙头龙身脱节，大的龙头没能带起龙身。这两年我们搞了农业产业化项目年、服务年活动，试图抓一些大的龙头来带动农业产业化发展，但由于龙身在资金、技术、人才、管理上都很弱，难以在短时间内从龙身里生长出大的龙头来。这固然有产业化自身限制问题，也有我们指导工作不到位的问题。从山东来看，工业企业和农业产业化的衔接是非常密切的。山东各种农业经济组织形式，比如说山庄、庄园式的经济组织，先是通过农业积累来支持工业，工业发展到一定程度后又反哺农业，实现了城乡统筹发展。我们要把各种支农政策、资金有效利用起来，重点支持农业产业化龙头企业特别是农产品加工型企业的发展。引进一批先进的农产品加工技术、设备和工艺，推广运用一批农产品加工适用技术，改造提高一批传统的农产品加工企业，鼓励规模较大的加工企业成立技术研发中心，采取多种形式与科技单位、大专院校等部门开发拥有自主知识产权的新技术、新品种。

（5）抓服务体系。季允石省长在全省民营经济工作会议上要求：“争取用两年左右的时间，基本建立起省、市、县三级中小企业服务体系。当前，要重点加强创业辅导、融资担保和人才培训三大服务体系建设。”在此，我强调三点。一是扎实推进。我市服务体系建设进展较快，特别是融资担保建设成绩突出，但绝不能松劲。对进展较慢的、没有完成目标任务的单位，要加强督促检查，采取措施加快进度。二是发挥作用。建立服务体系并不是为了单纯完成任务，机构成立起来就要发挥其应有的作用，工作成效的大小，关键看作用发挥得如何。通过服务机构这个平台，更好地为民营企业提供有价值的、能促进企业做大做强的服务，真正让基层满意，让企业满意。三是注重总结。要多深入下去搞调查研究，及时准确了解掌握服务体系建设中的困难和问题，采取强有力的措施加以解决。要注意发现总结和推广好的经验做法，通过树立典型、推动工作的开展。同时，要借鉴外地好的做法，改进我们的工作，进一步完善服务体系的建设。

三　明确责任，密切配合，在全市上下形成促进民营经济发展的强大合力

推进民营经济发展，是全社会的共同责任，各级各部门要各负其责，分工合作，齐心协力为我市民营经济发展做贡献。

一是领导到位。各级领导同志要充分认识发展民营经济的重要意义，统一思想认识，真正把加快民营经济发展作为一件大事、要事，放到十分突出的位置来抓。要树立不抓民营经济是失职、抓不好民营经济是不称职的理念。要在各级干部中提倡“五多”：听的最多的是民营经济情况，看的最多的是民营企业，讲的最多的是民营经济发展，干的最多的是民营经济工作，成绩最多的出在民营企业。

二是力度到位。各县（市、区）、市直有关部门，每年都要认真研究，细致谋划，拿出本县本部门支持发展民营经济的规划。规划要体现“十六个字”：开拓进取，重点突出，科学合理，注重实效。各级各部门要转变作风，每年拿出更多的时间深入企业，深入基层，研究解决民营经济在发展中遇到的新情况，新问题，真心实意为民营经济办实事，解难题。

三是合力到位。发展民营经济涉及方方面面，是一项系统工程，必须加强协调，把各方面力量凝聚起来，形成强大合力。所有党政部门都要以促进民营企业发展为己任，以服务发展为天职，自觉服从大局，主动支持配合，为推动民营经济发展各尽其职。

四是机制到位。要建立健全工作机制，强化市、县两级领导小组议事会议，建立市、县两级领导项目分包责任制，现场办公，定期督查，定期调查，为民营经济发展排忧解难。要建立联系机制，加强与民营企业党工委、行业协会及其他服务团体的联系，卓有成效地为民营企业搞好服务。要建立奖惩激励机制，加大对各层次的奖惩力度，进一步调动各级支持、服务、发

展民营经济的积极性。要建立服务管理机制。季允石省长在全省民营工作会议上强调："县级政府机构改革，要明确部门承担民营经济管理和服务职能。"这次县级政府机构改革，没有保留民营经济行政主管部门，但领导力量、部门职能只能加强不能削弱。要明确领导、明确部门、明确专人负责民营经济工作。各县（市、区）对民营经济工作领导小组办公室，要配强人员、给足经费、提供必要的交通和通信工具，解决有人办事、有钱办事的问题。民营经济工作领导小组办公室要充分发挥作用，为领导当好参谋，为企业当好公仆。

在欢迎邢台市委考察团来邯考察时的致辞

（2005 年 5 月 28 日）

今天，董经纬书记亲自率领邢台市考察团的同志们到邯郸考察指导工作。首先，我代表中共邯郸市委、邯郸市人民政府表示热烈的欢迎！

邯郸、邢台地域相连，同属河北南厢地区，两市在历史上就有着密切的经济往来和社会联系。改革开放以来，经过多年的发展，已形成相似的经济基础，在经济发展上有着很大的合作空间。两市地域广阔，都有悠久灿烂的历史文化，有丰富的旅游资源，有正在蓬勃兴起的旅游产业；两市矿产资源丰富，都依托资源优势发展起了钢铁、煤炭、电力、机械制造等工业主导产业；发展特色农业、推进农业产业化也取得了可喜的成绩。邯郸、邢台两个兄弟城市正以崭新的姿态崛起在冀南大地上。为了便于大家更进一步了解邯郸，指导工作，我先把邯郸的一些基本情况向大家做一个简要的介绍。

邯郸是晋、冀、鲁、豫四省交界处最大的中心城市。全市现辖 4 区、1 市、14 县，214 个乡镇、5366 个行政村。总面积 1.2 万平方公里，总人口 863 万人。市区人口 140 万人，城市人口居河北省第三位。1985 年被国务院列为对外开放城市，1992 年被国务院批准为“较大的市”，1994 年被国务院批准为全国历史文化名城，2004 年被评为中国优秀旅游城市。

邯郸资源丰富、区位优势明显、经济基础雄厚，是中原经济技术协作区的中心城市。西部山川秀美，蕴藏丰富的矿产资源，东部平原盛产各种农产品和经济作物，素有“冀南粮仓”和“冀南棉海”之称，是河北省重要的粮食主产区。

邯郸历史悠久，文化源远流长。早在7300多年前，这里就孕育了新石器时代早期的磁山文化。磁山遗址粟的出土，改变了以往长期认为粟起源于印度、埃及的说法，填补了前仰韶文化的空白，修正了目前世界农业史中对植粟年代的认识。说明了早在7000多年前，河北南部太行山东麓的先人，已经有了比较发达的农业。战国时期，邯郸是战国七雄之一赵国的都城，汉代与西安、洛阳、淄博、成都同为全国五大都会。独具特色的燕赵文化培育出大批政治家、军事家和思想家，千古一帝秦始皇、完璧归赵的蔺相如、负荆请罪的廉颇以及哲学家荀子、公孙龙等都出生在这里。邯郸是全国著名的“成语典故之乡”，“胡服骑射”“邯郸学步”“黄粱美梦”等许多脍炙人口的历史典故都发生在这里。革命战争年代，刘伯承、邓小平同志率八路军一二九师在这里战斗和生活达6年之久，为抗战和中国革命的胜利做出了巨大贡献。

改革开放以来，特别是近几年来，在省委、省政府的正确领导下，邯郸市委、市政府以“开放总揽、环境先导、民营突破”为指导，认真贯彻党的十六大和党的十六届三中、四中全会精神以及省委、省政府一系列决策部署，树立和落实科学发展观，围绕全面建设小康社会的总目标，大力推进工业立市、“三农”稳市、开放兴市、民营活市、文化强市和项目支撑，促进了经济社会全面协调可持续发展，主要经济指标增长幅度创近年来最好水平。2004年全市实现地区生产总值936.5亿元，比上年增长14.5%；全部财政收入达到92.4亿元，可比增长48%；其中，地方一般预算收入34.1亿元，可比增长34.7%；城市居民人均可支配收入7706元，增长12.6%；农民人均纯收入3234元，增长11.5%。

今年，我们以开展保持共产党员先进性教育活动为契机，在谋求经济更快更好发展的同时，坚持统筹发展、协调发展、可持续发展的理念，致力于建设“生态、温暖、诚信、平安邯郸”，进而构建“和谐邯郸”，努力使广大干部群众生活得更加美好。

武安是邯郸唯一的县级市，是河北省十强县（市）之一，也是全省首批22个扩权县（市）之一。近两年来，武安市委、市政府认真坚持和落实科学发展观，紧紧围绕建设工业强市、生态强市、中等城市和优秀旅游城市四大目标，大力实施开放带动、工业立市、城市协调、可持续发展四大战略，抓住工业结构调整、农业产业化经营、城市建设、旅游开发四大重点工作求突破，推动全市经济和社会事业实现了跨越式发展，经济总量、财政收入等主要经济指标成倍增长，呈现强劲的发展态势，成为邯郸市乃至全省经济发展的排头兵。

俗话说，远亲不如近邻。这几年，我们在经济和社会发展上虽然取得了一定的成绩，但与兄弟地区比还有不少的差距和不足，我们真诚恳请大家仁者见仁，智者见智，多为邯郸的发展提出宝贵的意见和建议。邢台与邯郸都是河北省南部的中心城市，在河北省的经济发展的大格局中属于“一线两厢”的南厢。两个城市地缘相近，人文相亲，干部交往、交流也最为密切。希望两市在今后的工作中，密切联系，加强协作，促进两市共同发展。

祝这次考察活动圆满成功，取得丰硕成果！

在全市推进行政权力公开透明运行汇报工作会议上的讲话

（2005 年 5 月 31 日）

今天这次会议主要是总结前段深入推进行政权力公开透明运行工作情况，传达贯彻省领导小组第二次会议精神，安排部署今后一个阶段的工作。刚才，几个单位汇报了行政权力公开透明运行工作进展情况，传达了张毅同志在省领导小组第二次会议上的讲话精神，下面我就贯彻落实好省领导小组会议精神，做好下一步的行政权力公开透明运行工作讲几点意见。

一　前段工作情况

省委、省政府和省纪委确定我市试点开展推进行政权力公开透明运行工作后，市委、市政府高度重视这项工作，把这项工作作为今年工作的重中之重，倾注了大量的领导精力和工作力量。成立了领导组织和工作机构，多次召开会议进行研究部署，强力推进，使这项工作在我市已全面展开，并初步完成了第一阶段行政权力清理工作任务。

（1）成立领导机构，切实加强组织领导。市里成立了市委书记聂辰席任组长，市长王三堂、市委副书记纪委书记周文夫、常务副市长赵国岭、市人大副主任张文生、市政协副主席武解放任副组长的领导小组及其办公室。各级各单位也都非常重视这项工作，成立了由“一把手”任组长的领导小组，并组织了强有力的办事机构，切实加强了对这项工作的领导。2 月 18

日，市委召开常委会，3 月 9 日和 18 日先后召开了领导小组会和工作培训会，4 月 13 日又召开了百万人广播电视大会，几次对这项工作进行认真的研究和安排部署。为了确保这项工作富有成效，市里制定了工作方案，明确了工作范围和重点，严肃了工作纪律，提出了具体要求。

（2）集中进行了职权清理。在职权清理工作中，市领导小组和办公室进行了强有力的指挥调度和督导，各级各部门集中时间、集中精力、扎实苦干，使全市仅用了一个月时间就初步完成了职权清理任务，基本摸清了职权底数。在清理中，我们坚持积极稳妥的方针，采取了“职权清理审查三步法”。第一步，上下互相印证。一方面按照机构改革“三定”方案确定的部门职责自上而下进行梳理，另一方面从科员开始自下而上按照实际工作过程的操作程序逐级进行排查。第二步，法制部门把关。即权力清理依法进行。第三步，班子集体研究。即各单位在上报清理结果前，都要召开领导班子会集体研究把关。这个三步法的清理程序，有效地保障了清理工作的完全、准确。在上报清理工作资料时，我们归纳提出了简明易记，实用性强的“一表一图一件一盘”要求：每单位都要上报完整的行政权力目录表（含不公开行政权力目录）一套，每项权力都要附一张权力运行流程图，附一份相关实施依据文件（法律法规、政策规定或管理办法），每套材料都要附带一盘电子版资料。这样，既规范了清理工作，又方便了统计汇总和审核。通过职权清理，市政府本级和市直 65 个部门、单位共清理各类行政权力 2084 项。按级别和部门性质分类：市政府本级 116 项；市政府工作部门 1406 项；市政府议事协调机构 17 项；市委、市政府共管机构 13 项；市政府直属事业单位 108 项；法律、法规授权的组织 24 项；省部直属驻邯工作部门 262 项；市高新区行政权力 138 项。按行政权力类别统计：行政许可权 384 项；非行政许可权 420 项；行政处罚权 521 项；征税权 25 项；行政事业性收费权 184 项；重要事项决策权 54 项；其他行政权力 486 项；涉密不公开行政权力 10 项。通过清理和对有关法律法规的学习，使政府部门和有关领导系统明确了拥有的行政职权，使一些部门的行政职权得到界定和规范。

（3）加快了平台建设，扎实打好公开基础。为了争取时间，提高效率，我们坚持边清理职权，边搭建公开平台。同时，注意整合已有设施资源，建设多样化平台。尤其是建立了市行政权力公开透明运行统一网站，围绕群众关心关注的热点问题和关键部位，建立了行政许可事项、政府采购、建设工程招标投标、经营性土地出让、专项资金管理、产权交易、公务员录用、城市规划八个公开透明运行网络系统。4 月 28 日，对市行政权力公开透明运行网站及八个专门网络进行了现场演示。成安县政府和市规划局还积极探索和推进了办公室革命，实行了通透式办公，使行政权力运行和服务最大限度地敞开、透明。成安县的通透式办公主要有两种形式：一种是有形办公场所通透化。政府大楼与政务大楼合二而一，1.5 万平方米办公大楼容纳了 59 个局级单位 1000 余名公务员。每个职能单位全部实行大房间敞开矮屏分隔办公。群众来办事，门岗一律放行，使各级领导干部和公务人员与群众实现零距离、零障碍接触。另一种是办公场所无形敞开化。就是将办公室“扩展”到乡镇、“扩展”到企业、“扩展”到能让公众最大限度参与的地方，使权力运行和服务最大限度地敞开、透明。市规划局开放式办公主要是：变传统式办公为通透式办公；变传统办公方式为网络自动化办公方式；借助先进的规划管理系统，进行行政许可的全面公开，推进行政权力的公开透明运行。其主要做法和措施是实行阳光办公。职能处室全部集中到矮屏隔离区办公；实行规划管理系统阳光审批，所有报件实行“一口进、一口出”，限时办结，红灯警示；实行规划公示制，全方位接受监督。实行通透式办公，有利于规范机关管理，转变干部作风，提高工作效率，方便群众办事，密切干群关系，优化发展环境，从源头上遏制不正之风问题的发生。

（4）建立了工作制度。围绕行政权力公开透明运行，主要建立了三项制度。一是《邯郸市关于违反推进行政权力公开透明运行工作行为责任追究的办法（试行）》，对各级政府、政府各部门及其工作人员以及具有行政管理职责的其他单位和人员行使权力时违反推进行政权力公开透明运行工作制度等有关规定，造成不良影响或严重后果所应担负的责任，如何进行责任追究（包括责任追究的主体、客体、范围、方式、应坚持的原则和责任划分）等做出了具体规定。二是《邯郸市关于行政权力公开透明运行投诉受理办法（试行）》，对投诉受理的责任者、投诉受理的内容、方式、程序、时限以及对违纪违法问题的移交处理等做出了明确的规定。三是《邯郸市推进行政权力公开透明运行工作领导小组办公室绩效考核办法（试行）》，提出了对各单位推进行政权力公开透明运行工作情况进行考核的原则、范围、内容、方法以及考核结果的运用办法等。这三项制度正在进一步修订完善，即将公布执行。

总之，前一个阶段的工作是富有成效的，也得到了中纪委和省委、省纪委、监察厅领导的充分肯定。4 月 14 日，中纪委办公厅副主任熊学年听了我市的工作汇报，看了我市一些单位的工作进展情况，认为我市这项工作认识到位，领导有力，部署周密，要求明确，整个工作在健康有序地发展。4 月 24 日，中纪委副书记马馼看了我市的工作情况，认为我市的工作抓住了权力运行的核心，这是一个很根本、很好的一项工作，意义很重大。在省领导小组会上，听了我市的汇报，常务副省长郭庚茂指出：邯郸市做得不错，有许多创造，要及时总结、指导；省委副书记、纪委书记张毅指出，邯郸有特色，经验比较全面，有创造，这已经超出了省里的设想。

从前一阶段的工作情况看，我市的行政权力公开透明运行工作正在按照既定的工作目标和进度安排有序进行，总体情况良好，但是，工作推进过程中也存在一些问题。主要是，有的地方和部门对推进行政权力公开透明运行工作认识还不到位，重视程度还不够高，没有列入重要议事日程，工作开展的不及时、不积极、不主动；一些部门的工作还不够扎实深入，职权清理工作还不够细致、认真；部门之间的工作进展还不平衡；等等。需要在下一步的工作中认真研究解决。

二　当前的工作任务

（1）继续采取措施做好清理工作。前段的职权清理工作已经基本摸清了底数，但是有些职权还需要进一步审核、界定，有些部门间的行政职权还存在交叉；有些上级取消的行政职权还在执行，需进一步审核、纠正；有些职权清理还需要进一步细化，如公安工作治安方面的一些行政权力内容很多，前段清理中没有得到细化，每项行政权力都要有目录、有流程图，在搞好清理的基础上要完善流程图。有一些职权目录和流程图已经搞出来了，但多数还不够完善，需要进一步完善。市公开透明办公室要重点抓出二三十个流程图精品。

（2）扎扎实实地实施公开。省、市领导小组要求5月全面实施行政权力公开透明运行，在抓公开上要按照省、市要求突出抓好以下四个方面工作。一是重点抓好网络建设。目前我们的网络基本框架已经建立起来，但是要完全运行、规范运作，还需要做深入细致的工作。一方面，要在坚持全面推进、重点突破的同时，继续深化、细化各项公开内容。前一阶段的清理是全面的清理。目前建立的八大网络是行政权力公开的主要事项和敏感事项，这是突破口，八大网络的具体运行也需要进行规范、深化、细化和完善。同时，对所涉及所有的权力以及权力运行的各个环节，都还需要进一步的制度化、规范化，搞好各个方面的衔接。另一方面，要在全公开、真公开上下功夫，确保公开透明的质量。同时，还要注意提高办事效率和服务质量。完善网络的各方面功能，提高网络的操作性和互动性，还要注意研究网络的宏观整合和微观权力事项的分权授给问题，解决好信息网络和人工网络整体、横向的扩大和纵向延伸问题，使之横向扩展到各个部门，纵向延伸到权力的末梢。还要强力推进电子政务，实行无纸化办公，充分运用网络替代“文山”，提高办公自动化水平。网络建起来后，如何维护好，如何实现与其他公开载体衔接，都需要研究探索。二是重点抓好行政服务中心建设。经过与网通公司联系，已确定在电信大楼租用三个楼层近3000平方米的面积，建立全市行政服务中心，原来的行政审批大厅和全市行政权力公开透明运行网站实行统一集中办公。目前正在抓紧设计，6月底7月初将建成并正式运行。服务中心建设的目的，就是要最大限度地方便群众办事，提高办事效率，提高服务水平。各单位要解放思想，把应该拿到大厅的行政权力真正拿到大厅，公开运作。各单位从现在起就要做好思想准备，搞好统一谋划。尤其需要强调的是，一定要把行政权力切实纳入中心运行，绝不能把中心当作摆设，当作各部门的收发室。对于搪塞应付拒不将权力纳入中心的，市领导小组办公室要研究具体办法，认真组织调查，给予严肃处理。三是总结推广通透式办公经验。在实行通透式办公、实施办公室革命方面，市规划局和成安县走在了全市全面，创出了宝贵经验。对于这方面的经验，事关人民群众的切身利益，也是行政权力拥有者面临的一场革命，这项工作涉及面广、难度大，必须加强制度建设，靠一整套完善的制度来确保这项工作规范有序地运行、积极健康地开展。在继续制定和完善责任追究办法、投诉受理办法和绩效考核办法的基础上，还要积极探索建立和实行《邯郸市行政权力公开透明运行信息公开管理办法》，对行政权力公开透明运行的主体、推进工作的责任者、公开信息的主要内容、遵循原则、公开范围、公开的形式和程序以及免于公开的事项等进行具体的界定，提出明确的要求，在“公开什么，向谁公开，谁来公开，怎么公开”等方面逐步规范、完善和提高。在制度建设上总的要求是，要严格依照有关法律法规，紧密结合实际，注重实效，增强可操作性。网上公开的要经过一定程序，做好把关工作。有些内容要经公开办、信息中心和法制办共同把关，防止失泄密事件发生。

三 要切实加强对推进行政权力公开透明运行工作的领导

（1）各级领导要进一步提高认识，增强做好工作的信心和决心。深入推进行政权力公开透明运行是省委、省政府贯彻落实党的十六届四中全会和中央纪委五次全会精神的重大举措，也是省委、省政府确定的做好党风廉政建设必须抓好的重点工作，这项工作已经引起了中央、中纪委、监察部和省委、省纪委、监察厅领导的关注，这既是对我们工作的肯定和支持，也增加了做好工作的压力和责任。而且，这项工作要求严、难度大、层次高，需要以更强的领导力量、更大的工作力度、更有效的工作措施来推动。作为全省唯一的试点市，我们必须站在政治和大局的高度，对这项工作的重要性和必要性进行再认识再提高，把领导的支持化作工作的动力，进一步增强做好工作的责任感和使命感，坚定信心，下定决心，切实加强领导，把工作抓实抓细，确保取得实实在在的效果，不辜负组织的期望和人民的重托。各级各有关单位的“一把手”要切实负起责任，倾注大量的精力，加强组织领导。要配备得力的工作力量，提供必要的财力支持和后勤保障，确保这项工作顺利开展。

（2）要按照张毅书记要求，处理好六个关系，保证这项工作健康有序进行。张毅书记在省领导小组第二次会议上提出，深入推进行政权力公开透明运行工作涉及面广、政策性强，必须深入细致地研究，规范有序地运行，积极稳妥地推进，正确处理好六个方面关系，即正确处理积极推进与稳妥扎实的关系、创新与规范的关系、公开与保密的关系、全面公开与重点突破的关系、公开内容与形式的关系、推进试点与提高效能的关系。张毅书记关于正确处理好六个关系的要求，对于确保深入推进行政权力公开透明运行健康有序开展具有十分重要的意义，必须认真领会，抓好贯彻落实。一是该公开的一定要公开，绝不能以种种借口搞假公开、不公开；同时要注意保密和稳定的问题，既要认真把握，积极推进，又要不搞形式，不图热闹，不急于求成，循序渐进。二是积极创新。这项工作对我市来说，本身就是试点工作，无成型经验可资借鉴，没有开拓创新精神，就不可能做好试点工作。必须用改革的视角来审视，用创新的方法来丰富，用新鲜的经验来推动。既要严格按照法律法规和有关政策规定来规范权力的行使和公开，又要大胆探索，勇于创新，敢于开拓，不断创新新鲜经验。三是抓住事关经济社会发展以及人民群众切身利益的重大事项，以及人、财、物、事管理等容易滋生腐败的重要权力和权力行使的重点部位着力进行规范公开，以此推动各项行政权力的全面公开透明运行。四是公开内容、公开形式、公开时间、公开载体的选择，都要体现利民、便民、方便监督、实际、实用、实效、提高工作效率和工作质量的原则，通过推进这项工作，切实维护好最广大人民根本利益。

（3）加强监督检查。推进行政权力公开透明运行是思想上的革命、体制上的创新、机制上的完善，是一项严肃的政治任务。要保证这项工作的深入开展，必须切实加强监督检查。最近要组织人大代表、政协委员、民主评议代表、新闻媒体等力量对各单位推进行政权力公开透明运行工作进行监督检查，各单位也要组织力量对自身工作开展情况加强督导，确保行政权力规范运行。

抢抓机遇　加快发展　推进全市农民专业合作组织建设再上新台阶

——在全市农协工作现场会上的讲话

（2005 年 6 月 3 日）

这次全市农协工作现场会是市委确定召开的。会议的主要任务是总结交流全市农民专业合作经济组织建设的新经验、新做法，表彰农民专业合作经济组织建设中涌现出的先进单位和先进个人，分析农民专业合作组织建设面临的新形势，抢抓机遇，加快发展，推动农民专业合作组织建设再上新台阶。刚才，大家现场参观了鸡泽镇农业综合服务协会，听取了鸡泽县委、涉县农协办、邯郸县赵王仙桃协会等单位的经验介绍，还有几个单位提供了书面材料，畅谈体会，交流经验。希望各县（市、区）和各单位要互相学习，互相借鉴。下面，我讲三点意见。

一　充分肯定全市农民专业合作组织建设取得的成绩

去年以来，在中央一号文件各项惠农政策的支持下，在各级党委、政府的努力下，全市农协系统广大干部职工紧紧围绕“三农”工作的中心，开拓创新，真抓实干，不断深化两个体系建设，积极探索农民合作组织建设的新方法、新途径，推动了农民专业合作经济组织建设向纵深发展，取得了明显成绩。一是农民专业合作经济组织发展迅速。截至去年 12 月底，全市农民专业合作经济组织比2003年新增527个，已发展到1695个。其中市级10个，县级158个，乡级375个，村级1152个。超额完成了年初确定的“7531”（7个市级、50个规范化县级、300个乡级、1000个村级合作组织）和“1530”（年产值亿元和千万元以上的合作组织分别达到15个和30个）的目标。全市共发展会（社）员38.1万户，占全市农户总数的23%；带动农户70.4万户，占全市农户总数的42%。二是农村经纪人队伍建设发展较快。据不完全统计，我市已有各类农村经纪人协会96个，职业经纪人1.53万人，自由经纪人5.6万人，在解决农产品卖难问题上发挥了重要作用。三是专业合作理论研究取得新进展。两个体系相结合的农民专业合作组织发展思路，经过反复实践和总结逐步趋向完善。市农协总会制定的《“两个体系”运作规程（试行）》，得到国家、省试验办的认可，分别在国家和省试验办刊物上原文转发。

全市农民专业合作组织建设取得的新成绩，首先，得益于各级领导高度重视。去年，在精简各类以市委、市政府名义成立的领导小组工作中，“市发展农民专业合作经济组织领导小组”再次被明确保留。今年，市委、市政府又出台了《关于支持农民专业合作经济组织建设的若干意见》，充分说明市委、市政府对这项工作的高度重视。各县（市、区）把农民专业合作经济组织建设工作列入了重要议事日程，党委、政府主要领导听取汇报，研究发展思路，制定发展意见，解决发展问题，具体指导农协建设工作的开展。全市16个县（市、区）先后成立了农民专业合作经济组织建设领导小组，下发了指导工作开展的专件；有13个县（市）根据领导变动情况，及时调整充实了农协（试验区）领导和成员单位；大多数乡、镇配备了农协会长、副会长；村级农协组织建设普遍得到加强。其次，得益于农协系统全体同志的不懈努力和工作思路清、站位准。去年，市农协总会认真履行“综合协调，指导服务”的职责，通过树典型、建网络、抓培训、搞宣传，把全市农民专业合作经济组织建设的各项工作抓出了成效。与此同时，大家积极跑部进厅，争取国家、省、市财政专项扶持资金93万元，是历年争取扶持资金最多的一年。去年，我市农村改革试验和农民专业合作组织建设成效显著，走在全省前列，市农协总会被省农村改革试验区领导小组办公室评为优秀单位。在此，我代表市委、市政府向全市农协战线的同志们表示衷心的感谢，向受到表彰的先进单位和先进个人表示热烈的祝贺！

正确评价全市农民专业合作组织建设取得的成绩，有利于坚定我们做好这项工作的信心与决心。同样，客观分析我们工作中存在的问题，找准工作中的薄弱环节，围绕重点抓突破，围绕难点抓方法，有利于我们推动各项工作的快速发展。从总体上看，全市农民专业合作组织发展速度是快的，取得的成绩也是显著的。但是，从全国来看，农民专业合作组织建设可以说如火如荼，方兴未艾。建设农协、发展农民专业合作组织我们市是起步早的，但是由于种种原因，我们与四川、浙江、吉林、福建相比，无论是理论的研究、实际的影响还是其现实作用的发挥已经有了很大差距。四川“支部+协会”的模式在全国进行了推广。浙江出台了全国第一个《农民专业合作经济组织条例》，以立法的形式来规范农民专业合作组织的发展，被称为推进农业经营制度创新、规范和促进我国农民专业合作组织健康发展的重大举措。与这些地区相比，我市农民专业合作组织建设已经有了很大的差距。这些差距，从表面看，最主要的问题在于发展慢、规模小、带动能力弱，但是透过这一现象，分析产生这一问题的原因，至少有两条，一条是思想认识问题，另一条是工作方法问题。思想上认识不到问题的重要性，工作方法上就必然缺乏开创性，抓工作上也就缺乏能动性与持久性，无论什么工作都不能例外。各县（市、区）在发展农民专业合作组织建设上也正说明了这一点。今天我们召开这次全市农协工作现场会，希望大家能从合作组织发展的不平衡中找出各自的差距，分析查找这些问题产生的思想原因，从而进一步提高对这项工作重要性的认识，增强做好这项工作的紧迫感和责任感，采取扎实有效措施，切实把这项工作抓紧、抓好、抓出成效。

二　进一步明确农民专业合作组织建设的思路和重点

今年全市农民专业合作组织建设的指导思想是：以邓小平理论和“三个代表”重要思想为指导，以党的十六届四中全会和中央一号文件为指针，把以专协为主体、以农村经纪人协会为重点的多种形式共同发展的农民专业合作经济组织做深、做实、做大、做强，进一步提高广大农民的组织化程度，促进农业增效、农民增收和农产品竞争力的增强，加快农村小康建设步伐，推进农村经济发展。基本思路是：根据农业生产布局和农业产业化经营的要求，强化组织，积极协调，因地制宜，分类指导，通过龙头带办、能人领办、部门协办、农民合办等办法，大力发展多种形式的农民专业合作经济组织，及时为广大农民提供信息、销售、技术等各方面的服务。在市级以建立联合会和农产品产业（行业）协会为主，在县级以建立规范化专协为主，乡以下以建立和发展农民专业协会（研究会、专业合作社）为主。任务目标是：全市农民专业合作经济组织发展到2000个，60%的县级专协达到规范化标准，全市农民专业合作经济组织带动农户达到50%以上，全市年产值亿元以上的协会达到20个。围绕上述思路和任务目标，全市农民专业合作组织建设要注意做好四项重点工作。

（1）选准农民专业合作组织建设的有效切入点。选准有效切入点要做到四个结合，围绕三个目标。四个结合，就是要把发展农民专业合作经济组织与推进农业产业化、发展县域经济结合起来，与农业开发和扶贫开发项目结合起来，与创建文明生态家园工程结合起来，与现代化农村建设结合起来，不断丰富服务内容，扩大服务层面，使农民专业合作经济组织建设更具有现实意义。围绕三个目标，就是重点围绕“农业服务年”，加快服务组织建设，不断完善运行机制，促进广大农民增收；围绕已有和正在引进的农业项目，加大农民专业合作经济组织建设力度，做项目建设的后方保证；围绕正在深入进行的乡镇体制改革，为政府转变职能、发展市场化服务搭建平台。

（2）充分发挥各类典型的示范带动作用。选树典型，发挥典型辐射带动作用，是农民专业合作组织建设的一项基本任务，也是农业战线的领导干部需要注意解决的一个突出问题。选树典型有利于发挥典型的示范带动作用，有利于扩大典型的知名度，有利于在政策资金等方面得到更多的支持，有利于各类典型的进一步发展壮大。长期以来，特别是我们农口部门在推进各项工作的开展上，一个重要的问题就是典型的选树与推广不够，不注重企业的包装与宣传，这在一定程度上阻碍了企业的发展与壮大。这里面有企业不注重宣传的一面，但也与我们有关部门引导不够有直接关系。与山东、河南、福建相比，不能不说是小农意识。因此，在加强农民专业合作组织建设上，各县（市、区）要加强对各类典型培树和指导，积极向国家、省、市等有关部门推荐有特色、有活力、有影响、有效益的先进典型，争取上级的扶持和支持。今年，市里要重点抓好10个不同类型的合作经济组织典型，每个县（市、区）要抓好3~5个典型。要积极发展农产品行业协会，特别是要注重农村经纪人协会的建设。要对发挥保障体系和运作体系作用效果明显的农民专业合作经济组织典型进行宣传，通过发挥典型作用，促进农民专业合作经济组织发展。各县（市、区）要有自己的典型发展规划，采取得力措施，落实到位。

（3）要搞好内部制度建设。一是建立良好的运行机制。健全合作组织的成员（股东）代表大会、理（董）事会、监事会及内设机构，促进生产经营活动事项决策民主化。二是建立合理的利益分配制度。逐步建立健全合作组织产品价格形成机制、积累发展机制和成员的利益保障机制，形成比较完善的内部二次返利制度和股份分红制度。三是建立外部监督机制。积极探索建立合作组织的年度审计制度、风险防范制度，完善财务管理制度。四是建立合作组织生产经营保障体系。探索合作组织实行统一生产标准、统一技术服务、统一农资供应、统一市场销售的实现途径，以打造品牌提高合作组织农产品质量和市场竞争力。五是建立正常化的培训制度。促进合作组织的市场意识、合作意识、风险意识、信用意识和法律意识的进一步提高。

（4）要充分发挥“两个体系”的作用。以各级农协组织为主的保障体系，要充分发挥对农民专业合作经济组织的“组织、指导、协调、服务、监督”作用，既要创造环境，鼓励其快速、健康发展，又要防止其重复建设。指导全市农民专业合作经济组织不断丰富服务内容，扩大服务层面。各县（市、区）要认真贯彻落实市农合办制定下发的《“两个体系”运作规程（试行）》（农合办〔2003〕7号），熟悉掌握“两个体系”的内容，进一步规范农民专业合作经济组织建设。同时要注意及时总结经验，探索新的管理机制、利益联结机制、风险保障机制、积累机制，不断完善“两个体系”运作规程，进一步把农民专业合作经济组织建设做大、做强、做出成效，创出邯郸特色。

三 切实加强对农民专业合作组织建设的领导

第一，进一步解放思想，更新观念。近日，市委下发了《关于深入开展解放思想大讨论活动的实施意见》，提出解放思想是改革之魄、开放之基、发展之源。各级党委、政府特别是我们农口部门的同志要认真学习，深入开展解放思想大讨论活动。要以解放思想、优化环境、加快发展为主题，以更新思想观念、增强危机意识、理清发展思路、改进工作作风为着力点，切实解决思想和体制上存在的障碍。以思想的再解放、大解放促进农民专业合作经济组织的大发展。

第二，要有一个良好的精神状态，有时不我待、只争朝夕的紧迫感与危机感。良好的精神状态是做好一切工作的前提和保证。精神状态也出效益，积极性也是生产力。与山东、河南相比，精神状态问题也是导致我们发展慢的主要原因。到山东考察，大家都为山东人吃苦耐劳、锲而不舍的精神所感动，他们具有的敢挑重担、服务基层、破解难题、共求发展的大局观念更是让大家佩服。当前，在全省乡镇以上各级机关和具有行政管理职能的单位正在开展以“提速、提质，为人民、促发展”为主要内容的机关效能建设。我市是全省唯一一个试点城市。各级领导干部、各部门都要认真解决好精神状态问题，以良好的精神状态做好行政提速、服务提质工作，进一步加强效能建设，提高服务质量，提高服务水平，真正解决好基层群众迫切需要解决的问题。

第三，要切实指导好农民专业合作组织建设。各级党委、政府要继续把农协（试验区）建设和农民专业合作经济组织建设列入重要议事日程，定期或不定期召开专题会议，听取工作汇报，分析发展态势。要用市场经济的观点和方法引导工作开展，不能以行政命令强行推动工作。要把创建环境、协调问题作为各级领导干部义不容辞的责任。要用新思维、新方式解决工作中出现的新情况、新问题，要尽量掌握第一手资料，不能在一级汇报一级的过程中使情况失真。要把农业增效、农民增收、农户满意作为工作的标准，不能只建组织不发挥作用。市、县两级农民专业合作经济组织领导小组及其办公室要完善工作机制，加强综合协调、指导服务，及时协调解决工作中的难点和实际问题。县（市、区）农协办、试验办和农合办为三块牌子一套人马，工作任务重，业务量大，一定要按编制把人员配齐配强，改善办公条件，解决必要的办公经费，配备微机、打印机、传真机等办公设备和交通、通信工具，真正使办事机构有人办事，有能力办事，能够办成事。

第四，要加大政策、资金的扶持力度。我市已经出台《关于进一步加快发展农民专业合作经济组织的实施意见》。各级农业、畜牧、林业、水利、供销、科协、粮食等涉农部门，要按照文件要求，从本系统、本行业的实际出发，积极推进农民专业合作经济组织的发展。金融、税务等部门要为农民专业合作经济组织发展提供更加优惠的政策。成立农民专业合作经济组织，要经农民专业合作经济组织领导小组办公室和主管业务部门联合审批后到民政或工商部门注册登记备案，民政、工商部门要简化登记注册手续。各执法执纪部门要站在落实中央一号文件精神、促进农村经济发展和农民增收的高度，努力为农民专业合作经济组织建设行方便、开绿灯。坚决制止“三乱”，依法保护农民专业合作经济组织的合法权益。各级新闻媒体要加大对农民专业合作经济组织建设的宣传力度，通过开辟专栏、组织专题讲座、进行系列报道、拍摄专题片等多种形式，对农民专业合作经济组织的相关理论知识、典型经验进行深度报道。特别强调的是，市、县两级财政要安排专项资金，用于支持农民专业合作经济组织开展信息、技术、培训、质量标准与认证、市场营销等服务，用于开展典型宣传、工作交流、理论政策研究及改善办公条件等工作。要通过加大政策、资金扶持力度，促进全市农民专业合作组织的快速健康发展。

总体讲，我们自己要寻求有作为，也要争得各方面的支持，助力我们有作为，通过农民专业合作经济组织的建设来推动农业农村经济的发展。希望我们今后的工作再上一个新台阶！

以通透式办公为载体
扎实推进行政权力公开透明运行

——在成安县调研政务大楼“通透式”办公时的讲话

（2005 年 6 月 7 日）

今天到成安来，主要是就“通透式”办公和推进行政权力公开透明运行情况进行调研。上午召开了两个座谈会，一个是请县直进入通透式办公大楼的公务员进行座谈，听了他们的感受和建议；另一个是请部分乡镇党委书记、镇长、民营企业厂长（经理）进行座谈，了解一下搞了通透式办公后，他们办事是不是比原来方便了，还有什么意见和要求。总体看大家对通透式办公是赞成的，觉得方便了，办事公正了，效率提高了，机关形象也有了很大变化，机关作风有了明显改进。大家还对进一步完善通透式办公提出了许多好的意见和建议。下午，听了成安县委、县政府、纪委监察局关于通透式办公、行政权力公开透明运行、项目建设情况的汇报。总的感觉，成安无论是在通透式办公、行政权力公开透明运行上，还是在经济开发、引进资金项目发展经济上，都取得了不小的成绩。从总体思路上，坚持发展是硬道理十分明确、坚定，方法措施有力，善于抓住经济发展的机遇期，推动自身加快发展。特别是围绕经济发展搞的通透式办公取得了显著成效。所谓成效显著可以从两方面直观地反映出来。一个是社会稳定了，近期没有群众集体访，从过去的信访大县到现在没有集体访了，确实不容易。上午座谈时有同志说道，通过通透式办公，找书记、找县长和其他县级干部，找县直机关的负责人、办事的同志，来了能找到，找到能办成事。县领导带头转变作风，工作重心下移，定期到基层走访，听取群众意见，化解矛盾，解决问题。这样，群众气顺了，心理平衡了，上访自然就少了。另一个是促进了经济社会的发展。突出的是，两年多时间里成安在“二线四厢”搞工业项目集聚区，共签约项目 108 个，总投资 30 多亿元，财政收入有了可喜的增长。这是摸得着、看得见的，而且项目有储备、后劲足。上级和外地是通过通透式办公了解到你们推进行政权力公开透明运行情况的，市里已经确定增加成安作为行政权力公开透明运行试点县。在之后不长的时间，成安在推进行政权力公开透明运行上又做了许多工作，进展是顺利的，比我预想的要好。下面，我重点就进一步搞好通透式办公和行政权力公开透明运行讲几点意见。

一　通透式办公，是党政机关办公方式上的一场革命，意义重大而深远

实行通透式办公是办公方式的革命。成安搞通透式办公有个渐进的过程，起因主要有两个。一个是在通过置换建办公大楼时就谋划搞行政审批大厅，在财政紧张又要改善招商引资环境的情况下，就考虑到把政府大楼和行政审批大厅合二为一，这是基本的想法。另一个是考虑到抓机关建设，转变作风，加强纪律。2003 年，成安搞了两次较大规模的机关作风检查活动，并在全县干部大会上放录像，对存在的问题公开曝光，引起了不小的震动。通透式办公从纪律、效能开始抓起。这两条线、两个起因，实际上都环绕着一个问题，就是提高办事效率，提高服务质量，创新内容服务基层、服务群众，目的是在抓效能、抓纪律上动真格的，结果收到了出乎所料的效果。前不久，《中国纪检监察报》记者来，和他交谈时，我把成安的做法概括为：“机关集中，通透办公，办公室革命引发行政权力公开透明运行。”这里有分几步走、不断深化的问题。先把机关集中在一起，采取矮屏隔断、玻璃墙体通透的办公方式。这是办公方式的革命，引起和推动了行政权力公开透明运行。刚集中到一起时，确实有不少人觉得不方便、不习惯。有的领导同志在透明玻璃上糊上纸或挂上个帘子，想看别人的时候把帘子拉开，看看人家

在干什么，不想看的时候把帘一拉，自己干自己的，帘子的主动权掌握在领导的手里。当时我来调研和他们开玩笑，说你这不平等，光透别人不透自己。后来帘子和纸都撤掉了，领导和同志们平等了，彻底通透了。从现在看通透式办公的效果主要有三个方面。

一是提高了办事效率，方便了群众，密切了党群干群关系。实行通透式办公后，对群众到机关办事实行首问负责、一条龙服务，遇有重点难点问题领导当场拍板解决。过去需要半个月时间才能办完的事，现在两三天就办成了；过去3天办成的事，现在3个小时就办成了。上午座谈时企业厂长（经理）也都说，现在跑路少了，人好找了，办事公正，服务热情，效率确实提高了。

二是有利于从源头上预防和遏制腐败。构建惩治和预防腐败体系，强化监督是关键。实行通透式办公，将党政机关的权力运行置于群众的监督之下，实行阳光操作，这对预防和遏制腐败至关重要。座谈中普遍反映，实行通透式办公后，迟到早退现象基本没有了，中午喝酒、应酬的少多了。实际上这种遏制力的内在动力就是民主监督。谁监督最有力？民主监督最有力。民主监督只要找准方法，确实能够发挥作用。封闭式办公不利于民主监督，把门关起来谁知道你在屋里干什么呢，睡觉别人也不知道。通透式办公有利于民主监督，领导和同志之间、领导和领导之间、同志和同志之间，都能相互监督。上午座谈时大家谈得很朴实，说封闭式办公是领导能监督同志们，同志们监督不了领导。比如说，局长来了如果发现有人打扑克，会训一顿，等一会儿局长回到自己屋里要是关起门来玩电脑游戏的话，谁监督他啊？现在这种现象不存在了，同志们都看着呢。这就是民主监督的作用，监督懈怠。苏维埃政权刚成立的时候，列宁就提出来要同我们队伍中的懒惰、懒汉做斗争。有人认为公有制造就懒汉，那不是，公有制本身并不造就懒汉，而是失去了责任和监督，才会产生懒汉。环境能够改造人，人也在创造环境。腐败现象如果在公众眼皮底下，它也会自然消亡。

三是降低了行政成本，减轻了财政负担。过去每个局都有一个院，都有门卫、行政后勤、车辆、通信工具等，办公用品用具比较多，集中到一起后，很多重复性的东西都减掉了。据调查，成安文教体局过去每年运行费用高达 30 多万元，现在每年只需 3 万元左右。进入政府大楼的 59 家单位，水、电、暖、安全、卫生等设施共享后，每年可节约费用 1400 多万元。全县还清退临时人员 210 多人，这也可以节约一笔不小的开支。实际上还有一笔账没算，就是这些集中起来的单位原址上的土地、房产，如果折合一下，更是一大笔资产。积极稳妥地推进通透式办公，在降低行政成本上意义非常大。这件事如果做得好，每个县，包括财力比较困难的县，如果把集中办公单位的原有资产置换后，盖个成安这样的办公大楼是绰绰有余的。成安现在每年可以节约的行政经费占去年全县财政收入的五分之一，而且是永久性的节约。如果其他县都这么搞起来，对于降低行政成本、减轻财政负担作用是非常大的。

二　抓住本质，搞好衔接，以通透式办公为载体扎实推进行政权力公开透明运行

这是我这次调研指导工作的核心。成安通过实行通透式办公被发现，然后列为行政权力公开透明运行试点县。通透式办公和行政权力公开透明运行实质上是一码事，我今天来的总体指导思想，就是成安的通透式办公和行政权力公开透明运行要一体化，结合起来，同时推进。如果说两者之间的关系，通透式办公是载体，利用这个载体推进行政权力公开透明运行。行政权力公开透明运行你们已经开始做了，硬件有了，软件要跟上。最近，省委副书记、省纪委书记张毅同志在关于成安通透式办公的一个文件上批示："成安县在通透式办公上先行一步，已经有了初步成效，在此基础上要把省里实行公开透明的要求体现出来，这样就更具有典型性。玉田县也要作为典型来培养。倡导通透式办公是办公方式的一场革命，其意义重大。鉴于这个问题的重要性和复杂性，在工作中既要积极又要稳妥，注意研究工作中的问题，使其健康、顺利地推进。"张毅书记的批示充分肯定了成安通透式办公的做法，并要求我们把通透式办公和行政权力公开透明运行工作结合起来，积极稳妥地加以推进。通透式办公是一个平台，是一种机制，其实质是推行行政权力公开透明运行，实施阳光政务。今年省委、省政府提出要着力推进行政

权力公开透明运行工作，并把邯郸作为全省唯一的试点市，也是全国唯一的，这是为从根本上破除制约发展的思想和体制两大障碍、优化经济社会发展环境做出的重大战略部署，是从体制深处、从权力源头预防腐败的治本之策。实施“阳光行政”工程，是思想观念上的革命，执政理念上的提升，行政体制上的创新，工作机制上的完善。行政权力公开透明运行工作在我市开展以来，市委、市政府高度重视，强力推进，整个工作正在健康有序地发展。受到了中央和省里的重视和肯定，吴官正、何勇、李至伦、白克明、季允石、张毅等领导同志先后做了批示，予以指导。中央纪检监察新闻媒体对此非常关注，《中国纪检监察报》连续两次对成安通透式办公进行长篇报道。前不久，中央纪委副书记马馼和省委副书记、省纪委书记张毅，中央纪委办公厅副主任熊学年，中央纪委监察部纪检监察研究所副所长齐世泽，省纪委副书记、省监察厅厅长李俊山等领导同志，先后来我市就此项工作进行了调研，对我市行政权力公开透明运行工作给予了充分肯定。目前，我们对市政府本级、市政府工作部门等所有行使行政权力的 65 个部门进行了清理，共清理行政权力 2193 项。建立了行政许可事项、建设工程招标投标、政府采购、经营性土地使用权出让、专项资金管理、产权交易、公务员录用、城市规划八个公开透明运行网络系统。对我市还保留的 367 个行政许可项目，已开始接入计算机系统，实行网上审批、网上公开、网上监督。市里积极推进行政服务大厅建设，初步定名为“邯郸市行政权力公开服务中心”。成安的通透式办公已经引起了省委领导的重视，《中国纪检监察报》也报道了你们的做法。你们要借助东风，按照张毅书记的要求，进一步深化、细化通透式办公的各项具体措施，把它纳入行政权力公开透明运行中来，搞好衔接，着力推进。当务之急是抓紧搞好行政职权的清理，仿照市里的做法一个环节一个环节地抓好落实。市里在职权清理上总结出“三步法”：一是上下互相印证。一方面按照机构改革“三定”方案确定的部门职责自上而下进行梳理，另一方面从科员开始自下而上按照实际工作过程的操作程序逐级进行排查；二是法制部门把关；三是班子集体研究。这一清理审核程序，有效地保障了清理工作的完全、准确、彻底、到位。在上报清理工作资料上，提出了“一表一图一件一盘”要求，即每单位都要上报完整的行政权力目录表（含不公开行政权力目录）一套，每项权力都要附一张权力运行流程图，附一份相关实施依据文件（法律法规、政策规定或管理办法），每套材料都要附带一盘电子版资料。按照这一要求操作，各单位的资料报送和领导小组办公室的收件及管理工作就显得非常规范有序、高效快捷，也给统计汇总和进一步的审核工作带来了方便。特别是“一表一图一件一盘”中的“一件”很厉害，是为了严格按照法律法规和政策规定，保证该公开的一定公开，不能公开的要备案，防止该公开的没公开，不该公开的公开了，造成违法或泄密现象的发生。搭建的平台和公开的内容要相称，我们主张搞多元化、多层次的平台，也是为了和公开的内容、时限相配套。在抓好网络公开的同时，对于传统的公开平台如橱窗、公开栏、明白纸、新闻媒体、黑板报、有线广播等要继续充分利用，以适应不同人群的需求。根据权力的内容和时效，选择不同的平台进行公开；根据群众不同层次的需要，提供不同的公开内容。有些有法律规定需要保密的，经过审核同意的可以不公开，但这是少数。有的需要在不同范围内公开，有的向当事人公开，有的向业主公开，有的在班子内部或政府办公会、常务会、政府组成人员中公开，对于公众关注的公益事业等方面的内容要向全社会公开。在推进行政权力公开透明运行的投入上，要坚持实事求是的原则，既要适应需要，又要节约成本，该花的要花，不该花的钱坚决不能花，不能增加群众负担，一定要把好事办好。

三　积极推进，大胆探索，认真研究解决一些深层次的矛盾和问题

这是考虑到下一步工作延伸后需要注意的一些深层次的矛盾和问题，今天我把它提出来大家深入思考一下。有的是我的一些想法，和大家共同研究。推进行政权力公开透明运行，实行通透式办公，是一项政策性强、涉及面广、触及利益机制、具有探索性质的一项系统工程，对工作中遇到的一些深层次的矛盾和问题，要慎重对待，认真研究，积极探索解决的方法和途径，使这项工作健康、顺利地推进。办公方式的变革，“一石激起千层浪”，集中到一起实行通透式办公，首先是感到不习惯、觉得别扭。随着这项工作

的不断深入，一些矛盾和问题会逐渐显露出来。比如说，效率提高后，需要精简人员，涉及干部人事制度改革问题；推进依法行政，实施阳光政务，涉及行政体制改革问题；部门之间贫富不均，待遇不同，涉及分配制度改革问题；办公方式的变革，相对集中办公，涉及提高公务员素质的问题；还有文明礼貌、廉政文化、机关建设、周边环境问题等。以公务员素质为例，以前分散在各自的小房间里办公，说话声音高低影响不大，现在就不同了，尺度应该怎么掌握？最好是对方能听清，其他人听不到谈话内容，这就是素质。这是一个很小的例子，但不要忽视它，很多时候成败取决于细节。要通过培训、建设学习型机关、加强效能建设等途径，不断提高公务员的素质。通过对各种问题的分析、研究、解决，推动工作的深入开展。

实行通透式办公，推进行政权力公开透明运行，是适应成安经济社会发展的内在需要，是构建和谐社会的必然要求。成安成为试点县后，还肩负着为全市、全省乃至更大范围发挥示范作用的任务，要历史地、客观地总结我们的工作，介绍我们的工作，要搞好行政权力公开透明运行的平台建设，硬件、软件都要搞好。总之，要以通透式办公为载体，扎实推进行政权力公开透明运行，促进成安经济社会的健康发展，同时也为全市、全省开展这项工作起好示范带头作用。

在市防汛抗旱指挥部第一次全体会议上的讲话

（2005 年 6 月 10 日）

这次全省防汛抗旱工作电视电话会议通报了全省气象信息和防汛抗旱工作情况，宋恩华副省长发表了重要讲话，对全省的防汛抗旱工作明确了总体任务，做出了全面部署，对我市的防汛抗旱工作具有非常重要的指导意义。下面我根据这次会议精神，结合我市实际，就我市防汛抗旱工作强调以下三点。

一　认清形势，牢固树立水患意识

防汛工作事关全市人民群众生命财产安全和改革开放的大局，做好防汛工作，确保全市安全度汛，是我们肩负的重大政治责任，也是我们的一项重要工作。综合分析各方面的因素，今年我市面临的防汛形势是十分严峻的。

一是我市发生流域性大水的概率在增大。据国家气象部门预测，今年汛期我国东北地区南部、华北东部降雨量可能偏多。省、市气象部门的预测是今年夏季我市降雨量可能偏少 1 ~2 成。气象预报是我们实施防汛抗旱的依据，但受当代科学技术水平的限制，预报与实际发生的情况往往有一定差距。即使年降雨总量不大，但也不排除一两次强降雨就可能引发洪涝灾害。2000 年我市的总降雨量只是略多于常年，但由于 7 月上旬一日的降雨强度较大，我市洺河、滏阳河等流域遭受了严重洪涝灾害，直接经济总损失达 9. 6931 亿元。特别是海河流域，已有 40 多年没有发生流域大水了，发生大洪水的概率在不断增大。对此，我们要高度重视，切不可掉以轻心。二是今年气候异常。从全国范围来看，我国南方多年来气候湿润，很少发生旱灾，但今年海南省遇到了多年没有的旱灾。南方梅雨季节提前，湖南等部分地区发生了较严重的洪涝灾害。就我市来看，4 月平均气温比常年偏高了 2.4℃，特别是 4 月下旬还出现了 30℃ 以上的高温，历史同期罕见。进入 5 月后，降水量明显偏多，全市 5 月平均降水量超出常年平均值 5 成。异常的气候，不能不引起我们警惕。三是水患意识淡薄。由于连续多年干旱，人们盼水心切，防汛意识、水患意识淡薄。部分领导干部、少数群众对我市突发局部暴雨洪水的必然性、发生流域性大洪水的可能性以及洪涝灾害危害的严重性认识不足，思想上存有麻痹思想和侥幸心理，认识上不到位，重视不够。虽然做了大量准备工作，但一些根本措施还没有落到实处，无形中加大了防汛工作的难度。每位干部特别是领导干部都必须对防汛工作引起高度重视，一定要统筹兼顾，合理安排，绝不能顾此失彼，影响防汛工作。四是我市防洪工程体系还不够完善，度汛工程还存有隐患。近些年来我市在国家和省的大力支持下，防洪工程建设力度不断加大，东武仕水库和四座中型水库中的三座得到了除险加固。但我们必须清醒地看到，全市小水库中有三分之一左右缺乏通信预警措施，许多中小河流还没有根治，蓄滞洪区安全救生设施不足等，都直接影响着全市度汛安全。

面对今年严峻的防汛形势，我们必须增强忧患意识，保持清醒头脑，切不可掉以轻心，绝不能麻痹大意。当前已经进入汛期，要立足于防大汛、抗大洪、救大灾，各单位、各部门一定要把防汛抗旱提高到重要位置，一定要未雨绸缪，有备无患，及早安排，做好各方面的准备，做到认识到位，责任到位，措施到位，工作到位。按照省委、省政府实施“双提工程”的要求，防汛工作也要提速工作过程，提高工作质量，进一步把今年的防汛工作抓紧抓好，牢牢把握防汛抗旱的主动权。

二　明确目标，切实落实各项度汛措施

今年我市防汛工作总的要求是按照国家和省的工作部署，认真贯彻

“安全第一，常备不懈，以防为主，全力抢险”的防汛总方针和我省“以防为主，蓄泄结合，科学调度，全力抢险，保安全，多蓄水”的要求，以“三个代表”重要思想为指导，坚持以人为本，树立科学发展观，促进人与自然和谐相处，从控制洪水向管理洪水转变，从单一抗旱向全面抗旱转变，强化领导责任，落实各项措施，搞好工程和非工程建设，力争把洪旱灾害损失减少到最低限度。

我市防汛工作主要目标是：要力保水库不垮坝，大堤不决口，分洪不死人，城镇不受淹，农田少受灾，要力争做到遇设计标准内洪水保安全，遇超标准洪水有预案、有措施，努力实现“保大中型水库，保主要堤防，保蓄滞洪区，保重要城镇，保重点工矿企业”的“五保”目标。

为确保实现我市防汛抗洪的“五保”目标，我们要切实加强备汛意识，全面落实好以下各项度汛措施。

一是要落实好防汛责任制。要抓紧完成防汛指挥机构的调整充实工作，市防指组成成员及防汛职责和市级领导分包工程已经明确，各级、各部门要立即进入角色，全面熟悉情况，严格落实好以行政首长负责制为核心的各项责任制，落实好各级党政领导分包各项重点防洪工程责任制。对于水库、河道险工、蓄滞洪区和易发生山洪灾害的村镇，要一级抓一级，切实把防汛责任逐段逐处地落实到单位、到专人，特别是小水库和受山洪灾害威胁的村要明确县、乡、村三级责任人。

二是要搞好防汛检查和工程建设。要按照“汛期不过，检查不止”的要求，搞好各项防汛检查工作，拿出解决问题的具体方案和措施。特别是对于直接影响群众生命财产安全的工程，要限期解决。必须跨汛期施工的在建工程，一定要落实好度汛方案，确保安全。特别是正在建设的青兰高速公路与我市河道沟渠交叉较多，有关部门要注意协调处理好，既要保证施工安全，又要确保河道沟渠的行洪排涝畅通。

三是要全面修订完善防洪预案。要把水库、河道、蓄滞洪区以及城市防洪、山洪灾害防御等作为重点，以管理洪水的全新理念为指导，认真制定科学的防洪预案，做到标准内洪水保安全，超标准洪水有非常措施，最大限度减少洪灾损失。各有关单位和部门，也要落实防洪预案，对可能发生的暴雨洪水，都要有一整套自保防守方案，确保洪水来临时不慌乱，有章可循。

四是要依法防洪搞好清淤清障。各级防汛部门和水行政执法单位要按照“谁设障，谁清除”的原则，切实加大依法防洪工作力度，抓紧进行一次大规模的清淤清障行动，消除防洪工作的隐患。对于市防办下发的河道集中整治任务和今年的重点度汛工程任务，有关部门和单位要高度重视，切实按要求抓好落实，按期解决。

五是要抓好物料储备和抢险队伍培训。各级防汛指挥机构要按照分级负责的原则，从本地所承担的防汛任务出发，继续抓好常备物资自储和有关单位代储及群众号料，保证做到随调随用。要抓好防汛抢险队伍建设，有计划、有目的地结合本地区、本部门的实际，开展一次专项培训和拉练，提高防汛抢险队伍的抢险技能和应变能力，确保一有汛情能够拉得出、冲得上、顶得住、战得胜。

三　强化领导，切实担负起应负的防汛责任

抓好汛期安全、确保安全度汛是各级、各部门义不容辞的责任。各级党委、政府和各有关部门都要按照“三个代表”的要求，切实加强领导，把防汛作为当前的中心工作抓紧抓好。认真落实以行政首长负责制为核心的各项防汛责任制，一级抓一级，层层抓落实。主要领导要负总责、亲自抓，分管领导要具体抓，抓具体，确保防汛工作万无一失。各级、各部门、各单位都要在市委、市政府的部署领导下，在坚持下级服从上级、局部服从全局的原则下，切实加强责任意识、大局意识，真正做到有令则行，有禁则止，决不允许各自为政，各行其是。无论上下游、左右岸，都要顾全大局，团结抗洪，服从防汛工作的统一调度指挥。对那些不服从指挥，玩忽职守，贻误战机，造成灾害损失的，要依法严肃查处。

水利、水文、气象等部门要当好防汛先锋，密切监视汛情，为各级领导当好参谋助手。建设、公用事业、房管、人防、安全生产等部门防汛任务艰巨，责任重大，要认真检查，严密防护。商业、物资、供销、粮食等部门要认真备足备好防汛物料。通信、供电部门要认真搞好线路安全检查，保证防

汛信息的及时传递与抗洪排涝电力供应。铁路、交通部门要保证防汛抢险、抗洪救灾和物资设备等的及时运送。国资、教育、劳动、国土资源等部门要落实好企业、厂矿、学校的自保措施。公安、民政、卫生等部门要落实好治安、救灾、防疫等工作。新闻单位要及时报道防汛的工作部署、先进经验和模范事迹，鼓舞士气，提高战斗力。其他部门和单位也要按照职责分工，协调联动，确保全市安全度汛。

同志们，汛期即将来临，让我们振奋精神，迅速行动，落实措施，全力以赴投身到防汛抗旱工作中来，努力夺取今年防汛抗旱工作的全面胜利！

在市农科院调研时的讲话

（2005 年 6 月 14 日）

市农科院领导班子调整后，特别是主要领导调整后，总想过来看看，看看咱们的科技人员和干部职工，看看咱们的工作状况。今天我和学斌同志、贵利同志一起来，刚才看了三系杂交棉育种基地、小麦研究所和生物技术中心，走马观花地看一看，有了一个更深一些的印象。守荣同志代表农科院党委汇报了农科院近期工作，玉田同志做了补充介绍。从总的感觉上，去年以来，特别是班子调整之后，开展了保持共产党员先进性教育活动，农科院的广大干部职工精神状态很好，积极参加先进性教育活动，并且触及了问题。特别是坚持科学发展观，以我们传统的求真务实作风，开拓创新，实现了成果上水平、项目上档次、开发上台阶的目标，出现了大批科研成果。这是多年积累的结果，有的科研成果和项目在全市、全省以至全国处于领先地位。这里边倾注了全院干部职工特别是科技人员的心血。搞一些品种出来不容易，少则几年，有的要十几年的功夫。确实非常耗人哪！搞实验在房子里的时候也有，主要的实验在田野里。面朝黄土背朝天哪！和农民一样，甚至比农民还要辛苦，观察育苗的发育情况，没时没晌，连轴转。辛勤工作的成绩应该说市委、市政府看到了，全市上下也认可，在全省农科院系统、全国农科院系统，对我们的成果也是认可的。前些天中国农科院的党委书记、院长翟虎渠到我们这看小麦育种成果，我代表市委接待了他，他对我们农科院给予肯定，提出表扬。这说明我们的科研成果有一定的水准，同时也寄托了上级科研机关对我们的认可和认定，对我们的重视。我们希望大家还要共同努力，把农科院的工作做得更好，为我们邯郸市的“三农”工作以及整个经济社会的发展，做出我们自己应有的贡献。

来了呢，准备讲点话。我分管三年农业，战线比较长，我是两条战线，一个是纪检监察管纪律，一个是农业农村管增收。在管农业这个问题上，脑子里想得最多的还是农民增收问题，现在联想到东部10县的财政收入问题，解决吃饭问题，发展问题。农科院作为我们邯郸农业经济的科技支撑和载体，有着非常重要的地位，要想促进农业的发展就离不开科技的支撑。从这个意义上讲，对农科院成绩要肯定，问题要研究，要研究办法。下面我讲三点意见供大家参考。

一　善始善终搞好保持共产党员先进性教育活动，不断增强院党组织的创造力、凝聚力和战斗力

今天呢我来的时候，提出这么几个题目，一个是院的基本情况，一个是科研进展和成果转化情况，还有先进性教育情况。在全党开展保持共产党员先进性教育活动，是党中央做出的一项重大决策。市农科院是第一批开展这项活动的单位，通过先进性教育活动，我们的主要目的是，进一步深化对邓小平理论和“三个代表”重要思想的学习、理解，坚定信念，解决突出问题。刚才守荣同志讲的几个问题，我看你们再研究一下，从能够解决的问题开始做起，特别是群众关注的问题，涉及群众切身利益的问题，影响发展的问题。从党员来说，牢记“两个务必”，坚持立党为公，执政为民，不断增强党员队伍和党组织的创造力、凝聚力和战斗力，这是总的要求。从我们农科院来说，应该说它是一个比较特殊的机构，它担负着科研的任务，是知识分子成堆的地方，智力和科技含量很高的地方。在这个地方的共产党员和领导干部，要坚持理想信念，在发展自己的事业上，在用自己的知识和才干奉献社会、为人民服务上，应该说有更高的要求。农科院实行党委领导下的院长负责制，是我们上上下下统一的机制。去年12月，市委决定，刘守荣同志担任院党委书记，主持农科院的全面工作；宋玉田同志提任院长，协助守荣同志工作，负责院长行政和业务工作。应该说这是市委对农科院的关心和

重视。刘守荣同志，大家通过这一段共同工作也有所了解，他在市直机关，在县区里面多个领导岗位上做过工作，在县里面，在县委班子里工作了较长的时间，熟悉农业农村工作，熟悉党务工作，当过报社的领导和院校的校长，也熟悉知识分子的工作，经历比较丰富，政治业务素质比较高。玉田同志在农科院工作时间比较长了，是技术型、业务型的干部，业务比较熟悉，勤奋敬业。从党委书记和院长的配置上，都是比较合适的人选。市委对守荣同志、玉田同志，还有咱们整个领导班子应该说寄予厚望，这次调整是经过一个比较长的时间考虑后做出来的决定。那么，通过这一段工作来看，搞先进性教育活动也好，解决突出问题也好，还是推进科研活动、转化科研成果等方面，应该说做了大量工作，这一段运行约半年时间，应该说工作做得是好的，大家是有目共睹的，市委、市政府也是肯定的。希望农科院的领导班子，要珍视当前这个好的局面，加强团结，协作共事，把农科院的工作推向一个新的境界。在这个地方，因为你这个班子主要领导成员做了较大调整，现在还不算完善，还要逐步地把它完善起来。所以我就想讲一些关系到班子的话，给领导班子提一些要求。首先说作为一级领导班子，特别是实行党委领导下的院长负责制这样一个班子，首先要讲政治。在科研院所里说讲政治，似乎说的好像高了一些，其实不然。我们这个先进性教育活动本身，就是讲政治。前些年我们搞三讲，就是讲学习、讲政治、讲正气。白克明同志来河北主持工作，就讲的“树正气、讲团结、求发展”。所以作为一个党委班子来说，讲政治是必备的。讲政治不是搞过去那一套“左”的东西，冲击其他的东西。作为一个班子讲政治，那就是“树正气、讲团结、求发展”。要讲政治纪律。政治纪律是什么？我们先进性教育活动给大家规定学习党章，党章里讲得很明确，个人服从组织，少数服从多数，下级服从上级，全党服从中央。作为一个党员，党的干部和党的领导班子都要有基本纪律遵循。要不然，这个领头羊就无所适从，无所遵循。没有规矩不成方圆，这是要有规矩的。我们这次搞先进性教育活动，就是要树立“立党为公、执政为民”的理念，就是要树立讲政治、讲纪律的观点。这一点不能含糊。在农科院这么一个领导架构里面，我看突出地还要强调强调党委书记要学习农业科技知识。守荣同志虽然有比较丰富的经历，但要学习农业科技知识，不是去搞专业育种，而是要懂得农业科技知识，入此门以后由外行变内行，由内行也要变专家。院长玉田同志是搞业务出身的干部，是专业人才，也要学点政治，学点党的知识，便于丰富自己的知识，便于协助党委书记搞好工作，做好自己的行政业务工作。班子呢，同时还要讲民主，一个领导班子是党委制，要讲民主集中制，从民主的愿望出发，经过集中来决策事情。所以，重大的事情要党委研究决策，实行集体领导、民主酝酿、开会决定，这都是有规矩的。作为班长，是带头人哪，我们习惯的叫法是“一把手”，要注意发挥一班人的作用。今天中层的主要负责同志都到位了，讲讲这个话，也便于你们监督。“一把手”要多听取大家的意见，班子里头要发扬民主，要科学地集中，实行民主集中制。副职要积极配合工作，维护“一把手”的威望，形成领导集体的权威。讲这些话，应该说我是有针对性的。因为对农科院的班子，我比较熟悉，情况了解得比较透彻。我当组织部部长的时候对你们就有考察，到现在已经有 5 个年头了，现在这 3 年是我分管，还是比较清楚的。你们这个领导班子，应该说是包括上一届领导班子，还是干事的，谋事、干事，也干成了一些事。但是，从群众对你们的评价来说，凝聚力不强。凝聚力不强是多方面的原因，首先是班子的原因，班长、副职在工作配合上的问题，班子的团结上的问题，这是一个核心的问题。做了调整之后，通过先进性教育活动，在班子里应该首先解决认识问题，要形成团结的局面，要形成凝聚力，产生出战斗力。班长要讲民主，讲集中，成员要维护集中。党委形成决议后，要认真执行，有不同意见可以提，但是保留意见、服从决议，行动上不能有反对的表示。这是我们的规矩。同时要建立完善各项制度，要用制度管人，制度管事。各自要找准自己的位置，我们不要把过去遗留下来的一些问题，带到新的班子里面来。班子本身是个战斗堡垒，不能形成在堡垒里战斗，这个是党的纪律不容许的。开始可能我们是要从思想上进行教育，提出要求，如果不能解决问题，那就得进行处理，或者是纪律处理。所以，希望新的班子，要通过先进性教育活动解决过去存在的一些问题，继承过去好的传统和做法，同时要警惕一些不好的做法和作风，真正形成一个群众信得过、市委信得过也放心的班子，带领大家干事、干成事。我没看到你们的整改方案，但看到了你们班子每个人的剖析材料。我都认真地看了。你们首先要从班子自身把这个做好。这是讲政治，讲民主。还有一个重要的问题，就是讲境界，讲思想境界。作为一个领导干部，讲思想境界，就是要正确处理好如何对待权力的问题，也就是权力观的问题。对院级班子有这个要求，对中层干部也有这个要求。农科院当然不是什么掌权的单位，你们就是 140 多人，中层干部 20 多人，有多大权力、掌握多少资金哪？没多少。但这个地方只要是一个机构，就会有权力的。作为领导，不管是院级领导还是中层领导，如何对待自己手里的权力，这就是正确的权力观问题，权力观代表世界观、人生观、价值观。所以，在这儿首先嘱托你们班子成员和各位同志，在权力的问题上，在对待个人权力上不要争高低，权力是人民给的，是组织赋予的。我在组织部工作的时候，这个讲得比较多了，也听领导讲，也听同行讲，我觉得还是有道理的。我们每一个人，就像大海的一滴水，汇聚到一起就是波浪，有的时候也惊涛拍岸，很有力量的，但是一滴水拿出来很快就干了，是不是这个道理？一个领导干部觉得自己能够干点事，是与组织和人民的事业联系在一起的，如果靠我们自己英雄本色，坚持不了多长时间。把你放到这个岗位上，你就是一条龙，拿下来，你就是一条虫。这是我们常讲的，我讲的这个不是什么过头的话，而是讲个人和组织的关系、个人和事业的关系，要摆正关系。所以我讲，不要在权力地位上争高低，而要在事业上讲贡献、讲奉献，做好事业，做好本职工作，有为有位，各司其职，协同作战，这就是一种境界，一种思想境界，一种为政的境界。我们常讲，要常修为官之德。作为一个官员，首先要讲道德，为官之德，就是要正确对待自己手中的权力。权力是人民给的，是组织给的，要为人民服务，是要干事业的，干党的事业，干人民的事业，这才能摆正自己的位置。如果一味在权力上、名利上争高低的话，群众会不认可，组织上也不认可，只有干事业，能够把事情干成，大家才服气、群众才支持、组织才信任。所以，在这一点上，通过先进性教育活动，目的是要做到确立正确的权力观，要有思想境界。还有，班子要讲友谊，要求同存异。在大是大非面前不让步，要讲原则，在非原则问题上，要讲友谊，不要斤斤计较。要不然你们班子怎么能够共事啊？今天有这个机会，给大家讲讲这个话，我们也是个共勉。说实在的，作为一个人，你从政也好，搞科研也好，你的职务、职称这个平台，能够熬到在座的这么一个程度，也不容易呀。官当多大算大、钱挣多少算多呀？没有品级呀。靠着自己的勤奋努力、组织上的培养和提供的机遇，能够到今天这个地步，能够做一些事情，也没有多少年头。一个干部熬到县级、科级，那得多少年啊，有年头了，年华岁月积累起来的。等到有了这么一个平台，能够干点事情的时候，你和他、他和你组成这么一个组合，茫茫人海之中，这么多干部里边，走到一起来，也是一个缘分，也是一个机遇，不可多得的机遇。能够合作共事，形成合力干事业，年华岁月也在过；弄到一起搞摩擦，谁也不服谁，不干事业，年华照样过，也不会等着你。但最后的结果，等你把这个事情弄明白的时候，有的感到很充实，珍惜了这个机会，把事情干了；有的感到很后悔，因为干事的时候没干事，光捣乱了，光鼓捣事了，弄了半天事业没干成，自己也没什么可得，很不踏实，会悔之不及。所以要讲友谊，讲缘分，共同把事情干好。最后的结果，就是班子要形成凝聚力，带领大家干事情。刚才，守荣也好，玉田也好，不管你们介绍工作成绩也好，还是提出问题也好，农科院有位置，第一个。农科院有事做，农科院还有很多事情应该做还没有做，你们的担子不轻啊！无论是大家推举你们也好，组织上选派你们也好，都是寄予厚望。我们也相信这个新的领导班子，你把书记和院长都换成新的了，能够带领大家完成我们的任务，能够创出更大的成绩，特别是为邯郸“三农”、为农民增收做点贡献。这是我要讲的一个问题吧。我无论从过去在市委管过组织也好，现在管纪律也好，还是作为分管农业的主管书记也好，我希望能够看到一个既有纪律又有自由，既有民主又有集中那样生动活泼的农科院工作局面，齐心协力地把事情做好。

二　全面落实科学发展观，不断加大科研创新及科技成果转化的力度

科学技术是第一生产力。农业这么多年的发展，也总结出成功的经验和做法：一靠政策，二靠科技，三靠投入，四靠市场，五靠开放。对邯郸的农业指导思想，我总结出四个字：开发开放。如果具体的工作指导，那就叫作“稳粮食、调结构、壮龙头、抓开发、促增收”，这几年来，都是坚持这样

走的。你们可能对邯郸农业的总体情况了解得不是太深，不一定很全面，但是你们肯定知道邯郸科技发展的状况。提这样的思想，就是想指导邯郸农业生产能够增效，能够使农民增收。近两年，党中央、国务院在时隔十八年之后，又发了两个中央一号文件，是关于农业农村的工作文件，并且胡锦涛总书记对农业农村经济、全国国民经济的发展大格局做出了新的判断，有两个转变嘛。现在的转变核心，对全国来说已经进入工业反哺农业、城市带动农村这样一个局面。所以在农业上，要采取“多予、少取、放活”的方针，促进农民增收。对于邯郸来说，我们既是工业大市，也是农业大市，有“两黑两白”基本的产业结构、主导产业。但是从农业来说，自身作为一个弱势产业，它的竞争力、农产品的竞争力和产业化的竞争力，还不是很高。这些年有了发展，但是还没有达到我们希望的程度，特别是农民增收还比较吃力、还比较慢。2004 年，我市农业战线上有几个可喜的成绩，我们手里头，大数上讲是 1000 万亩左右的耕地，小麦就是五百六七十万亩，去年是 577 万亩小麦，玉米是 400 多万亩。我市粮食总产量达到 395.5 万吨，增产 9%，在历史上是第三个高峰年。农民人均纯收入 3234 元，增长幅度为 11.5%，近年来增幅第一次超过两位数，是 1997 年以来农民增收最快的一年。农业的形势是不错的。我们是粮棉主产区呀，在全国说都是粮棉主产区。从这一点上说和我们农科院的研究方向小麦育种、棉花育种是相辅相成的。从 1958 年就建农科院，是适合本地经济发展和需求，是连在一起的。农科院的发展要立足于邯郸这块热土。但是现在总体上说，我们的增效增收或者说县域经济发展还比较落后。就河北省范围来说，我们 2004 年农民人均纯收入刚刚超过全省的平均水平，近些年来，都是中等水平偏下。我们 863 万人口中有 680 多万人是农业户口，3234 元的农民人均纯收入是有结构性区别的。什么结构？有的就不止 3200 多元，可能是大几千元或者上万元，而有相当一部分人在 1000 元左右，最贫困的地区才有 600 多元。我们还有 39.5 万人口在贫困线以下，我们十年扶贫要解决 60 万贫困人口，已经解决了 20 多万人，还有反弹啊。农民生活水平新中国成立 50 多年这么个状态，党委、政府首负其责，农业科技战线你们也有责任哪。怎么样把农民的收入搞上去，农业增效、农民增收，无非就是政策支持、科技支持。政策上，我们通过联产承包经营、土地三十年承包不变、二轮流转完善，还有创造性的返租承包、规模经营、高效农业、设施农业，对这些都进行了政策性的支持。科技支持，刚才谈到小麦增长幅度、棉花增长幅度是比较大的。农业的真正出路在科技。化肥不是使得越多产量就越高，土肥测试我们在成安已经开始实行了，一个民营企业家参与进来了，因为这个市场是很好的。搞测土配方施肥，现在有很多地方的土地是严重的缺钾，氮肥有过剩，土地出现板结。这些你们更明白，你们是专家呀。所以，科技的支撑是希望所在，邯郸农业生产的发展，在科技上有两个支撑。一个就是中国农大，在座的可能有好多都是农大毕业的。中国农大和我们有良好的合作，曲周有一个改土的研究，走出了两个院士，石元春教授现在是国务院总理的农业顾问、国务院农业现代化专家小组的组长，和我们有良好的关系。还有一个支撑就是中央、省、市三级农科院。两大科技支撑体系，应该说邯郸这个地面上，我们在农业科技发展上提供了非常大的舞台，上上下下要衔接起来，希望你们要做的事情，就是要确立好项目，继续深化你们的研究。同时，应该研究市场，在科技成果的转化、开发上下功夫。这一点上，刚才学斌同志讲得很直观，我很赞同这个基本指导思想。科研工作者肯定是要搞科研，这是没有问题的，要集中精力搞科研。我们也不主张让小麦专家马永安到处去搞麦种销售去呀，他没有这个时间，没有这个精力，必须保证他有足够的精力、可以说完全的精力来搞科研、来育种、来攀登科学高峰、培育新的品种。但是，作为一个科研单位、科研机构来说，不可能把自己封闭起来，这是不行的。要解放思想，研究市场，科研要有开发，要有潜力，要转化科研成果。我最赞成的就是把现有的科研成果转化成生产力，转化的过程中寻求经济效益，反过来再改善工作条件，改善科研人员、干部职工的生活，这是最良性的循环，你干了正业，而且又发展了自己。这条路子说着轻松，做起来并不是很容易的，但也不是做不到，这需要认真研究。在进行科技交流的同时，应该出去走一走、看一看，特别是你们书记、院长，也包括一些管经营、开发的所长、主任，看看河北省农科院王惠军同志那个地方，我可以给你们介绍，让他们给你们念点真经。不一定把农科院都搞成商品住宅区，要保持自己的科研基地，都改成商品房卖了不少钱，但农科院关门了、失败了，这不行。当然你搞土地转换，有更好的基地，那更好。这个问题你们自己去研究，要用市场的理念搞开发。我也是搞科学研究、搞教学出身的。我翻了翻你们这个册子，有国务院特贴的专家，还有河北省中青年专家，这两个头衔我都有。你们是搞硬科学的，我是搞软科学的，到这个地方来，见到你们格外亲。这不是说漂亮话，因为我搞科研、搞教学时间比较长，这都是很不容易的事情。科研成果，特别是农业科研成果的转化，是有潜力的，因为它的应用性特别强，中国搞推广的教授就是从农业开始的。有的人在屋子里搞科研，有的专家就去推广。中国农大开发太行山，你搞推广也是专家，是这个概念吧。还有搞管理的，这都有用啊。搞研究的让他去跑市场去还怎么研究啊，但一些专家本身就是搞推广的、技术推广。在小麦所，我和马永安聊了几句：你的成绩在于，第一个是培育出了新的品种，这是个载体，第二个你成果的运用有多大面积。如果说南方有水稻专家，北方再有我们的小麦专家，南有袁隆平，北有马永安，我相信 500 万元的奖金就到你手了。就是要有这个志气，你才 40 多岁呀！你让水稻大丰收、增产 9 亿斤，现在弄 10 亿斤小麦增产，成绩就出来了。这是双向的东西。我这个品种特别金贵，只能在实验室里放着，地面不生产，不能增收，你这个效果就体现不出来，良种不能推广。还有开发、转化这样的任务，所以说专家和经营者是要结合的，你不是搞经营来干扰科研，而是要促进、要保护。我到马永安办公室一看，这么一个专家，办公条件是应该改的。谁来改？这个任务就落在院党委的身上，落在院长的身上，要解决这个问题呀。在这就不再展开讲了。

三　尊重知识，尊重人才，努力建设一支高素质的农业科研队伍

这一点上，科研的话我就不讲了，你们已经做得很好了，要按这样继续做下去。特别是党委，实行党委领导下的院长负责制，党委委员、副书记、书记，要关心科技人员。今年搞了次体检，以前多少年没搞过，这就很重要，据说是历史上第一次。不要光做第一次，前无古人后无来者是不行的，前无古人可以，后头还要有来者，还要有第二次、第三次，继续做下去。特

别是对我们的专家，要关心他们的健康，包括定期搞体检。我们的专家成天在地里头风餐露宿，很辛苦，回不了家呀！看看我们的专家都晒得挺黑，前段我到福建考察农业，走了 10 天，就晒黑了一层。搞农业的就是这样，上至主管农业的副总理，下至农村党支部书记，都得下地、晒太阳，那都是“远看像什么”“近看像什么”，都是这个。人家搞开放坐飞机、吃酒席，我们搞农业的钻猪圈、进羊棚，整得一身粪、一身土，工作使然。开会的时候，我们洗洗涮涮、西服革履打领带的时候也有。搞农业就这样，经常戴一顶草帽，你们说草帽底下出品种。乡镇干部也是这样，是戴草帽的公务员，再往前走一步，就出了公务员的队伍了，就到村里去了。我们农业这个伸张空间是非常大的，我们的素质来说要求是高的，能吃苦耐劳。去谈判的时候，搞学术交流时，西装革履一穿，就是专家、学者，是顶级的人物。到时裤腿一挽，下农田，就是老农，比农民还精通农业，可以育优良品种。到市场上去我们是推销、经销的好手。这是搞科研转化、经营队伍建设的问题。这几支队伍都要研究，拿出总体方案。刚才你们提出人才问题，怎么进人才，那都是政策问题，都是可以研究的。关键是你们要有规划，农科院怎么形成梯队，怎么培养尖端人才。有些政策你们要去争，要去要，跟市里要，跟省里要，跟国家去要，都是可以的。但是现在基本上是项目带资金，要立项。至于你们修修补补的小钱，跟市里要点是可以的，但今天不用拿单子了，你明天拿出单子都不要紧，我帮着你们要都可以，那是小钱，不会是大钱。邯郸市去年财政收入增长 42%，在历史上幅度是很高的，首先得益于钢铁和煤炭涨价，是这样吧，是工业的钱。当然我们经济也有所发展了，主要还是这个。但 92 亿元，对 863 万人来说，又有多少？还是吃饭的钱。农业科技我们可争取各方面的支持，通过项目支持，通过我们的开发利用支持，党委、政府也要关心，也要支持，都要支持。启动呀，启动资金。要靠政策、靠机遇，也要研究机遇，研究种子也要研究机遇。你们在全市里边也可以转一转。前几天，我们在鸡泽开现场会，搞的农民经济合作组织，搞转化呀、开发呀，也有效果，建立起联系来。说一个情况就明白了。咱们中国人保护知识产权是没有传统的，人家最忌讳的就是咱们的知识产权问题，老盗版，光盘也盗版，广告也盗版。过去农药广告很多呀，我们都不敢给国外说我们是什么品牌，有好多都是抄来的。抄过来在当时的历史条件下也是管用的，该抄也得抄。现在讲知识产权还得讲，打假还得打呀，那是一时一个阶段的话。现在要进入市场，和国际接轨，就得讲知识产权，要不然你进不了门。要讲这个问题，要研究这个问题。无公害蔬菜、标准化生产问题也要研究。在队伍建设上一定要下决心，要有规划，搞出个人才规划、发展规划来。要制定政策，关心科技人员，先从顶级的人员做起，工作上、生活上都要关心。知识分子有自己的脾气和品格，让刘守荣同志来做这个工作，是因为他有一段做知识分子工作经历，也有为大家服务的经历、管理的经历。知识分子的品格，有的时候把自己的事业看得比生命还要重，有的时候不是很计较个人生活得失的。首先，留人得靠事业，他在这儿有事做没有？你们刚才说的邢台也好、哪也好，他这个地方首先是事业没有成绩。当然，现在也要讲条件留人，生活条件、工作条件。领导干部要深入科技人员中间去，关心他们。守荣同志临来上任的时候，我找他谈话就讲到这个问题。我说到这个地方去，是党委书记、“一把手”那是没问题的，体制就是这样决定的，出了问题市委就打你板子呗。但是在那不是说端个架子，我是书记，就是领导，像在市里、县里那个样子，那不是的。首先是来要搞好服务、搞好管理。当然，方向、路线、政策上要把握，要贯彻党的路线、方针、政策，同时给知识分子要做好服务，甚至有的时候就要登门拜访。市委书记、县委书记到下级干部家登门拜访是很少的。市委书记还到县委书记、县长家里去看看呀？用不着。当你身体有毛病时去看，那是关心你。但是，农科院的书记就要做到这一点，要关心大家的生活，我看你们的先进性教育活动做得是不错的，给大家体检，关心房子的问题、子女就业的问题。搞出个规划来，你们先研究，书记、院长，党委、领导班子先研究。都是什么事情，分一分堆，搞个规划，队伍怎么培养、房子怎么解决。房子现在不是属于商品适用房吗？通过多种途径也能做点事，不是不能做，不像过去福利房盖完给大家一分，不是那个事，但也能做一些事情。尽快研究一下，经营怎么办，项目怎么立，办公楼怎么盖？这个题目出来之后，我得给你交回去。玉田，这个事情院长要跑，党委要跑。过去，有句“农业学大寨”的话，农村党支部书记的话，我在村里当过党支部书记，叫“先治坡，后治窝”。把主要精力都用在出成果上了，这个是对的。现在回过头来“窝”也要考虑，你们去研究，研究以后拿出办法来，这个办法不是简单地找市长要钱、让书记说话给办，而是靠政策，市场运作。市里支持你们，我们用政策支持，给钱都是小钱。我兜里装几亿元来的，那什么事都办了，但最后把人给养成懒汉了，那也是不行的。昨天听讲课报告时你们都去了吗？国家发改委经济研究院的常务副院长刘福元，他讲小布什在竞选第二任总统时提出一个观点，要降低遗产继承税，最后遭到美国财富巨头的一致反对。他讲这个观点是什么？这些巨头们都是有钱的，小布什想讨好他们，好连任总统。巨头们说了，我们坚决反对，为什么？这样的话就会贻害我们的后代，怕把他们养成寄生虫了。我在深圳的时候也发现这个问题，过去小平房、小渔村，特别穷，祖业留下的几亩地、几分地，改造后出租房子，坐收渔利，有的一年能收几百万。几十万、百八十万都成小钱了，最后他的子孙后代成了“四不”了：不读书、不上学（连大学都不上了）、不工作、不看报。连自己的生活都不自理了，雇的保姆，吃喝嫖赌抽，成了一群社会渣滓，成了寄生虫。寄生的家族它是要灭亡的。微软的总裁只留 3 亿元财产，其余都搞成社会基金了。观念都是在变化的，你们要解放思想。搞科研的同时要搞开发、要转化、要规划，一步一步地做。先进性教育活动要解决突出问题，能解决的尽快解决，不能解决的要建立长期规划。人才加规划，使大家有个好的工作环境、好的工作条件，好能出更多的成绩。同时，推动邯郸农村经济发展，特别是为农民增收做出重要的贡献。

我想今天来，说的不一定很深入、很贴切，走马观花，看一看，有些想法和大家说一说。今天，我提议中层主要负责同志也来听一听，在座的你们这二十几位，就是我们农科院的希望所在。你们是脊梁，最基本的领导者，干好干不好，关键在你们。要支持党委、院里的工作。同时，院里要多听取大家的意见。今天有的成员可能没有完全顾及，可能有的专家不一定在领导班子里，这些工作你们要去做。通过先进性教育活动，把大家的智慧都集中起来，无论是科研还是管理、还是开放、还是利用。同时要整合政策，我现在是给你们支招。整合政策，利用好政策。我现在管农业，就是整合资源，整合政策，整合思路。整合这两字，在我这儿很重。有很多资源在鼻子底下，在那闲置。有很多机会就在眼前流失掉，就是这样。现在这个时代，干事情，最好的时期已经到了。怎么个整合法？我给你们讲一个例子，再占几分钟。我们搞扶贫，讲究最根本的、治本之策就是整体搬迁。但整体搬迁谈何容易呀！我现在脑子里面还有 39.5 万贫困人口，220 个村没有生态环境，吃水都要跑几十里地或是接雨水吃。我们的涉县利用军工三线企业的遗弃厂地 1500 亩搞了一个养殖园区，给了点扶贫政策。那个时候人去楼空，都是荒草啊，淹没兔子的地方。我们把闲置的房子派上用场了，把民营企业家引到园区里搞开发，然后把旧房子修缮一下子。只花了 100 多万元，就搬下来 252 口人，从深山里下来了。下来的人在民营企业里就业，不就对接起来了吗？然后是社会扶贫。我叫水利局给打井、交通局给修路。当然，都有困难。有困难我就带你们去看，不要光命令，我这儿很少使命令的。扶贫去的时候带局长到最贫困的地方，翻山越岭，钻山沟去看，看看他们日子怎么样。一看，看得眼圈红了，回来以后我再开会。我说你们怎么办？大家都乐意呀，我打井，他修路，把事办起来了。邯郸历史上第一次，整村的扶贫搬迁。整合工作思路，整合可用政策，整合现有的资源，通过开发、开放、利用，就能办成事情。你们领导班子、党委啊，研究这个开发利用。关键还在于心齐，人心齐，泰山移。为什么老讲班子团结？我不给你们讲大道理，原来讲大道理太多了，不愿讲了。今天就是从班子讲起，就是要有个好的带头人、好的班子，然后是好的中层。把他带好，把大家都带好，齐心协力，谋划好思路，一步一步地做。调动积极性要调动两个积极性，一个是调动职工积极性，另一个是调动领导积极性。整合资源，调动积极性的问题，方式方法都要学习。改革开放，开发利用都要做的。

在全市防汛抗旱工作电视电话会议上的讲话

（2005 年 6 月 14 日）

刚才，增海同志宣读了市防汛抗旱指挥部《关于调整充实邯郸市防汛抗旱指挥部成员的通知》，尚科同志汇报了今年防汛准备工作情况，学增同志对今年的防汛工作进行了全面安排部署。我完全同意，会后要迅速行动起来，进一步组织动员，明确责任，抓好落实，确保今年全市度汛安全。下面，我再强调几点。

一　统一思想，提高认识，进一步增强防汛工作的使命感和责任感

2005 年是“十五”计划的最后一年，也是进一步巩固和发展宏观调控成果，保持经济社会发展良好势头的关键一年。做好今年防汛抗旱工作意义重大，必须首先提高认识，筑牢思想防线。

一要充分认识防汛形势的严峻性。自 1996 年 8 月以后我市连续 8 年干旱，特别是海河流域已有 40 多年没有发生流域性大水了。一方面，“久旱之后必有大涝”，这正说明今年我市发生局部暴雨洪水和流域性大水的概率在不断增大。加上今年以来我市气候反常，先是 1～4 月干旱，降雨量较常年偏少 6 成，后是进入 5 月后降水量明显偏多，降水量超出常年平均值 5 成，这不能不引起我们高度警惕。另一方面，因为多年没来大水，不少干部群众存有麻痹思想、侥幸心理和松懈情绪，认识不到位，措施不得

力，这都是防汛工作的重大隐患。因此，大家一定要以对党和人民负责的精神，认清形势，提高认识，牢固树立防大汛、抗大洪、抢大险、救大灾思想。

二要充分认识防汛任务的艰巨性。我市位于太行山前沿，上游山高坡陡，植被稀少，源短流急；下游河窄坡缓，村镇聚集，一遇洪水，常因宣泄不及而溃堤漫溢，防守难度很大。同时，漳河、洺河、滏阳河等主要河道没有统一治理，两个蓄滞洪区安全救生设施不足，30 多座小水库存在不同程度的安全隐患，城市（镇）防洪标准低，任务十分艰巨。对此，我们必须有一个清醒的认识，要把困难估计得充分些，把措施考虑得周全些，把工作做得扎实些。在确保人民的生命财产安全的前提下，实现水库不垮坝、大堤不决口、分洪不死人、城镇不受淹、农田少受灾的目标。

三要充分认识防汛责任的重要性。我市是河北省南大门，是确保全省乃至京津地区防洪安全的第一道屏障，有众多交通要道、通信干线，责任重大。如果防洪出了问题，不仅直接威胁到广大人民群众的生命财产安全，而且将打乱国民经济和社会发展的战略布局。为此，我们必须站在执政为民的高度，把防汛工作与先进性教育活动结合起来，将防汛工作作为检验先进性教育成果的重要标志。广大共产党员特别是各级领导干部，要切实担负起保护人民生命财产安全的神圣责任，进一步增强使命感和责任感，做好防大汛、抗大灾的充分准备，为全市经济更好更快发展和维护社会稳定提供保障。

二　加强领导，明确重点，全面落实各项度汛措施

目前，全市已进入汛期，距主汛期也不到一个月时间，防汛备汛时不我待。各级各部门必须以临战的姿态，按照“五个到位”的要求，抓紧落实各项度汛措施，全面做好今年的防汛工作。

一是组织要到位。各级防汛指挥部要根据领导班子调整情况，及时调整防汛指挥部组成人员，完善组织机构，抓紧建立防汛抗洪有关规章制度。从现在起，各级和各有关部门的主要领导要立即进入角色，进入临战状态。亲

自到防汛第一线，检查防汛措施落实情况。各县（市、区）党委、政府的“一把手”，市有关单位和部门的党政“一把手”，必须保证一人坐镇，进行指挥调度，处理紧急事务，主管党政副职要坚守岗位，做好日常工作，确保防汛工作扎实有序开展。

二是人员要到位。各级各部门要按照防大汛、抗大洪、抢大险的需要，认真组织好专业队和以民兵为骨干的群众抢险队相结合、军民联防作保障的三级防汛抢险队伍，并要登记造册，落实到人。要重点组织和培训好抢险队伍，做好抢险专业队伍装备的维修和更新，加强对抢险队伍的技术培训和实战演练。一旦发生洪水，能够立即拉得出、顶得上、战得胜。

三是物资要到位。防汛物料必须适度储备，不能全靠临时调用。要按照分级负责的原则，从本级本部门所承担的防汛任务出发，继续采取防汛部门自储和有关单位代储与群众号料相结合的办法，抓紧落实防汛物料的品种、数量及存储方式。凡是能够准备到现场的要尽量准备到现场，确保一旦汛情出现，能立即调出使用。

四是工程要到位。我市防洪工程抗御特大洪涝灾害的能力还较低，短期内全面提高标准不太现实，但必须坚持“建重于防、防重于抢”的原则，对重点应急工程进行加固维修。要按照“汛期不过，检查不止”的要求，搞好各项防汛检查，把各种问题解决在大水到来之前。特别是河道清障问题，虽说大障碍没有，但小障碍不少。为此，要按照“谁设障，谁清除”的原则，制定好清障方案，依法限期彻底清除，严禁河道内乱建、乱设、乱批现象的发生。如因清障不力，因洪致灾，给人民生命财产造成损失的，要依法追究有关领导和当事人的责任。

五是预案要到位。各级各部门要把各类防洪预案的制定、修改、补充和完善工作，作为应对洪水灾害的一项重要措施，切实抓实抓好。重点是对存有病险隐患的水库、河道堤防和在建工程，认真落实临时度汛预案和防御洪水措施，确保汛期不出现任何问题；对中小河流要按照历史最高水位，编制落实防御特大洪水方案；对河道行洪区内和受山洪灾害威胁的村庄，要搞好通信预警和转移撤退预案。同时，既要把主汛期作为防汛的关键时期，又要作为抗旱蓄水的大好时机；既要在保安全的前提下尽量多拦蓄水源，又要适度承受风险，相机多蓄水，实现雨洪资源化，积极预防可能出现的伏旱、秋旱，保障经济社会可持续发展。

三　严明纪律，协调联动，打胜防汛抗洪整体战

防汛抗洪是一项整体工作，各级、各部门要进一步强化责任，严明纪律，团结协作，共同夺取防汛斗争的全面胜利。

第一，严格责任，做到万无一失。要继续实行市、县领导分包工程责任制，重点是全面落实以行政首长负责制为核心，包括分级负责制、分部门负责制、技术参谋责任制、防汛岗位责任制在内的“五种责任制”，并要公之于众，接受群众监督。各级各部门要对汛前准备、防汛检查、抢险队伍组织、物资储备、防洪调度、人员转移安置、抗洪抢险救灾等防汛工作的每一件事情、每个环节、每个岗位，都要落实责任单位和责任人，防止人为纰漏，做到万无一失。

第二，严明纪律，做到令行禁止。防汛如战场，雨情如敌情，调度是军令。上下游、左右岸，各级、各部门都要以大局为重，在人力、财力、物力等方面，坚决服从市防总的统一安排和调度指挥。对推诿扯皮、不服从大局、不听从指挥、工作不落实而贻误工作、造成不良后果的，要坚决追究有关责任人和单位负责人的责任。对因领导不力、工作疏忽或处置失当而造成严重后果的，要按照有关规定，追究责任，严肃处理。对在抗洪抢险中擅离职守、临危退缩的人员，要依法依纪从严从重处理。

第三，协调联动，做到团结抗洪。各级、各部门要在市委、市政府领导下，积极配合，同频共振，形成最大合力，确保全市度汛安全。各级防汛抗旱指挥部及其办公室，要坚持 24 小时值班，及时提供雨情、汛情，为领导决策当好参谋助手。气象部门要加强灾害性天气监测预报，运用各种手段，提高预报准确率。计划、财政、贸易、供销、物资等部门，要早安排、早部署，保证防汛资金和物资的调配供应。民政部门要及时做好灾情调查和灾区群众的生活安置工作。交通、电力、电信、公安等部门要履行好自己的职责，确保汛期道路通畅、通信安全、社会稳定。要加大宣传力度，及时宣传

防汛工作动态，宣传防汛常识，提高广大干部群众防汛意识和自我保护能力。

同志们，做好防汛工作责任重大，任务艰巨。我们要以高度负责的精神，精心组织，统筹安排，狠抓落实，努力夺取今年防汛工作的全面胜利。

树立和落实科学发展观
加快推进建设畜牧强市步伐

——在全市畜牧水产工作会议上的讲话

（2005 年 6 月 16 日）

这次会议是市委、市政府决定召开的一次非常重要的会议，主要任务是贯彻全市农村工作会议和全省畜牧水产工作会议精神，总结回顾 2004 年以来的工作，研究部署今年及今后一个时期我市畜牧水产工作安排。下面我讲四点意见。

一　回顾过去，总结经验，正确评价去年以来取得的成绩

2004 年，是我市农业和农村发展取得显著成效的一年，是市委、市政府决定加快建设畜牧强市并取得初步成效的第一年。一年多来，全市畜牧水产工作紧紧围绕“畜牧增效、农民增收”这个总体目标，积极实施“科技兴牧、开放强牧”两大战略，扎实组织开展“生产项目年”“体系建设年”两大主题活动，促进了全市畜牧业的健康快速发展，展现出许多喜人景象。具体表现在八个方面：一是畜牧水产各项指标稳步增长，多项指标居全省前列。全省畜牧工作综合排位，我市位居第二名；全省淡水养殖排位，我市位居第二名，荣获渔业工作先进单位；全省饲料工作排位，我市位居第一名。二是“项目年”活动成效显著，项目建设明显加快。全市共谋划和在建畜

牧水产项目109个，总投资30亿元。其中，1000万元以上的项目37个，超亿元的项目6个；在建项目26个，总投资2.2亿元。三是取得防治禽流感阻击战的胜利，全面建立了动物防疫体系。农业部有关领导来邯郸视察时，对我市动物防疫体系建设给予了高度评价，要求在全国总结推广我市经验。四是龙头企业建设取得突破，产业化建设取得新进展。全市新培育销售额500万元以上的龙头企业15家，其中馆陶金凤禽蛋农贸批发市场等6家龙头企业被省政府认定为2004~2005年度农业产业化省级重点龙头企业。五是100万吨奶业工程启动并稳步推进。六是标准化生产进一步扩展。七是良繁体系迈出新的步伐。八是饲料安全体系建设进一步加强。此外，还完成了畜牧信息直通车等其他工作。

去年工作之所以取得好的成绩，与全市畜牧水产战线同志们的辛勤劳动分不开，同时也得益于以下几方面因素：一是大的政策环境好。中央出台了中央一号文件，制定了一系列“多予、少取、放活”重大政策，这些惠农政策极大地调动了农民群众的生产积极性。在这样的环境下，市委、市政府审时度势，及时做出了“加快建设畜牧强市”重大部署并出台了相关政策。市委六次全会上，市委书记聂辰席同志提出：“大力发展畜牧业，逐步实现种植业与畜牧业主辅换位，推进畜牧强市建设和100万吨奶业行动计划的落实。”市委、市政府先后出台了《关于加快建设畜牧强市的决定》《关于建立健全动物防疫体系的实施意见》《邯郸市发展100万吨奶业工程实施规划》。二是各级党委、政府重视抓落实，组织推动有力。三是各级畜牧水产部门有效发挥了规划引导、组织协调作用。四是加大督导、奖惩力度，促进了各项工作的落实。

二　深化认识，把握形势，增强发展畜牧业的责任感使命感

我市确立了建设畜牧强市的目标，实现这一目标任务十分艰巨。为此，我们必须深化认识、统一思想、形成共识；必须认清形势，把握方向、坚定信心。

（一）对国内外畜牧业发展趋势要有较多的了解，要认识到发展畜牧业是许多发达国家和地区走过的成功之路

当今，畜牧业作为大农业当中的一个传统产业，正在从大农业中逐步分离出来，开始主辅换位，向担当农业“半壁江山”更迭和跨越，扮演越来越重要的角色。大家知道，我市是一个农业大市，不是一个农业强市。为什么？这里关键的一点，就是我市种植业在农业经济中仍占较大的比重，畜牧业还没有真正成为支柱产业。从国外发展情况来看，在种植业发展到一定阶段之后，都大力发展畜牧业。当今，一些农业发达国家的畜牧业产值占农业总产值的比重都超过了 50%，如欧美国家畜牧业产值占农业产值长期保持在 65% 以上，荷兰、丹麦甚至高达 80%。畜牧业的蓬勃发展已经成为农业发展的重要标志，这一点在国内外得到普遍认可。

我们邯郸农业发展是不错的，特别是最近两年来中央一号文件连续颁布实施，对我市农业发展又有一个很大的推进。但是，我们全市上下已经形成一个共识，就是光靠种地富不起来。我市的粮食产量 2004 年是 395 万吨，在我市历史上是第三个高产年；农民人均纯收入 3234 元，与上年同比增长 11.5%，首次实现两位数增长，成为我市自 1997 年以来农民收入增长最快的一年。与我市过去比，我们在农业上算是有所作为了。但是，分析农民增收因素，主要因素是政策支持，还有劳务输出，2004 年我市劳务输出 109 万人，占到全省总量的 1/3，除此之外促进农民致富、地方财政增收的因素没有更多的显示。怎样使农民富起来、使农民增收，发展畜牧业是一个有效途径。从调整和优化农业产业结构上讲，我市畜牧业有很大的发展空间，再加上有粮食、秸秆、饲料、气候等有利条件，我市发展畜牧业很有前景，这方面我们做得还不够。

（二）对畜牧业自身特点要有一个正确的认识，要认识到与传统农业比，发展畜牧业有其自身特点和优势

一是市场潜力大。从市场需求看，随着我国经济的快速发展，人们生活质量的提高，粮食类食品消费减少，动物性食品消费增加，肉、蛋、奶等畜牧产品蕴涵的消费潜力、发展潜力也越来越大。以乳产品为例，目前我国乳产品人均占有量在 10 公斤左右，而世界发达国家人均占有量在 100 公斤左右。我国人均乳类消费量为 13 公斤，只相当于世界人均消费量的 7%。这说明我国现在的乳产品生产、消费还不能满足人民生活水平不断提高的需要，同时也说明我国乳业市场发展空间巨大。这一点决定了畜牧业发展的前景十分广阔。二是比较效益大。发展畜牧业所带来的综合效益正在充分显现出来。例如，饲养一头奶牛，养殖户一年的纯收入可达 4000 元左右，出栏一头猪可盈利 400 元左右，有利于增加农民收入。就我市收成好的地方来说，种一亩地年产 1 吨粮食，种植效益可收入 1000 元左右；而养一头牛年纯收入可达 4000 元，相当于种 4 亩地，养殖效益远大于种植效益。三是周期短。畜牧业与其他产业不同，其生产特点是周期短，易于形成规模，占用土地面积小。这个特点最适于产业化经营，并能不断增大产业容量，延长产业链条，一旦做大做强，其辐射力和带动力都是十分巨大的。

（三）对我市畜牧业发展形势要有一个全面把握，做到总揽全局，掌握主动权

我市畜牧业发展的形势喜人，机遇难得，有利条件很多。但存在的问题和困难也很多，发展的任务相当艰巨。当前我市发展畜牧业存在一些亟待解决的问题和不利因素。一是龙头企业数量不足、产业化程度相对较低。表现为能达到一定生产规模的、带动能力强的龙头企业少，产业链条短，市场竞争力弱。二是农牧产业、产品结构有待进一步调整。目前在县域之间产品产业趋同的现象比较普遍，特色产业不明显，且规模小、效益低，农业结构大多还是一茬玉米、一茬小麦的传统种植模式，结构雷同，效益不高。三是名牌农产品开发利用不充分。四是农业外向度不高。2004 年我市农产品出口才 1 亿多美元，前不久我们到山东考察，潍坊市去年仅禽肉和蔬菜出口就达到 10.7 亿美元。五是深化农村改革、消除体制性障碍任务艰巨。主要表现为，农村金融体制改革滞后，农村资金短缺、农民贷款难依然是制约农业和农村经济发展的突出问题。这些情况表明，我市包括畜牧业在内的农业和农村工作仍处于艰难的爬坡和攻坚阶段。

当前我市发展畜牧业有利条件和机遇也是有的。首先，中央重视和支持发展农业，大的政策环境好、机遇难得。今年，中央又出台了支持农业发展的一号文件，政策优惠、措施得力，为畜牧业发展注入了强大动力。其次，经过发展，我市畜牧业形成了一定的优势和产业基础。从原料方面看，我市粮食、秸秆等农作物资源十分丰富，对发展畜牧业能够给予有力支持。从养殖状况看，通过规划引导和多年培育，我市一些畜产品养殖很具发展潜力，呈现向规模化发展的前景。目前，全市初步形成蛋鸡、肉鸡、奶牛、肉羊、瘦肉型猪、獭兔、鹿等畜产品规模养殖基地，并且一些养殖基地呈现不断扩张之势，还形成了蛋鸡、奶牛、肉羊、瘦肉型猪等跨县（市）发展的养殖带。如奶牛养殖，尽管规划时间短，但发展速度比较快，目前全市建成奶牛小区 21 个，奶产量达到 8.58 万吨；蛋鸡养殖经过多年发展，存栏量达到 2.05 亿只，形成较大规模。从畜产品销售加工看，我市发展了馆陶金凤禽蛋农贸批发市场、临漳临英兔业有限公司、武安市食品公司、邯郸滏阳乳业有限责任公司、河北华裕家禽育种有限公司、邯郸市福润肉食品有限公司等一批市场型、加工型龙头企业，对全市畜牧业的发展起到较好的牵动作用。并且随着我市“农业项目年”活动的深入开展，必将新上一大批畜牧养殖加工项目，为我市畜牧业大发展注入新的活力。从发展畜牧业服务体系看，我市在良种繁育、疾病防治、技术推广等诸多方面的畜牧服务体系已初步建立并不断发展，为我市大力发展畜牧业提供有力的保障。再次，畜产品市场需求不断增加，为畜牧业发展产生了持续拉动力。广大农户、养殖户积极性空前高涨，为畜牧业发展注入了内在活力。最后，最重要的是，大力发展畜牧业是市委、市政府的重大战略决策。市委、市政府把发展畜牧业作为推进农业和农村经济战略性调整、增加农民收入的重大举措。各级党委、政府要从战略高度增强对加快发展畜牧业重要性的认识，把强力发展畜牧业摆上重要议事日程，予以高度重视。只要我们坚持不懈地抓下去，就一定能把畜牧业培育成为农业的一大主导产业、实现畜牧强市的目标任务。

三　明确目标，狠抓重点，加快推进畜牧强市建设步伐

2005 年是我市确立加快畜牧强市建设的第二个年头，做好今年的工作

至关重要。今年的畜牧水产工作总体思路，概括为要落实好“三句话”。

第一句话：在主导思想上，要树立和落实科学的发展观，以科学的发展观统揽畜牧工作全局。树立和落实科学的发展观，就是坚持以人为本，把维护农民权益作为农村工作的立足点。以人为本体现在畜牧工作中，就是要实现好、维护好、发展好农民的利益，就是促进农民持续增收，让农民长期得实惠；就是要进一步树立全局观念，增强大局意识，正确处理好局部与整体、长远与当前、保护与发展的关系，巩固提升畜牧业在农业农村经济中的主导地位；就是要不断改进工作方法，及时纠正各种错位、缺位和越位行为，学会运用市场机制解决畜牧业发展中的问题，不断提高驾驭全局和领导畜牧工作的能力。这是我们从根本上解决“三农”问题必须始终遵循的指导思想。

第二句话：在工作摆位上，要充分理解和落实胡锦涛总书记“两个趋向”重要论断，加强对包括畜牧工作在内的农村工作的领导和摆位。胡锦涛总书记在党的十六届四中全会上明确指出：“纵观一些工业化国家发展的历程，在工业化初始阶段，农业支持工业、为工业提供积累是带普遍性的趋向；但在工业化达到相当程度以后，工业反哺农业、城市支持农村，实现工业与农业、城市与农村协调发展，也是带有普遍性的趋向。”胡锦涛总书记“两个趋向”的重要论断，是我们党新形势下对工农关系、城乡关系在思想认识和政策取向上的进一步升华，也是我们制定农业和农村发展的基本依据。我们要按照“两个趋向”的要求，正确处理好农业与二、三产业，城市与农村的关系，制定推进工业反哺农业、城市带动农村的政策措施。我们要按照“两个趋向”的要求，把解决好“三农”问题作为全市工作的重中之重，摆到党委、政府各项工作首位，强化对“三农”工作的领导，提高解决“三农”问题的能力。

第三句话：在工作切入点上，要以增加农民收入为中心，落实中央一号文件，治标、治本兼顾，加强畜牧综合生产能力建设。加强农业综合生产能力，提高农业生产效率和竞争力，是今年中央一号文件的主题。必须从讲政治、顾大局的战略高度，把提高农业综合生产能力，保证农业稳定增效、农民持续增收作为当前和今后农业和农村工作一项重大的任务来抓。

今年的畜牧水产工作的总体目标是：“完成一套指标，做大一个产业，实现三大突破。”“一套指标”是，2005 年肉类总产 62 万吨，蛋类总产 101 万吨，奶类总产 12 万吨，水产品产量 3.6 万吨。农民依靠畜牧业及相关产业实现人均增收 60 元，牧渔业产值达到 140 亿元，占农林牧渔业总产值的比重达到 48%。“一个产业”是，今年要实现奶牛产业的迅速扩张，年末奶牛存栏达到 8 万头，奶产量 12 万吨，奶牛养殖小区达到 30 个。“三大突破”是，在产业化经营和标准化生产上求突破，在良种繁育体系、防疫灭病体系、饲料安全体系、畜牧信息网络、专业协会等“五大服务”上求突破，在创建水产特色强市上求突破。

按照上述指导思想和目标任务，今年我市发展畜牧业要全面推进，同时要突出抓好以下重点工作。

（1）集中精力，聚合力量，培育壮大龙头企业。龙头企业对畜牧业发展具有重要的带动作用。对此，在工作摆位上，一定要把龙头企业推到畜牧业发展的前台，使其充当主角，唱好重头戏。要坚持“市场型”“加工型”“中介型”龙头企业同时抓，要有选择地重点培育和扶持一批现有的、发展前途看好的畜产品销售型、加工型企业。2005 年要抓实 20 个销售额 500 万元以上的龙头企业，重点抓好馆陶金凤市场、邯郸市江森兔业发展有限责任公司、魏县东方明珠集团肠衣有限公司、邱县康远肉食品有限公司四家超亿元的龙头企业。

（2）夯实基础，建设基地，狠抓畜牧业的规模发展。发展我市畜牧业，必须夯实产业基础，抓好养殖基地建设。基地建设可以从发展专业户、专业村抓起，走“小规模、大群体”的路子。也可以发展规模养殖。发展规模养殖是现代畜牧业区别于传统畜牧业的重要标志，是畜牧业发展的方向。对于有条件的地方，如武安、矿区、磁县等地，要把畜牧养殖业作为“地下转地上”首选项目，鼓励、支持进行规模养殖，以此来增加我市畜牧养殖业发展中的增长点和带动力。按照规划，今年我市要突出培强五大基地：以馆陶金凤市场为龙头，培强馆陶、永年、邱县、曲周为主的养鸡基地；以峰峰福润责任有限公司为龙头，培强磁县、武安、峰峰矿区、大名、魏县、肥乡为主的瘦肉型猪基地；以邱县康远肉食品有限公司和兴绿源种羊场为龙头，培强邱县、大名、成安、魏县、临漳为主的养羊基地；以临漳临英、江森兔业有限责任公司为龙头，培强临漳、鸡泽、邯郸县、魏县养兔基地；以滏阳乳业和康诺食品有限公司为龙头，培强邯郸县、邯山区、峰峰矿区、永年、成安、磁县、邱县、曲周奶牛养殖基地。

（3）大力培育名牌产品，积极开拓畜产品市场。抓市场、抓销售是产业化经营的重要组成部分，也是畜牧业生产最终走向市场的关键环节。当前，我市一些畜牧产品卖难等问题还较为突出，必须加大品牌开发和市场开拓力度。要继续加强畜产品市场体系建设，在畜产品生产聚集地，建立和发展生猪、獭兔、波尔山羊、家禽等专业协会，鼓励各类中介组织实体和农民经纪人参与市场流通，活跃市场，拓宽流通渠道。要加强信息网络建设，扩大网上交易份额。要扩大开放，搞好产品的促销宣传，不断提高产品外向度和知名度，提高市场占有率。

（4）切实组织好畜牧业项目谋划建设活动。建设畜牧强市，必须大力引进资金、项目、技术、人才等生产要素，走扩大开放之路，必须把项目谋划建设作为我市发展畜牧业的切入点和突破口。一是加强技术引进和项目合作。要加强我市养殖基地、企业与科研院所的靠挂联姻，寻找技术依托，大力引进畜牧养殖、加工、良种繁育等先进技术和人才，增强我市畜牧业创新发展能力和内在活力。二是靠大联强加快自身发展。坚持多种形式，千方百计地把市外知名大企业引入我市，与知名企业合作联营，借助外力带动我市畜牧业的发展。三是搞好深度谋划。围绕屠宰、乳制品加工和毛皮精深加工等畜牧业发展的主导产品，搞好项目深度谋划，高起点、高标准谋划建设一批畜产品加工项目，以此延伸产业链条，带动规模饲养、医药保健、服装加工等劳动密集型产业的发展。

（5）多渠道加大投入。一是用好现有的各项支持畜牧业发展的政策资金，对现有各种资金注重捆绑使用、提高使用效率。二是加大信贷资金扶持力度。三是引导社会各类资金注入畜牧业。

（6）建立完善畜牧业服务体系。一是大力实施良种化工程。二是健全畜产品监测检验体系。2005 年市畜牧局与市农业局、林业局要共同运作，兴建市农林牧渔产品监测检验中心，19 个县（市、区）也要建成农林牧渔产品质监站，从而形成一个整体覆盖全市主要畜禽产品的质量监测网。三是认证管理。年内在馆陶、邱县、武安、峰峰矿区、涉县、魏县、永年、邯郸县建成8个省级无公害畜产品示范区，新增30个省级无公害畜禽产品产地认定单位。四是要加强动物疫病防疫检疫体系建设。

四 加强领导，强化组织，形成促进畜牧业健康发展的强大合力

（1）加强组织领导。发展畜牧业是一项复杂的系统工程，涉及方方面面，我市成立了畜牧强市建设指挥部，各县（市、区）成立了相应的机构。市畜牧强市指挥部每季度听取办公室一次汇报并研究一次工作，做到每双月观摩。市畜牧水产局要加强对畜牧业发展的具体指导，搞好组织协调，研究解决畜牧业发展中的新情况、新问题。各级各有关部门都要从自身业务出发，密切配合，共同为畜牧业发展提供更好的服务。

（2）实行政策扶持。今年，市财政继续划拨专项资金330万元，支持奶业发展。各级要认真落实奶业扶持政策，并将动物防疫经费列入同级财政预算，保证满足动物防疫工作需要。

（3）建立工作制度。市、县畜牧局等有关单位，要加强对今年目标的督促落实。要建立工作情况通报制度，定期公布市直有关单位、各县（市、区）畜牧水产工作进展情况。要建立目标考核责任制，实行目标管理。要制定考评奖励办法，实施量化考核，严格兑现奖惩。奖惩要奖励前6名，最后一名全市通报批评，并扣罚风险金。

（4）抓好队伍建设。我市加快建设畜牧强市的任务艰巨，必须加强干部队伍建设。当前，一是组织好保持共产党员先进性教育活动。在这次活动中，要加强机关党员干部队伍的思想建设、业务建设和作风建设，努力使广大党员干部在各项工作中担当重任，发挥模范作用。二是树立明确的用人导向，强化有作为意识。要树立“有为有位”的思想，切实做到执政为民，勤政为民，不断激发自己的工作热情和干劲，在我市加快发展畜牧业中建功立业。三是争先创优，再创佳绩。去年全市畜牧水产多项工作走在全市、全省前列，今年要继续努力，力争各项工作做得更好，取得更大成绩。

扎实推进行政权力公开透明运行
努力实现“阳光行政”

——在涉县督导行政权力公开透明运行工作时的讲话

（2005 年 6 月 21 日）

这次到涉县来，主要是就推进行政权力公开透明运行情况进行检查和调研。我们首先参观、听取了井店镇和县工商局开展工作的情况，听了各相关方面对开展推进行政权力公开透明运行工作的感受和建议。总体看大家对推进行政权力公开透明是赞成和拥护的，普遍感觉到推进行政权力公开，办事方便、公正了，效率提高了，机关作风有了明显改进，机关形象也有了很大变化，群众和社会各方面已经初步尝到了开展推进行政权力公开透明运行的甜头。刚才，又参观了县政务大厅，听取了县委、县政府和县纪委监察局关于推进行政权力公开透明运行及其他工作总体情况的汇报。总的感觉是，县委、县政府坚持发展是硬道理的指导思想和原则，工作思路明确，方法措施有力，在推进行政权力公开透明运行和经济开发、引进资金项目发展经济等诸多方面，都取得了不小的成绩。特别是在推进行政权力公开透明运行上做了许多工作，进展是顺利的，还探索和创造了一些好的做法和经验，工作令人满意。下面，我就推进行政权力公开透明运行讲几点体会和意见。

一　扎实推进，锐意进取，为全市推进行政权力公开透明运行工作提供借鉴和经验

推进行政权力公开透明运行工作，是落实党的十六届四中全会精神、加强党的执政能力建设的重大举措，也是全面优化发展环境、促进经济社会发展的迫切需要。这项工作不仅是一项严肃的政治任务，更是直接涉及人民群众切身利益的民心工程、德政工程。涉县作为第一批试点县区，在开展推进行政权力公开透明运行工作中，县委、县政府高度重视，措施得力，成绩和效果十分明显。工作中还有许多创造，值得总结和推广。

涉县在行政权力事项的清理工作中，提出和坚持“一个明确、四个严格、五个不放过”。“一个明确”即明确权力清理的对象和范围，解决了“谁来清理、清理什么、怎么清理、如何申报”等问题。“四个严格”即严格权力清理的程序；严格权力清理的填报格式；严格申报把关程序；严格实行审核责任追究制。“五个不放过”即凡是实施依据不充分、科室权责不明确的不放过；上级已取消或变更，仍按有效文件填报的不放过；权力流程图绘制不规范的不放过；填报权力事项与法律、法规规定不符的不放过；上报结果上没有“一把手”签字或没有加盖单位印章的不放过。实践证明，这一做法有很强的实用性和可操作性，对确保清理工作顺利开展提供了有力保证。最近，这一做法和经验，市领导小组办公室已编发工作简报，请大家参考借鉴。另外，涉县以建立“法治、服务、透明、效率”型政府为目标，从理顺“红头文件”开始规范权力运行的做法，也很值得肯定。一是对1980年以来县政府制定的各类文件进行了全面清理，废止县政府及县政府办公室文件373件。清理工作中坚持“三个必须”，即不适应形势发展需要或已被新的文件、法律、法规、规章取代的，必须清理；超越职权范围设定行政审批、行政收费事项的，必须清理；增加群众、企业义务或限制群众、企业权利的，必须清理。二是强调和规范了新文件的制发程序。三是实行了文件备案登记制度。与此同时，清理、撤并各种领导小组和临时工作机构12个，还权于政府各有关职能部门，变无限政府为有限政府，革除了过去

政府越俎代庖、大包大揽的弊端。

在权力公开方面，县里投资近40万元，在政府综合办公楼大厅内配置了大型电子显示屏、电子触摸屏，建成了“涉县政府推进行政权力公开透明运行网”，将核定后的县政府本级行使的113项行政权力及其运行流程，县长、副县长的姓名、照片、职责分工、联系电话等全部录入计算机管理系统，予以全面、真实公开。群众可以通过点击触摸屏、登录网站、拨打县长公开热线电话3812345等多种方式，查询政府有关信息。还通过设置“政府文件查阅站”、定期发布《政府信息公报》等方式最大限度地满足群众知情权，方便群众对政府依法行政情况进行监督。应该说，你们的工作做得很扎实，进度很快，效果也不错，有一些做法值得推广和借鉴。

二　突出重点，强力推进，把推进行政权力公开透明运行工作引向深入

推进行政权力公开透明运行，实施“阳光行政”工程，是思想观念上的革命，执政理念上的提升，行政体制上的创新，工作机制上的完善。自行政权力公开透明运行工作在我市开展以来，市委、市政府高度重视，强力推进，整个工作正在健康有序地发展。受到了中央和省里的重视和肯定，吴官正、何勇、李至伦、白克明、季允石、张毅等领导同志先后做了批示，予以指导。前不久，中央纪委副书记马馼和省委副书记、省纪委书记张毅，中央纪委办公厅副主任熊学年，中央纪委监察部纪检监察研究所副所长齐世泽，省纪委副书记、省监察厅厅长李俊山等领导同志，先后来我市就此项工作进行了调研，对我市行政权力公开透明运行工作给予了充分肯定。下半年，中央领导可能还要就此工作来邯郸视察、调研。目前，我们对市政府本级、市政府工作部门等所有行使行政权力的58个部门进行了清理，共清理行政权力2084项。建立了行政许可事项、建设工程招标投标、政府采购、经营性土地使用权出让、专项资金管理、产权交易、公务员录用、城市规划八个公开透明运行网络系统。对我市还保留的367个行政许可项目，已开始接入计算机系统，实行网上审批、网上公开、网上监督。市里积极推进行政服务大厅建

设，初步定名为“邯郸市行政权力公开服务中心”。另外，由推进行政权力公开透明运行工作引发的成安县党政机关办公方式上的革命——通透式办公，也引起了省委领导的重视，《中国纪检监察报》予以了两次大篇幅报道。省纪委张毅书记批示要求，进一步深化、细化通透式办公的各项具体措施，把它纳入行政权力公开透明运行中来，搞好衔接，着力推进。这一切都说明，这项工作已经不存在干不干的问题，只有如何干、如何干得好的问题。这就要求我们必须站在讲政治和讲大局的高度，对推进行政权力公开透明运行工作进行再认识再提高，真正把思想统一到省委、市委的决策部署上来，坚定信心，下定决心，大胆探索，攻坚克难，统筹安排，扎实推进，锲而不舍地抓紧抓好，确保向省委、省政府、市委、市政府和全县人民群众交上一份满意的答卷。

三　积极推进，大胆探索，认真研究解决推进工作中的矛盾和问题

推进行政权力公开透明运行，是一项政策性强、涉及面广、触及利益机制、具有探索性质的系统工程。在工作推进过程中，遇到矛盾和问题是在所难免的，也是十分正常的。前些日子，市领导小组办公室邀请部分人大代表、政协委员和市政府特邀监察员组成 6 个工作组，用了一个星期的时间，对试点县、区和 57 个市直部门开展推进行政权力公开透明运行工作情况进行了检查督导。从检查的总体情况看，各级各单位均已按照邯郸权力公开〔2005〕1 号文件要求全面展开工作，并较好地完成了第一阶段行政权力清理及下一步公开透明试运行的相关准备工作。检查中也发现了存在的诸多问题，特别是今后工作中面临的一些深层次矛盾和问题。对存在和出现的这些矛盾和问题，我们要慎重对待，认真研究，积极探索解决的方法和途径，使这项工作健康、顺利地推进。当前，我们要重点做好以下几项工作。

一是进一步增强做好工作的信心和决心。市里这次检查中发现，有一些同志对这项工作能否持续开展下去、能否真正解决实际问题提出疑问。这一方面说明这些同志对开展这项工作在认识上还存在问题，同时也反映我们在

工作部署上存在重理论和形式、轻实践和个案，抓工作时紧时松、系统性差等问题。因此，有必要对这项工作的重要性和必要性进行再认识再提高，把领导的支持化作工作的动力，进一步增强做好工作的责任感、使命感，坚定信心，下定决心，锲而不舍地把工作抓实抓细，确保取得实实在在的效果。

二是正确处理积极推进与稳妥扎实的关系。要把先进性教育活动中焕发出的热情和干劲转化为工作动力，增强做好工作的主动性和自觉性，按照“提速、提质”的要求，积极推动工作的开展，确保高质量完成每个阶段的工作任务。要按照既定方案的部署和要求，履行规定程序，出实招，求实效，对每个环节、每个步骤都研究深、琢磨透，使采取的每一项措施都能实实在在地解决问题，不搞形式、图热闹，特别是对涉及群众切身利益的热点难点问题的公开要慎重对待，稳步推进，不能急于求成，急躁冒进。切忌因工作简单化出现不应有的失误而影响稳定大局。

三是继续做好职权清理的规范完善工作。最近，省领导小组办公室对我市清理上报的市政府本级和市直部门的行政权力事项进行了审核，结果是大多数存在不同程度的问题。由此可见，行政权力的清理规范工作，任务还很重，还有很多工作要做。下一步，我们要在抓好公开透明运行工作的同时，对行政权力清理工作回头看，进行全面复查复审。

四是抓好网络建设和公开运行。网络运行是我们邯郸的特色，通过现代化技术，运用电子政务，通过规范化运作和推进行政权力公开透明运行，以及规范程序流程，一起推进，提高我们的办公水平，提高我们的工作效率。要抓好网络的应用，一方面是把网络的建设和运行与我们正在推进的行政权力公开透明运行结合起来应用，另一方面是与办公自动化结合起来应用。还要解决公开运行“人机同步”问题。重要行政权力实现网上公开运行是这次我市推进行政权力公开透明运行工作的重点，在权力运行中实现“人机同步”是基本的也是重要的要求。要抓好网络的维护，及时更新内容，保证运行效果。涉县财政条件不错，可以考虑下点功夫，加大投入，在全市率先实现办公自动化，为我市县级推进电子政务建设积累经验。

五是要加大行政权力公开透明监督检查工作力度。推进行政权力公开透明运行，行政权力清理是基础，运行流程编制和控制是关键，而实施监督检查是保证，监督检查工作应当是长期、持续和多种形式的。市领导小组及其办公室正在研究建立长效的监督检查机制，要从人大代表、政协委员、市政府特邀监察员和社会各界人士中聘任常任监督员，赋予其较大的监督检查权，抓紧抓好这项工作。县里也要参照市里的做法，制定和实施监督检查工作办法，以确保行政权力公开透明运行工作顺利进行，取得实效。

涉县作为我市推进行政权力公开透明运行工作试点县，不仅要做深做细做实自己的工作，还肩负着为全市乃至更大范围发挥示范作用的任务，所以，要注意不断地、及时地、客观地总结我们的工作，介绍我们的做法，扎实推进行政权力公开透明运行，促进涉县经济社会的健康发展，为全市、全省开展这项工作起好示范带头作用。

推进行政权力公开透明运行 促进社会主义和谐社会建设*

（2005 年 7 月 11 日）

推进行政权力公开透明运行，是政务公开的继续、深化和创新，是打造“阳光政务”的实际步骤，是加强党的执政能力建设的重要举措，是从体制深处、权力源头预防腐败的治本之策。总之，扎实推进行政权力公开透明运行工作将大大促进社会主义和谐社会建设。作为省级试点市的邯郸，推进行政权力公开透明运行工作的理论与实践，正在逐步印证着这一切。

一　站在构建社会主义和谐社会的高度，充分认识推进行政权力公开透明运行的重要意义

构建民主法治、公平正义、诚信友爱、充满活力、安定有序、人与自然和谐相处的社会主义和谐社会，且把提高构建社会主义和谐社会能力作为加强党的执政能力建设的重要内容，是党的十六大和党的十六届三中、四中全

* 本文系周文夫于2005 年7 月向河北省纪委举办的“加强党风廉政建设，构建社会主义和谐社会”理论研讨会提交的论文。2006 年6 月，该文又作为书面发言材料提交至“全国部分省（市）区推进政务公开和行政权力公开透明运行邯郸座谈会”。此前，2006 年5 月周文夫已调任河北省社会科学院党组书记、院长。他以河北省社会科学院院长，原中共邯郸市委副书记、市纪委书记的身份应邀作为正式代表参加座谈会，受到中共中央书记处书记、中央纪委副书记、全国政务公开领导小组组长何勇同志亲切接见。

会提出的重大任务。努力实现这一任务目标，是我们党适应我国改革发展进入关键时期的客观要求，是坚持立党为公、执政为民的必然选择，是我们党实现好、维护好、发展好最广大人民根本利益的重要体现，也是我们党实现执政历史任务的重要条件。我们必须深刻认识构建社会主义和谐社会的重大意义，自觉承担起和谐社会建设的历史任务。推进行政权力公开透明运行，正是省委、省政府和省纪委站在战略的高度，为完成这一历史任务做出的重大部署，它既是构建社会主义和谐社会的重要内容，也是构建和谐社会的重要途径和有效形式。

首先，推进行政权力公开透明运行，是发展社会主义民主、健全社会主义法治的必然要求。发展社会主义民主政治，保证人民依法行使民主权利，特别是保证广大群众的社会知情权、社会参与权、意志表达权和民主监督权得到充分尊重和切实维护，是构建社会主义和谐社会的重要保证。推进行政权力公开透明运行，将行政权力最大限度地置于阳光之下，为人民群众充分行使当家做主的民主权利创造了更方便、更有利的条件。对进一步健全民主制度、丰富民主形式、扩大公民有序的政治参与、更好地发挥社会主义政治制度的特点和优势具有重要作用。同时，推进行政权力公开透明运行，还能有效规范行政权力运行，促进各级行政机关及其工作人员全面推行依法行政，建设法治政府，落实依法治国基本方略。

其次，推进行政权力公开透明运行，是加强对权力的有效监督、从源头上预防腐败、维护社会公平正义的重要举措。腐败是运用权力侵占他人利益的行为，严重损害人民群众的切身利益，严重干扰社会经济秩序，直接破坏社会公平和正义的原则，阻碍社会主义和谐社会建设。阳光是腐败的天敌，公开是腐败的克星。推进行政权力公开透明运行，紧紧抓住产生腐败问题的关键，实现监督重心下移、防范关口前置，能够切实加强对权力运行的有效监控，从根本上减少和预防因暗箱操作产生的腐败问题，维护社会公平正义。

再次，推进行政权力公开透明运行，是优化发展环境、增强社会活力的重要形式。先进生产力是社会最活跃、最革命的因素。构建充满活力的社会主义和谐社会，必须始终坚持发展这个党执政兴国的第一要务，坚持以科学发展观统领经济社会发展全局，促进经济更快更好地发展。推进行政权力公开透明运行，有利于政府机关转变作风，转变职能，提高工作效率，提高服务质量；有利于加强政府机关的诚信建设，带动和推进社会诚信体系建设；有利于深化各项改革，促进经济快速协调健康发展。

最后，推进行政权力公开透明运行，是密切党和政府同人民群众联系，实现社会安定有序的重要途径。历史和现实的经验证明，稳定是社会和谐的前提。只有处理好党和政府与人民群众的关系，社会才能和谐、稳定。推进行政权力公开透明运行，能够通过广泛发扬民主，畅通和拓宽党和政府与人民群众联系的渠道，完善深入了解民情、充分反映民意、广泛集中民智、切实珍惜民力的决策机制，妥善协调处理人民群众的利益要求，处理好新形势下的人民内部矛盾；能够更好地将人民群众和各方面的积极性、主动性、创造性调动和发挥出来，促进党和人民群众以及社会各阶层、各民族之间关系的和谐，保持社会安定有序。

二　按照构建社会主义和谐社会的要求，扎实推进行政权力公开透明运行工作

构建社会主义和谐社会是全党的重大战略任务，推进行政权力公开透明运行要紧紧围绕这个中心来进行。邯郸市作为全省唯一的推进行政权力公开透明运行试点市，始终坚持把促进和谐社会建设作为推进工作的根本出发点和落脚点，确立并实施了“坚持五项原则、把握四个要点、抓实三个环节、实现两个确保、达到一个目标”的“五四三二一”工作思路。坚持五项原则，即坚持依法实施原则、全面真实原则、注重实效原则、利于监督原则和高效快捷原则；把握四个要点，就是工作中要以规范行政权力行使为着力点，以公开透明为基本要求，以制度创新为手段，以监督制约为保障；抓实三个环节，一是清理行政权力事项，解决“谁来办”的问题，二是规范行政权力流程，解决“怎么办”的问题，三是明确办结时限和服务标准，解决“办得好”的问题；实现两个确保，就是确保用权为民，确保高效便民；达到一个目标，即通过推进行政权力公开透明运行促进全市和谐社会建设。

（一）坚持“三步法”，认真搞好行政权力清理，为行政权力公开透明运行夯实基础

推进行政权力公开透明运行，首先必须认真清理行政权力事项，搞好权力界定，解决“谁有权、有哪些权”的问题。只有权力项目清晰了，权责明确了，行政权力公开透明运行才有基础。我市在行政权力清理工作中，认真贯彻依法实施、积极稳妥的方针，着力抓好清理备案、编制职权目录、编制权力运行流程图等关键环节，探索总结出了“职权清理审查三步法”：一是上下互相印证。一方面按照机构改革“三定”方案确定的部门职责自上而下进行梳理，另一方面按照实际工作操作程序自下而上逐级进行排查。二是班子集体研究审定。即各单位在上报清理结果前，都要召开领导班子会集体研究，审定上报的行政权力项目。三是法制部门把关。公开办将上报的权力项目交法制办逐项审核把关，确保行政权力清理依法进行。在上报清理工作资料时，要求各单位做到“四个一”，即一表（行政权力目录表）、一图（权力运行流程图）、一件（行使权力所依据的法律和文件）、一盘（电子版文档）。这些措施有效保证了行政权力清理的质量，收到较好效果。通过清理，全市共清理出市政府本级和市直65个有关部门、单位拥有的各类行政权力2084项，并对60多项职责不清、职权不明的行政权力重新进行了界定，为行政权力公开透明运行工作的深入推进奠定了扎实基础。

（二）突出“三个重点”，着力抓好行政权力公开，最大限度地保证广大群众的知情权、参与权、监督权

搞好权力公开是推进行政权力公开透明运行的核心，也是保障广大群众知情权、参与权和监督权的关键。做好这项工作既要全面推进，又要突出重点，分步实施，注重实效。我市在行政权力公开的内容上，主要突出了三个重点，即涉及人民群众切身利益的热点问题、事关经济社会发展的重大事项和人、财、物、事等容易滋生腐败的重要权力。在管理经济社会事务方面，重点公开了项目审批、工程招投标、大宗物品采购、社会公益事业建设、国有土地出让、矿产资源开发利用和产权交易、各类财政性资金及其他公共性

资金分配使用等重要权力。在单位内部事务方面，重点公开了人员录用、调动、任免、奖惩及财务支配、物资采购等重要权力。在公开的范围和时间上，注重做到“两个一致”：一是公开的范围与行政权力行使涉及的范围相一致。涉及部分人和事的，在一定范围内进行公开；应让全社会知道的，及时向全社会公开。二是公开的时间与内容相一致。具有相对稳定性或经常性的内容长期公开，阶段性或临时性的内容随时公开。由于重点突出，程序规范，公开工作取得了较好效果，有效地保证了广大群众的知情权、参与权和监督权。

（三）强化“三项措施”，加强载体建设，努力打造特点突出、方便实用、形式多样的公开平台

一是全力推进网络建设，实现网上公开。网络公开是时代的要求，是信息社会发展的必然。我们坚持把网络作为公开平台建设的重点，一手抓职权清理，一手抓网络建设。建立开通了全市行政权力公开透明运行统一网站，以及行政许可事项、政府采购、建设工程招标投标、经营性土地使用权出让、专项资金管理、产权交易、公务员录用、城市规划八个行政权力公开透明运行网络系统。这些网络既是公开平台，也是运行和操作平台，通过这个平台，既可进行网上申报、网上审批等事项，也可进行网上投诉和举报，基本实现了人机互动、政府机关与广大群众的互动。二是积极推广“通透式办公”，实现行政权力公开透明运行形式和内容的统一。“通透式办公”是机关办公方式的一场革命。我市成安县先行一步，取得了比较突出的成效。其主要特点和做法是：机关集中——县直党政机关 59 个部门 1000 多名公务人员集中到一个综合办公大楼办公；通透办公——采取矮墙隔断、玻璃墙分隔的方式将所有工作人员置于通畅透明的环境之下；开门办公——县级领导干部办公室全部对群众敞开，大院门卫对办事群众一律放行；公开办公——将县委、县政府关系社会经济发展的重大事项决策过程和结果全部向社会公开。全县广大基层干部群众和企业厂长经理一致反映，现在的党政机关“门好进了，人好找了，事好办了”。初步成果显示，实行“通透式办公”降低了行政成本，提高了工作效率，密切了党群干群关系，强化了相互监督和源头上预防腐败，为推进行政权力公开透明运行找到了一种重要载体和有效方式。成安的做法受到省委副书记、省纪委书记张毅同志的肯定，并专门做出批示予以指导。《中国纪检监察报》在头版进行了连续报道，中央电视台新闻联播节目进行了专题采访。我市对成安县的经验进行了认真总结，并将其列为推进行政权力公开透明运行工作试点县，有力地推动了全市行政权力公开透明运行工作的开展。三是因地制宜，因事制宜，多种公开形式并举。根据不同的公开内容、不同的公开对象，选择不同的公开载体进行公开。在搞好现代化网络公开的同时，注重整合已有资源，充分发挥和利用广播、电视、报刊、新闻发布会、信息公开栏、办事明白卡等传统公开载体的作用。

（四）健全“三项制度”，强化监督检查，确保推进行政权力公开透明运行工作规范有序进行

推进行政权力公开透明运行，制度是保证，监督是关键。我市在推进工作中重点建立完善了三个方面的制度：一是建立完善投诉受理制度。制定出台了《邯郸市行政权力公开透明运行投诉受理办法》，对行政权力公开透明运行投诉受理的工作机构、受理范围、办理程序、工作流程和相关责任等进行了明确规定。二是建立完善绩效考核制度。制定了《邯郸市行政权力公开透明运行工作绩效考核办法》，将行政权力公开透明运行工作与年度目标考核相结合、落实党风廉政建设责任制考核与民主评议相结合，与评先评优、提拔使用相挂钩。三是责任追究制度。制定了《邯郸市关于违反推进行政权力公开透明运行工作行为责任追究办法》，明确了进行责任追究的范围、对象、方式及责任的区分认定等内容。同时，采取明察暗访、调度督导等形式加强对制度执行情况的监督检查，使这些制度得到了较好的落实，保证了推进行政权力公开透明运行工作扎实有序进行。

三　搞好行政权力公开透明运行与其他工作的协调，合力推进社会主义和谐社会建设

构建社会主义和谐社会既是一项浩繁的系统工程，又是一个新的重大课

题，很多问题需要在实践中进一步探索。正确应对我国经济社会发展出现的新趋势、新特点，妥善处理影响和谐社会建设的各种复杂问题和矛盾，不断提高构建社会主义和谐社会的能力，要求我们在工作中要注重全局性、战略性和前瞻性。充分发挥推进行政权力公开透明运行工作在构建和谐社会中的重要作用，就要注意将这项工作与改革发展稳定和党风廉政建设的其他相关工作紧密结合、协调联动，合力推进和谐社会建设。

一是要与深化改革、完善社会主义市场经济体制相适应。深化改革是构建和谐社会的重要内容。推进行政权力公开透明运行是关于行政体制的一项重要改革和创新，其对各项重要行政权力的清理规范和监督制约，与行政审批制度、财政体制、干部人事制度及投资体制等项改革紧密相连。推进行政权力公开透明运行要注意与这些改革相适应、相结合，一同深化、一同推进，认真贯彻落实中央关于完善社会主义市场经济体制的各项要求，努力实现行政权力行使的公开、公平、公正，保障各市场主体平等地参与市场竞争。

二是要与发展这个第一要务相协调。把推进行政权力公开透明运行与贯彻落实《全面推进依法行政实施纲要》、加强法治政府建设、提高依法行政的能力和水平相协调，为经济发展创造良好的法治环境。与加强机关效能建设、转变工作作风、提高行政效能、提高服务质量相协调，为经济发展创造良好的政务环境。与建设诚信政府、提高政府公信度、推动社会诚信体系建设相协调，为经济发展创造良好的人文环境。从而促进经济快速协调健康发展，为构建和谐社会提供坚实的物质基础。

三是要与建立健全惩防体系、做好反腐倡廉各项工作相结合。要把推进行政权力公开透明运行，同贯彻落实《建立健全教育、制度、监督并重的惩治和预防腐败体系实施纲要》紧密结合，加大预防腐败的工作力度。同坚决纠正损害群众利益的各种不正之风紧密结合，切实维护广大人民群众的切身利益。同严肃查办违纪违法案件紧密结合，保持惩治腐败的强劲势头。同深入推进政务、村务、厂务公开等项工作紧密结合，加强基层民主政治建设。总之，做到两方面工作同部署、同实施、同检查、同考核，以推进行政权力公开透明运行带动反腐倡廉各项工作深入开展，以反腐倡廉的各项工作成果，为构建和谐社会提供重要的政治保证和纪律保证。

邯郸市开展推进行政权力公开透明运行试点工作以来，全市各级行政机关及其工作人员依法行政的自觉性普遍增强，工作效率和质量明显提高，经济发展环境进一步优化。广大群众的知情权、参与权、监督权等民主权利得到切实维护，党风廉政建设进一步加强，党群干群关系更为密切，安定团结的政治局面更加稳固。实践证明，构建社会主义和谐社会必须大力推进行政权力公开透明运行，推进行政权力公开透明运行必然有效促进社会主义和谐社会建设。

在全市农业项目建设现场观摩会上的讲话

（2005 年 7 月 15 日）

这次全市农业项目建设现场观摩会议，是市委、市政府研究决定召开的。主要任务是总结回顾我市上半年农业项目建设情况，分析研究全市农业项目建设形势，进一步动员全市各级各部门加大工作力度，再鼓干劲，确保全面完成今年的农业项目建设目标任务。刚才，我们参观了成安县的创大油脂项目，魏县的永丰浓缩果蔬汁、中韩速冻保鲜蔬菜项目，大名县的名福植物油、永健烤馍片、香油城、得利城等项目。大名、魏县、成安、永年四个县做了典型发言，汇报了工作，介绍了抓农业项目建设的经验体会。会后，希望大家一定要对今天我们观摩的这些项目单位和魏县、永年、大名、成安等县抓农业项目的好经验和做法进行认真学习借鉴。下面，我就今年全市农业项目建设工作讲三点意见。

一　总结成绩，查找差距，进一步增强抓农业项目的紧迫感、责任感

去年以来，我市连续两年在全市组织开展“农业项目年”活动。尤其今年，我们坚持早动手、早安排，在春节前就谋划部署这项工作，随后组织动员各级各单位广泛开展“农业项目年”活动。今年以来，大家不辞辛苦地跑资金上项目，一心一意抓协调搞服务，扎扎实实抓项目工作，使全市农业项目建设呈现快速发展的势头。到今年 6 月底，全市投资额 500 万元以上

的农业项目达到 195 个，累计投入资金 30.5 亿元，今年新增资金 10.4 亿元。已经竣工农业项目 25 个，今年新增资金 1.7 亿元，竣工项目数量同比增加 12 个，当年投入资金额同比增加 1.3 亿元、增长 30%；在建项目达到 170 个，同比增加 23 个，其中今年新开工项目数量达到 80 个，今年投入资金额达到 8.7 亿元，同比增长 20%。全市投资额 5000 万元以上的项目有 51 个，总投资达到 62.5 亿元。

纵观上半年我市农业项目建设形势，有三个明显特点：一是一批龙头项目建设进展较快。在今年 51 个总投资 5000 万元以上的农业龙头项目中，总投资 1.2 亿元的鸡泽辣椒工贸城三期工程、总投资 1 亿元的邱县扭扭食品加工配套工程、总投资 1.2 亿元的曲周晨光色素加工扩建等一批续建项目，目前建设进展都比较快。特别是今年开工兴建的大名永健烤馍片生产线、魏县中韩合资兴建的蔬菜速冻保鲜加工出口、永年万吨蔬菜气调库等一批农业龙头项目建设进展较快，多数可望在国庆节前后投入生产。投资 2.3 亿元的大名得利城面粉加工项目，在前期征地等实际投入资金 1200 万元之后，6 月份土建工程全面开工建设，当月完成投资 2600 万元，计划年底前完成一期工程建设。二是民营资本、工商资本、域外资本开始投向我市农业项目建设领域。在今年我市农业项目实际投入资金中，民营资本、工商资本、域外资本投入占到 90% 左右。其中民营资本占到三分之一以上，如大名得利城、永健烤馍片、曲周特种油脂加工、市万头奶牛胚胎移植等大型龙头项目，都是民营资本投入建设的。域外资金占 30% 左右。如永年万吨蔬菜气调库、峰峰福润肉食品加工扩建、邱县扭扭食品加工等龙头项目，都是引进域外资本或与域外资本合作兴建的。特别是魏县去年以来兴建的永丰浓缩果汁加工和蔬菜速冻保鲜加工出口两个投资亿元以上的龙头项目，都是引进域外资金兴建的独资企业。同样，工商资本投入在我市农业项目建设中占有相当比重，今年达到 24%。邯郸辰翔集团原本是搞房地产开发的企业，去年以来累计投入 1.7 亿元，先后在邯郸县和大名县投资兴建了奶牛良种繁育中心和大名香油城两个农业项目。三是外出招商规格高、力度大，取得丰硕成果。4 月初，由市委书记聂辰席带队、各县（市、区）主要领导参加的学习考察团到山东威海、青岛等地进行了广泛的招商活动，签约了永年万吨蔬菜气调库等一批项目。4 月中旬，由市长王三堂带队、我市在北京举办了“文化邯郸京津行”活动，其间举办了“特色农产品推介会”和“发展机遇与合作”恳谈会等活动，会上永年南大堡蔬菜市场、馆陶金凤市场、魏县天仙果品批发市场、大名五得利集团以及临漳、涉县、鸡泽、武安等进行了农产品推介，签约成安玉米深加工、临漳县万亩速生丰产林等 16 个农业项目。4 月下旬，由我带队组成邯郸市农业考察团赴山东潍坊、烟台、威海等地重点考察了农业产业化工作。考察中，市县党政领导分别进行了对口座谈，举办了 4 次项目推介会和签约仪式，签约“大名花生市场与山东鲁花花生油联营合作”等项目 16 个。县（市、区）也开展广泛的招商活动并取得了丰硕成果。

在看到成绩的同时，大家也要清醒地认识到，我们在发展上还存在许多困难和问题。从发展的大环境看，我们仍然面临着项目建设土地协调和融资难双重制约。从全市的农业项目建设总体情况看，立市立县的能够拉动经济发展的龙头企业项目相对较少的状况没有得到根本改变。从各县（市、区）、各部门的工作开展情况看，也存在一个发展不平衡的问题。有的县（市、区）项目建设成效显著，像今天我们看到的县和会上介绍经验的县，都是发展势头比较好的县，县委、县政府对抓农业项目推动工作力度非常大，推动工作非常努力，县委、县政府主要领导都是直接介入项目推动工作，到这些地方看项目，看得很带劲，看得很长精神。而有的县项目建设零零散散，拿不出像样的项目，看不出什么名堂。有的单位积极争资金、跑项目，而有的个别单位人浮于事，连正常业务工作都开展不好，就更别说跑资金上项目了。上述影响我市农业项目建设的突出问题，必须下大力气加以解决。

总之，上半年的工作成绩不小，问题也不少。我们既要看到有利的一面，坚定发展信心，又要保持清醒的头脑，看到自身的差距和不足，进一步增强加快发展的紧迫感和责任感。大家一定要牢固树立发展意识、赶超意识，以敢打必胜的斗志，只争朝夕的精神，积极投入项目建设中来，鼓足干劲抓项目，努力开创我市农业项目建设的新局面。

二　积极谋划，全力实施，加快推进我市农业项目建设的进程

今年我市农业项目建设能否实现新突破，下半年至关重要。为此，我们要积极谋划，抓住重点，狠抓落实，加快推进农业项目建设。

（1）抢抓机遇，抓好项目前期的谋划。要发展就要增加投入、上项目。项目谋划是项目建设的基础和前提。我们必须围绕发展谋划储备一大批能够拉动市、县农业经济发展，带动产业发展，促进农民增收、农业增效、财政增税的好项目。当前，中央、省以及全国各地都在积极谋划“十一五”规划重点项目，上项目就需要合作，这就蕴藏着互相合作的无限商机。同时，我们只有谋划一批符合国家产业政策的项目，才有可能挤进国家、省重点盘子，争取上级的支持。可以说，目前我们面临着项目谋划建设难得的机遇。因此，大家一定要扎扎实实地做好项目的谋划和储备工作。要围绕全市、本地确定培育的主导产业，立足本地现有产业，充分利用优势资源，深入研究制定本地“十一五”发展规划，特别是农业项目发展规划，以此为基础广泛进行项目谋划和储备。在项目谋划上要注意以下几点。一是依据国家投资方向和政策导向谋划项目。国家政策性投资目前是我市基础设施和社会公益性项目建设的主要资金来源。这些项目的争取和建设，关键是要吃透国家投资方向和政策导向。二是依据国家发布的产业政策指导目录抓项目谋划。为加快发展，国家出台了《当前国家重点鼓励发展的产业、产品和技术目录》《外商投资产业指导目录》《高新技术产业发展指导目录》。其中涉及农业类的有 4 个领域共 70 多个项目。我们在谋划项目时，一定要学习了解产业和技术目录，把国家产业扶持政策很好地利用起来。三是依据各级各类规划抓项目谋划。在项目谋划时，我们要研究拟建项目是否符合国家、省、市经济社会发展中长期总体规划和行业建设规划，要务必与国家、省、市的规划相衔接，防止谋划项目走进“禁止”的误区。四是依据特色资源和优势资源谋划项目。在项目的谋划上，要立足当地实际、发挥资源优势和产业优势、突出地方特色。五是依据科研成果和专利成果转化谋划项目。科技是第一生

产力。一项好的科研成果，往往带来的是一项技术革命，促进一个高效益的农业产业链的形成。我们要加强与科研院所的联系，建立与科研院所长期联系制度，及时掌握农业科研最新成果和技术信息。我市在农业科技依托上，目前与中国农科院、省农科院、中国农大已经建立了比较牢固的关系，各县（市、区）如果有这方面需求，可以通过市农工委、农业局、科技局与这些科研单位联系，我和学增同他们的主要领导也都熟，也可以找我们两个人联系。六是依据产业链的关联配套原则抓项目谋划。我们现在一些地方目前也已有了主导产业，但是产业链的延伸、配套服务还没有跟上，导致出现发展规模上不去、带动能力不强的局面。我们要围绕主导产业的形成重视谋划配套项目的建设，真正做强、做大区域主导产业。七是依据国际、国内需求和市场导向抓项目谋划。只有以市场为根本导向，才能谋划出一批起点高、市场前景广阔，产业关联度高的好项目。

（2）打造龙头，深入推进“353”工程实施。在今年的“农业项目年”活动中，坚持全面推进，突出重点，选择了30个重点竣工项目、50个重点续建和新开工项目、30个大型农业谋划项目，确定为“353”工程加以实施。只要把这“353”工程牢牢地抓在手上，我们就抓住了农业产业化发展的牛鼻子。从上半年情况看，“353”工程进展还不很理想，特别是各县（市、区）、各单位之间差距比较大。项目建设是年初市委、市政府下达的任务，必须不折不扣地完成。目前，全年时间已经过半，各级各单位必须把主要精力放在项目建设上，深入推进“353”工程。各项目承办单位要抓紧时间，倒排工期，集中人力、物力，千方百计赶进度、抓质量。未开工项目要抓紧解决存在的问题，积极创造条件，促其尽快开工建设。在建项目要加快建设速度，保证工程质量，不能出现“半拉子”工程，确保全年项目建设任务的全面完成。

（3）培育发展，壮大市、县特色优势产业。经过发展，我市蔬菜、面粉加工、蛋鸡、林板等产业已经形成了一定的优势和特色，各县（市、区）也培育了本地优势和特色产业，关键在于做大做强这些产业。随着区域主导产业的确立，围绕发展主导产业，延伸产业链条，“把蛋糕做大”就成为必须解决的突出问题。这方面，我市馆陶金凤集团和大名五得利集团发展到今天的规模，就是坚持每年都有新项目，不断增加技改和资金投入，实现自身的规模扩大和发展壮大。我们应认真思考这一问题，重视谋划规模扩大、延伸链条的配套项目的建设。

（4）加大投入，增强农业经济发展的后劲。项目建设投入是关键。一是积极引导民间工商资本投入。今后，农业项目特别是竞争性项目的投入主体将是民间资本和各类工商资本。各级政府要把工作的着力点放到进一步优化投资环境上来，为各类市场主体投资农业项目创造良好的投资环境，以优良的环境吸引各类工商资本向农业领域投资。二是加强银企合作。各级政府要筛选一批符合条件的农业项目，积极向银行推荐，使银行更多地了解项目情况，争取银行支持，促进银企合作。新建重大项目，要更多地采用与国内外大公司合作的途径解决资金问题。三是搞好资源整合。农口各部门用于项目建设的资金总量不小，如果使用过于分散，就难以取得理想效果。要按照“集中力量办大事”原则，把财政支农资金、农业综合开发资金等有关农口部门的资金整合协调起来，集中投入，打捆使用，发挥最佳的效果。要学习借鉴江苏省“一资带三资”发展农业项目经验，通过财政资金的导向作用，吸引民间资本、工商资本、外来资本“三资”进入农业领域，领办农业项目。

（5）扩大招商，不断实现农业项目建设的新突破。一是思想要解放。与发达地区相比，我们在加快发展方面有一个潜在优势，那就是后发优势，即可以借鉴发达地区成功和失败的经验教训，在发展上少走弯路。在农业产业化项目方面，内蒙古的乳业、宁夏的枸杞国酒，山东的出口蔬菜等均已发展成全国响当当的产业。这些产业的发展开始也不是一帆风顺，都有磨难，最终找到了突破口，从而发展壮大起来。我们要认真分析研究它们的发展历程，从中汲取成功经验。我们要拓展思路，以开放的、创新的思路，研究发达地区在项目谋划方面的经验做法。要创造机会多出去看看，多了解信息，不能闭门造车。二是坚持走出去。当前，全国各地都在加大农业项目招商力度，这个时候谁的力度大，谁抓得紧、抓得早、抓得实，谁就会抢占商机，占据主动位置。今后一个时期，各级政府和各农口部门要把农业项目招商工作作为一项事关全局的重点工作来抓，要走出去，发扬“千山万水、千辛万苦、千言万语、千方百计”的精神，跑不来资金跑项目，跑不来项目跑信息，跑不来信息跑感情，一次不行就多跑几次，最终会找到办法，跑回资金、跑回项目来的。三是选择目标。国内招商，要把目光瞄准东南沿海等发达地区。目前，我市已经有合作基础的地区有山东、浙江、福建等地，要抓住国内项目逐步北移的机遇，加强同这些地区的合作。现在南部温州、珠江三角洲等地几乎已没有可用于项目建设的土地了，再加上土地开发区的清理整顿，电力资源紧缺，劳动力缺乏，南方一些产业开始向北方转移，正在形成“南资北移”。我市虽然处于中原腹地，在项目建设用地上也受到一定影响，但是，我市丘陵和山区非耕地面积占有一定比例，这些非耕地面积完全可以整合利用，平原地区也可利用旧城改造，空心村整合挤出一部分土地，这些土地整合利用，足可以搭起项目建设的平台和载体，增强项目开发的吸引力。国外招商要把目光瞄准在国际市场上有影响力的大公司大集团，有针对性地招商，加强对重点项目的宣传和推介，积极营造合作机会。四是积极参加各类信息发布、洽谈招商活动。近几年，市内外各类展会、技术交流会和经贸洽谈会比较多。这些活动的开展，为社会提供了一个交流、了解的平台，是开放的体现。我们要认真、积极地看待这些活动。每次展会，都有着不同类型的大量的信息存在；通过投资洽谈会，我们可以了解投资者热衷于哪些项目；通过技术交流会，我们可以了解最新科研成果和实用技术。各类展会、技术交流会和经贸洽谈会中存在大量商机。我们必须更新观念，拓展思路，多参加这类活动，学会与外界沟通，学会推荐自己。五是营造环境。要继续营造跑项目的宽松环境，各级政府要加大前期经费投入，要大张旗鼓地表彰和奖励跑项目争资金的先进单位和有功人员，以促进全市项目工作的深入开展。

三　加强领导，强化督导，确保今年全市农业项目建设目标任务圆满完成

加强农业项目建设任务艰巨，责任重大。各级各单位要把加快农村项目建设作为总揽农业和农村经济全局的战略措施，精心谋划，加强领导，抓紧抓好。

第一，强化领导，落实责任。农业项目工作是一个复杂的系统工程，涉及方方面面，必须加强组织领导。各级各单位要明确分工，逐级落实责任。各级党委、政府主管领导和主管部门主要负责同志是项目建设第一责任人，要带头抓项目，要用改革的办法解决项目建设中的问题，要用市场经济手段充分调动投资者和项目跑办人员的积极性。

第二，加强协调，形成合力。全省农业项目建设调度会上，省政府成立农业产业化及农产品加工项目建设协调会领导机构，我市也要成立相应的协调机构，专门负责对较大的项目跟踪调度和督导检查，掌握项目进展情况，总结交流各县（市、区）的经验做法，组织协调主要项目的发布等。农业项目因其本身的特殊性，且直接涉及农民群众的切身利益，因此在操作、管理上困难也相对较多。为此，我们在抓农业项目时，要注意加强协调，解决实际问题。要保护农民利益，在土地征用等问题上，多做艰苦细致的工作，化解各种矛盾，保证快速、稳定、协调发展。

第三，抓好督导，严格奖惩。一是继续严格实行“月汇报、季调度、半年观摩评比、年终总结表彰制度”。各级各部门领导要真抓实干，要按照责任分工深入农业项目建设第一线，现场指导，及时解决项目建设中存在的问题，确保项目建设顺利进行。二是继续搞好激励机制，严格奖惩制度。今年“农业项目年”活动中，市财政拟拿出5000万元专项资金，对重大项目给予重奖，对总投资5000万元以上、当年竣工或基本竣工的农业龙头项目，给予30万元奖励，以此鼓励发展农业项目。

同志们，加快农业项目建设进程，加快我市农业农村经济发展，是摆在我们各级各部门以及企业主面前的一项紧迫任务。希望大家一定要发扬成绩，强化措施，乘势而上，积极投身到“农业项目年”活动中，下大力气抓好农业项目建设工作，为农民增收、农业增效、全面建设农村小康社会做出积极的贡献！

坚定信心　求真务实
为新阶段扶贫开发再立新功

——在全市扶贫开发工作会议上的讲话

（2005 年 7 月 19 日）

这次全市扶贫开发工作会议，是我市进入扶贫开发新阶段之后召开的一次非常重要的会议。主要是总结第一阶段扶贫工作，部署下一阶段扶贫工作。刚才，学增同志宣读了中共邯郸市委办公厅、邯郸市人民政府办公厅《关于表彰邯郸市扶贫开发工作先进集体和先进个人的决定》，有三个单位做了典型发言。一会儿，辰席、三堂同志还要做讲话，充分说明市委、市政府对这次会议的高度重视。希望大家要把这次会议精神学习好、领会好、贯彻好、落实好。下面我讲几点意见。

一　全市第一阶段扶贫开发取得的成效

按照中央和省委的统一要求和部署，2001 年，我市制定了《邯郸市农村扶贫开发规划（2001—2010 年）》。规划中，全市按贫困程度列入了 707 个扶贫开发工作重点村，对这 707 个重点村脱贫问题分三个阶段实施，每三年一批。2001 年为“八七”扶贫攻坚向新阶段扶贫开发过渡年。2002 年到 2004 年，作为新阶段扶贫开发的第一阶段，主要任务是集中力量扶持第一批 318 个重点村稳定解决温饱问题。三年来，全市各级各部门站在立党为公，执政为民的高度，始终把扶贫开发工作作为全面建设小康社会的重大举措，精心组织，认真谋划，合力攻坚，经过不懈努力，我市扶贫开发取得了阶段性的成果。

——投入力度加大。三年来，全市投入扶贫专项资金 34381 万元，其中财政扶贫资金 7867 万元，以工代赈资金 6514 万元，扶贫信贷资金 2 亿元。有效地促进了贫困地区基础设施建设和生产生活条件的改善。

——对口帮扶成效显著。三年来，全市 699 个各级对口帮扶单位共为贫困村投入各类资金 3237.2 万元（包括捐赠物资折款），帮助贫困地区引进资金 2029.3 万元，为贫困村打井、修路、建学校、救助失学儿童、帮助转移劳动力等，做了大量实事好事。

——贫困人口和贫困村大幅度减少。三年中，全市累计解决了 24.54 万贫困人口的脱贫问题，有 258 个扶贫重点村脱贫出列。全市尚未脱贫的贫困人口由 2001 年的 64.02 万人减少到 2004 年底的 39.48 万人，减幅 38.3%；扶贫重点村由 2001 年的 707 个减少到 2004 年的 449 个，减幅 36.5%。

——基础设施建设速度加快。三年中，全市贫困地区修建乡村道路 913.7 公里，解决了 489 个村行路难问题；打深井 556 眼，建水池水柜 1915 个，解决了 7.7 万贫困人口的饮水困难；新建或改造小学校舍 913 间，解决了部分贫困地区学生上学难问题。另外，还解决了 231 个村生产用电难和 364 个村通信难问题。

——扶贫三大工程建设创新了扶贫开发模式。一是科技示范工程。三年中，在贫困地区共建立 10 个布局合理、科技含量高、示范效果好、带动能力强的扶贫科技示范园区，有效地带动了 180 个贫困村开展产业结构调整，促进了种植业和养殖业的发展。二是城乡共富工程。成立了城乡共富促进会，组织全市 25 家企业，累计为贫困地区投资 2 亿多元，扶持带动了一批扶贫项目。三是人才素质工程。三年中，累计培训贫困地区干部群众 7.8 万人次，结合“一村一名大学生”工程，输送贫困地区大学生 110 名，有效地促进了贫困地区干部群众文化素质和科技技能的提高。

——四大扶贫开发项目扎实推进。“周转畜”项目投入资金 1153.5 万元，确定了 123 个“周转羊”专业村，3413 个专业户，共发展周转羊 20307

只，周转牛 153 头，周转猪 3413 头；组织贫困劳动力输出 21.5 万人次；完成移民搬迁 252 人。

三年来的扶贫开发，对促进贫困地区农民增收，缩小贫富差距，推进全市经济协调发展和社会全面进步，加快农村小康社会建设，构建和谐邯郸，发挥了巨大的推动作用。其间，有许多成功的经验，需要我们很好地总结、坚持和完善：一是坚持强化领导，明确责任，始终把扶贫开发作为一件大事来抓，这是搞好扶贫开发的重要保证；二是坚持开发式扶贫，帮助贫困群众改善生产生活条件，发展特色产业，提高自身素质，增强自我发展的能力，这是摆脱贫困的根本出路；三是坚持扶贫到村，以贫困村为主战场，以贫困人口为扶持对象，各项扶贫政策措施进村入户，这是提高扶贫成效的关键所在；四是坚持整合资源，明确行业职能部门承担扶贫开发任务，加大对贫困地区的扶持力度，这是搞好扶贫开发的重要举措；五是坚持社会参与，动员和组织全社会各方面的力量投入扶贫开发，形成扶贫开发的强大合力，这是十分有效的扶贫方式；六是坚持自力更生，充分发挥贫困地区广大干部群众的积极性、创造性，这是搞好扶贫开发的决定因素。

在对三年来我市扶贫开发所取得的成绩给予充分肯定的同时，也应该清醒地认识到，从现在到 2010 年还有不到 6 年的时间，我们需要解决 449 个扶贫重点村的脱贫任务，解决 39.48 万贫困人口的稳定脱贫问题，时间紧迫，任务艰巨。我们面临的形势也是相当严峻的。一方面，尚未脱贫的 39.48 万贫困人口是经过多年扶贫开发剩下的“硬骨头”，大多分布在生态环境恶劣、自然资源贫乏的偏远地区，脱贫的难度相当大，而已经解决温饱的 19.611 万低收入人口收入很不稳定，一遇天灾病患，很容易返贫，巩固温饱的任务相当艰巨。另一方面，从今年开始，省以上扶贫资金不再投入非重点县贫困村，第一批未能脱贫出列的贫困村，省以上资金也不再扶持，由市和所在县扶持。我市第二批、第三批非重点县贫困村还有 389 个，加上第一批未能出列的共有 449 个贫困村，需要依靠市和本县力量解决脱贫问题，任务更加艰巨了。各级各部门要切实增强责任感和紧迫感，认清形势，明确责任，进一步加大力度，强化措施，努力完成既定的目标任务。

二　明确第二阶段扶贫开发的任务目标和基本要求

按照《邯郸市农村扶贫开发规划（2001—2010年）》安排，从今年开始到2007年，是扶贫开发的第二阶段，主要任务目标是集中力量扶持195个重点村，同时使第一批剩余的60个重点村尽快脱贫出列，完成19.611万贫困人口稳定解决温饱问题，确保19.87万初步解决温饱的低收入人口稳定脱贫，正常年景下返贫率控制在5%以内。完成第二阶段扶贫开发的任务目标，要求各级各部门站在全面建设小康社会高度，坚持立党为公、执政为民的宗旨，以科学发展观统领扶贫开发工作全局，认真贯彻落实全省扶贫开发工作会议精神，结合我市实际，在具体工作中要把握好六个方面：一是园区带动，滚动发展。把扶贫科技示范园区建设作为扶贫开发的重要措施，加大投入，扩大规模，完善机制，以扶贫科技示范园区为平台，推动周转畜、科技培训及科技推广等各项工作的开展。二是整村推进，到户到人。以全市第二批195个重点村和第一批未出列的60个重点村为基本单元，以195个重点村为重点，集中力量予以扶持，在抓好这些重点村基础设施和公益事业建设的同时，为每个贫困户建档立卡，逐户落实帮扶措施，努力在2007年实现整体脱贫。三是因地制宜，突出重点。对第二批195个重点村和第一批未出列的60个重点村，按照缺什么补什么的原则，以增加农民收入为重点，宜农则农，宜牧则牧，对缺乏基本生存条件的，则实行移民搬迁，要因地制宜地规划好项目，抓好落实。四是综合开发，全面发展。在抓好重点村基础设施和产业项目的同时，要积极发展科技、教育、文化、卫生事业，特别要重视基础教育、农民技能培训和实用技术推广，促进贫困地区经济社会的协调发展。坚持扶贫开发与计划生育、资源保护、生态建设相结合，实现人口、资源、环境的良性循环。五是强化责任，全力攻坚。扶贫开发是党和政府的重要任务，也是全社会的共同责任，各级各部门要把帮助贫困地区搞好开发和建设纳入本部门、本系统的工作规划，在项目、资金、技术等方面向贫困地区倾斜，加大对重点村支持力度。在此基础上，继续做好对口帮扶工作。六是自力更生，艰苦创业。贫困地区要在政府的扶持下和社会各界的帮助下，克服等靠要思想，充分发挥自强不息、艰苦创业的内在动力，尽快改变贫困落后面貌。

三　继续搞好四大扶贫项目建设

“周转畜”、“周转棚”、劳务输出、移民搬迁是2003年省提出的四大扶贫项目，也是省财政扶贫资金主要支持的项目。两年来的实践证明，四大扶贫项目建设有效地促进了农民收入的增加，是扶贫开发最直接、最有效的办法，深受群众欢迎。在第二阶段扶贫开发中，要继续把四大扶贫项目作为重点来抓。

第一，围绕培育特色产业，抓实“两周转”。按照省统一部署和要求，结合实际，我市从2003年下半年开始，在5个重点县开展了以周转畜为主的“两周转”工作，周转畜工作已在5个重点县规划的贫困村中全面推开，在部分地区已初步形成养羊、养牛、养猪产业，有效地促进了农民增收，各有关县要很好地总结经验，进一步做好调查研究工作，切实解决周转工作中出现的新问题。在第一批重点村中，我们根据客观实际，主要搞了周转畜。在一定程度上，第二批重点村基础条件比第一批重点村要好一些，因此，在进一步抓好周转畜的同时，要因地制宜，大力开展周转棚工作。“两周转”关键是“转起来，转得好，转得快，不损失”。抓实“两周转”要突出四个重点。一要切实加强周转资金和项目的管理，合理引入竞争机制，继续实行“县管，县用，县负责”，落实行政首长负责制；二要进一步做好防疫灭病、销售加工等相应的配套服务工作；三要注意选择一批效益好、能带动“两周转”产业的龙头企业和专业合作组织，在扶贫信贷资金上给予重点扶持；四要积极推广“市场牵龙头，龙头带基地，基地连农户”的产业化周转路子，不断扩大规模，培育优势特色产业。

第二，把劳务输出作为战略任务来抓。随着市场经济的不断完善，劳务输出成为贫困地区农民增加现金收入的有效途径，是扶贫开发的战略性措施。对此，要高度重视，精心组织，周密安排。目前，贫困地区劳务输出存在的主要问题，一是组织发动工作不充分，专项培训经费没有全部用于培训；二是劳务输出大多属于自发行为，组织化程度不高；三是劳务输出水平低，收入低，就业面窄，而且不稳定。今后，各级扶贫部门要以强化培训为切入点，按照政府组织、部门配合、分工负责、齐抓共管的原则，不断加大培训投入，积极开展对贫困农民的职业技能培训，提高就业能力。同时，要加快劳务输出服务体系建设，加强与用人单位的联系，广辟就业渠道，提高就业率，维护好输出人员的合法权益。每年每个重点县通过培训，有组织地转移贫困劳动力要达到6000 人以上。

第三，进一步搞好移民搬迁工作。我市移民搬迁任务主要集中在涉县、武安、磁县。要认真摸清底数，对那些一方水土养不了一方人的贫困村要有组织、有计划地实施移民搬迁。要从实际出发，制定搬迁规划，合理确定搬迁形式，最好是整村搬迁，向县城和乡镇政府所在地搬迁，建设集中安置小区。要切实落实搬迁资金，省财政扶贫资金对重点县移民搬迁的补贴标准，从今年开始提高到每人补助4000 元，并全部用于搬迁户的建房补贴。非重点县的移民搬迁资金主要依靠本县（市）解决，以工代赈资金和其他配套建设资金要优先保证移民搬迁。要十分细致地做好群众搬迁后的工作，尤其要使搬迁户有稳定的生产经营项目，确保搬得出，稳得住，能致富。

四　深入推进扶贫科技示范工程建设

科技示范工程是我市实施的扶贫三大工程之一。经过三年多的强力推进，已初步形成县有科技扶贫示范园区、乡有科技扶贫示范村、村有科技扶贫示范户的多层次的科技扶贫示范体系，为全国提出的整村推进、劳动力转移培训、产业扶贫在我市的开展提供了载体和平台。要进一步加大投入力度，不断完善扶贫科技示范工程功能，扩大科技扶贫示范园区规模，对已形成的县、乡、村、户的科技示范体系进行规范，加强管理，创新机制，充分发挥其示范带动作用。科技扶贫示范工程要以“两周转”项目为基本内容，带动贫困地区畜牧业和设施农业的发展。各县（市）要结合当地农业结构调整的布局规划，按照“特色 + 规模 + 品牌 + 产业化”的模式，以扶贫科技示范园区为依托，把“两周转”项目落实到贫困户。在科技扶贫示范园区建设上，尽快完善良种繁育、防疫灭病、饲料安全、科技推广、标准化建设五大体系建设，加快园区内培训楼等基础设施建设，真正使园区起到“培训人才、推广技术、示范带动”的作用。

五　发挥职能部门作用，继续实施行业扶贫

扶贫开发是一项综合工程，需要政府领导，部门协作，共同完成。特别是制约贫困地区发展的水、电、路、信、医等基础设施，仅靠扶贫资金是远远不能解决问题的。为此，2003 年，市委、市政府下发了邯发 20 号《关于加大对扶贫开发工作重点县和重点村支持力度的意见》的文件，要求各有关行业部门，按职能范围分别承担改善贫困地区基本生产生活的任务。两年来，各有关部门按照市委、市政府的要求，对贫困地区基础设施建设给予了大力支持，取得了显著成效。但由于贫困地区在这方面欠账较多，目前，行路难、饮水难、上学难、通信难、就医难仍是制约贫困地区经济发展的瓶颈，是扶贫开发要解决的重点问题。今后三年各有关部门要继续加大工作力度，继续加大对贫困地区的倾斜力度，把市委 20 号文件确定的各项任务目标落到实处。交通部门要加强重点村道路建设，今年基本实现村村通公路。水利部门要多方筹措资金，加快项目建设，到 2006 年要基本解决贫困村饮水困难。教育部门要帮助贫困村尽快完成中小学危房改造任务，落实好对农村贫困家庭学生“两免一补”的政策。电信部门要加快贫困地区固定通信和移动通信建设步伐，尽快解决贫困村通信难问题。卫生部门要进一步加大对重点县的支持力度，到 2007 年 5 个重点县乡镇卫生院达到国家要求标准，改善贫困村就医难状况。民政部门要加强对贫困村特困户、低保户的生活救济工作，落实“五保户”供养经费，保障他们的基本生活。发改委重点项目建设资金要向重点县倾斜。电力部门继续落实对南网重点县农业排灌用电给予电价优惠（0.18 元/千瓦小时，较正常电价优惠 0.21 元/千瓦小时）政策。科技部门每年组织实施 20 项国家和省星火计划项目，加强贫困地区实用技术培训。文化部门要在文化基础设施建设方面对重点县给予倾斜。有关涉农部门在中低产田改造、盐碱治理、发展旱作农业等方面要给予贫困地区

大力支持。20号文件涉及的其他部门，也要围绕自己负责的专项问题，拿出切实可行的措施，确保限期完成。市扶贫办要配合市委、市政府两个督查室加强调度检查，定期通报落实情况。

六　继续做好对口帮扶工作

党中央、国务院对动员社会力量开展定点帮扶工作给予了充分肯定。省委、省政府要求，从今年开始，全省启动实施“四帮一”扶贫工程，其内容是安排省直单位、大中型企业、大专院校和科研单位以及经济实力较强的县（市、区）四方面力量，共同帮扶一个重点县，每个帮扶单位至少帮扶一个重点村。市委、市政府决定在第二阶段扶贫开发中安排130个市直部门对口帮扶195个重点村。各帮扶单位要提高认识，强化责任，积极参与，切实把对口帮扶工作摆上议事日程，做到工作有人抓，事情有人管，班子成员要定期到帮扶点调查研究，解决实际问题。在实际工作中，切实做到“五帮”，即帮建好班子、帮找准发展路子、帮转变观念、帮推广技术、帮提高能力。不断拓宽帮扶领域，深化帮扶内容，提高帮扶效果。同时，各帮扶单位要把帮扶工作与培养锻炼干部、改进工作作风紧密结合起来，对成绩突出的要大力表彰，重点培养，提拔重用。各级扶贫部门要积极做好中直、省直和市直部门扶贫工作队员的生活安排，及时帮助他们解决生活和工作中遇到的困难，消除他们的后顾之忧，使他们能安心工作，为扶贫事业多做贡献。

七　完善机制，确保各项政策落到实处

从中央、省到市对新时期扶贫开发方针政策、任务目标以及工作措施都已明确，能否取得成效，关键在于各级党委、政府特别是“一把手”的重视程度，在于抓落实的工作力度。

第一，强化责任。按照省要求，继续实行扶贫开发工作党政“一把手”责任制，各级党政“一把手”是扶贫开发工作的第一责任人，帮扶单位的主要负责人是完成本部门帮扶任务的第一责任人。各级各部门要切实增强责

任感，把扶贫开发各项政策、措施、任务目标不折不扣地落到实处。

第二，严格扶贫资金管理。随着扶贫开发任务的加大和国家财力的增强，扶贫资金额度逐年增大，今年第一批省以上财政扶贫资金到达我市的额度是1800万元，市财政配套资金计划安排380万元，这些资金是坚持以人为本、解决弱势群体温饱问题、改善他们生产生活条件的急用资金，国家对扶贫资金的使用有严格的管理办法。各级扶贫、财政部门要进一步加强扶贫资金使用管理，大力推进“阳光工程”，进一步完善公示制，提高资金使用的透明度，确保真扶贫，扶真贫，使扶贫资金发挥最大效益。各级扶贫办要结合审计部门加大审计力度，结合这次全省专项资金大检查，对扶贫资金进行一次认真、全面审计，确保不出任何问题。在扶贫资金使用上，要建立捆绑使用机制，引进竞争机制，把有限的财政扶贫资金作为引导资金和“粘合剂”，吸纳社会各方面资金投入扶贫开发，切忌“撒芝麻盐”的做法，确保财政扶贫资金发挥最佳效益。

第三，加强扶贫机构建设。各级扶贫办是扶贫开发的组织、实施、协调机构，承担新时期扶贫开发的重要职责。各级党委、政府要切实关心扶贫机构建设，特别是5个重点县在2001年申报重点县时，均就扶贫机构、人员编制、工作经费等向省政府做了承诺，目的很明确，就是要同新时期扶贫开发任务相适应。但就目前情况看，有相当一部分县没有履行承诺。存在的问题主要有：一是金额财政编制没到位；二是工作经费严重不足；三是仍有自收自支人员。这一情况已引起省和市的高度重视。今年国家和省将对重点县进行调整，机构建设不到位，就有可能摘掉重点县的帽子。希望5个重点县抓紧整改充实，对不能适应扶贫开发任务的要进一步加强，特别是不能出现自收自支人员编制。

同志们，第二阶段扶贫开发时间紧，任务重，我们一定要坚持以人为本，把贫困群众的衣食冷暖时刻放在心上，以保持共产党员先进性教育活动为动力，开拓创新，真抓实干，为贫困地区早日脱贫致富再立新功。

在计划生育协会第五次会员代表大会暨表彰会上的讲话

（2005年7月20日）

我市计划生育协会成立20周年了。20年后的今天，在这个有纪念意义的日子里，我市召开了计划生育协会第五次会员代表大会暨表彰会。刚才，市计生协会常务副会长吴禄祥同志代表第四届常务理事会就上届工作情况做了工作报告，齐作群同志宣读了市委、市政府关于表彰计划生育协会工作先进集体、先进个人的决定，大会进行了换届选举，选举产生了第五届理事会理事、常务理事和领导机构。在此，我代表邯郸市委、邯郸市人民政府，对在计划生育协会工作中做出突出贡献、受到表彰的先进集体和个人表示热烈的祝贺！对辛勤工作在计划生育战线的同志们、广大计生协会理事、会员和各界人士表示崇高的敬意和衷心的感谢！对新当选的邯郸市计划生育协会第五届理事会全体同志表示热烈的祝贺！刚刚完成的换届选举中，大家推选我担任邯郸市计划生育协会会长，这既是工作的需要，更是大家对我的信任。作为新一届会长，我将负责地和各位理事和同志们一起，自觉践行“三个代表”重要思想，坚持科学发展观，扎实工作，开拓进取，努力开创新时期我市计生协工作新局面。下面，我就如何做好新时期计生协工作讲三点意见。

一　认清形势，提高认识，积极探索做好新时期计生协会工作的新思路

我市计划生育协会成立20年来，计划生育协会作为群团组织，充分发挥了会员众多、遍布城乡、工作方式灵活的优势，在转变群众生育观念、控制人口增长等方面发挥了重大作用。特别是近年来各级计生协认真贯彻“三个代表”重要思想，紧紧围绕党的中心工作和人口计生工作，团结带领广大会员群众，积极开展“百万会员学科技”“幸福工程”“青春路上健康行”等主题活动，富有成效地开展各项工作，使全市计划生育等工作取得显著成效。20世纪90年代中后期以来，我市人口得到了有效控制，全市妇女总和生育率已下降并保持在更替水平以下，年人口出生总量一直保持在8万人左右的较低水平，人口再生产类型发生了根本性转变，进入稳定低生育水平的新时期。但是，要看到我市同全国一样，人口过多仍然是长期面临的主要问题；还要看到，我国已进入了全面建设小康社会的新时期，人口与计划生育工作、计划生育协会工作，又有了新变化、新要求。一是工作标准高了。党的十六大、党的十六届三中全会提出要树立和落实科学发展观。树立和落实科学发展观，很重要的内容就是要保持人口与经济、社会、资源、环境的协调发展和可持续发展。胡锦涛总书记在中央人口资源环境工作座谈会上明确指出，切实做好人口资源环境工作，对保持国民经济持续快速健康发展、不断提高经济增长的质量和效益，对不断提高人民群众的生活质量，对改善生态环境、促进人与自然的和谐，都具有十分重要的意义。中央的这一重要判断对我们的人口与计划生育工作、计生协会工作提出了新的更高的要求。二是工作机制变了。过去人口与计划生育工作主要是依靠政府的行政机制，重在县、乡两级政府的管理。现在政府要转换职能，要通过制定法律、制定政策，依法行政，从宏观上来加强管理和指导，而微观的管理则要让群众自己来做，通过发挥计划生育协会等群众组织的作用，实现群众的自我教育、自我管理、自我服务。三是工作任务重了。过去计划生育工作的重点是控制人口的数量，现在不仅要控制人口数量、确保稳定低

生育水平，还要努力提高出生人口素质，关注老龄人口、流动人口增加和性别结构变化等新问题。

鉴于这样的人口形势，党的十六大报告指出，必须把可持续发展放在十分突出的地位，坚持计划生育的基本国策，稳定低生育水平。各级计生协要站在全面建设小康社会、建设和谐邯郸的高度，充分认识做好新时期计生协工作的重大意义。大家一定要认识到，计划生育是直接关系到群众的切身利益、身心健康和家庭幸福的重要的群众工作。全市各级计生协组织必须坚持以人为本，尊重广大群众的计划生育主人地位，维护他们的合法权益，积极为群众搞好服务，满腔热情地帮助群众解决困难和问题，弘扬先进的生育文化，促进人口素质和人民生活水平的不断提高。大家一定要认识到，在全面建设小康社会的实践中，计生协工作大有可为。党的十六大提出全面建设小康社会的宏伟目标。各级计生协组织要通过开展形式多样的服务活动，帮助广大群众增加收入，推动经济的发展。要通过积极参与村（居）民自治，促进基层民主法制建设，进一步密切干群关系，为经济和社会发展营造一个安定、团结、和谐的社会环境。要通过带领广大群众开展喜闻乐见的文化娱乐活动，加强精神文明建设。要通过带领广大育龄群众自觉实行计划生育，实现人口与经济、社会、资源、环境的协调发展。大家一定要认识到，做好新时期计生协工作，是实现我市人口与计划生育工作目标的重要途径和必要补充。为此，在抓好计划生育行政管理的同时，充分发挥计生协会的桥梁、纽带作用，组织群众自我教育、自我管理、自我服务，是使计划生育工作步入良性循环和稳定发展的必由之路。

二　夯实基础，发挥优势，不断开创计生协会工作新局面

面对新时期的人口与计划生育工作形势，各级协会应当与有关部门密切协作，着力研究解决好稳定低生育水平、提高人口素质、群众生殖健康、出生婴儿性别比例失调、流动人口计生服务和协会自身建设等多方面的问题，扎实工作，努力开创协会工作的新局面。

（1）要抓好基层协会建设。抓好基层协会组织建设，充分发挥广大理

事、会员的带头作用，是搞好计划生育工作、稳定低生育水平的重要基础。计划生育工作的重点在农村、在基层，计生协组织网络的优势也体现在农村和基层。各级党委、政府和计生协一定要继续把加强、完善基层协会建设作为工作的重点来抓。一是要把县、乡、村各级协会建设纳入以党建为核心的整个组织建设之中，一起抓好落实。县（市、区）、乡（街道办事处）在换届时要落实协会编制，配齐配强人员。村（居）委要重点建好会员小组，选拔热心协会工作、有一定能力的人担任小组长。计划生育工作重点在基层，特别是农村基层。基层工作做好了，计生工作就有了扎实的基础。二是要按照省协会开展创优升级活动的要求，加强基层协会的分类指导。先进协会要进一步提高工作水平，创造新经验，开创新局面；合格协会要查找差距，积极开展活动，争取早日跨入先进行列；后进协会，要加大整改力度，尽快摆脱后进局面。2005 年底，要实现先进、合格协会分别达到 30% 和 60% 、不合格协会控制在 10% 以下的目标。三是调整基层组织结构，发展壮大会员队伍。基层协会要在发挥“五老”作用的同时，大量吸收年轻、有文化、有专长的致富能人包括个体经营者、私营企业主入会，以增强会员队伍的活力。总之，通过采取各种有效措施，进一步加强基层协会建设，使之真正成为“党和政府信得过、群众离不开”的群众团体。

（2）要为群众搞好服务。“协会的生命力在于活动，凝聚力在于服务。”基层协会要实现这个要求，必须紧紧围绕党和政府的中心工作，不断提高服务水平。各级计生协要在服务中提高威信，在服务中增强凝聚力、号召力，在服务中取得党和政府的重视和支持。各级计生协要满足广大会员群众致富奔小康的强烈愿望，积极开展多种形式的服务活动。要继续深入开展“百万会员学科技”活动，与农业、林业、畜牧业等部门及其他相关行业协会联合，为广大会员群众提供致富信息和科学适用技术服务。要搞好“青春路上健康行”“预防艾滋病宣传”项目的运作，要与宣传、教育、卫生等部门联合，充分发挥理事单位的作用，为群众提供“优生、优育、优教”、“青春健康教育”、防艾知识宣传等生殖健康知识服务。要积极开展社区服务，与民政、工商、劳动保障等部门联合，依托社区，为下岗职工、贫困家庭和弱势人群开辟就业和致富门路，帮助他们解决生产、生活、生育中的各种困难。要围绕扶贫开发，以开展“幸福工程”项目为载体，帮助贫困母亲治穷、治愚、治病。总之，各级计生协要与其他组织“优势互补、资源共享”，进一步扩大服务范围，提高服务质量，帮助他们解决实际困难，使他们充分感受到党和政府的温暖。

（3）要广泛了解群众服务需求。计生协会是群众组织、社团组织，是党和政府密切联系广大育龄群众的桥梁和纽带，是促进我市人口与经济、社会、资源、环境协调可持续发展的一支重要力量。这是计生协会最大的特色，也是计生协会发挥优势的坚实组织基础。稳定低生育水平，提高出生人口素质，为全面建设小康社会创造良好的人口环境，需要坚定不移地相信群众、依靠群众，形成全面参与、综合治理的群众基础和社会氛围。充分发挥计生协会等群众组织的作用，把广大群众组织起来，尊重人民群众在计划生育中的主人翁地位，进一步提高广大人民群众实行计划生育的觉悟和能力。这既是党的群众路线在人口与计划生育工作中的生动体现，也是在新形势下贯彻“三个代表”重要思想的具体实践。因此，必须深入细致地了解群众服务需求和意见要求，只有贴近群众、了解群众、理解和尊重群众，才能凝聚群众的智慧和力量。

（4）要充分发挥自身优势。人口与计划生育工作的重点和难点在农村、在基层，计生协会的优势也在农村、在基层。从这几年我市计划生育协会的发展情况来看，作为计划生育协会与计生行政部门是不同的。我看主要有三大优势。第一，计划生育协会具有群体优势，更能调动广大群众参与计划生育的积极性和主动性。目前，全市已发展会员95万人，占总人口的比例已达11%，群众参与面之广是任何一个协会组织所没有的。正是由于计生协会是群众自己的组织，协会会员生活在群众之中，与周围的育龄夫妇朝夕相处，对他们的思想和要求最了解，既有充分的知情优势，又有浓厚的亲情优势。这就决定了计生协与计生行政部门相比，在促进群众生育观念转变、调动广大群众参与计划生育的积极性和主动性进而稳定低生育水平方面，更能有所作为。第二，计划生育协会具有人才优势，更能满足育龄群众合理需求。从我市的情况看，在农村和城市，基层计生协会组织中还集中了一批致富能人、科技能人、各方面学有所长的专家、学者和专业技术人员。随着形势的发展，当前人们对生活质量、生殖健康的需求在日益提高，渴望获取生殖健康方面诸多新知识新信息。而计生协会在这方面正好具备人才众多的优势，更能满足育龄群众合理需求。第三，计划生育协会具有运作优势，更能解决影响低生育水平稳定的热点难点问题。正如中国计生协会的一位领导指出的那样："凡是广大育龄群众需要的，对计生工作有利的，计生协会又有能力办到的，都应当积极主动地做。"这就是说，计生协会在具体工作的运作上与计生行政部门相比具有创新优势、承受风险的优势和灵活调整的优势。因此，要不断开创计生协会工作新局面，就是要切实发挥计生协会的比较优势，进一步夯实基层基础。

（5）要注重加强宣传教育。各级计生协尤其是基层协会，要充分利用基层网络优势，组织会员深入学习贯彻《人口与计划生育法》和有关法律法规，使广大会员带头懂法守法，帮助群众自觉实行计划生育，维护群众的合法权益。各级计生协要发挥联系面广、人才众多的优势，利用各种有效载体，采取多种形式，带领会员广泛开展群众喜闻乐见的文化娱乐活动，宣传先进的生育文化，引导广大群众树立科学、文明、进步的婚育观念，养成文明健康的生活习惯。

三　加强领导，创造条件，积极支持计生协会开展工作

要搞好计生协会，发挥计生协会作用，既要靠协会自身的努力，又要靠党委、政府的领导和支持。

第一，各级党委、政府要切实加强对计划生育协会工作的领导。要全面贯彻落实中央、省"两办"文件精神，各级计生协由同级党委主管领导担任会长，政府主管领导担任第一副会长，主要是加强党和政府对计生协工作的领导。目前，个别县（市、区）还没有配备常务副会长或专职副会长，已经影响了协会工作的正常开展。这些县（市、区）必须在换届时配齐协会领导班子。要帮助计生协解决人、财、物等方面存在的实际困难，为他们顺利开展工作创造良好的工作条件和环境。各级计生协会会长和第一副会长要经常向党政主要领导汇报计生协工作，努力取得党政"一把手"对计生

协工作的重视和支持。各级计生委要帮助、支持同级计生协解决好工作中的具体问题，为计生协开展工作提供必要的工作条件。

第二，加强自身建设。各级协会广大理事、会员的工作能力，决定着协会的工作水平。提高广大理事、会员的能力，既需要他们在实践中锻炼，增长才干，更需要为他们创造更多的学习提高的机会，加强培训工作。各级协会要切实加强自身建设，不断提高干部、会员的素质，更好地适应新形势、新任务的要求。

第三，树立先进典型。培树典型、推广先进经验，创造一个比学赶帮超的良好氛围，是计生协工作实现新发展、新突破的一条重要措施。一方面，各级协会要下功夫帮助老典型不断创新和发展，使老典型始终走在协会工作的前列；另一方面，还要重视培养新典型，总结新经验，特别是要深入调查，总结推广后进变先进的典型，促进先进，激励后进，提升基层协会工作整体水平。

第四，充分发挥有关部门和理事单位的优势，共同做好计生协工作。计生协的人员组成来自各行各业各个方面，工作范围很广。要做好协会工作，离不开全社会方方面面的广泛参与和大力支持。这次代表大会上，市人口计生委、市妇联、市农业局、市林业局、市畜牧水产局、市卫生局、市教育局等部门领导和专家担任了市计生协副会长、常务理事、理事。希望大家结合本部门工作，发挥各自优势，共同把我市计生协工作做好。

同志们，时代赋予了我们光荣而艰巨的任务。让我们在党中央和省委、市委的领导下，在广大理事和会员的共同努力下，不断开创计生协工作新局面，为稳定我市低生育水平，促进人口、经济、社会、环境的协调发展和可持续发展做出新的更大贡献！

在市直农口及涉农部门上半年工作调度会上的讲话

（2005 年 7 月 29 日）

刚才，农口及涉农部门 10 个单位就今年上半年工作取得的成绩和下半年工作安排进行了汇报，其他单位也都提供了书面发言。增海同志讲了重要意见，我都赞成。总的看，应该说，今年以来，我市农业农村工作系统的广大干部职工，在市委、市政府的正确领导下，认真贯彻中央一号文件和中央、省、市农村工作会议精神，以保持共产党员先进性教育活动为契机，围绕粮食稳定增产和农民持续增收，创新思路，制定目标，努力拼搏，扎实推进，较好地完成了上半年工作目标。主要表现在以下几个方面。

一是农民收入保持持续增长势头。据统计部门预计，上半年全市完成农林牧渔业总产值 149.4 亿元，农业增加值 76.5 亿元，农民人均现金收入达到 1502 元，分别比上年同期增长 7.4%、6.6% 和 15.3%。

二是农业各项生产活动成效显著。夏粮生产再创历史最好水平。全市小麦收获面积 576.9 万亩，比上年增加 26.3 万亩，小麦平均单产可达 363 公斤，总产达到 209.4 万吨，分别比去年增加 5.7 公斤和 12.7 万吨。单产再创历史新高。无公害标准化生产取得新进展。上半年，全市新增认定无公害农产品产地 20 个，面积 41.7 万亩。全市累计认定的无公害农产品产地达到了 76 个，面积 159 万亩，位居全省第一。鸡泽辣椒、大名花生、涉县花椒、磁县莲藕和临漳平原沼气生态农业被列为国家级农业标准化示范区，使我市国家级农业标准化示范区总数达到了 9 个。全市已完成农业标准化生产面积

230万亩，占全年任务目标的57.5%。畜牧强市工作成效显著。截至6月底，肉、蛋、奶产量分别完成36.66万吨、51.75万吨和7.21万吨，同比分别增长6.57%、4.01%和87.39%。

三是农业生态建设稳步推进。截至目前，全市共开工农田水利建设项目9533项，完成7400项，投资9060万元，新增灌溉面积5.03万亩，占全年任务的42%。全市已完成投资706万元，建设各类饮水工程51处，解决了28个村、2.4万人的饮水困难问题。植树造林任务超额完成。生态家园富民工程建设进展顺利。

四是农业项目年活动再掀高潮。今年市级重点龙头企业目标是达到60家，上半年已监测评定到了37家（市政府办公厅〔2005〕106号文下发）；另据统计预测，上半年我市农业产业化经营额已达到80亿元，比去年同期增加10.1亿元，增长14.4%。在农业项目年活动中，市农口各部门加大农业开放和招商引资力度，大大推动了农业项目建设，特别是4月下旬，市农业考察团赴山东参观学习，共签约项目16个，项目总投资2.66亿元，协议引进资金1.19亿元。截至今年6月底，全市投资500万元以上的农业项目共有195个，累计投入资金30.5亿元，其中今年投入资金10.4亿元。目前，已经竣工25个，在建项目170个，其中今年新开工80个。

五是民营经济保持了良好的发展态势。到6月底，全市民营经济完成增加值345.1亿元，占全年目标的54.8%；营业收入完成1340.4亿元，占全年目标的54.9%；实缴税金完成22.8亿元，占全年目标的65.1%；固定资产投入125.3亿元，占全年目标的59.7%。

六是秸秆综合利用和禁烧工作取得好成效。夏季稻区禁烧工作取得突破性进展，探索出了一整套稻区禁烧办法。秸秆综合利用取得突破，全市576.9万亩小麦，通过综合利用已消化秸秆面积562.2万亩，占97%，比去年提高6个百分点。焚烧秸秆的县（市、区）和焚烧面积比上年大大减少，空气质量与同期相比有了明显改善。

七是农业社会化服务水平不断提高。截至6月底，全市农民专业合作经济组织发展到1744个，占全年目标的87%；56%的县级专协达到了规范化标准；全市农民专业合作经济组织共发展会（社）员89.8万户，占全市农户的 54.4%；年产值亿元以上的协会达到 18 个，占全年目标的 90%。市供销社以全方位打造供销社流通网络为契机，加大经营和管理力度，使经营中的购、销、利全面增长，实现了时间任务双过半。

八是党在农村的各项政策进一步落实。全力抓好惠农政策落实。今年中央一号文件下发后，我市积极组织学习宣传，并将中央惠农政策逐条列出，拿出贯彻落实方案，使中央一号文件精神得到广泛深入的宣传和落实。目前有 10 个县（市、区）（广平、魏县、大名、涉县、丛台区、邯山区、复兴区、峰峰矿区、磁县、武安市）按规定或自己决定免除农业税，其余 9 个县农业税税率在上年基础上降低 2 个百分点，实际税率为 0.8%。在农村政策的稳定和落实上重点抓了“三项管理”。农村土地承包管理上，继续围绕解决农村土地二轮承包遗留问题，巩固完善延包成果。农民负担监督管理工作方面，在农业部和省 16 个农民负担监测网点的基础上，今年，全市按照经济条件好、中、差选择涉县、曲周、邯郸县三个不同类型的 18 个村、180 个农户建立起农民负担监测网点，制定了监测工作方案，统一设计监测户账本样式和汇总报表。农村财务管理方面，重点抓了农经干部、村会计培训，提高了基层人员整体素质，推动农村财务管理规范化。村务公开和民主管理制度方面，制定印发了《邯郸市 2005 年农村基层民主政治建设工作要点》，对今年的农村基层民主政治建设工作提出了具体的意见。认真组织了“1·20”民主议政日活动。开展了对 2004 年度第四季度和 2005 年第一、二季度村务公开和民主管理的联查。

此外，市涉农部门和市直农口其他部门的工作也都取得了好成绩。

虽然上半年各项工作都取得了一定成绩，但要全面完成今年各项任务还有许多困难和问题。应该看到，在农村经济运行中，粮食继续增产和农民继续增收存在一定难度。突出原因是耕地资源继续减少，农田基本建设落后，农业生产资料价格上涨过快。2004 年，全国农业生产资料价格上涨，平均每亩生产投入增加 17.1 元，使农民种粮少收益 54 元。目前，农业生产资料价格仍然呈上涨趋势。2005 年 1 月，农业生产资料价格上涨 11.3%。其中，化肥价格上涨了 15.2%，小农具价格上涨了 5.6%。目前农业生产资料价格继续上涨，农民的种粮成本还会升高，将直接影响农民的纯收入。另外，农民外出务工人数已经呈现增势减缓的势头，影响了农民收入的增长。

在民营企业发展中，一些企业家的思想还不够解放，开放的意识还不强，一定程度上存在“小富即安、小进则满”的思想，缺乏干大事业、求大发展的雄心壮志。在政策落实上还不够到位，民营企业在市场准入、土地征收、税费优惠等方面的政策，在实际执行过程中还存在种种歧视。个别地方和部门服务意识差，对民营企业吃拿卡要的现象时有发生。管理体制不顺也是影响民营经济发展的一个重要问题。目前，县级政府机构改革正在进行，民营经济主管部门正在调整之中，对民营经济多头管理的状况仍然没有根本改变。县、乡两级民营经济管理机构编制、经费难以落实，人员有观望心态，对各项工作开展带来了不利影响。

下一步，我们要按照年初确定的目标和市委、市政府的安排部署，认真做好以下九项工作。

第一，大力发展县域经济。坚持以“一主三化”（以民营为主，推进产业化、工业化、城镇化）为重点，把握“土地向大户集中，产业向园区集中，农民向城镇集中”的思路，大力发展县域经济。要加强对农村税费改革、工业反哺农业等农村重大改革措施的调查研究，制定县域经济发展规划和监测考评体系，制定发展县域经济优惠政策。近期要组织开好县域经济发展工作座谈会，对县域经济发展工作进行安排和部署。加快县域经济发展，优势在特色，支柱在工业，支撑在项目，平台在园区，活力在开放，出路在民营。今年，全市民营经济发展要认真贯彻国务院《关于鼓励支持和引导个体私营等非公有制经济发展的若干意见》，进一步消除影响民营经济发展的思想障碍和体制障碍，完善政策支持，强化社会服务，优化发展环境，加快民营企业制度创新、技术创新和管理创新，促进民营经济上规模、上水平、上效益。要以“六大服务体系”建设为载体，突出人才、资金、项目建设，确保全年民营经济营业收入和增加值分别增长 17% 和 17.4% 以上，上缴税金增长 16.4%，就业人数 156 万人，投入突破 210 亿元。

第二，继续抓好劳务输出。坚持一手抓扩大劳务输出，全年新增 11 万人，总规模达到 120 万人；一手抓产业开发就地转移，全年新增 15 万人。2005 年全市劳务总收入要达到 80 亿元以上，实现农民人均增收 1100 元以上。实现上述目标，要紧紧围绕“四个提高”做好工作。一是继续搞好宣传，提高农民向非农产业转移的积极性。二是全力推进农村劳动力转移培训“阳光工程”，提高进城务工和就业人员素质。全年完成农村劳动力职业技能培训 1.5 万人、引导性培训 8.3 万人。通过培训，促进农民工外出务工由体力型向技能型转变。三是完善服务网络和机制，提高农民向非农产业转移的组织化程度。四是开展农民工就业服务，提高就业环境优化程度。

第三，扎实推进百万吨奶业发展计划。要抓住河北省“千万吨奶业计划”实施的机遇，在加快推进我市百万吨奶业发展规划上取得新突破。今年，全市奶牛存栏量要达到 8 万头，奶产量达到 12 万吨，建成良繁中心 3 个、奶牛养殖小区 30 个，加快滏阳乳业、康诺、高钙乳业等龙头企业发展，形成规模，叫响品牌，使全市奶牛繁育、饲养和奶产业的发展均跃上一个新台阶。

第四，狠抓项目建设。要以继续开展“农业项目年”活动为载体，大力实施“353 工程”，即突出抓好大名香油城等总投资 12.3 亿元的 30 个农业竣工项目，邱县三豪食品城和肥乡玉米胚芽饮料等总投资 32.8 亿元的 50 个大型农业在建项目，魏县玉米深加工等总投资 60.9 亿元的 30 个大型农业谋划项目的前期工作，年内投资额突破 20 亿元。要继续抓好市农业考察团赴山东考察引进项目和其他引进项目的对接工作。

第五，抓实农业服务年活动。在全市深入开展推广农户小额贷款和创建信用村（镇）活动，争取 2005 年农村信用社开办农户小额信用贷款和联保贷款的业务覆盖乡村面达到 100%。市涉农企业信用担保机构，要进入实质性运作，年内至少为 10 家以上涉农企业开展服务。市、县中小企业信用担保机构，担保资本总金额年内要达到 4 亿元以上，力争形成 20 亿元的担保能力。通过多种渠道和途径，使制约农业和农村经济发展的“瓶颈”性因素得到缓解。

第六，大力推进农业产业化经营。加大财政对龙头企业的扶持力度。对新获得农业产业化国家重点龙头企业称号的企业和名牌产品，由市、县政府一次性奖励 50 万元；对新获得农业产业化省级重点龙头企业称号的企业，一次性奖励 10 万元。吸引“三资”（工商资本、民间资本、外商资本），加快新建一批龙头企业。加强农民专业合作组织和行业协会建设。年内，全市要累计建成60家市级重点龙头企业，农业产业化经营率再提高3个百分点；农民专业合作组织发展到2000个，带动农户50%以上，全市年产值亿元以上的协会达到20个。

第七，推进农业科技进步。强化科技进步的支撑作用，实现重点示范区内先进实用技术入户率和普及率达到90%以上，农业综合成本降低15%，科技贡献率提高2个以上百分点。要完善良繁体系建设，加强市级农业科技创新能力建设。要依托市农科院、河北工程学院农学院、市农校等大中专院校的优势，吸纳蔬菜、畜牧等具有研究能力的技术站，创建邯郸市区域性农业科研中心。要进一步提升科技园区服务功能，把科技园区建成科技转化基地、良种示范基地、农产品加工基地、技术人才培训基地。要加强农技推广队伍和网络建设。今年，全市区域中心站总数要达到40个，村级服务站再新建1800个，基本实现全市千人以上的村每村都有科技进村服务站。要搞好科技培训。围绕提高农业综合生产能力，加强对农民进行种植、养殖、加工等方面的技能培训，全年不少于100万人次。

第八，继续抓好农村政策落实。要继续加大“两减免、三补贴”政策实施力度，有条件的地方可进一步加大对种粮农民的直接补贴，调动和保护农民种粮积极性。要加强农民负担监督管理，继续深化农村税费改革，建立健全农民负担监督管理机制，防止农民负担反弹。开展对农村教育、报刊征订、用水用电、修建道路、计划生育、农民建房、农民务工经商等方面乱收费现象的专项治理，认真落实涉农税收价格收费“公示制”、报刊征订“限额制”、农村义务教育“一费制”和涉及农民负担案（事）件“责任追究制”四项制度。要严格村内筹资筹劳管理办法，执行“一事一议”程序、议事范围、筹资筹劳的上限标准。要进一步落实农村二轮土地承包政策，全面推行土地承包方案、合同、权证、登记簿“四一致”规范管理，抓好农村土地承包合同仲裁试点。要加强农村集体资产和财务管理。按照“三权”不变的原则，进一步规范和完善农村会计委托代理程序、代理协议，乡镇委托代理财务等各项管理制度。要认真开展农村财务审计工作。今年县级要审计三分之一的乡镇，乡镇审计三分之一的村。

第九，进一步完善村务公开和民主管理制度。重点要做好三项工作，一要切实加强村务公开阵地建设，进一步完善村务公开的程序，加强村务公开的管理。坚持村级落实、县乡备案、逐级督查的制度以及随机抽查暗访、村务公开举报、查处和整改建议书及警示制度，不断提高村务公开的质量。二要进一步规范民主决策制度。要规范村级民主决策的程序，扩大民主决策的范围，建立决策责任追究制度，保障农民群众的决策权。三要进一步完善民主管理制度。逐步建立健全农村“三资”的经营管理、使用保护、换届移交、审计评估、登记公开等规章制度。切实抓好“7·30”民主议政日活动，进一步规范民主议政的内容、参加人员、活动程序。坚持推行民主评议村干部工作制度，建立和完善村干部的激励约束制度，切实保障农民群众的监督权。

同志们，今年以来，全市农业农村工作继续保持了良好的发展态势，希望大家要进一步巩固保持共产党员先进性教育成果，提高班子的凝聚力、战斗力。在按照巩固先进性教育活动成果的工作方案完成各项规定动作的基础上，要组织指导好基层单位做好第二批保持共产党员先进性教育活动。同时要进一步推进行政权力公开透明运行和机关效能建设，推进党建和精神文明建设，抓好各项制度落实，提高工作效能，为完成全年工作任务奠定基础，确保各项工作目标的圆满完成。

在全市“创优评差”活动调度会上的讲话

（2005 年 8 月 2 日）

为了深入贯彻全市百万人优化发展环境广播电视大会精神，把以“双提”为主要内容的机关效能建设引向深入，进一步建立和完善激励鞭策机制，着力解决制约我市发展的“中梗阻”“下梗阻”等政务环境问题，市委、市政府于去年年底决定在市直执法、执纪部门开展“创优评差”活动。这是在全市范围比较有影响的一个活动，也是转变机关作风、提高服务质量的一个重要举措。今天召开这次调度会，目的是了解一下过去一个时期各参评部门的工作进展情况，同时对“创优评差”工作做进一步安排和部署。

刚才，段玉铭同志宣布了“创优评差”窗口处室名单，市发改委、国税局、工商局、公安局等 11 个单位汇报了前一段活动的进展情况，也讲了今后的打算。总起来看，“创优评差”活动开展以来，大多数单位领导重视，组织落实措施有力，效果是比较好的。这次共有 40 个单位 219 个窗口处室参与评创活动，窗口处室名单是根据《中共邯郸市委办公厅邯郸市人民政府办公厅关于转发市优化办〈邯郸市直属机关窗口处室及其工作人员“创优评差”工作的实施方案〉的通知》（邯办字〔2004〕66 号）要求，经市优化办筛选、市优化经济发展环境领导小组研究，报市党政联席会批准决定的。希望各部门要按照邯办字〔2004〕66 号文件的要求，认真组织窗口单位积极参加“创优评差”活动。下面，我讲三个问题。

一 统一思想，提高认识，明确开展“创优评差”活动的重要意义

今年，省委、省政府决定，在全省乡镇以上机关和具有行政管理职能的事业单位，开展以“提速、提质、为人民、促发展”为主要内容的机关效能建设。这是一项事关全局、具有战略性、根本性的重大任务。第一，这是不断加强党的执政能力建设的必然要求。第二，这是完善社会主义市场经济体制、推进政府职能转变的有力措施。第三，这是坚持和落实科学发展观、促进我市经济社会更快更好发展的有力保证。第四，这是加强勤政廉政建设的客观需要。在市直属机关窗口处室及其工作人员中开展“创优评差”，既是“双提”活动的一个重要载体，也是深化“双提”活动的实际步骤，意义重大。

去年以来，各部门在树立部门新形象、优化发展环境方面做了大量的工作，我市发展环境在逐步得到改善，大家的工作成绩是主要的。但是也要看到，我们的机关、部门确实还存在一些这样那样的问题，有的问题还比较严重，我们对全市的发展环境还不能过于乐观。比如有的部门承诺措施不能落实到位，部门主动为企业提供优质服务的意识仍不够强；有些部门、有的干部脱离实际，工作飘浮，在一定程度上还存在官僚主义、形式主义的现象；有些部门办事环节仍然过多，时间过长，办事方式、程序不合理；有些行政审批、行政执法环节收费过高、过杂；一些基层办事人员和“窗口”部门服务态度不好，某种程度上仍然存在“门难进、脸难看、事难办、话难听”的情况；个别工作人员法制观念不强，不能依法行政、依法办事；少数机关工作人员廉洁意识不强，以权谋私，吃拿卡要，有的搞权钱交易，“不给好处不办事，给了好处乱办事”；等等。所有这些问题，在窗口部门应该说都有不同的表现。因为我们这个窗口，它是直接面对基层、面对群众、面对企业、面对客商，它是直接办事的地点。所以，要解决这些问题，我们固然需要做很多的努力，但是加强机关效能建设，搞好深化“双提”的“创优评差”活动，是一个重要的突破口。这也是市委、市政府做出决策的主要根

据。因此，我们一定要站在全局的高度，从加快邯郸经济社会发展的高度来认识和对待“创优评差”活动，充分认识到开展“创优评差”活动的必要性和重要性，提高自觉性，增强主动性。要把“创优评差”活动看成是对本部门、本单位工作的一次检验和监督，看成是转变机关工作作风，树立部门良好形象的一次机会。可以说，“创优评差”过程也是我们发扬成绩、纠正错误、以利再战的过程。总之，要把开展“创优评差”活动的目的、意义讲清楚，讲深讲透，把“创优评差”活动的各项工作做实做细，使“创优评差”成为“窗口”部门争先创优的自觉行动。

二　联系实际，整合思路，把“创优评差”活动各项措施落实到位

市直各单位要按照邯办字〔2004〕66号文件的总体要求，联系我市当前实际，在“创优评差”工作中坚持做到四个结合：一是要与推进行政权力公开透明运行相结合；二是要与实施“六条禁令”、推动机关效能建设相结合；三是要与民主评议行风向站所基层延伸相结合；四是要与各个部门、系统整饬纪律、转变作风、提高服务质量的活动相结合。我讲的这四个结合，也是对“创优评差”工作思路、工作步骤、工作措施的整合。我们已经连续四次召开百万人广播电视大会，总的主题是优化全市发展环境，促进邯郸经济社会发展，提高人民的生活水平和质量。每年都有个侧重点，今年机关效能建设、推进行政权力公开透明运行是重点。“创优评差”是一个切入点，一个具体步骤。我讲的这四个结合，都是我们正在干着的事情。第一个结合，在推进行政权力公开透明运行上，邯郸是河北省11个市中唯一被省委、省政府确定的推进行政权力公开透明运行工作试点市。我们现在有57个单位进行了职权清理，从授权上开始，清理政府组成部门的职权，然后进行公示和公开。我们正在做这个事情。要建立邯郸市行政权力公开服务中心，包括行政审批大厅，办行政审批事务，同时要有网络平台的展示，通过网络就可以把市政府本级和受委托部门的2087项权力全面展示出来。我们还有政民互动控制平台，还有工程招投标等八大网络系统。把权力清理以

后公示，还要画成流程图，规范化地运作。第二个结合，讲的就是实施“六条禁令”，搞好机关效能建设。“六条禁令”是对党政机关公务员和参照执行公务员待遇的人员提出的。纪委、监察局和市委、市政府的两个督查室进行了反复督查、督导，在报纸上公布了一系列的典型案例，一些人得到了处理，我们现在正在进行整治。这就要结合起来，不能单兵独进，自己搞自己的不行。机关效能建设本身就要向窗口延伸。第三个结合，是我们今年的民主评议活动。从去年下半年民主评议有了调整，它的业务范围扩大了，规格档次提高了。过去光有一个纠风评议办公室，它设在政府，这里面就有一个如何评议法律上不隶属于政府的市法、检两院的问题。现在调整为民主评议活动，由市委统一领导，办事机构设在市纪委，对“一府两院”、人大、政协都负有民主评议的职责。同时，民主评议行风开始向基层站所延伸。市纪委已经拿出一个意见，民主评议活动要进入对窗口的评议，也就是说民主评议的成果也可以运用到窗口的评比上，要结合起来。第四个结合，一些系统正式做出一些决定，要整饬纪律、转变作风，比方说，最近市政法系统开展了“两整一树”活动。像这样大系统、大规模的活动，就要直接和窗口“创优评差”衔接起来、结合起来。这样我们的“创优评差”活动就更具有针对性、实效性。在具体环节上要注意抓好以下几方面工作。

第一，积极推行承诺践诺，努力提高服务水平。服务承诺是提高机关效能的一项重要工作，关系到企业和人民群众的切身利益。服务承诺也是各级机关、部门为基层、为群众、为纳税人服务的一个态度，关系到党和政府机关的诚信形象。我们开展“创优评差”活动，必须以推行服务承诺为切入点。各级各部门要深入基层、深入群众，了解他们的所思、所想、所盼，看看他们到底需要什么样的服务，需要解决什么样的问题。然后根据各自的服务对象和工作范围，将各自承担的职责权限、办事程序、办理时限、办理效果和奖惩措施在媒体上公示，向社会公开承诺。尤其是对外来投资者，更要注重承诺的质量和兑现的时限。凡服务承诺上规定的事情，要认真兑现，做到有诺必践，一诺千金，取信于民。要经常对照承诺自查自纠、自我规范、自我提高。要对践诺情况进行经常性的检查，对违诺行为要严肃查处。刚才，英辉副市长也举了几个例子，这些都不是个别现象。不要小看一个窗口对一个客户的刁难，一个工作人员想让客商请吃饭，很可能这一顿请就把一个项目“吃”掉了，就是这个概念。据我们了解的情况，很多大的客商，投石问路都不是总裁来，顶多来个项目负责人，轻车简从，首先接触的是办事的窗口。如果是服务很周到，业务很娴熟，承诺践诺，诚信良好，可能通过你的具体工作，一招一式，就把项目留在了邯郸；如果你这一招一式非常粗野，非常傲慢，非常不懂基本知识，可能就把这个项目赶跑了。

第二，做好公开公示工作，自觉接受社会监督。各单位要在参评处室悬挂“创优评差”标牌，让前来办事的人员都能一目了然，在媒体上要公示所有参评的处室，同时要公开举报电话、举报信箱。要结合我市正在开展的行政权力公开透明运行工作，本着提高效率、方便群众的原则，进一步规范政务公开、办事公开等制度，积极主动地向群众公开一切应该公开的政务，包括办事依据、程序和结果，自觉接受群众的监督。凡是与企业、群众切身利益有关的重要事项，在拍板定案之前要公示，听取群众的意见，接受社会各方面的监督。逐步建立健全权力运行公开透明的监督机制，纠建并举，努力形成一套“有所为”的激励机制、“不作为”的鞭策机制、“乱作为”的惩戒机制和“不能为”的自律防范机制。要把机制健全起来，规范公务人员的行为，做到依法行政。权力的公开，也是要依法进行，根据法律规定的公开内容和相关人员知情权的范围，来选择不同的公开公示平台和渠道。有的是国家保密的，是不允许公开的；有的需要在领导班子层面公开的，要在班子内部公开；有的要向业主公开，比如让业主知道自己申报的项目进展到什么程度了；有的是公益性的事业，要向全社会公开。

第三，加大查处惩戒力度，确保政令畅通。市优化办、监察局、人事局要在市新闻媒体上公开举报投诉电话，同时要发挥市长公开电话的作用，畅通社会举报投诉渠道，建立健全受理、调查工作机制，积极接受举报，主动查处。由市纪委、市委督查室、市政府督查室、市优化办联合组成检查组，不定期开展明察暗访，定期公布搜集到的影像资料。要充分发挥新闻媒体的舆论监督作用，鼓励媒体对窗口处室开展“创优评差”工作情况进行监督。

第四，要做好窗口单位干部职工的思想政治工作。思想政治工作是其他一切工作的生命线，是我们党的工作优势、政治优势，不要丢了这个传统，要做这个工作。为什么要突出讲这个问题呢？我就联想到，咱们实施“六条禁令”以来，现在已经半年多时间了，就单说工作时间玩电脑游戏这个问题，屡禁不止，说明我们的各级党组织、领导班子对干部职工教育不够。在开展“创优评差”活动中，要加强思想政治工作，要教育先行，“勿谓言之不预”。要对我们的干部职工，特别是窗口的干部职工，进行思想政治教育，进行爱岗敬业教育，进行组织纪律教育，进行树立良好作风的教育。同时，要以第二批保持共产党员先进性教育活动为重要契机，教育我们窗口单位的党员，要积极参加“创优评差”活动，争做岗位的标兵，在窗口发挥好先锋模范作用。

三　加强领导，严格考核，确保“创优评差”活动取得实效

这次“创优评差”活动在市优化发展环境领导小组的领导下，按照市委、市政府的要求和实施方案分步组织实施。各部门、各单位要切实加强领导，细化措施，严格考核，确保“创优评差”活动达到预期目的。

一是要搞好自评。各参评单位要对去年以来的工作进行认真总结，对存在的问题要仔细梳理，紧密联系本单位实际抓好内部的自评自纠工作，把发现的问题及时解决在自评过程中，变“要我抓”为“我要抓”，把“自评”过程变成“自建”过程。

二是要突出重点。各部门要对准“焦距”，把评议的重点落在权力核心部位、“热点”问题和重点人员上，认真听取群众意见，把全部心思用在解决实际问题上，把主要力量用在建立和完善自我约束机制上，把本部门或本单位群众关注的“热点”变成群众称赞的“亮点”。各单位要严格按照邯办字〔2004〕66号文件要求开展工作，严格执行方案，每季度向市优化办书面报告一次工作进度。要努力做到“三从三起”“四个不放过”，即从群众看不惯的行为改起，从群众难办的事情做起，从群众不满意的环境治起；群众反映的问题没澄清不放过，重要问题没查纠不放过，违纪案件没处理不放过，整改措施没到位不放过。促进部门依法行政、优质高效地热情服务，发扬廉洁奉公、勤政务实的工作作风。

三是要严格考核。市优化办根据掌握的相关情况，年终评出优秀单位、合格单位和最差单位。严格落实邯办字〔2004〕66号文件的奖惩规定，通过“创优评差”活动达到弘扬先进、鞭策后进的目的。对被评为年度优秀的窗口处室，授予“邯郸市优秀服务窗口处室”荣誉称号，其窗口工作人员授予“邯郸市服务标兵”称号。对评为不合格的窗口处室，责令处室负责人写出书面检查，限期整改，公开曝光。对年度“最差窗口处室”，所在单位不能评定年度文明单位和民主评议先进单位。评议的结果要有时限性，挂牌摘牌要有时限，具体多长时间为好要在实践中摸索，不能一挂一年，要看整改的程度，要有利于促进后进转化，促进后进变先进，但是一定要挂出来。这次不是说说就算了，咱们认真抓落实。

同志们，开展“创优评差”活动，必须要有勇于争先、敢于纠错的精神和勇气。让我们在市委、市政府的统一领导下，各级各部门齐抓共管，优化办组织协调，动真的，来实的，敢于碰硬；修正错误，转变作风；发扬成绩，优化服务，切实把这项工作做好，为邯郸经济社会发展环境的进一步优化做出我们应有的贡献。

在全市纪检监察工作座谈会上的讲话

（2005 年 8 月 3 日）

7 月中旬，省纪委在石家庄召开了全省纪检监察工作座谈会。今天召开的全市纪检监察工作座谈会，就是要根据全省纪检监察工作座谈会精神，总结上半年全市党风廉政建设和反腐败工作，安排部署下半年工作任务。会上，徐数同志传达了省座谈会精神，各县（市、区）汇报、交流了上半年工作情况，市直各纪工委书面进行了汇报、交流。各县（市、区）、各部门的纪检监察工作各具特色，取得了阶段性的成效。下面，我根据市纪委常委会讨论研究的意见，讲三个问题。

一　上半年全市党风廉政建设和反腐败工作取得了明显进展

今年以来，我市各级党委、政府和纪检监察机关坚持以邓小平理论和“三个代表”重要思想为指导，全面落实中央纪委四次、五次全会和省纪委五次、六次全会精神，按照《建立健全教育、制度、监督并重的惩治和预防腐败体系实施纲要》要求，积极创新工作思路、方法和措施，切实加强惩防体系建设，不断提高纪检监察工作能力，突出三项重点，狠抓任务落实，在深入推进反腐倡廉各项工作、促进和谐社会建设等方面取得了新的成效。

（1）严格职权清理，搭建公开平台，深入推进行政权力公开透明运行。按照省总体部署，今年我市作为全省唯一一个试点市，认真开展了推进行政权力公开透明运行工作，工作中突出把握“健全领导机制、理清职权项目、筑牢公开平台、建好长效制度”四个关键环节。在职权清理工作中，总结出了上下互相印证、领导班子集体研究审定和法制部门把关“三步法”。在上报材料时，提出了“四个一”的工作要求，即每单位都要上报一套完整的行政权力目录表、每项权力都要附一张权力运行流程图、附一份相关实施依据文件、每套材料都要附带一盘电子版资料的“一表一图一件一盘”工作流程。经过集中清理，市政府本级和市直57个部门、单位共清理各类行政权力2084项，并按级别部门和行政权力类别分门别类进行了清理、统计，每一项行政权力都制作了流程图。在职权清理的基础上，搭建了“四个公开平台”。一是整合公开栏、触摸屏、市报专栏、办事指南小册子等已有设施资源，建设了公开透明的“传统平台”。二是建立市级行政权力公开透明运行统一网站，构筑了公开透明的“网络平台”。重点建立了行政许可事项、政府采购、建设工程招标投标、经营性土地使用权出让、专项资金管理、产权交易、公务员录用、城市规划八个公开透明运行网络系统，并陆续投入运行。三是正在建设市行政权力公开服务中心，打造公开透明的“综合平台”。四是积极推行通透式办公，建立了公开透明的“办公平台”。为了确保行政权力规范运行，加强了制度建设，主要制定了违反推进行政权力公开透明运行工作行为责任追究办法、行政权力公开透明运行投诉受理办法、绩效考核办法和推进行政权力公开透明运行信息公开管理办法。通过推进行政权力公开透明运行，在促进依法行政、提高工作效率、方便群众办事、从源头上预防和减少腐败等方面见到了实际效果。我市这项工作受到了中央纪委和省纪委领导的充分肯定。中央纪委副书记马馼到邯郸调研时指出：“中央出台教育、制度、监督并重的惩防体系以后，这是河北省在贯彻落实当中一个非常重要的举措。”“教育、制度、监督在这项工作中都有，抓住了权力运行的核心，这是一个很根本、很好的一项工作，意义很重大。”省委副书记、省纪委书记张毅多次到邯郸进行具体指导，给予充分肯定。中央纪委办公厅副主任、中央纪委“三公开”办公室主任熊学年看了我市的工作，指出：“阳光政务真正有实招的，河北是第一家。”熊学年同志在专题听取了我市这项工作汇报后又强调：“邯郸市推进行政权力公开透明工作的做法为全国三公开工作提供了经验。”《中国纪检监察报》分别以《透明公开》和《通向民心》为题，在头版介绍了我市成安县通透式办公的做法。最近，中央电视台“新闻联播”节目对我市推行“阳光政务”的做法进行了专题报道。复兴区、涉县、市规划局、信息中心作为我市的试点单位，在全市先行一步，做了大量工作，取得了较好成效，受到各级领导和外地参观人员的好评。

（2）“明察暗访、典型警示、制度建设”三管齐下，探索了机关效能建设新路子。在机关效能建设方面，成立了机关效能建设联席会议及办公室，建立了机关效能投诉中心，市纪委增设了效能室，启动了效能监察快速反应机制，形成了领导机制和工作机制。按照“找准突破口，创造闪光点，突出重点，整体推进”的工作思路，从三个方面推进了这项工作。一是加强了制度建设。先后制定了《2005 年机关效能建设工作方案》《影响机关效能行为责任追究办法》。参与制定了《党政机关工作人员六条禁令》，制定了《对机关工作人员违反“六条禁令”行为调查处理办法》等。二是围绕落实《六条禁令》，加强了监督检查。3 月以来，开展了三次明察暗访活动，共检查单位 691 个（次），发现工作时间不在状态、群众办事难、不执行《行政许可法》等违纪违规问题 97 件。三是认真查处了典型案件。案件处理曝光后，产生了强烈的震慑作用。7 月，开展了“机关效能万人评”活动，使机关效能建设逐步深化。

（3）源头摸底，协调联动，扎实做好专项资金综合治理工作。首先，从资金来源入手，摸清了资金底数，查出了专项资金管理和使用中存在的主要问题。同时，在专项资金综合治理工作中，边组织清理和监督检查，边加强制度建设，堵塞管理漏洞。

（4）领导干部廉洁自律工作以狠刹五股歪风为重点，以完善“四廉”监督机制、创新“三助”措施为载体，认真解决突出问题。在领导干部廉洁自律工作中，提出和实施了“关口前移，动员社会各界力量监督预防”的工作思路。在加强对领导干部的监督方面，着力抓了“领导述廉、群众评廉、上级考廉、组织用廉”的“四廉”监督机制的完善和实施。年初，由市级领导干部带队，采用“四廉”的办法，对县级领导班子和领导干部

2004年度落实党风廉政建设责任制情况进行了认真的考核。今年以来，一方面，改进了考核方式，实行了分类别、分项目考核，完善了用廉审核程序；另一方面，突出用廉，述、评、考廉重在用，加大了廉政考核结果的应用力度。在市委调整提拔干部、评先评优和人大代表资格审查等工作中使用廉政档案、信访信息库和案件管理库13次，审查单位53个，审查个人255人（次），审查出党风廉政方面有问题的单位和个人8例。在完善和落实“四廉”监督机制的同时，又创新提出了开展“小手拉大手、互相拉袖口”活动，实施“亲情助廉”；开展谈话、交心、批评与自我批评，实施“友情助廉”；大力宣传廉政文化，实施“社会助廉”的“三助”教育预防措施，从而浓厚了社会廉政文化氛围。

在治理“五股歪风”工作中，一手抓典型案件查处，一手抓制度防范，使治标与治本相结合，收到了明显效果。如，在治理公车参与婚丧事问题上，制定了《关于对参与婚丧事大操大办的公车给予取消年度油修费等处理的规定》。围绕落实规定，加强了监督检查，对查实的5辆公车，给予了每辆车收缴车辆使用费1000元和责成财务部门扣减一年油修费的处理，在新闻媒体上公开曝光，从而有效遏制了公车参与婚丧事大操大办歪风。

市纪委还充分发挥协调职能作用，协助市委狠抓了党风廉政建设责任制落实。明确了市委、市政府领导班子成员和市直有关部门在党风廉政建设中承担的责任，使党风廉政建设和反腐败工作任务落实到了人头。近期，继续组织对党风廉政建设第一责任人逐人进行了述职谈话，促进了党风廉政建设责任制的落实。领导干部廉洁自律等其他工作也取得了明显成效。

（5）纠风工作以解决损害群众利益问题为出发点和落脚点，在改进方法和强化措施上取得了新突破。在民主评议活动中，提出和实施了“抓重点、抓难点、抓热点、抓亮点”的工作思路，不断创新评议方式和措施，扩大了评议成果。一是突出重点。在对56个参评单位普遍评议的基础上，对其中的10个单位进行重点评议。每个单位都确定群众关注的一两个主题进行专门评议，通过扎实解决问题，促进了单位的政风行风建设。二是解决难点。突出问题市纠风办直查直处，其他问题继续实行挂帐督办，确保问题解决到位。三是紧抓热点。把评议重心下移，集中力量评议问题多发的基层站所。在评议方法上实现市、县、乡三级联动，推进评议活动扎实开展。四是创新亮点。突出抓了“清晨行风热线”这个工作亮点。在组织参评单位领导到电台直播间接听热线的同时，安排市公安局、交通局、电力公司等20个单位在市广电局门前设立“行风建设群众投诉受理站”，专题受理群众投诉，接受群众咨询。今年以来，已有7个单位接听了“清晨行风热线”，现场解答问题47个；“投诉受理站”受理群众投诉130多件，当场解答群众提问3100多人（次）。另外，还对教育乱收费、医药购销中不正之风、公路“三乱”和农民负担等进行了专项治理，开展了环境保护、征地补偿、城镇拆迁、企业重组破产和“两拖欠”执法监察，公开处理了一批典型案件，收到较好的社会效果。

（6）查办案件工作坚持依纪依法，提高了办案整体效果。今年以来，紧紧围绕发展第一要务和稳定大局，以查办发生在领导机关和领导干部中滥用职权、谋取非法利益的违纪违法案件为重点，继续加大办案工作力度。严肃查办利用人事权、司法权、审批权违纪违法的案件，工程项目中发生的案件，金融、土地管理等领域以及物资和服务采购活动中的案件，企业重组改制、产权交易和经营管理活动中国有资产严重流失的案件等，保持惩治腐败的强劲态势，保证办案总量不出现大的滑坡，并突破了一批重大典型案件。如市总工会原财务部长李宏范贪污公款139万元案，邯郸市第一糖业烟酒总公司经理廖建民挪用公款20万元、在企业改制中隐匿国有资产190余万元以及非法转让15亩土地案等。今年上半年，挽回经济损失839.5万元。全市共立案查处违纪违法案件909件，结案670件，处分干部党员648人。其中，大案要案349件，占总数的38.4%。市纪委直查29件，涉及县（处）级干部10件。为了充分发挥办案的治本功能，建立和实施了“一案三延伸”制度，即查办案件向警示教育延伸、向专项治理延伸、向完善制度和加强管理延伸，每查处一个案件，都要堵塞一方面漏洞，举一反三治理一批违纪问题，教育一片党员干部，增强了办案效果。

今年以来，预防腐败的“四项改革”“四项制度”工作在去年的基础上，进一步规范和深入。执法监察工作方面，继续加强对《行政许可法》《土地管理法》《招标投标法》等法律法规贯彻执行情况的监督检查。纪检监察干部队伍建设得到进一步加强。

在充分肯定上半年党风廉政建设和反腐败工作取得成效的同时，也要清醒地看到，当前我市反腐倡廉工作中依然存在一些亟待解决的问题：一是一些地方和单位腐败现象还没有得到有效遏制，滋生腐败的土壤和条件依然存在，大案要案还时有发生。二是领导干部廉洁自律一些规定落实得不够好，一些损害群众利益的不正之风还比较严重，有些问题治理后出现反弹。三是有的地方和单位反腐倡廉工作力度不够大，措施不够硬，效果不够明显。四是有些单位和个别办案人员法制纪律观念淡薄，依纪依法办案能力较差，方式方法粗暴简单，等等。在下半年的工作中，要有针对性地采取措施，确保这些问题得到认真解决。

二　下半年要继续突出三项重点，全面完成党风廉政建设和反腐败各项工作任务

下半年，我市的党风廉政建设和反腐败工作任务十分繁重。一方面，要突出抓好三项重点工作，尤其要把推进行政权力公开透明运行作为重中之重，在上半年业已取得的良好工作成效基础上，继续抓紧抓好。另一方面，要按照年初市纪委五次全会部署和全省纪检监察工作座谈会精神，抓好各项工作任务的落实，继续保持惩治腐败态势，不断加大预防腐败力度。同时，还要继续抓好贯彻落实《实施纲要》工作。省纪委将出台贯彻落实《实施纲要》的具体意见，我市也要采取相应措施，确保《实施纲要》落到实处。

（一）集中力量，再接再厉，进一步抓好省委、省纪委确定的三项重点工作

三项重点工作都属于开拓性、全局性的工作，需要以更强的领导力量、更大的工作力度、更有效的工作措施来推动、抓好。

（1）深入推进行政权力公开透明运行工作。我市是全省唯一的行政权力公开透明运行试点市。这项工作政策性强、涉及面广，而且越往深处抓工作难度就越大。因此，要继续加大力度，搞好组织协调；加强平台建设，提供硬件支持；加强制度建设，规范权力运行；加大宣传力度，引导群众参与。当前尤其要加强督导检查，加快市本级行政权力公开服务中心建设，使纳入中心的行政审批大厅和市直57个部门的8个公开网络业务系统全部投入正常运行，初步实现行政权力公开透明运行并不断规范和完善。要边探索、边总结，边完善、边提高，既要使推进行政权力公开透明运行在我市率先见到实际效果，又要注意总结成型经验，为深入推进这项工作提供有价值的借鉴和参考。

（2）继续开展专项资金综合治理工作。在摸清专项资金底数的基础上，重点是加强对扶贫等7项专项资金的审计工作，注意发现和查处在专项资金管理和使用中的违纪违法问题，对典型案件严肃处理，公开曝光。积极针对发现的问题，探索和建立有效的监管机制，堵塞管理漏洞，防范和遏制违纪违法案件的发生。要加强对各部门自查自纠情况的督导检查，对于态度不端正、工作不认真、自查不彻底的责令其重新进行清理并追究有关人员责任。

（3）切实加强机关效能建设工作。要按照《机关效能建设工作方案》安排，进一步加强领导，建立健全效能建设工作责任制，突出重点环节、重点岗位，加强效能监察，切实抓出成效。要进一步建立健全机关效能投诉中心及其工作制度，聘请人大代表、政协委员、民主党派和企业、群众代表，建立机关效能建设监督员制度，在“邯郸廉政网站”开辟网上投诉，并通过“行风热线户外直播”等形式让群众广泛参与，加强监督。要围绕落实《六条禁令》，继续组织多种形式的明察暗访，加强监督检查，强化责任追究，坚决查处和纠正推诿扯皮、敷衍塞责、效率低下等影响行政效能的行为，构成案件的要立案查处。与此同时，要搞好窗口“创优评差”工作，注意发现和总结效能建设的正面典型，大力表彰，弘扬正气。要促使各级机关增强服务意识，严格绩效考评，提速工作过程，提升服务质量，努力使我市的机关效能建设再上新台阶。

（二）创新方法措施，切实解决领导干部在廉洁从政方面存在的突出问题

要继续围绕解决领导干部廉洁自律中的七个方面问题，创新监督工作方法和措施。既要坚决查处顶风违纪案件，又要搞好教育防范工作。要继续完善和落实述廉、评廉、考廉、用廉“四廉”监督机制；认真抓好亲情助廉、友情助廉、社会助廉“三助”教育活动；继续开展对党风廉政建设第一责任人述职谈话等活动，加强对领导干部的教育、管理和监督。要认真落实《关于禁止各级领导干部婚丧事大操大办的暂行规定》和我市《关于对参与婚丧事大操大办的公车给予取消年度油修费等处理的规定》，坚决刹住婚丧事大操大办这股歪风。同时，要在巩固和扩大先进性教育活动成果的基础上，深化反腐倡廉教育，抓好《实施纲要》的进一步贯彻落实。要认真开展对国有企业领导人员贯彻执行廉洁从业若干规定、“三个不得”规定情况的监督检查，严肃查处违反规定的行为，推进国有企业党风建设。

（三）切实抓好“五个坚决纠正”和民主评议活动，着力纠正损害群众利益的不正之风

抓好“五个坚决纠正”，要认真落实中央宏观调控政策，通过改革和完善政府决策机制、改革产权制度、改革行政审批制度等各项改革措施的推进，从体制机制上解决问题。纠正征收征用土地中损害群众利益的问题，要不断完善征地制度，从源头上预防拖欠征地补偿费的问题。纠正城镇房屋拆迁中损害群众利益的问题，既要严格规范城镇房屋拆迁管理行为，不得滥用强制拆迁手段，又要健全拆迁居民的保障机制。纠正企业违法排污中损害群众利益的问题，要进一步研究解决环境执法方面的问题，加大对违法排污企业的责任追究力度。纠正企业重组改制和破产中损害群众利益的问题，要认真贯彻落实已出台的国有资产监管法规，加强对企业重组改制和破产操作程序的监督，保证其依法规范操作，维护职工的合法权益。解决拖欠农民工工资问题，要在继续清理和解决历史拖欠的同时，加快长效机制建设，推行工程建设业主支付担保和承包方履保制度，切实解决拖欠农民工工资问题，维护好群众利益。

民主评议活动要改进和创新评议方法，抓住并解决群众最为关心的热点问题，不断提高评议效果。要把民主评议与机关效能建设紧密结合起来，同我市的“双提”活动结合起来，提高评议工作的质量和水平。重点对 56 个参评部门尤其是 10 个重点部门开展“专题集中评议”。每个部门重点解决群众反映最为强烈的一两个问题，采取“直面投诉、专项监督、阶段讲评、专题听证、有限否决、挂帐督办”等措施，评深评透，巩固扩大评议成果。要进一步提高开展阳光热线、阳光服务、听证质询等活动的水平，帮助参评单位建立起政风行风建设自我运行机制和解决问题协调联动机制，促进参评单位更好地为人民群众办实事，为优化发展环境做贡献。8 月底，市评议办要组织开展一次主题为“看病与上学”的大型户外主题听证活动，卫生、教育系统与评议代表和广大人民群众要“面对面”，直面问题，直解难题，直接受评。

要深入开展纠风专项治理工作。治理教育乱收费，要全面实行公办学校义务教育阶段“一费制”收费办法，严格执行公办高中招收择校生“三限”政策，规范学校收费行为。纠正医药购销和医疗服务中的不正之风，要进一步完善药品集中招标采购，严格规范医疗服务项目和医务人员的诊疗行为，严肃查处药品和医疗器械购销中给予和收受回扣，以及医疗服务中“开单提成”、收受“红包”等问题。认真落实减轻农民负担和农村税费改革的各项政策规定及配套措施，加大监督检查力度，严肃查处涉农负担恶性案（事）件。要集中整治党政机关及其所属单位乱办班、乱收费、乱发证等问题。采取有效措施，加强从源头上预防和治理公路“三乱”工作，巩固成果，防止反弹。

（四）继续以坚持依纪依法办案为重点，认真落实中央纪委7号文件精神，提高办案工作效果

在不断加大预防腐败工作力度的同时，要进一步深化对查办案件重要性的认识。在现阶段，如果不查处案件，党风廉政教育就没有说服力，廉洁自

律工作就没有号召力，纠风就没有约束力，监管就没有威慑力，改革治本、保护干部就没有推动力。因此，我们纪检监察机关查办案件在任何时候都不能动摇。下半年要重点查办发生在领导机关和领导干部中滥用权力、谋取非法利益的违纪违法案件，影响改革发展稳定的案件和损害群众利益的案件，严肃查处基层干部侵犯群众切身利益的案件。各级纪检监察机关要进一步加强对查办案件工作的组织协调和管理。认真履行纪委的组织协调职能，坚持督办、与司法机关协办、系统内联办相结合，形成查办案件的整体合力，集中力量突破重大违纪违法案件。市、县两级下半年都要召开一次公开处理大会，公开处理一批重大典型违纪违法案件。坚持依纪依法办案，必须正确理解和把握法律法规和党纪政纪条规，紧密结合我市实际，贯彻落实省纪委案件检查工作会议精神和张毅同志的讲话精神，认真抓好年初市纪委五次全会提出的“四个三”办案制度的完善和实施，保证办案力度不减，为惩防体系建设做出贡献。在市纪委实行“四个三”办案制度的基础上，要选择4个县级单位，进行“四个三”制度试点，总结经验后，在全市普遍推行。吴官正同志最近指出，在查办案件中使用组织审查措施，总的原则，一是要用，二是慎用。我们要严格控制使用“两规”措施，严格落实使用“两规”的安全保障措施，进一步强化使用“两规”措施的领导责任，慎用和善用“两规”“两指”措施。提高办案艺术，既要敢于突破大案要案，又要头脑冷静和清楚，正确处理办案中的突发事件，确保办案工作安全。

（五）创新体制机制制度，深化各项改革，从源头上预防和遏制腐败

深化干部人事制度改革，重点抓好《党政领导干部选拔任用工作条例》和《党政领导干部选拔任用工作监督检查办法（试行）》的贯彻执行，总结推广成安县干部任免常委会票决制等成功做法，建立健全干部选拔任用和管理监督机制，强化监督检查，有效预防、坚决治理选人用人上的不正之风和腐败现象。继续深入推进行政审批制度改革，各级政府和部门要认真做好与省公布取消、保留行政审批项目的衔接落实工作，并在第三季度全面公布保留的行政审批项目，结合推进行政权力公开透明运行，抓好行政审批方式的改革和创新，积极探索网上审批、电子政务、限时审批等制度，落实行政审批公开承诺制度等。深化预算管理改革，继续扩大国库集中收付范围，抓好收支彻底脱钩各项政策措施的落实。推行农村财务委托代理制，加强对农村财务的监管力度，维护农民的切身利益。深入推进投资体制改革、金融体制和司法制度改革。规范和完善建设工程招标投标、土地使用权出让、产权交易、政府采购四项制度。

（六）继续加强行政监察工作

认真贯彻落实《行政监察法实施条例》、《全面推进依法行政实施纲要》和《加强和改进行政监察工作的意见》，重点要围绕法律法规和党委、政府政策、决定落实情况开展监督检查，促进政府依法行政和行政能力水平的提高。开展对《行政许可法》《土地管理法》《招标投标法》贯彻执行情况的监督检查，认真纠正存在的问题。围绕宏观调控各项政策措施贯彻情况、建设工程招标投标、重大公共投资项目和群众关心的热点问题开展监督检查，及时发现案件线索，严肃查处各种违规违纪问题。积极围绕安全生产和环境保护开展监督检查，减少和防止重特大事故以及破坏环境等问题的发生。

三　采取有效措施，狠抓落实，确保全年党风廉政建设和反腐败工作各项任务的完成

今年我市的党风廉政建设和反腐败工作内容多、任务重，尤其是三项重点工作中推进行政权力公开透明运行试点工作要求高、难度大，没有成型经验可资借鉴。这就要求我们在下半年工作中，要紧紧围绕落实科学发展观和构建社会主义和谐社会，围绕落实改革的重大举措和解决党风方面的突出问题，求真务实，真抓实干，确保各项任务落到实处。下半年重点要在创新方法、落实任务、谋划明年工作上下功夫。

（1）加强领导，强化责任，全面落实党风廉政建设责任制。党风廉政建设责任制是深入推进反腐倡廉工作的重要制度保障。落实责任制，各级各单位“一把手”是第一责任人，要切实履行责任，抓好全局性反腐倡廉工

作，并督促党政领导班子成员抓紧抓好分管系统、部门的党风廉政建设和反腐败工作。各级纪委要协助党委抓好党风廉政建设责任制的落实，要积极履行组织协调职能，加强对党风廉政建设和反腐败工作的总体协调，督促各级各部门齐抓共管，形成反腐败工作合力。要逐步加大责任制考核结果的运用力度，注意发现和总结一批落实党风廉政建设责任制的正面典型，大张旗鼓地予以表彰；对于这方面的反面典型，要严格进行责任追究。

（2）巩固扩大先进性教育活动成果，加强纪检监察机关自身建设。今年1~6月，县及县以上党政机关开展了党员先进性教育活动，各级纪检监察机关要以此为契机，建立党员教育的长效机制，切实加强纪检监察机关自身建设。继续落实“六个创新”，全面提升纪检监察干部队伍的整体素质，提高纪检监察工作能力。要加快派驻纪检监察机构统一管理速度，确保年内全面完成市、县纪委、监察局双派驻机构统一管理工作。要加强学习型机关建设，引导广大纪检监察干部注重学习，不断更新知识，提高业务能力。纪检监察干部要自觉树立“学习为本”“终身学习”的观念，不断加强政治理论学习、纪检监察业务知识学习和相关领域知识的学习。在学习和实践中增长才干，陶冶情操，把自己锻炼成为新时期德才兼备的复合型干部。要加强内部管理和监督，督促纪检监察干部严格执行《关于全省纪检监察机关工作人员执行公务的若干规定》，规范执纪行为，依纪依法办案。对于违反纪律规定的要严肃处理，不适合在纪检监察岗位工作的要坚决予以调整。要注意发现一批在纪检监察各个岗位上加班加点埋头工作、无私奉献、为反腐倡廉做出突出成绩的优秀纪检监察干部，广泛宣传，大力表彰。真正使一心一意干工作的得到鼓励，使纪检监察机关干部在人民群众中树立起忠诚卫士的良好形象。广大纪检监察干部要坚持解放思想、实事求是的思想路线，坚持与时俱进，不断更新思想观念、工作方式、工作作风，为全市党风廉政建设和反腐败斗争做出应有的贡献。

（3）创新纪检监察的工作方式、工作方法，全面落实今年的反腐倡廉任务，精心谋划好明年工作。扭住不放抓落实，这既是一种工作态度和工作方法，也是一种思想作风和工作作风。我们一定要从加强和改进作风建设的高度来认真对待反腐倡廉各项任务的落实问题。要及时传达好上级精神，使党委、政府的主要领导同志对反腐倡廉工作面临的形势、任务和措施有较好的把握，更好地统一思想，振奋精神，明确目标，积极地、创造性地狠抓工作落实。要结合本地、本单位实际，找准工作的着力点和解决问题的切入点，把这次会议精神变成切实可行的工作方案和措施，精心安排，工作到位，抓出特色，保证反腐倡廉工作取得实效。还要加强监督检查，看看本地本部门部署的反腐倡廉工作还有哪些没有落实，分析原因，采取对策，一项一项地抓出成果。同时，要及早谋划明年工作。各级各单位都要围绕党风廉政建设和反腐败工作的开展情况，深入调研，认真总结本地和外地的新鲜经验，深入研究存在的问题。在此基础上，围绕构建社会主义和谐社会主题，进一步理清明年工作的思路，科学制定工作目标，为明年反腐倡廉工作卓有成效的开展打下坚实基础。

同志们，今年反腐倡廉各项工作任务繁重，责任重大。现在已经进入了 8 月，有效工作时间只剩下 5 个月了。我们要再鼓干劲，创新措施，狠抓落实，确保圆满完成今年反腐倡廉的各项任务，为构建和谐邯郸、促进全市经济社会发展做出应有的贡献！

在涉县移民搬迁座谈会上的讲话

（2005 年 8 月 11 日）

今天到涉县看扶贫，主要目的一是看看峪峧新村搬迁后群众的生产生活情况，二是看看下一步搬迁工作进展情况。今天上午，看到搬迁群众生活有了很大改善，基本生活有了保障，对未来生活充满了信心。路好走了，更主要的是生产门路拓宽了，一部分群众搞运输、做生意、搞建筑，园区就业的也不少。这样发展下去，离文明生态村就不远了。今年的移民搬迁，县委、县政府做了大量工作，规划思路都很清楚，目标创新，吸收各种资源来搞搬迁。可以说，群众脱贫走上致富路子有了新办法。关于做好下一步移民搬迁工作，我再强调几点。

（1）要认真总结好、利用好移民搬迁的成功经验。今年以来，党中央、国务院，省委、省政府和市委、市政府相继召开了扶贫工作会议。今天召开这个座谈会，也是落实扶贫工作会议的一个举措。移民搬迁，省里列入了10 年开发规划，我市需要搬迁的共有 2000 人，其中涉县有 1600 人，搬迁任务大的主要是涉县。我们有了第一次搬迁的经验，将两个村整体搬迁到千亩科技示范养殖园区，在邯郸市是整村搬迁的一个成功例子。这个示范作用给下一步搬迁做出了样子，省里专门发了我们的经验材料。这个例子的本质意义在于什么地方？在于搬迁的群众整体或人均占用的资金量都小。张承地区移民搬迁每年补贴资金数以亿计，我们邯郸市近两年 7 类专项资金才 4 亿元。而我们组织的扶贫搬迁，不仅实现了群众整体搬迁，而且有了生产门路，费用低，真正实现了开发式扶贫、创造式扶贫，整合了资源、门路和积极性，并且很稳定。所以，这个示范动作要继续做下去，并要把群众工作和基层组织建设搞好。

（2）要认识到下一步搬迁工作的艰巨性和复杂性。在肯定成绩的同时，我们要清醒地认识到，涉县移民搬迁工作还面临着许多问题，要完成今年的搬迁目标，任务还相当重。从总体看，涉县今年的任务是要搬迁 207 户、504 人，截止到目前，也只完成了 50 多户。而且，这次搬迁，有的是合并村，有的是分散搬迁，群众搬迁之后的后期工作还很多。另外，今年的任务完成后，还有 190 多户、800 多人需要搬迁。这些人的搬迁涉及人多、工作量大，难度也越来越大。503 工厂旧址这个地方，现房改造的任务比较大。可以参考河北大学、河北师大筒子楼改造的经验，至少两三户住到一个单元里面。特别是这个新址，只有住的地方，群众生产怎么办？光在院子里解决不了生产问题。你们启动的劳动力市场解决就业问题很好，但是，一定要稳妥，要确保群众真正找到就业门路。

（3）切实形成移民搬迁的合力。移民搬迁是一项造福子孙后代的民心工程，也是一项复杂的系统工程，涉及土地、交通、水利、电力、教育等多个单位，需要方方面面的共同努力。尽管从今年起，省以上财政扶贫资金对移民搬迁项目投入做了调整，由原来每搬迁 1 人补助 3000 元增加到 4000 元，但这部分资金仅限于搬迁户的建房补贴。所以，移民搬迁单纯依靠扶贫办和有限的扶贫资金是远远不够的。其他基础设施建设，需要政府组织协调，有关部门齐心协力。因此，各个单位、各个部门要明确分工，明确职责，明确任务，明确完成时限。市、县扶贫办要切实搞好调查研究，摸清底数，制定好搬迁方案，切实当好县委、县政府的参谋，发挥好助手作用。各有关部门要站在践行“三个代表”重要思想和全面建设小康社会的高度，切实把移民搬迁工作摆上重要议事日程，做到主要领导挂帅，压死任务，压死责任，不能因为哪个部门工作不到位，拖延移民搬迁的进程。

（4）要本着积极稳妥的原则，把好事办好，实事办实。移民搬迁是一件好事，但是由于群众有“穷家难舍，故土难离”的传统居住习惯，他们搬迁后思想上短期难以适应，是很正常的事情。如果我们不能及时稳妥地做好群众的思想政治工作，特别是不能妥善解决群众在生活、生产中遇到的问题，群众思想上很容易出现问题。这些问题解决不好，还有可能引起群众上访，出现新的不稳定因素。所以，要妥善地做好移民搬迁，必须注意做好三个方面的工作：一是搬迁前的说服、教育、宣传工作；二是搬迁过程中的安置工作，做到公开、公平、公正、合理；三是搬迁后的善后工作，解决好群众的生产生活问题。这其中，既要注意做好搬迁前与搬迁过程中的工作，更要注意做好搬迁后的善后工作。能不能按照“搬得出，稳得住，能致富”的原则，确保搬迁户安居乐业，这是衡量我们移民搬迁成败的关键。对于群众搬迁后的生产生活问题，只要群众提出来，不是过分的要求，都要想法满足。做到扶上马送一程，真正把好事办好，实事办实。

（5）要充分发扬自力更生、艰苦奋斗、自我创业的精神。对移民搬迁的村、户，无论是成立新的村委会，还是同其他的村合并，加强两委建设是至关重要的。县委、县政府要在基层组织建设上给予这些村更多的关心，加强班子建设，增强班子凝聚力和战斗力。实践证明，有一个好班子，有自力更生、艰苦创业的精神，就能带领广大群众脱贫致富奔小康。否则，再好的环境，再好的条件，如果没有一个好班子，群众也难以脱贫致富。因此，在移民村中要切实把那些有思路、有创新意识，真心实意秉公办事，公道正派、年富力强的人充实到村班子中去。要注重加强村干部的培训工作，为他们创造机会，以提高政治素质、政策水平和带领群众扎实苦干脱贫致富的能力。

总之，实现了搬迁的村，一定要实现脱贫致富的目的。否则，就会前功尽弃，辜负了贫困群众对党和政府的期望。最后，希望涉县各级党委、政府齐心协力，开拓创新，真正为老区人民脱贫致富奔小康、为构建和谐社会做出新的贡献。

齐抓共管　标本兼治　扎实推进　取信于民

——在机关效能建设联席会议第二次会议上的讲话

（2005 年 8 月 12 日）

今天这次会议，主要是请大家来一起研究如何更扎实、更有效、更深入地推进我市机关效能建设。刚才，玉凤同志代表市联席会议办公室汇报了前一段机关效能建设的进展情况和下一步的工作打算。大家就有关问题进行了讨论，讲了很多好的意见，特别是社群同志的讲话，讲的意见非常好，我都赞成。从前一段的工作来看，我市的机关效能建设按照省委、省政府和市委、市政府的总体部署，工作进展是顺利的，已经取得了初步的成效，有了一个良好的开局。主要特点有如下几点。一是领导重视，工作扎实。从市委、市政府的主要领导同志到各级各单位的领导都确实把这项工作放到了一个重要的议事日程，精心筹划，周密安排，全力推进。二是目标明确，重点突出。按照《2005 年开展机关效能建设工作实施方案》和《邯郸市党政机关工作人员六条禁令》提出的要着力解决的 11 个方面的突出问题，有针对性地制定了工作目标，开展工作。三是措施得力，效果明显。由效能办牵头，市委、市政府两个督查室始终参加，以督导落实“六条禁令”为突破口，对效能建设主体单位进行督查督访和集中整治，查处、纠正了一些单位在效能建设方面存在的突出问题。四是务实创新，富有特色。许多部门注重结合中心工作开展机关效能建设，大胆探索，创出了不少有自己特色的好的经验，好的做法。像成安的“通透式办公”，馆陶的标准化管理，武安的行政事项集中审批等，都为机关效能建设的深入开展奠定了基础。市委、市政府对大家前一段的工作是肯定的，市联席会议对效能办公室的工作也是满意的，辰席同志几次谈到我们的几项重点工作，其中也有效能工作。大家比较辛苦，工作还是抓得比较实的，效果也是明显的。当然我们还要看到，工作进展是不平衡的，一些部门和单位在认识、措施和工作力度上还有一定的差距；效能建设制度还有待于完善，长效机制的建立还有更多深入细致的工作要做。同时也要看到机关效能建设本身是个系统工程，涉及方方面面，需要上上下下的继续努力，不是抓一阵子就能完成的，必须常抓不懈。

目前，机关效能建设已经处于全面实施阶段，这是一个动真格、出实招、解难题、求实效的关键阶段。广大人民群众在看着我们，期盼着我们能够抓出更大的成效来。下边我再讲几点意见。

一　认识再深化，宣传再加强，要进一步营造推进机关效能建设的浓厚氛围

效能建设的目标是“效”，功夫在“能”，核心在“人”。无论采取什么样的方式和手段，机关效能建设都必须围绕机关建设中的“人”这个中心来开展。在前一阶段机关效能建设明察暗访中发现的问题、所遇到的障碍，包括个别单位的领导、工作人员通过各种渠道来说情、来辩解，从根本上说，仍然是对机关效能建设的认识问题。仍然有少数领导干部和部分机关工作人员对机关效能建设还存在模糊认识，极个别的人还存在“机关效能建设是搞形式，六条禁令不切合实际、太过分”等错误认识。要让大家明白，机关效能建设是为全市中心工作服务的，是优化邯郸发展环境、构建和谐邯郸的主要内容，也是从根本上提高生产力水平的一项重要工作。抓好机关效能建设，正如白克明书记所讲的，要从“意、形”的综合治理上来下功夫，一靠教育，二靠纪律，综合施治，两手抓。在上周“创优评差”调度会上，我就讲了这个道理。从工作时间玩电脑游戏这个事情来看，为什么我们查处了这么多起，特别是把一批这方面的典型案件放到百万人大会上来公开处理后，仍然屡禁不止？这是什么问题？首先是认识问题。公务员在工作时间打电脑游戏，损害了公务员的形象，贻误了工作，这是不可以宽恕

的。当然比较处理其他的案件在程度上有所不同，在给这些案子定性和冠名的时候，提法是处理干扰、损害经济发展环境和违反机关效能建设纪律的案件，把打电脑游戏归结到违反机关效能建设纪律上了。公布典型案例时没点全名，这是有点区别的，但是这个事情还是要通报批评。尽管在“六条禁令”中明确禁止，可是在“六条禁令”颁布后，在百万人大会以后，仍然查处了一批，而不是一个两个在工作时间玩电脑游戏的人。什么问题？“创优评差”调度会许多市直部门的负责同志都参加了，我就毫不客气地说，首先是他个人的事情，接着就是领导的责任，管理不严，教育不够。就是这个问题啊！没查到自己头上那就没事，查到自己头上就来讲情。后来讲话稿二处给我整理的时候有点调整，可能言辞有点激烈，可能当时我讲得非常激动。我说下次再查出来就追查领导的责任，因为你没有管住自己的人。工作时间打电脑游戏玩、工作不在状态，能干好事情啊！有些单位窗口的办事人员，不吃点不给点就不给办事，我说你这一顿饭就可能“吃”跑了一个重大的经济项目。外面大的企业、大的集团，第一次来邯郸是谁来啊？总经理、总裁不会来的，都是哪个工作人员，营销部的主任，甚至经销员，先到你邯郸来试探一下子。总经理来的时候是来拍板来了，认为可行了。总经理来的时候书记、市长都出席了，那咱们肯定差不了事，那还跑了？关键是他的火力侦察员来了，跟打仗似的，来了以后到窗口上一办事，一问你，一试探，你一伸手就要东西，一张嘴就要喝酒要吃菜。回去以后人家跟老总说不行，来以后就要吃要喝。这不是因小失大吗？联想到公务员，人家找你办事的时候，你这里打电脑没时间接待他，他一看你不是接什么重要文件呢，你是在那里玩电脑游戏呢！拱猪呢！你拱你的吧，我走啦，就这！所以这些看似小事，其实不是小事。要教育，要严格教育。其次是认识提高了，还要严格纪律。白克明书记讲的那个“作风形于外，意于内。治形，靠原则纪律；治意，靠信念精神”，这都是教育啊，“必综治之”。所以你邯郸能不能坚持下来，是不是“以恒之”；能不能动真的，“以真之”。还要以观后效呢，观察咱们呢。先是肯定，然后有指导性意见，最后观察你能不能顶住，讲得非常好。一靠教育，二靠纪律，综合施治。首先还要从解决机关效能建设的主体入手。为什么今天把名单拉出来公布出去呢？要从主体入手，从机关的领导干部、工作人员对效能建设的认识上入手，来提高大家的认识。必须进一步加大宣传的力度，特别要加大正面典型表彰、反面典型曝光的力度。一方面，对违纪违规的典型案例要曝光，另一方面，要树立正面的典型，因为好的还是多数，有的非常优秀。宣传工作是机关效能建设一个重要的组成部分，它是效能建设与部门、群众参与之间的桥梁和纽带，是从理想信念上进行效能建设的一个重要方面，也是机关效能建设形成合力的一个必要举措。市效能办要采取多种方式，和宣传部门搞好结合，进一步营造一个浓厚的舆论氛围。新闻媒体要尽快开辟机关效能建设这个栏目，有关部门的主要负责同志要通过这个栏目对社会做出效能建设的承诺，同时要继续宣传报道各级各部门开展机关效能建设的情况、做法和经验，树立提高效能建设、优化发展环境的思想意识，形成人人讲效能、处处抓效能、评价看效能这么一个良好的氛围。

二　增强责任意识，主动做好工作，搞好协调配合，进一步落实机关效能建设的工作责任制

机关效能建设是一项系统工程，涉及面广，任务繁重，必须切实加强组织领导和统筹协调。目前，机关效能建设办公室设在纪检监察机关，有些同志可能产生认识上的偏差，认为光纪检监察机关来抓，这个不是的。效能建设如果单纯地靠纪检监察机关来抓，一些部门的主动性就很难发挥出来，纪检监察机关自身的推动力也会受到诸多的限制。机关效能建设的领导体制和工作机制是“党委统一领导，党政一把手负总责，联席会议组织协调，成员单位各司其职，广大干部群众积极参与”。市效能建设联席会议的各个成员单位，要按照各自担负的任务、职责，切实负起责任，增强工作的积极性和主动性。要按照市里实施方案的要求，完成自己担负的工作任务，齐抓共管，协调联动，形成合力。各级的机关效能建设联席会议和办公室，要切实发挥作用，继续精心、深入、务实地做好工作。各主体单位要注重把握效能建设的特点和规律，善于区别不同的情况，加强分类指导，增强工作的针对性和有效性。要运用典型引导的方法，发现总结机关效能建设中涌现出的不

同类型、不同层面的先进典型，运用舆论宣传、现场交流会的形式，使点上的经验变成面上的做法，以点带面，推动全局。效能建设的各主体单位的党组织，要切实加强领导，把机关效能建设摆上重要的位置。要主动承担起本部门效能建设的任务，通过加强思想道德教育、建设学习型机关、强化职业行为规范、狠抓各项工作制度的建设和落实等措施，提高队伍的素质，优化工作程序，严格工作标准，提高服务水平。各单位的“一把手”是效能建设的第一责任人，必须负总责、亲自抓。班子成员要分工负责，在分管工作中全面落实机关效能建设的要求。要积极营造有利于优秀人才脱颖而出的工作环境，真正建立起能上能下的用人机制。深入开展学习型机关创建活动，切实提高机关工作人员的思想道德素质和业务能力，力争消除办事拖拉、工作推诿、政令不畅等问题，形成心齐、气顺、劲足、实干的效能建设的内部环境。市直机关在机关效能建设中要坚持高标准、严要求，带头从自身做起，从本系统、本部门抓起，努力在推进依法行政、推进行政权力公开透明运行、完善制度体系、精简文山会海、为基层提供优质高效服务等方面取得成效。

三 抓住并解决好影响机关效能建设的突出问题，以实实在在的成果、成效取信于民

机关效能建设能否取得实效，能否取信于民，关键在于能否解决机关存在的突出问题。在我市《2005 年开展机关效能建设工作实施方案》里边提出要着力解决办事难、行为不规范、素质不高、作风不实、效率低下五个方面的突出问题，《邯郸市党政机关工作人员六条禁令》列出六个方面的突出问题。这些问题抓住了要害，很有针对性，必须坚持不懈地抓下去，努力取得实实在在的效果。具体到一个地方、一个部门、一个单位，既要把人民群众关注的共性和热点问题作为切入点，又要把影响本部门、本单位效能提高的个性和关键问题作为突破口，做到存在什么问题就解决什么问题，什么问题突出就重点解决什么问题。市、县、乡镇等不同层次的机关，特别是行政执法、行政审批、司法机关、经济管理部门和单位，都要根据自己的特点和

工作职能明确机关效能建设的重点、难点和主攻方向。对存在的问题要做具体深入的分析，搞清产生问题的原因，认识问题存在的本质，明确是共性问题还是个性问题，是体制的问题还是工作机制、具体制度上的问题，是干部素质的问题还是工作方法问题，从而进行实事求是的分析，并有针对性地研究解决问题的办法，贯彻到工作实践中去。对属于上级的问题要积极反映，本级的问题要认真解决，下级的问题要督查督办。要把落实整改措施的监督权和评判权交给群众，把群众的满意度作为机关效能建设的重要尺度来进行衡量。有关整改方案要以适当的方式公之于众，接受社会和群众的监督，做到真查真改，真见成效。查找和解决突出问题，一定要坚持从实际出发，实事求是，不能矫枉过正，不能片面性、简单化，更不能丢掉原则、违背纪律。要切实把追求效率与坚持依法行政、依法办事结合起来，全面提高依法行政的水平。

四　提高机关工作人员的职业素质，增强服务社会、服务人民的责任心和工作本领

坚持以人为本，狠抓队伍建设，提高综合素质，这是推进机关效能建设的一个关键所在。立党为公、执政为民，这个最基本的道理，要向机关的工作人员经常讲，反复讲，入脑入心，让他融会贯通，成为工作人员清醒的认识和自觉的行动。要在全体工作人员中加强职业道德教育，牢固树立服务的观念，提倡换位思考。机关工作人员行使职权，要坚决克服“当官做老爷”的腐朽思想，充分体现一个服务者的姿态。现在一些工作人员业务情况不熟悉，一问三不知，有的对部门的政策法规和基本职能都不了解，乱指点、瞎回答，造成部门之间推诿扯皮，解决问题不及时。机关工作人员不仅要有为人民服务的思想，而且要有为人民服务的本领，所以各级各部门各单位要大力开展创建学习型机关的活动，除了加强干部的政治理论培训以外，还要加强政策法规、现代科技、业务知识、管理知识等方面的培训。积极探索机关工作人员考学、述学、评学的措施办法，及时总结经验，表彰先进，弘扬正气，激励机关工作人员把有限的时间和精力用于学习理论、思考问

题、干好工作，提高职业工作能力，适应现在效能政府的要求。要加强实践锻炼，推动机关工作人员深入基层、深入群众、深入生活，在实践中积累经验，提高素质，增长才干，增进同群众的感情，提高解决实际问题和为基层服务的能力。

五　坚持标本兼治，着眼长效，继续在建章立制上下功夫

实现规范化、科学化管理，加强制度建设至关重要。一定要把解决突出问题与建立长效机制有机地结合起来，做到标本兼治，综合治理，注重实效。根据不同时期、不同阶段的新情况和新问题，审时度势，与时俱进，开拓创新，及时总结实际工作中的好经验、好做法，不断规范和完善具有针对性和实效性的管理制度。前一阶段已经出台了机关效能建设的规范性制度，要认真抓好落实。要结合深化行政权力公开透明运行、通透式办公、政务超市建设等现代办公方式和载体，进一步加强制度的研究创新。围绕建设法制型、透明型、高效型和服务型机关的要求，使机关的各项工作过程和标准受到规章制度的制约，不断提高机关工作水平。促使机关工作人员在履行职责的办事过程中，做到办得公、办得快、办得廉、办得好。对一些时过境迁、不适合形势和任务要求的制度，该修订的要及时修订，该废止的要予以废止。绩效考核是现代行政管理的重要组成部分，只有建立起一套科学合理的绩效考核办法，奖优罚劣、奖勤罚懒，形成竞争激励机制，才能充分调动机关工作人员的积极性、主动性和创造性。当然，这项工作的系统性、综合性和科学性都很强，难度也比较大，要认真学习各地创造的好经验，结合我市实际进行深入研究，考核办法要体现实用、管用和重用。

六　以监督检查为主要手段，积极探索多种形式的工作途径，搞好机关效能监察

行政效能监察是《行政监察法》赋予监察机关的一项重要的职能，而机关效能建设是在行政效能监察基础上开展的，是行政效能监察的扩展。下

一步工作中，一是进一步加强效能建设的明察暗访，并要作为一项长期的工作坚持不懈。二是要建设好效能投诉中心，启动快速反应机制，进一步加强效能查办的力度。三是与纠风、执法和行政权力公开透明运行以及信访举报等工作紧密结合起来，在公众场合开展阳光投诉，通过“行风热线户外直播”的形式，让群众广泛地参与，阳光投诉政府机关及其工作人员的不作为、乱作为等方面存在的问题，并分类进行调查处理。四是聘请人大代表、政协委员、民主党派和企业群众代表参加，建立机关效能建设监督员制度。五是在“邯郸廉政网站”开辟效能建设的网页，开展网上投诉，并对机关效能建设先进单位、先进个人进行表彰，对违反效能建设有关规定的典型单位和个人通报处理，公开曝光。

机关效能建设是一项长期而艰巨的工作任务，各单位、各部门既要有只争朝夕的紧迫感，又要牢固树立打持久战的思想，脚踏实地，开拓创新，及时总结好的经验和做法，赋予机关效能建设新的内容，设计新的载体，不断取得新的成效。

着眼加快邯郸发展　扎实解决实际问题

——在全市机关效能建设现场观摩交流会议上的讲话

（2005 年 8 月 16 日）

今天这次会议，是我市机关效能建设进入全面实施阶段后召开的一次重要会议。大家观摩学习了馆陶县机关效能建设的部分成果，几个先进单位从不同侧面介绍了加强机关效能建设做法和经验。刚才，社群同志代表市机关效能建设联席会议总结了全市今年以来机关效能建设工作开展情况，分析了存在的问题，对下一步工作进行了详细安排，我都同意。省政府行政效能室主任王志珍同志对我市机关效能建设工作给予了肯定，对今后工作提出了要求和希望。我代表市委和市机关效能建设联席会议表示感谢！

效能建设工作，对我们来讲，是一项新的工作。但是在外地已经开展了好几年，如广东、福建、山东、辽宁以及重庆、四川等地。我省是今年正式提出在全省开展效能建设工作的。去年，我市就率先在全省开展了“行政提速、服务提质”的“双提”活动，目的在于解决一些地方和部分单位存在的办事效率低、中间环节梗阻、纪律观念差、作风疲沓及行政不作为等问题。“双提”工作走在全省前列，不仅为邯郸市今年开展机关效能建设奠定了实践基础，而且受到了省委、省政府的高度评价和肯定。今年以来，按照省委、省纪委“着眼加快发展、构建和谐河北”和“提速、提质、为人民”的要求和工作部署，我市本着“找准突破口，创造闪光点，突出重点，整体推进”的工作思路，以深化“双提”为基础，从影响机关效能最基本、最突出、最明显的部位下手，出台了市《2005 年开展机关效能建设实施方案》，公布了党政机关工作人员"六条禁令"及其配套办法，采用多种措施狠抓落实，取得了比较明显的成效。

开展效能建设工作，将作为今后市委、市政府抓优化环境、工作落实的一项重要举措坚持不懈地抓下去。今天已经是8月16日，半年多时间过去了，机关效能建设正在全市稳步展开。今天这个观摩交流会，主要目的就是通过一段的运作后，交流一下工作实践中的好做法、好经验，进行总结和完善，把我们这套机制进一步建设好，更扎实、更有效、更深入地推进我市机关效能建设。下面我讲四个方面的意见，供大家借鉴。

一　加强领导，明确责任，强力推进，搞好协调，加大机关效能建设的力度

机关效能建设是一项系统工程，涉及面广，任务很重，必须切实加强组织领导和统筹协调，进一步明确职责，形成效能建设工作齐抓共管的局面。目前效能建设办公室设在纪检监察机关，有些同志就认为机关效能建设主要归纪委抓了。效能建设如果只单纯靠纪检监察机关来抓，一些部门的主动性就很难发挥出来，而纪检监察机关自身的推动力也就受到诸多的限制。有必要重申，机关效能建设的领导体制和工作机制是"党委统一领导，党政一把手负总责，联席会议组织协调，成员单位各司其职，广大干部群众积极参与"。各级机关效能建设联席会议及办公室要加强对效能建设工作的组织指导，把优化经济发展环境融入效能建设的具体实践之中，在实践中探索，在探索中创新，在创新中前进。要注重把握效能建设的特点规律，善于区别不同情况，加强分类指导，增强工作的针对性和有效性。要运用典型引导的方法，发现总结机关效能建设中涌现的不同类型、不同层面的先进典型，运用舆论宣传、现场交流会等形式，使点上的经验转化为面上的做法，以点带面，推动全局，圆满完成效能建设的各项任务。各成员单位要按照市《2005年开展机关效能建设工作实施方案》要求，切实负起责任，增强工作积极性和主动性，圆满完成自己担负的工作任务。效能建设各主体单位都要强化责任意识和服务意识，认真贯彻落实市委、市政府的决定精神，把效能

建设作为“一把手工程”摆上重要位置，建立工作机制，制定实施方案，完善工作制度，推动工作深入开展。各单位主要领导要负总责，拿出足够的时间和精力，亲自抓好落实。分管领导要具体抓好组织实施，深入调查研究，加强协调督查，解决实际问题。其他领导也要把分管的工作与效能建设工作有机地结合起来，一起部署，一起落实，一起检查，真正做到一级抓一级，逐级抓落实，形成工作合力。市直机关在机关效能建设中要走在全市前列，要坚持高标准、严要求，带头从自身做起，从本系统本部门抓起，努力在推进依法行政、推进行政权力公开透明运行、完善制度体系、精简文山会海、为基层提供优质高效服务等方面，取得实实在在的成效，为全市树立榜样。

二　立足大局，突出重点，进一步强化机关效能建设和责任追究工作

开展机关效能建设是机关效能建设的重要组成部分，必须进一步抓紧抓好，抓出成效。同其他各项工作一样，开展机关效能建设也首先必须明确目标，找准工作位置。开展机关效能建设，必须立足大局，围绕中心，突出重点：一是围绕市委、市政府的重大决策、重点工作。效能建设工作要把邯郸持续快速健康发展作为出发点和落脚点，更加自觉地贴近经济建设。要想党委、政府之所想，急党委、政府之所急，紧贴党委、政府的中心选题立项，尤其是要抓住影响改革开放和经济发展的突出问题开展效能建设，为邯郸的改革和发展创造良好的环境和条件。二是围绕改善机关管理、提高工作效能。要注意把效能建设和各项管理制度、管理环节结合起来，把效能建设的要求融入管理之中，通过监督检查，真正促进各单位加强管理，进一步转变职能，转变工作方式和作风，努力提高服务水平和工作效率，促进依法行政。三是要针对群众反映强烈的突出问题。要紧密结合本地区、本部门实际，对那些群众意见大、社会反映强烈的突出问题，有针对性地开展效能建设。特别要加强对与群众切身利益息息相关的行政执法部门、经济管理部门履行职责情况的监督检查，对他们在体制、制度、管理上和为社会服务中暴

露出来的问题，提出改进的意见和建议，及时纠正和查处漠视群众疾苦、侵犯群众利益的行为，维护人民群众的合法权益，进一步密切党群、干群关系。四是要深入容易滋生腐败的领域。要充分发挥效能建设的作用，深入容易滋生腐败现象的领域，尤其是金融、工程建设、土地批租转租、物资采购等领域，主动开展监督检查。在促进机关廉政建设的同时，注意发现问题线索，查处违纪违法案件，加强管理，遏制这些领域腐败现象高发的势头。

责任追究是保证效能建设不断深入并取得实际成效的关键环节，也是保证各单位正确、及时、高效实施管理，防止不作为和乱作为现象发生的重要基础。按照《河北省影响机关效能行为责任追究办法（试行）》的规定，全市各级效能建设主题在实施管理、处理事务、执收执罚等政务活动中，只要是拒绝、放弃、推诿、不完全履行职责或者不按规定程序、规定权限、规定时限和服务承诺正确履行职责，或者违反相关制度规定，以致影响工作秩序和工作效率、贻误管理工作、损害管理或服务相对人合法权益、造成不良后果和影响的，均应受到严格的责任追究。构成违纪的，由纪检监察机关或责任人主管单位追究其党政纪责任。对效能责任人做出的处理决定，存入单位人事工作档案，并报送纪检监察机关、组织和人事部门备案。

三　进一步加强效能投诉中心建设，全面启动快速反应机制，加大投诉受理和案件查办力度

市纪委、监察局效能室要把效能投诉处理工作当作强化效能监督、密切党群干群关系的重要途径，突出重点，集中力量，解决好人民群众反映强烈的效能投诉问题，依法依纪维护人民群众的根本利益。

一要畅通投诉渠道，广泛利用电话、电子信箱、设立举报箱、便民服务热线、手机短信等多种形式，受理群众和社会各界的效能投诉。二要从社会各界聘请机关效能建设监督员，定期听取他们对各单位效能建设方面的意见和建议。除此之外，要同市人大、市政协紧密结合，充分发挥纠风治乱和行风评议对效能建设对象作风建设跟踪问效的监督作用，充分发现和搜集我市各单位效能建设方面存在的问题。三要研究建立效能举报投诉奖励制度。四

要加大重大效能案件直查快办力度，对造成严重影响的典型案件，要从快出击，从严查处，必要时召开案件处理大会，向社会公开处理结果。同时，效能投诉中心要加强自身建设，不断提高素质，要建立健全各项工作制度，严明工作纪律，加强自身监督和督促检查，搞好日常工作记录、整理、反馈等工作，为领导决策和日后查证提供详细依据。对各部门制度建设、政务公开、依法行政及其工作人员遵守“六条禁令”情况和效能建设各项要求的贯彻落实情况进行定期或不定期的监督检查，并根据检查结果，提出建设性建议，督促相关部门改进与落实。各级效能办要充分用好效能投诉快速反应机制，遇有投诉迅速出动，抓现行，抓典型，保证有案必查，有查必果，对群众反映的问题件件有着落，事事有回音。

四　借鉴新经验，采用新手段，不断创新，提高机关效能建设的水平，让机关效能建设成为促进邯郸发展的新型助力器

伴随着全球化、信息化、市场化以及知识经济时代的来临，世界各国相继掀起了行政改革的浪潮，优化行政绩效，改善公共管理，提高服务质量。如开展绩效评估、推行电子政务、政务活动公开、规范公务行为、从政道德法制化等。福建、浙江等地区在国内较早地开展了机关效能建设。各地开展效能建设的背景和原因与我市有着一定的差别，我们不能照搬，但在区域发展所面临的许多问题是共同的，理论和实践也有许多重合之处。在全球和区域一体化的时代背景下，分析和研究发达国家和地区开展机关效能建设、提高行政绩效的有益做法，有选择地吸收和借鉴其先进经验，对深入推进的机关效能建设具有重要意义。

下一步工作中，我市机关效能建设，一要进一步加强效能建设的明察暗访，并要作为一项长期工作坚持不懈；二要与纠风、执法和行政权力公开透明以及信访举报等工作紧密结合，在公众场合开展阳光投诉，通过“行风热线户外直播”的形式，让群众广泛参与，阳光投诉政府机关及其工作人员不作为、乱作为等方面存在的问题分类进行调查处理；三要聘请人大代

表、政协委员、民主党派和企业、群众代表参加，建立机关效能建设监督员制度；四要在“邯郸廉政网站”开辟效能建设网页，开展网上投诉，对机关效能建设先进单位、先进个人进行表彰，对违反效能建设有关规定的典型单位和个人通报处理，公开曝光。

同志们，今年是我市开展机关效能建设工作的第一年，也是我市建设经济强市、加快邯郸发展步伐的关键之年。全市经济的快速增长，城市建设的步伐日益加快，发展环境不断优化，对机关效能建设提出了更高的要求。各级各单位一定要以饱满的热情、清晰的思路、务实的作风、扎实的工作，与时俱进，开拓创新，推动机关效能建设水平不断提高，为构建和谐邯郸，为全市物质文明、经济文明和政治文明的建设做出新的贡献。

在市“权力公开”办公室成员和市直有关部门负责同志会议上的讲话

（2005年8月18日）

刚才，徐数同志传达了市推进行政权力公开透明运行领导小组第四次会议精神，社群同志就推进行政权力公开透明运行和全省会议的准备工作讲了意见。下面，我再讲点意见。

从总体上看，几个月以来，我市推进行政权力公开透明运行工作有条不紊，健康开展，发展势头良好。一是各级、各职能部门领导对推进行政权力公开透明运行工作高度重视，切实加强组织领导。市里成立了以聂辰席同志为组长的专门领导小组，辰席同志多次组织召开市委常委会、党政联席会和领导小组会，认真听取这项工作进展情况汇报，专题研究推进工作的具体措施。市长王三堂等市领导同志多次深入一线调研督导，帮助解决具体工作中的困难和问题，为这项工作顺利开展提供了保证。市人大、市政协有关领导积极参与行政权力公开透明运行工作，促进这项工作深入开展。有关地方和部门的负责同志都高度重视，认真组织，积极推进了这项工作的深入开展。市规划局、财政局等部门领导积极组织购买设备等，对这项工作重视程度高，工作安排细，推进工作的措施得力有效，取得的效果也明显。二是措施得力。通过严明清理工作纪律，实行“职权清理三步法”，落实“一表一图一据一盘”的工作流程，市直70个部门都认真组织清理上报了行政权力项目，绘制了职权目录和权力运行流程图；市领导小组办公室建立并实行了初审、复审、审定“三审定审”制度，对各部门上报行政权力进行了严格的审核把关，较好地完成了职权清理任务。经过集中清理，我市市政府本级和市直70个部门、单位共清理各类行政权力2515项。复兴区、涉县、成安县三个试点区、县本级共清理行政权力209项。之后，又开展了公开载体建设。本着多样、实用、节约、效能的指导思想，重点搭建了“四个公开平台”，即整合已有的设施资源，建设公开透明的传统公开平台；建立市级行政权力运行网站，构筑公开透明的网络业务平台，尤其是围绕群众关心关注的热点问题和重点权力部位，建立了行政许可事项、政府采购、建设工程招标投标、经营性土地使用权出让、专项资金管理、产权交易、公务员录用、城市规划八个公开透明运行网络系统，现已陆续投入运行，5月试运行以来，八大网络业务系统点击次数已达60万次；推动行政权力公开服务中心建设，搭建公开透明的服务中心平台；推行通透式办公，建立公开透明的通透办公平台。成安县政府和市规划局率先进行了通透式办公试点，积极探索将推进行政权力公开透明运行和办公方式改革合二为一的新途径，取得了较好效果。另外，还加强了制度建设，主要是建立了违反推进行政权力公开透明运行工作行为责任追究办法、行政权力公开透明运行投诉受理办法、绩效考核办法和信息公开管理办法等。三是我市的推进行政权力公开透明运行工作取得了明显的效果。第一，通过职权清理界定，明确了政府和部门的权力，促进了依法行政。许多部门原来只是把上级部署的和群众要求的视为该办的，对于到底拥有多少项行政权力并不清楚。通过权力清理，各部门明确了依法拥有的权力事项和应该履行的责任，废止了已经取消但仍在执行的权力项目，澄清了不属于行政权力的商业行为项目，纠正了职权不清、互相扯皮问题，为依法行政奠定了基础。在这次行政权力清理中，仅市政府本级和市直单位就废止和理顺各类权力事项100余项。如取消了国家已经废止但市里仍在执行的市公安局拍卖特种行业许可、畜牧局兽药制剂许可等事项，界定和明确了城市地下水资源开采许可实施主体等。第二，简化了行政流程，提速了权力运行过程，提高了办事效率。如市规划局、建设局等单位，实现了网上审批，明确了各个环节的办理时限，使“行政提速、服务提质”的承诺得以真正落实，发展环境得到进一步优化。上半年，市规划局在办理人民电器集团在邯郸投资25亿元兴建的鑫港国际商贸中心项目时，原来需要较长时间才能办结的建设用地规划许可证手续，这次在签订国有土地使用权出让合同的当日便全部办理完毕，现在该项目已开工兴建。第三，转变了干部作风，重塑了政府形象。行政权力公开透明运行以来，尤其是实行通透式办公后，政府工作人员的行政行为直接受到来自各方面的监督，使迟到，早退，工作时间脱岗办私事，在办公室聊天、打扑克、玩电脑游戏、织毛衣等“机关病”得到治理，干部作风明显转变，政府形象得到提升。第四，优化了发展环境，方便了群众办事。一些单位在网上公布权力运行流程图后，群众普遍反映，到机关办事知道该找谁了，遇到问题知道该怎么投诉了。市政府将市长、副市长和秘书长的职责分工、联系电话全部在公开透明网和《邯郸日报》上公布后，深受群众欢迎。广大群众通过登录政府网站，反映城市建设、生产生活等方面遇到的问题，很快就批转有关部门予以落实和解决，使群众切实享受到了公开的实惠。第五，推进了阳光行政，方便了群众监督，从源头上预防和遏制了腐败问题的发生。行政权力公开透明运行后，减少了暗箱操作，推进了阳光行政，瓦解了腐败生成的土壤和条件，有效遏制了腐败问题的发生。如政府招投标的信息通过网上公布后，全国各地的竞标者纷纷前来参与。透明度的提高，使过去建设工程招投标中存在的业主排斥潜在投标人、按自己意图组织投标队伍等老大难问题得到了较好解决。今年1~6月，我市主城区范围共进行工程交易101项，参加投标报名企业779家（次），通过预审686家（次），通过率比去年提高近24%。其中外地企业260家，比去年全年外地报名企业总数还多32家，外地企业中标23次，远远超出了去年同期比率。我市推进行政权力公开透明运行的探索和实践，也受到了各级领导同志的高度评价和各方媒体的广泛关注。中央纪委副书记马馼到邯郸调研时指出：“中央出台教育、制度、监督并重的惩防体系以后，这是河北省在贯彻落实当中一个非常重要的举措。”“教育、制度、监督在这项工作中都有，抓住了权力运行的核心，这是一个很根本、很好的一项工作，意义很重大。”省委副书记、省纪委书记张毅同志多次到邯郸进行具体指导，给予充分肯定。中央纪委办公厅负责同志看了我市的工作，指出：“真正是阳光政务有实招的，河北是第一家。”“邯郸市推进行政权力公开透明工作的做法为全国三公开工作提供了经验。”《中国纪检监察报》分别以《透明公开》和《通向民心》为题，在一版介绍了我市推行通透式办公的做法。中央电视台、北京晨报、中国青年报、法制日报、河北日报、羊城晚报、新京报等多家媒体都关注并刊发了有关我市推进行政权力公开透明运行的文章。

当然，由于推进行政权力公开透明运行工作还只是刚刚起步，今后的工作任务还十分艰巨。省里9月初要在我市召开推进行政权力公开透明运行现场会，我们的各项工作都需要尽快加强和提高，尤其是行政权力公开服务中心大厅建设目前相对滞后，还有很多工作要做。因此，下一步还要进一步采取措施，确保这项工作在近期能有一个大的改观。

1. 要继续搞好职权清理的后续工作

我市的行政权力清理工作虽然已经基本完成，但后续工作还很多。一方面，要在权力运行的过程中，结合实际，继续做好权力项目的清理、认定和权力运行流程图的完善工作。对于权力交叉、重叠或职权不清的，要继续搞好权力界定，确保权力规范运行。

2. 要继续搭建好公开平台

（1）继续整合已有设施资源，充分发挥好传统公开平台的作用。要根据权力公开透明运行的需要和方便群众知情、监督的需要，合理选择公开形式，该用什么形式就用什么形式。在公开形式上不要搞一刀切，关键是注重公开效果。

（2）切实加强网络公开平台建设。要搞好公开网络建设。市直70个部门和单位都要按照行政权力公开透明运行的需要，积极探索推进公开网络建设。行政许可事项、政府采购、建设工程招标投标、经营性土地使用权出让、专项资金管理、产权交易、公务员录用、城市规划八个公开透明运行网络系统一周内都要像财政局那样，基本上实现网上办事的目标。有关部门要尽快确定网络维护和操作人员，进大厅集中办公，主管负责人要进驻大厅。要搞好网络维护、网上信息发布、网上受理、网上初审等工作。继续深化、细化各项内容，使网络运行的各项功能和各个具体环节搞好链接，使行政权力公开透明运行逐步实现结构化的流程再造和规范化的人机同步办理，使公开透明网络切实发挥作用，实现行政权力的全公开、真公开，确保公开透明的质量。

（3）要突出搞好行政服务大厅建设。目前需要进驻大厅的18个市直部门都要按要求进驻大厅。审批协调处要成建制进驻大厅，局长要轮流带队。目前18个部门中还有6个部门没有设立审批协调处，这6个部门要在不增加人员编制的情况下，搞好内部调整，并向市编委报告，尽快成立审批协调处，按要求进驻大厅。部门职责需要进行调整和划分的要尽快搞好调整和划分。各部门对进驻大厅的工作人员，要赋予相应的行政权力，实行通透式办公，不能搞成窗口式办公，真正实现行政权力在大厅内公开透明运行。进驻大厅的各部门工作人员，要按照行政权力公开透明运行的要求，树立全新的服务理念，切实转变工作作风，提高工作效率和服务质量。要按照已经审定的职权目录和权力运行流程图，设置好岗位，配备好人员，使行政权力公开透明运行。各部门要将进驻大厅人员名单于明天前报市优化办。

3. 认真做好省会议在我市召开的各项准备工作

市里已经建立了专门的组织，由王社群同志负责总协调，各单位尤其是确定参观的单位要认真做好准备工作。单位的主要负责同志要切实负起责任，加强组织协调。要组织精干力量，专门负责，仔细做好各项工作。该提供的资料要准备齐全，该培训讲解员的要搞好培训。要做到听有情况，看有实物，问能应答，带有资料。

总之，目前我市的推进行政权力公开透明运行工作已经受到各级和各地的广泛关注，我们不仅要享有盛名，更要扎实地做好工作，见到实际效果，让人民群众满意。

在全市农村财务委托代理服务制现场经验交流会上的讲话

（2005 年 8 月 18 日）

这次全市农村财务委托代理服务制和电算化现场经验交流会是市委、市政府同意召开的。主要任务是贯彻落实全省农村财务委托代理服务制现场经验交流会议精神，总结交流经验，进一步推进我市农村财务委托代理服务制和电算化工作深入开展。我市农村会计委托代理制和电算化起步较早，2002 年 5 月，我市就在武安市召开了以“推行会计委托代理制、会计委派制和会计电算化”为主要内容的农村财务管理体制改革现场会，至今已历经 3 年多的时间。通过积极的探索实践，我市在这方面取得了不少好的经验。刚才，大家参观学习了武安市城关镇、午汲镇和武安市农村会计委托代理管理中心等单位的会计委托代理制和电算化工作现场，听取了武安市、午汲镇和邯郸县等单位的经验介绍。峰峰矿区、临漳县、曲周县城关镇提供了书面发言。从掌握的情况看，这些单位的农村财务委托代理服务制和电算化工作不断得到规范、完善和发展，他们的一些经验和做法切实有效、可操作性强，对进一步做好全市工作具有典型示范作用。希望大家结合实际，认真学习借鉴。下面，就贯彻省会议精神、进一步做好我市农村会计委托代理服务制和电算化工作讲几点意见。

一　统一思想，提高认识，增强自觉做好农村会计委托代理服务制和电算化工作的责任意识

农村会计委托代理制是对村级财务管理实施全过程审查、多环节监督、全方位公开监督管理的新体系。它既是解决农村诸多热点、难点问题的一个关键点，也是农村财务管理改革与农村税费改革及加强基层民主政治建设的衔接点；是改善农村党群、干群关系的重要举措，也是当前从财务管理源头上加大预防和解决农村干部腐败问题的一项治本之策。但是，在实际工作中，存在个别单位思想认识不到位、重视程度不够、工作主动性差等问题，在一定程度上延缓了这项工作的进程。所以，要求各级各有关部门要在以下三个方面统一思想，形成共识。

（1）推行农村会计委托代理服务制和电算化，是完善农村财务管理制度、加快农村民主法制建设进程的客观需要。近年来，我市在农村财务管理方面不断探索，采取了“村财乡管、村财乡审”等管理方式和措施，对改善一些农村财务管理混乱状况，发挥了重要作用。但是随着农村基层民主法制建设的深入，这些管理方式已不能适应农业农村新形势、新任务的需要，一些矛盾和问题凸显，导致干群关系紧张、群众上访。在这种情况下，农村会计委托代理服务制和电算化这一新的管理模式和手段应运而生。从实践看，这种管理模式和手段，一方面有利于保障村民自治权益，保障农民群众对农村财务的知情权、参与权、监督权；另一方面有效地解决了村级财务收支无计划，账目混乱，白条下账，挪用公款，吃喝有禁不止，乱账、假账、呆账和农村集体资产流失等问题。同时，这种管理模式和手段有利于加快农村基层民主法制建设进程，密切了农村干群关系，促进了农村和谐与稳定发展。

（2）推行农村会计委托代理服务制和电算化，是提高农村财务管理水平、促进农村经济社会发展的需要。农村产业结构调整和农村多元化经济的快速发展、国家“三农”政策的落实和农村税费改革的推进等，都对农村财务管理水平提出了更高要求。会计委托代理服务制和电算化，具有“公

开、科学、高效”三大特点，适应了这种新的要求。一是“公开”。广大农民群众把财务交给乡镇代理中心代管，乡镇代理中心及时将收支输入微机，能够每季度逐笔逐项打印出来进行公布，能够随时核查，方便群众查阅，群众更放心。二是“科学”。会计委托代理服务制和电算化，设备上使用电子计算机，人员实现了专业化，现代化的手段、高素质的人才确保了农村财务管理更加科学规范。三是“高效”。实现会计电算化后，大大节省了人力，提高了工作效率。总之，会计委托代理服务制和电算化这种管理模式和手段，保证了农村财务管理的公开性、科学性、高效性，通过依法实施代管，有利于农村集体经济组织聚财、理财、用财，促进农村经济社会更快更好发展。

（3）推行农村会计委托代理服务制和电算化，是创新农村财务监督机制、从源头上防治腐败的重要举措。由于监督机制不健全、治理措施比较单一等原因，在一些地方发生的挪用、挥霍、侵占农村集体资产和涉农专项资金等违纪违法问题，引起农民群众强烈反映。从根本上防治农村干部腐败是我们需要研究解决的重要课题。实行农村会计委托代理服务制和电算化，能够进一步完善民主理财、民主监督的机制，加大多层次、全过程的监督力度，营造公开透明、公开用财的环境，可以从源头预防和解决农村干部腐败问题。因此，各级党委、政府和有关部门要充分认识推行这项工作的重要性和必要性，增强责任意识，真抓实干，扎实推进，切实把这项工作抓紧、抓好、抓出成效。

二　坚持“四权不变”，全面提高农村会计委托代理服务制和电算化管理水平

应该说，经过 3 年的探索和实践，我市以会计委托代理制和会计电算化为主要内容的农村财务管理体制改革取得了明显成效。截至目前，全市已有 181 个乡镇、4572 个村实行了会计委托代理制，分别占总数的 84.6% 和 84.7% 。72 个乡镇实现了会计电算化，涉及 1761 个村。这项工作的推进，为促进农村基层干部廉政建设、维护农村社会稳定和农村经济发展发挥了巨

大作用，省有关领导对我们取得的成绩给予了充分肯定。但是，目前有的单位还存在会计委托代理程序不规范、代理协议不完善、管理制度不健全、会计电算化工作进展缓慢、人员业务素质较低等问题，直接影响工作进度和质量，必须认真解决。今后一个时期，各县（市、区）要按照“规范、普及、提高”的工作思路，规范代理程序，提高代理质量，全面推开。概括讲，就是“坚持一个原则，搞好五个规范，强化三个监督，推进一个普及”。

（1）坚持一个原则。即坚持充分体现民主的原则。这里包含两层含义。一要体现农民群众的意愿。推行农村会计委托代理服务制和电算化，要充分尊重村民的意愿。对一时想不通的，不搞强迫命令，任何单位和个人不得以任何借口和形式平调、挪用、拆借和为其他单位代缴代扣各种费用。二要落实农民群众的权利。在严格坚持“四权不变”原则的前提下，依法实施会计代理。

（2）搞好五个规范。一是规范会计委托代理制程序。农村会计委托代理制要严格按照“村民会议或村民代表会议讨论通过后向乡（镇）提出申请”“乡（镇）批复后由集体经济组织或村民委员会与乡（镇）依法签订委托代理协议书”“村组成集体资产清理领导小组对资产进行全面清理后向群众公示”“村与乡（镇）会计委托代理中心办理财务交接手续后由乡镇依法实施委托代理”四个程序进行。二是规范会计委托代理协议。农村会计委托代理协议是受法律保护双方利益的文书。协议签订必须符合有关法律法规，明确委托方、受托方的权利义务等委托事项及法律责任。协议要规范，内容要完善，项目要齐全。依法确立委托代理关系后，乡镇才可实施代理。委托代理协议书要报县农经部门备案。三是规范民主理财管理。在农村会计委托代理工作中要做到“四个统一”，即统一财务管理制度，各县（市、区）要指导乡村建立健全财务监管制度，规范收支行为，特别要对通信费、招待费和交通费等群众关注的问题做出明确规定；统一票据管理，使用全省统一的农村合作经济组织收款收据，严禁白条入账、白条抵库；统一会计核算，收支原始凭证经过民主理财小组确认后，由乡镇会计委托代理中心统一记账，编制会计报表；统一财务档案管理，乡镇要建立专门农村财务资料档案室，做到一村一柜，实行专人统一管理。四是规范代管资金范围。乡镇会计委托代理中心代管的资金主要包括村级集体财务收入、承包费、租赁费、上级补助资金、外单位（个人）的捐赠、土地征占补偿费（集体部分）、拨付村级转移支付等资金。监管资金要由单纯资金监管向资产、资源延伸，监督层次由监督村集体资产运行向监督村办企业资金资产和各项经济合同兑现延伸，防止集体资产的流失。五是规范微机管理。要明确微机管理员、记账员职责分工，规范操作程序，保障会计资料的安全性。

(3) 强化三个监督。加强农村集体财务和经济活动的检查监督，充分发挥“民主监督、会计业务监督、审计监督”的作用，保障农村会计委托代理制度规范运行、健康发展。一是强化民主监督。村委会要按照法定程序依法组织选举产生村民主理财小组。民主理财小组要充分发挥监督作用，定期对村财务收支单据进行审核，经理财小组签字盖章的单据，村助理会计方能到乡镇报账。村级财务收支每季度向群众公开，自觉接受群众监督。二是强化代理监督。乡镇会计委托代理中心要按照规定，对村级每一笔财务收支在入账前进行严格审核监督，对不符合规定的开支不予办理。同时，代理会计定期和村助理会计核对账目，盘点库存。做到账账相符，账款相符。村助理会计要自觉接受乡镇的代理监督。三是强化部门监督。县农经部门要认真履行监管职责，按照河北省《农村集体经济审计规定》，定期对委托代理资金进行审计。对审计出的问题，按照审计规定，限期纠正，处罚到位；对违纪问题，移交纪检监察部门；触犯法律的，移交司法部门。切实做到代理资金分村设账，分村核算。谁的钱入谁的账，任何单位和个人不准平调、挪用代管资金。确保农村集体资金安全、正常、有效运行。

(4) 推进一个普及。即积极推行会计电算化的普及。农村会计电算化，是改革农村会计传统的手工记账、算盘算账效率低而又容易产生不规范或不到位的财务管理方法，利用电子计算机现代科学化技术手段，实现会计账目数字自动记账、自动汇总、自动生成各种报表，达到准确、快捷、安全的目的，从而实现会计制度本身的自我控制和相互制约。会计电算化能够有效促进财务管理和会计核算的规范化和科学化，遏制乱账、假账、包包账、节节账等一些引发财务混乱问题的发生，效果是显而易见的。改善管理手段，提高工作效率，推行会计电算化管理势在必行，也是当前农村财务管理发展的必然趋势。各级、各部门要高度重视、支持并加大力度推进会计电算化工作。没有全部实现电算化的县（市、区），要尽快普及电算化，所需资金可以通过县乡财政支持一点、村级自筹一点的办法解决，也可由县级财政先垫付。已经全部实现电算化的县（市、区），要以会计电算化为突破口，逐步建立县乡村三级或两级农村财务微机监管网络，对农村财务实施远程监督和数据共享。已经实行微机联网的地方，要建立健全内部管理制度，进一步规范操作程序。今年年底前全市要有50%的乡（镇）实现农村会计电算化，20%的县（市、区）实现农经管理信息化。要尽快构筑全市农经系统网络化平台，逐步实现农经管理和农村管理信息化、网络化，实现全市信息资源共享，促进财务、村务、政务公开，给农民提供优质高效的服务。

三　加强组织领导，确保农村会计委托代理服务制取得实效

进一步深化以会计委托代理服务制和电算化为主要内容的农村财务管理体制改革，是关系农村财务管理发展方向的重大问题，是农村改革的重要组成部分。各级党委、政府一定要高度重视，切实加强组织领导，把这项工作摆上重要工作议事日程，认真研究、全面部署、精心组织、强化指导。

（1）理顺管理体制，明确工作职责。深化农村财务体制改革，要实行党委、政府统一领导，主管部门主抓，纪检监察机关协调，有关部门配合的领导体制和工作机制。各县（市、区）要成立农村财务管理体制改革领导小组，由县级领导任组长，纪检、农工委、农业、监察、财政等有关部门负责同志为成员。原来已成立领导小组但人员有变化的，要及时调整。领导小组主要负责组织、协调、指导农村财务管理体制改革工作。办公室设在农工、农经部门，主要负责落实领导小组的部署和要求，具体抓好日常管理和监督检查。各乡镇要按照不增加机构和人员的原则，配齐配强农经站和农村会计委托代理中心人员。

（2）紧密结合实际，实行分类指导。已经实行农村会计委托代理制的地方，要重点抓好完善制度、规范管理工作。实行村财乡管制度的村，要按照农村会计委托代理制的程序予以规范，办理委托代理协议。没有实行会计

委托代理制的村，要正确引导，经村民讨论通过后，依法实施代理。要坚持高标准、高起点，扎实推进，争取年底前全面完成这项工作。

（3）健全机构设置。健全机构是推动农村会计委托代理制和电算化工作的重要保障，各级要积极探索和推进农村综合体制改革，加强乡镇农经站、农村会计委托代理中心建设，做到有编制、有人员、有经费。县级财政部门要积极支持会计委托代理工作，保障人员工资和办公经费，每年可列入财政年度预算，实行专款专用，保障工作顺利开展。乡镇不得以任何形式和借口收取费用，增加农民负担。乡镇会计委托代理中心通过实行农村会计委托代理制和电算化，更好地发挥农村集体资产在加强农业基础、繁荣农村经济、服务基层、服务农民群众中的作用，保障中央“三农”政策的贯彻落实。

（4）加强队伍建设，提高业务能力。推行农村会计委托代理制和电算化，需要一支专业队伍。县乡农经部门是农村财务的主管部门，要认真履行职责。各级要通过多种渠道对农经干部进行法律法规政策和业务培训，不断提高他们的政治素质和业务能力。农村会计是做好农村财务管理基本的力量。各地要对农村会计经常进行爱岗教育，鼓励他们在农村经济发展中充分发挥作用。各地要保障农村会计工资，解除后顾之忧，更好地参加农村经济建设。要建立健全岗位责任制、工作目标考核制及奖惩激励机制。定期对农经干部和农村会计实施考核。鼓励他们为建设农村小康社会做出更大贡献。

同志们，当前的任务已经确定，目标已经明确。各县（市、区）和有关部门要站在立党为公、执政为民的高度，全面落实科学发展观，开拓创新，求真务实，扎实推进全市会计委托代理服务制和电算化工作，为促进我市农村经济社会发展，加快农村小康建设步伐，构建和谐社会，做出积极贡献！

叫板“绝对权力”：三问邯郸政改*

——对话上海《解放日报》记者

（2005 年 8 月 18 日）

●主持人：本报记者　**支玲琳**

本报实习生　**柳　森　蒋　韡**

●嘉　宾：**周文夫**（邯郸市委副书记、纪委书记）

新闻背景：一项原本在河北邯郸市悄然进行的低调改革无论如何也没有想到会在全国引起震动。不过要数一数主政一方的市长们手里到底捏有多少权力，理一理这些权力如何运行，这样别出心裁的“创意”在古往今来也许是头一遭。有叫好的，认为是“挑战绝对权力”之举；有质疑的，也许又是一场“政治政绩秀”；有关注的，不过担心会不会因为上上下下的压力而不了了之……面对来自四面八方的声音，记者与此项改革的实际主持者之一、邯郸市委副书记周文夫进行了连线。

为何公开权力?

主持人：全面启动行政权力公开透明运行机制，既是让从办事员到市

* 本文系周文夫接受上海《解放日报》对话栏目采访时答记者问稿，刊载于该报 2005 年 8 月 18 日第 7 版。

长，各层各级的公务员都知道自己手中到底握有多少权力，也是让百姓知情行政职权的具体流程。这和以往的政务公开有何不同呢？

周文夫：解决权力的运行问题，源头应该从政务公开做起。我们这项改革是政务公开的继续深化和创新，但又有别于以往的政务公开。以前政务公开也讲求政府部门办事过程和结果的公开，但到落实层面时，掌权部门往往只公开自己愿意公开的那部分内容。所以我们认为，从事务公开的角度入手局限性比较大、效果也不明显。所以这次权力公开，我们想从政务授权作为切入点来公开政府的执政行为和权力运行过程。

传统行政权力的特点是有分工而无授权。举个简单的例子，市长权力的公开。一般的政务公开在市长那一栏会注上"市长：主持市政府全面工作"，最多再附加一句"分管监察局、审计局工作"之类。这样它给人民群众造成的印象就是，市长权力最大，市里所有行政事务都归他管。而就市长本人来说，尽管他对自己权力基本范围清楚，但对自己手中究竟有多少行政职权，胸中也缺乏一个清晰概念。用权者和掌权者都不清楚权力的具体内容，又何谈政务公开的实际价值呢？如今我们对市长职权进行了清理，经过规范共有 92 项。这样一来，该管什么，不该管什么，老百姓办事该找谁就很清楚了。这也是依法行政、打造阳光政府的基本前提。

如何清理职权？

主持人：要从纷繁芜杂的权力网中理出一个权力归属不是一件容易的事情。很多人都好奇，你们怎么就将市长的权力细化到了 92 项？

周文夫：职权清理，我们把它概括为"三步法"。第一步是上下印证，从最低一级的公务员开始，按《行政许可法》等法律依据清理职权。一级一级往上推，上下印证，全部清理一遍；第二步是班子具体研究，负责任地向上级汇报；第三步是法制部门把关。

这个清理过程也是一个权力界定过程。说实话，权力背后往往意味着利益，所以虎口拔牙真的很难。几个月来，我们也碰到了一些实际阻力，比如上下级、同级之间的权力之争。好事争权，坏事推让，这种权力纠缠确实存在。在这个过程中我们坚持两手：第一个是教育，我们做了一些思想和协调工作；第二个更重要，是纪律的约束、裁决、划分。有些部门看实在拗不过去，就动小聪明，对一些利益实权瞒报。我们就制定了相应对策，在法律框架内，实行“不上报公开不实行”的原则。

能否杜绝腐败?

主持人：政府能够对自己革命，而且动真格，值得肯定。但是明确权力边界，公开权力流程，就能做到政府透明，杜绝暗箱操作，避免权力变质？很多人对此心存疑虑。

周文夫：这项改革有个背景，近几年来河北省发生了多起腐败案件，我们分析很多事情都是因为权力不公开造成的。尽管把权力公开，未必能够真正解决腐败问题，但是，通过清理公开这些权力，我们至少为权力滥用设置了障碍。阳光是腐败的天敌，公开是腐败的克星。实际上民主监督首要的前提就是要保证广大人民群众、基层干部的知情权。只有知情了才能参与、才能监督。权力公开本身就是还监督权于人民群众。腐败分子最怕人民群众的监督，因为群众的眼睛无处不在。所以说，实行行政权力公开透明，它只是一个切入点与突破口，是第一步而不是全部，今后我们还要完善制度，加强各方面监督。

在全市县域经济发展（苏州）座谈会上的讲话

（2005 年 8 月 25 日）

刚才，辰席同志就我们这次学习苏州经验、加快我市县域经济发展讲了非常重要的意见，主要对县域经济发展的科学内涵进行了阐释，同时比较我们邯郸市县域经济发展和苏州还有其他一些先进地区存在的差距，提出了下一步县域经济发展的思路。辰席同志讲得比较透彻，讲到学习的重点，讲到发展的核心，最后讲到怎样具体抓。大家回去以后，要认真抓好落实。为贯彻好这次会议精神，我再强调三点。

一　深化认识，不断增强发展县域经济的责任感和紧迫感

辰席同志讲要从“四个圈”中跳出来，实际上是又一个新的更高的战略。县域经济本身是一个区域化的发展，而且现在的国情也一直是在行政区划中抓县域经济，所以我们讲县域经济发展要有行政推动。为什么现在在苏州甚至一些发达地区还在讲这个行政推动呢？实际上也有一个行政区划和经济区域相结合的问题。通过这次出来学习考察，咱们在这方面应有一个比较清楚的认识。从认识上来讲，我们的县（市、区）长，特别是县（市、区）委书记在县里工作的时间都比较长了，上上下下的情况都比较了解，对发展县域经济重要性的认识都比较深。但是在认识县域经济几个关键性问题上，通过这次学习考察和这次县域经济座谈会，在认识上应有一个深化。都讲

“郡县治，天下安”。从区域上讲，区域经济的发展，确实关系到整个社会的基础性产业的发展。从现在的实际情况来看，我们邯郸整体上县域的经济社会发展还比较滞后。从经济社会的力量支撑上看，起基础性作用的还在县域经济。为什么呢？过去计划经济时期，市属传统产业比较强，支撑着整个邯郸经济的发展。但是现在看起来，通过近年来县域产业结构调整，市属传统产业的优势在逐步地弱化，实际上市本级或者说市本级企业支撑市区经济的作用在弱化，还有在财政收入上也在弱化。有很多企业不赚钱，好多企业亏损，有的能够自己养活自己。所以从支撑全市整个经济的发展来说，主体应该是县域经济。当然还有一些给我们做贡献的，就是一些省部属企业。经济发展的主体在县域经济，差距在县域经济，潜力也在县域经济。所以大家要切实增强发展县域经济的责任感和紧迫感，在这方面要多下功夫。

二　制定学赶目标和举措，使我市县域经济有一个大发展

这个事情，辰席同志讲得很好。我理解他讲的意思，在制定学赶的目标上，应该和当地对接。学习要有一个标杆，就是要达到什么水平。学苏州学什么？我觉得学苏州，第一点是它的观念比较新。苏州与我们有可比之处，也有不可比之处，但是在抢抓机遇上非常值得我们学习。苏州没有改革开放特区的政策，这一点它和我们差不多。改革开放十多年，它都没有享受什么特殊政策，包括后来建设的工业园区，它也不是特区，也没有什么更多的特殊政策，主要是自己抓住机遇发展，这一点很值得我们学习。第二点是它的体制比较活。特别是在运用市场手段运作项目，在争取土地、争取资金、争取审批项目上做得很到位。前几年我来学习时，在张家港保税区就了解到，它就是把前期工作都做好，基础性的工程都做好，然后去省里报项目。我们看到它上的一些项目都是用市场机制运作成功的。第三点是它的环境比较优。上午我看了苏州的行政服务中心，人家85%的行政许可和非行政许可的项目都可以在这里办结，就连公民出境、出国的手续都可以在这里办理，还有车辆办照，等等。现在进驻的单位达到了56个，工作人员达到200多人，每年大厅收费11亿元。这里我们不是看它收了多少钱，而是看它办了

多少事情。现在我们邯郸正在开展行政权力公开透明运行试点工作，也准备搞一个大厅，集中二三十个单位，我们要下决心把这个事办好。还有，就是苏州各个部门、各个群体都有服务中心的意识，我们接触的每个人说起苏州的项目来，都是如数家珍。所以我们可以从中看到它的环境优化的程度。第四点是它的作风比较实。抓事情抓的比较实。一个县（市、区）的领导同志，什么事情都事必躬亲，24 小时不睡觉、不吃不喝，你也办不完。但是在关键项目、关键环节、关键部位上还得抓死，深入一线，靠前指挥。第五点是它的创新思维比较强。创新思维就是创造性的思维，不管是当地党委、政府，还是行政主管部门，或者所有的企业，总是不断地在创新，不断地在进取。所以这几个方面，从观念到机制、到环境、到作风，一直到创新，是它保持长盛不衰的最根本的东西。需要我们下功夫学习。还有就是城乡一体化，它从产业化起步，走工业化的路子，现在到了城乡一体化、城市化，再到现代化、国际化。比如苏州工业园区就是典型的国际化工业园区，与国际产业对接得非常紧密。我们学习就要学习它们的这些先进经验，解放我们的思想，更新我们的观念，同时在我们能够与之对接的地方搞好衔接，寻求合作，促进县域经济的大发展。市发改委、财政局、中小企业局、国土资源局、优化办、国税、地税回去后要制定扶持县域经济发展的具体意见。各县（市、区）和市直部门要把这次考察的感受、成果，形成文字材料，于 9 月 10 日前报市委办公厅和市委农工委。市农工委要按照科学、简便、易行、可比的原则，制定建立县域经济发展考核评价的指标体系、程序和奖惩办法，尽快以市两办文件下发各县（市、区）执行。

三　加大宣传力度，为加快县域经济发展营造浓厚氛围

回去以后，按照市委的要求，市委宣传部要在全市组织开展“对照苏州找差距，解放思想促发展”的大讨论，进一步提高全市广大干部群众对发展县域经济重要性的认识。各县（市、区）也要加大宣传力度，通过会议、广播、印发宣传材料等形式，宣传这次会议精神，宣传发展举措。通过学习宣传，尽快改变经济发展中“上热下凉”“主热副凉”的局面，进一步

激发农民群众、民营业主的上项目求发展的干劲，掀起新一轮的发展热潮。报社、电台、电视台等新闻媒体，要开辟专栏，组织开展大讨论，对这次考察成果进行挖掘开发，做好深度报道，形成舆论攻势，营造浓厚氛围，增强干部群众的开放意识、项目意识、发展意识。

在全市民营经济工作领导小组会议上的讲话

（2005 年 8 月 31 日）

这次全市民营经济工作领导小组会议，主要任务是贯彻落实国务院《关于鼓励支持和引导个体私营等非公有制经济发展的若干意见》和省政府《贯彻国务院关于鼓励支持和引导个体私营等非公有制经济发展的若干意见的实施意见》，研究讨论我市贯彻落实意见，安排部署领导小组成员单位制定贯彻落实意见的配套措施；研究讨论关于开展民营经济调研活动的方案和关于调整邯郸市民营经济工作领导小组组成人员的建议。刚才，领导小组办公室主任、中小企业局局长允殿魁同志就有关问题进行了汇报，提出了安排方案和建议。讨论中，参加会议的市级领导和领导小组成员都讲了非常好的意见和建议，会后，民营办要认真研究、归纳和整理，把大家的意见和建议吸收进来。我市《贯彻国务院关于鼓励支持和引导个体私营等非公有制经济发展的若干意见的实施意见（讨论稿）》，是一个政策性非常强的文件，在根据大家讨论的意见进行修改时，要注意把握以下几点：一是要把政策用足。在坚持政策的基本根据的同时，要把国务院和省里给的政策用足。二是要整合政策资源。把不同部门、从不同角度制定的鼓励、支持发展非公有制经济的优惠政策，整合起来使用，不能互相牵扯，搞好贯彻落实。三是要在借鉴外地经验的基础上，结合邯郸实际把政策具体化，体现出超前性、针对性、实用性和可操作性。涉及政策性强、重要事情的大的修改，民营办要拉出单子，报领导小组几位负责同志进行审核。文件修改后报市委、市政府研究、审定后，发文执行。关于市民营经济工作领导小组组成人员的调整，是根据部分市级领导人员的变动、工作分工的变化和加强这项工作的需要进行的，同时增加了一些市直部门参加进来。对于领导小组成员调整大家都同意，报市委后发文执行。关于全市民营经济调研活动的方案，会上已讨论通过，要安排部署好这项活动。下面，我重点讲两个问题。

一　认清形势，把握机遇，抓紧出台我市贯彻落实意见和配套措施

今年 2 月，国务院出台了《关于鼓励支持和引导个体私营等非公有制经济发展的若干意见》，5 月省政府下发了《贯彻国务院关于鼓励支持和引导个体私营等非公有制经济发展的若干意见的实施意见》，为民营经济发展提供了一个非常好的机遇，标志着民营经济发展进入了一个新的阶段，迎来了快速发展的又一个春天。我市对贯彻落实国务院和省政府的两个《意见》高度重视，市委、市政府主要领导和主管领导多次批示和强调，要求按照中央和省里的精神，结合邯郸实际，借鉴外地经验，抓紧制定贯彻落实意见。有关部门对这项工作非常重视，这次会上大家也提出了很多好的意见和建议，说明大家对制定我市贯彻意见很关心。市民营办、市中小企业局从 3 月就开始起草这个《意见》，做了大量的工作，形成了目前这个稿子，还要继续修改完善。各部门一定要站在大局的角度，结合部门的职能，借鉴外地的做法，考虑我市的实际，拿出切实可行、操作性强的扶持民营经济发展具体的配套措施。一要抓住重点。民营经济是邯郸的希望所在，通过贯彻平等准入、公平待遇的原则，总体上要为民营经济发展打造一个绿色通道。今年以来，出去考察了一些先进地区，从沿海的山东、江浙、福建到湖南、湖北及中原地区的一些做法都有很多的超前性，发展很快，有一日不见如隔三秋的感觉。有些地方一两年没去，再去一看变化太大了。这次到苏州、张家港的保税区和沙钢集团参观感受很深。沙钢过去名不见经传，现在钢铁产量 1200 万吨，顶两个邯钢。在劳动力使用上，沙钢与国内最先进的上海宝钢比是 1∶5，也就是说，在同等条件下沙钢用 1 万人宝钢就得用 5 万人。从先进地区的经验看，在抢抓机遇加快发展上，还是有很多文章可做的，我们一

定要进一步解放思想，扎扎实实向先进地区学习，千方百计加快我们邯郸的发展。二要突破难点。突破难点首先是思想要转变，要把各种资源整合统一起来利用。张家港面临长江，没有什么风景区，他们搞了个暨阳湖生态园区，在平地上挖出个湖，把挖出的土卖给高速公路，挖湖卖土修高速，回过头来再规划湖区，开发房地产。财政没出钱，还赚钱。这是个思路问题，光向财政要钱不行，市场经济必须对各种资源进行整合利用。还有个环境治理的问题，这个任务比较大，但我们已在做这个工作。要结合我市正在开展的行政权力公开透明运行、“双提”、窗口部门“创优评差”等活动，切实转变政府职能，改进政府的监管、服务工作。三要找准着力点。着力点是引导非公有制企业提高自身素质。个体私营等非公有制经济能否健康发展，取决于企业自身素质，取决于企业家队伍的整体素质。在这方面，还有大量工作要做。由此想到一个问题，就是培育民营企业信誉度的问题，不光是融资需要信誉度，方方面面都有信誉度问题，这一点不管是主管民营的领导也好，还是主管部门也好，都有许多工作可做。为什么银行对好多企业不贷款？原因是怕他们还不了。但是发达地区不是这样的，银行主动为企业贷款。银行即使不贷，企业还有其他融资渠道，不一定非用银行的贷款。现在出现两极，银行不是对民营企业都不给贷款，民营企业发展规模大、效益好的，银行找人家贷款。银行“嫌贫爱富”，这是一个价值规律的作用，不是道德风尚的问题。谁还不起就贷给谁，没有一个这样的“傻子”，这样的行长也不称职。关键是在我们这里成规模、效益好的企业太少，这有一个成长孵化期，从政策上需要支持和引导。要通过评定企业的资信资质、提高企业经营管理人员的素质、规范他们的行为等，来提高它的信誉度，最后让社会、让金融部门认可。

二　认真组织，精心安排，切实把全市民营经济发展状况调研工作抓好

近年来，我市民营经济发展较快。特别是 2004 年，全市民营经济主要经济指标均实现高速的增长，民营经济增加值占全市生产总值的比重达到

57.3%，首次占据“半壁江山”，相当于“十五”前三年的贡献率之和；民营经济实缴税金占全部财政收入比重首次突破三分之一；民营经济就业人数达到145.8万人，成为历史同期增加就业人数最多的一年，当年吸纳下岗失业人员再就业3.24万人。今年1～7月，全市民营经济继续保持良好的发展态势，增加值、营业收入、实缴税金分别完成400.7亿元、1556.7亿元、25.9亿元，分别比去年同期增长52.2%、50.3%、62.6%。民营经济增加值占全市生产总值的比重达到57.3%，对发达地区来说还非常小，对我市来说也算不小了，因为我市国有企业占主体地位时间很长，这些事情要接着做下去。民营经济实缴税金占全部财政收入比重首次突破三分之一，而发达地区达到80%～90%。这次我们到苏南，强烈的感受是苏南过去是公有和集体为主体，现在80%以上都是民营经济，规模比温州大一些，产业结构要全一些，特别是加工企业。客观地讲，这几年来，市委、市政府始终把发展民营经济作为全市经济工作的重点，坚持“开放总揽、环境先导、民营突破”的发展战略，民营经济有了长足的发展。但与先进地区相比还有很大差距，从宏观与微观层面分析，仍存在一些亟待解决的问题和困难，需要我们认真研究并切实加以解决。为了更准确地掌握我市民营企业发展的现状，找准制约民营经济发展的主要因素，提出对策和建议，为市委、市政府决策提供依据。根据省里部署，市民营经济工作领导小组决定，从现在开始用两个月的时间，以县（市、区）政府和领导小组成员单位为主，对全市民营经济开展一次大规模的、深层次的调查研究活动。具体活动方案大家已讨论通过了，各单位一定要高度重视这项工作，主管领导要亲自带队搞好调查。同时，对县（市、区）要做好安排部署，县（市、区）正在进行机构改革，人员思想不稳定，加大了我们工作的难度。这项工作不要局限在中小企业系统，要把县（市、区）委、县政府调动起来，把任务交给他们，让他们组织去做。鼓励倡导领导小组成员单位特别是其主要领导同志要过问这项工作，参与调研，从不同角度为邯郸民营经济发展出谋划策，最后形成有特色有分量的调研报告。

在市行政权力公开服务中心入驻单位工作人员及县区试点单位负责人会议上的讲话

（2005 年 9 月 30 日）

几个月来，经过同志们共同努力，我市推进行政权力公开透明运行工作已取得积极的进展。市政府本级和市直 70 个部门的行政职权清理界定完成，市行政权力公开服务中心建立并投入试运行，成安县、涉县、复兴区和市规划局的试点工作各具特色、不断深入。从总体情况看，这项工作进展势头良好，人民群众普遍赞成，社会各界及各级新闻媒体广泛关注，中央纪委和省委、省纪委的领导同志给予充分肯定。当然，我市的工作还只是刚刚起步，许多工作还不规范，与省委、省政府和省纪委的要求还有不小的差距。尤其是省近期还要在邯郸召开现场会，向全省推广我市的经验和做法，我们还有大量的准备工作要做。今天把市行政权力公开服务中心入驻单位工作人员和县区试点单位负责同志召集到一起，召开这次会议，目的就是研究如何进一步采取措施，严明纪律，提高标准，规范管理，使市行政权力公开服务中心实现规范、高效运行，以此推动我市行政权力公开透明运行工作不断深入。最近，市委、市政府将出台《邯郸市行政权力公开服务中心管理暂行办法》，同志们要认真抓好贯彻实行。现在，我就暂行办法的基本要求，结合当前权力公开工作进展实践，讲三点意见。

一　进一步提高认识，把推进行政权力公开透明运行工作摆上应有的位置

要从发展社会主义民主政治、提高党的执政能力、构建社会主义和谐社会的高度认识推进行政权力公开透明运行工作的重要性和必要性。党的十六大报告中明确要求，要“加强对权力的制约和监督”。党的十六届四中全会提出了构建社会主义和谐社会的伟大任务，并就加强对权力的监督工作明确提出，要拓宽和健全监督渠道，把权力运行置于有效的制约和监督之下。为了加强对权力的监督，从源头上治理腐败，中央出台了《建立健全教育、制度、监督并重的惩治和预防腐败体系实施纲要》。推进行政权力公开透明运行，这是贯彻落实党《实施纲要》精神、建设阳光政府、构建和谐社会、从源头上预防和治理腐败的必然要求，也是打造高效政府、提高行政效率、实践“立党为公、执政为民”的必然选择。为此，省委、省政府、省纪委把推进行政权力公开透明运行作为今年反腐倡廉三项重点工作之首提出，并把我市作为全省唯一的试点市，率先开展推进行政权力公开透明运行工作。辰席同志多次提出，推进行政权力公开透明运行工作，是思想观念上的革命、执政理念上的提升、行政体制上的创新、工作机制上的完善。这项工作不是某个领导心血来潮随意提出来的，而是加强政府自身建设、保证人民依法对行政权力运行进行监督的一项带有全局性、创新性的工作。今年以来，省领导小组会议几次专题听取我市工作进展情况汇报，并提出指导意见。中央纪委和省委、省纪委的领导同志多次莅临邯郸，开展调查研究，进行具体指导。市委、市政府也十分重视这项工作，成立了以辰席同志为组长，三堂、文夫、国岭、文生、解放同志为副组长的领导小组，并设立了领导小组办公室，切实加强了对这项工作的领导。我们要从贯彻落实党的十六大、党的十六届四中全会和《实施纲要》精神的高度，以贯彻落实省委、省政府重大决策部署的站位，充分认识高度重视推进行政权力公开透明运行工作。

要从阳光、透明、高效、便民的视角高度重视行政权力公开服务中心工作。推进行政权力公开透明运行，首先要界定政府和各部门都拥有哪些行政

权力、该如何规范运行，同时，还要搭建权力运行的公开平台。为了彻底清理市政府及其组成部门的行政权力项目，解决权力规范运行的问题，在前一个阶段的工作中，我们付出了很大的努力。在市纪委五次全会和全市百万人参加的广播电视大会进行部署后，市委常委会、党政联席会、领导小组会几次进行专题研究，制定工作方案，建立相关制度，严明工作纪律。各有关部门对拥有的权力项目进行了认真清理、上报，并编制了权力目录和权力运行流程图。市领导小组办公室制定并实施了上下互相印证、法制部门把关、班子集体研究审定“三步法”清理和“一表、一图、一件、一盘”资料四要件互证，经过初审、复审、审定“三审定审”，对每一项行政权力项目和流程图及其法律法规、政策依据逐一进行多次反复审核把关，历时 3 个月时间，完成了对市政府及其部门行政权力项目的清理界定工作，确保了职权界定和流程图编绘的合法准确、完备有效。经过集中清理，我市市政府本级和市直 70 个部门、单位共清理、界定各类行政权力 2515 项。按级别和部门性质分类：市政府本级 92 项；市政府工作部门 1716 项；市政府议事协调机构 54 项；市委、市政府共管机构 40 项；市政府直属事业机构 149 项；法律、法规授权的组织 44 项；省部属单位驻邯工作部门 420 项。按行政权力类别统计：行政许可权 450 项；非行政许可审批权 351 项；行政处罚权 586 项；征税权 24 项；行政事业性收费权 169 项；重要事项决策权 41 项；内部管理权力 377 项；其他行政权力 507 项；涉密不公开行政权力 10 项。复兴区、涉县、成安县三个试点区、县本级共 209 项，其中复兴区 42 项、涉县 86 项、成安县 81 项。清理行政权力项目、绘制权力运行流程图可以说下了很大功夫，付出了一定心血，但这只是第一步。推进行政权力公开透明运行，还必须建立权力运行的公开平台。怎样搭建公开平台，市委、市政府在组织有关人员多次外出学习考察、广泛征求各级干部群众意见的基础上，又经过反复研究，决定建立市行政权力公开服务中心。公开服务中心通过制定方案、考察选址、挑选工作人员、购置办公设备、整合设施资源，于 8 月底开始试运行。这个中心尽管目前还有待继续完善，但它是我市行政权力公开透明运行的一个重要平台。在进驻大厅之初，一再要求办公方式“通透化”，而不是“窗口化”，目的就在于拆除隔离在工作人员与办事群众之间的障碍，使办公场所无形中敞开化。服务大厅同时配置的休息椅、饮水机、导办牌和安排引导员等，更加体现了人性化的服务。群众来这里办事，心里就会感受到一种温暖。实践证明，这样的办公方式是群众所需要、所期望、所赞同和支持的，对进一步密切党群干群关系具有积极的意义。因此，我们一定要高度重视行政权力公开服务中心建设，并通过我们的努力，使中心在推进行政权力公开透明运行方面切实发挥积极作用。

要以带有革命性的“试验”精神，全力推进我市的行政权力公开透明运行工作。推进行政权力透明运行工作，不仅给人民带来一种新鲜感，而且还给掌握行政权力的人带来一种深刻的触动。所以说，推进行政权力公开透明运行是政府和行政机关的一场革命。它既是办公方式的革命，更是执政理念和执政思想的革命。通过这场革命，旨在使行政权力彻底告别暗箱操作，变成公开透明运行，从而瓦解权力寻租和腐败生成的土壤和条件，最终使“行政权力部门化、部门权力个人化、个人权力利益化”变得不再可能。随着这项工作的不断深入，就必然要涉及一些体制、机制和制度等深层次的问题；要触及一些部门、单位和个人的权力调整和利益得失；也必然要经受一些震荡、波折、困难、阻力和对抗。为什么说推进行政权力公开透明运行工作，是一项创新性、试验性的工作，就是因为这项工作在全省、全国都是一项全新的工作，没有现成的经验可借鉴，是一次新的探索和尝试，而又必须要在探索中前进，在前进中提高。同时，这既是完成省委、省政府在邯郸搞试点、服务全省工作任务的需要，也更是邯郸自己优化政务环境、加快社会经济发展的内在要求。对此，大家都要有一个正确的认识和充分的思想准备，要明确一个指导思想，推进行政权力公开透明运行绝不是喊喊口号、造造声势、摆摆样子、应付应付检查就了事，而是要由形式到内容、由初级到高级、由粗放到规范，一步一步地逐步深入，长期坚持，最终要在提高行政效率、遏制腐败发生上切实见到成效。所以，必须树立不达目的决不罢休的决心和信心，从一开始，就要规范行为，严明纪律，高标准、高效率地投入权力服务中心的各项工作。

二　加强管理，改进方式，切实提高行政权力公开服务中心运行质量

市行政权力公开服务中心是市政府办理行政许可、招投标、政民互动服务，受理群众行政效能投诉，组织行政权力公开透明运行的工作平台和服务场所。中心由行政许可服务大厅、行政权力网络大厅和政民互动大厅三部分组成。市委、市政府将要成立行政权力公开服务中心管理委员会和党委，对中心进行规范化管理，中心管委会直属市政府领导，中心党委受市直工委直接领导，中心主任要由市政府领导兼任。各部门成立行政许可工作机构（综合协调服务处）并成建制进驻中心行政许可服务大厅，各相关招投标单位、专项资金使用管理等网络服务单位进驻行政权力网络大厅，集中办公。中心总体运行实行双授权，即市政府向中心授权，入驻各部门各单位向相应入驻工作机构授权。对行政审批服务事项，实行“一站式”办公，限时办结，超时默认，责任追究。

（1）认真实行“五个一”办公模式。入驻行政许可服务大厅和行政权力网络大厅的部门和单位人员，按照“一区、一局、一长、一处、一章”的总体要求进入，即大厅划分为若干办公区，一个区为一个局，每局有一名局长或副局长带班，局综合协调服务处成建制入驻，使用能代表本局审批服务职能的公章，实行通透式办公。“五个一”是做好中心内大厅工作的一个基本要求，凡进驻大厅的单位都要按照“五个一”要求做好各项工作。一是要精选办公人员。各部门要理顺工作关系，挑选出本部门素质高、业务精、能力强的骨干人员进驻大厅。二是要充分授权。各单位要把清理、界定出来的行政权力、重点权力授予进驻大厅的协调处办理，比如行政许可、非行政许可审批、登记备案和便民服务事项及相应的行政事业性收费，本单位、本部门其他处室和个人不得再受理。除需报市政府研究的特别程序外，严禁厅外受理和厅外许可。除特殊情况并经中心管委会同意外，严禁厅内受理许可程序在外运作。坚决杜绝许可、服务事项“多头受理”“体外循环”等问题。三是要坚持领导带班

制度。各部门都要派一名行政领导驻大厅带班，不管是行政正职或副职，只要是确定在大厅带班的，必须参加中心考勤，原则上带班领导轮换时限至少在一年以上，以保持工作的连续性。需要行政副职签审的办理件，必须在大厅内审签；确需上报市政府或省直部门审批并且必须由单位主要负责同志签发的事项，工作人员受理申请后，由主要负责同志到中心签发；确需领导班子集体研究的事项，工作人员受理申请后，直接向领导班子会汇报情况，不得经过任何中间环节。四是要授权使用行政审批专用章。行政审批专用章仅适用于市内终审项目的许可，对发往市内的许可批文，行政审批专用章与本单位的行政印章具有同等效力。凡发往市外或上报的，需签署派出单位意见或盖章的许可性批文，各单位应即到即办，见章盖章。各单位要加强对行政审批专用章的管理，承担相应的责任。五是要给予大厅工作以足够的支持。各部门要积极围绕大厅的工作，做好全方位支持及后勤保障工作，需要现场勘查和执法检查的，要派本部门后方工作人员勘查和检查，勘查结果报本部门驻中心工作机构，从而实现真正意义上的审监分离。

（2）严格按照“五制”办理原则开展工作。凡进入行政权力公开服务中心办理的各类许可服务事项，各单位工作人员都要按照“直接办理制、承诺办理制、联合办理制、协助办理制、明确答复制”等“五制”办理原则进行办理。一是直接办理制。对于办理程序相对简便、可当场办结的一般性申报事项，工作人员要即收即办，当场办结。二是承诺办理制。对于需经审核、论证、公告、听证、勘察等办事程序或需报省、国家级部门审批、核准、备案的申请事项，服务单位工作人员要向申报人发出《承诺件通知书》或《上报件通知书》，并尽快组织人员审核、论证、听证、公告、现场勘查或组织上报。属本市权限的许可事项，必须在承诺时限内办结；需上报审批的申请事项，应从收到上级批复件起，在承诺时限内完成在本市的办理程序。三是联合办理制。涉及两个以上部门许可的项目，如基建、房地产、投资项目等，要由公开服务中心管委会组织有关服务单位进行联合审批和同步办理。具体程序是，公开服务中心业务受理处进行登记、受理后，向申报人发出《联办件通知书》，业务受理处根据项目内容组织有关单位到现场勘查，进行联合会审，整理联审会议纪要。各服务单位必须在承诺时限内根据联审会议纪要同步进行办理，不得随意延长办结时间。四是协助办理制。凡需上报审批的申请事项，由主办单位负责组织上报。服务中心工作人员对申报材料预审后，发出《上报件通知书》，一次性告知上报所必备的申报资料，以及上级许可可能需要的时间，并主动与上级部门联系，协助办理。五是明确答复制。对于国家明令禁止的以及不符合国家、省、市有关政策规定的申报事项，受理工作人员对申报材料预审后，如能当场认定为不予办理的事项，应即时认定，向申报人做出明确答复，并出具《退办件通知书》。如申报事项的内容较为复杂，无法当场决定的，可按“承诺办理制”办法处理，先向申报人出具《承诺件通知书》，在承诺时限内会同有关人员共同办理。对于符合国家、省、市产业政策，但因申报人提交的材料不齐全，需补充材料才能办理的事项，由受理工作人员明确告知申报人需补充材料。待材料补齐后，由原受理机构按程序办理。“五制”办理原则，是进驻大厅服务单位和人员必须遵循的工作原则，是全局性规定，绝不允许任何单位和个人随意改变，否则就视为违规，违规就要受到处理。所以，大家绝不能视为儿戏。

（3）切实加强公开服务中心管理。中心管委会要切实担负起协调、督查和管理职能，不断健全和完善各项管理制度和管理办法，加强中心的综合管理。要加强对中心工作考核和人员管理，建立健全并落实考核奖惩制度。要加强对各部门驻厅许可工作机构的年度目标考核工作，考核分值要占派驻部门年度目标考核总分的50%以上。考核重点是驻厅工作人员的服务态度、办事效率和办事效果。驻厅工作人员不参加原单位考核、评比，中心负责对驻厅工作人员进行全面考核，人事部门按照进厅人数30%的比例考核中心公务员评优指标。中心管委会要定期向派驻部门通报其工作人员工作实绩的考核情况，年度考核结果报人事局备案和原单位存档。对年度考核不称职以及拒不服从管理的工作人员，要责令派驻部门予以更换；对存在严重问题的工作人员，要按照《国家公务员暂行条例》和《关于行政审批过错责任追究办法》的有关规定予以辞退和追究。

三　加强领导，严明纪律，强化监督，确保行政权力公开透明运行

我市行政权力公开服务中心试运行以来，尽管总体情况不错，但也存在一些亟待克服的问题。一是有的职能未到位，人员未到位。比如，有些单位派驻中心的带班领导，不是主管行政审批等业务工作的领导，有很多单位是纪检组长（纪委书记），有的单位是总工或助理调研员。不是说抓纪检监察的领导和这些担任非行政领导职务的同志没有能力来值班，但要求的“一长”进驻大厅应该是主抓和熟悉业务工作的领导同志。服务中心是实实在在的办事机构，不是收发室和中转站，部门的行政审批权力要在这里公开透明运行，在中心带班的部门领导，必须拥有并切实履行行政审批的职能。也有的单位三天两头调换带班领导，不能保持工作的连续性。前面已经讲了，到大厅带班的领导，连续工作时间必须在一年以上，才可以轮换。还有的部门没有将担负行政审批职能的处室成建制入驻大厅，而是从下属单位随便抽调了几个人派到大厅值班。二是有的精力不集中，工作纪律散漫。有的单位带班领导同时还承担着其他工作任务，不能把全部精力投入大厅工作。有的以各种借口不坚守岗位，随随便便就离开大厅，连个招呼都不打。有的驻厅工作人员虽然人进了厅，但思想没有进厅，“身在曹营心在汉”，成为大厅里的游兵散将。这些人员虽然是少数，但与中心承担的重大责任极不相称。三是有的驻厅单位至今连一件审批事项都没有办理，仍在厅外办理。这些问题的存在，严重影响了中心的运行质量，必须认真解决。

（1）要切实加强组织领导。行政权力公开透明运行是全市也是各有关部门当前一项十分重要的工作。对此，有关地方和单位的领导同志一定要从思想上高度重视，把推进行政权力公开透明运行工作当作当前的一件大事抓紧抓好。当前，特别要高度重视、大力支持中心的工作。一方面，要真正派出分管行政审批的单位领导到中心带班，并赋予其相应的权力，使之放手大胆地履行职责，同时要搞好内部分工和工作协调，使带班领导确保把精力放在大厅；另一方面，要经常听取大厅工作汇报，定期研究，推动工作的开

展，绝不能放手不管，放任自流，使部门与大厅各自为政，形成“两张皮”。要从人力、物力、财力各方面加大保障力度，及时研究解决工作中出现的问题，保证中心工作的顺利进行。必要时，部门主要领导要直接进驻中心，带班承担行政审批工作。

（2）要严明工作纪律。进驻大厅的部门及其工作人员不仅要保证人员到岗，更要做到思想到位。要树立整体意识和大局意识，自觉服从中心的管理，认真遵守好、落实好中心的一系列规章制度，做到令行禁止，按制度办事，用制度规范行为。特别需要强调的是，进厅各部门工作人员一定要严格自律，决不允许在工作时间之外搞拉拉扯扯，索要、收受办事者的宴请和礼品、礼金。否则，一经发现，严惩不贷！各服务单位要严格执行政府公布的各项收费项目和标准，凡未经物价部门核准的收费项目，一律不准收取，更不允许擅自增加项目或提高收费标准。凡涉及市委、市政府出台的招商引资优惠政策中的各项行政事业性规费减免或优惠，必须认真兑现落实。各服务单位在中心办理业务所涉及的各种规费，必须在中心缴纳，原单位不得重复收费。驻厅工作人员要遵守服务大厅的作息时间和请销假制度，确需离开大厅回原单位的，应向带班局长请假，并到中心管理机构申请填写回执单。事后由原单位的主管领导在回执单上签名，再带回行政服务中心备案销假。各部门进驻大厅的工作人员要实行 AB 角制度，确保无空岗、无缺位。对于违反工作纪律和各项制度、规定的，有关部门要严肃查处，并追究部门带班领导的责任。各试点县、区和市直单位也要参照市行政权力公开服务中心的做法，加强对行政权力公开透明运行后有关工作人员的管理，严明工作纪律，改进工作作风，提高工作效率，使工作人员以全新的精神面貌和工作状态，担负起行政权力公开透明运行的重大责任。

（3）要强化监督检查。市、县两级纪检监察机关都要加强对行政权力公开透明运行工作的监督检查。市纪委、监察局要向市行政权力公开服务中心派出监督机构，专门负责对中心工作作风、办事效率、遵守党风廉政建设有关规定情况的监督，认真受理群众投诉，严肃查处各种违纪违规行为。各级纪检监察机关要积极履行监督职责，充分发挥群众监督、舆论监督多种监督渠道的作用，注意多方面搜集群众的意见、建议和反映，发现和查处在行政权力公开透明运行中搞假公开、不公开，办事拖拉，吃拿卡要等违纪违规问题。必要时，可组织人员对中心的服务工作进行暗访，了解驻厅人员开展服务的真实情况。对于驻厅工作人员违纪违规问题的群众举报，要高度重视，认真受理，快查快处，决不姑息。对于在行政权力公开透明运行后依然搞权钱交易、以权谋私的反面典型，要严肃查处，公开曝光，以儆效尤。

同志们，推进行政权力公开透明运行，不是要刮一阵风，而是要长期坚持的一项重要工作。希望大家要正确认识，认真对待，坚决克服形式主义，扎扎实实地沉下心来，以“敢为人先”的勇气和豪气，不断创新工作思路，完善工作措施，加大工作力度，尽快把这项工作提高到一个新水平。

在全省南部秋冬季工程造林现场会上的致辞

（2005 年 11 月 2 日）

这次全省南部秋冬季工程造林现场会在我市召开，是对我们进一步做好工作、加快林业发展的鞭策和鼓舞。首先，我代表邯郸市委、邯郸市人民政府向莅临邯郸的省林业厅各位领导、兄弟市各位同仁、各位来宾表示诚挚的欢迎！

邯郸市位于河北省的最南端，地处晋、冀、鲁、豫四省交界地带。邯郸市辖 19 个县（市、区），总人口 860 万人，总面积 1.2 万平方公里，其中平原面积占 60.9%，山区占 39.1%。全市有林地面积已达到 360 多万亩，森林覆盖率达到 20.4%。多年来，我市坚持以科技创新和机制创新为动力，以林业工程项目为依托，全面实施退耕还林、封山育林、飞播造林、太行山绿化重点造林工程，大力发展生态防护林，积极发展用材林，适当发展干鲜果树等经济林，使我市的森林覆盖率不断提高，环境不断改善，生态日益良好，步入“依托工程、稳步发展”的良性发展时期。特别是近年来，我市突出以人为本，坚持科学的发展观，以改善人居环境、建设生态家园、实现经济社会可持续发展为目标，以生态园林城和文明生态村建设为突破口，大力实施“城市森林化、农田林网化、通道林荫化、村庄生态化”，积极推进“一城，一网，一村，三基地”即“1113”工程，努力形成网、带、片、点绿化相结合的林业生态体系和产、加、销一体化的林业产业体系，使我市林业发展呈现产业化、规模化发展格局，全市林业实现了较快发展。在大力发展林业过程中，武安市、邱县等市县都从本地实际出发积极探索，走出了适合自身发展的路子。武安市通过大力实施飞播造林、封山育林、退耕还林、太行山绿化等国家重点造林工程，集中力量加大对生态建设的投资，林业建设得到了快速发展。邱县作为一个平原县，近几年借助退耕还林工程，创新机制，科学发展，在生态建设取得突出成绩的同时，创造了多种深受群众欢迎的林下经营模式，为平原林业建设积累了经验。

虽然我们的工作取得了一些成绩，但是，与先进地区和我省先进市相比还存在不少差距。当前全社会越来越重视人与自然的和谐发展，越来越追求生态文明的生活、生产方式，经济社会发展对林业发展的要求越来越高，林业发展面临的任务相当艰巨。在这种形势下，做好今后的工作，实现“十一五”期间林业快速发展，需要加强协作、沟通和相互学习借鉴。这次全省南部秋冬季工程造林现场会为我们提供了相互学习的机会，希望兄弟市各位同仁多向我们传授你们的好经验、好做法，对我们的工作提出意见和建议；期望省林业厅各位领导一如既往地对我市加强工作指导、给予支持和帮助。我们决心借这次会议的东风，进一步搞好“十一五”林业发展规划，认真贯彻全省林业工作会议和这次会议精神，抓好当前工作，推动我市林业工作再上一个新的台阶。

最后，预祝会议圆满成功！谢谢大家！

在全市民主评议暨机关效能建设听证质询会上的讲话

（2005年11月3日）

这次由公安、交通等8个重点部门参加的民主评议暨机关效能建设听证质询会，是经市民主评议工作领导小组和机关效能建设联席会议研究决定召开的。主要目的是通过听证质询这种面对面评议方式，促进参评部门正确认识本部门本系统存在的问题，扎实有效地进行整改，不断把政风行风和机关效能建设推向深入。刚才，评议代表和效能监督员就有关问题向市公安局、交通局等8个重点评议部门进行了提问质询，8个部门的领导逐一进行了认真解答。从听证质询情况来看，评议代表和效能监督员提问质询严肃认真，提出的问题具有针对性和代表性，参评部门领导解答问题真实诚恳，认真负责，评议代表与参评部门领导进行了真诚的面对面沟通。通过听证质询这种有效形式，有利于集中反映民情民意，有利于各部门整改问题，有利于加强政风行风和机关效能建设，对推进民主评议和机关效能建设工作向纵深发展有重要意义。会后，各部门对评议代表和效能监督员提出的问题要深入调查了解，认真核实，扎实解决，给评议代表一个满意的答复。

今年以来，按照市委、市政府统一部署，我市继续在56个部门和行业开展以“树立行业新风，优化发展环境”为主题的民主评议活动。在121个党政机关开展了着眼加快发展，构建和谐邯郸，“提速、提质、为人民、促发展”的机关效能建设活动。各部门按照民主评议工作要求和机关效能建设实施方案及阶段工作安排，紧密结合实际，精心谋划，严密组织，强化措施，本着找准突破口、创造闪光点、突出重点、整体推进的工作思路，扎实开展政风行风和机关效能建设，取得了明显的阶段性成果。在今年的评议中，我们始终坚持以改革创新为主线，进行了一系列积极探索，取得了可喜的成绩，得到广大人民群众和参评部门的拥护和认可。如，在接听"清晨行风热线"方式上进行改进，不仅要求56个参评部门主要领导走进直播间接听热线，还要求20个大系统大单位在接听热线的同时设立政风行风投诉受理站，现场受理群众反映的问题。还开展了专题评议活动，在对56个参评部门进行普遍评议的基础上，对其中10个参评部门进行专题评议，要求这10个参评部门重点解决好一两项群众关注的热点难点问题，以突出问题的解决带动整个系统政风行风建设。今年9月，市民主评议办公室组织教育、卫生部门在博物馆广场开展了以"上学难、看病贵"为主题的户外听证质询活动，社会群众当场向教育、卫生部门领导质询问题16个，这两个部门的领导逐一进行了解答。市电台对这次活动进行全程直播，20多万名群众收听到了听证质询的实况。由于不断改革创新，民主评议活动保持了勃勃生机和活力，始终朝着健康方向发展。

机关效能建设以民主评议为载体，以深化"双提"为基础，从影响机关效能最基本、最突出、最明显的部位下手，解决机关存在的突出问题，使机关效能建设与民主评议及其他工作有机结合。效能建设主体单位把效能建设作为"一把手工程"，摆上重要位置，建立工作机制，制定工作方案，完善工作制度，采取多种措施狠抓落实，取得明显成效。今年以来，机关效能建设围绕《关于党政机关工作人员六条禁令》的落实，先后进行3次明察暗访，共抽调人员226名，组成73个检查组，检查基层单位1183个，发现问题228个，责任追究330人。认真受理群众投诉，共受理有关效能建设方面的投诉224件，都认真进行了调查处理，查处了一批机关工作人员违反效能建设规定行为。组织了万人评议机关效能建设活动，发放问卷1万份，回收9902份，通过调查问卷基本上掌握了机关效能建设情况和存在的主要问题。狠抓了制度建设，促使有关单位加强了机关标准化建设，严格出勤、值班、着装仪表、文明用语、环境卫生等制度。加强了服务窗口规范化建设，建立完善了首问责任制、限时办结制、AB 岗工作制、在岗明示制等一系列制度，扎实推进了机关效能建设。民主评议和机关效能建设工作虽然取得了阶段性成果，但是我们也要清醒地看到，各部门政风行风建设与上级要求和人民群众的期望还有一定距离，需要在今后工作中进一步加强措施，逐步完善提高。会后，各部门要对今年民主评议和机关效能建设工作来个“回头看”，客观真实地进行总结。对照市委、市政府的要求和年初工作方案，既要总结经验，肯定成绩，又要找出问题，查出不足，针对工作漏洞和薄弱环节，制定改进措施并抓好落实。下面，我就进一步深化民主评议和机关效能建设工作再强调四点。

一　务必要将民主评议与业务工作结合起来，围绕经济建设开展评议活动

作风转变和效率提高是要通过具体业务工作来体现的。政风行风建设和业务工作如车之两轮、鸟之两翼，二者相辅相成，互相促进。脱离业务搞政风行风建设，就会使评议工作成为无根之木、无源之水，就会使政风行风建设与业务工作相脱节，违背了搞民主评议和机关效能建设活动的初衷，也不会取得好效果。因此，各级各部门要将政风行风建设与业务工作紧密地结合起来，将政风行风建设的要求贯彻到业务工作中，有效杜绝就行风抓行风、就效能抓效能、政风行风建设和业务工作“两张皮”现象。要把政风行风建设纳入整体工作，渗透到每个工作部位、每个工作环节，贯穿到整个工作当中，与业务工作紧密地结合起来，纳入日常管理之中，做到政风行风建设与业务工作一起部署、一起检查、一起考核，以政风行风建设为动力，不断提高服务水平，促进业务工作开展。开展民主评议和机关效能建设活动，还要紧紧围绕全市经济发展的大局，通过这两个抓手，促使参评部门提高工作水平，转变工作作风，坚持依法行政，改善部门形象，努力为经济建设创造良好的环境，有力推进全市经济发展和社会进步。

二　务必要将民主评议与解决问题结合起来，围绕群众关注的热点难点问题开展评议活动

解决群众关注的热点难点问题是民主评议和机关效能建设活动的落脚点。各级各参评部门在工作中要始终坚持“群众利益无小事”的原则，注重维护好、实现好群众的根本利益，真正扑下身子，认真解决好事关群众利益的热点难点问题。要始终坚持广纳民意，注重营造声势，吸引干部群众广泛参与，深入基层访民意、听民声、解民难、排民忧。畅通群众提出意见和反映问题的渠道，在解决影响群众切身利益的突出问题上下功夫，为基层和群众办实事。要以正确的态度对待群众反映的问题，群众反映的问题无论大小，都要认认真真地听，实实在在地办，仔仔细细地查，端端正正地答，确保群众反映的问题事事有结果，件件有回音。要始终坚持执政为民的宗旨观念，发动群众，依靠群众，最大限度地调动广大干部群众的积极性。让群众评价我们的工作，以群众满意作为唯一评判标准，从群众的监督评议中发现问题，改进工作，有效增强政风行风建设的针对性，使政风行风建设展现出旺盛的生命力。

三　务必要将民主评议与机关效能建设结合起来，围绕提质增效开展评议活动

机关效能建设是民主评议工作的重点内容，民主评议是加强机关效能建设的重要手段。今年我市将民主评议与机关效能建设有机地结合起来，把机关效能建设情况纳入民主评议的考核之中，机关效能建设情况在民主评议经常性工作考核中要占相当的比重。机关效能建设要善于借助民主评议的优势，民主评议要突出效能建设的内容，使这两项工作相互促进，相得益彰，确保取得扎扎实实的成效。各级各部门一定要以开展民主评议活动为契机，按照提速、提质、提效的要求，下大力气抓好机关效能建设工作，在勤政廉政、提高效率、优化环境、促进发展上有新的进展，在解决机关干部工作效

率、工作水平上有新的起色，在破解生产要素制约、促进经济发展上有新的突破。要积极创新机关运行机制，进一步加强电子政务建设，继续探索和扩大“并联审批”范围，努力构建透明办事、规范服务、高效审批、综合管理、便民利民的平台。要强化督查工作，督促各级各部门认真落实效能建设长效机制。各级各部门要严格按照违反机关效能建设的有关处理规定，认真查处违反效能建设规定的行为，促进机关的勤政廉政建设。

四　务必将民主评议与制度建设结合起来，围绕长效机制建设开展评议活动

制度建设是加强政风行风建设的着力点。加强制度建设是民主评议和机关效能建设工作走上规范化轨道的一个重要标志，也是民主评议和机关效能建设活动不断深化发展的必然要求。各级各部门要注重完善规章制度，建立政风行风建设的长效机制。要结合实际工作，在转变作风、提高效率、推进依法行政等方面采取行之有效的办法和措施，逐步形成规范的管理制度、广泛的监督制度、科学的考评制度，通过制度约束，把转变作风、强化服务、提高效率变成工作人员经常的、自觉的行为。要建立和完善政风行风和机关效能建设领导机制，将其作为“一把手工程”，列入各级各部门的重要议事日程，做到主要领导亲自抓、分管领导具体抓，明确责任，完善规程，强化协调督查，一级抓一级，逐级抓落实，形成工作合力，确保政风行风建设不断取得新成果。

同志们，政风行风和机关效能建设是一个永恒的话题，需要各部门共同努力，锲而不舍，常抓不懈。听证质询只是推进部门作风建设的一种形式，大家要通过这种形式，进一步提高认识，强化措施，求真务实，真抓实干。各级各部门要把政风行风和机关效能建设作为一项牵总工作，作为提高工作质量和水平的主旋律，持之以恒地抓紧抓好，推动各项工作开展，为构建和谐邯郸做出积极的贡献。

在全市县域经济、农业项目建设、劳务输出等当前农业农村重点工作督查调度会上的讲话

（2005 年 11 月 17 日）

这次会议是市委、市政府决定召开的，目的是进一步贯彻落实县域经济发展苏州座谈会精神，总结交流我市农业项目建设和农村劳务输出经验和做法，扎实推进这三项重点工作，促进农民增收、财政增长。几天来，我们分别看了各县（市、区）农业项目和劳务输出工作，今天我们又看了永年县的一些项目。总的感觉是：多数县（市、区）工作思路清晰、措施得力、成效显著。下面，就三项重点工作讲几点意见。

一　关于加快县域经济发展

今年 8 月，市委、市政府组织赴苏州市考察并就地召开了全市县域经济发展座谈会后，各县（市、区）和市直部门集中精力抓经济、谋发展的劲头明显增强。比如说，临漳组织了较大规模的形势报告会，县委主要领导做学习苏州经验的宣传发动，在全县开展学习苏州经验大讨论活动。对照苏州找差距，进一步明确了学赶目标，规划了 4.69 平方公里的高新工业园区，抓实了 100 个重点建设项目。磁县开展了“学苏州、找差距、促进经济跨越式发展”大讨论活动，对正在谋划的项目加快跑办力度，对准备开工的

项目，改善发展环境，吸引更多的客户来投资。其他县（市、区）也都有一些各具特色的做法，努力推进县域经济的发展。总的来看，通过全市上下的共同努力，我市县域经济呈现了前所未有的蓬勃发展的局面。今年1~9月，我市县域财政收入合计18.3亿元，同比增长30.1%，其中财政收入最高的武安市为6.6亿元，同比增长42.1%，增幅居前三名的是高开区、磁县、邯郸县，分别为94.7%、52.4%、44.5%；县域规模以上工业增加值118.7亿元，同比增长33.0%；城镇固定资产投资（不包括市内三区）184.9亿元，同比增长48.9%，增幅居前三名的是永年县、魏县、大名县，分别为73.2%、66.4%、61.0%；全市农民人均纯收入2488元，同比增长15.4%。

在总结成绩的同时，我们也要看到县域经济是我市经济的短腿，和先进地区比差距还很大。主要表现为：一是县域经济实力弱。2004年东部10县的生产总值仅有283亿元，占全市30%。2004年，全国百强县县域平均GDP总值达163亿元，我市县域平均只有35.4亿元；百强县平均财政收入17.6亿元，我市县域平均只有2.47亿元，而且有8个县财政一般预算收入为负增长。二是工业化水平低。东部10县一产比重普遍偏大，均超过30%，规模以上工业增加值只有62.9亿元，仅占全市工业增加值的7.58%。按有关经济学原理计算，我市有些县连工业化阶段还没进入，有些则是刚刚进入，根本谈不上工业反哺农业。三是发展不平衡。从城乡看，全市城乡居民收入差距已由2003年的3942元，扩大到2004年的4472元。从区域看，我市东部10县与主城区和西部县（市、区）的差距在拉大，2004年，东部10县的GDP仅占全市的30%，而西部5个县（市、区）占了全市的47%。

形成上述问题的原因虽然是多方面的，但集中起来分析，主要可归纳为：一是比较优势发挥不够，没有形成特色县域经济；二是一产基础弱，二产规模小，三产水平低，没有形成强有力的产业支撑；三是本地企业实力差，招商引资力度不够，融资渠道狭窄，没有形成多元投资结构；四是农业产业化、农村工业化、城乡一体化程度低，带动力弱；五是服务环境、市场环境、执法环境有差距，还没有形成县域经济发展的良好氛围；六是一些领导抢抓机遇意识不强，指导思想不够明确，工作不到位。

当前和今后一个时期，要重点抓好以下几方面工作。

（1）立足工业强县，以工业经济带动县域经济。首先，要强化项目带动。发展项目是加快壮大县域经济的基础。各县（市、区）和有关部门要增强项目意识，积极引进和建设一批新项目，抓紧谋划一批发展前景好、带动能力强的项目，确保县域经济持续发展。其次，要大力推进科技进步和技术创新，用高新技术改造和提升传统产业，使绿色食品、冶金、矿产品、化工等资源在充分开发利用的基础上实现整体创新，构筑县域工业发展新格局。最后，要加快工业园区建设。苏州以园区为载体加快工业发展的路子很值得我们借鉴，各县要加大工作力度，搞好规划，完善设施，加快启动步伐。

（2）依托龙头企业，大力推进农业产业化。把工业效益优先的原则应用到农业中来，加快农业产业化进程。首先要发挥优势，择业突破。其次要培植农业产业化基地。最后要建立社会化服务体系。

（3）抢抓机遇，大力发展民营经济。要积极鼓励更多的民间资本参与县域经济的发展，实现投资主体多元化。引导、扶持一批民营企业上规模、上水平、上档次。逐步实现民营经济三个转化，即由流通服务型向生产型转化；由粗放分散型向集约、专业区域型转化；由单纯依靠自身资本流动发展向利用社会资产存量方向转化。

（4）科学规划，加快推进城镇化进程。当前，城镇化建设要优先发展县城，不断提升县城综合服务和辐射功能。同时每个县（市）要抓好1～2个有区位优势、有一定基础和发展前景的中心镇建设。城镇建设要和工业园区和市场建设相结合，要重点发展小城镇的主导产业，努力培育块状经济，引导和鼓励各类企业向县城和中心镇集中。争取逐步形成以工业型、城镇农业型、旅游商贸型为特色的城镇发展格局。

（5）优化投资环境，加大招商引资力度。各县（市、区）要努力改善软硬环境，以吸引国内外的资金、技术、人才。要充分发挥企业在招商引资中的主体作用，鼓励企业走出去到县外、市外、省外、国外招商引资，寻求合作伙伴。积极扶持现有的外商投资企业，引导鼓励外资企业增资扩股和再投资，发挥其示范效应，以商招商，以外引外，努力把企业做强做大。

二　关于农业项目建设

近几年来，全市各级狠抓农业项目建设，取得了明显成效。2004 年在建和竣工的农业项目 305 个，总投资 82.3 亿元，其中当年投资 21 亿元，超过了前三年的总和。今年 1～9 月，全市竣工和在建投资农业项目 236 个（其中新开工项目 121 个），总投资 97.8 亿元，累计投入资金 40 亿元，其中今年实际投入资金 20 亿元，同比（去年为 15 亿元）增长 33%，占全年目标的 80%。全市农业项目建设呈现“四多一大”态势，即大项目增多、农产品加工项目增多、外商独资合资项目增多、技术含量较高的项目增多，龙头企业不断壮大。如永年对今年总投资 11.7 亿元的 17 个重点建设项目，实行了责任制，将目标层层分解到人，细化、量化、实化，一包到底。临漳大力度推进农业项目年活动，共安排农业重点建设项目 40 个，总投资 5.9 亿元，年度投资 1.5 亿元。磁县谋划、在建和已经投入运营的农业重点项目 12 个，累计完成项目建设投资 2.5 亿元。大名、魏县、曲周等县（市、区）也加大了农业重点建设项目的推进力度，取得了明显成效。

我市的农业项目建设上存在的问题：一是各县（市、区）发展很不平衡，有的进度快，有的进度慢；二是农业项目建设规模小，能带动相关产业发展的项目少；三是项目谋划滞后，有的县（市、区）已形成一定的产业，却没有谋划项目；四是加工深度不够，产品比较单一，产业链条短。产生这些问题的原因是多方面的，其中最主要的一条是用工业理念指导农业、跳出农业抓农业的思想观念树得不牢。各级各部门要进一步增强责任感和使命感，从战略和全局的高度把握农业重点项目建设的重要性，把这项工作抓紧抓好。

（1）要抓好示范基地建设。近几年我市通过调整农业结构形成了一批特色产业和基地，这是发展壮大我市特色经济的基础。各县要围绕优质粮棉、无公害蔬菜、奶业、禽蛋、瘦肉型猪和优质果品等特色产业大力发展农产品加工项目，支持、鼓励和引导科技含量高、产业关联度强、辐射带动力大的农产品加工项目向基地集聚，培育新的增长点。要切实加强对创建农产品加工示范基地的组织、规划和引导，按照发展规划，在县城和城市郊区，高标准建设一批规划科学、布局合理、特色明显的农产品加工示范基地。省政府农业产业化办公室正在加紧制定鼓励创建农产品加工示范基地的政策措施和申报认定标准，各单位要注意捕捉这方面信息，抓住政策机遇，用足用好上级的政策，促进我们自身发展。

（2）要抓紧项目谋划。要抓紧谋划一批符合国家产业政策、具有经济规模、技术先进、产品有市场，并能带动相关产业发展的农产品加工重大项目。要谋划一批改造提升传统农业的龙头项目，谋划一批抢占市场竞争制高点的农产品高新技术精深加工项目，提高农业项目的前瞻性和科学性。项目谋划离不开规划，各级都要从实际出发，切实抓好“十一五”农产品加工项目发展规划的制定，凡是能够列入国家发展规划的项目，要积极争取，能够列入省、市重点的项目要确保列入。

（3）要抓实项目投入。项目建设投入是关键。加大农产品加工项目投入要三管齐下。一要积极引导民间工商资本投入。把工作的着力点放到进一步优化投资环境上，以优良的环境吸引各类工商资本向农业领域投资。二要加强银企合作。各地要筛选一批符合条件的农业项目，积极向银行推荐，使银行更多地了解项目情况，争取银行支持，促进银企合作。要引导项目主体学会应用间接和直接融资两种手段，走多元化的融资路子。在利用好银行这一融资主渠道的同时，积极开拓上市融资、股份制改造等多种融资渠道。鼓励企业通过设立股份有限公司、进行产权和股权转让的方式，吸引国内外资金。三要搞好资源整合。通过项目载体，把有关财政资金协调起来，打捆使用，形成合力办大事。积极学习借鉴江苏“一资带三资”发展农业项目的经验，通过财政资金的导向作用，吸引“三资”（民间资本、工商资本、外来资本）进入农业领域，领办农产品加工项目。

（4）要抓好项目招商。今后国内招商，要把目光瞄准东部发达地区；国外招商，要把目光瞄准在国际市场上有影响力的大公司、大集团，有针对性地招商。利用媒体和网络等手段，组织农产品加工龙头企业参加多种形式的发布会、洽谈会、招商会、交易会等，加大对重点项目的宣传和推介。

三　关于劳务输出

近年来，市委、市政府把劳务输出作为实现农民增收的重要举措和解决就业问题的重要途径，狠抓各项措施的落实，取得很大成效。全市农村劳务输出的人数逐年增多，规模不断扩大，在增加农民收入、促进农村发展中的作用越来越大。2004 年全市农村劳务输出达到 109 万人，比上年增加 20 多万人，创劳务收入 76.3 亿元，比 2003 年增加 17.5 亿元，农民人均增收 1000 元以上。截至今年 10 月底，全市劳务输出总规模达到了 121 万人。永年县强力实施行政驱动、产业拉动和市场带动“三动”战略，实行劳务输出与就地转移“双管齐下”，全县劳务输出 7 万多人，就地转移劳力 16 万多人，使 80% 的农村富余劳动力达到就业安置。

我市劳务输出存在的主要问题有以下几个。一是有些县、乡对劳务输出工作重视不够。没有把劳务经济真正当作产业来培育，劳务输出基本上处于群众自发状态。二是劳动力素质偏低。全市 350 万农村劳动力中，初中以上文化程度的占 58.2%，小学文化程度的占 38.1%，文盲半文盲占 3.7%。三是农民工的培训严重滞后。全市农民工培训工作虽然逐年得到加强，但始终没有大的突破，导致输出劳务中体力型居多、技能型较少。四是输出渠道不畅通。由于信息不灵，主动与用工地方联系不够，有组织输出比例不高，部分农民盲目自发外出，增加了务工的风险。五是资金投入严重不足。有超过半数的县（市、区）用于劳务输出的财政资金未落实，致使技能培训、基地考察、信息采集等工作无法正常开展。对这些问题，各级党委、政府和相关部门要高度重视，采取切实的措施，认真加以解决。

当前，我市劳务输出面临着很好的发展机遇。国家和省高度重视“三农”问题，加大了对农民工的支持力度，为我们开展劳务输出创造了良好条件；东南沿海发达地区出现的“民工荒”，为我们扩大劳务输出提供了广阔空间；国家鼓励发展劳动密集型产业、第三产业和非公有制经济，为劳务输出提供了就业机会。我们要紧紧抓住当前难得的机遇，下决心把我市农村剩余劳动力大规模地转移出去，真正把劳务输出作为一项大产业来培育。

(1) 加大培训力度，提高劳动力就业能力。要把农村劳动力技能培训作为培育劳务产业、打造劳务品牌的基础性工程来抓，确保今年培训人数达到10万人以上。一是要落实培训经费，确保资金投入。要按照国家六部委和省的要求，各级各部门确保资金足额到位，专款专用。要根据培训工作的需要，尽可能再增加一些经费投入。各县（市、区）也要想办法筹集一部分资金，用于农民工培训。二是要整合培训资源，创新培训机制。农民职业技能培训由市、县（市、区）劳动和社会保障部门统一组织实施和管理，教育、科技、农业、畜牧、卫生、财政、交通、建设、扶贫等相关部门配合，共同做好这项工作。要加强农民职业技能培训基地建设，搞好培训机构的公开招标、资格认定、评估验收等工作。已获认定的培训基地，要改善培训条件，加强师资力量，担负起农民工职业技能培训的职责。三是要因需施教，注重培训实效。要重点抓好家政服务、餐饮、美容美发、服装加工、保健护理、保安、建筑、电子装配、家电维修、汽车驾驶与修理等行业的技能培训，增强培训的针对性和实效性。四是要加强监督管理，提高培训质量。各级劳动保障部门和相关主管部门要加强对各类培训机构的监督管理，坚决防止借培训之名对农民工乱收费，一经发现，要严肃查处。

(2) 拓宽输出渠道，扩大劳务输出规模。一是要加强信息网络建设。市、县（市、区）劳务输出部门要在今年年内实现劳务信息联网，为劳务输出提供优质高效的信息服务。二是要广泛联系劳务市场。各县（市、区）政府要努力巩固和拓展劳务输出基地，开发用工市场，提高输出总量。各级劳务输出管理部门要主动走出去联系劳务市场，寻找用工单位，签订劳务合同。劳务输出重点乡、村要把联系劳务市场作为一项重要工作，认真抓好。要把国内大中城市和沿海发达地区及周边劳动力需求量大的省、市作为劳务输出的主攻方向，建立劳务协作关系，实现农民工有序流动。三是要充分发挥市政府驻外办事机构和劳务中介机构的作用。广泛收集劳务用工信息，自觉加强与当地的劳务协作，积极做好邯郸籍务工人员的招用、管理和有序输出工作。

(3) 强化服务功能，依法保护农民工的合法权益。首先要不断增强农民工的自我保护意识。要深入开展劳动保障法律、法规和政策的宣传，并将其纳入农民工培训的内容，及时为农民工提供劳动保障政策咨询，不断增强外出务工人员的法律意识和自我保护意识。其次要加强劳动保障执法监察工作。在邯郸本地，要依法查处用工单位侵害农民工合法权益的行为，促进社会公平公正。继续把解决拖欠农民工工资工作摆在重要位置，以建筑、矿山、餐饮业为重点，集中开展专项治理，对故意克扣、拖欠农民工工资的，要公开“曝光”。要建立健全保障农民工工资的相关制度，凡拖欠农民工工资的建筑企业不能参加招投标，从源头上解决拖欠农民工工资的问题。各用工单位要按照国家标准和行业要求，为农民工提供必要的安全生产设施、劳动保护条件及职业病防治措施，改善农民工生产生活条件。对输出市外的农民工，要与当地有关部门加强联系，努力维护他们的合法权益。三是要规范用工双方的关系。加强就业合同的管理，督促用工单位与农民工签订规范的劳动合同，妥善处理劳动合同纠纷，对劳动合同不规范、超时工作、待遇偏低等问题要坚决纠正，情节严重的要严肃查处。四是建立农村劳动力动态管理档案。要组织人员深入到户，摸实情、搞调研，切实掌握每个农户的家庭情况、就业愿望、技能水平、求职意向等，有效提供劳务输出的组织化程度。

（4）打造劳务品牌。品牌不单是知名度，不单是社会效应，还是一种资产、是宝贵财富。我市已有魏县“实打实”“临漳民兵”“涉县劳务”等劳务品牌，但这还远远不够。我们要实施名牌战略，在培育更多品牌的基础上，下力气把已有的品牌打造成名牌。要建立一套职业技能培训、考核鉴定、颁发证书、派遣上岗这样一个品牌打造机制。使我市劳务输出质量不断提高，努力实现以体力工为主的劳务输出向以技工为主、辅以部分高技术人才的劳务输出转变，实现劳务输出质的跨越。

同志们，再有一个多月时间就是年底了，我们的任务还很重，各县（市、区）、各部门一定要有责任意识，交账意识，加大工作力度，搞好最后冲刺，圆满完成全年各项目标任务，以优异成绩向市委、市政府交上一份满意答卷。

在涉县扶贫移民搬迁庆典仪式上的讲话

（2005 年 12 月 12 日）

经过一年来的共同努力，涉县第二批扶贫移民搬迁工作顺利完成了。在此，我代表市委、市政府向迁入新村的全体村民表示热烈的祝贺！向为扶贫移民搬迁做出贡献的涉县县委、县政府及各有关部门表示亲切的慰问！

实施扶贫移民搬迁，是彻底解决缺乏生存条件的贫困群众脱贫增收的最现实选择，是加快农村城镇化建设的一条有效途径。涉县县委、县政府以科学发展观为指导，以脱贫增收奔小康为目标，以加快发展为主题，大力实施扶贫“民心工程”，使脱贫增收和小康建设取得了重大进展。今年来，全县整体搬迁了 5 个行政村、29 个自然村、255 户、669 口人，是新中国成立以来规模最大的一次搬迁工程。通过扶贫移民搬迁，为农业增效、农民增收、农村实现可持续发展奠定了坚实的基础。

实施扶贫移民搬迁，市委、市政府、涉县县委、县政府和市县有关部门做了大量工作。一是认识起点高，将扶贫移民搬迁工作纳入整个农村发展统筹谋划。扶贫开发工作进入新阶段以来，部分贫困人口分散居住在交通闭塞、生产生活条件恶劣的高山深沟之中，以往的救济式、扶助式扶贫难以从根本上解决问题。各级党委、政府以科学发展观为指导，从战略和全局的高度，把扶贫移民搬迁与农村城镇化、农业产业化、基层组织建设、解决“三农”问题等项工作有机结合起来，高起点规划，有计划、有组织、大规模实施开发式扶贫移民。今年以来，通过一系列有效措施，将这些村群众搬离了自然环境恶劣的生存之地，迁到了近水源、近公路、近集镇的“三近”

之地，圆满并超额完成了省、市下达的搬迁任务，取得了可喜成绩。二是组织措施得力，让群众搬得出。在今年的扶贫移民搬迁工作中，大力进行宣传发动，解决了部分群众存在的故土难离思想和搬迁后生活能否改善的顾虑。核查人口，切实摸清底数，确保了搬迁的是最需要搬迁的对象。尊重群众意愿，制定搬迁方式，达到了移民搬迁户满意、接收地群众满意。体现了人文关怀，不仅对现有的人口给予了安置，还充分考虑到了在校大学生、现役军人及其他特殊人群。对村包户帮助群众做好搬迁工作。三是搞好新址建设，让群众稳得住。自行插花安置户，通过到外地投亲靠友或经商，有了固定的住所和收入。并靠主村的在行政村统一规划下，建好了住房，“离土不离乡”，不论生产生活、心理上都没有太大的变化，都能安定下来。对于整村搬迁户，一方面，为搬迁户创造了较好的生活环境，人均居住面积达到20多平方米，每户都有小煤房，接通了电话和有线电视，硬化和绿化了庭园，建了公厕，有机井、水柜、变压器等；另一方面，协调30亩土地、两片山场解决了群众的生产问题。尤其是搬迁到五〇三建筑工程公司旧址的群众，一下子过上了城里人的生活，保证了搬迁群众稳定生活。四是广开增收渠道，让群众能致富。移民搬迁出来的群众最根本的问题是脱贫致富，为让群众富裕起来，利用周转畜项目实施的契机，引导群众通过养殖增加收入；组织介绍群众到养殖公司、民营企业就业，或者通过劳务输出增加收入；利用新村的地理位置优势，鼓励搬迁群众从事经商、搞服务、运输等增加收入；组织群众成立林业队到原居住地退耕还林，植树造林，开发有规模的经济作物种植区域来增加收入。这样就有效地保证了工作的连续性，实现了“搬得出、稳得住、能致富”的目标。

各位移民搬迁的乡亲们，党和政府对革命老区的贫困群众有着深厚的感情，投入大量的资金来做扶贫移民搬迁工作，是党和政府对我们关怀的具体体现。希望你们不辜负党和人民的期望，奋发图强，通过辛勤劳动，建设美好新家园，脱贫致富奔小康，为建设社会主义新农村、构建和谐社会做出新贡献！

在全市公用事业单位推行办事公开制度电视电话会议上的讲话

（2005 年 12 月 14 日）

刚才，大家收听收看了全国、全省公用事业单位推行办事公开制度电视电话会议。经市委、市政府研究，我们接着召开全市公用事业单位推行办事公开制度电视电话会议。我们这次会议的主要任务是：以“三个代表”重要思想为指导，按照落实科学发展观、构建社会主义和谐社会的要求，全面贯彻全国、全省公用事业单位推行办事公开制度电视电话会议精神，充分认识推行公用事业单位办事公开制度的重要意义，认真总结经验，研究部署下一步工作，进一步提高我市公用事业单位办事公开工作的质量和水平。下面，我讲三点意见。

一　充分认识推行公用事业单位办事公开的重要意义，进一步增强做好工作的责任感和紧迫感

推行公用事业单位办事公开制度，是党的十六大向全党提出的明确要求，是贯彻落实科学发展观、构建社会主义和谐社会的具体体现。同时，也是一项维护人民群众合法权益，深化行政管理体制改革，深入开展党风廉政建设和反腐败斗争的重要举措。

近年来，在中央纪委、监察部、省委、省政府和省纪委的正确领导下，全市各级党委、政府和公用事业单位按照中央的要求，抓落实，促公

开，把维护人民群众的根本利益作为出发点和落脚点，使推行办事公开保持了良好的发展势头。通过推行公用事业单位办事公开制度，进一步规范了公用事业单位的办事行为，增强了办事透明度，提高了办事效率和服务水平。同时，也有效地疏导和化解了社会矛盾，拓宽了群众的知情权、监督权，密切了党群干群关系，促进了社会和谐安定，加强了党风廉政建设，为邯郸的经济社会发展营造了良好环境，越来越得到了人民群众的拥护和支持。

我们一定要进一步提高对公用事业单位推行办事公开制度重要性的认识，不断增强做好工作的责任感和使命感。

第一，公用事业单位推行办事公开，是实现党的根本宗旨的必然要求。我们党始终把人民群众的利益放在首位。推行办事公开是我们党深入贯彻党的群众路线，实现好、维护好和发展好最广大人民群众根本利益的重要措施。将与人民群众息息相关的公用事业单位办事事项、程序向人民群众公开，有利于增强事业单位及工作人员全心全意为人民服务的宗旨意识。在为群众办事情的过程中，充分体现群众的意愿、要求和呼声，切实解决群众最现实、最关心、最直接的问题。有利于调动和发挥人民群众建设社会主义和谐社会的主动性和创造性，从而推动社会主义现代化建设的健康发展。

第二，公用事业单位推行办事公开，是“以人为本”的具体体现，是建设社会主义民主政治的有效形式。坚持和发展人民民主，是我们党执政为民的本质要求和根本途径。没有公开，就谈不上民主；没有公开，就谈不上“以人为本”；没有公开，就谈不上政治文明。在公用事业单位，推行办事公开是新形势下坚持和发展人民民主、建设社会主义民主政治的基础性工作。有利于健全民主制度，丰富民主形式，切实保障人民群众的合法权益；有利于保证人民群众依法实现民主管理、民主监督，管理公用事业，管理经济和文化事业。

第三，公用事业单位推行办事公开，是建立健全惩治和预防腐败体系的重要内容。建立健全与社会主义市场经济体制相适应的教育、制度、监督并重的惩治和预防腐败体系，是加大从源头上治理腐败的根本措施。当前腐败现象在一些领域依然易发多发，一个重要的原因是对权力的监督不力，在办事环节上、程序上存在容易产生问题的薄弱环节。推行办事公开，增强事业单位办事的透明度，把事业单位的办事行为置于广大人民群众的监督之下，有利于防止办事违规失控和行为失范，保证公用事业单位及其工作人员真正为人民谋利益。

总之，我们一定要从政治和大局的高度，来认识公用事业单位推行办事公开制度，把思想和行动统一到党的十六大精神上来，以这次会议为契机，切实把推行办事公开工作抓紧抓好，真正落到实处。

二　联系实际，突出重点，全面推动公用事业单位办事公开工作深入开展

公用事业单位推行办事公开制度是一项利国利民、惠泽百姓的好事。各级各部门一定要按照党中央、国务院的要求和这次会议的部署，周密部署、精心组织，突出重点，进一步推行公用事业单位办事公开。

（1）要紧紧围绕市委六届八次全会确定的两大主要任务推行办事公开制度。市委最近召开的六届八次全会对我市“十一五”时期的经济社会发展做出了全面部署，提出了实现邯郸更快更好发展和积极推进和谐邯郸建设两大主要任务。在公用事业单位推行办事公开制度，也必须认真贯彻落实市委的部署，紧紧围绕实现这两大任务来展开。一方面，要服从服务于发展大局，注意通过公开公共服务方面的方针、政策及其制定和实施过程，促进政府加强对公共服务行业和公用事业单位的监管，推进制度创新，完善公共服务体系。通过公开推动政府转变管理方式，引入竞争机制，发挥市场在公共资源配置中的基础性作用，深化行政管理体制改革，促进政府职能转变。把公开、公平、公正的原则贯穿于行政管理的全过程，更好地为邯郸发展服务。另一方面，要着眼于不断满足人们的多方面需求和促进人的全面发展，通过公开推动公用事业单位树立以人为本的服务理念，倾听群众呼声，了解群众意愿，改进工作作风，提高服务水平。通过公开化解民怨、理顺民心、集中民智，增进党和政府与人民群众的沟通和理解，

把广大干部群众谋发展、搞建设的积极性凝聚起来，为构建和谐邯郸创造条件。

（2）要把维护人民群众的切身利益作为推行办事公开制度的出发点和落脚点。是否将人民群众最现实、最关注、最需要了解的事项予以公开，是衡量办事公开是真公开还是走形式的重要标准。为此，推行办事公开要坚持“公开为原则，不公开为例外”的原则，对各类公用服务事项，只要不属于国家秘密和依法受到保护的商业秘密和个人隐私，都应主动公开和依申请公开。同时，要根据公用事业单位的性质和特点，注意围绕人民群众最关注的热点问题、最需要解决的现实问题安排重点公开事项。不仅要公开公共服务的政策、规定、办事程序、办事时限及收费标准，还要公开办事的过程，使其全程置于人民群众的监督之下。从目前情况看，学校、医院以及水、电、气、暖、公交等公用事业单位与人民群众的联系非常紧密，往往是人民群众关心、关注的热点。从内容上看，服务质量问题和收费问题往往是群众意见比较集中的焦点。所以，我们在推行办事公开制度过程中，也要关注这些热点、焦点，充分体现这些单位的行业特征，紧紧围绕服务和收费两个关键环节搞好公开。同时，还要通过公开强化公用事业单位的服务职能，规范收费行为，使其始终沿着正确的方向发展。通过公开及时发现涉及群众切身利益的问题和影响服务效能、容易滋生腐败的问题，并认真采取措施加以解决，以更好地维护人民群众的利益。

（3）要紧扣权力公开透明运行这个关键环节推行办事公开制度。今年以来，我市作为行政权力公开透明运行的试点单位，在省委、省政府和省纪委的领导下，积极探索，勇于创新，强化科学执政、民主执政、依法执政意识，以依法实施、高效便民、积极稳妥为原则，以建立操作规范、运行有序、民主公开、监督到位的运行机制为目标，优化行政资源，规范行政权力，推行公开透明运行，取得了明显成效，引起了广泛的社会反响。省委副书记、纪委书记张毅同志对我市行政权力公开透明工作给予了充分的肯定。邯郸市作为行政权力公开透明运行的设区市试点单位，市委、市政府领导高度重视，工作积极主动。不仅对行政权力进行了全面的清理，编制了比较规范的职权目录和流程图，完成了各项规定动作，而且不断创新公开的载体和形式，建立了全市统一的行政权力公开透明运行网站，成立了行政公开运行中心，并探索推行“通透式”办公模式，着力实现行政权力公开透明运行内容与形式的有机结合，发挥了很好的示范带头作用。这项工作的开展优化了邯郸的发展环境，进一步提高了邯郸的知名度。实践证明，推进行政权力公开透明运行不仅是反腐倡廉的有效措施，而且是一项利市、便民、促发展的有效措施。这是对我们工作的支持和鼓励。按照省委、省政府的总体部署，明年，我市行政权力公开透明运行工作要在试点基础上全面推开。这是深入推进反腐倡廉工作的一项重大举措。省委、省政府和省纪委对这项工作非常重视，最近，在我市召开了全省推进行政权力公开透明运行和专项资金综合治理工作座谈会，对下一步的工作提出了明确要求。公用事业单位虽然不是行政机关，但它是政府履行公共服务职能的重要载体，是政府向社会提供公共服务的重要平台，在满足人们对公共产品和公共服务的需求中起着重要作用。特别是一些公用事业单位受政府委托承担着一部分属于行政服务的职能，可以说是行政权力的延伸。所以，公用事业单位直接承担的行政服务职能的公共权力，应当纳入行政权力公开透明运行的范围。对于承担这部分职权的公用事业单位，要按照行政权力公开透明运行的要求，对权力进行清理审核，编制职权目录和流程图，并从决策、执行、结果等主要环节做到全过程公开。其他公用事业单位主要对服务性收费项目进行清理审核，列出服务收费目录和收费依据、标准，并在此基础上向社会公开。对于新增收费项目和群众关注的服务性收费项目价格变动的，要在公开听证的基础上确定。此外，公用事业单位涉及的产权交易、经营性土地使用权出让要进入市场，政府投资的公用事业单位建设工程项目要公开招标投标，大宗物品采购要纳入政府采购。同时，要充分发挥行政服务中心的载体作用，对公用事业单位的服务资源进行有效整合，逐步将公共服务事项纳入行政服务中心实行统一办理，进一步提高办事效率和服务水平；积极建立各种服务热线和行风热线，更好地方便群众投诉、咨询和求助，认真办理服务对象的投诉和举报，及时纠正和解决服务中存在的问题，真正做到通过公开把公用事业单位完全置于人民群众监督之下，切实增强工作透明度。

三　切实加强组织领导，加大工作力度，确保公用事业单位办事公开的各项措施落到实处

公用事业单位办事公开工作政策性强，工作难度大，涉及方方面面，人民群众极为关注。为此，各级领导一定要将其摆到重要位置，切实加强领导，强化监督检查，加大工作力度，务求取得实效。

（1）要明确领导责任。各级党委要加强对公用事业单位全面推行办事公开制度工作的领导，定期听取工作情况汇报，研究决定工作中的重大事项，指导协调推行办事公开制度各项工作。政府主要领导作为本地区在公用事业单位推行办事公开制度的第一责任人，要亲自抓，主动抓，切实负起领导责任。各级政务公开领导小组要把公用事业单位推行办事公开制度纳入工作范围，有组织、有步骤、有目标地认真抓紧抓好。政府各部门要各司其职，各负其责，齐抓共管，共同落实好党中央、国务院和省委、省政府关于公用事业单位推行办事公开制度的各项要求。纪检监察机关要主动协调配合，切实履行监督检查职责。各公用事业单位要建立由党委、行政、纪委、工会负责人组成的推行办事公开制度领导机构，设立或指定具体的机构负责这项工作，并通过建立健全长效机制，使各级领导干部和职能部门明确职责和任务，进一步落实工作责任。

（2）要完善规章制度。深入推进公用事业单位办事公开工作，必须强化建章立制，使之有章可循、有规可依。在深入调查、充分论证的基础上，各级各部门要制定目标明确、操作性强的政策规定和制度、措施，从制度上保证公用事业单位办事公开工作规范运行、持久发展。要加大依法推进办事公开的力度，依据国家有关规范公用事业单位办事公开的法律法规，制定符合本地实际、具有可操作性的法规、规章，用法规、规章的形式规范办事公开的标准、内容、形式和程序。特别是要进一步完善主动公开和依申请公开制度、考核评议和责任追究制度，并在实践中不断深化、完善，使之贯穿于办事公开的全过程，使公用事业单位办事公开工作逐步纳入制度化、规范化、法制化的轨道。

（3）要加大宣传力度。各级党委、政府要把公用事业单位推行办事公开制度作为落实科学发展观、构建社会主义和谐社会的具体行动，广泛开展宣传教育活动，不断提高广大干部群众和公用事业单位工作人员对于做好办事公开工作重要性的认识。要充分利用报纸、期刊、广播、电视、网络等各种形式，大力宣传与公用事业单位推行办事公开制度的有关政策、法规及各项规章制度，让广大人民群众了解和掌握有关政策措施，引导广大群众积极投身于办事公开活动之中。要继续开展“阳光热线”“阳光服务”等活动，方便群众参与活动和监督，为深入推进办事公开工作创造良好的社会氛围。

（4）要加强监督检查。各级要把公用事业单位推行办事公开制度作为党风廉政建设责任制的重要内容，与各部门的业务工作和经济工作紧密结合，统筹规划，统一部署，统一检查，统一考核。要加强督促检查，对工作进展慢、效果不明显、群众不满意的，要查找原因，采取得力措施，认真进行整改。对搞形式主义、做表面文章的，要批评教育，坚决纠正。对弄虚作假、欺上瞒下的，要严肃责任追究。明年年底前，市要派出检查组对公用事业单位推行办事公开制度的部署落实情况进行专项检查。要拓宽监督渠道，注意发挥人大代表、政协委员和社会各界人士的监督作用，畅通群众投诉渠道，广泛征求意见建议，积极探索人民群众开展监督的有效形式和途径。

同志们，在公用事业单位推行办事公开制度，事关全局，责任重大，意义深远。我们一定要与时俱进，开拓创新，求真务实，勇于探索，扎扎实实地把公用事业单位办事公开工作推向深入，以实际行动认真贯彻党的十六届五中全会、省委六届八次全会和市委六届八次全会精神，为实现邯郸更快更好发展和推进和谐邯郸建设做出积极贡献！

在听取市直农口部分单位谋划明年重点工作情况汇报时的讲话

（2005 年 12 月 18 日）

今天和学增同志召集市直农口部分单位的负责同志开一个会，主要是听一听大家对明年工作特别是重点工作的一些想法。

明年是“十一五”规划的第一年，是开局之年。开局都是很重要的事情，明年究竟都做点什么，从中央、省到市委、市政府，已经召开了一系列会议，做了总体的部署，接下来还会有一些部门、行业和系统也要开会来进行研究和部署。中央十六届五中全会、省委六届八次全会、市委六届九次全会都做了关于“十一五”规划的总体安排，中央和省已经召开了经济工作会议，市委、市政府近期也要召开经济工作会议，总结今年部署明年的全市经济工作。按照上级要求，紧密结合邯郸的实际，农口工作总体上需要进一步落实科学发展观，围绕建设社会主义新农村，推动农业增效、农民增收和农村社会和谐发展来开展工作。今天听了几个部门主要领导同志的发言，说明大家在这个问题上已经有了一定的思考。特别是市委六届九次全会之后，大家对市委的要求也有了一定的理解。但是各部门思考的程度还是有差别，有的考虑得细一些，有的考虑得还粗一些，还需要进一步的规划、谋划、细化。下周一、二，市委、市政府的主要领导同志还要听大家的汇报。今天我和学增同志把大家召集起来，就是要进一步研讨一下，以便汇报的时候能说到点子上，根本目的是把农口明年乃至今后五年的工作谋划好。

刚才，大家讲了不少好的意见，听了以后很受启发。特别是学增同志对每个部门发言进行了点评，点评得非常精彩，抓住了要点的问题。同时，也包括他讲的一些指导思想上的东西、一些要求。我都很赞成，希望大家把学增同志讲的认真地体现到我们的工作谋划里面去。下面我再讲几点想法，供大家在谋划明年工作时参考和研究。

一　要抓住全局性、开拓性和带动性强的工作，谋划好明年工作的要点

所谓的重点，要有全局性、开拓性和带动性，抓住这几点，就能把我们这个部门、这个行业的工作激活，就能带动起来。要研究政策，结合本地本单位的实际，明确我们的任务。确定任务目标要本着积极、稳妥、可行的原则，不积极就没有带动性，稳妥就是通过创造条件能够完成、可以实行。任务目标，有的是群众给我们出的题目，有的是上级给我们出的题目，有的是我们自己出的题目。出了题目，那是要答题的。我们要切实转变工作作风，本着求真务实的精神，努力把工作往深里做、往实里做、往细里做。“三农”工作是非常实的工作，要实功实做、实事做实，把它做成。从谋划到落实，因为有不可测的因素，不敢保证每一个谋划都能百分之百做成，但我们从指导思想上来说，就要说到做到，说出来的就要认真推进。不能谋划的时候海阔天空，落实的结果连几折都打不上，那不行。谋划工作要有目标、有时限、有措施。市委、市政府主要领导同志听汇报也是听这些东西。你把目标拿出来，目标里应该包括市委、市政府下达的指标，甚至有省里下达的指标，有时限。什么时候完成？分几个阶段？有些什么办法、实招来保证实现？以我市奶牛养殖为例，邯郸的养牛特别是奶牛养殖有了一定的基础，但还很不成规模，缺乏龙头。养牛，邯郸有条件，气候、地域、劳动力适宜，粮食、饲料、秸秆充足，在全国说区位也是优越的。近几年，在市委、市政府的领导下，市畜牧局积极谋划奶牛产业发展，在壮大产业规模、延伸产业链条上很下功夫。在上游，抓优良品种的繁殖很有进展，与外商合作积极谋划了引进胚胎繁殖技术，努力提高产品质量，降低生产成本；在中游，与民营企业合作，积极谋划了3000头奶牛繁殖中心项目；在下游，与伊利集团

合作，积极谋划了30万吨液态奶生产项目。这样一对接、一规范，就可以扩大我们的养殖小区、增加养殖户，把这一产业支撑起来，工作就做实了。还有我们的面粉深加工，在大名县，五得利面粉集团创了国家名牌，益民面粉有限公司的烤馍片投产后，济南销售会上一次订货达到两亿多元。省委白克明书记看了我市农业产业化项目发展的信息后，于8月下旬专门做出批示给予充分肯定。前不久，白克明书记来邯郸调研，视察了魏县一些项目后，连续几次说“没想到”，没想到邯郸农业产业化项目发展得这么快，这么有规模。这些大项目的谋划和投产，对我们本市经济的带动效果也是非常明显的。所以，我们谋划工作，就是要在能够带动全局，具有开拓性、突破性的事情上入手、下功夫，并且切合我们的实际，可行、能做到，这就抓住了重点。

二　农口要在大产业、大基地、大园区、大项目建设上有作为、求突破

市委根据省委六届八次全会和全省经济工作会议精神，提炼要发展“四大”，在市委六届九次全会上讨论了《邯郸市大产业、大基地、大园区、大项目发展指导纲要》，这是推动经济社会发展的一个重要措施和手段，也是新的具体的发展目标。“四大”是覆盖邯郸整个经济工作的一个措施，在农业农村工作中最具指导性，最有针对性。“四大”上哪里去搞，多数要在农村搞，在县域经济发展中搞。市委、市政府的意图是非常明确的。对于“四大”，我们的结合点在农、林、畜牧产业上，在科技含量和经济效益比较高的项目上。市委、市政府做出这样的决策，正好对了我们发展“三农”的思路，这也是个好机会，要利用这个平台，做好我们的工作。大家可能注意到了，在发展“四大”专件里，市委、市政府谋划了几个承接项目的地方，并且有具体的项目。比如说生态养殖、面粉加工、果品蔬菜加工、畜牧养殖深加工等一系列事情，开六届九次全会的时候我就琢磨这些东西，究竟往哪些地方去落、谁来承接这些东西？让部门全部承担那不可能，但作为职能部门，你应该考虑这些事情。发展“四大”农口怎么落实？要专门提出

个办法来，拉出个单子来，有个材料我批给市农工委了。面粉加工，大名五得利面粉集团已经开始承接，磁县华龙方便面生产粮基地和曲周、永年等地的小麦加工企业也可以承接。果品蔬菜加工，魏县、永年、涉县、鸡泽等地的企业可以承接。畜牧养殖加工，与市畜牧局合作的民营企业、峰峰雨润公司等企业可以承接。林板业加工，曲周的赛博、临漳的鑫鑫木业等都有载体。农口各部门要根据自身职能，把市委、市政府发展“四大”的决策细化、量化，搞好谋划，搞好服务，支持承接，落实下去。

三　要继续推进农业项目年活动

近年来，我们咬定项目年活动不放松，明年这项工作更要加大力度。要扶持已有的项目，促其发展壮大；引进外来的，同时要承接合作的，要搞好对接。前天收到福建省经贸委一位处长给我来的一封信，反馈的信息说现在台湾的客商特别是搞加工企业的台商，有强烈的愿望急于向内地扩展项目。台商的资金、技术都很过剩，在福建那边合作的空间太小了。我把这封信批给市中小企业局了。实际上，咱们到苏州考察的时候，昆山已经成了台商笔记本电脑的生产基地，昆山生产的笔记本电脑在全世界所占的份额都是很大的。在项目年建设中“引进外边的，扶持已有的，承接合作的”这个思路要咬定不放，抓住重大项目不放松。

同时，要鼓励民营企业承接农字号的项目，当然不是农字号的也可以承接。民营企业体制非常好。建议市委、市政府和市直部门领导同志外出、出国出境考察要吸收民营企业家参加。民营企业家在决策上层次很少、体制很活。带他们出去以后，只要是科学、合理、有效益的项目，他当场就可以拍板做这个事情。

四　要继续搞好农业服务年活动

明年是我们连续搞农业服务年活动的第三个年头。在这方面近几年我们做了一些工作，但是现在还没有完全尽如人意，特别是在几个体系建设上，必须继续加大力度。一是技术推广服务体系。这个是最实的，农林水畜，包括农科院，这方面的任务都很重，如畜牧业、农业的优良品种问题，技术指导问题等。当然，这方面咱们这儿前景比较好，还是比较乐观的。刚才谈到的畜牧业的情况，特别是搞节约型农业，题目选得很好。搞节约型农业，包括与农大、农科院的对接，通过一次性施肥种小麦。省农科院院长来时对我说，一亩可以增收200元钱，我说增收100元就非常不得了，非常感谢！在施水、施肥、用种上减少了许多，同时降低了生产成本。在土壤的水土保持上也有一套研究，我们今年准备，明年推广。像节约型、循环型的如秸秆利用、沃土还田、发电等这些事情都是可以去做的。给市委、市政府主要领导汇报时，这些事要说实了。这是很有意义、很有价值的东西，农民非常欢迎。省农科院院长来验收的时候，咱们的农民拉着院长的手说："你真给我们做了好事，我请你喝两顿酒。"很朴实，喝一顿酒还表达不了心情。技术推广体系要继续完善。二是产品质量安全体系。产品质量安全体系是"双刃剑"，一方面，是保证消费者生产生活消费的安全，保证人民群众生命财产安全，原材料要保证产品质量安全；另一方面，是保障产品上档次、打市场。每次出去都有感触，看到人家的大蒜在欧洲市场上卖7欧元一公斤，相当于人民币70多元，看着真眼馋。前不久到澳大利亚看到畜牧产品良种繁殖、出口销售一条龙，挣多少美元多少澳元，令人羡慕。我这次带市农牧业团出去，访问了澳大利亚国家经济贸易委员会、智利农业部和智中贸易促进会，会见了一些主要成员和官员，接待规格很高。澳大利亚国家经济贸易委员会的官员提出中国的奶酪市场怎么样？过去我们把奶酪看得很神秘，其实不然。奶酪通俗地说就是奶做的"豆腐"，脂肪低，营养成分非常丰富，同时好保存。中国的奶业发展终究要走生产奶酪这个路子，我们应该超前谋划这方面的产品。这些都涉及食品安全问题，实质就是标准化生产的问题。所以要有检验监测中心建设，这套东西要跟上来。咱们谋划这些事情还不算落后，把农、林、畜三个局的办公楼整合后，搞一个检验监测中心，已经动工了。畜牧上各地都有检疫监测站，这方面建设在全省全国还是比较靠前的。防治禽流感时我们有队伍，很主动，这方面还要进一步加强和完善。咱们有些产品打不出去，人家不认咱们的东西。通过检验监测，实行标准化生产，创出咱们的名牌，牌子亮就能够占领更大的市场。做这些工作，过去认为花钱多、经济效益不直接，其实不然，这方面的投入可以带动大的效益。你不贴签，人家不会要你的东西。去年禽流感时，咱们馆陶金凤市场就沾了标有“无疫区”鸡蛋的光。等检验监测中心建成后，就可以把检测鸡蛋成分用说明书写出来，让消费者吃得更放心，别的地方如果发生“禽流感”，倒可以成为我们拓展市场的机会。三是农口的办公自动化和信息化服务体系。各部门都在做这个事情，比如水利的指挥系统很早就有了，中小企业局的网上招商已经在延伸业务了。但现在农口的自动化和信息化还不成规模不成体系，还有很多工作要做。各部门要仔细研究这个事情，把自动化和信息化体系好好抓一抓。信息化不仅仅是传递信息，更重要的是指导工作。捕捉最新的信息，包括政策动态、科技动态、产品动态、市场动态，然后用来为我们服务，是做这个事情的。四是投融资的担保体系。这一块农业上是最弱，但不是农口自己的原因，好多事咱们自己不容易做到。整个邯郸包括工业、商业等投融资体系都是很弱的。到现在我们还没有一家民营银行。农口上我们还有个突破，中小企业贷款担保体系建设在全省是领先的。农业上开始启动了，担保贷款已有2000多万元，但运行质量还有待提高，要继续做好这方面的工作，包括企业包装上市。投融资是咱们不太熟悉的领域，实际上，控制经济的，一个是金融业，一个是工业，两个结合起来了不得，把整个经济运作都能控制了。咱们现在搞投融资担保体系是为了更好地为企业服务、为农民服务、为农业服务，要把这个事情继续搞下去。五是合作经济组织体系。这两年在这方面做了不少工作，发展农协、专协，比如辣椒协会、养猪协会、养羊协会等，但总体上看还是弱，要继续加强合作组织建设。明年要在以上这五个体系建设上多下些功夫，通过各种合作组织，把农民组织起来。服务年活动的重点就放在这五个体系建设上，在这上面多作文章。

五　要扩大对外开放，利用国际、国内市场，带领农民、企业闯市场

利用国际市场是和农业的开发开放紧密结合在一起的。我们邯郸农牧畜

产品的出口，过去比较单一，相对说蔬菜在先吧，主要是对着日本和韩国。这个市场要坚持做下去，但显得有点窄。这两年闯了闯欧洲市场，最近又到南美和澳大利亚市场去看了看，前景都很好。要让日商、韩商脑子里形成这么一个概念，邯郸地区农副产品不光有日本、韩国市场，还有欧洲、南美和澳大利亚市场。让他们有个竞争，这样来运作市场。买设备也要货比三家，这里边有很多谈判的技术和技巧呀，有的虚功实做，有的实功实做。买他们的东西让供货商有竞争，卖咱们的东西让进货商有竞争，这样咱们就主动了，对咱们大有好处。现在看，这一块我们也向前迈了几步。今后要进一步找准载体，比如说选一些国家、一些地区的具体地方作为主攻方向。光说欧洲市场、南美市场，太空了，要找准切入点。最近市委在谋划工作时，在市场的选择分割趋向上、在讨论经济工作会议文件时已经开始深化了，比如对美国，突破点选在匹兹堡，对南美我建议选智利。在智利和澳大利亚都有咱们邯郸人，干得都不错，有相当的地位，都愿意给家乡办事。智利和我们国家已经签订了自由贸易协定，智利牧场的场主和养牛工人都知道智利和中国签订了自由贸易协定。我们在智利访问时，第十区（相当于我们的省）的官员在高速公路出口等了我们两个多小时，并且告诉我们智利政府积极地推动他们的地方政府和我们搞合作。可以把智利作为农畜牧业合作的突破口。智利和 100 多个国家、地区有自由贸易协定，我们的产品只要进入智利，就可以转口，等于进入了其他国家和地区。智利农业部长最近要访问中国，我们正在积极争取让代表团到邯郸来考察，寻求合作。现在智利也在努力吸收外资，抓开放，拿着护照就可以买智利的牧场。我们鼓励民营企业家去买，这没什么了不起的。我们对内对外开放的视野要开阔，这样的话对我们市扩大开放会起积极作用的。同时，要研究创汇农业的问题。曲周晨光色素多少年就是创汇 200 多万美元，去年闯了闯欧洲市场，今年稳拿 1000 万美元的外汇。一个在县里的民营企业现在形势这样好，订单都是满满的，很有潜力。

我讲这五点意见，供大家在谋划工作的时候参考。对一些重点工作，我给你们各部门分分工，我这里只是举几个例子，就不一一说道了。比如说，农业项目年活动，农工委和农业局你们两家都得体现；服务年活动，农业局、畜牧局要有体现；在投融资方面，中小企业局要有体现。不能我这里说了以后，你们那里没载体，说不出去。不要抽象地说，要具体、要实，把我们的工作谋划好。领导听汇报，是抓工作的一种方法，目的是促使我们从深层次来谋划工作，把要办的实事突出出来，谋划好、谋划细、抓实了，推动工作更好地开展。

关于赴智澳的考察报告*

（2005 年 12 月 26 日）

应智利智中经济贸易促进会和澳大利亚保活市政府的邀请，以周文夫副书记为团长的市农牧渔业考察团于 2005 年 11 月 24 日至 12 月 5 日对智利和澳大利亚进行了考察。通过考察和项目洽谈，达到了广交朋友、相互了解、优势互补、合作共赢的目的。现将主要情况报告如下。

一　主要活动和成效

（1）拜访智利农业部官员，邀请农业部考察团明年 1 月到邯郸考察。智利农业部政策研究部负责奶业的维克多·埃斯诺拉先生、负责肉类的胡安·恩里克莫先生、负责国际关系的联络员玛利亚·埃圣亚娜女士及第十大区政府国际关系处长费尔南多·西班牙，在听取周文夫副书记介绍邯郸的优势和意向后，详细介绍了智利的畜牧业优势。他们认为，邯郸是智利同中国签订自由贸易协定后访智的第一个市级代表团，同邯郸合作的内容很多，合作的意义重大。应周文夫副书记邀请，他们拟建议明年 1 月 26 日前后，智利农业考察团访问中国，将河北邯郸作为奶牛、肉牛和三文鱼的合作重点。

（2）与智中贸易促进会会长王何兴先生洽谈转口贸易和建设养殖基地。

---

* 本文系周文夫率邯郸市农牧渔业考察团出访智利、澳大利亚考察、洽谈项目，回国后主持写给市委、市政府的考察报告。

王何兴是武安市人，北京外国语大学毕业后在新华社智利分社、中国五矿智利分公司任职，是我国外交部注册翻译。他在智利 21 年，可以说是智利通，和政府官员有多年合作的基础。由于智利的土地是每平方米 1 美元，可以永久使用，他建议在智利搞 1000～2000 亩养殖示范基地，或邯郸在种畜场提供 1000～2000 亩土地，智利提供奶牛，搞国际牧场。此意向需要互相进一步考察后落实。他认为，除积极促成畜牧业合作项目外，鉴于欧盟、美国对我国纺织品配额限制的实际，他主张邯郸和智利搞转口贸易，愿意在明年 1 月随农业部考察团到邯郸就具体事项进行洽谈。

（3）和澳贸委洽谈引进高产优质奶牛胚胎、优种肉牛肉羊、合资合作建设奶产品加工项目。澳大利亚贸易委员会进出口部高级顾问马休先生、中国区出口顾问杨文女士对周文夫副书记介绍邯郸改革开放、区位优势、发展环境的情况表示感谢，认为给他们了解邯郸提供了重要信息。他们介绍了澳大利亚畜牧业发展情况及农牧业出口有限公司的基本情况。该公司累计向中国出口优种奶牛 20 批 5.5 万头。经过考察，达成从澳大利亚进口优质奶牛胚胎、优质肉牛冻精、优质肉羊冻精各 1 万枚和优质牧草的意向。应邀参加明年 5 月在布里斯班举行的每两年一届的国际活畜交易大会，届时引进一批优质奶牛、肉牛和肉羊。

（4）永年化肥厂和澳大利亚乔创包装制品有限公司签订了年产 3 万吨液体二氧化碳的合作意向书。澳方拟投资 360 万美元支持项目尽快实施，并就合作蔬菜深加工达成意向。

（5）拜会了悉尼市政府财务总监罗杰先生（邯郸女婿）和澳大利亚工程监理冬先生。他们出生在英国，工作在澳大利亚，都多次来邯郸，对邯郸的发展特别是近几年来的发展交口称赞，对邯郸已有 16 年的情缘。他们都答应为邯郸和澳大利亚的合作尽心尽力，并就在澳大利亚或邯郸建设优质奶牛养殖基地，在澳大利亚的房地产开发进行了有益的探讨。

（6）积极推介邯郸，使邯郸在智澳拓展了知名度。智利农业部和智贸促会将邯郸情况简介和 200 多份 20 个农业、畜牧水产业招商项目分发下去，并在会议场合予以介绍。包括牧场主全家也知道将来合作找中国。在澳大利亚，周文夫副书记在澳贸委和保活市举行了推介邯郸项目发布招待会。《澳洲日报》在显要位置做了“中国邯郸市农牧水产代表团来澳考察，洽谈畜牧业合作项目”的报道，并刊发了4幅照片，在澳大利亚引起了较大反响。

二　考察的体会和后续工作

通过这次考察，深刻体会到：市委、市政府倡导的开放总揽的指导思想具有重大的现实意义和深远的历史意义。只有做到大开放，才能促进大发展。国内外有好多合作项目、先进技术和优秀人才，只有创造良好的发展环境，选准项目合作的切入点，才有雄厚的资本和源源不断的人才。二是走出邯郸天地宽。不论是种植、养殖、加工和贸易都具有巨大的合作发展潜力。新老朋友都具有科学的思维方式、发展理念和注重实效的作风。三是诚信效率为先。智澳无论是国家公务员还是企业经营人员、牧场主，都以自己的品牌为荣，讲究标准质量、效率和效益，这是他们成功的基础和保证。四是智澳法制较健全，城乡差别不大，规划、绿化、美化、净化好，生态文明、人与自然和谐、人与动物和谐。

需要做的后续工作有三个。

一是给宋恩华副省长汇报，以省政府和农业部名义邀请智利农业部明年1月到邯郸考察。以省政府主办、市政府协办智利与中共邯郸市委合作发展农牧业高层论坛，项目对接，实地考察邯郸。

二是12月20～21日与农业部及智、澳大使馆有关官员联系，沟通智利农业部来华的时间、内容和行动意向；落实从澳引进优质奶牛胚胎和优质肉牛、肉羊冻精的质量、数量、价格、程序和承办实体。

三是邀请澳方尽快到永年化肥厂落实合作意向。

在全市纪检监察机关负责同志会议上的讲话

（2005 年 12 月 28 日）

在年终岁尾之际召开这次会议，主要是传达、学习、贯彻胡锦涛总书记重要批示、中央领导同志的重要指示和中央纪委、省纪委几个重要会议精神，吃透上级精神，结合本地实际，理清工作思路，为明年工作开好局打下坚实的基础。所以说，这是一次非常重要的会议。在今天的会议上，徐数同志传达了近期省纪委召开的全省纪检监察机关负责同志会等三个会议的主要精神，与会同志们围绕如何谋划好明年工作进行了深入的讨论。

总的说，大家对这次会议重视程度高，交流、讨论认真，普遍感到收获不小，效果很好。主要表现在四个方面。一是主题突出，目的明确。最近，中央政治局认真地讨论了中央纪委明年全会的工作报告稿，并提出了非常深刻、全面的意见，做了重要的指示，为谋划好明年的工作提出了很多指导性的思想和原则。在深入学习和领会中央纪委、省纪委几个会议精神的基础上，认真总结回顾党的十六大以来我市的反腐倡廉工作，总结经验，把握规律，分析形势，围绕如何推动我市的反腐倡廉工作，大家近期都进行了理性的思考。这三个讨论组，我都听了一些同志的发言，感到大家，特别是县（市、区）和部分市直部门的同志，工作思路清楚，都在进一步地思考、谋划明年的工作。二是高度重视，态度认真。与会人员非常重视这次会议，在会议前就做好了精心的准备。研讨中，发言积极，研讨认真。三是内容丰富，涉及面广。我们认真学习了中央纪委召开的华北东北地区纪检监察工作座谈会、纪检监察机关贯彻落实科学发展观构建和谐社会理论研讨会、农村基层党风廉政建设座谈会、加强行政服务中心建设推进政务公开工作座谈会、全省党风廉政建设工作通报暨领导干部警示教育电视电话会、全省纪检监察机关负责同志学习研讨会、各市纪委书记座谈会和全省纪检监察机关负责同志会议精神。这几次会议，都是十分重要的会议，对于指导我们搞好明年党风廉政建设和反腐败工作，具有十分重要的理论和现实意义。通过学习研讨，使大家进一步加深了对这些会议精神的理解，增强了贯彻落实的自觉性。四是研讨深入，见解深刻。在学习研讨中，大家注意站在全局的高度，深入研讨问题，发表了独到的见解。通过这次会议，使思想得到统一，认识得到提高，增强了做好工作的责任感和使命感。

一　对党的十六大以来我市的反腐倡廉工作进行了客观总结，进一步认清了当前面临的反腐倡廉形势

在学习讨论中，大家普遍认识到，党的十六大以来，市委、市政府始终站在推进党的建设新的伟大工程的高度，把反腐倡廉工作作为加强党的执政能力建设的重要内容，寓于改革开放和经济建设之中，统筹规划，总体部署，切实担负起了领导反腐倡廉的政治责任。在市委、市政府的带动下，我市各级党委、政府和纪检监察机关，认真贯彻落实党的十六大以及中央、中央纪委和省委、省纪委历次全会精神，积极围绕发展第一要务，坚持惩治和预防并重的方针，积极创新方法、措施，着力构建惩防体系，深入推进党风廉政建设和反腐败工作并不断取得新的阶段性成果，各级领导干部廉政意识得到增强，党风廉政建设责任制得到落实，各种违纪违法案件受到查处，损害群众利益的不正之风得到纠正。今年以来，我市党风廉政建设和反腐败各项工作均取得明显成效，特别是推进行政权力公开透明运行试点工作，取得了更加突出的成绩，受到了中央纪委、省委、省纪委领导的充分肯定和各级新闻媒体的广泛关注，不少兄弟省、市来我市学习考察、交流工作。省里还在我市召开座谈会，推广我市开展行政权力公开透明运行工作的经验。这些年来，全市各级纪委和广大纪检干部在党委的领导下，按照党章赋予的职责和任务，在遵守党章和其他党内法规、保证党员队伍坚强有力等方面，发挥

了重要作用，为我市的改革发展和稳定做出了很大的贡献。

大家经过分析讨论一致认为，近年来我市的反腐倡廉工作取得了明显成效，社会各方面反映是好的。越是在这种情况下，越要清醒地看到当前工作中存在的差距和不足，看到腐败现象滋生蔓延的土壤和条件还没有根除，当前仍处于腐败的易发多发期。对此，绝不能掉以轻心、有丝毫的懈怠，必须切实增强责任感和紧迫感，不断取得反腐倡廉的新成效，让人民群众满意。

二 通过理性思考，总结了反腐倡廉的基本经验

通过学习领会上级会议精神，大家认识到，我市反腐倡廉工作之所以富有成效，主要得益于如下一些基本经验。一是认真贯彻惩防并举、注重预防的要求，在坚决惩治腐败的同时，不断加大了预防腐败的力度。二是紧紧围绕发展第一要务和全市中心工作组织开展纪检监察工作，优化发展环境，维护社会稳定。连续多年组织民主评议，开展专项治理，解决“看病贵、上学难”等损害群众利益的突出问题，认真治理“三乱”等不正之风，优化发展环境。认真查处利用企业改制之机贪污、侵占和挪用公款，导致国有资产流失等严重阻碍和破坏改革发展的行为，支持和保护党员干部大胆创新。不断推进行政审批制度、财政制度和干部人事制度改革，把防治腐败寓于改革和制定落实各项政策之中，努力实现反腐倡廉与经济社会发展的良性互动。三是按照党章赋予的职责，加强监督检查，切实维护党的纪律的严肃性，确保政令畅通。督促各级领导干部坚持以人为本，树立和落实科学发展观和正确政绩观，不搞脱离实际、劳民伤财的“形象工程”“政绩工程”，不搞低水平重复建设，坚决纠正上有政策、下有对策等“中梗阻”问题。督促各级各部门增强执行政策的自觉性，确保党和国家的方针政策以及市委、市政府的重大决策落实到位。四是坚持贯彻上级精神与邯郸实际相结合，不断创新工作理念和工作思路、方法、措施，狠抓工作落实。近年来，尤其是去年以来，按照省委、省纪委的要求，大胆创新，积极探索从体制、机制、制度入手预防和遏制腐败的新途径。围绕加强对领导干部的教育监督，组织对党风廉政建设第一责任人逐人述职谈话，开展述廉、评廉、考廉、用廉“四廉”监督，

收到了较好的教育效果。五是坚持反腐败领导体制和工作机制，认真落实党风廉政建设责任制，形成了一级抓一级、层层抓落实的良好局面。六是坚决惩治腐败，既重点查办大案要案，又严肃查处典型案件，在加大治本工作力度的同时，保持了惩治腐败的强劲势头。我们今年抓了一批大案要案，并且始终坚持实施“一案三延伸”的做法，在案件的查处、案件查处结果的运用以及对党员干部的警示教育和完善制度上，把工作又向前推进了一步。同时，我们对一些精品的案件都进行了非常认真的分析和报告，得到省纪委的肯定。

三　围绕部署明年工作，提出了许多好的意见和建议

明年是实施“十一五”规划的第一年，又是深入贯彻落实《实施纲要》和市委《意见》的关键年，同时又面临着市、县、乡三级党委的换届，我们纪委也要换届，因此，做好明年的反腐倡廉工作就尤为重要。我们这次研讨就安排了这么一个专题，就是要让大家对如何进一步做好明年的反腐倡廉工作提出一些好的、切实可行的意见和建议。大家围绕这个专题，结合我市工作实际总结出了不少好的经验和做法，提出了许多真知灼见。大家一致认为，做好明年工作，在指导思想和总体把握上，要认真落实科学发展观，全面履行党章赋予的职责和任务，坚持反腐倡廉战略方针，贯彻落实《实施纲要》，进一步加大预防腐败力度，为实现全市经济社会更快更好发展、构建和谐邯郸提供重要的政治保证。

围绕如何做好明年的工作，大家提出了许多具体的意见和建议。比如，有的提出，党中央颁布的《建立健全教育、制度、监督并重的惩治和预防腐败体系实施纲要》是当前和今后一个时期开展党风廉政建设和反腐败工作的指导性文件，能不能抓紧抓实《实施纲要》的贯彻落实工作，既是对中央决策的态度问题，也是对我们工作能力和作风的检验。因此，我们一定要加大宣传力度，要建立由党委主要领导任组长的贯彻《实施纲要》领导机构，坚持“一把手”负总责、党政齐抓共管的工作机制，要加强监督检查，加大组织协调力度，确保中央、省关于建立健全惩防体系工作的要求落到实处。有的提出，贯彻落实科学发展观，就要进一步加大监督检查的力

度，维护党的纪律，大力发扬艰苦奋斗的作风，建设节约型机关，坚决纠正党政机关存在的铺张浪费问题，要紧紧围绕构建社会主义和谐社会、国家宏观调控各项政策措施贯彻执行情况，围绕市、县、乡三级党委和纪委换届工作，以及群众关注的热点问题加强监督检查，为落实科学发展观提供有力保证。有的提出，我市开展的落实党风廉政建设责任制、民主评议、“三项教育”等工作，符合实际，成效明显。尤其是行政权力公开透明运行、专项资金综合治理、机关效能建设三项重要工作，抓住了反腐倡廉的关键性问题，在明年的工作中应当继续抓深化。这个问题，省里已经做出决定了，这三项工作还要继续抓，在明年省纪委的全会上还要做进一步的部署。并且有些领域，比如专项资金综合治理，还要扩大清理的范围。有的提出，在加大预防腐败力度的同时，不能放松查办案件工作，对腐败分子坚决惩处，决不手软。有的提出，一些群众反映强烈的突出问题，如上学看病、环境保护等方面问题还没有得到根本解决，明年要继续加强监督检查，加大治理力度，针对突出问题和薄弱环节，及时提出解决的办法，不断取得新的成效。有的提出，要加强对权力运行的制约和监督，强化对民主集中制执行情况的监督检查，切实保障党员干部的合法权益。不少同志特别是市直纪检组（纪委）的同志提出，要认真研究我市派驻机构实行统一管理后出现的新情况、新问题，加强对派驻机构纪检监察干部的教育、培训、监督、管理、交流、考核、奖惩，研究制定具体办法，健全工作机制，理顺工作关系，解除后顾之忧。有的还提到了编制问题。有的还对发挥好派驻机构的职能作用提出了很好的建议。对这些意见和建议，在结合省纪委、市委部署安排我市明年反腐倡廉工作时，都要进行认真的研究和考虑，能采纳的尽量采纳，需要提请上级党委研究的，要积极汇报。使明年的工作安排更加符合上级纪委要求，更加符合我市的实际，更加符合全市干部群众的意愿。

四　进一步增强了抓好纪检监察队伍自身建设的责任感和紧迫感

在学习研讨中，大家普遍认为，这些年我市反腐倡廉工作成效显著，全市广大纪检监察干部功不可没，同时也要看到，必须要坚持不懈地继续抓好纪检监察机关自身建设，这既是以往工作取得成效的一条成功经验，也是需要长期抓的一项重要任务。近年来，市纪委、监察局十分重视纪检监察队伍的自身建设，按照“政治坚强、公正清廉、纪律严明、业务精通、作风优良”的要求，着力“六项创新”，加强了自身干部队伍建设。一方面，结合开展保持共产党员先进性教育等活动，切实解决思想作风方面存在的问题，严格教育，严格管理，严格监督；另一方面，从政治上、生活上关心干部，对成绩优秀的大胆提拔，积极推荐，激励干部廉洁、干事、创业，增强了这支队伍的凝聚力、战斗力，使之在反腐倡廉工作中发挥生力军作用。实践证明，我们这支队伍是党和群众可以完全信赖的队伍，是一支能打硬仗、能打胜仗的队伍。省纪委、市委都给予了较高评价，人民群众也给予了充分的信任。在讨论中，大家一致认识到，在改革开放和发展市场经济条件下，纪检监察干部面临着腐蚀与反腐蚀的考验；面对新形势和新任务，还有许多不适应，只有切实加强这支队伍建设，才能更好地担负起反腐倡廉的历史重任。大家一致表示，一定要切实抓好纪检监察干部队伍自身建设。要加强教育，特别是加强警示教育，用活生生的典型案件警示干部，任何时候都不能放松拒腐防变这根弦；要加强管理，尤其要形成一套鼓励干事、约束不干事、惩治干坏事的完善的管理制度和机制，形成能进能出、能上能下的良性循环的用人机制；要加强监督，对于违反纪律的反面典型，要坚决惩处，不能放纵。同时，要加大业务培训的力度，不断提高队伍的整体素质。对这些意见和建议，要认真研究，特别是要积极探索加强队伍管理监督的有效办法和措施，真正使我们这支队伍永葆活力，不断提高战斗力，切实履行好捍卫党的肌体健康的神圣使命。

下面讲一讲当前要抓的几项工作。总体要求是，认真贯彻落实中纪委、省纪委有关会议精神和中央领导同志重要批示、指示精神，抓紧抓好当前几项重要工作。

春节前这段时间，是一年中最忙的时候。既要总结好一年来的工作，又要谋划好、部署好新一年的工作任务，还要抓好跨年度工作的衔接，防止工作的脱节、断档。因此，全市各级纪检监察机关都要站在全局的高度，统筹兼顾，合理安排，确保各项工作忙而不乱、有条不紊、全面落实，使明年的工作起好步、开好局。具体讲，要抓好以下几件事。

第一，认真谋划好2006年工作。2006年是“十一五”规划的开局之年，各项任务十分繁重。党的十六届五中全会通过的《中共中央关于制定国民经济和社会发展第十一个五年规划的建议》，提出了我国“十一五”时期经济社会发展的宏伟目标。实现2010年人均国内生产总值比2000年翻一番。尤其强调要落实科学发展观，构建社会主义和谐社会，实现经济社会全面、协调、可持续发展。省委六届八次全会提出了“十一五”期间全省生产总值年均增长11%左右、2010年人均生产总值达到2万元等目标体系。要使全省综合经济实力跃上一个新台阶，社会发展进入一个新阶段，人民生活提高到一个新水平，全省人民共享发展成果。市委六届九次全会紧密结合我市的市情，进一步提出了我市“十一五”时期“实现两个翻番，奠定一个基础”的发展目标。“实现两个翻番”，就是在2005年的基础上，到2010年，全市生产总值翻一番，年均增长13%以上，人均生产总值达到2.5万元；全部财政收入翻一番，年均增长15%以上。“奠定一个基础”，就是“十一五”期间全社会固定资产投资总量达到3500亿元以上，期末万元生产总值综合能耗比2005年降低20%以上，努力做到经济结构明显优化，生态环境明显改善，人民生活明显提高，综合竞争力明显提升，城市辐射带动能力明显增强，为后十年发展积蓄力量，为我市全面建设小康社会奠定基础。贯彻落实党的十六届五中全会、省委六届八次全会和市委六届九次全会精神，落实科学发展观，实现“十一五”规划目标，推进全面建设小康社会进程，关键在于加强和改善党的领导。要坚持立党为公、执政为民，加强党的执政能力建设和先进性建设，加强各级领导班子和基层党组织建设，不断提高领导经济社会发展的水平。必须深入开展党风廉政建设和反腐败斗争，始终保持党同人民群众的血肉联系。全市各级纪检监察机关必须认真履行职责，紧紧围绕全市经济社会发展的宏伟目标，加强监督检查，严明党的纪律，坚决维护中央权威，确保政令畅通，确保市委、市政府重大决策的贯彻落实，为全面实现“十一五”经济和社会发展目标提供坚强有力的纪律保障。明年1月，中央纪委要召开六次全会，对2006年的反腐倡廉工作进行部署。之后，省纪委、市纪委也要召开全会，安排部署明年的工作。大家要不等不靠，认真地贯彻落实中纪委、省纪委有关会议精神以及中央领导的重要指示精神，积极谋划好明年的工作。在总体把握上，要把“围绕中心、服务大局，为全面落实科学发展观服务”作为新形势下纪检监察工作的重要指导思想，认真研究新形势下贯彻落实科学发展观的有效途径和方式方法，研究反腐倡廉工作促进经济社会更快更好发展的有效途径和方式方法。要突出抓好反腐倡廉几项重点工作。一是紧紧围绕贯彻党的路线方针政策加强监督检查，尤其要切实维护好党的政治纪律；二是认真纠正损害群众利益的不正之风；三是深入贯彻落实中央惩治和预防腐败体系《实施纲要》和省委《意见》，与时俱进，开拓创新，积极探索从源头上预防腐败的有效途径和办法；四是加强对党委换届和公务员工资制度改革等工作的监督检查，确保换届工作和公务员工资制度改革的顺利进行。要按照胡锦涛总书记重要批示精神，把解决人民群众上访问题纳入整体工作部署，作为明年一项重要工作来抓。要加强对信访积案和重点信访问题办理情况的监督检查，加大协调工作力度，深入基层开展接访活动，认真查处信访案件。对于应作为不作为、信访工作不到位以及超越职权乱作为、侵害信访人合法权益，造成恶劣影响的，严格实施责任追究。在谋划部署明年工作时，要高度重视纪检监察干部队伍建设。要按照中央和省纪委要求，广泛开展好“做党的忠诚卫士、当群众的贴心人”主题实践活动，把纪检监察干部队伍建设好、管理好，并充分发挥好这支队伍的作用，推动反腐倡廉工作深入开展。

第二，切实解决好当前损害群众利益的突出问题。要落实“四个坚决纠正”，解决好上学难、看病贵等群众最关心、最直接、最现实的利益问题。要协调督促有关部门解决好拖欠和克扣农民工工资问题，保证他们拿到应该得到的报酬，过个好年。要加强对食品药品安全问题监督检查，确保节日期间群众正常生活秩序。要加强对救济救灾款物发放情况的监督检查，保证发放到困难群众手中。坚决禁止巧立名目向企业事业单位和群众搞摊派、乱收费，严禁挪用国有企业下岗职工基本生活费和企业离退休人员养老金，严禁以任何形式加重农民负担。

第三，加强对安全生产工作的监督检查。要加强监督检查，确保党中央、国务院和省委、省政府关于安全生产各项决策部署的贯彻落实。要认真贯彻落实中央四部委《关于进一步做好清理纠正国家机关工作人员和国有企业负责人投资入股煤矿工作的通知》，严肃查处违反通知精神的顶风违纪行为。要积极配合有关部门加强对危险化学品生产企业、非煤矿山、烟花爆竹、道路交通等方面的监督检查，严肃查处违纪违法行为。要严格执行领导干部问责制度，加大责任追究和处理力度，坚决遏制重特大事故频发的势头，确保节日期间的安全和稳定。

第四，加强“两节”期间的反腐倡廉工作。节日期间的风气如何，往往是检验一个单位、一个地方风气如何的关键时期。“两节”期间，也是送礼行贿、奢侈浪费等腐败现象的易发多发期。抓好节日期间的反腐倡廉工作，对于遏制腐败现象的发生、巩固反腐倡廉成果、密切党群干群关系具有重要意义。各级党委、政府一定要高度重视节日期间的反腐倡廉工作，要加强对广大党员干部的廉政教育，增强其遵纪守法意识。要重申有关规定，严肃纪律。市纪委、监察局已经下发了通知，对此进行了规定。节日期间，党政机关一律不得搞相互宴请活动，减少、简化各种茶话会、联欢会。要严肃财经纪律，严禁利用过节巧立名目突击花钱，严格控制年终各种评比表彰奖励活动，禁止以任何名义发放贵重礼品和纪念品，禁止用公款大吃大喝、游山玩水和进行高消费娱乐活动。领导干部要带头执行有关规定，严禁违反规定收送各种礼品、礼金、有价证券和支付凭证，严禁领导干部大操大办婚丧嫁娶等事宜和借机敛财。严禁党员干部以任何形式参加赌博，一经发现，先行免职，再按规定处理。财政、审计部门要严格财务管理，加强审计监督。各级各部门都要严格落实党风廉政建设责任制，“一把手”要切实负起党风廉政建设第一责任人的责任，看好自己的门，管好自己的人，确保分管地方和部门不出现违法乱纪问题。各级纪检监察机关要加强监督，对违反规定的单位和个人要严肃查处，对情节严重、造成恶劣影响的要追究领导责任。要通过加强教育、监督，确保过一个廉洁、文明、祥和的“双节”。

最后再强调一个问题，要加强组织纪律性，管好我们自己的队伍。关于纪检监察队伍建设，我在不少会议上都谈到这个问题。既讲市纪委、监察局的队伍建设，又讲县（市、区）和市直单位的纪检监察队伍建设，都讲得不少。应该说，近两年我们的队伍有了很大的变化，特别是对县（市、区）党委、政府的“一把手”，都提出了加强纪检监察队伍建设的要求，不管从编制、人员到干部的提拔、使用，还是经费保障、设施的改进，都提出了很多意见和建议。每一个县（市、区）都有了不小的变化，有些做得很突出。上述这些问题，是给县委、县政府提的。今天讲的是给我们自己提的。这里，我主要就加强组织纪律性讲十六个字：“坚守岗位，尽职尽责，鼓舞士气，做好工作。”一是要坚守岗位。关于纪律，毛泽东同志讲过一些名言，比如“加强纪律性，革命无不胜”，“纪律是执行路线的保证”，等等。纪检监察干部本身就是管纪律的，所以就要求我们自己一定要守纪律。己不正，焉能正人？我们要带头遵守好纪律。在这么非常的时期，面对这么繁重的任务，我们要真正做到：要求别人做的自己首先要做到，要求别人不做的自己首先不能做。遵守纪律，最起码的一条就是要遵守工作纪律、坚守工作岗位。如果连岗位都不能守住，那就谈不上干好工作。在我们的干部队伍中，应该说大多数同志都是能够很好地遵守工作纪律、坚守工作岗位的。有不少同志，加班加点工作，不知牺牲了多少个星期天、节假日，牺牲了多少与亲人团聚的时间。但是也必须看到，确有极少数的同志，就是不能坚守工作岗位，用老百姓一句俗话说就是“守不住摊儿”。都不知他整天在忙些什么。东走走、西逛逛，不该打听的乱打听，不该传播的乱传播，可以说到了惹是生非的程度了。在当前各项工作都十分繁忙的情况下，不强调工作纪律，不强调坚守岗位，怎么能完成我们的工作任务？所以，无论是谁，都不准违反纪律，有事外出要请假，该报告的要报告，该销假的要销假。各级纪检监察机关要认真做好考勤。特别是委局机关，要加强考勤，每个处室都要考勤。市纪委办公厅要制定相关的制度，要保持我们的工作秩序。有些同志外出，连主任都不知道干什么去了。各县（市、区）和市直单位回去也要抓一抓这个工作。二是要尽职尽责。尽职尽责就是要“干啥吆喝啥”。不论做什么工作，都必须全身心地投入，多研究点业务，多学习点知识，多思考点问题，多提高点自身水平。我们讲德、能、勤、绩，虽然你德、能俱备，但如果没有勤恳，也出不了业绩。今年搞效能建设，讲究的就是要高效率、出成绩。我们开展效能监察，通过搞明察暗访，处理了一系列案件，经常要监督别人是不是在岗，工作状态怎么样，看有没有工作时间办私事、玩游戏等，成效是明显的。但是，我们自己的队伍怎么样？我们负责监督检查的同志怎么样？不能出现“灯下黑”。从现在起，特别是结合明年部署搞队伍建设，也应该在效能建设上反观自己，加强我们的队伍建设。我们队伍中有那么一些人，每天都把自己的事情看得比什么都重要得多，整天在自己的事情里面打转转，跟不上工作节奏，也很难干好工作。虽然这些人是个别人，但是影响了大家的士气，影响了正常的工作秩序。所以，各部门的领导同志一定要高度重视，认真负起责任，要敢抓敢管。对违纪的现象要敢于批评。对严重违纪的，该处分的要处分，该调离的要调离。这次在省里参加会议，张毅同志非常严肃地讲到这个问题：对于省纪委违纪或不尽职责的人，上至领导者，下到中层干部、一般干部，该处理的也要处理，该调出的要调出。不要以为进了纪委就没人能管你了，就“老子天下第一”了。甚至有的认为，到了纪委就没有退的时候了。其实并不是这样，我们纪委上上下下都在抓自己队伍的建设，有的调离出去后，安排得并不好，有的不是自己愿意出去的。因此，我们各级纪检监察机关，也包括委局机关中层的各室主任，都要在管队伍上认真负起责任，谁出现差错，追究谁的责任。三是要鼓舞士气。这句话，我是对在座的一些负责同志讲的。作为一个机关、一个部门的领导者、主要的负责同志，你是领导骨干，也是业务骨干，更是团结、凝聚和带领本部门全体同志共同干事的组织者和领导者。这样的角色定位，要求你必须既要学会干，懂业务，又要善于团结好、凝聚好自己所负责的一班人和整个队伍，要充分调动全员的工作积极性，共同把工作干好。我们现在正面临着一个矛盾凸显期，同时又面临着明年省、市、县、乡四级换届，对我们的干部也有很多说法，比如减少职数、有上有下等，说法很多。但是作为一个领导干部，只要在岗位上一天，就要尽一天的责任，这就是我们对干部一个基本的考验。这次在省里开会，省纪委的主要领导同志讲，纪委对自己的干部是负责的，对于干部的设置和待遇，从中央纪委到省纪委都是非常关心的，有些问题都在认真的研究，我们的队伍只能加强，不能削弱。同时，我们要本着省委提出来的“树正气、讲团结、求发展”这个主旋律去做，加强团结，减少内耗，形成合力，化解矛盾。总体上，我们要通过大家的工作鼓足士气。四是要做好工作。讲坚守岗位、尽职尽责、鼓舞士气，归根结底都是为了做好工作。不管是谁，做好自己的本职工作，这才是你安身立命的基本前提。我们任用干部的原则，就是重实绩。既要能干、会干、想干、肯干，还要真干、实干、干好、干出成绩。这是正确的、科学的政绩观。不管你有多大的能力，多高的学历，多渊博的知识，如果连自己负责的分内工作都干不好，那很难说你是一个称职的干部。

同志们，今天这个会议，虽然时间不长，但内容比较丰富，主要是学习领会中央、中央纪委和省纪委一些重要会议精神。希望大家回去后一定要充分运用会上的学习研讨成果，在认真总结今年工作的基础上，精心谋划好明年的工作，使明年工作起好步、开好局。当前，尤其要完成好年初确定的各项工作任务，进而推动全市党风廉政建设和反腐败工作再上新台阶。

新年临近，我代表市纪委、监察局给大家拜个早年，祝大家在新的一年里，工作顺利，身体健康，阖家幸福！

在举行行政许可电子监察系统启动仪式上的讲话

（2006 年 1 月 10 日）

今天举行行政许可电子监察系统启动仪式，是经市推进行政权力公开透明运行领导小组研究决定的。刚才，国岭同志宣布并启动了开通按钮，标志着我市的行政权力许可电子监察系统已正式启用。徐数同志宣读了《邯郸市行政许可电子监察办法》，联敏同志介绍了电子监察系统的功能及操作要领，这都很重要，需要我们认真研究落实和把握好。下面我主要讲三点意见。

一　充分认识建立行政许可电子监察的重要性和必要性

当前，我市推进行政权力公开透明运行工作已经取得了明显的成效，得到了人民群众和社会的关注和好评。去年下半年省委、省政府、省纪委在我市的试点工作将近一年的时间，在邯郸市召开了推进行政权力公开透明运行工作试点的座谈会，总结介绍我们的经验，今年要向全省推广。为了巩固成果，使其深入持久地健康发展，今天我们建立行政许可电子监察系统，把监督检查引入高科技电子监督系统，对于完善行政许可管理、促进依法行政、提高办事效能有着十分重要的意义。首先，这是加强机关效能建设的必然要求。开展以“提速、提质，为人民、促发展”为主要内容的机关效率建设活动，是一项事关全局，具有战略性、根本性的一项重大任务。要完成这一任务，就要通过有效地改善机关的管理要素，使我们的各个机关和岗位工作人员为人民执好政、用好权，更好地维护好人民群众的利益，促进邯郸市的经济发展。第二，这是坚持和落实科学发展观、提高我市行政许可水平的有效保证。建立行政许可电子监察系统，可以实事求是、客观公正地评价各个行政许可实施机关和承办岗位工作人员的效能，及时发现和纠正在工作效能方面存在的问题。它的建立，提高了技术含量，减少了人为因素，有助于增强行政许可实施机关和岗位工作人员的责任意识和新的理念，调动各方面的积极性和主动性。第三，这是加强勤政廉政建设、维护人民群众利益的重要举措。勤政廉政是人民群众普遍关注的热点问题。当前一些部门、单位，作风不实、权责不清、管理不严、服务差、效率低、耍特权的问题依然存在，个别问题还比较严重，基层和群众对此意见很大，企业和客商反映尤为强烈。通过建立行政许可电子监察系统，可以进一步规范管理，强化监督，推进勤政廉政建设。大家知道，我们推进行政权力公开透明运行工作，不是做做样子，搞一阵子，而是要不断深化发展。因此，就必须建立一个更科学、更有效的监督系统，来完善我们的行政行为，使基层群众和各企业商户更加坚信我们的政府，为建设和谐邯郸做贡献。

二　积极发挥电子监察作用，提高有效监督检查力度

行政许可电子监察系统，能够运用现代电子技术手段，对行政许可实施过程中的行为、运转状态、效率等方面的情况及时、全程和自动监控。建立这个系统的目的，是规范行政许可实施范围，提高行政许可服务效能。为此，发挥其整个系统的作用尤为重要，应做到三个认真。第一是要认真落实《邯郸市行政许可电子监察办法》，严格按制度、按程序办事，这是基础。电子监察办法明确规定了遵循的原则、监察的内容、标准、方法以及责任追究等。不论是行政许可服务实施机关和岗位人员，还是实施电子监督的工作人员，都必须认认真真地按这个办法办事，履行好各自的职责。保证其作用的正常发挥。第二是要认真实施行政许可电子监察系统，充分利用监督功能。行政许可电子监察系统具有监控、查询、受理投诉、满意度调查及统计

等功能作用。它可以有效地监督行政许可实施机关及其岗位工作人员在行政许可服务活动中的行政效率、行政效果等方面的情况，以及影响行政许可的问题和行为。依据监督检查的结果，既可以对实施机关及其岗位工作人员在行政许可活动中存在的影响行政许可的问题，做出行政效能监察决定，提出行政效能监察告诫或建议，同时，也可以对成效显著、贡献突出的单位和个人及时总结、宣传和表彰。因此，我们要正确运用，最大限度地发挥整个系统的功能，为全面推进行政权力公开透明运行服务，为规范行政许可工作服务。第三是要正确认真对待行政电子监察系统。电子监察系统，是借鉴外地的先进经验，结合邯郸的实际而建立的。在我市还是一个新事物。这就要求大家特别是各级领导同志，要正确对待，主动接受，积极配合。不能产生任何抵触情绪和不配合的态度。这个系统在实施过程中，还可能有不尽如人意的地方，我们要不断地加以完善，使其真正发挥好作用，成为我市一个工作的亮点。今天有关部门的主要领导都到会了，要按要求率先垂范做好工作。这个系统如果利用得好，就能够延伸，发挥更大的作用。我们作为领导都想带好自己的班子和队伍，同时每个领导都想把自己的干部、自己下属单位的工作客观公正的评估好，实施监察是一个重要的手段。现在到年底了，又该总结工作了。能够客观公正的评价一个单位的工作，评价一个领导干部或一个工作人员的工作，这是个非常难的事情。哪个单位工作做得好，哪个领导干部或工作人员工作做得好，谁干好干赖，谁能干谁不能干，应该说大家心里都有数，好赖没数是不可能的。要把问题摆在桌面上，使用哪一个，重用哪一个，调整哪一个，在评估方法上，手段显得比较薄弱。能够在评估报告上客观地显示、公正地评价一个领导干部和工作人员，这在组织管理上，在邯郸市是个难题，也是个世界性难题。特别是在政绩考核上，犯错误了、受处分了好考核，对此纪检监察部门有一套办法。而在效能考核上难度就大了，谁干得好？好到什么程度？一是考核的上级部门要公正，接受群众监督，这是基本的原则；二是在技术手段上要量化，利用现代化的技术手段，能够记录每个领导干部、每个在岗工作人员的一些行为。你到没到、干什么都有录像记录。所以，我们的领导同志思想认识一定要到位。

三　加强组织领导，严肃组织纪律

为了保证行政许可电子监察系统的顺利运行，要切实加强组织领导和统一协调管理。按照《邯郸市行政许可电子监察办法》，行政公开运行中心、市监察局、信息中心办公室要各负其责，落实到人，明确专人负责。同时，又要相互配合，确保整个系统的正常运转。服务中心要做好协调管理工作；市监察局要选好人，要选配那些政治素质高、业务强、敢于坚持原则的人担当此任；信息办要从技术上保证，并不断提高功能。绝不能让电子监察系统形同虚设，可有可无。对那些不负责任、不认真履行职责或滥用监察权力的人和事，要严厉处理。要不断总结电子监察的做法和经验，充分听取各方的意见和建议，使这一创新的管理监督模式，不断改进和完善，为推动全市行政权力公开透明运行工作做出积极的贡献。

在大产业、大基地、大园区、大项目观摩调度会上的讲话

（2006 年 2 月 10 日）

今天，我们按照市委、市政府的统一安排，用一天的时间就“四大”工作进行观摩研讨。上午，我们对广平、魏县、成安、临漳四个县的大产业、大基地、大园区、大项目建设情况进行了现场观摩，看了成安装备制造工业园区、临漳工业科技园区、魏县生物化工园区和广平城南新区。下午，就如何进一步推进“四大”进行了研讨。广平、魏县、成安、临漳等县的主要领导同志和市发改委、国土资源局、农业局、林业局、水利局、畜牧水产局、市农行等单位负责同志就如何做好和支持“四大”建设工作进行了发言。大家讲得都很好，我们上午看得也很好。在不长的时间内，我们新上了一些新的项目，并且势头比较好，都有一个好的切入点。特别是四个县至少说在初步的规划里面，都对自己有了定位，选择了主导性的产业方向。尽管还都是初步的，但是有了这么一个方向，并且来付诸实施，“四大”建设就有了一个好的开端。从今天观摩情况看，有的项目做得有了相当的程度，从规模到建设速度以及到效益，它的带动性具有重要意义。刚才，在大家发言过程中，增海同志进行了插话点评，学增同志比较系统地对四个县的“四大”建设进行了点评，最后又就如何推动“四大”建设讲了重要意见，我完全同意。下面，我再讲几点意见，供大家参考。

一　要深刻认识“四大”建设在全市经济发展中的重要地位和作用

市委六届九次全会讨论通过的《邯郸市大产业、大基地、大园区、大项目发展指导纲要》，这是一个指导全市经济工作的重要的文件，是市委、市政府在深刻认识市情的基础上，以科学的发展观谋划、研究、做出的邯郸大发展的重要决策。邯郸要有一个大发展，关键是抓好大项目、大基地、大园区、大产业，这是我们总结过去、学习借鉴发达地区先进经验、反复调研论证之后得出的科学决策。市委、市政府提出《大产业、大基地、大园区、大项目发展指导纲要》，是学习发达地区先进经验并结合我市实际提出来的，更是邯郸实现大发展的迫切需要。这项工作从去年的下半年开始谋划、运作到今年初开始整体推进，前后共用了半年多的时间。在半年多的时间里，我们在苏州召开县域经济发展研讨会，参观学习考察苏州建设园区的经验；在北京举办区域发展战略与邯郸“十一五”规划——2005院士专家北京（邯郸）高峰论坛，并就我市的“十一五”规划建议和推进“四大”建设征求有关专家的意见和建议；特别是到苏州、山东学习考察，大家更加迫切感受到了邯郸在经济发展上与发达地区存在较大差距。想迎头赶上、加快发展，就必须在项目、基地、园区、产业的建设上动脑筋、下功夫。这个思路得到了专家、学者和各级领导干部和群众的广泛认同。

推进“四大”建设抓住了我市经济发展的主要矛盾，是我们在“十一五”的头一年起好步开好局，促进全市经济持续、快速、健康发展的重中之重。为推进此项工作的开展，市委、市政府先后制定了《指导纲要》《推进计划》《责任目标分解》等一系列的重要文件，同时建立了推进机构、工作制度、推进计划等工作措施。今天，春节上班的第五天，全市又由市领导带队，分五路对各县（市、区）的“四大”建设进行观摩和研讨。说明了市委、市政府对此项工作的高度重视，并且要付诸实施。所以，各县（市、区）和各有关部门必须对这项工作给予高度重视，迅速把思想和行动统一到市委、市政府的重要决策部署上来，以高度的政治敏锐性和社会责任感切实把这项工作抓在手上，抓出成效。

二 要科学摆布“四大”关系，抓住重点寻求突破

上项目、建基地、建园区、培育和发展产业，可以说我们一直都在抓。特别是在上项目方面，我们都紧紧抓在手上。这两年全市连续开展“项目年”建设活动，全市农业系统开展“农业项目年”“农业服务年”等活动，也积极抓农业大项目、好项目，并取得很好的效果。但是，把这四项工作放在一起明确提出来加以推进还是首次，这体现了市委、市政府在加快经济发展上树立和运用科学发展观和统筹方法论的成效。

在加快推进“四大”建设实际工作中，要摆布好“四大”之间的关系。正确处理和摆布“四大”建设的关系，必须把握关键、抓住重点求突破。一是搞好总体规划，选好产业发展的突破口。大产业是我市经济发展的目标和支柱，根据“四大”发展纲要，全市规划了要着力抓好钢铁、电力、纺织服装、建材、煤化工等产业，进一步地培育发展我们邯郸传统产业，构筑我市新的产业格局。各县（市、区）也要从本地实际出发，充分依托现有基础和优势，认真谋划论证，努力付诸实施。二是抓住项目建设不放松，以项目带园区，以园区带基地，以园区、基地带产业，以园区、基地、产业带动城镇建设。要发展就要增加投入、上项目。项目谋划建设是基地、园区、产业建设的基础和前提，我们必须围绕发展谋划、储备一大批能够拉动市、县经济发展、带动产业发展、促进农民增收、财政增税的好项目、大项目，才能促进、支撑基地和园区建设，基地、园区培育发展到一定规模才会形成主导产业支撑区域经济较快发展。三是积极培育和发展基地。大基地是产业化发展的依托，没有大基地做支撑，产业发展就失去基础、就没有后劲。十大基地，重点涉及魏县、成安、临漳三个国家级商品粮基地县的小麦生产，成安、临漳、广平三个县的奶源基地发展，魏县、成安瘦肉型猪养殖园区，畜牧局、广平县的绿色禽蛋生产加工基地，农业局、魏县的无公害蔬菜及果品生产加工基地。这些基地建设都要按照《邯郸市大产业、大基地、大园

区、大项目推进责任目标分解》的要求，强力推进，有条件的要争取提前完成各项任务。就当前我市农业产业化发展来说，就是要按照“区域化布局、特色化发展、专业化生产、规模化经营”的指导原则，努力加快优质小麦、优种奶牛养殖及乳品、优质瘦肉型猪养殖等生产加工基地的建设，提高区域经济的规模化和集约化水平。四是大手笔搞好园区谋划建设。大园区是平台，企业向园区聚集，既能形成规模效应，又可节约土地能源，还可以形成集聚效应拉动三产发展。全市规划了要加快市高新技术开发区、马头生态工作城、循环经济示范园区等大园区建设。各县（市、区）要依据全市规划搞好本地园区谋划建设，使项目、企业等向园区集聚，推动区域化生产和专业化协作，形成优势板块结构，形成带动区域经济发展的良好格局。我们这四个县，在园区建设上重点涉及临漳、魏县的两个工业园，广平县的节能环保新型建材园区，成安县的装备制造工业园区。四个园区的建设一定要按照十大园区推进责任目标，3月底以前完成总体规划，6月底以前完成详细规划。在市场经济条件下建设园区就要用市场经济的办法解决园区建设中遇到的一些问题。在坚持行政推动的同时，按照“谁投资、谁受益”的原则，广泛吸引、鼓励有实力的大企业集团参与园区开发建设，创出一条企业开发、招商、办园区，政府收税的路子，进一步加快园区建设步伐，把园区做大、做强。五是善于从开放找出路，积极开放、开发、闯市场。开放、开发、闯市场，这是发达地区的成功经验，也是我市经济大发展必然要经历的过程。因此，要善于从对外开放上找出路，借助外力发展自身，利用好国内国外、省内省外、市内市外的“两种资源”“两个市场”，大力引进资金、先进技术、高新项目和人才等生产要素，推进“四大”建设。同时，既要注重开放，又要注重基地原材料、园区产品销售的市场开发，从而保证园区产品销售和基地原材料资源供应、销售的双重要求和良性发展。

我们今天观摩的广平、成安、魏县和临漳四个县，通过几年持续不懈的努力，上了一批大项目、好项目，产业、基地、园区、项目建设都有了一个好的基础。但是，与市委、市政府提出的“四大”建设目标还有很大差距，只能说是刚刚起步，并且各地在发展规模、速度和质量上也存在不平衡问题。各县要切实把“四大”建设工作高度重视起来，把这项工作紧紧抓在手上，高起点、高站位积极谋划、推进到位。

三　要着力解决好四大推进过程中的各类问题

这次市委组织如此大规模的观摩与研讨，一方面，是为了督促那些思想认识不深、行动反应迟缓、工作推进不快的县（市、区）和市直有关部门迅速行动起来，把“四大”建设工作摆上位置，抓紧建立推进机构，成立专门班子，明确专职队伍，细化工作方案，围绕“四大”建设出台扶持政策，制定考核办法，建立奖惩激励机制，大手笔谋划，大力度推进，尽快进入“状态”。另一方面，就是要现场办公，解决县（市、区）在“四大”推进过程中存在的问题。刚才，对有些县提出的问题有的我们已经给予了现场答复。有些问题现在无法解决的，请工作人员做好记录与梳理工作，回去之后，提交市委、市政府研究解决。这里，我还想强调一点，就是对于“四大”推进过程中遇到的问题，各县要本着认真负责的态度，快速协调解决，需要市里、省里解决的要积极主动地去争取解决。总之要不等不靠，求得支持，扎实解决好各类困难和问题，为“四大”工作顺利推进创造有利条件。

四　要强化各项工作措施的落实

2 月 5 日，春节长假后的第一天，市委专门取消了团拜，召开了全市强化工作落实视频会，要求在全市掀起“四大”建设的新高潮。同时，贯彻省委全会精神，市委、市政府出台了《关于进一步强化工作落实的意见》，强调各级领导干部要从现在做起，从手头紧迫的工作抓起，振奋精神，真抓实干，切实把各项工作落到实处。对于县乡同志们来说，都处在工作的第一线，市委、市政府的工作部署能否落到实处，县级和乡级起着非常重要的作用。如何抓好各项工作落实，需要我们领导干部有干事创业的热情，有开拓创新的精神，有高效务实的工作作风，有对人民群众和党的事业的深厚感情，但是最主要的是要深入工作第一线，理清思路，抓住重点，掌握方法，破解难题。要理清思路，既要开会研究工作，更要深入第一线去亲自了解实情，不能只是坐在办公室里听汇报，打电话，看材料。只是坐在办公室里听汇报，是很难理清思路的。所谓抓住重点，就是要在当前纷繁复杂的工作中抓住带有全局性的、牵总性的工作，寻求突破，而不是工作头绪多就眉毛胡子一把抓。当前，我们的工作重点就是要按照市委、市政府的要求，迅速掀起“四大”建设的新高潮。没有实质性举措和进展的县，要抓紧行动起来。所谓掌握方法，就是要学会推动工作的具体办法。不管办任何事情，方法对路，则事半功倍，否则就会事倍功半。作为一名领导干部，一定要学会方法论，坚持用矛盾的方法发现问题，用辩证的方法分析问题，用统筹的方法解决问题。所谓破解难题，就是要抓住影响工作开展的主要障碍，结合工作实际，采取有针对性的方法予以解决。只有这样，才能推动各项工作的开展。

由于今年中央一号文件提出建设社会主义新农村的重大课题，要解决这个课题，需要深入调研、深度谋划，所以今年省农村工作会议要推迟召开，相应地，我市农村工作会议也要推迟召开。对当前工作，省委、省政府召开了农业农村经济工作电视电话会进行了安排。市委、市政府研究，近期我市也要召开农业农村经济工作会议安排部署工作。等省农村工作会议之后，再组织召开全市农村工作会议。

当前，春耕生产即将开始，第三批共产党员先进性教育活动正在开展，“双创”活动也在紧锣密鼓地进行，县乡换届工作也快开始，各项工作可以说既紧张又面临着困难。因此，市委要求各级党委和政府要学会弹钢琴，要有顽强的拼搏精神，特别是市直、县直部门和各个乡镇要抓紧从过年的气氛中走出来，把身心和精力投入各项工作中去，为今年的各项工作有一个良好的开局创造有利的条件，打下坚实的基础。

全面履行党章赋予的职责　不断深入推进全市党风廉政建设和反腐败工作

——在中共邯郸市纪律检查委员会第六次全体会议上的工作报告

（2006 年 2 月 14 日）

我代表中共邯郸市纪律检查委员会常务委员会向第六次全体会议做工作报告，请予审议。

这次全会的主要任务是：以邓小平理论和“三个代表”重要思想为指导，全面贯彻落实科学发展观，按照省纪委七次全会和市委的部署要求，总结 2005 年全市党风廉政建设和反腐败工作，研究部署 2006 年全市党风廉政建设和反腐败工作任务。

一　2005年主要工作回顾

2005 年，市委、市政府和全市各级党委、政府高度重视党风廉政建设和反腐败工作，认真贯彻党中央和省委的重大决策部署，将反腐倡廉纳入经济社会发展和党的建设全局，加强领导，统筹安排，推动了反腐倡廉工作的深入开展。各级纪委在同级党委和上级纪委的领导下，以求真务实的精神，紧紧围绕全党工作大局，认真履行党章赋予的职责，协助党委加强党风廉政建设和组织协调反腐败工作，狠抓各项工作任务落实。贯彻落实《建立健全教育、制度、监督并重的惩治和预防腐败体系实施纲要》和省委的《意见》，着力开展行政权力公开透明运行试点、专项资金综合治理和机关效能建设三项重要工作，全面推进反腐倡廉各项工作。以实践“三个代表”重要思想为主要内容，扎实开展保持共产党员先进性教育活动，使先进性教育与反腐倡廉有机结合，促进全市党风廉政建设和反腐败工作深入开展并取得新的成效。

深入推进行政权力公开透明运行等三项重要工作得到落实。一是深入推进行政权力公开透明运行工作取得突破性进展。通过严明清理工作纪律；制定和实施上下互相印证、领导班子集体研究审定和法制部门把关的职权清理“三步法”；实行一表（行政权力目录表）、一图（权力运行流程图）、一件（权力实施依据文件）、一盘（电子版资料）“四个一”做法，完成了市政府本级及试点单位行政权力清理工作，清理出国内首份市长权力清单。市政府本级和市直70个部门、单位共清理、确定各类行政权力2515项，其中市政府本级行政权力92项。与此同时，搭建了传统公开平台、行政权力公开服务平台、网络公开平台和通透式办公平台。组建起市行政权力公开服务中心，实施了“一区、一局、一处、一长、一章”“五个一”高效审批办公模式。建立了行政许可事项、政府采购、建设工程招标投标、经营性土地使用权出让、专项资金管理、产权交易、公务员录用、城市规划八个公开透明运行网络系统。制定了违反推进行政权力公开透明运行工作行为责任追究办法、行政权力公开透明运行投诉受理办法、绩效考核办法和信息公开管理办法。在复兴区、涉县、成安县、市规划局开展了县级行政权力公开透明运行试点工作，为今年在全市全面推行这项工作打下了良好基础。自行政权力公开透明运行试点以来，在促进依法行政、提高工作效率、方便群众办事、从源头上预防和减少腐败等方面见到了实际效果，得到了基层、企业和人民群众的普遍拥护。中央纪委、监察部和省委、省政府主要领导同志，对行政权力公开透明运行工作均给予充分肯定。中央纪委副书记马駇到邯郸调研时指出：“这是一个很根本、很好的一项工作，意义很重大。”省委副书记、省纪委书记张毅多次到邯郸进行调研指导，给予大力支持和充分肯定。人民日报、中国纪检监察报、中国法制报、中国青年报、河北日报和中央电台电视台、河北电台电视台等30多家中央和地方新闻媒体，对我市推进行政权力公开透明运行工作的经验做法给予了广泛报道。国内有 60 多个地市和相关部门到我市参观、考察、交流行政权力公开透明运行工作。全省行政权力公开透明运行试点和专项资金综合治理工作座谈会在我市召开，我市在会上介绍了经验。二是专项资金综合治理工作取得明显成效。全市共查出挤占挪用专项资金 48 万元，贪污侵占专项资金 4.4 万元，白条下账 91.4 万元。通过资金清理，发现案件线索 69 个，立案查处 44 件，处分 30 人，移送司法机关 3 人。在专项资金综合治理工作中，边组织清理和监督检查，边加强制度建设，制定实施了《关于加强财政专项资金监督管理的办法》等制度，使专项资金管理和监督更加规范。三是积极探索机关效能建设新路子。按照“提速、提质，为人民、促发展”的内容要求，建立了机关效能建设组织机构和办事机构，启动了效能监察快速反应机制。从明察暗访、典型警示、制度建设三个方面推进了这项工作。先后制定了《机关效能建设工作方案》、《影响机关效能行为责任追究办法》和《对机关工作人员违反“六条禁令”行为调查处理办法》等。围绕落实“六条禁令”，开展了四次明察暗访活动，发现和纠正群众办事难、不执行《行政许可法》等违纪违规问题 127 件，通过新闻媒体曝光和处理 56 人。查处不作为、乱作为、效率低下等效能方面典型案件 58 件，处理 58 人。通过开展效能建设，提高了机关办事效率，规范了政府行政行为，优化了我市发展环境。省委书记白克明对我市党政机关干部落实“六条禁令”、开展机关效能建设的做法给予了批示肯定，并指出：“邯郸市此举，若以恒之，若以真之，民必欣然而拥之。”我市 2005 年度行政效能监察和机关效能建设工作被评为全省第一。

领导干部廉洁自律工作进一步深化。紧密结合先进性教育活动，广泛开展权力观教育、正面典型示范教育和反面典型警示教育。进一步完善了反腐倡廉“大宣教”工作格局，积极开展廉政文化进社区、家庭、学校、企业、机关和农村活动，营造了崇尚廉洁的社会氛围。在落实党风廉政建设责任制、加强对领导干部的教育监督方面，继续完善和实施了领导干部“四廉”监督机制。组织对党风廉政建设第一责任人进行了逐人述职谈话。开展了“三助”教育监督活动，使领导干部廉洁自律意识进一步增强。进一步检查和落实领导干部廉洁从政各项规定。全市各级领导干部主动上交和拒收现金、有价证券等23万余元。查处领导干部送钱收钱、参与赌博、婚丧事大操大办案件14件，处理16人。纠正和处理领导干部超标准配备小汽车26辆。开展了“五费一票”监督检查，对发现的问题进行了纠正和调查处理。

损害群众利益的不正之风进一步得到纠正。一是民主评议工作不断创新评议方法，增强评议效果。在全省率先举行了以“上学与看病”为主题的广场主题听证评议活动。改进“清晨行风热线”接听方式。对10个重点参评部门进行专题评议，解决突出问题。提高评议听证会质量，加大解决问题力度。二是专项治理工作取得阶段性成果。查处教育乱收费、纠正医药购销中不正之风、治理公路“三乱”等专项治理工作取得新进展。加大了治理公车迎亲工作力度，制定并实行了《关于对参与婚丧事大操大办的公车给予取消年度油修费等处理的规定》，组织市内“三区一县”检查婚车数百辆，对其中参与婚事的公车给予收缴车辆使用费、扣减一年油修费用等处理。中央纪委办公厅内刊介绍了我市狠刹公车迎亲的做法。省委副书记、省纪委书记张毅给予了批示和肯定。我市的民主评议和纠风专项治理工作在全省处于优秀行列。

查办违反党的纪律案件工作继续在全省保持领先位次。全市各级纪检监察机关共立案1655件，结案1460件，给予党纪处分1382人。其中，查处违纪金额万元以上或职务级别副县（处）级以上大案要案566件。市纪委直查44件，涉及县（处）级干部10件。市纪委重点查处了市总工会原财务部长李宏范贪污公款139万元案件；邯郸市第一糖酒公司原总经理廖建民贪污公款13万元、挪用公款26万余元、隐匿转移该公司账外资金180余万元以及非法转让9.72亩土地案等案件。各级纪检监察机关查办案件工作紧紧围绕经济建设这个中心，努力保护广大群众利益，努力保护广大干部干事业的积极性，努力维护建设和谐社会大局，产生了积极的政治、经济和社会效果。同时，加强了办案制度建设，推行和完善了“四个三”（一案三责、一案三会、一案三报告、一案三延伸）办案制度，制定了《关于使用“两规”措施的实施细则》，促进了依纪依法办案，提升了查办案件能力和水平。

治本抓源头工作力度逐步加大。积极推进干部人事制度改革，领导干部公开选拔、竞争上岗等制度进一步得到落实。认真开展了领导干部经济责任审计工作。司法体制改革、金融体制改革稳步推进。加强了对政府投资项目的监督，工程建设项目招标投标、经营性土地使用权出让、产权交易、政府采购制度进一步落实。深化行政审批制度改革，全市共取消行政审批事项包括行政许可事项 174 项。深化财政体制改革，进一步规范了部门预算、国库集中收付、政府采购制度和产权交易行为，全市共实现政府采购 1383 批（次），采购金额 8 亿元，节约资金 1 亿元。

行政监察职能进一步发挥。各级监察机关认真贯彻《行政监察法》及其实施条例，围绕宏观调控各项政策措施贯彻情况、重大公共投资项目和群众关心的热点问题开展监督检查；围绕《行政许可法》、《土地管理法》、《招标投标法》及相关地方性法规的执行情况开展执法监察；围绕优化发展环境和机关效能建设开展效能监察。

在肯定成绩的同时，我们也要清醒地看到：违纪违法案件在一些地方和部门仍然是多发态势，一些权力缺乏有效制约和监督的岗位和部门案件数量居高不下；损害群众利益的问题仍然比较突出；奢侈浪费等不正之风比较严重；反腐倡廉工作仍然存在薄弱环节，有些已经纠正的问题出现反弹。有的地方和部门对党风廉政建设和反腐败工作不够重视，一些反腐倡廉措施没有得到很好落实。这些，都需要在今后的工作中采取更加有效的措施，认真加以解决。

受市纪委常委会的委托，我向全会报告常委会自身建设情况。一年来，市纪委常委会坚持以邓小平理论和“三个代表”重要思想为指导，认真贯彻落实省委、省纪委和市委的各项决策部署，全面贯彻落实科学发展观，坚持反腐倡廉战略方针，构建惩治和预防腐败体系，结合开展先进性教育活动注重加强自身建设，积极推进“学习型机关”建设。狠抓纪检监察干部队伍建设，积极推进市直派驻纪检监察机构统一管理。全面抓好市纪委全会部署任务的组织实施，扎实推进全市党风廉政建设和反腐败工作。市纪委常委会重视理论学习，班子成员认真执行学习制度；坚持民主集中制，努力做到决策的科学化、民主化；认真遵守领导干部廉洁从政各项规定，严格按照国家法律和党内法规办事，自觉接受全委会和各级党组织、广大党员干部的监督。同时我们也认识到，与新形势新任务的要求相比，市纪委常委会在一些方面的工作还需要进一步改进和加强。我们一定要按照省委、省纪委部署和市委要求，进一步加强学习，深入调查研究，积极探索和总结新形势下反腐倡廉的特点和规律，不断提高纪检监察工作能力和水平。我们衷心希望各位市纪委委员、各级党组织和广大党员干部继续对市纪委常委会的工作进行监督，以便进一步改进工作和作风，把工作做得更好、更有成效。

二　2006年主要工作任务

2006年是实施“十一五”规划的开局之年，是贯彻落实《实施纲要》的关键之年，也是我市各级党委换届之年，做好今年的反腐倡廉工作意义重大。我们要坚持以邓小平理论和“三个代表”重要思想为指导，坚持标本兼治、综合治理、惩防并举、注重预防的战略方针，认真贯彻落实中央纪委六次全会、省纪委七次全会及市委六届九次全会精神，紧紧围绕全面落实科学发展观和构建和谐邯郸这条主线，全面履行党章赋予的职责和任务，进一步加大防治力度，着力构建具有邯郸特色的惩治和预防腐败体系，为落实“十一五”规划和市委重大决策部署提供坚强有力的政治和纪律保证，推动全市反腐倡廉工作在新的起点上取得新的更大成绩。

（一）围绕落实科学发展观和市委重大决策部署，加强监督检查，确保政令畅通

围绕落实科学发展观和“十一五”规划加强监督检查。重点加强对《中共邯郸市委关于制定国民经济和社会发展第十一个五年规划的建议》和《中共邯郸市委关于构建和谐邯郸若干重要问题的实施意见》贯彻落实情况的监督检查，坚决纠正急功近利、盲目建设、重复投资、虚报浮夸行为，搞脱离实际、劳民伤财的“形象工程”“政绩工程”的行为，以及其他违反科学发展观的行为，为促进我市经济社会协调发展提供有力的纪律保证。

围绕重大改革措施和市委决策部署落实情况加强监督检查。重点加强对国家各项宏观调控政策和重大改革措施贯彻执行情况，市委关于经济建设、

改革发展、社会稳定特别是做好“三农”工作、节约能源资源、保护生态环境等一系列重大决策部署落实情况，市委《关于进一步强化工作落实的意见》执行情况的监督检查，严肃查处有令不行、有禁不止及工作不负责任、敷衍塞责、推诿扯皮的行为，为改革发展排阻清障。

围绕市、县、乡三级党委换届和公务员工资制度改革加强监督检查。积极会同有关部门认真开展《党政领导干部选拔任用工作条例》执行情况的专项检查，坚决防止和查处跑官要官、买官卖官、徇私舞弊、拉票贿选等违纪行为及其他在选举中搞非组织活动的行为，坚决制止和纠正散布流言蜚语、传播小道消息、搬弄是非、不讲原则等庸俗作风。对跑官要官的，不仅不能提拔重用，还要严肃批评并记录在案；对买官卖官的，要发现一起查处一起，决不手软，确保换届工作的顺利进行。加强对《公务员法》和公务员工资管理有关制度贯彻执行情况的监督检查，坚决制止和纠正违反规定发放津贴补贴等行为，促进公务员工资制度改革顺利进行。

围绕重点领域和关键环节加强监督检查。进一步制定完善对建设工程项目招投标、经营性土地使用权招拍挂、国有资产产权交易、政府采购等重点领域和关键环节监督的有关制度规定，并有针对性地开展专项检查，及时发现问题，建章立制，堵塞漏洞。

围绕依法行政、优化发展环境加强行政执法监察。继续加强对《行政许可法》《土地管理法》《招标投标法》等贯彻执行情况的监督检查；加强对安全生产的监督检查，继续清理国家机关工作人员和国有企业负责人违反规定投资入股煤矿问题。开展对行政执法责任制落实情况的监督检查，促使行政机关及其工作人员严格依法行政。

（二）以全面推行行政权力公开透明运行工作为重点，进一步深化省委确定的三项重要工作

（1）全面深入开展行政权力公开透明运行工作。按照省统一部署，在认真总结去年试点工作经验基础上，今年在全市范围内全面推开行政权力公开透明运行工作。统筹谋划，突出重点，区别情况，稳步推进。要从实际、实用、实效出发，不断丰富公开形式和载体。大力推进电子政务，

逐步扩大网上审批、查询、交费、咨询等服务项目的范围。进一步完善市行政权力服务中心功能，加快新址建设和各县（市、区）行政服务中心的建立、完善。积极倡导“通透式”办公。在学校、医院以及水、电、气、公交等公用事业单位和其他与老百姓利益密切相关的部门和单位，全面推行办事公开。要完善制度保障，尽快制定出台我市推进行政权力公开透明运行工作的相关法规，把 IS09001 质量管理体系引入行政权力公开透明运行工作当中，使这项工作逐步纳入规范化、法制化轨道。组织开展对行政权力公开透明运行的理论研讨活动，加强对这项工作的理论指导。将行政权力公开透明运行工作纳入民主评议的范围，广泛接受社会各界的评议和监督。建立完善行政许可电子监察系统，加强对行政权力运行的全程监督。

（2）深入推进专项资金综合治理工作。继续选择与人民群众生产生活密切相关、群众反映比较强烈的专项资金作为治理对象，重点对 2005 年投入的经济社会发展专项资金进行全面清理；对 2003 年以来中央和省、市、县安排、拨付、实施的农业专项、退耕还林、小流域治理、森林防火和草原防火、动物防疫、移民安置、农业综合开发、农村公路建设八类项目资金进行重点审计，严肃查处和纠正存在的各种问题。进一步加强制度建设，建立健全专项资金审批、拨付、使用和监管的制度体系。

（3）继续深入抓好机关效能建设。坚持把人民群众是否满意作为检验机关效能建设的标准。着力加强行政许可、项目建设、信访事项、为民办实事等方面的效能建设，提速工作过程，提高服务质量。充分发挥机关效能投诉中心作用，强化快速反应机制，进一步加大明察暗访、直查快办力度，每半年对查处的典型案件进行一次公开处理。制定完善机关效能建设绩效考评办法，认真落实效能告诫、效能问责等制度。

（三）按照构建社会主义和谐社会的要求，进一步加大纠正损害群众利益不正之风工作力度

紧紧围绕看病、上学和食品药品安全、生态环境保护等热点难点问题，深入开展纠风专项治理工作。严格执行公办学校义务教育阶段“一费制”

收费办法和公办高中择校生“三限”政策，推行“阳光收费”，严肃查处擅自立项收费、超标准收费等各种形式的乱收费行为和挤占、挪用、截留教育经费等问题。继续推行和完善药品及医疗服务价格公示、一日费用清单、首诊负责制等制度，建立大处方和大额医药费用集体审查等制度，有效遏制在药品和医疗器械采购中收受回扣、在医疗服务中收受“红包”等问题。站在建设环境友好型社会的高度，坚决查处和纠正企业擅自停运治污设施、超标偷排偷放污染物等破坏生态环境的问题。继续认真纠正在征收征用土地、城镇房屋拆迁、企业重组改制和破产中损害群众利益，以及拖欠农民工工资等问题。继续强化措施，治理公路“三乱”、公车迎亲、党政部门报刊散滥和利用职权发行等问题，注意纠正面向农民的乱收费、乱罚款和各种摊派，防止农民负担反弹。围绕规范经济秩序和健全社会信用体系，认真开展治理商业贿赂专项工作，坚决纠正不正当交易行为，依法严肃查处商业贿赂案件。

加强农村基层党风廉政建设，促进社会主义新农村建设。结合先进性教育活动，教育引导农村广大党员干部增强群众观念、法纪观念和廉洁奉公意识，切实改进作风，及时解决群众反映的合理合法的问题。推行农村财务委托代理服务制度，加强对农村集体资金、资产、资源的管理。健全完善乡镇干部和基层站所管理监督机制，深化村务公开，加强村级组织民主监督。进一步加强城市基层党风廉政建设，认真解决发生在群众身边的办事不公、作风粗暴、损害群众利益等问题。

继续改进、深化和创新民主评议工作。今年要确定 2 ~3 个与人民群众利益紧密相关的主题，继续开展户外主题听证咨询。积极引进质量认证体系，改进民主评议工作，制定完善考核验收标准，使民主评议工作更加科学、规范。要将民主评议与人大监督相结合，把民主评议结果纳入人大对政府部门的监督体系，进一步增强民主评议工作的权威性。

（四）以促进领导干部廉洁从政为目标，继续深入开展反腐倡廉教育

运用先进性教育活动中创造的好做法好经验，采取多种形式，继续深入

开展权力观和政绩观教育，开展树立落实科学发展观和构建社会主义和谐社会教育，为科学发展营造浓厚的舆论氛围。继续认真开展理想信念教育、从政道德教育、艰苦奋斗教育、党纪政纪条规教育和警示教育，着力提高广大党员干部的拒腐防变能力。广泛开展学习先进典型活动，树立和表彰一批党风廉政建设先进单位和个人。大力加强廉政文化建设，推进廉政文化“六进”活动深入开展。要把党章作为党员干部培训的重要内容，把反腐倡廉教育纳入各级党委理论学习中心组学习计划和公务员及其他公职人员培训计划，贯穿于领导干部的培养、选拔、管理、使用等各个方面。

严格执行“四大纪律八项要求”和领导干部廉洁从政各项规定，认真解决领导干部廉洁从政方面存在的突出问题。继续认真查处和纠正领导干部违反规定收送现金、有价证券、支付凭证，利用婚丧嫁娶等事宜收敛钱财、参加赌博等问题；查处和纠正领导干部个人擅自决定建设项目立项、授意和内定项目中标对象以及违规干预资金使用等问题；继续解决和纠正以各种名义公款旅游的问题，包括以革命传统和爱国主义教育为名组织的公款旅游；防止和纠正领导干部超编制、超标准配备使用小汽车和在住房方面以权谋私等问题。要教育各级干部认真执行有关厉行节约、反对铺张浪费的规定，坚决制止讲排场、比阔气、奢侈挥霍等不良风气。

（五）严格依纪依法办案，继续保持查办案件工作力度

全市各级纪委要坚决贯彻从严治党的方针，坚持以查办发生在领导机关和领导干部中的违反党纪的案件为重点，严肃查办领导干部滥用权力、收受贿赂的案件，利用人事权、司法权、审批权谋取私利的案件，为黑恶势力充当“保护伞”的案件。严肃查办金融、工程承包、土地管理、矿产开发和政府采购等领域的案件，企业重组、改制、破产中国有资产严重流失的案件，严肃查办严重侵害群众利益的案件，尤其是发生在安全生产、食品药品安全、环境保护和社会稳定等方面的失职渎职案件，以及这些问题背后特别是重特大安全责任事故背后隐藏的腐败问题。

严格依纪依法查办案件，不断提高执纪办案的能力和水平。认真贯彻执行中央纪委《关于纪检监察机关严格依纪依法办案的意见》，严格按规

定使用“两规”。进一步完善和落实“一案三责”“一案三会”“一案三报告”制度，加强对办案全过程的管理和监督。进一步落实“一案三延伸”制度，充分发挥查办案件的治本功能。坚持教育与惩处相结合，既要严肃查处严重阻碍和破坏改革发展的各种违纪行为，又要坚决支持和保护广大党员干部积极探索、大胆创新。加强案件审理和申诉复查工作，积极推行党纪政纪案件在一定范围内公开审理制度，切实保障受处分党员干部的合法权益。

（六）坚持以改革为统领，进一步推进从源头上预防腐败工作

按照中央和省、市的要求，有关职能部门要各负其责，继续深入推进干部人事制度、司法体制、行政审批制度、财政税收体制、投资体制和金融体制改革，进一步铲除腐败现象滋生蔓延的土壤和条件。深化干部人事制度改革，突出抓好《公务员法》的贯彻实施，按照科学发展观要求制定完善我市对领导班子和领导干部考察、考核制度，探索建立领导干部选拔任用工作责任追究制，健全完善干部选拔任用和管理监督机制。继续推进行政审批制度改革，进一步减少和规范行政审批，推广行政审批电子管理和监控系统，建立完善行政审批项目监管机制，严肃查处地方和部门擅自设立行政许可项目、违反规定在审批环节中乱收费等问题。深化财政管理制度改革，全面推行国库集中收付制度，切实落实“收支两条线”规定，推进部门预算改革，建立绩效评价与部门预算相结合的管理机制。建立健全政府投资项目公示制度和投资决策责任制度，改进和加强对政府投资项目的管理监督机制。认真落实检务公开、审判公开制度，完善违法司法行为责任追究制度，加强对司法活动的监督，着力解决群众反映强烈、影响司法公正的突出问题。加强对社团、行业组织和社会中介组织的清理规范，解决职能错位、行为失范等问题。

进一步严格执行工程建设项目招标投标制度，加强对项目经理和评标专家的管理，坚决纠正干预招标、虚假投标、串标等行为。进一步加强对建筑市场的监管，加强对重大工程建设项目从立项、设计、开工到验收等环节的全程监督。落实和完善经营性土地使用权招标、拍卖、挂牌出让制度，规范

协议出让行为，严肃查处暗箱操作等违规违法问题。完善产权交易市场功能，强化对国有资产评估和产权交易的监管。建立完善管理职责与执行职责相分离的政府采购管理体制，加强对政府采购工作的监督。

（七）充分发挥各监督主体作用，有效加强对权力运行的制约和监督

在深入推进行政权力公开透明运行工作的同时，注重发挥各监督主体的作用，切实加强对权力运行的全方位、全过程的监督，加强对腐败多发易发部位和领域的监督，确保权力正确行使。（1）认真贯彻执行党内监督条例，加强对各级领导机关、领导干部特别是各级领导班子主要负责人的监督，加强对重点环节和重点部位权力运行的监督，有针对性地开展专项检查。尤其要抓好省委《关于加强各级党组织民主集中制若干重要问题的决定》落实情况的监督检查。（2）着力抓好领导干部个人重大事项报告、财产收入申报、廉政谈话、诫勉谈话和函询等制度的落实，进一步健全完善领导干部"个人述廉、群众评廉、上级考廉、组织用廉"的"四廉"监督制度和纪委领导同下级党风廉政建设第一责任人半年述职谈话制度，不断创新监督形式。（3）大力发展党内民主，积极推进党务公开。开展《党员权利保障条例》落实情况专项检查，切实保障党员参与党内日常生活、维护自身权益、对党组织和其他党员进行监督等权利。（4）充分发挥人大监督、政协民主监督、政府专门机构监督、司法监督、新闻舆论监督等各监督主体作用。落实领导干部经济责任审计制度，建立领导干部经济责任评价体系，规范任期经济责任审计评价标准，实行审计公告，注重审计结果运用。（5）把防止国有资产流失作为重点，推进国有企业党风建设和反腐倡廉工作。完善国有企业监督制约机制，加强对国有企业反腐倡廉的组织协调。严格执行国有企业领导人员廉洁从业若干规定，加强对国有企业领导人员的教育、管理和监督。积极开展企业领导人员廉洁承诺、述廉评廉活动，深化厂务公开，充分发挥职工群众的民主监督作用。加强对企业重组、改制等活动中国有资产的全程监督，完善国有企业监管机制。强化企业效能监察，促进企业改善管理，提高效益。

（八）认真学习贯彻胡锦涛总书记重要批示精神，把解决人民群众的信访问题作为一项重要工作切实抓出成效

2005年11月，胡锦涛总书记对石家庄市纪委坚持下访和大街接访工作做出重要批示，给予充分肯定。吴官正同志对学习贯彻胡锦涛总书记重要批示精神提出了明确要求。各级纪检监察机关要带头学习胡锦涛同志的重要批示精神，把解决人民群众的信访问题作为反腐倡廉的一项重要内容，纳入整体工作部署，立足纪检监察职能，充分发挥作用，把这项工作切实抓紧抓好。（1）加强对信访积案和重点信访问题办理情况的督促检查。各级纪检监察机关要深入信访机关和有关部门，全面了解近年来人民群众来信来访的办理情况，对久拖不决或疑难信访案件开展效能监察，督促有关部门深入下去，分析原因，明确责任和办理时限，采取有力措施抓紧结案。对群体性信访和越级访案件，要建立领导包案责任制，限期解决。（2）组织协调有关部门现场解决问题。对情况复杂、涉及部门较多的信访问题，要组织协调有关部门领导深入现场，了解情况，听取意见，研究解决问题。对群众反映强烈、基层又难以解决的信访问题，要及时组织上级有关部门领导到现场解决。（3）协调有关部门深入基层开展接访。对集体访、越级访较多，热点难点问题突出的地方，要协调有关部门领导深入下去，集中开展接访活动。对能够解决的问题现场解决；对暂时不能解决的，要明确提出办理时限；对不符合有关政策法律的，要耐心做好解释答复工作。（4）认真查处群众信访中反映的违纪案件。要注意发现和梳理群众信访反映的案件线索，有针对性地进行“约访”，注意发现和查处信访案件背后的腐败问题。对涉嫌违反党纪政纪的，要认真组织查处。对涉嫌违法的，移送司法机关进行处理。（5）严格责任追究。对超越或滥用职权、侵害信访人合法权益的；对拒不执行有权处理的机关做出的支持信访请求意见的；对应作为而不作为、解决群众反映的问题不及时、造成恶劣影响的；对有令不行、不按要求深入基层帮助群众解决问题的，要严格追究有关部门和领导的责任。

三　全面履行党章赋予的职责和任务，狠抓各项工作落实

在最近召开的中央纪委六次全会上，胡锦涛同志从加强党的执政能力建设和先进性建设的战略高度，深刻阐述了新的历史条件下学习贯彻党章的重要性和必要性，明确提出要始终把学习党章、遵守党章、贯彻党章、维护党章作为全党的一项重大任务抓紧抓好。各级纪律检查机关要全面履行党章赋予的职责，切实担负起维护党的纪律、实行党内监督的重任，不断开创党的纪律检查工作新局面。

（一）充分认识全面履行党章赋予职责的重要意义，增强全面履行职责的自觉性

党章是最根本的党内法规，是党的全部活动的总章程，是纪委履行职责的根本依据。全面履行党章赋予的职责和任务，是纪检机关的重大使命，是广大纪检干部的神圣政治责任，也是提高党的执政能力、巩固党的执政地位、构建社会主义和谐社会的重要保证。全面履行好党章赋予的职责，重要的是要正确认识和处理党章规定的三项主要任务和五项经常性工作的关系，注重把握整体性，增强针对性，提高实效性，体现创新性。针对一些地方、部门和单位的纪检机关在履行党章赋予的职责上存在不够全面、不够落实的问题，采取改进措施，切实加以解决，尽职尽责地落实好三项主要任务，认真做好五项经常性工作，把全面履行职责和任务的要求落到实处。

（二）深入贯彻落实中央《实施纲要》和市委《实施意见》，增强全面履行职责的针对性

党中央颁布的《建立健全教育、制度、监督并重的惩治和预防腐败体系实施纲要》，是当前和今后一个时期深入开展党风廉政建设和反腐败工作的指导性文件。全市各级纪委要进一步提高认识，强化措施，扎实推进《实施纲要》和2007年底前工作要点的落实，推进市委关于贯彻落实纲要

《实施意见》的施行。一要采取多种形式继续深入开展《实施纲要》和市委《实施意见》的学习、宣传活动，进一步掀起学习、宣传和贯彻落实《实施纲要》的新高潮。二要切实加强领导，把贯彻落实纲要摆上重要议事日程，“一把手”负总责、亲自抓，确定一名负责同志具体抓，班子其他成员按照党风廉政建设责任制要求和市委《实施意见》分工抓好管辖范围内的贯彻落实工作。三要建立完善督查、测评、考核、奖惩等制度，加强监督检查。对工作不力、敷衍应付的要追究有关领导的责任。

（三）充分发挥组织协调作用，增强全面履行职责的系统性

协助党委组织协调反腐败工作，是党章赋予纪委的重要职责。全市各级纪委要按照党章和中央纪委《关于纪委协助党委组织协调反腐败工作的规定（试行)》的要求，协助党委切实抓好反腐倡廉工作，突出抓好反腐败任务分解、督促检查、责任追究三个关键环节，当好参谋助手。对属于纪委职责范围内的工作，要敢于负责，做到“到位”而不“越位”。要充分调动有关部门的主动性、积极性，发挥有关部门在反腐败工作中的职能作用，做到既有分工，又有协作，真正形成反腐败工作的合力。

（四）严格落实党风廉政建设责任制，增强全面履行职责的有效性

党风廉政建设责任制是深入推进反腐倡廉工作的重要制度保障。全市各级党委、政府要进一步抓好党风廉政建设责任制的落实，切实承担起职责范围内的党风廉政建设领导责任，主要负责同志要履行好第一责任人的职责。要紧密结合本地、本单位实际，认真完善党风廉政建设责任制配套措施，把党风廉政建设责任制贯穿反腐倡廉工作的各个方面。继续搞好年初责任分解、年中专项述职、年底责任考核，加大责任追究力度，对那些领导不力甚至不抓不管，导致严重不正之风长期得不到治理、重大腐败问题屡屡发生的地方和单位，要严肃追究有关领导干部的责任。

（五）围绕全面履行职责，进一步加强纪检监察队伍建设

着力抓好四项机制建设：一是建立完善多渠道、全方位的学习培训机制。进一步巩固先进性教育活动成果，加强对广大纪检监察干部的思想政治教育，认真开展“做党的忠诚卫士、当群众的贴心人”主题实践活动，注意培养、选树和大力表彰我市纪检监察系统的先进典型。着眼素质建设，努力创建学习型机关。采取“请进来”“送出去”等多种形式，抓好纪检监察干部的学习培训尤其要积极争取和认真组织好到中央纪委培训中心的培训。不断拓宽学习培训途径，丰富学习培训内容，努力提高纪检监察干部的政治业务素质和实际工作能力。二是建立完善公平公正的选人用人机制。严格执行《党政领导干部选拔任用工作条例》，以全市三级党委、纪委换届为契机，配齐配强各级纪委领导班子。纪委书记、副书记一定要选党性强、坚持原则、公道正派、群众威信高的同志担任，干部群众意见大、形象不好的人，绝不能选入纪委领导班子。进一步抓紧做好市和县（市、区）纪委监察局派驻机构统一管理工作，充分发挥派驻机构对驻在部门领导班子及其成员的监督作用。加强对各级纪检监察领导班子的日常考察和届中考核，不断优化班子结构，增强班子凝聚力和战斗力。三是建立完善科学有效的创新激励机制。创新是推动纪检监察工作深入开展的动力和源泉。各级纪委要把积极开拓创新作为工作的着眼点，在抓特色、出亮点、上水平、争一流上下功夫。为鼓励和激发各级纪检监察机关和广大纪检监察干部的创新热情，今年将设立全市反腐倡廉创新奖，以后每年评选一次，对获奖单位和人员给予重奖，以此推动全市反腐倡廉工作深入开展。四是建立完善内外并举的监督约束机制。继续坚持和完善纪检监察干部廉政报告制度、廉政监督卡制度和走访、评议等监督制度，切实加强对纪检监察干部的管理和监督。对不适宜在纪检监察机关工作的人员，要坚决调离；对严重违纪违法的，要依纪依法严肃查处。

同志们，我们已经进入了全面实施“十一五”规划、构建社会主义和谐社会的新时期，做好今年的反腐倡廉工作意义深远。让我们紧密地团结在以胡锦涛同志为总书记的党中央周围，按照省委关于进一步推动工作落实的决议要求，在市委和省纪委的正确领导下，求真务实，开拓创新，勤奋工作，全面履行党章赋予的职责和任务，不断深入推进全市党风廉政建设和反腐败工作，为构建和谐邯郸、促进我市更快更好发展做出新的更大的贡献。

在全市纪检监察系统认真学习贯彻胡锦涛同志重要讲话动员部署会上的讲话

（2006 年 2 月 14 日）

在今年 1 月召开的中央纪委六次全会上，中共中央总书记胡锦涛同志发表了十分重要的讲话。最近，中央纪委、中央组织部、中央宣传部联合发出通知，要求全党认真学习贯彻胡锦涛同志重要讲话精神，切实抓好党章的学习贯彻。省纪委召开专门会议对学习贯彻胡锦涛同志重要讲话精神进行了安排部署。市纪委常委会就如何贯彻落实好中纪委、省纪委通知和会议要求，深入学习贯彻胡锦涛同志重要讲话精神进行了专题研究。下面，我讲三点意见。

一　充分认识胡锦涛同志重要讲话对于深入推进反腐倡廉工作的重大意义

胡锦涛同志的重要讲话，以邓小平理论和“三个代表”重要思想为指导，从加强党的执政能力建设和党的先进性建设的战略高度，科学分析了当前国内外形势特别是党风廉政建设的形势，进一步明确了今年党风廉政建设和反腐败工作的主要任务，深刻阐述了新的历史条件下学习贯彻党章的重大意义，明确提出要始终把学习党章、遵守党章、贯彻党章、维护党章作为全党的一项重大任务抓紧抓好，并对如何深入学习贯彻党章提出了明确要求。胡锦涛同志的重要讲话，总揽全局，高屋建瓴，思想深刻，内涵丰富，论述精辟，对于全面推进党的建设新的伟大工程，维护党的纪律，深入推进党风廉政建设和反腐败斗争，具有重大的现实意义和深远的历史意义。

首先，胡锦涛同志的重要讲话是全面推进党的建设新的伟大工程的重要指针。讲话极其郑重地把学习党章、遵守党章、贯彻党章、维护党章的重大任务提到了全党面前，明确提出要把全党同志的思想统一到党章上来，自觉按照党章行动。这是我们党总结自身建设包括党风廉政建设和反腐败工作实践经验得出的重要结论。认真学习党章、自觉遵守党章、切实贯彻党章、坚决维护党章，是维护党的团结统一、完成党的各项任务的坚强保证，是巩固党的执政地位、保持党的先进性、确保党始终沿着正确方向前进的必然要求。认真学习贯彻胡锦涛同志的重要讲话，就必须深刻认识新的历史条件下学习、遵守、贯彻和维护党章的重要意义；深刻认识党章作为指引全党的旗帜和“根本大法”，对于正确制定党的路线方针政策，统一全党的思想和行动，实现党在不同时期历史任务的重要基础性作用；深刻认识胡锦涛同志强调的“党章是规范和制约全党行为的总章程”“是把握党的正确政治方向的根本准则”“是坚持从严治党方针的根本依据”“是党员加强党性修养的根本标准”的深刻内涵，以及贯彻这一要求对于维护党的团结统一，增强党的创造力、凝聚力、战斗力，保证我们党始终沿着正确的方向前进的极端重要性。进一步强化党章意识和党员意识、组织观念和纪律观念，增强学习党章、遵守党章、贯彻党章、维护党章的自觉性和坚定性，为加强党风廉政建设和反腐败工作奠定坚实的思想基础。

其次，胡锦涛同志的重要讲话是深入推进党风廉政建设和反腐败工作的纲领性文件。讲话在科学分析当前国内外形势特别是党风廉政建设形势的基础上，指出了党风廉政建设和反腐败工作面临的一些新情况和当前需要重点抓好的工作任务，为我们在新的历史条件下深入开展党风廉政建设和反腐败工作指明了方向。认真学习贯彻胡锦涛同志的重要讲话，就必须把思想认识统一到总书记对当前国内外形势特别是党风廉政建设形势的准确分析和科学判断上来，统一到总书记对纪律检查工作的新的要求上来，深刻认识现阶段我国反腐倡廉工作的长期性、复杂性、艰巨性，特别是要紧密结合我市经济社会发展实际，深刻理解和把握新时期党风廉政建设和反腐败工作所面临的新情况、新任务，深入研究新的历史条件下反腐倡廉的规律和特点，切实把党风廉政建设作为党的执政能力和先进性建设的重要组成部分，作为社会主义和谐社会建设的重要内容，坚持不懈、持之以恒地抓紧抓好。

最后，胡锦涛同志的重要讲话对纪律检查机关提出了新的更高的要求。胡锦涛同志指出：党的纪律检察机关是担负维护党的纪律、实行党内监督重任的专责机关，必须全面履行党章赋予的职责，切实担负起维护党的纪律、实行党内监督的重任，不断开创党的纪律检查工作的新局面。这是党中央对纪检机关和纪检干部提出的期望和要求。我们学习贯彻胡锦涛同志的重要讲话，就是要坚定不移地坚持党的十六届四中全会提出的反腐倡廉战略方针，认真贯彻落实党中央建立健全惩治和预防腐败体系《实施纲要》和市委的《实施意见》，正确处理坚决惩治腐败和有效预防腐败的关系，正确处理抓重点工作和全面履行职能的关系，既要坚决惩治腐败又要有效预防腐败，既要履行好自身的职责又要发挥好其他部门的作用。进一步增强做好纪律检查工作的使命感和责任感，切实把讲话精神化为深入推进党风廉政建设和反腐败斗争的强大动力，全面履行党章赋予的职责，把握整体性，增强针对性，提高实效性，尽职尽责地落实好三项主要任务，做好五项经常性工作，把总书记全面履行职责和任务的要求落到实处，推进全市党风廉政建设和反腐败工作不断深入，为构建和谐邯郸提供坚强有力的纪律保证。

二 深刻理解胡锦涛同志重要讲话的精神实质，准确把握学习贯彻党章和加强党风廉政建设的着力点

胡锦涛同志重要讲话的核心，就是向全党同志明确提出了认真学习党章、自觉遵守党章、切实贯彻党章、坚决维护党章的重大任务，提出了要通过学习贯彻党章，推进党风廉政建设、加大防治腐败力度的“六个进一步”的要求。全市各级纪检监察机关和广大纪检监察干部一定要深刻理解和准确把握胡锦涛同志重要讲话的精神实质，按照“六个进一步”的要求，准确把握学习贯彻党章和加强党风廉政建设的着力点，推动全市党风廉政建设和反腐败工作深入开展。一是要教育帮助广大党员干部进一步坚定理想信念，

自觉坚持邓小平理论和“三个代表”重要思想，确保在任何时候任何情况下都能做到在理想信念上不犹疑、不含糊、不动摇，矢志不渝地为实现党在社会主义初级阶段的基本路线、基本纲领而奋斗；二是要教育引导广大党员干部特别是领导干部进一步加强道德修养，牢固树立马克思主义世界观、人生观、价值观和正确的权力观、利益观、地位观，模范遵守社会公德、职业道德、家庭美德，坚决抵御各种腐朽落后思想文化的侵蚀，以高尚的道德情操带动全社会广泛形成讲道德、重修养、尚清廉的良好风气；三是要进一步发展党内民主，坚持民主集中制，认真贯彻《党员权利保障条例》，把督促党员履行义务与保障党员行使权利统一起来，充分调动广大党员推进党内民主建设的积极性和主动性；四是要进一步严明政治纪律，加大执行纪律的力度，决不允许党员干部在群众中散布违背党的理论和路线方针政策的意见，决不允许公开发表同党中央的决定相违背的言论，决不允许对党中央的决策部署阳奉阴违，坚决维护党中央权威，保证政令畅通；五是要进一步强化制约监督，不断完善党内监督制度，发挥各方面监督的积极作用，着力加强对领导干部行使权力的全方位、全过程监督，加强对腐败多发易发部位和领域的监督，确保权力正确行使；六是要进一步加强制度建设，加强以党章为核心的党内法规制度体系建设，着力提高制度的科学性、系统性、权威性，做到用制度管权、用制度管事、用制度管人，推进党风廉政建设和反腐败工作的制度化、规范化。

三　周密安排、精心组织讲话精神的学习贯彻，切实抓好今年各项工作任务落实

全市各级纪检监察机关和广大纪检监察干部，要把学习贯彻胡锦涛同志的重要讲话，作为当前和今后一个时期的一项重大政治任务，精心组织实施，认真抓紧抓好。这次会后，要利用一个月左右的时间，组织广大纪检监察干部进行认真学习。一是认真开好动员部署大会，精心制定学习贯彻方案，切实搞好动员部署。二是各级纪检监察机关领导班子和领导干部要带头学习。从市纪委常委会做起，各县（市、区）纪委、监察局和市直各纪检

组（纪委）领导班子都要拿出一周以上的时间进行集中学习。三是要突出学习重点。注重在充分认识讲话的重要意义上下功夫，在深刻领会讲话的精神实质上下功夫，在全面把握讲话的科学内涵上下功夫，在认真落实讲话的根本要求上下功夫。四是要采取自学、办班、研讨等多种形式，努力使学习收到好的效果。五是要采取措施，加强对学习贯彻党章情况的督促检查。学习中，要做到“五个结合”。

（1）要把学习胡锦涛同志重要讲话与学习党章和党的十六大以来的重要文献结合起来。在逐字逐句学习胡锦涛同志重要讲话的基础上，还要原原本本地研读党章和党的十六大报告及党的十六届三中、四中、五中全会文件，研读胡锦涛同志关于树立和落实科学发展观、构建社会主义和谐社会的重要论述，研读胡锦涛同志关于加强党的执政能力建设和先进性建设的重要论述，研读胡锦涛同志关于党风廉政建设和反腐败斗争的重要论述，以更好地从整体上把握总书记重要讲话的科学内涵和精神实质，进一步把思想统一到讲话的精神上来。

（2）要把学习胡锦涛同志重要讲话与对照党章查找差距结合起来。纪检机关作为维护党的纪律、实行党内监督的专门机关，在学习贯彻胡锦涛同志重要讲话中，不仅要在研读讲话和党章等重要文献上下功夫，而且还要按照全面履行党章赋予的职责和任务的要求，边学习、边思考、边检查，紧密联系党风廉政建设和反腐败工作任务，紧密结合本地本单位及自身的实际，认真查找存在的差距和不足。既要认真查找在全面履行党章赋予职责任务方面存在的不足，又要查找政治责任感、工作方法、精神状态、能力素质、自身建设等方面与新形势新任务要求不相适应的地方。要通过学习和查找不足，切实达到思想认识进一步提高，自觉遵守、坚决维护党章的意识和能力进一步增强的目的。

（3）要把学习胡锦涛同志重要讲话与认真思考和深入研究如何开创纪检工作新局面结合起来。胡锦涛同志在讲话中明确指出，各级纪委要认真履行好“一个首要任务”“两项重要职责”，不断开创纪律检查工作新局面。学习中，各级纪律检查机关要认真贯彻这一要求，在统一思想、认清形势、总结经验、把握新时期反腐倡廉工作特点和规律的基础上，紧密联系实际，认真思考和深入研究反腐倡廉工作中遇到的一些事关全局的深层次重要问题，研究全面履行职责、不断开创纪律检查工作新局面的重要举措。比如，纪律检查机关如何全面履行党章赋予的职责，维护好党的章程和其他党内法规；如何对党员领导干部实践党的全心全意为人民服务的宗旨、维护群众利益的情况实施监督；如何履行协助党委组织协调反腐败工作的重要职责；如何处理好坚决惩治腐败和有效预防腐败的关系，正确履行自身职责和发挥好其他部门作用的关系等。要通过学习和研讨，提出解决问题的对策和办法，并推出一批有分量的理论研讨成果。各县（市、区）、各单位要于3月15日前将学习贯彻胡锦涛同志重要讲话精神及市纪委全会精神情况向市纪委写出专题报告。

（4）要把学习胡锦涛同志重要讲话与深入开展“做党的忠诚卫士、当群众的贴心人”主题实践活动结合起来。开展“做党的忠诚卫士、当群众的贴心人”主题实践活动是巩固先进性教育活动成果的一项重要措施，是纪检机关全面履行党章赋予的职责的重要保证。各级纪检监察机关在主题实践活动中，要把学习贯彻胡锦涛同志重要讲话作为活动的一个重要内容抓实抓好。着眼于广大纪检监察干部的思想实际，加强理想信念、群众观点、执政为民等方面的教育，努力提高纪检监察干部的政治素质。大力弘扬求真务实的精神，不断改进工作作风，做到为民、务实、清廉，树立纪检监察干部可信、可亲、可敬的良好形象。

（5）要把学习胡锦涛同志重要讲话与贯彻落实市纪委六次全会精神结合起来。刚刚结束的市纪委六次全会对今年全市党风廉政建设和反腐败工作做了全面部署。现在，工作任务、工作目标和工作重点都已经明确，关键是要结合实际，狠抓落实。当前，首要的是要认真传达贯彻好中央纪委和省、市纪委全会精神，用全会精神统一思想。在认真准备的基础上，召开本级纪委全会，安排部署好今年的工作，确保今年工作开好局、起好步。各级纪检监察机关和广大纪检监察干部，一定要以学习贯彻胡锦涛总书记重要讲话精神为动力，按照省委《关于进一步推动工作落实的决议》和市委强化工作落实会议精神，进一步增强抓工作落实的责任感、紧迫感，切实把总书记的要求贯穿到各项工作中，落实到具体行动上，推动全市党风廉政建设和反腐败工作在新的一年里取得新的更大的进步。

在全市农业农村经济工作会议上的讲话

（2006年2月17日）

今年是“十一五”规划的第一年，新年伊始，中央再次下发了一号文件，提出了推进社会主义新农村建设的重要战略任务。市委、市政府之所以在年后抓紧召开这次全市农业农村经济工作会议，主要任务就是认真学习和准确把握中央一号文件精神，迅速掀起一号文件宣讲热潮，同时，安排部署今年全市农业农村经济工作，确保社会主义新农村建设有良好开局。

回顾去年的农业农村工作，是令我们感到振奋的一年。2005年我市农业农村各项工作可以说是亮点凸显。贯彻落实中央一号文件取得明显成果，“两减免、三补贴”政策得到较好落实，全市农业税平均税率由上年的3.4%降为0.8%；农村经济得到持续发展，全市农林牧渔业总产值完成317.6亿元，比上年增长7%；农民人均纯收入达到3578元，比上年增长10.6%；全市“农业项目年”建设和“农业服务年”活动成效斐然，农业产业化经营率达到44.6%，较上年提高3个百分点，我市农业服务的一些做法和经验得到省有关部门的好评和新闻媒体的专题报道；农村劳务输出121万人，再创历史佳绩；农业开放力度加大，招商引资成效显著；农村基层民主政治建设进一步深化和完善；市直农口部门承担的农村饮水、农村青年培养、农村沼气建设、植树造林、农林牧渔产品检测中心建设、滏阳河治理等9项民心工程圆满完成。

今年是“十一五”规划开局之年，搞好今年工作我们有很好的基础条件和有利因素。一是中央在时隔18年之后连续3年出台了指导农村工作的一号文件，制定了一系列更直接、更有力的支持“三农”的重大措施，从中央到地方形成了关心农业、关注农村、关爱农民的良好氛围，为农业农村经济发展奠定了坚实的社会基础；二是2006年中央全面取消农业税，更加调动了农民的种粮积极性；三是广大农民的思想观念正在发生深刻转变，开拓开放意识不断增强，农民素质逐步提高，为农业农村经济的发展提供了强大动力；四是各级党委、政府的服务意识不断增强，服务手段不断创新，为农业农村经济发展提供了重要保障。我们必须紧紧抓住农业农村发展的大好机遇，乘势而上，全面推动社会主义新农村建设。刚才，学增同志已经对全市的农业农村经济工作进行了部署，我完全同意。下面，围绕当前急需抓紧的工作强调四点。

一　把握总体要求，深入推进社会主义新农村建设

党的十六届五中全会提出的一个重大历史任务，就是积极推进城乡统筹发展，建设社会主义新农村。这是中央科学分析和判断我国当前经济社会发展形势、着眼经济社会长远发展做出的重大决策，是新阶段中央在“三农”工作指导思想上的深化、发展和升华。在不久前召开的中央农村工作会议，对全面推进社会主义新农村建设做出了一系列重要战略部署，并把《关于推进社会主义新农村建设的若干意见》，作为2006年中央一号文件下发，进一步体现了党中央对“三农”问题的高度重视。最近一段时间，中央领导对推进社会主义新农村建设多次提出要求。1月25日，中共中央政治局进行第二十八次集体学习，专题学习建设社会主义新农村问题，胡锦涛总书记强调要使建设新农村成为惠及农民的民心工程。春节期间，中央领导深入农村慰问并与群众共商新农村建设问题。2月14日，中共中央举办的省部级主要领导干部建设社会主义新农村专题研讨班开班，政治局常委全体出席，胡锦涛总书记在开班式上做了重要讲话。我们要认真学习中央一号文件精神和中央领导同志讲话精神，深刻领会和牢牢把握社会主义新农村的精神实质，扎扎实实推进我市新农村建设。

如何把握当前和今后一个时期的社会主义新农村建设，按照党中央

提出的“生产发展、生活宽裕、乡风文明、村容整洁、管理民主”的要求，要突出抓好以下几项工作。一要加强农村生产力建设，针对制约全市农村生产力发展的突出问题，抓住关键环节，采取综合措施，加强粮食综合生产能力建设，加快农业科技进步，加强农村基础设施建设，加快转变农业增长方式。二要坚持把促进农民增收作为农业和农村工作的中心任务，挖掘农业内部增收潜力，进一步加大农村剩余劳动力的转移力度，建立促进农民增收的长效机制。三要扩大农村基层民主，搞好村民自治，健全村务公开制度，开展普法教育，确保广大农民群众依法行使当家做主权利。四要加强精神文明建设，加快发展农村教育文化事业，倡导健康文明的新风尚，培育造就新型农民。五要坚持以解决好农民群众最关心、最直接、最现实的利益问题为着力点，促进农村和谐社会建设，关心农村困难群众生活，发展农村卫生事业，加强农村社会建设与管理。六要坚持社会主义市场经济的改革方向，稳定和完善农村的基本经营体制，统筹推进农村各项改革，充分尊重农民群众的首创精神，全面增强农村和农业的发展活力。

在深刻把握建设社会主义新农村重大要求的基础上，加快社会主义新农村建设步伐。当前，最紧要的是要抓好三项工作：首先是搞好规划。认真学习上级有关文件精神，深入认识研究邯郸社会主义新农村建设实际，尽快出台我市新农村建设实施意见。其次是示范带动。起步阶段，启动“百村试点计划”，全市重点抓好100个社会主义新农村试点，在加快发展经济的同时，以村镇规划建设和发展农村社会事业为切入点，强化试点村基础设施建设和生活条件改善，推进农村新型合作医疗制度建设试点工作和农村社会保障体系建设工作全面展开，促进社会主义新农村建设进程。最后是建立好各职能部门协调联动机制。社会主义新农村建设涉及物质文明、精神文明、政治文明和党的建设的各个方面，是一项复杂的系统工程，不仅涉及农口部门，而且还涉及大量的非农部门。所以，市委要求，各个部门都要发挥好职能作用，明确任务，主动配合，履行好责任。市农工委要发挥好综合协调、组织推动、督促检查职能，对责任部门和各县（市、区）明确任务，搞好组织协调，加大督导检查力度，加快推进步伐。

二　深刻领会文件精神，广泛开展中央一号文件宣讲活动

中共中央、国务院《关于推进社会主义新农村建设的若干意见》是党中央、国务院面对当前我国经济社会发展形势做出的一个重大战略决策，是指导当前和今后一个时期农业农村工作的纲领性文件。春节前夕，市两办下发了通知，就学习贯彻中央一号文件进行了部署。刚才，增海同志宣读了两办《关于开展中央一号文件学习宣传月活动的实施意见》。为确保把中央一号文件精神原原本本地传达到乡村、农户，当前要重点抓好四项工作：一是县、乡、村各级领导带头学，结合县情、乡情、村情认真学习讨论，尽快把广大干部的思想统一到中央一号文件精神上来。二是请专家辅导讲课。中央一号文件内容丰富，含义深刻，各县（市、区）都要请专家进行辅导讲课，就中央一号文件的有关政策进行详细、深入的解读。同时，积极培训一批宣传骨干，为宣讲提供人员保证。三是组织万名机关干部进村入户搞宣讲。要从市、县、乡党政机关中抽调万名干部，结合农村第三批先进性教育活动，从现在起到3月中旬，集中一个月时间深入广大农村，采取农民喜闻乐见的形式，广泛宣传中央一号文件精神，宣传新农村建设的重大意义和政策措施，为建设社会主义新农村开好局、起好步打下坚实的思想基础。四是结合本地实际，解决当前农业农村工作中存在的热点、难点问题。要始终把学习宣传中央一号文件与解决实际问题相结合，坚持开展宣传与搞好服务相结合。五是积极谋划项目，搞好与中央一号文件的政策对接。2006年这份中央一号文件，支农政策措施多，各县（市、区）和市直有关部门，要对照中央一号文件内容，搞好政策对接，分解落实任务，积极做好“一跑三争”前期准备工作。各级各部门要立足实际情况，找准自身发展需求与上级政策要求的结合点，谋划一批能够取得国家政策资金支持的大项目、好项目，认真搞好项目的可行性论证、经济评估等各项准备工作。在此基础上，各县（市、区）和市直有关部门，要成立专门组织，由主要领导带队，主动出击，与上级部门特别是国家有关部委进行多方面的汇报、沟通和联系，进一步加强我市新农村建设与国家各方面政策的衔接，争取更多的政策支持。要

搭建活动平台，在全国两会前，市直有关部门要到北京进行项目对接，通过举办系列活动，引进资金，争取项目，为我市新农村建设打下物质基础。

三 突出经济工作重点，在“四大”建设上掀起新高潮

市委六届九次全会讨论通过的《邯郸市大产业、大基地、大园区、大项目发展指导纲要》，是一个指导全市经济工作的重要文件，是市委、市政府在深刻认识市情的基础上，以科学的发展观谋划实现邯郸大发展做出的重要决策。推进“四大”建设抓住了我市经济发展的主要矛盾，是我们在“十一五”的头一年起好步开好局，促进全市经济持续、快速、健康发展的重中之重，也是我们推进社会主义新农村建设的重要载体和抓手。为推进此项工作的开展，市委、市政府先后制定了《指导纲要》《推进计划》《责任目标分解》等一系列的重要文件，同时建立了推进机构、工作制度、推进计划等工作措施。春节上班的第六天，全市又由市领导带队，分五路对各县（市、区）的“四大”建设进行观摩和研讨，说明了市委、市政府对此项工作的高度重视，并且要付诸实施。所以，各县（市、区）和各有关部门必须对这项工作给予高度重视，迅速把思想和行动统一到市委、市政府的重要决策部署上来，以高度的政治敏锐性和社会责任感切实把这项工作抓在手上，抓出成效。

“四大”发展《纲要》涵盖农业方面的有 1 个大产业、5 个大基地、2 个大园区。怎样有效推进？关键在于正确处理和摆布“四大”建设关系。一是搞好总体规划，选好产业发展的突破口。生态养殖加工产业是我市农业农村经济发展的目标和支柱，各县（市、区）要充分依托现有基础和优势，从本地实际出发，认真谋划论证，积极搞好产业对接，努力付诸实施。二是抓住项目建设不放松，以项目带园区，以园区带基地，以园区、基地带产业，以园区、基地、产业带动城镇建设。项目谋划建设是基地、园区、产业建设的基础和前提，我们必须围绕发展谋划、储备一大批能够拉动市、县经济发展、带动产业发展、促进农民增收、财政增税的好项目、大项目，才能促进、支撑基地和园区建设，基地、园区培育发展到一定规模才会形成主导

产业，支撑区域经济较快发展。三是积极培育和发展基地。大基地是产业化发展的依托，没有大基地做支撑，产业发展就会失去基础，就没有后劲。5个大基地，重点涉及魏县、成安、临漳三个国家级商品粮基地县的小麦生产，成安、临漳、广平三个县的奶源基地发展，魏县、成安瘦肉型猪养殖园区，畜牧局、广平县的绿色禽蛋生产加工基地，农业局、魏县的无公害蔬菜及果品生产加工基地。这些基地建设都要按照《邯郸市大产业、大基地、大园区、大项目推进责任目标分解》的要求，强力推进，有条件的要争取提前完成各项任务。四是要大手笔搞好园区谋划建设。抓好“四大”关键是园区。大园区是平台，企业向园区聚集，既能形成规模效应，又可节约土地能源，还可以形成集聚效应拉动三产发展。各县（市、区）要依据全市规划搞好本地园区建设，使项目、企业等向园区集聚，推动区域化生产和专业化协作，形成优势板块结构，形成带动区域经济发展的良好格局。要在园区规划、占地、投入等关键环节上开动脑筋，创新办法。要按照市委、市政府的指导纲要要求，全市一盘棋，避免各自为政，低标准、低水平重复建设。要转变思维方式，创新工作方法，把园区建设作为一个项目来开发，一个企业来运作，运用市场经济的办法，吸引、鼓励有实力的大企业、大集团参与园区开发，加快园区基础设施建设，不断提高园区的承载力和对外招商吸引力。五是要善于从开放找出路。借助外力发展自身，利用好国内国外、省内省外、市内市外的“两种资源”“两个市场”，大力引进资金、先进技术、高新项目和人才等生产要素，推进“四大”建设。同时，既要注重开放，又要注重基地原材料、园区产品销售的市场开发，从而保证园区产品销售和基地原材料资源供应、销售的双重要求和良性发展。

四　真抓实干，全力以赴强化各项工作的落实

2月5日，春节长假后的第一天，市委召开了全市强化工作落实视频会，要求在全市掀起“四大”建设的新高潮。同时，贯彻省委全会精神，市委、市政府出台了《关于进一步强化工作落实的意见》，强调各级领导干部要从现在做起，从手头紧迫的工作抓起，振奋精神，真抓实干，切实把各

项工作落到实处。对于县、乡同志们来说，都处在工作的第一线，市委、市政府的工作部署能否落到实处，县级和乡级起着非常重要的作用。如何抓好各项工作落实，需要我们领导干部有干事、创业的热情，有开拓创新的精神，有高效务实的作风，有对人民群众和党的事业的深厚感情，但是当前，最主要的是要深入工作第一线，理清思路、抓住重点、掌握方法、破解难题，这是推动工作落实的基本的也是重要的工作方法。理清思路，就是既要学习好上级文件，更要找准上级文件与本地工作的结合点；既要开会研究工作，更要深入第一线去亲自了解实情。不能只是坐在办公室里听汇报、打电话、看材料。比如，推进社会主义新农村建设，各个地方的情况千差万别，推进工作方法也就不可能千篇一律、一刀切。这就要求我们各级领导干部多深入基层调查研究，多听群众呼声，尊重群众意愿，做出正确决策，有效推动工作开展。坚决克服和防止强迫命令，硬性推动，特别是要防止增加群众负担，引起群众不满。所谓抓住重点，就是要在当前纷繁复杂的工作中抓住带有全局性的、牵总性的工作，寻求突破，而不是因工作头绪多而眉毛胡子一把抓。所谓掌握方法，就是要学会推动工作的具体办法。不管办任何事情，方法对路，则事半功倍，否则就会事倍功半。作为一名领导干部，一定要学会方法论，坚持用矛盾论的方法发现问题，用辩证的方法分析问题，用统筹的方法解决问题。所谓破解难题，就是要抓住影响工作开展的主要障碍，结合工作实际，采取有针对性的方法予以解决。只有这样，才能推动各项工作的开展。

同志们，为政之道贵在实干。今年是实施“十一五”规划的开局之年，是我市全面建设社会主义新农村的启动之年，做好今年的农业农村经济工作意义尤为重大。特别是当前，春耕生产即将开始，因此，要求各级党委和政府的领导同志要求真务实，真抓实干，把身心和精力投入各项工作中去，并抓好落实，为今年的各项工作有一个良好的开局创造有利的条件，为推动社会主义新农村建设打下坚实的基础。

在成安县东岗村调研时的讲话

（2006 年 2 月 21 日）

为贯彻省集中整顿农村后进党组织电视电话会议精神，按照市委集中整顿工作部署，要求每名市委常委联系一个后进村，我负责联系咱们成安县商城镇东岗村。来前我对咱东岗村进行了了解。来到咱们村我们看望了几户老党员、老干部，了解了一些情况、意见。刚才，村支部又介绍了东岗村基本情况及工作等方面情况，初步对东岗村情况有了一个总体掌握。从收入来源上看，咱们村和我市东部县大多数农村一样，是典型的以种植传统农作物为主的农业村；从发展状况看，农村经济发展滞后，农民收入偏低。这就是我们村的基本现状。建设社会主义新农村，全面建设小康社会，是中央规划的目标任务。东岗村要达到农村小康生活水平，全面建设社会主义新农村，任务还相当艰巨。在座的是村党支部班子成员、党员，村委会临时成员、村民代表，都是村里的骨干和精英。能不能改变咱们村落后的面貌，建设好社会主义新农村，早日实现小康生活水平，大家都有义不容辞的责任。为此，我想围绕抓好当前工作，讲四点意见，供大家参考。

一　学习领会中央一号文件精神，把思想统一到全面建设社会主义新农村上来

中央一号文件的主要内容，就是建设社会主义新农村。建设社会主义新农村，是中央贯彻落实科学发展观、构建和谐社会的一个重大战略部署，是

"十一五"期间的重大历史任务，是我市 2006 年农业农村工作的主要任务。我国总体上已经进入了"以工促农、以城带乡"的发展阶段。顺应这一趋势，国民收入分配的格局也将进行合理调整，工业反哺农业、城市支持农村成为可能。积极推进统筹城乡发展，加大对农业和农村的投入力度，是党中央在领导经济社会发展观念上的转变。这就要求我们从思想认识到工作部署都必须有一个大的转变。中央确立建设"生产发展、生活宽裕、乡风文明、村容整洁、管理民主"的社会主义新农村的目标，全面体现了新形势下农村经济、政治、文化、社会发展和党的建设的要求。我们要学习领会中央一号文件精神，把思想统一到全面建设社会主义新农村上来。一是着眼于生产发展、生活宽裕，在发展农村经济、增加农民收入方面有新举措。要进一步理清贯彻落实党的农村政策、发展农村经济、增加农民收入的工作思路，从本村实际出发，选好增加农民收入的着力点。二是着眼于乡风文明、村容整洁，在建设和谐农村方面有新气象。加强农村文化建设，制定和落实培养有文化、懂技术、会经营的新型农民的具体措施。加强农村精神文明建设，引导农民破除封建迷信，移风易俗，倡导健康文明的生活方式，搞好环境卫生整洁，改善村容村貌。加强社会治安综合治理，化解各种社会矛盾，维护农村稳定。三是着眼管理民主，在健全村党组织领导的充满活力的村民自治机制方面有新进展。重点加强了以党组织为核心的村级组织配套建设，改进农村党组织的组织设置、活动方式和工作方法。在村党组织领导下，有序推进村民自治，健全村务公开、民主管理制度。四是着眼于发挥先锋模范作用，提高党员带头致富、带领群众共同致富的意识和本领。

二　搞好村党的先进性教育活动，把着力点放在查找和解决突出问题上

经中央批准，第三批先进性教育活动从 2005 年 11 月底开始，到 2006 年 6 月前基本结束。中共中央总书记胡锦涛近日就开展第三批保持共产党员先进性教育活动做出重要指示，要求农村基层党组织，结合农村实际，围绕建设社会主义新农村这个主题，有针对性地开展正面教育，解决党组织和党

员队伍中存在的突出问题，解决影响改革发展稳定的主要问题，解决群众最关心的重点问题，务求取得实效。在农村开展先进性教育活动，要紧紧围绕建设社会主义新农村这个主题，对党组织和党员队伍中存在的突出问题、影响改革发展稳定的主要问题、人民群众最关心的重点问题，要真正抓住不放、抓出成效。着眼于促进农村经济社会发展和农民增收，切实加强基层组织、提高党员素质，积极推动和谐农村建设，为建设社会主义新农村开好局、起好步打下坚实的思想基础和组织基础。要从群众最迫切、最需要的事情做起，扩大先进性教育的成果。干部党员要深入群众，了解群众的所想所盼，首先解决与群众生产生活密切相关的问题，特别是农民增收问题。要紧紧围绕建设社会主义新农村这一中心任务进行谋划和把握，着力在发展农村经济、增加农民收入、倡树文明新风、改善生活环境、扩大基层民主上下功夫，着力提高党员干部带领群众致富奔小康的本领。“治穷先治愚。”要注重解决群众陈旧落后的思想观念问题，开阔干部群众视野，引导群众转变落后的生产经营观念，掌握采用先进的生产技术，改进经营方式，增强市场经济意识，有效地提高群众的自我脱贫能力。要着眼于生产发展、生活宽裕和影响农村改革发展稳定的主要问题的解决，努力促进农村经济发展和农民增收。认真贯彻落实党在农村的各项方针政策，明确推进现代农业建设、深化农村改革的工作思路。制定和完善增强村级组织服务功能、鼓励和引导农民发展各类专业合作组织、保护和调动农民群众发展经济积极性等方面的具体措施。千方百计帮助农民增加收入、改善生产生活条件。教育引导农村党员增强学习实践“三个代表”重要思想和贯彻落实科学发展观的自觉性、坚定性，明确保持共产党员先进性的具体要求。结合开展农业实用技术和职业技能培训，帮助农村党员全面提高自身素质，在建设社会主义新农村的伟大实践中发挥好先锋模范作用。

三 坚持不懈地抓支部班子建设，增强村级组织的凝聚力和向心力

搞好新农村建设的关键在村党支部建设。“给钱给物，不如建个好支

部。”搞好村工作，关键在人，关键在班子。要始终把加强以党支部为核心的村级组织建设作为首要任务来抓。一个村庄有了一个好的领导班子，脱贫致富就有了凝聚力和向心力。要按照“三个代表”的要求，把公道正派、群众拥护、能带领群众致富的党员选进党支部领导班子。要按照“五个好”的标准要求加强制度建设、作风建设和队伍管理。要认真研究和扎实做好村委换届选举工作，注重选拔那些政治素质高、开拓能力强、会经营懂管理、能够带领群众发展经济的优秀人才进入村委会班子。通过加强“两委”班子建设，构筑起一个团结和谐、能够带领群众脱贫致富的村庄“坚强堡垒”。要重视加快发展党员工作，抓好入党积极分子的培养工作；要注重发挥党员先锋模范作用，建立起党员帮助困难群众解决实际困难和问题的帮扶机制，认真帮助解决群众关心的热点、难点问题，听民声，察民意，知民情，发挥党员先锋模范作用。

四　村干部党员要在带领群众致富上争先锋、做表率，努力促进农民增收、农村发展

党员有没有先进性、支部执政能力强不强，关键是看能不能带领群众致富。要从我们东岗村实际出发，拓宽农民脱贫致富门路，选准一条经济发展路子。注重从村民的思想更新、农业科技的推广应用入手，强化村民科学经营意识，培植增产增收项目，积极引导群众调整产业结构，发展高效农业和二、三产业，上收入比较稳定、牵动力较强的富民富村生产项目。党员首先自己要有带头致富的本领，同时要有带领群众致富的能力。“党员自己不会富，不能当干部；只顾自己富，不配当干部；带领大家富，才是好干部。”群众是最讲实际的，党员干部只要真心实意帮助群众致富，踏踏实实给群众办实事，就一定能凝聚民心，赢得群众信赖和支持，全面建设社会主义新农村、建设小康社会的目标就一定会实现。

在全市专项资金综合治理工作电视电话会议上的讲话

（2006年2月27日）

刚才，省委、省政府召开了全省专项资金综合治理工作电视电话会。会上，省审计厅、石家庄、张家口、邢台市做了大会发言，省委副书记、纪委书记、专项资金综合治理领导小组组长张毅同志，省委常委、省政府常务副省长郭庚茂同志就进一步开展专项资金综合治理工作做了重要讲话。为了认真贯彻落实省专项资金综合治理工作电视电话会议精神，做好我市的专项资金综合治理工作，下面，结合我市情况，我讲三方面意见。

一 明确任务，突出重点，认真做好我市的专项资金综合治理工作

国家和各级政府安排用于经济社会发展的各类专项资金，是实施宏观调控、加强基础设施建设、应对突发事件、保障群众生产生活和生命安全的财力保障。加强对专项资金的监督管理，切实发挥专项资金的作用，不仅对于促进我市的经济发展、解决人民群众生产生活困难具有重要作用，而且是从源头上预防和惩治腐败的重要措施。2005年，我市认真落实省委、省政府的工作部署，对这项工作高度重视，成立了专项工作领导小组，切实加强了组织领导。各级各部门认真组织开展了专项资金清理，加强了制度建设，使专项资金综合治理工作取得了明显成效。今年，省委、省政府决定，继续把

开展专项资金综合治理工作作为今年的重要工作来抓。并在刚刚结束的这次会上，对今年专项资金综合治理任务进行了全面部署，明确了工作重点。我们要按照省里的部署，重点对2005年投入的经济社会发展专项资金进行全面清理；对2003年以来中央和省、市、县安排、拨付、实施的农业专项、退耕还林、小流域治理、森林防火和草原防火、动物防疫、移民安置、农业综合开发、农村公路建设八类项目资金进行重点审计，严肃查处和纠正存在的各种问题。今年的专项资金综合治理工作与去年相比，任务更重，涉及面更广，数额更大，做好这项工作也更艰难。因此，各级各部门都要从思想上高度重视，认真对待。要排除不必要的思想顾虑，把思想统一到省电视电话会议精神上来，认真纠正和治理在专项资金管理使用中的问题，规范管理使用行为，确保专项资金在促进经济社会发展、加快全面建设小康社会进程中发挥积极作用。

二　加强协调，掌握政策，确保专项资金综合治理工作取得实效

专项资金综合治理工作政策性强、工作量大，必须注意掌握政策，加强组织协调工作，上下联动、条块结合。市专项资金综合治理领导小组办公室要加强对这项工作的总体协调，各有关部门要树立全局观念，充分发挥职能作用，主动配合，紧密协作，共同搞好专项资金综合治理的各项具体工作。财政部门要认真搞好专项资金摸底，在对2003年度、2004年度专项资金清理基础上，今年对2005年度中央、省、市、县（市、区）安排、投入、实施的经济和社会发展专项资金的管理、拨付、使用情况，继续进行全面清理。着重对2003年度至2005年度各级安排、投入、实施的农业专项（农机补贴、良种补贴、优质粮工程、旱作农业）、退耕还林、小流域治理、森林和草原防火、动物防疫、移民安置（生态移民、扶贫移民）、农业综合开发、农村公路建设八类涉农专项资金项目进行重点清理。审计部门要组织全市审计机关对扶贫等直接关系人民群众生产、生活和生命安全的8类重点专项资金项目进行重点审计。各级纪检监察机关在查办违纪违法案件中，要把

查处专项资金违纪问题作为重点贯穿始终，重点查处行贿、受贿、贪污、侵占专项资金等违法违纪行为，严肃查处截留、挪用、挥霍专项资金等严重损害群众利益的突出问题。要开展专项资金综合治理举报活动，公布查办案件线索移交制度，对清理和审计中发现的贪污、侵占、截留、挪用、挥霍专项资金等案件线索，统一移交纪检监察机关依法查处，适时选择典型案件公开处理。

三　加强制度建设，建立健全专项资金审批、拨付、使用和监管的制度体系

建立健全专项资金管理、使用的一系列制度，是推进专项资金综合治理工作健康有序进行的重要保障。各级各部门要高度重视、切实抓好专项资金相关制度建设。要利用我市的行政权力公开透明运行网络，继续对现有各种专项资金进行计算机控制管理、网上信息发布、网上审批和网上监督。要针对专项资金管理使用中存在的薄弱环节和问题，进一步完善专项资金管理制度，制定改进措施，严格审核程序，落实监管责任。要建立健全各项监督制度，要把与专项资金管理使用有关的政策依据、资金来源、投资方向、项目确定、项目金额、执行进度和资金使用等信息，通过网络等方式予以公开，以接受群众监督。要进一步健全完善和落实专项资金档案管理制度和专项资金预算执行情况年度报告等制度。要完善落实督查和责任追究制度，重点督查8类项目专项资金管理制度和内控制度的建立和执行情况、专项资金分配管理情况和履行监督职责情况等。专项资金监督管理在哪一个环节出现问题，就由哪一个环节的行政主管部门依据国务院制定的《财政违法行为处罚处分条例》等有关法律法规，严肃追究部门和责任人的责任。

同志们，专项资金综合治理工作意义重大、任务繁重，我们一定要按照省、市的部署和要求，以高度的政治责任感，切实把这项工作抓实抓细抓出成效，为实现全市经济社会更快更好发展、构建和谐邯郸做出应有的贡献。

在全市中小企业工作会议上的讲话

（2006 年 3 月 2 日）

刚才，太山同志宣布了全市中小企业系统先进单位、先进个人表彰决定，殿魁同志总结了去年工作，部署了今年工作，复兴区、曲周县中小企业局等四个单位做了典型发言，会议开得很好。借此机会，我代表市委、市政府对中小企业系统 2005 年所取得的成绩表示热烈的祝贺，对为全市民营经济发展做出突出贡献的先进单位和个人表示衷心感谢！希望大家继续努力，把中小企业系统的各项工作做得更好、更有成效。下面我讲三点意见。

一　肯定成绩，进一步增强大力发展民营经济的信心

市中小企业局自 2004 年初组建以来，紧紧围绕市委、市政府的中心工作，开拓创新，真抓实干，工作取得了积极进展，特别是 2005 年成绩更为突出。刚才，殿魁同志对 2005 年工作所做的总结，重点突出，概括得很全面。这两年全市中小企业系统所取得的成绩，大家是有目共睹的，许多工作走在了全省系统的前列。比如担保机构建设、创业辅导、银企对接、对外招商、行风评议等。对中小企业系统的工作，市委、市政府主要领导和主管领导多次给予了表扬。

市委、市政府对民营经济发展是高度重视的，对中小企业系统工作是充分肯定的。我认为，全市中小企业系统能够取得这么好的成绩，主要得益于以下四点。一是市委、市政府的正确领导和大力支持。二是有一支能打善战

的好队伍。在人员少、任务重的情况下，充分发挥每个同志的作用，发扬团结协作的精神，坚持以强化服务为手段，以加快发展为目的，全力推进各项工作，特别是市中小企业局表现尤为突出。三是有勇于奉献、吃苦耐劳的精神。大家在工作中勤奋敬业，积极出主意，想办法，经常加班加点，无私奉献，不讲价钱，表现出了较高的精神境界，树立了良好的行业形象。四是有一个良好的工作运行机制。全系统上下团结一致，密切配合，克服各种困难，努力保质保量地去完成各项工作任务。

在肯定成绩的同时，我们也要清醒地看到发展中存在的困难和问题。目前，我市中小企业和民营企业管理模式落后，管理水平、科技水平、产业层次还较低，产业产品结构不合理，产业集中度、外向度和市场竞争力还有待于进一步提高，距离“民营突破”的总体目标，还有相当大的差距。对此，必须引起我们的高度重视，不断增强自主创新能力，抓好各项工作的落实。

二　围绕“四大”建设，创新思维，狠抓落实，全面完成2006年各项工作任务

2006年是实施“十一五”规划的开局之年，做好今年的工作，对我市今后一个时期的发展具有重要意义。今年人代会的政府工作报告对全市中小企业、民营经济发展寄予厚望，提出了新的更高的要求。新形势，新目标，新任务，要求我们必须创新思维方式，狠抓工作落实。

（一）全力推进我市中小企业产业集群的发展

市委、市政府提出了建设“大产业、大基地、大园区、大项目”的发展战略，加快中小企业产业集群发展是推进“四大”建设的重要组成部分，是实施“民营突破”的重要抓手。发展产业集群对于有效促进产业优化和升级、加快农村城市化进程、县域区域经济实现可持续发展、扩大就业和增加农民收入等，具有极其重要的作用。目前，我市在发展产业集群上存在的问题主要是：产业规模小、市场影响力弱、产业特色不够显著、产业产品档次不高、产业关联度不高、尚未形成专业化分工协作的产业网络等。为进一

步推动我市中小企业产业集群的发展，必须制定一个切实可行的《加快中小企业产业集群发展指导规划》。制定出台规划，首先要做好以下三项工作。一是到中小企业产业集群发展较为先进的浙江、江苏、福建等地参观考察，学习和借鉴他们发展中小企业产业集群的思路、做法和经验。二是在全市开展民营经济产业集群大调研活动。摸清全市中小企业产业集群发展的底数，找准问题和不足，选准各自区域主要行业发展的方向和具体目标，制定加快产业集群发展的对策和措施。三是搞好分析论证。拿出指导规划初稿后，邀请国内外权威机构策划，然后提交市委、市政府研究确定。近年来取得较快发展的廊坊市固安工业园发展规划，就是德国罗兰贝格公司主持研究设计的。深圳市 20 世纪 90 年代的经济发展区域规划和福建省晋江市 2003 年制定的产业集群发展规划，都是聘请深圳金德研究院专家帮助制定的，并在实践中取得了突出成效。一个好的产业发展规划为深圳和晋江快速发展奠定了坚实的基础。根据先进地区的成功经验，在制定指导规划过程中，应选择新的扶持发展的产业。如廊坊市固安工业园区经专家论证提出发展信息产生和一般汽车零件制造产业。经过近 5 年的发展，这两大产业从无到有，从小到大，靠引进国内外知名企业实现了飞速发展。目前，两大产业入区企业 10 家，总投资 25.6 亿元，已成为园区的核心产业。这些成功经验值得我们去学习和借鉴。当前，制定出台《加快中小企业产业集群发展指导规划》，是一项十分重要而又非常紧迫的任务，一定要认真抓好组织制定工作。

围绕全市十大主导产业，按照推进“四大”建设总体要求，“十一五”期间，在全市中小企业现有产业集群中，要培育做强做大五个主导产业集群，即武安市及邯郸县钢铁产业、永年县标准件产业、峰峰矿区煤化工产业、峰峰矿区陶瓷产业和涉县新型建材产业；扶持发展五个农副产品加工产业集群，即大名县面粉产业、馆陶县禽蛋产业、鸡泽县辣椒产业、成安县棉纺织产业和临漳县獭兔养殖加工产业；加快建设五个新兴产业集群，即市区特种汽车制造产业、现代物流产业、曲周县天然色素产业、峰峰矿区生态养殖产业和鸡泽县玛钢精密铸造产业。工作重点是围绕这些产业的发展，搞好布局规划，加强企业间协作，建设公用研发中心，拉长产业链条，加快产业集聚，形成产业集聚效应，推进重点产业发展。各县（市、区）也要根据各自产业集群发展的实际情况，确定 1～2 个重点扶持的产业集群。

（二）整合财力、政策资源，加大帮扶力度，培育壮大"四型"企业

自 2003 年市委、市政府决定扶持"四型"企业和我市的省百强企业以来，这些重点企业得到了较快的发展，但是我市的"四型"企业和省百强企业与先进地区相比，规模、档次、水平都有一定的差距。为促进"四型"企业进一步做大做强，着力打造我市民营企业的航空母舰，决定从去年重新认定的 67 家"四型"企业中筛选出重点企业进行重点帮扶，任务对口到有关部门。市和县（市、区）有关部门要整合资源，集中力量，对"四型"企业予以重点帮扶。通过重点帮扶使"四型"企业增加值、营业收入、上缴税金等主要经济指标增幅分别达到 25%、25%、20% 以上，实现质的突破，从而带动全市民营经济快速、健康发展。具体帮扶措施有 7 个。(1) 帮助企业搞好调研，分析研究国家产业政策和企业现状，制定出具体发展规划和年度实施目标。(2) 指导企业搞好体制、科技和管理创新。帮助、支持企业建立厂办科研机构，搞好项目和新产品开发；帮助有条件的企业争创或引进省、国家和国际知名品牌；指导和帮助企业逐步建立现代企业制度，完善法人治理结构。(3) 指导帮助企业搞好市场调研工作，有目的、有步骤地研发和引进有市场前景的新产品，进一步提高企业和产品的市场竞争力和占有率。(4) 帮助企业争取各类扶持资金和做好融资工作。要注意做好五个方面的工作：第一，要充分利用本级、本部门支持企业发展的资金，如项目贷款贴息、科技三项经费、外向型经济发展专项资金、农业开发资金等，主要用于列入帮扶重点的企业。第二，要指导帮助企业积极争取省以上有关资金；第三，要协调金融部门，帮助企业做好贷款工作；第四，要指导、帮助有条件的企业做好上市融资的有关工作；第五，要指导帮助企业利用好社会闲散资金。(5) 针对企业存在的经营、管理、技术和技能人才短缺的问题，指导、帮助企业做好人才培训和引进工作。(6) 指导企业开展形式多样的招商引资活动，帮助企业与国内

外知名厂商广泛接触，加强联系与协作，引进各类生产要素，提高企业核心竞争力。（7）如实反映企业愿望和呼声，努力为他们排忧解难，当好党委、政府与企业间的桥梁和纽带。市民营经济工作领导小组办公室负责对重点帮扶的效果进行跟踪服务，采取月汇报、季调度的方式，确保重点扶持取得明显效果。同时，将市有关部门帮扶企业和年度帮扶目标完成情况列入年终考核，由市民营办会同市委督查室、市政府督查室具体负责，并将考核情况形成文字报告，经市民营经济工作领导小组审定后报市委、市政府。对完成年内帮扶目标实绩突出的市直部门，在一定范围内予以表彰和奖励；对完不成年度帮扶任务的，进行通报批评。市民营经济工作领导小组办公室要抓紧拿出任务划分方案。

（三）深入开展民营经济调研活动

为准确掌握我市民营企业发展现状，剖析制约民营企业发展的主要障碍，研究发展方向，制定对策措施，尽快实现“民营突破”，市委决定在全市范围内开展一次全面、深入、系统的民营经济调研活动，计划从3月开始到6月底结束。各县（市、区）和市直有关部门要高度重视这次调研活动，做到组织落实、人员落实、时间落实和调研成果落实，确保这次调研活动取得实实在在的效果。这次调研活动，由各县（市、区）和市直有关部门“一把手”负总责，主管领导要具体负责，亲自带队，周密部署。调研人员要深入基层，明确分工，潜心研究，掌握第一手资料，提出切实可行的对策措施，为领导决策提供可靠的依据。

近两年，国家、省、市相继制定出台了一系列政策规定，特别是国务院、省政府“非公36条”、“非公26条”和“两法一条例”的颁布实施，为民营经济发展创造了难得的机遇。为了促进政策真正落实到位，今年还要在全市继续开展中小企业、民营经济政策宣传月活动，在大力宣传政策的基础上，对政策落实情况开展大检查。将邀请市人大代表、政协委员深入各县（市、区）和企业调查了解政策贯彻落实情况、提出意见和建议。由市委、市政府两个督查室牵头对政策落实情况进行督导检查。各县（市、区）也要搞好自查。

（四）加快制定《邯郸市促进中小企业发展若干规定》

这将是一个促进中小企业发展的纲领性文件。市中小企业局要牵头搞好文件的起草和准备工作，形成初稿后还要征求方方面面的意见，希望各县（市、区）要高度重视，搞好配合，通力合作，把这项工作做好。

（五）积极推进中小企业创业辅导基地建设

加快中小企业创业辅导基地建设对推动全市中小企业发展、缓解就业压力、调整产业结构、促进区域经济的发展有着十分重要的意义。目前，我市已建成和正在建设的中小企业创业辅导基地有 7 家，对已建起的创业辅导基地要进一步完善提高，按照要求强化措施，促其功能有效发挥，经过辅导使更多的人创业成功。通过制定完善政策规定，积极探索有效途径发展更多的创业辅导基地。市、县财政每年要从中小企业发展专项资金中拿出一部分资金支持辅导基地建设，确保建起来、保得住、用得好，真正为全民创业提供有效的服务。

（六）切实抓好企业上市、担保融资和银企对接工作

企业上市是一项全新工作，关键是要加强对企业上市知识的培训，真正弄懂上市规则，选择重点企业通过政策扶持使之进入培育期和辅导期，条件成熟后上市。3 月下旬，市政府的主要领导和主管领导还要带团到新加坡和中国香港地区参加中小企业上市培训和恳谈活动，希望大家要认真做好安排。担保融资和银企对接我们过去做了大量的工作，取得了显著的成效，今年重点是在完善措施、扩大规模、增加效益上下功夫。信用担保年内确保注册资本金达到 6. 5 亿元，形成 30 亿元的担保能力。

（七）进一步加大对外招商引资力度

今年，在市委、市政府安排的招商引资活动基础上，中小企业系统安排了 9 项活动，其中境外 4 项，境内 5 项。境外主要安排河北省（香港）投资洽谈会，到日本、韩国、南非和中国台湾地区招商，寻求合作；境内主要是

到京津、温州、绍兴、青岛、厦门等地开展招商活动。各县（市、区）要以这些活动为载体，采取多种形式组织好招商引资活动。

三　开拓进取，求真求实，把行风建设工作抓得更好

市中小企业局的行风建设连续两年是优秀单位，走在了全省中小企业系统的前列。成绩来之不易，是全系统广大干部职工共同努力的结果。行风建设是个动态的工作，不进则退，要保住现在的位次不掉下来，今年还要付出更大的努力。市中小企业局对行风建设工作进行早谋划、早准备、早动员，早部署，制定了详细具体的工作方案，对社会做出了新的八项服务承诺，比较切合实际。在此我提三点希望和要求。一是要坚持原有的行之有效的工作制度，不断完善，形成强有力的工作推进机制。用制度做保证，确保行风建设工作扎实进行。二是要发扬你们好的传统，不断创新服务内容和服务方式。要多深入基层，深入企业，与企业家实行零距离接触，了解企业发展中存在的实际困难和问题，想企业之所想，急企业之所急，重点在资金、人才、技术、信息等方面采取一些新的措施，帮助他们解决实际问题。三是要把行风建设与其他工作有机结合起来。比如，目前我们开展的行政权力公开透明运行工作，虽然中小企业系统没有行政许可权和审批权，但是在如何改善我们的服务态度、创新服务手段、体现服务效果等方面，要积极探索，要有所作为。

同志们，加快民营经济发展是社会主义现代化建设的一项重要战略措施，工作艰巨，任重道远，前途光明，大有可为。希望中小企业系统按照“十一五”规划要求，紧紧围绕“四大”建设目标，进一步解放思想，振奋精神，开拓创新，狠抓各项工作的落实，为全市民营经济发展做出新的更大的贡献。

在全市林业工作会议上的讲话

（2006 年 3 月 7 日）

这次会上，王三堂市长发表了书面讲话。刚才，学增同志又总结了2005 年林业工作，安排部署了 2006 年的工作，会议还表彰了 2005 年全市林业工作先进单位和先进个人。在此，我代表市委、市政府对在林业工作中做出突出贡献的先进单位和个人表示热烈的祝贺和衷心的感谢！会后，对三堂同志的书面讲话和学增同志的报告，大家一定要认真学习，抓好落实。下面，我再强调三点。

一　以科学发展观为指导，深刻认识新时期林业建设的重大意义

近些年来，森林、湿地和野生动植物资源有效保护和可持续发展，已经成为国际社会共同关注的重大政治和社会问题，受到各国政府的空前重视。林业作为生态建设的主题，也越来越受到关注。可以说，林业的发展是人与自然和谐发展的前提，是弘扬生态文明，构建和谐社会、资源节约型和环境友好型社会的重要保障，是坚持科学发展观的具体体现。尤其是在当前全面建设小康社会和社会主义新农村的新形势下，林业建设更是大有可为。党和国家对林业工作十分重视，中央关于“十一五”规划的建议明确提出“要切实保护好自然生态环境，继续推进天然林保护、退耕还林、退耕还草、京津风沙源治理、小流域治理等工程”。2006 年中央一号文件《关于推进社会

主义新农村建设的若干意见》中指出："按照建设环境友好型社会的要求，继续推进生态建设，切实搞好退耕还林、天然林保护等重点生态工程，稳定完善政策，培育后续产业，巩固生态补偿机制；做好重大病虫害防治工作，采取有效措施防止外来有害生物入侵。"河北省也提出了"十一五"期间造林2000万亩、封山育林2300万亩的规划目标。可以说，改善生态环境，构建生态家园，将会成为今后一个时期全社会的共识和行动，林业又迎来了新的发展机遇，并将进入新的发展时期。就我市来讲，林业建设具有更加特殊的意义。我们必须进一步统一思想，提高新形势下对做好林业工作的认识。

首先，加快林业建设，是可持续发展的必然选择。近几年来，我市林业建设取得了显著成效。城区周围绿化、太行山绿化、通道绿化、村屯绿化、农田林网和林果基地建设等都取得了突破性进展，为我市生态建设做出了应有的贡献。但是，与全省其他地市相比，差距还很大，还有大量的荒山荒地、道路河渠、村屯四旁、闲散废地未得到治理和绿化；西部山区矿山开采等致使大量植被遭到破坏；森林覆盖率还比较低；林业产业化程度还不够高；等等。这些与邯郸作为一个较大的市、作为一个历史文化名城以及中国优秀旅游城市还极不相符，与可持续发展的要求还相差甚远。林业作为生态建设的主题，其作用还没有得到很好发挥，其发展潜力和空间还很大。我市作为一个以钢铁和能源开采为主导产业的城市，必须坚持科学发展观，在经济发展的同时，把环境改善和林业发展放到重要位置，全面促进经济社会可持续发展。

其次，加快林业建设，是我市经济发展和农民增收的重要举措。林果花卉业历来是促进农民增收的重要渠道，近几年来，随着经济社会的发展，对果品、木材、纸张的需求猛增，林业和林产品加工业蓬勃兴起。曲周县河北赛博板业、临漳鑫鑫木业、广平"双李"家具、魏县永丰果汁以及正在积极谋划的邱县、磁县林板纸一体化项目，都需要林业来为其提供大量的原料。林业正逐渐成为我市经济发展和县域经济的主导产业和支柱产业，正在成为农村的基础产业。这些林业产业为农村经济发展提供了更广阔的空间，农民将直接从中受益。

最后，加快林业建设，是全面建设小康社会和建设社会主义新农村的重要内容。党的十六大把改善生态环境、增强可持续发展能力、促进人与自然和谐作为全面建设小康社会的重要目标。中央和省两个《决定》明确赋予了林业在可持续发展战略中的重要地位，在生态建设中的首要地位，农村小康建设中的基础地位。目前，我市正在积极创建文明生态村和文明卫生城，建设社会主义新农村和优秀旅游城，这些都与林业密切相关。因此，打造绿色邯郸，建设生态强市，促进经济发展，全面建设小康社会和发展社会主义新农村，必须高度重视林业建设。

二　进一步理清新形势下林业发展的新思路

新的形势给我市的林业建设带来新的机遇，同时我们也面临新的挑战。为此，必须理清思路，迎接挑战，抢抓机遇，明确重点，全面推进。

（1）大力加强林业生态建设。把握绿化和文化这两大主题，确定“赵都＋绿网”的城市生态建设总体定位，将生态建设与城市特色相结合，以绿色映衬特色，以特色彰显绿色。我市林业建设形象地说就是以绿色为基调，挥毫泼墨描绘一幅邯郸山水画卷。首先，是以太行山绿化为依托，发展山区生态防护林，建成山区生态防护体系，提高山区综合生态防护功能，描绘绿色远景。其次，是从改善人居环境和提高市民的生活质量入手，在城市周围浓墨重彩，大力发展城市森林和森林公园，构筑绿色屏障，构成画面主调。再次，是以道路河渠水系为骨架，大搞绿网建设，形成全市的大环境绿化框架，通过绿网绿化，构建平原地区“曲径通幽，柳暗花明”的美丽图画。最后，是与文明生态村建设相结合，搞好村屯绿化，改善农民生活和生产环境，对这幅山水画进行增亮点缀。形成点、线、面相结合，绿色由城中向城郊不断扩展和延伸的绿化格局。

（2）强力抓好林业产业化。围绕我市大产业、大基地、大园区、大项目的总体安排，树立抓林业项目就是抓林业产业，抓林业大项目就是加快林业产业发展，加快林业产业发展就是加快林业发展的理念。用新的思路和办法，把林业产业做大、做强、做新。首先，要把我市已经有相当规模的项目抓好、用好，促使其扩大规模，提高质量，优化结构，增强市场竞争力和带动能力。

其次，要不断完善林业产业门类和品种。不要局限在传统林业加工项目上，要不断创新，使综合加工能力更强，加工程度更深，以延长产业链条，减少成本，提高效益。魏县永丰果汁就是一个很好的例子。最后，要抓住我国产业升级和更新换代的契机，培育出一批新兴林业产业，如林业生物产业等。通过着力抓好项目和林业产业，培育一批加工林业、精品林业和观光林业产业，在提升林地生产力上求突破，从而达到林业更快更好发展的目的。

（3）不断创新机制。曲周、邱县近几年的林业快速发展充分说明了创新机制的重要性。好的机制可以极大地调动全社会造林积极性。在创新机制上下功夫，可以收到事半功倍的效果。为此，一是要大力推行灵活多样的拍卖机制。这一机制是经过实践验证，受到群众拥护的好经验。要求各县（市、区）力争在今年把所有的道路、河渠全部进行拍卖，三荒四旁、闲散废地基本拍卖，今年全部绿化。二是要大力扶持民营林业发展，增进林业发展的活力。民营林业是我市林业发展尤其是平原地区林业发展的生力军，不久的将来必会是主力军。所以，大力扶持民营林业，对增强林业发展后劲至关重要。这方面，重点要发展带动能力强、林业功能多元化和营林成绩突出的大户。三是要促进林权制度改革。可以说，林权制度改革，是农村生产力的第二次解放。农村生产力的第一次解放是农村联产承包责任制，带来的直接效果是使全国 9 亿名农民解决了温饱问题，粮食实现了自给自足。那么把林权制度改革比作是农村生产力的第二次解放，带来的直接效果就是林业实现良性循环发展，农民实现大幅度增收。搞好林权制度改革，还林于民、还山于民、还利于民，是真正实现农民作为林业主体，自主地发展林业的有效途径，是今后一个时期林业发展的重要方向。今年，邱县作为试点县，要按规划、有步骤、认真稳妥地完成集体林产权制度改革，为下一步全市林权制度改革探索经验，明确方向。集体林资源较多的县（市、区），都要抓好试点，拿出勇气和决心，努力开创林业工作的新局面。

三　切实加强对林业工作的领导

加快林业发展作为一项复杂的系统工程，不仅是林业部门的职责，更是各级党委、政府的职责，需要全社会的共同努力。我们要按照省委、省政府和市委、市政府的要求，加强领导，形成合力，促进林业的快速持续健康发展。

一要加强组织领导。各级党委、政府要从国民经济和社会发展的全局出发，切实加强对林业工作的领导，把林业发展纳入本地经济社会发展总体规划，列入重要议事日程，做到认识到位、责任到位、政策到位、工作到位。要制定科学的发展规划，明确不同时期林业发展的重点、目标、布局和措施，并认真抓好落实。各级政府主要领导和主管领导要亲自谋划、动员、部署、参与和督导林业工作，在造林绿化关键季节，抽出相当的时间和精力抓林业，切实履行“为官一任，绿化一方”的职责。尤其是重点工程，要实行“一把手”负责制，同时，要保持林业政策的连贯性，确保生态建设目标的实现。

二要切实增加投入。抓生态建设，不能只是停留在文件和会议上，而要真正落实到行动中，见到实效。增加投入是生态建设顺利开展的有力保障，在投入上不能含糊。近几年来，国家和省对生态和林业建设的投入逐年增加，各级都应量力而行，逐年增加对林业的投入，不能因此而影响了造林绿化的进度和林业的发展。市里对重点生态绿化工程如青兰高速公路、城区周围绿化已经安排了部分资金，各县（市、区）都要切实保证配套资金及时到位，确保工程建设的顺利开展。

三要严格奖惩。这次会后，市里很快就要出台《邯郸市造林绿化考核奖惩办法》，对各县（市、区）造林绿化工作进行重点考核。各县（市、区）也要对乡、镇、村建立相应的激励和约束机制，坚持一级抓一级，层层抓落实，强化对目标任务落实情况的追踪问效、督导检查，确保任务按时完成。

四要强化舆论宣传。林业是一项社会性、公益性很强的事业，需要各行业和全社会的广泛参与和共同支持。加快林业发展，必须高度重视林业宣传工作，切实加强舆论引导。要针对林业生态建设和产业发展的重大问题、难点问题，通过典型事例，向广大社会做好宣传，起到统一思想，鼓舞士气的作用。要注意发挥报刊、电视、广播和网络的作用，运用多种宣传手段，让更多的人理解林业、关心林业、支持林业，进一步增强全市人民的绿化意识和生态意识，营造起全社会办林业、全民搞绿化的良好氛围。

同志们，发展林业是一项功在当代、荫及子孙的千秋伟业。为官一任，绿化一方，各级领导和林业部门肩负着光荣而艰巨的历史使命。市委、市政府要求，全市各级干部职工、工人、农民、青年、妇女、民兵、师生和解放军指战员、武警官兵都要踊跃投入“绿化邯郸”的行列，积极参加全民义务植树活动，努力开创2006年林业工作新局面，为我市全面建设小康社会和建设社会主义新农村做出更大的贡献。

在全市农业工作会议上的讲话

（2006年3月13日）

在当前全面推进社会主义新农村建设的新形势下，我们召开这次全市农业工作会议，认真总结2005年全市农业工作，分析当前形势，研究部署2006年农业工作，对于进一步提高农业工作水平，加快现代农业建设，促进农民增收，繁荣农村经济，推进社会主义新农村建设，具有十分重要的意义。

过去的一年，我市农业工作取得了突出成绩，市农业局被省农业厅综合评比为第一名，今天的会议上也表彰了2005年度农业工作先进单位。在此，我代表市委、市政府对全市农业工作取得的突出成绩表示祝贺，对做出突出贡献的农业战线的干部职工和广大农民群众，表示衷心的感谢和亲切的问候！刚才，庆仁同志对全市农业工作进行了总结和部署，讲得很全面、很具体，基本思路很清楚，我都赞成，要认真抓好各项工作的贯彻落实。下面，我讲三点意见。

一　深化认识，从战略和全局的高度认识和把握农业农村工作面临的新形势

2005年是我市农业工作迈出新步伐、取得新成绩、再上新台阶的一年。各级农业部门认真贯彻落实中央、省、市关于加强“三农”工作决定的情况下，农业和农村经济继续保持良好发展态势，圆满完成了全年各项任务。

全市农林牧渔业总产值完成317.6亿元，比上年增长7%；农民人均纯收入达到3578元，比上年增长10.6%，连续三年保持了两位数增长，10.6%的增长率超过了全省平均水平。粮食生产保持较大幅度增产，全年粮食总产415.3万吨，比上年增加19.5万吨；平均单产366.5公斤，比上年增加6.9公斤，单产再创历史新高。种植业结构调整取得新成效，粮食作物与经济作物协调发展，棉花、油料单产均创历史最好水平，蔬菜生产在播种面积、设施化水平、总产量、产值等方面比去年又有显著提高。特色产业进一步调特调大，全市6个中国特产之乡、12个河北特产之乡的总面积和产值达到了241.21万亩和49.6亿元，比上年增加6万亩和8亿元。我们河北省的蔬菜、禽蛋、牛奶、肉类的产量在全国是排在前几名的，我市这几项在全省的位次也是排在前面的，应该说我们邯郸的农副产品、经济类作物在全国是有地位的。生态家园富民工程建设成效显著，2005年全市新建沼气池7.46万户，保有量突破了27万户，沼气物业服务体系建设进一步健全，我市被农业部列为全国沼气物业服务体系建设和全国生态家园富民计划示范市。农业机械化水平进一步提高，在落实农机补贴政策、“三夏”小麦机收和跨区作业、保护性耕作技术推广、玉米机械化秸秆还田等方面均取得新突破。全市“农业项目年”和“农业服务年”活动成绩斐然，全年争取省级以上农业项目25项，到位资金共计5897.9万元，比上年增加3383万元，翻了一番还多。在农技推广体系、科技进村服务站建设和优质农资连锁配送等方面取得显著成绩，农业服务的一些做法和经验得到省有关部门的好评和新闻媒体的关注，多项工作被农业部列为试点。各项民心工程圆满完成，农业部门承担的农村青年培养、农村沼气建设、农林牧渔产品检测中心建设三项民心工程扎实推进，圆满完成年度任务。这些成绩的取得，是市委、市政府对“三农”工作高度重视的结果，是全市上下认真贯彻执行国家支农惠农政策的结果，是各级农业部门广大干部职工和农民群众不懈努力的结果。

在总结成绩的同时，我们必须对当前农业生产能力、农民富裕程度、农村发展水平等，有一个实事求是的估计。应当看到，影响我市农业发展和农村改革的一些深层次问题并未得到根本解决，农业仍然处在艰难的爬坡阶段，农民增收的基础还很不稳固，农村经济发展仍然面临严峻挑战。主要存在六个方面的矛盾：一是体制转换滞后与发展农业生产力的矛盾，城乡二元结构尚未根本改变，生产要素在工农、城乡之间合理配置的体制机制还没有完全建立；二是农民收入低、增收难与农民迫切需要提高生活质量和自身素质的矛盾，非农产业吸纳农民就业的能力还不强，农民收入与城市居民收入差距继续呈扩大态势；三是农民分散生产与大市场的矛盾，农业生产的组织化程度较低，农业社会化服务体系不完善；四是土地和水资源严重短缺与农业经营方式粗放的矛盾，土地、水资源利用效率还不高，转变农业增长方式在不少地方还没有取得实质性进展；五是农业结构优化度偏低与提高农业竞争力的矛盾，依照市场需求进行多层次深度开发的产业体系尚未形成，低层次结构雷同还十分普遍；六是农业产业化经营水平偏低与发展市场农业的矛盾，农产品加工增值能力不强，农业产业的综合竞争力亟待提高。对此，全市农业系统的同志要保持清醒认识，认真研究解决这些矛盾的思路和措施，促进全市农业在社会主义新农村建设中实现更快更好的发展。

今年是“十一五”规划开局之年，搞好今年的工作，我们有很好的机遇和条件：一是中央在相隔18年之后，连续3年出台了指导农村工作的一号文件，制定了一系列更直接、更有力的支持“三农”的重大措施，从中央到地方形成了关心农业、关注农村、关爱农民的良好氛围，为农业、农村发展奠定了坚实的基础；二是2006年中央全面取消农业税，使农民得到了更多的实惠，进一步调动了农民的积极性；三是广大农民的思想观念正在发生深刻转变，开创意识不断增强，素质不断提高，为农业农村的发展提供了强大动力；四是各级党委、政府的服务意识、服务手段不断创新，为农业农村发展提供了重要保障。我们要紧紧抓住农业农村发展的大好机遇，认真贯彻中央一号文件和中央、省、市一系列农业农村工作会议精神，进一步稳定、完善和强化对农业的扶持政策，坚持统筹城乡发展的方略和“多予、少取、放活”的方针，切实加强农业综合生产能力建设，努力实现粮食稳定增产、农民持续增收、农村保持稳定，加快农村经济发展和社会进步。

二　狠抓落实，全面推进农业系统各项工作向纵深发展

全市各级农业部门，要牢牢把握农业增效和农民增收这个着力点，狠抓各项工作的落实。

（1）认真落实中央一号文件精神，抓好各项支农惠农政策的落实。《中共中央、国务院关于推进社会主义新农村建设的若干意见》，是指导农业农村工作的纲领性文件，必须认真学习，深刻领会，狠抓落实。建设新农村的首要任务是推进现代农业建设，党的十六届五中全会通过的《中共中央关于制定国民经济和社会发展第十一个五年规划的建议》，明确提出了建设现代农业的总体要求："加快农业科技进步，加强农业设施建设，调整农业生产结构，转变农业增长方式，提高农业综合生产能力。"各级农业部门要按照职能要求，抓紧制定具体的工作方案，围绕社会主义新农村建设，搞好调研，配合国家、省、市搞好试点工作，不断探索符合我市新农村建设的新模式、新经验、新做法。同时要下大力气抓好国家、省、市各项支农惠农政策的落实。今年中央围绕建设社会主义新农村，制定了八个方面三十二条政策措施。核心是"多予、少取、放活"，重点是"多予"和"强化"。"多予"就是"三个高于"，即国家财政支农资金增量要高于上年，国债和预算内资金用于农业建设的比重要高于上年，其中用于改善农村生产生活条件的资金要高于上年。"强化"也是三个方面，就是强化粮食直补、强化良种补贴和农机具购置补贴。在强化良种补贴和农机具购置补贴方面，各级农业农机部门要按照方便群众、快捷便利的要求，降低补贴成本，改变补贴方式，确保把补贴资金发放到位。要把贯彻落实政策作为一件大事来抓，细化目标，实化任务，硬化措施，力求重点有创新、难点有突破、配套有实招，切实把党和政府的温暖送到基层，把惠农政策送到农民手中。

（2）强力推进种植业结构优化升级，加快现代农业建设。现代农业是农业发展的方向，也是社会主义新农村建设的重要内容。建设现代农业的过程，就是推进农业结构优化升级的过程。要围绕提高农业综合效益和增加农民收入，大力调整种植业结构，积极推广先进农业技术和优良品种，扩大优质专

用粮食生产，大力发展无公害蔬菜和绿色蔬菜生产，扩大高附加值畅销产品、绿色产品、出口创汇产品的生产。第一，做优蔬菜产业。蔬菜是我市的传统优势产业，发展蔬菜生产，具有周期短、效益高的明显优势，是促进农民增收的有效载体。今年蔬菜业发展要按照《邯郸市大产业、大基地、大园区、大项目发展指导纲要》的要求，强力推进无公害蔬菜生产加工基地建设。要围绕“产业增量，菜农增收”的“双增”目标，做好优势产业带规划，提升批发市场功能，扶持壮大龙头企业，谋划五大支撑项目，拉动全市蔬菜量的扩张和品质效益的提升。努力实现加工企业向园区集中，生产基地向加工区域聚集，逐步实现区域化布局、特色化发展、专业化生产和规模化经营，全面提高我市蔬菜产业的整体水平，真正使蔬菜成为我市种植业中的一大主导支柱产业。第二，继续抓好粮食生产。在推进农业结构优化升级过程中，要毫不放松地抓好粮食生产，确保我市粮食产量稳定在400万吨左右。要以“专用、提质”为核心，优化粮食品种结构，积极发展优质专用小麦、优质玉米和小杂粮，提高单产和效益。要根据“四大”推进计划要求，积极支持配合搞好优质小麦生产加工基地建设，通过实施良种推广补贴工程、农机补贴工程、测土配方施肥工程、健全农技推广体系、推广六大节本增效技术等措施，全力推进优质小麦加工基地建设。第三，抓好农产品质量安全。以对人民高度负责的态度，抓好农产品标准化无公害生产，全面提高农产品质量安全水平。继续实施“无公害食品行动计划”和“菜篮子”放心工程，做到无公害食品、绿色食品、有机食品紧密结合，围绕产前、产中、产后关键环节，加强农业标准、检验检测和产地认证三大体系建设，扩大标准化示范区面积，严格实行农产品质量追溯制度，确保质量安全。建设绿色环境，加快绿色生产，培育绿色产品，推进绿色流通，引导绿色消费，推进“从田间到餐桌”全过程质量安全控制。

（3）强力推进农产品加工业发展，提升产业化经营水平。农业产业化经营是现代农业的基本经营形式。要切实把推进产业化经营作为一件带有全局性的大事来抓，贯穿于现代农业建设的全过程。今年，要继续搞好“农业项目年”活动。要大力发展农产品加工业，农产品加工业连接农业、工业、流通领域，是延伸农业产业链条，变原料农业为产品农业、变产品优势为产业优势的重要一环，是实现以工促农、增强农业竞争力的有效措施。各县

（市、区）农业部门要进一步转变观念，深刻领会以工业理念管理农业的精神实质，摆脱催耕催种的传统思想束缚，努力把发展农产品加工业作为推进农业产业化经营、促进农业和农村经济发展的重要内容，研究制定各项配套措施，为农产品加工业发展创造有利条件，积极支持培育支柱产业，大力培育“过得硬、立得住”的名牌产品。不仅要积极组织农民闯市场，更要做大做强重点企业和名牌产品去占领市场，全面提升我市农产品的市场竞争力。

（4）强力推进科技进村入户工作，加快农业科技成果转化。科技是第一生产力，科技进步和创新是提高农业综合生产能力的根本途径。今年，要继续搞好“农业服务年”活动。一要加大农业生物技术、信息技术、食品生物工程技术等高新技术的研发和推广力度，特别是在良种培育、先进种养技术配套、农产品精深加工、资源高效利用、生态保护、节约型农业和循环型农业等方面要取得新进展。要重点在高效种植、精深加工、机械化保护性耕作等领域，进一步加强组装配套创新，筛选一批先进适用农业技术，发挥技术集成的放大效应。二要创建农业园区。按照布局合理、特色鲜明、功能完善的要求，与优质粮食产业工程相结合，与农业综合开发相结合，与规模养殖小区相结合，与农产品加工基地相结合，创新建管体制，提高建设和管理水平。三要创新完善“四级一户”农业科技推广服务体系，构建科技进村入户的畅通渠道。要依法稳定基层农技推广队伍，正确处理公益性与经营性的关系，积极探索以市场为导向的新的管理运行机制。要多层次、多渠道开展农业科技培训，加强农业广播电视教育，广泛开展送科技下乡活动，提高农民科技文化素质，增强农民自我发展能力。要鼓励科技人员以资金入股、技术参股等形式，与专业大户和龙头企业结成利益共同体，形成科技人员直接到户、良种良法直接到田、技术要领直接到人的长效服务机制。

（5）强力推进农业对外开放，增强农业发展后劲。现代农业发展离不开开发开放。各级农业部门要加大农业对外开放力度，进一步强化项目理念，由过去的抓生产向抓项目、抓开放转变，以大开放促进农业大发展。要围绕主导产业，谋划一批大项目、好项目，在积极参加国家、省、市举办的各类招商活动的同时，农业部门也要单独举办大型专题农业招商活动，全面扩大农业对外开放。要善于借助外力发展自身，利用好国内外、省内外、市内外的“两种资源”“两个市场”，大力引进资金、先进技术、高新项目和人才等生产要素，实现农业投资多元化，全面推进现代农业建设。要切实抓好系统内的部、省农业项目资金争取。2006年中央一号文件推出的支农政策措施很多，各级农业部门要搞好政策对接，分解落实任务，积极做好“一跑三争”工作。要立足本地实际，找准自身发展需求与上级政策要求的结合点，认真搞好项目的可行性论证、经济评估等各项准备工作，谋划一批能够取得国家政策、资金支持的大项目、好项目。各级农业部门要成立专门组织，由主要领导带队，主动出击，与国家和省有关部门进行沟通和联系，努力争取更多的政策、资金支持，为我市现代农业和社会主义新农村建设打下坚实的物质基础。

三　与时俱进，不断提高做好农业工作的本领

全市农业系统的同志，特别是领导干部，要把关注农村、关心农民、支持农业作为自己义不容辞的重要职责，积极投身于建设社会主义新农村的伟大实践当中，狠抓各项工作的落实。

第一，加强学习，努力提高政治业务素质。要以正在全市开展的创建学习型机关活动为契机，组织农业系统广大干部职工，认真学习政治业务知识，深入开展调查研究，不断提高自身的综合素质和工作能力。从农业部门面临的形势和任务来看，无论是谋划“十一五”规划，还是在落实科学发展观、发展现代农业等方面，都迫切需要我们不断加强学习，掌握最新的科研和理论成果。只有坚持以新的理论成果为指导，创新思维方式，更新发展观念，才能开拓发展新思路，开创工作新局面。

第二，加强调查研究，提高工作水平。在全面推进社会主义新农村建设的进程中，党中央对“三农”问题做出了一系列新的战略部署。我们要在全面深入学习的基础上，坚持实践第一的观点，问计于基层，求教于实践，大兴调查研究之风，善于发现问题、分析问题，准确把握农业发展的规律，总结经验，发现典型，指导推动工作。要完善调研方法，拓宽思路，开阔视野。要坚持向上调研，吃透上级工作部署；向下调研，摸清基层实际情况；

向外调研，学习借鉴先进经验；向科研院所调研，增强决策的科学性。希望各级农业部门每年都要选择一两项重要课题，深入系统地进行调研，拿出有深度、有指导意义的调研成果，用来推动工作开展。

第三，加强政风建设，提高执政能力。要按照“行政提速，服务提质”的要求，抓党风、带政风，继续深入扎实推进行风建设，带动全市农业系统工作不断取得新突破。要把各项工作与农民生产生活紧密联系起来，积极为农民办实事、办好事。要整合资源，充分利用系统内宣传渠道，与新闻媒体密切配合，加大农业宣传工作力度，把政策、技术、信息及时传递给农民。

第四，加强作风建设，狠抓工作落实。春节后上班的第一天，市委就召开抓落实工作会议，对今年的抓落实工作进行了全面安排部署。我们要按照市委的要求，认真抓好各项工作的落实。一是以科学发展观指导落实。坚持以人为本，按照全面协调可持续发展的要求积极推进各项工作，把科学发展观贯穿工作落实的全过程。要坚持讲实话、办实事、求实效，不喊哗众取宠的空口号，不搞劳民伤财的“形象工程”，不提脱离实际的高指标，防止急功近利、搞短期行为，努力创造经得起群众、实践和历史检验的政绩。二是以创新的精神促进落实。要善于创造性地开展工作，善于把党中央的大政方针，省、市的决策部署与农业部门的实际结合起来，努力在结合中出思路、出特色、出实绩。始终保持一种昂扬向上、奋发进取的工作激情，敢想敢做，追求卓越，争创一流，真正做到权为民所用、情为民所系、利为民所谋。把全部心智放在“干事、创业、为民”上，为党和人民的事业做出更多贡献。三是以实干的行动推进落实。实干是一种责任心的表现，具体体现就是把工作抓紧、抓实、抓出成效。实干必须坚持科学决策、民主决策，善于发现问题、解决问题，善于抓主要矛盾和矛盾的主要方面，以突破重点活跃工作全局，通过端正思想方法、改进工作方法，不断提高抓落实的水平。

同志们，农业是稳民心、安天下的工作。我们面临着新的机遇和挑战，要谋划好长远，抓好当前，当前要突出抓好项目和春耕生产。全市农业战线的同志们要肩负起时代赋予的崇高使命，不辜负全市人民特别是广大农民的殷切期望，与时俱进，开拓创新，艰苦奋斗，狠抓落实，为促进我市社会主义新农村建设做出应有的贡献。

邯郸市推进行政权力公开透明运行试点工作的实践与探索*

（2006年3月15日）

2005年，河北省委、省政府和省纪委确定邯郸市为推进行政权力公开透明运行试点市。经过一年的实践与探索，我们在工作中积累了一些经验，取得了一些体会。

一　行政权力公开透明运行的含义和试点工作的初步成效

（一）行政权力公开透明运行的内涵和意义

（1）行政权力的概念及其公开的理论基础和法律依据。行政权力是政治权力中的一种，是国家行政机关依靠特定的强制手段，为有效执行国家意志而依据宪法原则对全社会进行管理的一种活动能力。公共性是行政权力的突出特征，行政权力公开的理论基础是公共行政理念，行政权力的公共性质决定了它的公共性能是为社会和民众提供公共政策、发展公共服务、维护公共秩序、实现公共利益。行政为公众之事，自当公示于众。行政权力公开是行政权力公共性能的内在的必然要求。

党的十六大提出，加强对权力的制约和监督。建立结构合理、配置

* 本文是周文夫在河北省行政权力公开透明运行培训班上的讲课稿。

科学、程序严密、制约有效的权力运行机制，从决策和执行等环节加强对权力的监督，保证把人民赋予的权力真正用来为人民谋利益。我国《宪法》《行政许可法》《行政复议法》《全面推进依法行政实施纲要》等法律法规都明确了公开的原则，为推进行政权力公开透明运行提供了法律法规依据。行政权力公开透明运行也是贯彻 WTO 透明度原则的重要体现。

（2）推进行政权力公开透明运行的内涵和目标。推进行政权力公开透明运行，是省委、省政府和省纪委站在构建社会主义和谐社会与建立惩治和预防腐败体系的战略高度做出的重大部署，这是集政治、经济、社会、技术于一体的重大研究和实践课题。其内涵就是将除法律法规另有规定之外的所有行政权力置于公众监督之下，实行阳光操作，克服行政权力行使中的随意性、主观性和隐蔽性，最大限度地减少和防止腐败问题的发生。推进行政权力公开透明运行，是政务公开的继续、深化和创新，是一次思想观念的革命、执政理念的提升、行政体制的创新和工作机制的完善。推进行政权力公开透明运行的工作目标，是确定权力边界，理清法定程序，规范运行流程，最终使行政权力的行使做到行为规范、程序严密、运行公开、结果公正、监督有力，有效遏止腐败问题的发生。

（3）推进行政权力公开透明运行的意义和作用。一是推进行政权力公开透明运行工作是贯彻落实《实施纲要》的重要举措；二是推行行政权力公开透明运行是在更深层次上继续深化、创新政务公开的突破口、切入点；三是推行行政权力公开透明运行是从社会深层、从政府管理的核心、从权力源头预防和惩治腐败的重大举措和根本之策；四是推行行政权力公开透明运行是在坚持权力法定前提下，从立法源头理清行政权力归属，实现由人治向依法行政转型的创新之举；五是推行行政权力公开透明运行也是建设现代政府、提高党的执政能力、建设小康社会、构建和谐社会的重大实践。

（二）邯郸市推进行政权力公开透明运行试点工作的基本思路

我们按照省委、省政府和省纪委的安排部署，结合邯郸实际，把推进行政权力公开透明运行作为深化行政管理体制改革，实现思想革命、理念提升、体制创新、机制完善、源头治腐的重要举措，以建设阳光政府、法治政府、效能政府、责任政府为方向，以依法实施、全面真实、注重实效、便于监督、高效快捷为原则，积极开展试点工作，着力解决权力运行中的五个问题，即界定行政权力，解决管什么的问题；明确责任主体，解决谁来管的问题；规范权力运行，解决怎么管的问题；严格时限标准，解决效率质量问题；强化监督监察，解决过错追究问题。

（三）邯郸市试点工作的初步成效

一是促进了依法行政。通过权力清理，清理出国内首份市长权力清单。各部门明确了依法拥有的权力事项和应该履行的责任，废止了已经取消但仍在执行的权力项目，澄清了不是行政权力的商业行为，纠正了职权不清、互相扯皮问题，为依法行政奠定了基础。二是提高了工作效率。行政权力公开透明运行网络业务系统的建立和“通透式”办公，减少了权力运行的环节，加快了工作进度，提高了工作效率。三是方便了群众。一些单位在网上公布权力运行流程图后，群众普遍反映，到机关办事门好进了、人好找了、事好办了，再也不用像原来犯愁办事进不了门、找不着人、办不成事。四是从源头上预防和减少了腐败现象。阳光是腐败的天敌，公开是腐败的克星。行政权力公开透明运行后，减少了暗箱操作，瓦解了腐败生成的条件。中央纪委、监察部和省委、省政府主要领导同志，对我市行政权力公开透明运行工作均给予充分肯定。中央纪委副书记马馼到邯郸调研时指出：“这是一个很根本、很好的一项工作，意义很重大。”省委副书记、省纪委书记张毅多次到邯郸进行调研指导，给予大力支持和充分肯定。人民日报、中国纪检监察报、中国法制报、中国青年报、河北日报和中央电台电视台、河北电台电视台等30多家中央和地方新闻媒体，对我市推进行政权力公开透明运行工作的经验做法给予了广泛报道。国内有70多个地市和相关部门到我市参观、考察、交流行政权力公开透明运行工作。去年年底，省委、省政府和省纪委在我市召开了全省推进行政权力公开透明运行工作座谈会，我市做了典型发言。

二　邯郸市推进行政权力公开透明运行试点工作的做法与措施

（一）依法界定职权，公开透明有序

一是清理职权，使行政权力有法可依。实行了“三步法”和“三审”制度。“三步法”的第一步，上下互相印证。从授权到最基层公务员的权限，上下对接，再从最基层公务员的权限向上推，上下结合，互相印证。第二步，领导班子集体研究，筛选项目。第三步，法制部门把关。“三审”制度是指：先由公开办对各单位上报的权力项目进行初审；再由市政府法制办对照法律法规进行复审；最后由推进领导小组审定。全市共清理取消行政权力 266 项，占权力总数的 9.6%，最终确定行政权力 2515 项。

二是编制目录，使行政权力执法主体明确。以“职权法定、程序法定、合理适当、直观便捷”为标准，对清理出的 2515 项权力按照职责分工，逐个分类，界定级别和部门。明确了市政府本级权力 92 项，市直部门和高开区等共计 2423 项，全部列入职权目录，注明实施依据和公开方式、责任单位，拉出了“权力清单”。为解决职能交叉问题，我们本着“一事一部门”的原则，严格依法界定。

三是制定流程图，使行政权力程序化运行。实行“一表一图一件一盘”的“四个一”工作流程。“一表”即每单位都要上报一套完整的行政权力目录表；“一图”即每项权力都要附一张权力运行流程图；“一件”即附一份实施该项行政权力的依据文件；“一盘”即每套材料都要附带一电子版文档。

（二）整合各类资源，搭建公开平台

一是搭建“网络公开平台”，健全权力运行监管机制。依托市公众信息网，设置了全市统一的行政权力公开透明运行网站和职权部门门户网站、网页 89 个，建立了行政许可事项、政府采购、建设工程招标投标、经营性土地使用权出让、专项资金管理、产权交易、公务员录用、城市规划八个公开

透明运行网络系统，把决策、执行、结果等权力运行全过程公开，群众可直接进行网上查询、举报、表格下载、网上申报等事项，方便群众办事和监督。

二是搭建“行政许可服务平台”，深化行政审批制度改革。按照“一门受理、现场办结、超时默认、责任追究”的运作方式，全部采取通透式开放办公，实现审批制度改革形式与内容的统一。市建设局等 25 个部门的 281 项行政许可、146 项行政服务事项进入大厅管理，实行“一区、一局、一长、一处、一章”等“五个一”工作机制，即大厅划分为 25 个工作区；一个区为一个职能局的现场办公地点；每局有一名局长带队值班；每局有一个综合协调处成建制进驻；每处有一枚能行使该局权力的“许可专用章”。运行以来，共接受行政许可申请 5756 件，办结 5635 件，正在办121 件。

三是搭建“政民互动平台”，密切党群政群关系。整合市长热线、“3·15”消费热线、物价热线等，设置了 24 条网络（电话）热线，建成政民互动大厅。运行以来，共受理有效来件 44000 多件，解决了一大批与群众生产生活密切相关的水、电、气、吃、住、行等问题，起到了“社情民意晴雨表、联系群众连心桥、维护稳定减压器”的作用，赢得了广大群众的拥护。

上述三个平台，构成市行政权力公开运行中心。

四是搭建传统公开平台，节约资源，扩大公开范围。主要是整合政务公开栏、市报专栏、橱窗、办事指南小册子等已有载体，搭建行政权力公开透明的传统平台。市政府本级和市直部门已制作公开栏 679 块，印制办事指南 654 种 32 万余份（张），利用报纸、电视、广播等新闻媒体进行公开 501 次。

在抓好市本级各项工作的同时，积极推广成安县的通透式办公、涉县向乡镇基层延伸、复兴区网上公开、市规划局建立网上项目许可和“红、黄、绿”三灯管理制度等做法，扩大了行政权力公开透明运行工作的实践效果。

（三）完善规章制度，建立长效机制

成立了市行政权力公开运行中心管理委员会，研究制定了《邯郸市行政权力公开运行中心管理暂行办法》，对“三个大厅”的工作状态实行网上

监督。归结起来主要有五项：一是办事公开制度，二是办事承诺制度，三是绩效考核制度，四是责任追究制度，五是行政许可监察制度。

（四）明确各级责任，实施有效监督

我市制定了行政权力公开透明运行绩效考核办法和责任追究办法等制度，规定对推进行政权力公开透明运行工作不达标的取消评先评优资格，对单位主要领导、主管领导进行诫勉谈话；连续两年不达标的对领导班子进行调整。对推进行政权力公开透明运行工作不力，造成严重后果或不公开、假公开、欺上瞒下的，按照党风廉政建设责任制及有关法律法规进行责任追究、严肃处理。

三　推进行政权力公开透明运行需要把握的几个问题

（1）建立机构，加强领导，是搞好行政权力公开透明运行的组织保证。邯郸市成立了由市委书记聂辰席任组长，市长王三堂，市委副书记、市纪委书记周文夫和常务副市长赵国岭等同志任副组长的领导小组，领导小组办公室设在市纪委监察局，负责全市行政权力公开透明运行试点工作的牵头、组织、协调、监督和检查等职责。各级各部门均将试点工作列入了重要日程，落实了领导责任和保障措施，形成各司其职、各负其责、层层抓落实的领导体制和工作机制。领导小组及其办公室在不同的工作阶段，及时提出具有较强指导性和可操作性的意见，深入实际监督检查，发现并解决遇到的问题，推动了试点工作健康有序开展。

（2）加强宣传引导，转变执政理念，是搞好行政权力公开透明运行工作的重要前提。行政权力公开透明运行，是行政机关内部开展的一场自我革命，是对传统行政理念的一次更新。必须教育广大党员干部树牢“立党为公，执政为民”的理念，增强依法行政、规范用权的意识。

（3）完善制度，严明纪律，是搞好行政权力公开透明运行的有力保证。清理职权工作中明确规定、严格执行“不上报不公开不实行”原则，即凡按要求经过清理并列入职权目录的行政权力，除法律、法规规定不得公开

者，均坚持不公开者不得再予行使，从而保证行政权力公开工作顺利进行。

（4）搭建多元化公开平台，适应多元化公开内容，是搞好行政权力公开透明运行的关键环节。搭建公开服务平台，其目的在于一是公开，二是办事。要本着节约资源、整合利用的原则，按照实际、实用、实效的要求，因地制宜、因事制宜、因时制宜，根据不同的公开内容采用不同的公开平台，最大限度减少公开成本，保障群众的知情权、参与权、选择权、监督权，确保权力的公开透明运行，从制度上不给权力寻租机会。

（5）加强理论研讨，集中各方智慧，是引导行政权力公开透明运行工作不断深化的有效方法。推进行政权力公开透明运行不仅在我市，而且在全省甚至全国都是一项全新的工作，是一次新的尝试和探索，没有成形的经验可借鉴。要通过加强理论研讨、调查研究，集中干部、群众和专家学者的共同智慧，研究制定克服困难、解决问题的对策，推进行政权力公开透明运行工作不断深化。

（6）深入推进行政权力公开透明运行法制化进程，是建立行政权力公开透明运行长效机制的根本举措。政府的权力只能来源于立法的规定，公权力只有通过立法的授予才有效。如果没有法律的具体约束和外在控制，就难以保证公民的知政权和知情权，难以保证行政权力公开透明的长期有效运行。因此，必须通过立法来实现行政权力公开透明运行的规范化和法制化。

深入推进民主评议和机关效能建设为优化发展环境、构建和谐社会提供良好服务

——在全市机关效能建设暨民主评议动员大会上的讲话

（2006年3月29日）

刚才，省委、省政府召开了机关效能建设暨民主评议动员大会，省委副书记、省纪委书记张毅同志对这两项工作进行了动员部署。我们接着召开这次全市机关效能建设暨民主评议动员大会，主要目的是：及时学习贯彻全省机关效能建设暨民主评议动员大会精神，表彰2005年度民主评议工作优秀单位和先进单位，全面总结全市2005年度机关效能建设和民主评议工作，结合我市实际对2006年机关效能建设和民主评议工作进行安排部署，进一步动员各级各部门统一思想，提高认识，强化措施，狠抓落实，确保机关效能建设和民主评议取得更加明显的效果，为优化全市发展环境、构建和谐社会做出积极贡献。下面，我讲四个问题。

一　认清形势，深化认识，坚定不移地把民主评议活动和机关效能建设推向深入

去年我市民主评议工作通过实施“3545”工作机制，取得了明显的阶段性成果，省纠风办给予了高度评价，我市的民主评议工作在全省处于优秀

行列。一是搞好“三项创新”，在开创特色工作上进行了深入探索。在全省率先举行了以“上学与看病”为主题的广场主题听证评议活动，现场受理有关“上学与看病”的问题60多个，对其中16个典型问题向教育、卫生部门进行了质询，有关部门领导分别给予解答，市电台对这次活动进行了实况转播。优化了接听“清晨行风热线”的方式，在组织参评部门领导接听热线的同时，安排20个与群众联系紧密的单位在市广电局门前设立“行风建设群众投诉受理站”，现场受理群众投诉，及时解决群众反映的政风行风问题。进行了专题评议，在进行普遍评议的基础上，对10个重点单位各自存在的一两个突出问题进行专门评议，把突出问题评深议透，以重点问题的解决推进民主评议活动深入开展。二是实行“五评流程”，促使参评部门把政风行风问题评深议透。参评部门通过召开领导班子民主生活会、干部职工大会、老干部座谈会等多种形式进行自查自评；市民主评议办公室印发了《参评部门互评表》，组织56个参评部门进行互评；按步骤、分阶段地组织评议代表深入基层广泛征集意见，对参评部门有针对性地进行重点评；市直参评部门给县（市、区）领导发函征求意见，让其对该系统的政风行风建设情况进行直接评；市民主评议办公室印制了《群众意见征集卡》，发放到社会各界群众，让广大群众进行广泛评。通过实施“五评流程”，参评部门查准找实一批政风行风问题，为整改问题打下了坚实基础。三是运用新闻媒体、阳光服务活动、新闻发布会、文艺节目“四种方式”，深入广泛地宣传参评部门政风行风建设情况。运用新闻媒体进行宣传。充分发挥电台“清晨行风热线”、电视台“行风在线”栏目的作用，组织56个参评部门的领导到电台直播间接听热线，在电视上播发有关民主评议活动的新闻120多条。举行阳光服务活动进行宣传。市直参评部门共组织阳光服务活动163次，现场解答群众提出的问题4100多个，扩大了影响，加强了部门与群众的联系。召开新闻发布会进行宣传。市直参评部门召开新闻发布会40多场，向社会公开本部门本系统政风行风建设情况，展示民主评议活动取得的成果。利用文艺节目进行宣传。参评部门利用文艺节目等多种行之有效的方式宣传民主评议工作，收到了较好效果。通过广泛宣传，调动了广大人民群众参与民主评议活动的积极性。四是强化“五项措施”，狠抓政风行风问题的整改落实。通过采取召开听证会面对面质询、实行挂帐督办跟踪问效、新闻媒体公开曝光、领导分包问题责任制、强化管理建章立制五项措施，有力地促进了群众反映问题的整改落实。听证会上评议代表质询的24个问题都得到整改落实，挂帐督办的26个问题都得到了有效解决。参评部门解决了一大批群众反映的问题，群众比较满意。参评部门针对群众反映的问题建章立制，从源头上预防了不正之风问题发生。

去年的机关效能建设工作坚持创新活动载体，采取明察暗访、典型警示、加强制度建设、开展机关效能建设“万人评”和召开听证质询会等多种形式，集中解决各级机关及其工作人员不作为、乱作为等问题，形成了具有我市特色的机关效能建设的新路子，得到了社会各界和人民群众的赞同与认可。一是健全了效能建设组织体系，市、县两级健全和完善了组织机构，形成了协调联动的效能建设工作网络。二是明确了机关效能建设主体责任，使目标更见清晰，任务更为具体，责任更加明确。三是强力推进工作进程。组织召开了全市机关效能建设和民主评议电视电话动员会、优化发展环境百万人大会、效能建设现场观摩经验交流会，开展了机关效能建设“万人评”活动。四是强化监督，促进机关效能建设不断深化。市委、市政府和联席会议连续下发了《2005年邯郸市机关效能建设工作方案》《邯郸市党政机关工作人员“六条禁令”》《机关工作人员违反“六条禁令”行为调查处理办法》等一系列规范性文件，增强了机关效能建设的权威性。同时，积极抓好效能投诉和明察暗访，市、县两级集中开展明察暗访63次，检查单位1825个，处理486人。五是营造机关效能建设浓厚氛围，各级新闻媒体对我市机关效能建设的做法和经验给予大量报道，共刊发各类稿件486篇，扩大和提高了机关效能建设的社会影响。

机关效能建设和民主评议工作虽然取得了明显的阶段性成果，但是全面客观地分析，机关效能建设和民主评议工作也存在一些问题和不足：个别单位对机关效能建设和民主评议工作的重要性认识不足，产生观望思想和松劲情绪；有的单位没有将机关效能建设、民主评议与业务工作有机结合，没有形成工作合力；解决机关效能建设中反复问题的长效机制还有待进一步研究。这些问题影响着机关效能建设和民主评议工作的开展，必须引起我们的高度重视和深入思考，在今后工作中采取有效措施，认真加以解决，不断把机关效能建设和民主评议活动推向深入。

二　注重实效，开拓创新，卓有成效地搞好2006年民主评议工作

2006年是实施“十一五”规划的开局之年，是贯彻落实《实施纲要》的关键之年，在全市范围内深入开展民主评议活动，对推进经济更快更好发展、构建“和谐邯郸”有着十分重要的意义。今年全市民主评议工作的指导思想是：以“三个代表”重要思想为指导，以经济发展为中心，以提高执政能力为着眼点，以解决制约我市经济发展和发生在老百姓身边的、严重损害群众利益的不正之风为重点，促进参评单位转变观念，转变职能，转变作风，提高执法水平、行政效率和服务质量，为推进“和谐邯郸”建设和实现全面建设小康社会的奋斗目标做出积极的贡献。根据这一指导思想，我市民主评议工作在整体推进的同时，着力在五个方面实现新突破。

（1）加大力度，在扩大群众参与度上实现新突破。民主评议活动的关键在于增强人民群众的参与度。要继续办好“清晨行风热线”栏目，有秩序地安排参评部门领导到电台直播间接听热线电话，并实行市、县、乡三级联动。市直参评部门领导在直播间接听热线时，要组织下属各级工作人员收听实况，对群众反映的问题迅速到达现场调查了解情况，在最短时间内给群众一个满意的答复。参评部门在接听热线的同时还要继续设立“政风行风投诉受理站”，面对面解答群众提出的问题。组织开展好“千家万户评行风”活动，通过进入千家万户的《邯郸广播电视报》，让群众对参评部门政风行风建设情况进行公开评议。充分发挥“行风在线”栏目的作用，通过电视这个大众传媒宣传民主评议工作，展示参评部门形象，扩大民主评议活动的影响。各级还要在报纸开辟专栏，全方位、多角度地宣传民主评议工作。各级各参评部门要采取上街集中宣传、开展阳光服务活动、评议代表联系群众、走访座谈等形式宣传民主评议工作，在全市营造民主评议活动浓厚

氛围，进一步调动广大群众参与民主评议的积极性。

（2）重心下移，在评议基层站所上实现新突破。基层站所的人员工作在第一线，他们作风好坏是政风行风建设好坏的直接体现。今年民主评议工作继续实行市、县、乡三级联动，基层站所政风行风建设情况与上级部门评议结果挂钩。市直参评部门要按照“管行业必须管行风，抓机关必须抓基层”的要求，制定出加强基层站所行风建设的具体考核办法，督促基层站所和窗口单位的工作人员提高素质，转变作风，有效预防和制止不正之风问题的发生。各县（市、区）要把民主评议工作的重心下移，把对基层站所的评议作为整个民主评议活动的一个重点，采取基层站所向服务对象报告履行职责、廉洁执法情况，对基层站所的投诉与上级部门评议结果关联，群众对基层站所工作人员满意度直接与当事人奖惩挂钩等有效措施，确保基层所站政风行风建设出现新变化、实现新进展、取得新突破。

（3）加强监督，在对重点单位评议上实现新突破。按照省民主评议办公室要求，今年在进行普遍评议的基础上，重点对教育、卫生、公安、国土资源、建设、环保、城管、市政公用事业等部门进行监督和服务。市、县、乡三级相应建立监督员队伍，对这些单位实施经常性、多角度、大范围的明察暗访、实例调查，并面对面对这些单位的工作进行阶段性讲评，提高民主评议工作的实际效果。重点评议单位要充分认识开展重点评议活动的重要性，借助这次机会，虚心接受监督员的意见和建议，扎扎实实做好各项工作，认认真真解决群众关注的热点问题。面向基层、面向群众、面向社会，把各项工作进一步做深、做细、做实，推进本部门本系统政风行风建设再上一个新台阶。

（4）扎实整改，在解决问题上实现新突破。解决问题是取信于民的重要标志。各级各参评部门要认认真真解决群众反映的问题，使群众反映的问题事事有回音、件件有结果。各级民主评议办公室要继续实行挂帐督办制度，对群众反映的问题要跟踪督导、跟踪问效、定期调度、确保落实。各参评部门要对自查出的问题、评议代表提出的问题、群众投诉的问题、媒体披露的问题、热线举报的问题和听证会上质询的问题进行认真研究，归纳分析，找准问题症结，务必予以解决。并针对薄弱环节，建立完善规章制度，从根本上减少和杜绝不正之风问题发生。

(5) 搞好指导，在建立部门自我运行机制上实现新突破。随着民主评议工作不断深化，要逐步建立参评部门政风行风建设自我运行机制，使民主评议工作走上制度化、规范化轨道。要实现这个目标，各参评部门要不断积极探索、不断完善现有的工作制度，形成符合自身工作特点、具有鲜明行业特色、能够在单位长期运行、促进自身建设的政风行风建设长效机制。免评单位要坚持“免评不免建设、免评不免检”的原则，按照市民主评议办公室最近下发的《关于深化免评单位政风行风建设的具体办法》文件要求，一如既往地抓好本部门本系统的政风行风建设，确保免评期间政风行风建设有新的提高。

三　明确目标，强力推进，扎实有效地把机关效能建设提高到一个新水平

今年的机关效能建设工作要紧紧围绕贯彻落实市委、市政府的决策部署，以“提速、提质，为人民、促发展”为目标，扎实推进机关效能建设，服务全市经济发展。根据省、市工作安排，机关效能建设重点抓好四个方面工作。

(1) 抓好工作落实。要按照省委和市委《关于进一步推动工作落实的决议》有关精神，加大对各级各部门工作落实各个环节的监督检查，围绕抓工作落实的全过程，建立和完善提速、提质等机关效能方面的规章制度，促进工作落实效率的提高。同时，要针对人民群众关注和基层反映强烈的违反机关效能的热点难点问题，督促有关部门制定整改措施，并真正落实到位。

(2) 强化行政许可方面的效能监督。要针对行政许可事项的受理、审查、决定等各环节和全过程，开展行政许可效能监督检查。特别是对于各级机关及其工作人员不作为、乱作为等行为，要加大查处力度，严格责任追究，使有关问题真正得到解决，促进依法行政和依法管理，逐步使政府行政管理工作纳入法制化和规范化轨道。

(3) 开展重点项目建设效能监察。要加强重点项目立项、规划、环评、

用地、建设等各环节办理情况的效能跟踪监管，要有侧重地选择重点部门、重点行业和重点环节开展有针对性的效能监督，确保重点项目建设的顺利实施。要强化信访事项办理方面的监督。通过对信访工作责任主体的监督检查和责任追究，提高信访工作办理质量，维护群众切身利益。

（4）严格执行“六条禁令”。“六条禁令”是一项铁的制度，贯彻执行不仅要体现权威性和严肃性，更要做到一以贯之和坚持始终。今年要继续加大明察暗访力度，要采取定期与不定期检查相结合、联查与互查相结合等多种不同形式，不断创新监督检查的组织形式，提高工作的效果。对于发现的问题，要敢于较真，敢于碰硬，敢于曝光，严格按照有关规定进行处理。还要围绕办实事的科学民主决策、相关部门办理的进度和质量、群众的参与度和满意度开展效能监察工作。

四　加强领导，真抓实干，确保机关效能建设和民主评议工作取得扎实成果

随着机关效能建设和民主评议活动不断深入，各级对这两项工作都提出新要求，广大人民群众对这两项工作的期望也越来越高，各级各部门必须按照市委、市政府的安排部署，坚定信心，真抓实干，强化措施，狠抓落实，确保机关效能建设和民主评议工作取得新成效。

（1）加强领导，强化责任。各级党委、政府要把民主评议列入重要议事日程，继续坚持党委统一领导、党政齐抓共管、部门各负其责、纪委组织协调、人大和政协支持、群众广泛参与、新闻媒体配合、条块紧密结合、纠评建相互促进的良好工作机制，扎实有效地推进民主评议活动。机关效能建设要充分发挥效能建设成员单位和主体单位的作用，切实加强组织领导和统筹协调，真正形成工作的凝聚力和驱动力。各成员单位要按照责任分工，履行好各自职责，进一步加强协调配合。

（2）大胆探索，锐意创新。各级各参评部门要正确认识民主评议活动和机关效能建设工作的长期性和艰巨性，积极探索深化发展这两项工作的新途径。要组织机关人员深入基层调查研究新情况、新问题，与基层的同志共

同探讨有效的解决方法。要注重总结各单位出现的新经验，不断改进活动的办法、内容和途径，激发活动的动力，使民主评议工作和机关效能建设工作越来越深入社会，越来越接近群众，富有生机地长期开展下去。

(3) 强化督导，严肃纪律。机关效能建设和民主评议活动健康有序地开展下去，必须加强对各个环节的监控指导。各级机关效能建设办公室要成立督导组，对效能建设主体单位的效能建设情况进行全过程、全方位的监督检查。对违反有关法律法规、政策规章和工作制度以及不作为、乱作为行为，要依据规定追究责任，决不姑息迁就。对影响恶劣的典型案件要公开曝光，加大警示力度。各级民主评议办公室要经常深入基层进行指导服务，及时掌握民主评议工作的进展情况。要重点加强对年度考评和民主测评阶段的监控，使评议活动的全过程公开透明。

(4) 统筹兼顾，共同推进。加强机关效能建设与开展民主评议活动，在开展工作的主要内容方面有共同之处。但在具体的组织落实、运行机制上，它们又有各自的重点、各自的特点。机关效能建设是各级机关自觉加强管理、提高工作效率和工作质量、建设现代行政机关的一项新举措。民主评议工作则是通过组织人民群众和社会各界评价参评单位工作，促进参评单位自觉加强建设的重要手段。机关效能建设是民主评议工作的重点内容，民主评议是加强机关效能建设的重要手段。各级各参评单位要把机关效能建设纳入民主评议活动，让人民群众和全社会来检验效能建设的效果，评价机关“执政为民、执法为民、服务社会”的成果，从而推动机关效能建设提高水平。

同志们，今年全市机关效能建设和民主评议工作的目标已确定，任务已明确。我们要坚持以科学发展观统领这两项工作，大力弘扬求真务实精神，大兴求真务实之风，进一步振奋精神，开拓进取，扎实工作，努力推进全市机关效能建设向纵深发展，努力提高民主评议工作上新水平，为加快邯郸发展、创建“和谐邯郸”做出新的更大的贡献。

在全市专项资金综合治理工作领导小组会议上的讲话

（2006 年 4 月 6 日）

刚才，我们对《邯郸市专项资金综合治理工作方案》进行了认真的讨论，大家讲了很多有价值的意见和建议。尤其是在涉及有关部门的责任调整方面，进一步明确了工作责任的划分。国岭同志也讲了非常好的意见。专项资金清理2005 年已经搞了一年，省、市对开展这项工作的基本方案、方法都比较成熟了。今年在去年的基础上，扩充了清理的内容、扩大了清理的范围。对大家在讨论中提出的意见，领导小组办公室要把它纳入《方案》，进一步细化，关键是责任、任务要落实，该谁的责任划到谁的名下，使其更具有可操作性。充实完善后报市委、市政府同意后印发执行。下面，我要讲两点具体意见。

一　2005年专项资金综合治理工作取得初步成效

我市专项资金综合治理工作在市委、市政府的领导和大力支持下，按照分级负责、上下联动、条块结合的原则，采取全面清理与重点治理相结合、单位自查与上级重点检查相结合、查办案件与建章立制相结合、沿资金流向自上而下核查与从资金使用项目自下而上检查相结合等方式，扎实推进，取得了初步成效。

（1）摸清专项资金底数，全面开展清理。去年，全市各级、各部门、单位，按照省、市的统一部署和要求，对2003年至2004年度中央、省、市、县安排、拨付、实施的专项资金进行了摸底。我市全部财政专项资金共计205898.3万元（省以上192615.93万元，市级11045.17万元，县级2237.2万元），其中，六项重点资金共计44674.65万元（省以上40513万元，市级3385.45万元，县级776.2万元）。省以上40513万元六项重点专项资金中，扶贫资金10785万元，救济救灾资金15762万元，农村中小学危房改造和布局调整资金7029万元，公共卫生防治建设资金4509万元，农村劳动力转移培训资金225万元，人畜饮水资金2203万元。全市共清理出有问题六项重点资金2489.9万元，其中，扶贫资金648.9万元，救济救灾资金98万元，农村中小学危房改造和布局调整资金815万元，农村劳动力转移培训资金47万元，人畜饮水资金118万元，公共卫生防治体系建设资金763万元。全部通过自查自纠、监督检查、下达整改意见函等方法进行了纠正。

（2）严密组织，认真搞好调度检查工作。按照我市《专项资金综合治理工作实施方案》的要求，一方面，全市各级专项资金综合治理工作领导小组召开调度会，对专项资金综合治理工作进展情况进行调度，对工作扎实、效果明显的部门和单位进行通报表扬，推广先进经验，对工作中存在的问题及时予以纠正和解决。另一方面，各级专项资金领导小组办公室从人大、政协、财政、物价等机关和部门抽调人员组成督导组，对有使用专项资金的单位自查自纠情况进行抽查，采取听取汇报、查看资料等方法，查找存在的问题。再一方面，市专项资金领导小组办公室从市直有关部门、单位和县（市、区）纪委抽调骨干力量组成7个检查验收小组，由市纪委、监察局人员担任组长，采取县（市、区）交叉检查的方式，对全市19个县（市、区）和8个市直部门进行了检查验收。对检查中发现的各类问题进行了认真梳理，深入分析原因，提出整改意见。

（3）加大力度，严肃查处专项资金管理使用中违纪违法案件。各级纪检监察机关把查办违纪违法案件作为专项资金综合治理工作的重要措施，把专门机关监督与群众监督相结合，积极开展专项举报活动，拓宽信访举报渠道，严肃查处专项资金管理使用中行贿受贿、贪污、侵占等违纪违法行为。2005年，全市共受理专项资金方面案件线索69件，立案查处37件，处分

33 人，其中，党内警告 18 人、严重警告 7 人、撤职 2 人、开除党籍 6 人，移交司法机关 4 人。重点查处三类典型案件。一是贪污专项资金案件。如馆陶县路桥乡刘路桥村党支部书记刘兰福、会计王清福二人将县财政局拨付的 23024 元的扶贫款采取虚列支出的方法私分，已构成犯罪。馆陶县法院依据刘、王犯罪事实分别判处有期徒刑二年、一年，二人受到开除党籍处分。二是挪用专项资金案件。如成安县北乡义乡原党委书记张涛挪用农业专项资金 18.4 万元，用于购车 12 万元、上缴“三提五统”6.4 万元，受到党内严重警告处分，并被免去党委书记职务。三是虚报冒领专项资金案件。如涉县关防乡关防村党支部书记史双贵、村委会主任王虎保、会计王彦平虚报退耕还林 210.2 亩，冒领退耕还林款 5.2 万元，史双贵受到党内严重警告处分，王虎保、王彦平受到党内警告处分。为充分发挥典型案件的警示和教育作用，2005 年 8 月 31 日，我市召开新闻发布会，对 8 起专项资金方面的违纪违法典型案件进行了公开曝光，收到较好的社会效果。

我市专项资金综合治理工作虽然取得了初步成效，但还存在不少问题，特别是在专项资金拨付、使用环节上出现的问题较为突出。一是专项资金拨付不及时。这有两个方面原因，一方面是资金拨付单位强调未安排使用项目、工程正在实施中、工程建筑进度慢、工程未验收、领导班子不健全等原因，使专项资金滞留在财政账面上。另一方面是资金使用单位强调资金拨付环节多、不能按时到位、验收单位不及时、有关单位行政干预等。二是县级配套资金不到位。从我市实际情况看，中央、省及市级专项资金的筹集、拨付基本上能够按时到位，但县、村两级配套和自筹资金难以保证，有的甚至存在较大缺口，影响了项目进度和预期效益。三是专项资金效益不明显。个别县由于管理人员素质差或领导机构不健全等原因，一些项目效益低下，群众得不到实惠，专项资金发挥不了应有的作用。四是票据不规范、超限额使用现金支付。个别县区财政和项目单位对专项资金财务管理与核算不规范，未按照规定对专项资金实行专户管理、专户核算，存在使用不规范票据入账和超范围、超限额使用现金问题，加之单位领导法制观念淡薄、政策水平较低，财务人员素质普遍较差，专项资金财务管理与核算较为混乱。

二　采取有力措施，认真搞好2006年专项资金综合治理工作

今年的专项资金综合治理工作与去年相比任务更重，涉及面更广，数额更大，做好这项工作也更艰难。因此，各级各部门都要从思想上引起高度重视，认真对待。要排除不必要的思想顾虑，把思想统一到省电视电话会议精神上来，认真纠正和治理在专项资金管理使用中的问题，规范管理使用行为，确保专项资金在促进经济社会发展、加快全面建设小康社会进程中发挥积极作用。

第一，配强领导小组办公室。领导小组办公室人员少、无办公场所和经费紧，是当前反映比较普遍的一个问题。从实际情况看，一些县（市、区）、市直有关单位人员不足已经造成组织检查不力、情况掌握不全、报表不及时、成效不明显等问题。这些问题不解决，势必影响工作深度和效果，也会使基层同志经常处于疲劳工作状态，降低工作效率。因此，各级各有关部门和单位要站在讲政治、顾大局的高度，积极支持领导小组办公室工作，要充实人员、落实办公场所和经费，为开展好工作提供保障。今天到会的成员单位要带头做好这方面的工作。

第二，加强领导，落实责任。各级党委、政府主要领导对专项资金综合治理工作负领导责任，要对做好这项工作做出承诺。各级专项资金综合治理工作领导小组及其办公室主要负责人对专项资金综合治理工作负全责。省、市对此项工作进行抽查，如发现问题，责令该党委、政府主要领导做出检查，并按职责任务要求，责令有关单位对有关资金项目重新组织检查治理。在此基础上仍被检查出问题的，严肃追究有关责任人员的责任，并在全市范围予以通报。

第三，抓住重点，按时完成治理任务。在巩固 2005 年全面清理成果的基础上，继续围绕密切关系群众利益、问题易发多发的领域和资金项目进行重点治理，切实完成专项资金综合治理任务。2006 年重点对 2003 年以来中央、省、市、县（市、区）等各级安排、拨付、实施的农业专项（农机补贴、良种补贴、优质粮工程、旱作农业）、退耕还林、小流域治理、森林和

草原防火、动物防疫、移民安置（生态移民、扶贫移民）、农业综合开发、农村公路建设八类涉农专项资金进行综合治理；对2005年全面清理和重点审计出的问题进行认真整改，保证清理和审计出的各类问题纠正到位。

第四，研究探索新的监管机制。坚持科学发展观，从理顺关系、规范监管、高效透明、有效预防出发，积极探索创新使用监管机制。一是科学运行机制。要健全民主决策程序，规范运行环节，在立项、资金分配、项目实施等运行环节探索引入竞争机制，凡是能够通过招标确定的项目，一律实行公开招投标，规范资金管理行为，提高资金规模效益。二是公开透明运行机制。结合政务公开和行政权力公开透明运行工作，公开专项资金审批、拨付、使用全过程，将专项资金监管使用的政策、重要环节、分配情况进行公示或公开，置于社会的广泛监督之下。三是绩效控制机制。从项目立项到实施，实行过程绩效控制，保证资金运行合理、安全、有效。刚才，国岭同志讲得非常好，建章立制很关键。领导小组办公室要好好研究一下，在建章立制上搞出一些具体的东西来。咱们邯郸行政权力公开透明运行工作打造阳光政府、有限政府的做法，已经引起了中央和社会各界的关注。最近，国务委员、国务院秘书长华建敏，中央纪委副书记、监察部长李至伦专程来邯郸考察了行政权力公开透明运行工作。专项资金也是公开透明网络八大系统之一，要把衔接配套搞起来，争取出台一些具体的制度。各部门都要研究这方面的问题，从机制、体制和制度上规范专项资金的管理。

第五，加大对滞留专项资金的清理力度。各级、各部门、各单位要采取有效措施，解决拨付资金不及时的问题。特别对违反专项资金管理规定长期滞留专项资金的，除追回专项资金外，要按有关法律、法规和规定，严肃追究当事人和有关负责人的责任；构成犯罪的，要移交司法机关，依法追究刑事责任。

第六，严肃查处专项资金违纪违法案件。各级纪检监察机关要把查办违纪违法案件作为保证专项资金综合治理工作的重要措施，精心谋划好开展工作的思路和途径。继续扩大案件线索来源，对案件线索进行分类汇总，建立专项资金案件台账制度。在各级认真清理、审计的同时，把专门机关监督与依靠群众监督结合起来，通过营造舆论氛围、开展专项举报、公开奖励办法、畅通反映渠道等措施，鼓励群众积极提供案件线索，支持群众参与综合治理。各级纪检监察机关重点查处索要、贪污、侵占专项资金等违纪违法行为，严肃查处和纠正截留、挪用、挥霍专项资金等严重损害群众利益的突出问题。并适时公布典型案件的查处结果，做到以查带案、以案促查。对瞒案不报、压案不查、查而不纠的，要分清责任，严肃追究。

第七，总结经验，表彰先进。各级领导小组办公室要认真总结经验，对开展专项资金综合治理过程中，工作扎实，成效明显的单位和个人，要通过适当的形式进行大力表彰。同时，要抓反面典型，对那些存在问题的单位和个人除了纠正以外，还要视情况给予经济处罚和党政纪处分。

最后，讲一下关于专项资金清理工作的宣传问题。清理专项资金工作也是一场攻坚战，要加大舆论宣传力度。领导小组办公室要和宣传部门好好结合一下，要造成一定声势，宣传清理政策，欢迎群众监督。这样，不仅对清理排查案件会有帮助，更主要的是要教育我们的干部，特别是管理部门一些直接经办专项资金的工作人员，要严格依纪依法办事，不能做出格的事情。过去，许多专项资金都是切块下来的，管理也比较松散，对监管使用非常不利。从一年来的清理情况看，存在的问题确实不少。随着清理工作的不断深入，一些问题还会逐步显现出来。所以要准备打硬仗、打大仗。既要把专项资金清理好，又要搞好建章立制，把它规范起来。抓这项工作，也要关口前移，通过舆论和教育使我们的干部进一步明白纪律、法律的界限，自觉遵纪守法，认真使用好专项资金。专项资金是事关群众根本利益的救命钱、救灾钱，一定要把它用好，把党和政府的关怀和温暖送到群众身上。所以舆论宣传要搞好配合，同时要加强我们内部的信息沟通，通过信息通报反映我们的工作，使各成员单位之间了解工作进程，共同做好工作。

在全市农业产业化暨中小企业银企保对接洽谈会上的讲话

（2006 年 4 月 11 日）

市委、市政府决定召开的这次会议，主要目的是适应新形势要求，政府搭台，银企保（银行、企业、担保公司）合作，优势互补，实现共赢，从而促进我市农业产业化全面深入发展，加快社会主义新农村建设步伐。过一会儿，市农发行、市农村信用社、两个企业和市担保公司的代表将分别做表态发言，部分企业同银行之间还要当场签订信贷协议，之后还要现场观摩银行展板。下午，银企保之间进行具体对接洽谈。为了进一步做好银企保对接合作工作并形成长效机制，下面我讲三点意见。

一　认清形势，进一步深化对银企保合作重要性的认识

（1）加强银企保合作，是扎实推进社会主义新农村建设的需要。近几年来，特别是去年 4 月我市召开中小企业信用担保机构建设暨银企对接洽谈会以来，在各级党委、政府、各金融机构和广大企业的共同努力下，银企保合作关系得到了进一步改善，相互合作、相互支持的良性互动局面初步形成，有力地促进了全市农村经济社会全面发展。2005 年，以农业产业化重点龙头企业、中小企业为主的民营经济取得了长足发展，全年农业产业化经营总额达 176.4 亿元，产业化经营率达 45%，分别比上年增长 34.5 亿元和 3.4 个百分点。农业产业化龙头企业的迅速发展，为我市农村经济发展做出

了突出贡献。分析取得这些成绩的原因，主要得益于去年以来“加大投入，项目支撑”战略的实施。去年是我市开展的第二个“农业项目年”活动，全年农业项目达273个，当年投入资金29.5亿元。

我们取得了一些成绩，但也要清醒地看到，与省内外先进地市快速发展的态势相比，我市仍存在较大差距，农村经济运行中还存在很多困难和问题，突出问题仍然是投入不足。我市绝大部分企业，特别是农业企业规模普遍较小，市场竞争力不强，融资渠道狭窄，对金融部门信贷支持的依赖性较大，因此，90%以上的企业都存在资金紧张问题，有半数左右的企业因缺乏流动资金而不能满负荷生产。而另一方面，2005年全市金融机构存款余额资金比较充足，银行不同程度地出现了“难贷款”的问题。因此，加强银企沟通与合作，切实解决企业“贷款难”和银行“难贷款”问题非常重要。特别是在当前，我国已进入工业反哺农业、城市支持农村、建设社会主义新农村、加快建设全面小康社会的新时期。加快发展的中心是发展经济，而企业和银行又是经济建设的市场主体，担保公司是两者合作的桥梁。因此，加强银企保对接合作，对建设社会主义新农村至关重要。

（2）加强银企保合作，是加快农村市场经济发展的必然要求。市场经济就是竞争经济。银行选择企业，企业选择银行，在竞争机制中优胜劣汰，这是市场经济发展的必然要求。目前由于种种原因，银行有钱放不出去，企业又贷不到款，导致银行和企业存在“贷款难”“难贷款”问题。要解决这个问题，只有按照市场经济的基本规律办事。在市场经济条件下，银行和企业都是法人实体和竞争主体，双方在地位上是平等的，在利益上是互惠的。银企双方应按市场规则运行，按照市场规则形成相互依存的共同体。因此，银企双方一方面要平等互利、互相依存，银行要把服务企业作为重点，企业也要把支持银行发展作为重要责任，通过对信贷资本的供需行为来满足各自的经营需求，共同获取利益；另一方面双方必须遵守信用，认真履约，真诚合作，相互支持。只有这样，银企双方才能在利益一致的基础上求得共同发展，实现银企“双赢”的目标。同时，对企业贷款的担保难问题，担保公司要主动服务，按程序担保，架起银企合作桥梁，实现各方共赢。

（3）加强银企保合作，是防范化解金融风险的有效途径。据有关资料显示，目前，我国国有商业银行的贷款70%投向国有企业，国有企业的负债70%来自国有商业银行贷款；有近70%的国有企业经营亏损，国有商业银行的不良贷款（逾期、呆滞、呆账贷款）占全部贷款余额数超过20%。防范和化解金融风险，不仅要求金融部门加快金融体制改革、强化金融监管，建立健全相应的法律法规体系，逐步形成有法必依、执法必严、违法必究的法制环境，而且要求在全社会加强诚信教育，营造良好的信用环境。特别是要求银企保各方加强合作，共同创建良好的信用体系。一方面加强金融机构自身信用建设，另一方面要加快社会信用体系建设，尽快建立信用环境等级评定制度、失信惩戒制度和各类信用评级标准，建立以信用征集、查询、评估、披露等为主要内容的企业和个人信用档案，规范企业经营中的信用行为，抑制企业逃废银行债务。

二　扎实推进，努力实现银企保合作共赢

建立银企保互信稳定、合作共赢的关系，关键是银企保各方要共同努力，扎实工作。

（1）企业要科学谋划项目，打造诚信品牌，积极主动争取金融单位的信贷支持。在市场经济条件下，各类市场主体的生存与发展，必须以诚信为前提，以实力做保证。一是项目谋划要建立在市场需求的基础上，围绕国家重点支持的发展领域，结合自身的条件谋划项目，确保提出的项目切实可行，提高项目的成功率和效益。二是企业在项目运作中要积极主动地与金融单位沟通，在项目立项阶段就请银行介入，帮助做好项目的市场调研和财务可行性分析，让金融机构对项目情况有一个深入的了解，更好地争取银行支持。三是企业要加强诚信机制建设。向银行提供经营成果要真实可信，提供财务账表要齐全准确，提供的项目建设书、可行性报告要真实可靠。要把诚实守信真正融入现代经营观念，践诺守信，赢得金融单位的信任。

（2）金融单位要适时调整经营战略，提供优质服务，不断扩大信贷规模。金融单位同样是企业，经营的产品是货币。有钱贷不出去，还要支付存款利息，必然影响经营效益。要使产品增值，提高企业效益，就必须提高资

金的运转速度。因此，金融单位要进一步解放思想，更新观念，着力解决资金“贷不出去、收不回来”的问题，不断提高经营效益。一要进一步调整工作思路，变被动为主动。要以支持地方经济发展为己任，在支持企业发展、服务地方经济中，不断获得自身发展壮大的动力。要面向市场，主动推销自己，积极寻求好的合作项目，深入项目单位，主动参与项目前期工作，帮助项目单位积极做好向上级银行汇报争取项目资金工作。二要努力扩大业务范围，培育新的业务增长点。要加强与企业的沟通和联系，既要重视有信誉的老企业、老客户的发展，又要支持中小企业、高技术创新企业的发展。要适应当前形势，积极开拓信贷市场，不断增加信贷品种，提供个性化服务，满足客户不同需求。进一步完善授信制度，合理确定企业授信额度，对有市场、有效益、有信用的企业，尽量保证他们的信贷需求。三要提高管理水平，改善金融服务。要简化办事手续，减少审批环节，完善内控机制，加强风险管理，用足、用好、用活现有的贷款审批权限。加强与政府有关部门的协调与沟通，及时了解掌握信贷需求，更好地为中小企业的发展搞好信贷服务，提供资金支持。

（3）信用担保机构要多元筹资，完善体系，充分发挥银企合作的桥梁作用。为解决制约民营经济、中小企业发展的融资难问题，我市加快了中小企业信用担保体系建设步伐。截至目前，全市中小企业信用担保机构已发展到 24 家，筹集担保资本金已达 4.5 亿元，担保贷款达 6.5 亿元。中小企业信用担保体系已初步形成，并保持了良好的发展态势。为进一步强化我市中小企业诚信意识，提高社会信用水平，增强金融、担保部门对企业融资的积极性，我市成立了中小企业信用评价委员会。2005 年 1 月，出台了《邯郸市企业诚信等级评价暂行办法》。2005 年 9 月，组织开展了首届邯郸市诚信中小企业评选活动，共评选出 120 家诚信中小企业。同时，还积极向省局推荐入选了 110 家省级信用优良企业，为企业从金融机构获得担保贷款和信用贷款建立了信用基础。今后，中小企业信用担保机构要进一步扩大担保资本金规模，放大担保倍数，建立良性管理运行机制。市金融办、市农业产业化办公室、市中小企业局和市人民银行要在银企保合作方面搞好沟通和衔接，加强中小企业信用担保机构与银行间沟通与合作，尽快制定出台全市银企保三方合作的具体办法和措施。进一步明确银企保各自的工作责任和目标，全面建立银企保合作的长效机制，真正形成银企保之间的协调互动关系。今年，全市担保资本金总量要达到6亿元以上，形成30亿元的担保能力。要进一步采取措施，加快担保机构的业务运营，充分发挥担保机构在中小企业融资中的桥梁作用。

三　优化环境，建立银企保长期对接合作机制

大家知道，银企之间的合作取得了初步成果。但这只是个良好的开端，全市银企保进一步对接合作已拉开序幕，大量的具体工作、实质性合作还在后头。希望各级党委、政府、各有关部门一定要认真抓好落实。去年年底，中国农业发展银行与省政府签订了500亿元的农业政策性金融合作协议，我市已争取到70余亿元，其中30亿元专项用于扶持潜力大、关联度高、辐射带动作用强的农业产业化重点龙头企业，40亿元用于粮食储备收购。今天上午，我市还要同中国农发行河北分行签订协议，希望企业要抓住机遇，各级党委、政府及有关部门要强化服务、优化环境、采取措施，加快落实步伐。

（1）各级政府要转变职能，搭建平台，促进银企合作。加强金融单位和企业间的合作，政府的中介和纽带作用至关重要。市、县政府要进一步增强为企业和金融单位服务的意识，切实转变工作作风，积极为企业发展解难题、创环境。要定期召开银企对接会推介项目，帮助企业和银行融洽对接、科学对接、按程序对接，为银企合作、共同发展创造更多的机会，提供更好的条件。同时，要维护好金融秩序，对骗贷和恶意逃废银行债务的，要严厉制裁，严肃处理。今天会上，市农业产业化办公室印发了农业产业化市级以上110家重点龙头企业简介和贷款意向，同时筛选了124家农业产业化骨干企业贷款意向，共意向贷款近50亿元。市中小企业局也筛选了171个中小企业项目。金融单位既可以直接找项目单位洽谈，也可以通过市农业产业化办公室、市中小企业局牵线搭桥。有问题、有困难，市政府一定积极协调，尽快解决。

（2）要精心组织，抓好项目落实。今天的银企保对接和合作仅仅是初步的，大量的工作需要会后进一步落实。对接项目也是动态的，要不断增加和调整。有关部门和担保公司、银行、企业要明确责任人，对达成贷款意向的项目进行追踪落实和调度。针对存在的问题，加强沟通和协调，力求使银企对接取得实效。通过银企保对接，培养合作伙伴，建立诚信关系，形成相互支持、共同发展的良好机制。各级规划、土地、环保、财政、税务、工商等部门要积极支持、大力扶持银企保对接项目建设，认真研究解决涉及本部门的具体问题。

（3）要搞好协调，建立长效机制。针对“银行找项目、企业跑资金”的两难问题，要积极探索建立起政府加强协调引导、有关部门联系扶持、担保公司提供方便、金融机构主动服务、企业诚信发展“五位一体”的联动机制，实现银企保对接的经常化、制度化和规范化。要逐步健全政府、担保公司、金融机构和企业的信息畅通机制，建立由市金融办牵头、市农业产业化办公室、市中小企业局等有关部门和监管部门以及银行机构参加的联席会议制度。今后，各地在有关经济发展决策中，要广泛吸收金融单位参与研究论证，注意邀请担保公司、银行机构参加政府举办的招商引资项目会、经贸洽谈会等，使金融机构更加紧密地融入全市的经济社会发展。

同志们，加强银企保合作是一项复杂的社会系统工程，意义深远，责任重大。今年，是“十一五”规划实施的开局年，做好今年的工作，对我市今后一个时期的发展具有重要意义。希望通过今天这次会议，进一步密切银企保关系，按照“优势互补、合作与共、协调促进、共同发展”的原则，充分发挥金融支持地方经济发展的主力军作用，努力破解资金瓶颈，着眼建立长效机制，改善当前我市信贷投入有效需求不足的局面，为实现今年全市经济快速发展注入胸有成竹的活力，加快社会主义新农村建设步伐。

在全市民营经济工作领导小组会议上的讲话（节选）

（2006 年 4 月 12 日）

今天，我们召开民营经济工作领导小组会议，主要议题是：听取中小企业局关于 2005 年度全市民营经济发展情况的汇报和关于 2006 年全市民营经济工作的安排；研究确定 2005 年度发展民营经济先进单位和先进个人；讨论研究召开全市民营经济工作会议的方案。

同志们，今天召开的领导小组会议，时间虽短，但内容很重要。大家就有关情况进行了讨论，提出了比较好的意见和建议。会议原则通过了 2005 年度全市发展民营经济先进单位和先进个人初选名单以及全市民营经济工作会议方案。会后，请民营经济工作领导小组办公室按照程序和要求，抓紧将有关情况上报市委、市政府，为全市民营经济工作会议的召开做好充分准备。

下面，我就抓好今年全市民营经济工作强调三个方面。

第一，切实做好今年第一季度全市民营经济运行分析。今年以来，各级各有关部门按照市委、市政府提出的“民营突破”和建设“四大”要求，积极努力地工作，取得了一定的成效。今年第一季度全市民营经济完成增加值 219.75 亿元，营业收入 847.57 亿元，实缴税金 13.8 亿元，分别较上年同期增长 39.4%、38.4%和 52.2%；完成固定资产投入 75.5 亿元，同比增长 74.1%。全市民营经济保持了稳定发展的良好态势。希望各级各有关部门结合本地本部门实际，做好经济运行分析，在总结好经验的基础上，认真查找经济运行中的问题和工作措施中的不足，提出下一步的工作对策，为全年工作开展打下一个好的基础。

第二，着力推进重点工作的开展。刚才殿魁同志就2006年度全市民营经济工作安排做了汇报。工作安排目标明确，措施有力，符合我市民营经济发展的实际。在此，我强调三项重点工作，要求必须抓好，抓出成效。一是抓好对内对外开放，积极推进招商引资工作。今年市委、市政府将组织几次大型招商活动，市中小企业局也安排了几次招商活动。通过加大对内对外开放力度，进一步提升我市民营经济实力，促进民营经济更快更大的发展。希望各级各有关部门要强化认识，强化责任，认真做好项目前期准备工作，下大力气把招商工作抓好、抓出成效。二是认真开展调查研究工作。最近市委、市政府将下发关于在全市开展大型调研活动的通知。此调研活动涉及每个县（市、区）和有关部门。希望各级各有关部门一定要高度重视，组织力量深入实际开展调研，真正拿出有价值的调研报告，为各级领导决策提供依据。三是抓好对“四型”民营企业的重点帮扶工作。最近要下发执行帮扶意见。涉及的帮扶单位，一定要认真负责，绝不能敷衍了事走过场。要为加快我市“四型”民营企业发展动真格、用实招，明确帮扶重点，强化帮扶措施，整合财力、政策资源，加大帮扶力度。通过帮扶真正使被帮扶的企业实现发展目标，真正提升我市民营企业的整体发展水平。

第三，抓好各项民营经济政策的落实。去年，国务院制定出台了《关于进一步鼓励支持和引导个体私营等非公有制经济发展的若干意见》，省政府出台了落实“非公26条”实施意见，我市也制定了相关的实施意见，这些政策的颁布实施给我市民营经济发展创造了难得的机遇，将继续对我市民营经济发展起到有力的促进作用。各级各部门要下大力气抓好国务院、省、市各项政策的督导落实，要清除对民营企业的各种歧视性规定和做法，用足用好现有政策。各级各有关部门要坚持做到政策跟着项目走，围绕民营企业上大项目、新项目，在市场准入、土地、资金、人才、税费等方面，进一步放开、放手、放宽、放活。

同志们，今年的民营经济工作任务很重，希望各级各部门围绕“四大”建设目标，通力协作，密切配合，真抓实干，为加快全市民营经济发展做出新的更大的贡献！

在全市纪检监察系统推进农村基层信访工作电视电话会议上的讲话

（2006 年 4 月 26 日）

刚才，省纪委召开了全省纪检监察系统推进农村基层信访工作电视电话会议，省委副书记、省纪委书记张毅同志就推进农村基层信访工作做了重要讲话。我们一定要认真学习贯彻落实张毅同志的讲话精神，努力推动我市农村基层信访工作再上新台阶。下面，结合我市情况，我讲三方面意见。

一 充分认识加强农村基层信访工作的重要意义

我市是个农业大市，农村人口占绝对多数。我市又是个信访大市，多年来信访总量一直处于高位。从我市纪检监察信访举报统计情况来看，2004 年、2005 年的来信来访分别达到 4131 件（次）和 5080 件（次），有近 80% 的来信来访发生在农村，而且大多是反映乡镇农村干部作风不民主、办事不公开、侵占集体财产以及乱收费乱罚款、各种补偿不到位等损害农民利益方面的问题。由此看来，高度重视农村信访工作，认真解决农民群众反映的信访问题，对于巩固党的执政地位、构建社会主义和谐社会、加快社会主义新农村建设、顺利完成“十一五”规划目标任务具有十分重要的意义。

（1）重视和加强农村信访工作是加快社会主义新农村建设的需要。农业、农村、农民“三农”问题，始终是全党工作的重中之重。党的十六届五中全会强调：“建设社会主义新农村是我国现代化进程中的重大历史任务。”围绕社会主义新农村建设，党中央及时提出对农业实行“多予、少取、放活”的方针，并迅速出台了一系列重农、惠农的政策。建设社会主义新农村，必须坚决落实党的重农、惠农政策，认真解决农民群众反映的信访问题，坚决纠正各种损害农民群众利益的不正之风，使广大农民真正得到实惠；建设社会主义新农村，就必须高度重视农村基层信访工作，积极化解农村的干群矛盾，尽快扭转我市这个信访大市的被动局面，切实维护农村社会稳定，为农村经济和社会发展提供必要的政治保障。

（2）重视和加强农村基层信访工作是构建社会主义和谐社会的需要。当前，我国正经历经济转轨、社会转型，不可避免地面临大量复杂的社会矛盾。城乡差别、收入差距拉大的现象日益引人关注，侵害群众利益特别是侵害农民利益的现象屡见不鲜。少数没有得到妥善处理的人民内部矛盾，甚至发展成为群体事件。这也是我市信访问题多发的重要原因。群众上访特别是越级访、聚集访、异常访等不正常上访，不仅严重影响了党政机关正常的工作秩序，而且成为影响社会和谐的一个不可忽视的因素。构建社会主义和谐社会，就必须重视和加强农村基层信访工作。采取各种有效措施，认真排查和解决影响社会和谐的信访问题，把矛盾化解在基层，把上访人员稳定在当地，为构建和谐社会创造良好的政治环境。

（3）重视和加强农村基层信访工作有利于党委、政府自觉接受群众监督。去年以来，我市进行了行政权力公开透明运行试点工作，并已取得明显成效。目前，这项工作即将在全市展开。随着行政权力公开透明运行工作的不断深入，广大群众的民主意识、监督意识和维护自身权益的意识也会进一步增强。农村基层信访工作，就是农民群众实施监督、维护自身权益的一个重要渠道。因此，加强农村信访工作对于各级党委、政府及部门自觉接受群众监督、努力转变工作作风具有十分重要的现实意义。

二　采取有效措施，切实加强农村信访工作

在刚才结束的全省电视电话会议上，张毅同志已经就做好今后一个时期的农村基层信访工作进行了部署，全市各级各部门和纪检监察机关要认

真研究得力措施，抓好工作落实。尤其要按照张毅同志的讲话要求，认真学习借鉴邢台县创办“信访超市”的经验，并以此为契机，推动我市的农村基层信访工作不断取得新的成效。邢台县创办的“信访超市”集信访接待、矛盾排调、法律援助、政策咨询和“三农”服务为一体，能够最大限度地满足信访人的正常诉求，快速便捷处理人民内部矛盾，为广大农民群众提供综合性服务。“信访超市”有规范的服务场所、工作队伍、服务内容、工作制度和服务要求，有效解决了农民群众信访难问题，维护了当地社会稳定。

我市魏县党委、政府重视农村信访工作，在全县叫响一个口号，“有事到乡里说”。21 个乡镇全部建立了信访综合接待室，配备了专兼职工作人员，并制定了一整套规章制度，保证每天有专人值班，接待群众来访，认真解决农民群众的信访问题，把矛盾化解在基层。去年 4 月，市纪委在魏县边马乡组织召开了加强乡镇基层信访工作现场会，对这一做法进行了推广。

各县（市、区）要结合本地实际，认真借鉴邢台、魏县的经验和做法，尽快在各乡镇基层建立“信访便民服务中心”。不仅受理来信来访，同时还要为群众提供综合服务。根据市委主要领导同志意见，武安市、涉县、成安县、邯郸县、邯山区、复兴区六个县（市、区）要结合推进行政权力公开透明运行工作先行试点，5 月中旬要各选择一个乡镇建立“信访便民服务中心”并尽快投入运行。

设立“信访便民服务中心”，目的是为民排忧解难，把群众反映的问题解决在基层，要力戒形式主义，扎扎实实地开展工作。一是要建立组织。这项工作能否做好，关键取决于人员素质，各县（市、区）要从有关单位和部门抽调有能力、懂业务、负责任的人员从事此项工作。二是要搞好硬件建设。要有专门的办公场所，并配备必要的办公设施。三是要研究制定一整套规章制度。通过制度规范工作人员的行为，实实在在地为民办事，使“信访便民服务中心”成为务实高效、百姓信赖的组织机构。

各县（市、区）还要围绕加强农村基层信访工作，进行积极的探索，研究制定适合本地实际的新办法、新措施，使农村基层信访工作在维护农村稳定、促进社会主义新农村建设中发挥更大的作用。

三　切实加强对推进农村基层信访工作的领导

做好农村基层信访工作意义重大，全市各级各部门要高度重视，切实加强对这项工作的领导。要按照“属地管理、分级负责，谁主管、谁负责，依法、及时、就地解决问题”的原则，建立和完善责任制度，分解任务、明确责任，确保这项工作落到实处。各级纪检监察机关要积极发挥职能作用，努力转变工作作风，主动深入基层，深入农村，认真研究信访问题易发多发的规律和原因，积极探索解决信访问题的有效办法和对策。要加强督导，督促基层党委、政府和部门，积极解决群众信访问题。要注重加强与有关部门的联系，建立沟通协调机制，强化对重点信访案件承办督办力度。要正确处理与党委、政府信访部门的关系，立足自身职能，加强监督检查。既要解决因腐败和不正之风引发的信访问题，又要积极推动其他方面信访问题的解决。要按照市纪委、监察局《关于认真学习贯彻胡锦涛同志对石家庄市纪委下访工作重要批示精神切实加强信访工作的意见》（邯纪字〔2006〕5号）要求，对各级各单位落实信访工作责任制、党政领导干部下访以及协调解决信访问题的情况进行专题督访。要加强对国家各项支农惠农政策落实情况的监督检查，保证专款专用；要紧紧围绕上学、看病等群众最关注、最现实、最直接的利益问题，协调有关部门，加大专项治理力度，切实抓出成效；要巩固农村税费改革成果，防止农民负担反弹。

同志们，“信访工作无小事”，全市各级各部门和纪检监察机关要认真贯彻落实这次省、市电视电话会议精神，结合本地实际，积极探索解决农村基层群众信访问题的有效途径和办法，站在维护全局稳定的高度，重视和加强农村基层信访工作，努力为社会主义新农村建设做出新的贡献。

在全市民营经济工作会议上的主持词（节选）

（2006 年 4 月 28 日）

这次会议是市委、市政府决定召开的，会议的中心议题主要是总结2005 年度全市发展民营经济工作情况，表彰奖励在推动全市民营经济发展中涌现出来的先进单位和先进个人，安排部署 2006 年全市民营经济工作，进一步扎实推进全市民营经济大发展、快发展。

刚才，会议为 2005 年度发展民营经济先进单位和先进个人颁发了奖牌、证书，4 个单位做了典型发言。市委常委、农工委书记史增海同志宣读了《中共邯郸市委邯郸市人民政府关于表彰2005 年度发展民营经济先进单位和先进个人的决定》。市政府副市长丁英辉同志总结了2005 年全市民营经济工作，对 2006 年全市民营经济工作进行了安排部署。市委书记聂辰席同志在肯定“十五”期间我市民营经济发展所取得成绩的基础上，就如何进一步优化发展环境、搞好服务、加强组织领导提出了明确要求。希望大家回去以后，结合本地本部门实际，认真学习，把握精神实质，切实贯彻落实好会议精神。

下面，就如何贯彻落实好这次会议精神，我强调三点。

第一，要迅速传达贯彻会议精神。各县（市、区）、市直各部门和民营企业要迅速召开会议，利用多种形式、多种渠道传达贯彻会议精神，把会议精神传达到县、乡、村，传达到广大干部群众中去。同时，各级各部门要紧密结合实际，对近期以来在优化环境、大力发展民营经济方面所做的工作进行回顾和总结。要对照先进，认真查找不足，解放思想，强化措施，奋力赶超。通过宣传学习贯彻这次会议精神，进一步统一全市广大干部群众的思想，使大家以更加饱满的热情投入发展民营经济的工作中去，在全市迅速掀起发展民营经济的新热潮。各县（市、区）和市直有关部门贯彻落实会议情况要以书面材料在2006年5月10日以前报市民营经济工作领导小组办公室。

第二，要认真研究谋划好各自的工作思路和目标。各县（市、区）要按照全市发展民营经济工作会议的要求，尽快研究修订本县（市、区）2006年发展民营经济的具体工作目标、工作思路和工作重点，认真修订2006年工作要点。在工作目标、工作思路和工作重点的研究谋划上，要把握好以下四个方面：一是要注重与全市整体工作目标的贯彻落实互相衔接；二是要注重与市委、市政府提出的“大产业、大基地、大园区、大项目”建设紧密结合；三是要立足本地实际，突出地方特色；四是要体现开拓进取、务实创新的精神。提出的工作目标，既要积极向上，鼓舞人心，又要切合实际，可操作，有具体措施做保证。市直有关部门也要根据各自实际，制定完善帮扶民营经济发展的具体办法、措施，为民营经济发展多办实事，搞好服务。广大民营企业家，特别是在座的各位民营企业家，要以这次会议为契机，进一步发扬敢闯敢干的开拓精神和拼搏精神，树立上大项目、加大投入、干大事业的信心，把企业做大做强，为全市民营企业发展树立学习的榜样。

第三，要强化市委、市政府提出的2006年民营经济各项工作目标的落实。今年是我市贯彻落实科学发展观、推进经济社会各项事业发展的重要一年，是我市“十一五”规划起步之年，民营经济工作任务艰巨而繁重，迫切需要我们各级领导干部发扬求真务实的工作作风，抓好各项工作落实。一要强化责任。抓落实，各级领导班子和领导干部是主体，是关键，是第一推动力。各级领导干部一定要从贯彻落实科学发展观、实现“十一五”目标任务、加强党的执政能力建设的高度，充分认识做好民营经济工作的重要性和紧迫性，不断加强和改进对民营经济工作的领导，努力锤炼务实高效的工作作风，认真谋划、科学决策，求真务实、真抓实干，进一步推动民营经济工作各项任务目标的落实。二要抓住重点。抓好对内对外开放，积极推进招商引资工作，在引进知名企业、知名品牌上力求突破。全力推进我市民营经济产业集群的发展，进一步促进产业优化和提升，逐步培育企业做大做强。抓好对“四型”民营企业的重点帮扶工作，涉及的帮扶单位要认真负责，切实加强对“四型”企业的支持和重点帮扶，通过整合财力、政策资源，加大帮扶力度，进一步提升我市民营企业的整体发展水平。抓好服务体系建设，重点抓好创业辅导、担保融资、人才培训，切实为民营企业发展搞好服务，营造良好的社会环境。三要注重创新。在工作中，要紧密结合实际，深化、细化、具体化各项工作目标和任务，同时，要注意探索灵活多样的工作载体，不断寻求新的工作突破口，创新工作方式。推动全市民营经济更快更好地发展，为全市经济社会发展、构建和谐邯郸做出新的更大的贡献。

工作纪实

权力公开

一　省、市文件

★河北省委、省政府批转省纪委、监察厅《关于开展推进行政权力公开透明运行试点工作的意见》的通知（2005 年 2 月 6 日/文略）。

★河北省纪委、监察厅《关于开展推进行政权力公开透明运行试点工作的意见》（2005 年 1 月 17 日/文略）。

★邯郸市委、市政府批转市纪委、监察局《关于开展推进行政权力公开透明运行工作的意见》的通知（2005 年 3 月 14 日/文略）。

二　媒体报道

河北邯郸公开市长权力
所有行政职权编有流程图*

核心提示

今年 5 月 1 日，河北省邯郸市全面启动行政权力公开透明机制。目标

* 本文载于《中国青年报》2005 年 8 月 8 日。

是，通过两年时间，使全市行政权力的行使逐步做到行为规范、运行公开、结果公正、监督有力。

邯郸市一位亲历改革的官员称，这次清理行政职权的意义重大：一是让包括市长在内的所有公务员知道自己手中到底有多少权力；二是首次为所有行政职权编制流程图。

让行政权力在阳光下健康地运行，避免乱作为和不作为，使行政权力回归到它应有的位置和状态。邯郸市力推行政权力公开透明运行的全部意义，或许正在于此。

市长法定的权力有92项

“全邯郸所有的事都归他管。”26 岁的朱敏是邯郸某企业职工。在邯郸街头，记者向他问起邯郸市市长王三堂的权力有多大？朱敏不假思索地这样回答。当得知王三堂市长法定的权力有 92 项时，朱敏笑着说：给市长的权力定性定量，还有零有整，这事头回听说，新鲜！

事实上，每一位登录“邯郸市行政权力公开透明运行网”的市民，都对邯郸市市长的 92 项权力看得明明白白。

眼下，一场变革正在邯郸市政府内悄然而起：全市政府本级和其行政部门的所有行政职权正在被全面清理，其中一项重要工作就是要搞清楚市长的权力究竟有多大。这一切，似乎在冲击着人们的旧有观念，市长不应是权力无边的象征。

邯郸市本届政府共有一正七副 8 位市长，近期一位副市长因工作需要刚刚调走。现任市长王三堂，2004 年 3 月起任邯郸市委副书记、副市长、代市长。2005 年 3 月 5 日在邯郸市第十二届人民代表大会第三次会议上补选为市长。

张奇伟是邯郸市政府办公厅纪检组长，也是市政府本级行政职权清理的负责人。他说：“政府本级的权力就是市长的权力，此前各位市长的权力有多少，恐怕市长本人也说不清。”一位曾在市长身边工作的人员说，过去市长依据惯例处理工作，行使的权力符合哪些法律法规并没有人特别注意。

为市长规范权力历经“三关”

在这场改革中，张奇伟和他的同事的第一步工作就是确定市长到底有多少权力。张奇伟说，市长是全市行政机关的主官，他们的权力影响全市行政机关的正常运转，所以确定权力工作慎之又慎，历经三关。

首先是对邯郸市政府所属 65 个行政部门摸清底数，哪些行政职权属于部门自行处理，哪些属于需要上报主管市长和副市长。

今年 4 月，需要上报市长的 135 项职权陆续汇总到市政府办公厅。“这些上报的权力不一定就是市长的权力，根据改革精神，市长的每项权力必须有国家现行法律法规及相关政策依据。”张奇伟说。

第二步是清理，市长们对浮出水面的权力开始重视起来。

一位副市长收到下级上报的十几项权力，但是经初步清理，大多数权力法律依据不充分，副市长的权力只剩下 1 项。这位副市长为此开了几次分管部门调度会，寻找相关法律依据。这位副市长的担心很有必要，根据改革方案，没有法律法规依据的行政职权不能再行使。

还有一位副市长，分管部门上报的行政权力不全，一些原本属于市长的权力留在职能部门里。经过梳理，这位副市长的行政权力从 12 项增加到 27 项。

经过清理，邯郸市 8 位市长副市长的行政职权共有 116 项，其中行政许可权 11 项，非行政许可权 29 项，重要事项决策权（重大项目、资金分配、资产处置）8 项，行政管理权 47 项，行政处罚权 2 项，其他行政权力 19 项。同时，依据《地方各级人民代表大会和地方各级人民政府组织法》和《邯郸市制定地方性法规条例》，8 位市长还拥有 12 项行政职能。

邯郸市法制办负责第三关。经过清理，市长的行政职权由原来的 116 项减少到 92 项。该市法制办副主任李铁良称，根据国家现行法律法规和政策，对一些市长的行政职权进行合并，一些不符合法律法规的权力被取消，同时也增加了一些新的行政职权。他说：“市政府本级的行政职权是动态的，随着社会发展，市长的职权还会发生变化。”

行政职权不再“月朦胧鸟朦胧”

王三堂市长负责全面工作，有92项行政职权。按照受市长委托副市长行使权力原则，邯郸市常务副市长赵国岭有16项行政职权，宋春婴副市长有15项，辛宝山副市长有11项，彭学增副市长有7项，冯连生副市长有21项，丁英辉副市长有22项。

据在王三堂市长身边的官员透露，邯郸市对行政权力进行全面清理期间，王市长曾笑言：“过去本应由副市长行使的权力，都让他们呈我批阅代劳了。”而一位副市长则惊呼，原来自己还有这么多项权力！

邯郸市政府8位市长副市长珍惜手中的权力。一位副市长专门让秘书找来相关法规，把自己分管的每项权力逐条对照。他说，权力是人民赋予的，搞清手中的权力可以更好地为人民服务。一位副市长这样评价说，确定权力让权力具体直观起来，行政职权由朦胧变得清晰，至少解决了两个问题：一是可以防止自己越权，二是警惕自己渎职。

为市长的每一项权力绘制流程图

近两年，邯郸市内一些出租车为创收，专门低价跑长途，对长途车客运造成冲击，出租车司机和长途客车司机曾发生多次冲突。

此前，按照市政府分工，一位副市长分管邯郸市区交通，另一位副市长负责邯郸市外长途运输。此次市长确定权力后，邯郸市所有交通都由一位副市长负责。据悉，经过交通部门协调，这一老大难问题有望近期得到解决。

邯郸市在清理市长行政职权的过程中，另一项工作同时进行，即为市长每一项权力绘制流程图。

邯郸市依法行政办公室主任王咏梅说，过去我们重实体轻程序，重视权力得失而忽视权力运行过程。流程图的出现让市长行政职权运行显现出来。在每张图上，市长行政权力是透明的，职责也是透明的。

记者了解到，邯郸市8位政府主要官员的92项行政职权刚刚清理完毕，尚未正式公布。不过，今后越来越多的邯郸人会惊奇地发现，市长的权力也是有限的。以往当地官员管得太宽的越位、不作为的缺位、随心所欲的错位现象，将被有效整治，并逐渐走向规范。

邯郸市委副书记周文夫说让权力寻租者付出惨重代价

法制日报记者　马竞　本报记者　许海涛

自今年2月开始，河北省邯郸市对所有行政职权进行大清理。据初步统计，全市清理出行政权力2193项，保留367个行政许可项目。

邯郸市委副书记、市纪委书记周文夫是“推进行政权力公开透明运行工作领导小组”副组长，也是一位经济学教授。记者对他进行了专访。

“行政权力除了表示可以为人民群众做更多的事情，也意味着部门利益。权力的得失甚至影响到一个部门的生存，所以这场改革的震荡首先来自行政权力的行使者。”周文夫说，“改革中产生阻力，甚至对抗都是正常的。”

此次改革，邯郸市把所有的行政职权划分为8类，即行政许可权；非行政许可的审批权；行政处罚权；行政事业性收费权；重要事项（重大项目、资金分配、资产处置等）决策权；部门内部人员录用、调动、任免、奖惩权；财务支配、物资采购等管理权以及其他依法实施的行政权力。邯郸市监察局局长徐数说，这些权力是邯郸市政府行政权力的家底，关系到邯郸市的千家万户，与百姓利益息息相关。

邯郸市政府法制办是这场改革最忙的单位之一，它“判定”所有权力的生与死。该市法制办副主任李铁良说，行政权力存在的标准只有一个——国家现行的法律和法规。

在几个月里，李铁良和他的同事对市直机关的2000多项行政权力整整梳理了3遍，对各单位申报的职权目录、权力流程，严格依照相关法律法规和政策文件反复推敲、逐项核实，凡填报权力事项与法律法规规定不符的绝不放过。

“有的部门负责人对权力的公开很不情愿，该上报待审的权力不上报，已经废止的权力却报上来企图蒙混获批。”他说。在对行政权力清理过程中，邯郸市公安局拍卖特种行业许可权被废止了，邯郸市畜牧局兽药制剂许可权被废止了……

打井，需通过“地下水资源开采许可”，过去市政公用事业局管城内的审批，市水利局管城外的审批。在对这项权力进行清理时，两家互不放权，扯皮打架。最后依据《中华人民共和国水法》的规定，取消市政公用事业局的许可权，由水利局行使权力。

更多的权力之争耐人寻味。

有上下级争权的。过去权力下放时，将权力下放到县里。但这次清理时，又被市里有些局将权力收回。

有含糊不清上报的。市工商局仅仅上报40多项权力，后被警告凡是未报而没通过清理、擅自行使权力的，视为非法，工商局才不得不上报100多项权力。

有瞒报或私设权力的。有的单位私设权力，竟然编造法律依据；或随意增加审批程序，原本只有3个环节，却擅自增加一个变成4个环节。市审计局在清理中，查阅核对了《审计法》《国家公务员暂行条例》《财政违法行为处分条例》《会计法》等30多部法律法规，最终弄清了该局可行使的行政权力事项。

有的局长感叹，过去似乎明白但又说不清道不明，还真不知道自己有多少行政权力，这次清理后总算是明白了清楚了。据透露，这次清理中重新界定原来权责不清的问题达60余个。

周文夫说，行政权力的公开透明运行是政府和行政机关的一场革命，这些权力之争的背后显示了改革必将触及一些部门和个人的利益，而这项改革的最终目的，正是使“行政权力部门化、部门权力个人化、个人权力利益化”变得不再可能。

“对揽权不放、拒不公开的，要敢于较真，该教育的教育，该批评的批评，该查处的查处。”市纪委书记周文夫强调说。

公开权力项目，公开权力运行流程，这是否就能彻底避免权力变质？有人闯“红灯”怎么办？对此，周文夫直言不讳地说：“推进行政权力公开透明运行，是新的探索和尝试，是一个复杂的系统工程，没有成形的经验可借鉴，在推进过程中要不断地完善。但我们从制度上，不给权力寻租的机会。”

邯郸市投诉受理办法规定，凡应公开而未公开的、公开内容不真实的或不全面的、未按规定程序审批和公开的等几种情况，都可以向“市推进行政权力公开透明运行工作领导小组办公室”投诉。《办法》规定了从投诉到回复处理结果的时限在 5 ~ 10 个工作日，并为投诉制定了详细的受理流程图。与之配套的责任追究办法同时施行，按责任情节的不同，规定了批评、通报批评、免职或调离、纪律处分、移送司法机关等几种追究方式。

周文夫认为，当权力寻租必然会付出惨重代价时，权力的规范化、程序化运行就成为必然。

分享阳光下的权力

法制日报记者　马竞　本报记者　许海涛

在邯郸，被清理后的行政权力，必须登记、编制职权目录、绘制职权流程图，报批待审。按照计划，邯郸市级机关 2000 多项行政权力都有这样一个流程图，让前来办事的市民一目了然。

邯郸市一位官员称，“权力运行流程图”的核心是把权力运行的每一个环节细化，细化的不仅是权力，也是责任。这些权力运行的全过程，都置于阳光下，时时处于法律和民众的监督之中，权力便不会腐败。

市国土资源局——20天办结改制企业土地资产处置

如果你是一家国有企业，准备改制，需要对改制企业土地资产进行处置，你可以去邯郸市国土资源局，在那里看到一张“改制企业土地资产处置审批流程图”。这个流程图上清晰标出，从申请人提出申请，到办理完结，一共需要 6 个程序、20 个工作日，同时载明每个程序需几个工作日，由谁办理。

中国人民电器集团在邯郸市投资兴建的鑫港国际商贸中心，计划投资 25 亿元。过去需要几个月才能办成的建设用地规划许可证，实际仅用一天时间就办理完毕，目前项目已经开工兴建。邯郸市民政局有 20 项行政职权，所有的行政职权都有一个流程图。

规划局——超时办公亮红灯

登录邯郸市“城市规划公开运行网”，点击“职权公开”一栏，人们可以发现，邯郸市规划局的权力目录，行使这些权力的法律依据，局长、副局长具体有哪些职权，以及该局 14 项权力的运行流程图，一目了然。任何人在任何时候，都可以上网予以查看。

自今年“五一”起，规划局按流程图强制推行权力的运行，所有的审批都通过规划管理信息系统处置。申请人递交材料后，规划局给申请人一个密码，申请人可以在家里通过电脑看到自己的申报材料已经到了哪个环节，在谁的手中经办，经办人都有哪些具体的意见。

电脑显示的这一切内容，均无法更改，无论是局长还是经办人。预设的管理系统会自动计时，按照审批时限，哪个环节临近时限，该环节经办人的电脑就会亮起黄灯，超时就会亮起红灯。实行超时默认、责任追究制度。

在规划局宽敞的受理大厅，一个来办事的人对记者高兴地表示：“今后再也不需要挖空心思托熟人请客送礼了，一切都清清楚楚，都简单明了啦。”

市建设局——网上招标　违规插手不灵了

登录“邯郸市建设工程招标投标公开透明运行网”，看到最新的招标公告。在密密麻麻的招投标公告中，记者点开工程编码“130401S05078”，这是投资额达 1300 万元的“邯郸市东环路绿化工程施工招标”项目。在该公告中清楚地载明了工程地点、建筑面积、投资额、建设单位、投标资质要求、报名时间、招标代理机构、联系人及电话等几乎应有的全部事项。

据悉，“邯郸市东环路绿化工程”的招标公告在网上发布后，很快就接受了河北、河南、江苏、山东等地 42 家施工企业的报名，目前石家庄环美绿环公司已中标。没有中标的几家企业表示，虽然自己没有中标，但新的招投标方式打破了过去城市绿化项目由某一家施工企业垄断的局面，这在以前是不可想象的。

据邯郸市建设局负责人介绍，现在的招投标完全实行网上操作，报名是公开的，报名条件是公开的，全过程是公开的，结果也是公开的。面对网上预设的程序，谁也无法违规插手。

专家态度　给权力划清边界

本报记者　何春中

中国人民大学宪政与行政法治研究中心执行主任莫于川教授今天在接受

本报专访时表示，一级政府有多少权力，并不等同于市长个人就有多少权力。“对市长确权、限权，会使权力边界更清晰。邯郸的做法，系统、大胆、主动!”

国家行政学院杨小君教授说，政府的权力只能来源于立法的规定，或叫立法的赋予。这意味着它的权力不是无限的。公权力只有通过立法的授予才有效。

莫于川认为，从有限政府的角度看，行政官员和行政首长的权力一定要有边界。没有边界，则会造成权力滥用。“公共权力总是要在行使权力的过程当中不断地扩张和滥用，这是它的天然的禀性。所以对市长的权力必须要划定一个界限。”

莫于川指出，行政权力和其他的国家权力如立法权、司法权不一样，行政权力直接掌控大量资源，直接影响老百姓的利益，暴露出来的问题也多。

“当前不光‘问题市长’多，‘问题市委书记’也同样多。”莫于川说，在当前市场经济的进程当中，有许多利益呈现在官员面前，权力诱惑太大。在新的制约机制还没有完全形成的情况下，权钱交易广泛存在。从慕绥新、马德等“问题市长”“问题市委书记”腐败案中暴露出来的此类问题就是例证。

莫于川认为，我国多年来法制进程当中一个薄弱环节在于行政组织法和行政人员法缺失，造成权力的边界模糊。

“有时候，行政首长并不是主观上要滥用权力。他们当了很多年的市长或副市长，也不知道自己有多大的权力。我国首部《公务员法》刚出台不久。以前，公务员有什么权力，有什么义务，许多公务员并不很清楚。导致该用的权力没有用，不该用的权力滥用了。”

莫于川说，这么多年来，市长行使权力实际上主要是依据惯例来行使的，但惯例的变通就比较大。“一旦市长换了，下一任就可能把前任的惯例给否定了。再如某一个强势的市长，也有可能把手伸得比较长，其他的副市长和一些部门应该行使的权力，也被这位市长行使了。”

“邯郸市的做法不但明确了行政首长的权限，也明确了部门的权限。它实际上是让行政首长受到更多的约束，权力边界更清晰。这是贯彻全面推进依法行政实施纲要的一个具体举措。”莫于川说，行政公开化已成世界潮流，对市长限权将使得监督更加有效。“因为要有监督，前提是必须公开，没有公开就谈不上监督。”

莫于川建议，邯郸市人大应把邯郸市限权、确权的做法通过地方法规固定下来，并且建立争端解决机制。

邯郸市开通权力“透明运行网”

法制日报记者　马竞　本报记者　许海涛

“邯郸市行政权力公开透明运行网”，于今年5月正式开通。

关乎群众切身利益的“人、财、物、事”管理等容易滋生腐败的重点部位被清理后，“行政审批”“政府采购”“建设工程招标投标”“土地出让”“专项资金”“产权交易”“公务员录用”“城市规划”8个行政权力公开透明运行网也相继开通，并全部醒目地链接在“邯郸市行政权力公开透明运行网”首页上，任何人在任何一台上网的电脑上都可以查看并监督，最大限度地克服了权力运行的人为控制和影响。

其他主要媒体报道（仅列标题）

（1）《法制日报》：《邯郸市推进行政权力公开透明运行记事之一、二、三》（2005年8月5、6、7日版）。

（2）《中国纪检监察报》：《透明公开》（2005年5月12日）、《通向民心》（2005年5月14日）、《让行政权力在阳光下健康运行》（2005年8月14日）、《河北大试验：让行政权力公开透明运行》（2005年9月25日）。

（3）《人民日报》：《“权力清单”公布以后……》（2006年1月16日）。

（4）央视新闻联播：《邯郸实现阳光政务　完成国内首份地方政府权力清单》（李修平，2006年2月12日首条，2月15日重播）。